प्रगतिशील कविता के सौन्दर्य-मूल्य

प्रगतिशील कविता के सौन्दर्य-मूल्य

अजय तिवारी

वाणी प्रकाशन

वाणी प्रकाशन

4695, 21-ए, दरियागंज, नयी दिल्ली 110 002

फ़ोन : +91 11 23273167 फ़ैक्स : +91 11 23275710

शाखाएँ

अशोक राजपथ, पटना 800 004, बिहार

कॉफ़ी हाउस कैम्पस, महात्मा गांधी मार्ग, इलाहाबाद 211 001, उत्तर प्रदेश

महात्मा गांधी अन्तरराष्ट्रीय हिन्दी विश्वविद्यालय, वर्धा 442 001, महाराष्ट्र

www.vaniprakashan.in
marketing@vaniprakashan.in
sales@vaniprakashan.in

PRAGTISHEEL KAVITA KE SAUNDARYA-MOOLYA
by Ajay Tiwari

ISBN : 978-93-5229-027-7
Criticism

प्रथम संस्करण 2016
आवृत्ति 2018

मूल्य : ₹ 695

सिटी प्रेस, दिल्ली-110 095 में मुद्रित

वाणी प्रकाशन का लोगो मक़बूल फ़िदा हुसेन की कूची से

समर्पण

स्थितः पृथिव्या इव मानदण्डः।

डॉ. रामविलास शर्मा के लिए।

प्रवेशिका

सौन्दर्य-बोध मानवीय बोध है। मानवेतर प्राणियों में आकर्षण सहज प्रवृत्ति पर आधारित होता है। मनुष्य के मनोविकारों का विकास मानव-विकास की जटिल प्रक्रिया का अंग है। मनुष्य के शिशु को अन्य प्राणियों से भिन्न प्रकार से रूपादि में विकसित-परिणत होते देखकर हम इसे लोकोत्तर शक्ति की रचना मान लेते हैं। मनोविकार स्थितियों और मनुष्य द्वारा उनसे जूझने की प्रक्रिया के परिणाम हैं। खुद मनोविकार स्थितियों से जूझने के कारण भी होते हैं और मनुष्य के सहायक या विरोधी भी। जो लोग सृष्टि को चेतना से उत्पन्न मानते हैं, वे ठीक प्रमाण नहीं दे सकते कि चेतना से पदार्थ की उत्पत्ति कैसे हुई। इस विषय में वे नाना प्रकार की बातें गढ़ते हैं। भूत से चेतना की उत्पत्ति की प्रक्रिया की सभी स्थितियाँ स्पष्ट नहीं हैं। इस ओर भौतिक वैज्ञानिकों का घनघोर प्रयास चल रहा है। चेतना से सृष्टि की उत्पत्ति मानने वालों को ऐसे किसी प्रयास की आवश्यकता ही नहीं है।

यह नहीं मानना चाहिए कि प्राचीन धार्मिक सम्प्रदायों पर तत्कालीन भौतिक ज्ञान का प्रभाव नहीं है। मनुष्य निरीक्षण-परीक्षण करके कुछ निष्कर्षों पर आदिम काल से ही पहुँचता रहा है। इन निष्कर्षों का उपयोग करके ही उसने विकास किया है। भाषा का विकास भी इसी पद्धति से हुआ होगा। जिन्हें 'माहेश्वर सूत्र' कहते हैं, वे (भारतीय) मानव-प्रयुक्त ध्वनि समूह का विविक्तीकरण हैं। इसे आचार्य हजारी प्रसाद द्विवेदी ने 'विविक्त वर्णा भाषा' नामक लेख में भली-भाँति समझाया है। इस तरह के निष्कर्ष उसने न निकाले होते और उनका उपयोग न किया होता तो औजारों, भाषा, के साथ-साथ उसकी धार्मिक चेतना का भी विकास न हुआ होता। प्रकृति और जीवन सम्बन्धी उसकी जानकारी भौतिक विज्ञान का ही रूप है। विकास के प्रारम्भिक दौर में जब वह जड़-चेतन के भेदक रहस्यों से इतना अवगत नहीं था, तो अपनी चेतना का आरोपण प्रकृति पर भी करता था। कारण-कार्य की शृंखला पर उसे तब भी भरोसा था, लेकिन जिन कार्यों का कारण नहीं समझ पाता था, उन्हें अज्ञात शक्तियों के सुपुर्द कर देता था, इसके लिए अज्ञात शक्तियों की कल्पना, उनके प्रसन्न या रुष्ट होने की कल्पना सब करनी पड़ती थी। इस कल्पना का दबाव उसकी नैतिकता और सौन्दर्य-बोध पर भी था। जब ज्ञान को भावना का,

बुद्धि को हृदय का सहचर माना जाता है, तो सौन्दर्य-बोध भी ज्ञान का सहचर है। ज्ञान, नैतिकता, सौन्दर्य-बोध अन्योन्याश्रित हैं। ज्ञान इन सबको अनुकूलित करता रहता है।

मानवीय चेतना को सामाजिक चेतना का पर्याय तक कह सकते हैं। हम ज्ञान की एक सीमा में रहकर ही विचार कर सकते हैं। इस ज्ञान-परिधि में हम निष्कर्षों-निर्णयों तक पहुँचने और उनको निरन्तर विकसित करने के लिए स्वतन्त्र हैं। पता नहीं किन स्थितियों के कारण यह सम्भव हुआ कि मनुष्य का श्रम इतना सर्जनात्मक हो सका। मनुष्य का बाह्यान्तर विकास मूलतः सर्जनात्मक 'श्रम' द्वारा सम्भव हुआ। श्रम की सर्जनात्मकता सामाजिकता के बिना सम्भव नहीं थी। भाषा ने मनुष्य को अमूर्तन एवं वैचारिकता की क्षमता प्रदान की। प्रतीक-विधान से यह हुआ कि पदार्थों की अनुपस्थिति में पद ही उनका काम करने लगे। शब्द में संसार समा गया।

मनुष्य का शरीर त्वचा से मढ़ा है। त्वचा हमारी ज्ञानेन्द्रियों में आदिम है। इसका पूर्वरूप झिल्ली था। इसका गुण स्पर्श है। स्पर्श ज्ञान का आदिम आधार या माध्यम है। फिर क्रमशः अन्य ज्ञानेन्द्रियों का विकास हुआ। स्पर्शेन्द्रिय से स्वादेन्द्रिय और घ्राणेन्द्रिय और फिर चक्षुरिन्द्रिय और श्रवणेन्द्रिय का विकास हुआ। इनके विकास की प्रक्रिया बहुत कुछ साथ-साथ चली होगी। बाह्य जगत यानी त्वचा से मढ़े हुए शरीर के बाहर जो कुछ है, उससे टकराने, उसका उपयोग करने की प्रक्रिया में मनुष्य ने इन इन्द्रियों, साधनों को विकसित किया। इनके साथ ही साथ कर्मेन्द्रियाँ विकसित हुईं। इसमें आगे-पीछे का इतिहास जानना मनुष्य के भौतिक विकास का ही इतिहास जानना नहीं है, उसके मानसिक और सांस्कृतिक इतिहास को भी जानना है। प्राचीन भारतीय दर्शनों ने—विशेषतः सांख्य ने—इसकी ढंग से सविस्तर एवं व्यवस्थित व्याख्या की है। लेकिन यह व्याख्या आज केवल ऐतिहासिक महत्त्व की है।

मनुष्य की त्वचा के बाहर जो कुछ है, वह प्रकृति और समाज है। प्रकृति में जड़ के साथ चेतन भी है। किन्तु मनुष्य की चेतन अवस्था से उनकी कोई तुलना नहीं। विकास के बारे में समझना चाहिए कि वह जटिलता की प्रक्रिया से गुजरकर सम्पन्न होता है। कोई एक वस्तु या ज्ञान-शाखा नहीं विकसित होती। व्यवस्था के ढाँचे या अन्तस्सम्बद्धता को जटिल से जटिलतर बनाकर विकास होगा। विकास अन्तस्सम्बद्धता पर रूपायित ढाँचे का होता है, किसी एक ही अंग की बढ़ोतरी विकास नहीं विकलांगता या कुरूपता है। ढाँचे की अन्तस्सम्बद्धता जटिलतर होती है वस्तु में कुछ नया जुड़ जाने से। ज्ञान का विकास वस्तु में कुछ नया जुड़ना है। ज्ञान का विकास निरीक्षण-परीक्षण तथा निष्कर्ष की अनवरत प्रक्रिया का परिणाम है। इसे भौतिकी के उदाहरण से समझा जा सकता है। आप मेज में एक पिन चुभाना

चाहें तो बिना लकड़ी का कुछ अंश काटे या बाहर निकले पिन मेज में नहीं धँसेगी। जितना अंश कटकर रह गया वह जुड़ेगा नहीं। क्योंकि मेज जड़ है और पिन मेज की लकड़ी की आन्तरिकता में तन्मय नहीं हो सकती। लेकिन पौधा, खाद, हवा, रोशनी को घुलाकर अपनी वस्तु में उन्हें समो लेता है। फिर उसी की अनुरूपता में पेड़ का आकार परिवर्तित होता है। मनुष्य के ज्ञान का विकास जीवन-जगत को नयी व्यवस्था अर्थात् नयी अन्तस्सम्बद्धता में गढ़ता है।

सौन्दर्य-बोध का विकास नयी ज्ञान-वस्तु के साथ-साथ नयी अन्तस्सम्बद्धता के सहारे, उसी के ताल-मेल में हुआ है। विकास का मतलब यह नहीं कि जानकारी बढ़ते ही मनोविकारों का रूप बदल गया। इस विषय में मार्क्स का अति प्रसिद्ध और प्रायः उद्धृत कथन ललित कलाओं के विकास की दिशा को संकेतिक करता है। यह बताता है कि नयी अन्तस्सम्बद्धता में कलाओं को भी अन्ततः अनुकूलित होना पड़ेगा। हम इन्द्रिय-बोध के धरातल पर भी निरपेक्ष तौर पर प्रभावित नहीं होते। साँप विषधर न होता तो बहुत सुन्दर जन्तु था। लेकिन उसका गुण—आप चाहें तो उसकी ज्ञान-वस्तु कहें—विपरीत है। इसलिए वह आकर्षण नहीं, भयंकर है। जानकारी न होने पर बच्चे उसे पकड़ लेते हैं। अनुभवी लोग बच्चे को साँप से खेलने नहीं देते। लेकिन जिन लोगों की रोजी-रोटी साँप पकड़ने से चलती है, वे बाज नहीं आते। साँप न मिले तो सपेरा बीन बजा बजाकर लोगों को रिझाकर रोजी न कमा सके। बीन की धुन श्रुतिमधुर है लेकिन सपेरे के लिए उपयोगी भी है। वह सुनने वालों को अच्छी लगती है। क्योंकि वह (1) कोई अहितकर परिणाम नहीं छोड़ती और (2) हमारी ध्वनि-वृत्तियों के अनुकूल पड़ती है। इन वृत्तियों के विकास का सम्बन्ध सम्पूर्ण मानव-विकास से है। इनका कारण ढँढ़ने के लिए केवल संगीत नहीं, ज्ञान-विज्ञान की भी अन्य शाखाओं की सहायता लेनी पड़ेगी।

डॉ. रासविलास शर्मा ने 'आस्था और सौन्दर्य'' नामक पुस्तक में संकलित अनेक लेखों में सौन्दर्य-बोध पर मार्क्सवादी दृष्टि से विचार किया है। साहित्य का माध्यम भाषा है और भाषा सर्वाधिक समर्थ है विचारों को प्रकट करने में। विचार अमूर्तन का परिणाम होते हैं। लेकिन, यह अमूर्तन मूर्तन का निष्कर्ष होता है। शब्द प्रतीक होते हैं। वे पद होते हैं, पदार्थ नहीं। इसलिए शब्दों का योग अमूर्त विचारों का सर्वोत्तम साधन है। लेकिन इसमें संस्कार के अनुसार प्रत्येक व्यक्ति के चित्त में चित्र प्रस्तुत करने का सामर्थ्य है। अतः शब्दों से निर्मित कला—साहित्य—में प्रभाव की दृष्टि से बहुत अनिश्चय बना रहता है। लेकिन संस्कार प्रत्येक व्यक्ति के भिन्न-भिन्न ही नहीं होते। स्थितियों के कारण, जिनमें वर्गीय स्थिति भी शामिल है, संस्कार के साथ-साथ अनुभव, आशा, आकांक्षाएँ समान भी होती हैं। इसीलिए समान स्थितियों

में रहने वाले लोग समान काव्यास्वाद में सहभागी होते हैं। मजदूरवर्ग एक तरह के गीतों को पसन्द करता है, राष्ट्रीय आन्दोलन के दिनों में उद्‌बोधनपरक गीत पसन्द आते थे। लेकिन ऐसी कविता ज्यादातर प्रधानतः वैचारिक समानता पर ही आधारित होती है, अतः बहुत दूर तक या देर तक या अन्य लोगों को उसी तरह नहीं प्रभावित करती। यह मजदूर वर्ग के अलावा उन्हीं लोगों को प्रभावित कर सकती है जिनके समान विचार हैं।

इन्द्रिय-बोध और अनुभव की छनी हुई वस्तु—ज्ञान—ही विचार और मनोविकारों का उत्पादक है। लेकिन विचार हमें सन्तुलित करता है, मनोविकार क्षुब्ध करते हैं। सामाजिक एवं ऐतिहासिक बोध—यानी विचारधारा—विचार को विवेक बनाता है। दूर तक एवं देर तक व्यापक जन समुदाय को प्रभावित करने वाली कविता में इन्द्रिय बोध, भाव और विचार तीनों का सन्तुलन होता है। कविता वैचारिकता द्वारा पुष्ट होकर भावान्दोलित करती है।

हिन्दी आलोचना में वैज्ञानिक दृष्टि से सौन्दर्य-बोध पर विचार आचार्य रामचन्द्र शुक्ल ने प्रारम्भ किया था। उनके द्वारा विवेचित सौन्दर्य-बोध में मानव की विकास-यात्रा एवं भौतिक विज्ञान का पर्याप्त दखल था। दिक्कत यह है कि 'विश्वप्रपंच की भूमिका' और 'रस मीमांसा' को न पढ़े हुए विचारक (!) ही शुक्ल जी से आगे बढ़ जाने की आतुरता में दुनिया को कचरे का ढेर समझकर जोर से बाँग देते हैं। ऐसे लोगों में कभी-कभी मार्क्सवादी समझे जाने वाले लेखक भी दिखाई पड़ते हैं। कुछ लोग बाराती विचारक हैं, जो जिसकी ग्रन्थावली छपती है, उसे श्रेष्ठ बताते हैं, जिसकी शताब्दी मनायी जाती है, उसे श्रेष्ठ बताते हैं। बारात में दूल्हे को 'वर' कहा जाता है।

डॉ. अजय तिवारी इन लोगों से भिन्न विचारक हैं। उन्होंने विकसित ज्ञान की सीमा पर स्थित होकर सौन्दर्य-बोध का परीक्षण हिन्दी प्रगतिशील कविता के क्षेत्र में किया है। उन्होंने सौन्दर्य-बोध का द्वन्द्वात्मक भौतिकवादी विश्लेषण किया है। अंग्रेजी के माध्यम से अन्य भाषाओं के विचारकों ने सौन्दर्य-शास्त्र का जो विस्लेषण किया है, उससे उन्होंने लाभ उठाया है। बड़ी बात यह कि उन्होंने प्रगतिशील काव्य में सौन्दर्य की खोज हिन्दी काव्य की परम्परा के सन्दर्भ में की है। मुझे यह लिखने में हर्ष और गौरव का अनुभव हो रहा है कि इस पुस्तक के अध्ययन से मैं लाभान्वित हुआ हूँ और मेरा ज्ञान-वर्धन हुआ है। मार्क्सवादी विचारक होने के नाते उन्होंने प्रगतिशील काव्य में सौन्दर्य-बोध पर विचार विवादात्मकता (पोलेमिक्स) के तेवर में उठाया है। हम परिचित हैं कि गम्भीर विचार प्रारम्भ करने की यह पद्धति डॉ. रामविलास शर्मा

की है। इस पथ पर चलने के लिए जिस संकल्प एवं चरित्र की आवश्यकता है, वह अजय तिवारी में है। आश्वस्त हुआ जा सकता है कि यदि आवश्यक अवसर मिला तो वे हिन्दी आलोचना की उल्लेखनीय सेवा कर सकेंगे।

8 अप्रैल, 1984 —विश्वनाथ त्रिपाठी

एफ-8/2, मॉडल टाउन,
दिल्ली-110009

दूसरे संस्करण की भूमिका

परिमल प्रकाशन बन्द हो गया। उसके स्वामी श्री शिवकुमार सहाय के साथ उनके प्रकाशन का भी अन्त हो गया। 'प्रगतिशील कविता के सौन्दर्य-मूल्य' का पहला संस्करण परिमल से आया था। 1984 में। डेढ़ दशक से ज्यादा समय से वह अप्राप्य है। दूसरा संस्करण मेरी ढिलाही के कारण देर से आ रहा है। वाणी प्रकाशन के स्वामी श्री अरुण माहेश्वरी के बारम्बार आग्रह के बावजूद उसे तैयार करने और देने में मुझे ही आलस्य घेरे रहा। आखिरकार, अनेक मित्रों के दबाव के चलते, वह नौबत अब आयी।

पुस्तक के पहले संस्करण में 'रूप और वस्तु' पर स्वतन्त्र अध्याय नहीं था। उससे सम्बन्धित स्थापनाएँ भूमिका में दे दी गयी थीं। यहाँ वह अध्याय जोड़ दिया गया है इसलिए भूमिका के तत्सम्बन्धी अंश को हटाकर संक्षिप्त टिप्पणी दे दी गयी है। इसके अलावा पुस्तक में कोई परिवर्तन नहीं किया गया है—अशुद्धियाँ दूर करने और सन्दर्भों को व्यवस्थित करने के सिवा। हालाँकि यह अपेक्षित था कि प्रगतिशील कवियों की परवर्ती रचनाओं पर और बाद में हुए प्रगतिशील आन्दोलन के विवेचनों पर कुछ सामग्री जोड़ी जाती। ऐसा न हो पाने के लिए में अपनी कमी स्वीकार करता हूँ।

पुस्तक 1979-80 में लिखी गयी थी। 1982 में जिस समय उसका पहला संस्करण तैयार हुआ था, वह हिन्दी में नये जनवादी आन्दोलन के उभार का समय था। आज वह आन्दोलन पृष्ठभूमि में चला गया है। उदारीकरण और भूमंडलीकरण का सांस्कृतिक प्रभाव प्रगतिशील-जनवादी आन्दोलन पर भी हावी हो गया है। निस्सन्देह, उस आन्दोलन में कुछ महत्त्वपूर्ण लेखक—कवि, कथाकार, आलोचक—सामने आये हैं। वे सांस्कृतिक-वैचारिक स्तर पर संघर्ष भी कर रहे हैं और रचनात्मक स्तर पर सक्रिय भी हैं। उन सभी की सामान्य विशेषता यह है कि उन्होंने अपनी अवधारणा को प्रगतिशील साहित्यान्दोलन से जोड़कर अपनी राह बनायी है। जिन 'जनवादियों' ने प्रगतिशील आंदोलन के बजाय 'नई कविता' से अपने को अधिक जोड़ा, वे मुक्तिबोध-रघुवीर सहाय के प्रतिमान से बँधकर रह गये। उनका इतिहास-बोध कुंठित

हुआ, वे जनवादी साहित्य के विकास में भी बाधक हुए।

आज के दौर में भी नये जनतान्त्रिक विकास में प्रगतिशील साहित्य का अध्ययन मददगार होगा। अपनी साम्राज्यवाद-विरोधी चेतना के नाते और जनसंस्कृति को अंगीकार करने के नाते भी। यह बात बारम्बार देखी गयी है कि सामाजिक संकट का हल जनता की सकर्मक भूमिका से होता है और सांस्कृतिक संकट का हल जनसंस्कृति से रचनाशीलता को जोड़कर होता है, लेकिन बाज़ारवादी प्रभाव ने नये लेखकों पर काफी सांघातिक असर डाला है। वे गाँव-कस्बे से आकर जल्दी ही अपना रुख चकाचौंध वाली दुनिया की ओर कर लेते हैं। गाँव-कस्बे की स्मृतियाँ भी आती हैं तो सजीव अनुभव की तरह नहीं, मोहक कल्पना की तरह, जिसमें वास्तविक जीवन के अन्तर्विरोध नहीं रहते, चमत्कृत करने वाली नवीनता रहती है। लेकिन ऐसी नवीनता बहुत जल्द अपना चमत्कार खो देती है क्योंकि वास्तविक चमत्कार जीवन्त- प्रक्रिया में ही सम्भव है।

वर्तमान के अन्तर्विरोधों से बचने वाली दृष्टि और संवेदना स्मृतियों में भी अन्तर्विरोधों को नज़रन्दाज़ करती है। वे स्मृतियाँ सुदूर अतीत की नहीं, बिल्कुल वर्तमान की हैं। अन्तर सिर्फ यह है कि लेखक एक परिदृश्य से हटकर दूसरे परिदृश्य में आ गया है। अन्तर्विरोध-रहित मोहक स्मृति-संसार वाला यह साहित्य जनसंस्कृति का नाम लेते हुए भी जनसंस्कृति से दूर है, वह जनता की चेतना उन्नत करने के बजाय सम्मान-पुरस्कार की संस्थाओं का ध्यान आकर्षित करने में ही सार्थकता अनुभव करता है।

प्रयोगवाद से लेकर इस नये बाज़ारवाद तक अलग-अलग समय में अलग-अलग प्रवृत्तियों ने साहित्य के विकास को प्रभावित करने का काम किया है। इन पराङ्मुख प्रवृत्तियों से संघर्ष करके सांस्कृतिक विकास को जनतान्त्रिक पथ पर बनाये रखने में भक्ति साहित्य, भारतेन्दु-युगीन साहित्य और छायावाद की तरह प्रगतिशील साहित्य भी हमारा मार्गदर्शक और सहायक है। 'संग्रह-त्याग न बिनु पहिचाने'— द्वन्द्वात्मक विवेक के बिना न अतीत से सही, विकासमान सम्बन्ध कायम किया जा सकता है, न आगे का रास्ता बनाया जा सकता है। इसलिए प्रगतिशील साहित्य का अध्ययन केवल इतिहास ज्ञान का विषय नहीं है, हमारे वर्तमान संघर्ष और भावी विकास का प्रेरक भी है।

'प्रगतिशील कविता के सौन्दर्य-मूल्य' मेरी पहली पुस्तक थी। गुरुवर डॉ. विश्वनाथ त्रिपाठी ने उसके लिए 'प्रवेशिका' लिखी थी। उन्होंने अपने उत्साही युवा शिष्य के प्रति जिस उदारता का परिचय दिया था, यह अतुलनीय है। अपने पिता के दिये संस्कार और अपने गुरुओं की शिक्षा का ही सुफल है कि उस उदारता ने मुझमें अहंकार नहीं आने दिया। मुझे पुस्तक की सीमाओं का ही नहीं, अपने विवेचन के

उथलेपन का भी बोध है। पुस्तक में विद्यमान स्थापनाएँ अनेक स्रोतों से आयी हैं। मेरे पिता श्री बद्रीनाथ तिवारी की अनेक मान्यताएँ मेरे लेखन का अंग बन गयी हैं। आचार्य रामचन्द्र शुक्ल, डॉ. रामविलास शर्मा और मार्क्स-लेनिन की अनेक धारणाएँ मेरे चिन्तन में समाहित हो गयी हैं। टी.एस. इलियट की यह बात सही प्रतीत होती है कि नितान्त मौलिक कुछ नहीं होता। त्रिपाठी जी की 'प्रवेशिका' यथास्थान मौजूद है।

अन्त में, अपने आग्रहों को दोहराना आवश्यक प्रतीत होता है।

अन्य प्राणियों से मनुष्य का (सौन्दर्य) बोध विशिष्ट है। इसका कारण है। अन्य प्राणी इकाइयों के समुच्च में रहते हैं इसलिए झुंड कहलाते हैं। मनुष्य आर्थिक और मानवीय सम्बन्धों के दोहरे ताने-बाने में जीता है इसलिए समाज बनाता है। इन्द्रिय बोध के स्तर पर सौन्दर्य की सत्ता व्यापक है, अन्य प्राणियों में भी सहजबोध के कुछ अंकुर सौन्दर्य-चेतना की दिशा में बढ़े हुए दिखाई देते हैं, लेकिन सम्बन्धों के दोहरे ताने-बाने से छनकर आने के नाते मनुष्य में सौन्दर्य का बोध अपनी विशेषता लिये रहता है। इसीलिए एशियाई सौन्दर्य-दृष्टि और अफ्रीकी या यूरोपीय सौन्दर्य-दृष्टि में अन्तर मिलता है। हालाँकि उसकी मूल-प्रेरणा में अन्तर नहीं होता। वह सहजवृत्तियों का ही विकसित-परिष्कृत रूप है।

मनुष्य का सारतत्त्व रचनात्मक है। वह उत्पादन करता है। अन्य प्राणी प्रकृति के साधनों का उपयोग करते हैं, मनुष्य उनकी रचना भी करता है। इसलिए मनुष्य के सन्दर्भ में प्रकृति एक नये सौन्दर्य-मूल्य से दीप्त हो उठती है। बकरी निरीह है लेकिन वह फूल को चर जाती है, मनुष्य ताकतवर है, वह बकरी को खा लेता है लेकिन फूल को सजाता है। उपयोगिता और सौन्दर्य के बीच काफी जटिल सम्बन्ध परिलक्षित होता है।

सम्बन्धों के ताने-बाने में रहने से प्रेम और घृणा के भावों का विकास होता है, परिस्थितियों के अनुसार भावों का रूपान्तरण होता है और अनेक नये, जटिल भावों का संसार सामने आता है। सौन्दर्य-मूल्य का बहुत गहरा सम्बन्ध इन भावों से है। इन्द्रियबोध के स्तर पर सुन्दर-असुन्दर की चेतना भाव-सम्बन्ध से प्रभावित होती है। अपनी असुन्दर, विकलांग सन्तान भी 'सुन्दर' लगती है। वास्तव में वह 'प्रिय' होती है, प्रेम सौन्दर्य का रूप ले लेता है।

समाज में श्रम का विभाजन होने के बाद क्रमशः वर्गीकरण और प्रभुत्व का विकास होता है। जैसे पिता के गुण-दोष का प्रभाव सन्तान पर पड़ता है, उसी प्रकार समाज के वरेण्य नागरिकों के आचरण का प्रभाव साधारण लोगों पर पड़ता है। 'लोकनारियों के लिए रानियाँ आदर्श हुईं'—निराला। सचेत रूप में वर्चस्वशाली वर्ग

अपनी सत्ता कायम रखने के लिए जनता की चेतना को अनुकूलित करते हैं; अचेत रूप में प्रभुत्वशाली वर्गों का सांस्कृतिक प्रभाव अधीनस्थ समुदाय ग्रहण भी करते हैं। इससे वैचारिक स्तर पर सौन्दर्य-बोध का स्वरूप निर्धारित होता है। इसलिए सौन्दर्य-मूल्य का सम्बन्ध इन्द्रियबोध, भावधारा के अतिरिक्त विचारधारा से भी है।

यह समझना भूल है कि विचारधारा सौन्दर्य-सृजन में सीधा प्रभाव डालती है अथवा वह सामाजिक-सम्बन्धों का सीधा प्रतिबिम्ब है। रचनाकार की दृष्टि में ही विचारधारा के स्रोत निहित होते हैं। इसलिए विचारधारा को संस्कार से पूर्णतः अलग नहीं किया जा सकता। या तो संस्कार विचारधारा को अनुकूलित करता है या विचारधारा संस्कारों को रूपान्तरित करती है। इसी प्रक्रिया में रचनात्मक अन्तर्दृष्टि निहित होती है। इसलिए विषय का चुनाव करने से लेकर उसे भरा-पूरा रूप देने तक हमारी पूरी रचना-प्रक्रिया विचारधारा से परिचालित होती है। विचारधारा न मिथ्या-चेतना है, न एकमात्र निर्णायक तथ्य। वह अन्य घटकों के सहयोग से सौन्दर्य-सृष्टि का और सांदर्य-दृष्टि का निर्धारण करती है। इसीलिए वह सौन्दर्य-मूल्य का अनुपेक्षणीय, अनिवार्य अंग है।

आज के साहित्य के लिए इन प्रश्नों की प्रासंगिकता है। इन सभी प्रश्नों पर नये साहित्य को प्रगतिशील सौन्दर्य-चिन्तन और रचनात्मक साहित्य से अपने लिए अनेक महत्त्वपूर्ण दृष्टि-बिन्दु मिल सकते हैं।

अस्तु,

नयी दिल्ली, 3 दिसम्बर, 2012

अजय तिवारी

प्रथम संस्करण की भूमिका

हिन्दी में छायावाद के बाद प्रगतिवाद को छोड़कर ऐसा कोई सशक्त साहित्य नहीं दिखाई पड़ता जिसने जनता के सांस्कृतिक जीवन पर अमिट छाप छोड़ी हो। प्रगतिवाद के दबने और प्रयोगवाद-नयी कविता के उभरने के साथ हिन्दी में मूल्यहीन अराजकता का दौर आरम्भ हुआ। यह स्थिति भूखी-नंगी, अभिशप्त-विक्षिप्त आदि पीढ़ियों के विद्रोह और अकविता के उफान तक कमोबेश बरकरार रही। इसका मुख्य कारण था समाज की धारा को छोड़कर व्यक्तिवाद और अहंवाद के ढर्रे पर साहित्य रचने का चाव। यह व्यक्तिवाद और अहंवाद कहीं समाज की उपेक्षा करके अपने अंह की अन्तर्गुहा में जा बसने की प्रेरणा देता था और कहीं सामाजिक परिस्थितियों से विद्रोह में कवि का कवच बनता था। दोनो ही स्थितियों में कविता जनता से दूर हुई, कवि के निजी भावों-विचारों की बन्दी बनी। स्वभावतः वह सामाजिक सन्दर्भवत्ता से अधिक कवि के निजी खिलवाड़ की वस्तु होती गयी। यह स्थिति अधिक समय नहीं चलने वाली थी। जैसे-जैसे जनता का असन्तोष बढ़ा, परिस्थितियों के दबाव से जनवादी चेतना के उभार का काम तेज़ हुआ, वैसे-वैसे यह अराजकतावादी-मूल्यहीन साहित्य निष्प्रभावी होता गया।

आज प्रगतिशील शक्तियों और जनवादी चेतना के उभार का नया सिलसिला आरम्भ हुआ है। कवियों में जनता की भावनाओं, उसके सांस्कृतिक जीवन और उसके विचारों से जुड़ने की नयी ललक दिखाई देती है। यह साहित्य जनता की सांस्कृतिक परम्पराओं से जुड़कर, उसके जीवन से घनिष्ठ सम्बन्ध जोड़कर, उसकी क्षमता और उसके भविष्य में आस्था रखकर ही हिन्दी के जातीय साहित्य को नयी मंज़िल पर पहुँचा सकता है। इसके लिए आवश्यक है कि प्रगतिशील आन्दोलन से अपना सम्बन्ध दृढ़ किया जाय। यह पुस्तक इस कोशिश का अंग है।

आज जो जनवादी साहित्य उभार पर है, उसका मुख्य संघर्ष प्रगतिवादी काव्य की भाँति पतनशील सामन्ती मूल्यों, विकृत पश्चिमी रुझानों और पूँजीवादी-व्यक्तिवादी संस्कारों से है। ये प्रवृत्तियाँ प्रगति-विरोधी लेखकों में तो हैं ही, अनेक वामपन्थी लेखकों पर भी इनका प्रभाव झलकता है। इसलिए यह समझना भूल है कि यह नया

उभार अपने सहज वेग से इन बुराइयों पर काबू पा लेगा और सभी गलित प्रवृत्तियों को गंगा स्नान से पवित्र बनाने के बाद अपनी धारा में समाहित कर लेगा।

प्रगतिशील आन्दोलन के अन्तिम चरण में जो पराङ्मुख प्रवृत्तियाँ विकसित हुईं, उनका सम्बन्ध स्वाधीन भारत के नये पूँजीवादी विकास से था। तब पूँजीवादी वर्ग के लिए यह सुविधाजनक था कि वह प्रगतिशील चिन्तन का खुला विरोध करके अपनी चमक-दमक और उदारता के प्रदर्शन से कवियों को आकृष्ट कर सके। पूँजीवाद का संकट बढ़ने, उसकी सांस्कृतिक नीति का दिवालियापन उजागर होने के साथ-साथ उसके लिए इस सुविधा की गुंजाइश कम हुई है। आज सरकारी या गैर-सरकारी पूँजीवादी प्रतिष्ठान जिस नयी कुलीवतावादी धारणा को प्रचारित कर रहे हैं, उसमें प्रगतिशील और प्रगति-विरोधी तत्त्वों को इस तरह मिलाया जा रहा है कि विचारधारा या सवाल उपेक्षित रह जाय, समाज के अन्तर्विरोधों से दृष्टि हट जाय, जनता के साथ प्रत्यक्ष और घनिष्ठ भागीदारी की बात पीछे हो जाय तथा निष्क्रिय सहानुभूति की बात आगे आ जाय।

अपने चरम संकट की इस घड़ी में भारतीय पूँजीवाद ने प्रकटतः उदार लगने वाली सांस्कृतिक नीति के वरण में बदनाम सी.आई.ए. अधिकारियों और संशोधनवादियों की अगुवाई में चलने वाले अमरीका के 'स्कूल ऑफ मार्क्सियालॉजी' से सीख ली हो तो कोई हैरानी की बात नहीं है। प्रगतिशील साहित्यकारों का कर्त्तव्य है कि वे नये जनवादी उभार के साथ अधिक उग्र होती हुई इस सांस्कृतिक चुनौती की अनदेखी न करें। सरकारी उदारवाद का जवाब क्रान्तिकारी उदारवाद से न देकर क्रान्तिकारी सिद्धान्त-निष्ठा से ही दिया जा सकता है। प्रगतिशील आन्दोलन के अन्तर्विरोधों की जाँच-पड़ताल करके हम अपने आज के दायित्वों को भी समझ सकते हैं।

इस पुस्तक में प्रगतिशील काव्य के सौन्दर्य-मूल्यों का अध्ययन है। एक तो इसलिए कि प्रगतिशील काव्य, उसके सौन्दर्यबोध और स्वयं वैज्ञानिक सौन्दर्यशास्त्र के सम्बन्ध में व्याप्त भ्रान्तियों का निराकरण करते हुए वैज्ञानिक सौन्दर्य-चिन्तन की कुछ बुनियादी स्थापनाओं की रूपरेखा प्रस्तुत की जा सके। दूसरे इसलिए कि इससे प्रगतिशील काव्य की विशेषताओं और उपलब्धियों को समझने में ही नहीं, आज के साहित्यिक विकास की अनेक समस्याएँ सुलझाने में भी मदद मिलेगी।

प्रगतिवादी दौर की तरह आज के साहित्य के विकास की समस्या एक ओर मार्क्सवाद से प्रभावित लेखकों और दूसरी ओर मार्क्सवाद से अप्रभावित अन्य प्रगतिशील-जनवादी लेखकों की एकता से जुड़ी है। साहित्य का सम्बन्ध केवल विचारधारा से नहीं, इन्द्रियबोध, भाव और संस्कार से भी है। सभी लेखकों का मार्क्सवाद स्वीकार करना आवश्यक नहीं है। इसलिए विचारधारा से भिन्न वह कौन-सा

आधार होगा जिस पर सभी तरह के जनवादी लेखक एक साथ आयेंगे?

पुस्तक में संगठन के सिद्धान्तों की चर्चा नहीं है। किन्तु प्रगतिवादी दौर के काव्य के अनुशीलन से यह दिखाने की कोशिश की गयी है कि प्रगतिशील काव्य की भाँति आज के साहित्य की परख और साहित्कारों की एकता का मुख्य सैद्धान्तिक आधार होगा– जनता के हितों की तरफदारी। इसी आधार पर जनवादी लेखकों की व्यापक एकता की समस्या हल की जा सकती है और साथ ही, उदारवाद और अवसरवाद के खतरे से भी बचा जा सकता है। जनता के हितों से जुड़ने का सवाल विचारधारा से स्वतन्त्र नहीं है और न उससे यान्त्रिक ढंग से बँधा है। जनता की तरफदारी और विचारधारा का आपस में कैसा सम्बन्ध है, इसे पुस्तक में यथास्थान दिखाया गया है।

साहित्य के विकास की एक समस्या रूप और वस्तु के सम्बन्ध की समस्या है। प्रगतिशील साहित्य पर रूप की उपेक्षा का आरोप बराबर लगाया जाता रहा है। कविता के शिल्प का विवेचन करने के अलावा रूप और वस्तु की भूमिका तथा दोनों के परस्पर-सम्बन्ध और सन्तुलन को लेकर अपनी धारणाएँ पुस्तक में दी गयी हैं। पहली बात तो यह कि अन्तर्वस्तु के अभाव में रूप की कल्पना नहीं की जा सकती और रूप के बिना अन्तर्वस्तु के अस्तित्व को नहीं जाना जा सकता। लेकिन दोनो के सम्बन्ध और सन्तुलन की कोई एक स्थिर और सनातन अवस्था नहीं हो सकती। दूसरी बात यह कि विभिन वर्गों में, विभिन्न युगों में और विभिन्न कलाओं में रूप और वस्तु का सन्तुलन एक जैसा नहीं रहता। इसलिए हर परिस्थिति के लिए कोई सार्वभौम सूत्र नहीं बनाया जा सकता।

अन्त में, उन सभी सहयोगियों और मित्रों के प्रति आभार प्रकट करता हूँ जिन्होंने इस कार्य के सम्पादन में योग दिया है। मैं मूर्धन्य प्रगतिशील कवि नागार्जुन और त्रिलोचन का, अपने गुरुजन डॉ. जगदीश कुमार, डॉ. नित्यानंद तिवारी और डॉ. विश्वनाथ त्रिपाठी का तथा पिता श्री बद्रीनाथ तिवारी का विशेष रूप से कृतज्ञ हूँ। इनके अमूल्य विचारों और अभिभावनापूर्ण चिन्ता ने मुझे निरन्तर प्रेरणा और बल दिया है। मैं सर्वश्री रामगोपाल गुप्ता, प्रकाश तिवारी, हरीयश, शशांक, चारुमित्र, सुधीश पचौरी, अखिलेश और दिनेश आदि मित्रों का आभारी हूँ जिन्होंने इस पुस्तक के लिखे जाने से लेकर प्रकाशित होने तक अनेक रूपों में सहयोग किया है। अपने प्रकाशक श्री शिवकुमार सहाय को भूल जाना कृतघ्नता होगी, जिन्होंने परिवारिक आत्मीयता के साथ लगातार लिखने की प्रेरणा दी और इस पुस्तक को छापने का साहस जुटाया।

नयी दिल्ली, 19 अगस्त, 1982

अजय तिवारी

अनुक्रम

अध्याय-1
सौन्दर्य-मूल्य : द्वन्द्वात्मक आधार

मनुष्य अपने विशिष्ट गुणों के कारण सृष्टि का केन्द्र-बिन्दु बन गया है। वही सृष्टि को अर्थवत्ता प्रदान करता है। मूल्य की अवधारणा इस मानव-विशिष्ट अर्थवत्ता से गहरे तौर पर जुड़ी हुई है। जैविक और सामाजिक विकास के क्रम में मनुष्य अनेक अन्तर्विरोधों से जूझता हुआ विकास करता है। प्रजातीय विकास के क्रम में अपने परिजीवन के लिए उसका संघर्ष बाह्य प्रकृति से होता है। इसे प्रकृति और मानव समाज के बीच का अन्तर्विरोध कहा जाता है। सामाजिक विकास के क्रम में व्यष्टि और समष्टि (व्यक्ति और समाज) के बीच अन्तर्विरोध दिखाई देता है।

इन अन्तर्विरोधों के बावजूद यह कह देना सम्भव नहीं है कि अपने से बाहर की तमाम प्रकृति को नष्ट करके मनुष्य अपने जीवन की निरन्तरता को बनाये रख सकता है; या एक व्यक्ति और पूरे समाज का अन्तर्विरोध हल नहीं हो सकता। वस्तुतः ये विरोध वास्तविक न होकर प्रतीयमान हैं। वास्तविक विरोध वहीं मानना चाहिए जहाँ दोनों तत्त्व परस्पर बहिष्कारी हों। इस प्रतीयमान विरोध को वैज्ञानिक शब्दावली में द्वन्द्वात्मक एकता कह सकते हैं। यह द्वन्द्वात्मकता ही जीवन-जगत् के सभी कार्यकलापों का मूलाधार है। वैज्ञानिक भौतिकवादी चिन्तन में इस द्वन्द्वात्मकता को 'विकास की प्रेरक शक्ति और स्रोत' कहा गया है।[1]

मनुष्य अन्य प्राणियों से इसी अर्थ में भिन्न है कि वह अपने और अपने से बाहर, जीवन-जगत् और प्रकृति से सम्बन्धित तमाम प्रश्नों को समझता और उनका तर्कसंगत हल निकालने की कोशिश करता है। जहाँ उसके समाधान जीवन-मात्र या मनुष्य-मात्र के लिए घातक होते हैं वहाँ असंगति पैदा होती है। मानव समाज विकास की सहज प्रक्रिया में इस असंगत समाधान का परित्याग कर देता है। जहाँ यह समाधान मानव जीवन को तथा मनुष्य से स्वतंत्र प्रकृति के अन्य उपादानों के साथ उसके सम्बन्ध को विवेकसंगत आधार प्रदान करता है वहाँ वह सार्थक होता है। यही सार्थकता मूल्य है।

मूल्य की अवधारणा को बहुधा आर्थिक विषयों से सम्बद्ध करके देखा जाता

है। किन्तु ऐसा तभी होता है जब मानव-चेतना के विकास की विशिष्टता और वस्तुनिष्ठता के प्रति सही दृष्टिकोण न अपनाया गया हो। पाल वैलरी ने ठीक ही कहा है कि "...मूल्य की अवधारणा आर्थिक जगत् की तुलना में मानसिक जगत् में अपेक्षाकृत उच्च स्तर की भूमिका अदा करती है, हालाँकि आत्मिक मूल्य, आर्थिक मूल्य से कहीं अधिक गूढ़ है।"[2]

मूल्य को अर्थशास्त्र तक सीमित कर देने में यह ध्वनि निहित है कि सौन्दर्य-मूल्य अन्ततः आर्थिक मूल्यों का ही एक रूप है। सौन्दर्य-मूल्य आर्थिक मूल्यों से भी जुड़े हैं, यह सही है; किन्तु उनका आर्थिक जगत् से सीधा और स्पष्ट रिश्ता नहीं है। अगर सौन्दर्य-मूल्य आर्थिक मूल्यों के प्रत्यक्ष प्रतिबिम्ब मान लिये जायें तो इस बात की व्याख्या कैसे की जायेगी कि एक आर्थिक ढाँचा बदल जाने पर भी कलात्मक उपलब्धियों का सौन्दर्य-मूल्य नहीं बदलता। डॉ. रामविलास शर्मा ने यह प्रश्न उठाया है और वे इस निष्कर्ष पर पहुँचे हैं कि मनुष्य का सौन्दर्य-बोध उसकी संस्कृति का अभिन्न अंग है किन्तु आर्थिक व्यवस्था बदलने के साथ उसमें आमूल परिवर्तन घटित नहीं होता। डॉ. शर्मा ने 'ताजमहल' और 'अभिज्ञान शाकुन्तल' तथा 'इलियड', 'हैमलेट' को 'मानव संस्कृति की अन्यतम उपलब्धियाँ' बताते हुए यह सिद्ध किया है कि "उनका मूल्य भूमि या कारखानों के स्वामित्व-परिवर्तन के साथ नहीं बदल गया।"[3]

आर्थिक आधार से कलात्मक मूल्यों या सौन्दर्य-बोध की इस सापेक्ष स्वतन्त्रता का निदर्शन स्वयं कार्ल मार्क्स ने किया है। मार्क्स ने कला और समाज के असमान विकास के सन्दर्भ में यूनानी कला का विवेचन करते हुए बताया है कि : "कला के सम्बन्ध में यह एक जानी-मानी बात है कि उसके कुछ उत्कर्ष किसी भी तरह मानव समाज के सामान्य विकास के अनुरूप नहीं होते और इसलिए न ही वे भौतिक नींव के, जो मानो उसके संगठन का ढाँचा हो, अनुरूप होते हैं।"[4] प्रसिद्ध मार्क्सवादी सौन्दर्यशास्त्री अडोल्फो सैंचेज़ वेज़्क्वेज़ के अनुसार कला अपने आर्थिक आधार से लगभग पूर्ण स्वायत्त है; "इस हद तक कि वह अपनी सामाजिक अवस्थाओं की विशिष्टता का अतिक्रमण कर जाती है।"[5]

इस अध्ययन से यह निष्कर्ष नहीं निकाल लेना चाहिए कि कला सामाजिक आधार से पूर्णतः स्वतन्त्र परम सत्ता है। पाश्चात्य विद्वान थेयोडोर मामर ग्रीन का कथन है कि ".... जीवन, चेतना, विवेक और नैतिक सच्चरित्रता की ही भाँति सौन्दर्यात्मक गुण और उसके विभिन्न रूप भी चरम और अद्वितीय हैं।"[6] इस अद्वितीय वैशिष्ट्य को व्यक्ति की सौन्दर्य-चेतना से जोड़कर वे इस नतीजे पर पहुँचते है कि अलग-अलग व्यक्तियों की सौन्दर्य-चेतना में अन्तर होता है हालाँकि यह क्षमता 'अनुकूल प्रशिक्षण द्वारा विकसित' की जा सकती है।[7]

यहाँ यह प्रश्न उत्पन्न होना स्वाभाविक है कि मनुष्य की सौन्दर्य-चेतना का स्परूप है? क्या सौन्दर्य-चेतना को चेतना के अन्य रूपों—धर्म, दर्शन, नैतिकता, इतिहास-बोध आदि—से स्वतन्त्र, पूर्ण और चरम सत्ता माना जा सकता है? क्या चेतना के अन्य रूप सौन्दर्य-चेतना के साथ घात-प्रतिघात करते हैं या उनमें कोई आपसी सम्बन्ध कायम नहीं होता? वस्तुतः इन प्रश्नों का हल विकास की और मानव-समाज की हमारी व्याख्या पर निर्भर है। यदि इस मानव-समाज और मानव-चेतना के विकास के संश्लिष्ट एवं द्वन्द्वात्मक तर्क को हम समझते और स्वीकार करते हैं तो हमारा उत्तर श्री ग्रीन के उत्तर से भिन्न होगा।

हम मूल्य की अवधारणा को मानव-सापेक्ष मानते हैं। मूल्यों का जन्म मनुष्य और उसकी चेतना की ही भाँति उन बहुमुखी टकरावों से होता है, जिन्होंने मनुष्य को विशिष्ट स्वरूप प्रदान किया है। कला का जन्म श्रम-प्रक्रिया से स्वतन्त्र रूप में नहीं हुआ है। श्रम-प्रक्रिया के वैशिष्ट्य ने ही हमें पशुओं से गुणात्मक दृष्टि से भिन्न, एक नये धरातल पर पहुँचा दिया, जहाँ हम अपनी जन्मदात्री प्रकृति को भी अधिकाधिक नियन्त्रण में करने के लिए संघर्षरत हैं। सौन्दर्य-चेतना का विकास और सौन्दर्य-मूल्यों का प्रश्न हमारे इस समूचे प्रजातीय (मनुष्य के सन्दर्भ में सामाजिक) विकास से सम्बद्ध है। जीवन-प्रक्रिया में यह निहित गुण है कि प्राणी एक साथ व्यष्टि और समष्टि के दोहरे स्तर पर जीता है। यह प्रक्रिया परस्पर-विरोधी न होकर परस्पर पूरक है।

पृथगात्म की ड़ैसियत से जीते हुए हम प्रकृति-प्रदत्त किसी वस्तु का जिस परिमाण में उपभोग करते हैं, उसी अनुपात में दूसरों को वंचित करते हैं। इस स्तर पर परिजीवन का स्वरूप विरोधात्मक नज़र आता है। किन्तु यह भी अकाट्य सत्य है कि प्रजाति के परिजीवन के लिए पृथगात्म स्वेच्छापूर्वक आत्मक्षय करता है। मसलन सन्तानोत्पत्ति के लिए आत्मक्षय या माँ द्वारा शिशु को दुग्धपान कराना, आदि। पृथगात्म और प्रजाति के परिजीवन के लिए किये गये हमारे प्रयत्नों से मिलने वाले आनन्द में अन्तर है। यह अन्तर जीवन-प्रक्रिया में अन्तर्निहित उपयोग के स्तरों से जुड़ा है। यह हमारी चेतना में अनुरंजनात्मक-बोध के अन्तर में प्रतिफलित होता है। पहले आत्मा तब परमात्मा। किन्तु यदि 'आत्मा' की आवश्यकताएँ—जिन्दगी की शर्तें—पूरी होती हैं तभी वह परमात्मा के लिए किये गये प्रयत्नों में सौन्दर्य-बोध और नैतिक-बोध का अनुभव करता है। प्रजातीय परिजीवन के लिए किये गये आत्मक्षय का जितना गहरा सम्बन्ध उपयोग से है, उसकी आनन्दानुभूति भी उतनी ही उच्चतर है। यह गौर करना चाहिए कि इस सम्बन्ध में हमारा नैतिक मूल्य भी सर्वाधिक विकसित है। इससे आनन्द और उपयोग (सौन्दर्य-मूल्य और नैतिक मूल्य) तथा व्यष्टि और समष्टि के बीच द्वन्द्वात्मक एकता का स्वरूप स्पष्ट हो जाता है।

इस बुनियादी स्वरूप को स्वीकार करने पर हम सौन्दर्य-मूल्यों को चरम या

अद्वितीय नहीं मानेंगे। दरअसल, उपयोग और अनुरंजन तत्त्व जीवन-प्रक्रिया में ही निहित है। उन्हें एक-दूसरे से पृथक् नहीं किया जा सकता। अधिरचना के विविध तत्त्वों—नैतिक, आर्थिक, धार्मिक, दार्शनिक, राजनीतिक, सौन्दर्यात्मक आदि—के बीच भी घात-प्रतिघात की क्रिया निरन्तर चलती रहती है। सुन्दर और नैतिक मूल्यों की द्वन्द्वात्मकता को न समझ पाने के कारण किसी एक पक्ष पर अधिक बल दिये जाने का खतरा मौजूद होता है। नैतिक मूल्य के धरातल पर व्यष्टि का अतिरेक सुखवाद की ओर ले जाता है और समष्टि का अतिरेक आत्मनिषेध की ओर। सौन्दर्य-मूल्यों के धरातल पर व्यष्टि का अतिरेक भोगवादी प्रवृत्तियों को जन्म देता है और समष्टि का अतिरेक शुष्क उपयोगितावाद को।

कलात्मक सौन्दर्यरहित कोरी उपयोगिता को, अनुरंजन पक्ष के ऐकान्तिक निधेष को, सौन्दर्य-मूल्य मानने वाली कोई समझदारी अभी तक नहीं देखी गयी है। किन्तु कोरे सुख को, उपयोग-रहित अनुरंजन को, सौन्दर्य-मूल्यों का दर्जा देने वाली अनेक कला-दृष्टियाँ प्रचलित हैं। सुखवाद एक ऐसी ही विचारधारा है। 'चीज़ों में आनन्द और तुष्टि की खोज' करते हुए जार्ज सांतायना आनन्द को 'सकारात्मक मूल्य' बताते हैं।[8] वह सौन्दर्य-मूल्यों को 'आभ्यन्तर आनन्द' की संज्ञा देते हैं।[9] वह सौन्दर्य को आनन्दरूप बताते हैं और आनन्द के मन्दिर से दुख को बहिष्कृत कर देते हैं।[10] इसलिए वह आनन्दरहित कला को सुन्दर की संज्ञा नहीं देते।[11]

सौन्दर्य को 'वस्त्वीकृत आनन्द' कहकर काण्ट भी सौन्दर्य-मूल्यों को 'एक प्रकार के आनन्द में व्यक्त' होता हुआ बताते हैं।[12] यह सही है कि जार्ज सांतायना और इमैनुएल काण्ट दोनों सौन्दर्य को सतही तौर पर स्वीकार नहीं करते। उनके लिए आनन्द एक दार्शनिक प्रत्यय है। सांतायना एक ओर जहाँ आनन्द को सौन्दर्य की एकमात्र कसौटी मान लेते हैं, वहीं दूसरी ओर वह हर प्रकार के आनन्द को कलात्मक मूल्य नहीं मानते; इसके लिए 'कलात्मक परितोष की निःस्वार्थता' को पहली शर्त मानते हैं।[13] इस प्रकार, सौन्दर्य-मूल्य उन निम्नतर मूल्यों से सम्बद्ध नहीं है, जिनकी कोटि में शारीरिक सुखों की गिनती की गयी है। जार्ज सांतायना के अनुसार शारीरिक सुखों से सम्बद्ध मूल्य अनगढ़ होते हैं।[14]

इसी प्रकार काण्ट जिस आनन्द की बात कहते हैं वह किसी दमित इच्छा की तुष्टि से हासिल होने वाला आनन्द नहीं है। वह मानव-मस्तिष्क में अनेक मनःशक्तियों की कल्पना करते हैं, जिन्हें सर्वसामान्य का गुण बताते हैं। वह कला से 'विशुद्ध आनन्द' की माँग करते हैं और इसलिए उसे प्रशंसनीय बताते है। यह आनन्द "अपने निजी प्रयोजन ... की सिद्धि के लिए मनुष्य की दुर्बलताओं से लाभ उठाने" के कारण नहीं, अपितु अपनी निश्छलता एवं निःस्वार्थता के कारण उपादेय है।[15]

सौन्दर्य-मूल्यों से सम्बन्धित आनन्दवादी मंत ने हालाँकि चिन्तन के नये आयाम उद्‌घाटित किये हैं, किन्तु उसकी सबसे बड़ी सीमा यह है कि वह अधिरचना के

विभिन्न तत्त्वों में द्वैतभाव पर आधारित है। यही कारण है कि उनका बल विभिन्न तत्त्वों की द्वन्द्वात्मक अवस्थिति पर न होकर एक पक्ष–आनन्द (अनुरंजन)–पर केन्द्रित हो गया है। आनन्दवादी मत की एकांगिता का तर्कसंगत विकास होता है जीवन और समाज से निरपेक्ष शुद्ध आनन्द की साधना में। क्लाइव बेल इसी आनन्दवादी राह पर चलते हुए केवल उन्हीं 'वस्तुओं' को कलाकृति की संज्ञा से विभूषित करने का आग्रह करते हैं, जो 'विलक्षण संवेग के वैयक्तिक अनुभव' को व्यक्त करती हों।[16] यह वैयक्तिकता सामाजिक सन्दर्भ से सम्पृक्त नहीं है। यह कलात्मक सौन्दर्य में जीवन का निषेध करने वाली वैयक्तिकता है। किसी भी कलाकृति के लिए 'प्रतिमूर्त्यात्मक तत्त्व' को यदि 'अहितकर' नहीं तो कम-से-कम 'अप्रासंगिक' मानते हुए क्लाइव बेल कहते हैं कि ''किसी भी कलाकृति के आस्वादन के लिए हमें जीवन से कुछ भी ग्रहण करने की आवश्यकता नहीं है, उसके विचारों और सन्दर्भों का ज्ञान, उसकी भावनाओं से परिचय तक आवश्यक नहीं है।"[17]

समाज-निरपेक्ष व्यक्तिवाद प्रकृति और मनुष्य के विकास की मूलभूत प्रक्रिया को न समझने या उसे अस्वीकार करने का नतीजा है। इसलिए यहाँ यह रेखांकित करना आवश्यक है कि समाज से–आधार से–अधिरचना और उसके सौन्दर्य-पक्ष की स्वायत्तता स्वतन्त्रता का आशय इस आधार का निषेध नहीं है, जैसा कि आनन्दवादी मानते हैं। अडोल्फो सैंचेज़ वैज़्क्वेज़ के शब्दों में, ''कला एक स्वायत्व क्षेत्र है किन्तु उसकी स्वायत्तता सामाजिक शर्तों द्वारा, (सामाजिक अनुकूलन) में और (इसी के) ज़रिये सम्भव है।''[18] अर्थात्, सामाजिक अनुकूलन और स्वायत्तता सापेक्ष अवधारणाएँ हैं; कलात्मक मूल्य इन दोनों की द्वन्द्वात्मकता में प्रतिफलित होता है। इसका कारण यह है कि "सामाजिक-आर्थिक स्थितियाँ अधिरचना पर प्रत्यक्ष रूप से क्रिया नहीं करतीं।"[19] कला की सापेक्ष स्वतन्त्रता हमारे अन्तःकरण और वस्तु-जगत् के बीच कायम होने वाले अन्योन्याश्रित (घात-प्रतिघातात्मक) सम्बन्ध पर निर्भर है : "तथापि, कलात्मक विकास का आन्तरिक तर्क कला की सापेक्ष स्वतन्त्रता का कारण बनता है; बदले में यह स्वायत्तता इस बात को साबित करती है कि आभ्यन्तर एवं बाह्य के बीच अर्थात् सामाजिक-आर्थिक और कलात्मक विकास के बीच कोई सपाट सादृश्य क्यों नहीं होता।"[20]

किन्तु इससे यह कतई साबित नहीं हो जाता कि कला पर तत्कालीन समाज और अचार-विचार कोई प्रभाव नहीं डालते। यदि हम प्राचीन कला पर दृष्टि डालें तो पायेंगे कि उसमें मनुष्य की स्थितियों का सीधा प्रतिबिम्ब पड़ता है। जो पशु मनुष्य के जीवन के लिए प्रत्यक्ष रूप से घातक हैं, उन्हें वह अपनी कला में बाण-बिद्ध चित्रित करता है।[21] इसी प्रकार "आदिम जातियों के आभूषणों में पशुओं की खाल, नख, दाँतों आदि को महत्त्वपूर्ण स्थान प्राप्त था।"[22] यहाँ उपयोगिता और सौन्दर्य

के बीच सीधा सम्बन्ध दिखाई देता है। आगे के युगों में यह सम्बन्ध जटिलतर होता जाता है। यहाँ तक कि बहुधा उपयोग और अनुरंजन के अन्तस्सम्बन्ध पर प्रश्नचिह्न लगाया जाने लगता है।

कला और सौन्दर्य-चेतना के सम्बन्ध में इस समझदारी का आधार, कॉडबेल के शब्दों में, यह मान्यता है कि "कला का जन्म समाज में होता है, जैसे मोती का जन्म सीपी में होता है.... ।"[23] अगर सामाजिक विकास के सन्दर्भ से काटकर हम इन मूल्यों का विवेचन करेंगे तो मनुष्य और मनुष्येतर प्राणियों की चेतना के बीच गुणात्मक अन्तर का कोई कारण बता पाना हमारे लिए सम्भव नहीं होगा। चेतना के स्तर पर इस अन्तर का स्पष्टीकरण करते हुए कार्ल मार्क्स ने कहा था कि पशु तात्कालिक ज़रूरतों को पूरा करने के लिए उत्पादन करता है जबकि "मनुष्य सौन्दर्य-नियमों के अनुसार उत्पादन करता है।"[24] मार्क्स का यह कथन कोरे उपयोगितावाद का खण्डन करता है। इससे मानवीय सृजन में उपयोग और अनुरंजन की द्वन्द्वात्मकता साबित होती है। इस मानव-विशिष्ट सौन्दर्य-चेतना को रेखांकित करते हुए कार्ल मार्क्स के अन्यतम सहयोगी फ्रेडरिक एंगेल्स ने लिखा था, उकाब मनुष्य की अपेक्षा कहीं अधिक दूर तक देख सकता है, परन्तु मनुष्य की आँखें चीज़ों में बहुत-कुछ ऐसा देख सकती हैं जो उकाब की आँखें नहीं देख सकतीं।[25]

इस प्रकार, मनुष्य की आँखें हालाँकि कई पशु-पक्षियों से कम देख पाती हैं, फिर भी उनमें सौन्दर्य-ग्रहण की जो अद्वितीय क्षमता है, वही उन्हें अन्य मनुष्येतर प्राणियों से विशिष्ट बनाती है। इसी अति-विकसित क्षमता के कारण मनुष्य आकाश, नदी, पर्वत आदि प्राकृतिक उपादानों में जो अर्थ पाता है, वह मनुष्येतर प्राणियों के लिए असम्भव है। मनुष्य की इस सौन्दर्य-चेतना का एक विशिष्ट पहलू है—चीज़ों को मानवीकृत करने की उसकी क्षमता। अडोल्फो सैंचेज़ वैज़्क्वेज़ के शब्दों में "स्वतः प्रकृति में सौन्दर्य-मूल्य नहीं होता है; यह आवश्यक है कि उसे मानवीकृत किया जाय। प्रकृति को अभिव्यंजक बनाने के लिए आवश्यक है कि मनुष्य उसमें अनुप्रविष्ट हो। इस प्रकार स्वयं नैसर्गिक गुणों के ज़रिये प्रकृति एक मानवीय अर्थात् सौन्दर्यात्मक धरातल पर प्रतिष्ठापित हो जाती है। प्रकृति से सौन्दर्य-मूलक सम्बन्ध तथा प्राकृतिक सौन्दर्य की तत्सम्बन्धी प्रतीति का आविर्भाव मनुष्य द्वारा प्रकृति के अधिकाधिक मानवीकृत किये जाने की प्रक्रिया से होता है।"[26]

मनुष्य की यह सकर्मक भूमिका कलात्मक कार्य को विशेषीकृत आत्मिक श्रम के समतुल्य ला खड़ा करती है। मनुष्य जिस प्रकृति की उत्पत्ति है, सौन्दर्य-सृष्टि में उसी प्रकृति को चुनौती देने लगता है। यह कार्य वह दो स्तरों पर करता है। पहला स्तर है श्रम-प्रक्रिया के दौरान अन्य प्राणियों से भिन्न स्वयं मनुष्य का निर्माण और मनुष्य के निर्माण के बाद उसी श्रम की 'व्यापक सृजन-शक्ति' के सहयोग से 'दूसरी

प्रकृति' का निर्माण।[27] यह 'दूसरी प्रकृति' श्रम द्वारा मनुष्य के हित में रूपान्तरित प्रकृति और मानव-समाज के रूपों में हमारे बाहर भी है और बिम्बों, प्रत्ययों आदि से निर्मित हमारे अन्तर्जगत् के रूप में हमारे भीतर भी है। और दूसरा स्तर है मानव-चेतना और उसके अन्तर्जगत् की क्रिया से सम्बद्ध कलात्मक कार्य का। यह कलात्मक कार्य मानवीय सौन्दर्य-चेतना का परिणाम भी है और प्रमाण भी। मनुष्य की सौन्दर्य-चेतना का सृजन होने के कारण ही बर्नार्ड बोसाँके ललित कलाओं को मुख्यतः 'सौन्दर्य जगत् का प्रतिनिधि' मानते हैं।[28]

यदि मनुष्य की सृजनशीलता के विराट् स्वरूप से परिचित हो जाने पर सोवियत सौन्दर्यशास्त्री इवान अस्ताखोव मार्क्सवादी-लेनिनवादी सौन्दर्यशास्त्र की एक महत्त्वपूर्ण प्रस्थापना के बतौर "सौन्दर्य-सृष्टि में मनुष्य को प्रकृति का सफल प्रतिद्वन्द्वी" बताते हैं तो वस्तुतः वे सचाई का ही विश्वसनीय तरीके से बयान करते हैं। इतना ही नहीं, "मनुष्य सौन्दर्य-नियमों के अनुसार जो रचना करता है, वह स्वयं मनुष्य की सौन्दर्य-चेतना और सौन्दर्य-ग्रहण की क्षमता को विकसित करती है।"[29]

कला और श्रम दोनों का स्वभाव रचनात्मक है। इसलिए दोनों किसी-न-किसी किस्म का उत्पादन (सृजन) करते हैं। श्रम का उत्पादन उपयोग-प्रधान होता है और कला का सौन्दर्य-प्रधान। ऐसा नहीं होता कि कला उपयोगरहित हो और श्रम सौन्दर्य-रहित। इसमें सन्देह नहीं कि श्रम और कला दोनों एक-जैसे उपयोगिता-मूल्य का सृजन नहीं करते। कलात्मक सौन्दर्य की उपयोगिता का निर्णय मनुष्य की भौतिक ज़रूरतों की पूर्ति करने की उसकी क्षमता से नहीं किया जा सकता। अडोल्फो सैंचेज़ वैज़्क्वेज़ के शब्दों में, "कला की उपयोगिता इस बात से तय नहीं होती कि वह हमारी भौतिक आवश्यकताओं को कहाँ तक पूरा करती है, वरन् इस बात से तय होती है कि वह मनुष्य की आम ज़रूरतों को, अपने सम्पर्क में आने वाली प्रत्येक वस्तु को मानवीकृत करने की मनुष्य की भावनाओं को, कहाँ तक तृप्त करती है...।"[30]

कहने की आवश्यकता नहीं कि कलात्मक सौन्दर्य-मूल्यों का यह कार्य उनके मानवीय स्वरूप को प्रकट करता है। उपयोग से सौन्दर्य और सौन्दर्य से उपयोग की द्वन्द्वात्मक प्रक्रिया निरन्तर एक-दूसरे को प्रभावित करती हुई चलती है। कला मनुष्य की रचनात्मक क्षमता को, वस्तुगत मानवीय यथार्थ को इन्द्रियग्राह्य रूप प्रदान करती है। इसलिए उसकी अन्तर्वस्तु उपयोगपरक की अपेक्षा मानवीय अधिक होती है। शुद्ध उपयोगितावाद का अतिक्रमण कर सकने वाला यह नया मूल्य आनन्द प्रदान करता है, जिसे हम आज सौन्दर्य कहते हैं।

कला में आनन्दपरक और उपयोगी मूल्यों के इस नाजुक रिश्ते को न समझ पाने के कारण ही कुछ विद्वान् ऐकान्तिक आनन्द को कला का चरम लक्ष्य घोषित करते हैं। वे जीवन-प्रक्रिया में निहित द्वन्द्वात्मकता—उपयोग और अनुरंजन तत्त्वों की द्वन्द्वात्मक एकता—को नज़रन्दाज़ करते हैं। उनका तर्क यह होता है कि सौन्दर्य

का क्षेत्र व्यापक है जबकि अच्छाई और नैतिकता का क्षेत्र संकीर्ण। पश्चिम में इन धारणाओं का अधिक ज़ोर है। सरसेलो ने अपनी नयी पुस्तक में "अपने आस-पास की सभी वस्तुओं में सौन्दर्य" के दर्शन किये हैं।[31] किन्तु उनके इस नये सौन्दर्य-सिद्धान्त में नैतिकता का पूर्ण निषेध है। वह अच्छाई को उपादेय बताते हुए अच्छाई और नैतिकता में बैर-भाव प्रतिपादित करते हैं।[32] यह आकस्मिक नहीं है। दार्शनिक वैचारिक स्तर पर सौन्दर्य-मूल्यों की एकांगी व्याख्या और कला के स्तर पर रूपवादी आग्रह, दोनों का उत्स एक ही है और वह है, जीवन और समाज से निरपेक्ष सौन्दर्य-मूल्यों की परिकल्पना।

क्लाइव बेल इसका जीता-जागता उदाहरण है। एक ओर आनन्द के उन्माद में वह जीवन की मर्यादाओं का पूर्ण निषेध करता है, दूसरी ओर 'सार्थक रूपतत्त्व' को कलात्मक शक्ति और सौन्दर्य-बोध का आधार घोषित करता है।[33] कलाकृति का निर्णय विषयवस्तु के आधार पर हो, यह पिछड़ापन है, अविकसित सौन्दर्य-बोध का नतीजा है। क्लाइव बेल के शब्दों में, "आप देखेंगे कि जो लोग शुद्ध सौन्दर्यात्मक भावनाएँ अनुभव नहीं कर सकते वे चित्रों को उनकी विषयवस्तु के ज़रिये स्मरण करते हैं।"[34] कलात्मक सृजन को रूप की रचना तक सीमित कर देने का ऐसा ही आग्रह रोजर फ्राय की मान्यताओं में देखा जा सकता है। जी. लाओस डिकिंसन को एक पत्र में उसने अपने उस सिद्धान्त के बारे में बताया कि वस्तु का प्रयोजन सिर्फ रूपतत्त्व है, "तथा सभी अनिवार्य सौन्दर्यात्मक विशिष्टताओं का सम्बन्ध शुद्ध रूप से है।··· मेरे विचार से कविता जैसे-जैसे अधिक सघन होती जाती है, उसी अनुपात में रूप के द्वारा वस्तु का पुनर्निर्माण होता है और रूप से पृथक् उसका (वस्तु का) कोई मूल्य नहीं रहता।"[35]

पहले सौन्दर्य-मूल्यों को जीवन और समाज से स्वतन्त्र किया गया और फिर उसे रूपतत्त्व तक सीमित कर दिया गया। इसका एक तर्क यह है कि सौन्दर्य-मूल्य अभिव्यक्ति से सम्बद्ध होते हैं, सम्प्रेषण से उनका कोई नाता नहीं होता। यदि समाज से सौन्दर्य का रिश्ता नहीं है तो सम्प्रेषण किससे होगा? क्रोचे का अभिव्यंजनावाद ऐसा ही सौन्दर्य-दर्शन है, जो अभिव्यंजना को सौन्दर्य-मूल्यों का निकष मानता है।[36] अभिव्यंजना के लिए आंतरिक अनुभूति पर्याप्त है, उसका अभिव्यक्त होना भी आवश्यक नहीं है।

ये प्रतिपत्तियाँ अनायास पैदा नहीं होतीं। जब हम मानव-समाज की अन्तर्रचना, उसके ऐतिहासिक विकास के सारतत्त्व को ठीक-ठीक नहीं समझ पाते सभी ये भ्रान्तियाँ पैदा होती हैं। इन भ्रान्तियों का आधार भी समाज में मौजूद होता है। प्रत्येक वर्ग-विभक्त समाज तरह-तरह के अन्तर्विरोधों से ग्रस्त होता है। यह अन्तर्विरोध प्रधानतः श्रम और सम्पदा के बीच होता है। जिस श्रम ने हमें इंसान के रूप में तब्दील किया, वही अब निजी सम्पत्ति के अधीन हो गया। उसका मूल्य घट गया। वर्तमान समय में यह विरोध अधिक उग्र हो गया है। दोनों में कोई मेल सम्भव

नहीं दीखता। सम्पत्तिशाली लोग श्रम नहीं करते। श्रमजीवी दरिद्र हैं। सारा जीवन विद्रूपताओं से भर गया है। जीवन असुरक्षित हो गया है। भुखमरी और बेकारी तथा मुनाफा और युद्ध पूँजीवाद के अलिखित कानून होते हैं।

यह साहस किसी में नहीं है कि वह इस वीभत्स यथार्थ को सुन्दर कहे। जो इसका रहस्य समझ जाता है, वह पूँजीवादी वर्ग-विभाजन के उन्मूलन के लिए संघर्षरत श्रमजीवियों के साथ पंक्तिबद्ध होता है। जो नहीं समझता वह यथास्थितिवादी हो जाता है। इस दूसरी कोटि में दो तरह के बुद्धिजीवी होते हैं। एक तो वे जो जान-बूझकर यथास्थिति का पक्ष ग्रहण करते हैं। जीवन की सही समझ उन्हें खतरनाक प्रतीत होती है। इसलिए वे सौन्दर्य-मूल्यों को जीवन और समाज से निरपेक्ष बताते हैं। अभिव्यंजना और रूप के प्रति आग्रह समाज-निरपेक्ष सौन्दर्य-मूल्यों का स्वाभाविक परिणाम है। दूसरे प्रकार के बुद्धिजीवी वे होते हैं, जो भरे पेट तो होते हैं, किन्तु सामाजिक संकट के दबाव से मुक्त नहीं होते। जीवन में श्रम का तिरस्कार और अवमूल्यन देखकर उनका मोहभंग होता है। किन्तु वे असलियत को साफ-साफ समझ नहीं पाते। इसलिए यथार्थ से पलायन कर कल्पना में सौन्दर्य की खोज करते हैं। जाने-अनजाने वे भी यथास्थिति के हिमायती साबित होते हैं। यथास्थितिवाद, इस रूप में, या तो अज्ञान का परिणाम है या वर्गीय पक्षधरता का।

यथार्थ जीवन के असौन्दर्य से उद्विग्न होकर ज्याँ पाल सार्त्र कहते हैं कि "कल्पना में छनकर आया यथार्थ ही सुन्दर होगा, क्योंकि, ...यथार्थ कभी सुन्दर नहीं होता। सौन्दर्य एक ऐसा मूल्य है, जो केवल कल्पना लोक से सम्बन्धित है। और जिसका अर्थ है अपनी अपरिहार्य संरचना में जगत् का निषेध।"[37] अर्थात् कलात्मक अन्तर्वस्तु अवास्तविक होती है।

जीवन में सौन्दर्य नहीं है, इसलिए असुन्दर जीवन को मानवीय कर्मशक्ति और सृजनशीलता के द्वारा सुन्दर बनाने की जगह सौन्दर्य-साधना को परम लक्ष्य मान कर कल्पनावासी हो जाना, यह है आनन्दवाद। कल्पना लोक में हासिल होने वाला यह 'सौन्दर्यात्मक आनन्द'[38] हमें असुन्दर जीवन से मुक्त करता है। इसलिए यह सौन्दर्यात्मक आनन्द मुक्ति का पर्याय हुआ। सार्त्र के अनुसार यही सर्वोच्च सौन्दर्य मूल्य है।[39] यह कोई संयोग की बात नहीं है कि जीवन-जगत् में व्याप्त असुरक्षा की भावना के खिलाफ कल्पना लोक के सौन्दर्यात्मक आनन्द में वह सर्वसत्तात्मक शान्ति की छाप लगाते हुए कहते हैं : "....सौन्दर्य-चेतना में सुरक्षा की भावना होती है और प्रबल-से-प्रबल सौन्दर्य-संवेगों पर भी सर्वसत्तात्मक शान्ति की छाप होती है।"[40] एलेन एच. जानसन भी कला को मुक्ति के अन्तिम दुर्गों में एक मानते हैं।[41]

जिस समाज में अमानवीय विवशताएँ मनुष्य को हर समय घेरे रहती हों, वहाँ कला ही मनुष्यता को वाणी देती है। कला की मानवीय क्षमता का यह पक्का सबूत

है। किन्तु कलाकार को इस बीभत्स यथार्थ से पलायन करके कल्पना लोक में नहीं जा बसना चाहिए। आचार्य हजारीप्रसाद द्विवेदी ने ठीक कहा है कि "हम सारे बाह्य जगत् को असुन्दर छोड़कर सौन्दर्य की सृष्टि नहीं कर सकते।"[42] इस असुन्दर यथार्थ को बदलने के दायित्व से सौन्दर्य-स्रष्टा मुक्त नहीं हो सकते। समाज और मानव-जीवन के साथ अपने सम्बन्ध को समझते हुए हमें इस सामाजिक विद्रूप का कारण भी जानना होगा, जिसने मानव-जीवन को असुन्दर बना दिया है। हीगेल की श्रम सम्बन्धी मान्यताओं का विवेचन करते हुए कार्ल मार्क्स ने दो महत्त्वपूर्ण मुद्दे प्रस्तावित किये हैं।

1. हीगेल ने श्रम के केवल सकारात्मक पक्ष की ओर ध्यान दिया है। श्रम ने केवल वस्तुओं को रूप नहीं प्रदान किया बल्कि खुद मनुष्य का निर्माण किया है और उसे रूप दिया है। किन्तु वे निजी सम्पत्ति पर आधारित समाज में प्रकट होने वाले श्रम के नकारात्मक पक्ष को नज़रअन्दाज़ करते हैं। वह है श्रम का परकीयकरण; तथा
2. हीगेल ने अन्तरात्मा के वस्त्वीकरण का हवाला देकर केवल आत्मिक श्रम को, या यों कहें, मनुष्य को केवल आध्यात्मिक प्राणी के रूप में मान्यता दी है।[43]

सामाजिक अन्तर्विरोध के इस चरित्र को, मानवीय श्रम के स्थान पर सम्पत्ति को सर्वोपरि बना देने वाले वर्ग-समाजों के वास्तविक स्वरूप को न समझ पाने के कारण ही आनन्दवादी कलादर्शन कल्पना-लोक में विचरण का सिद्धान्त प्रतिपादित करता है। इसके विपरीत इस अन्तर्विरोध को सही-सही समझने के कारण क्रिस्तोफर कॉडवेल दो-टूक शब्दों में कहते हैं कि : "पूँजीवादी सामाजिक सम्बन्ध, पूँजीवादियों के लिए स्वतन्त्रता और सर्वहारा के लिए परतन्त्रता उत्पन्न करते हुए, अपनी निरन्तरता बनाये रखने के लिए स्वाधीनता और पराधीनता दोनों के अस्तित्व पर निर्भर करते हैं। इस प्रकार, पूँजीवादी सामाजिक सम्बन्धों में चन्द लोगों की स्वतन्त्रता अधिकांश लोगों की परतन्त्रता पर टिकी होती है।"[44]

यह पराधीनता मनुष्य को पंगु बनाती है। सामाजिक अन्याय और उत्पीड़न पर टिका हुआ वर्ग-समाज मनुष्यों को उनके इच्छानुसार कार्य करने से रोकता है। इस अमानवीय पराधीनता में व्यक्ति का सौन्दर्य-बोध कुण्ठित हो जाता है। भूखे पेट तो भगवान् का नाम लेते भी नहीं बनता, कविता और नाटक में सौन्दर्य कहाँ नज़र आयेगा? हो सकता है धनी वर्गों के लिए उन मूल्यों में सौन्दर्य न हो, जो अधिकांश जनता की मुक्ति की प्रस्तावना करते हैं। कहने का आशय यह है कि वर्ग-विभक्त समाजों में सौन्दर्य-मूल्यों का सम्बन्ध वर्गीय हितों से जुड़ जाता है।

पूँजीवाद प्रत्येक वस्तु को मुनाफे से जोड़ देता है। व्यवसायीकरण की यह प्रवृत्ति आई. ए. रिचर्ड्स के अनुसार 'बेस्ट सेलर' पत्रिकाओं के ज़रिये जन-रुचि को भ्रष्ट करने का काम करती है। इससे केवल साहित्यिकता की नहीं, साहित्य के मूल्य की

भी क्षति हुई है।[45] इतना ही नहीं, व्यावसायिकता का यह हमला 'नैसर्गिक वृत्तियों' के नाम पर भी होता है।[46] व्यावसायिकता की इस लाभ-केन्द्रिक वृत्ति का हवाला देते हुए मार्क्स ने कहा था, ''खनिजों का व्यापारी खनिज पदार्थों में केवल व्यापारिक मूल्य देखता है न कि सौन्दर्य एवं उसका विशिष्ट स्वरूप : उसे खनिज विज्ञान सम्बन्धी कोई तमीज़ नहीं होती।''[47]

सौन्दर्य-मूल्यों को विकृत करने वाली सामाजिक संरचना के उन्मूलन के लिए उन वर्गों के साथ लेखक की प्रतिबद्धता का स्वागत करना चाहिए, जो वर्ग इस व्यवस्था के स्थान पर वैमनस्यरहित मानवीय सम्बन्धों वाले समाज के निर्माण के अगुआ हैं। यह पक्षधरता लेखकीय दायित्व का निर्वाह है। किन्तु जीवन और सौन्दर्य में वैर मानने वाली साहित्य-दृष्टि पक्षधरता का विरोध करती है। वह इस समाज से तटस्थ रहने का सन्देश देती है। इस समाज ने मनुष्य के हाथ और दिमाग के बीच चौड़ी खाई खोद दी है। ऐसे बुद्धिजीवी श्रम से सौन्दर्य का वैर मानते हैं। वे पूँजीवादी श्रम-विभाजन की उस विसंगति को नज़रन्दाज़ करते हैं, जो मानवीय श्रम के परकीयकरण के द्वारा श्रम के सृजनात्मक चरित्र का हनन करता है।

मानव-जीवन के प्रति इस उपेक्षा भाव का नतीजा होता है कल्पनाविलास। मानवीय अनुभव कलात्मक सामग्री का आधार होता है और अनुभव जीवन-जगत् में ही हासिल होते है। डॉ. जी. बी. मोहन ने इस प्रसंग में लिखा है कि ''मनुष्य का अनुभव अपने अनन्त रूपों में कविता के लिए कच्चा माल है। कवि मानव-अनुभवों का एक क्षेत्र चुन लेता है, इस अनुभव-क्षेत्र की योजना-पुनर्योजना करता है तथा इन्हीं में से अभिव्यक्ति के तरीके रूपायित करता है।''[49] कल्पना विलास साहित्य में अनुभवशून्यता को जन्म देता है और अनुभवशून्यता रूपवाद की जननी है।

जनता और लेखक के सम्बन्ध की व्याख्या करते हुए राल्फ फाक्स ने लिखा था, "... जहाँ लेखक अपनी जनता से पृथक् होता है, उसकी उपेक्षा करता है या लेखक की आत्मा इस मामले में अचेत होती है, वहाँ रक्तशून्यता की सम्भावना भी सर्वाधिक रहती है। ऐसा मालूम होता है मानो कल्पना के रसायन में किसी महत्त्वपूर्ण तत्त्व का अभाव है, जिसने लेखक के चिन्तन को खोखला और उसकी शक्तियों को पंगु बना दिया है।''[49]

भारतीय काव्यशास्त्र में साधारणीकरण की परिकल्पना लेखक, उसके पात्र और उसकी जनता के घनिष्ठ अन्तस्सम्बन्ध को रेखांकित करती है। साधारणीकरण तभी सम्भव होता है जब सीतादि विशेष पात्र कामिनी आदि सामान्य (लौकिक) पात्र होने का भ्रम उत्पन्न करें। काव्यप्रकाश की टीका करते हुए गोविन्द ठक्कुर ने लिखा है--

> ''साधारणीकरणं चैतदेव यत्सीतादि विशेषाणां
> कामिनीत्यादिसामान्येनोपस्थितिः।''[50]

जब तक सीतादि विशेष पात्र सामान्य कामिनी आदि पात्रों के रूप में उपस्थित नहीं होते, रसानुभूति बाधित रहती है। इस प्रकार यह "ब्रह्मास्वादसहोदर लोकोत्तर चमत्कारप्राण"[51] रस लौकिक अनुभूति पर आधारित है। रस की लोकोत्तरता लौकिक आधार पर टिकी होती है। इस अन्तस्सम्बन्ध को रेखांकित करते हुए डॉ. रामविलास शर्मा ने लिखा है : "कला का श्रम जीवन से उत्पन्न होता है और उसे पुष्ट करता है।"[52]

इस अर्थ में सौन्दर्य-मूल्य एकान्ततः अभिव्यंजकता से सम्बद्ध नहीं हैं, अपितु उनका सम्बन्ध प्रतिमूर्त्यात्मकता से भी है। जिस प्रकार अन्तर्वस्तु से रहित रूप की कल्पना नहीं की जा सकती, उसी प्रकार प्रतिमूर्त्यात्मक तत्त्वों के बिना अभिव्यंजकता का अस्तित्व असम्भव है। कहने की ज़रूरत नहीं कि अभिव्यंजकता और प्रतिमूर्त्यात्मकता की द्वन्द्वात्मक एकता के बगैर सौन्दर्य-मूल्यों की सिद्धि सम्भव नहीं है। इन दोनों तत्त्वों की एकता का वर्णन करते हुए सोवियत सौन्दर्यशास्त्री वाई. खाचिक्यान ने "अभिव्यंजकता को कला का लक्ष्य और प्रतिमूर्त्यात्मकता को उस लक्ष्य की प्राप्ति का साधन" बताया है, क्योंकि "वास्तविक कार्य-व्यापार के सौन्दर्य-मूल्य को उद्‌घाटित करना कलात्मक संज्ञान का लक्ष्य है।"[53]

निस्सन्देह कला-कार्य में, सौन्दर्य-सृष्टि में मनुष्य के अस्तित्व के कारणों के प्रति सजगता ही इस समूचे यथार्थवादी सौन्दर्य-दर्शन को आनन्दवाद की एकांगी राह पर जाने से रोकती है। हमारी यह सजगता हमारे मानवीय विकास और मानवीय बोध का लक्षण है। पशु जिस धरातल पर जीता है, मनुष्य उसी पर नहीं जीता। इसलिए सौन्दर्य-सृष्टि में उन विशिष्ट मानवीय भावनाओं का चित्रण कलात्मक मूल्यों को जन्म देता है, जिन्हें हमने अपने सम्पूर्ण विकास के क्रम में अर्जित किया है। साहित्य के सौन्दर्य-मूल्यों के स्वरूप को समझने के लिए मानव-जीवन, मानव-समाज और मानव-चेतना से सम्बद्ध विविध प्रश्नों, तत्त्वों और पक्षों को समझना ज़रूरी है। मानव-जीवन के विश्वसनीय आधार पर टिके बगैर, मानव-जीवन को पुष्ट किये बगैर सौन्दर्य-मूल्यों का अस्तित्व ही सम्भव नहीं है। कला में व्यक्त उन्हीं मूल्यों को सुन्दर माना जा सकता है, जिनकी मनुष्य के समूचे परिवेश से सन्दर्भवत्ता हो। इस सन्दर्भवत्ता के बिना न कला की विश्वसनीयता सम्भव है और न सौन्दर्य-मूल्य की।

सौन्दर्य-मूल्यों के धरातल पर वस्तुगत और आत्मगत पक्ष अलग-अलग अस्तित्व में नहीं हो सकते। एन. जी. चेर्नीशेव्स्की ने सौन्दर्य के सम्बन्ध में ठीक कहा था कि ''मानव के लिए सुन्दर वही वस्तु है जिसमें वह जीवन को, जिस रूप में कि वह उसे समझता है, देखता है। सुन्दर वह वस्तु होती है जो उसे जीवन की याद दिलाती है।''[54]

मानव-जीवन के विश्वसनीय आधार पर टिकी हुई कला जिन सौन्दर्य-मूल्यों को अभिव्यक्त करेगी, वे न शुद्ध अनुरंजनात्मक (आनन्दवादी) होंगे और न कोरी उपयोगिता से सम्बद्ध होंगे। दूसरे शब्दों में, कलात्मक अनुभव के मूल्य अनिवार्यतः जीवन-मूल्यों

से जुड़े होते हैं। हमारे अनुभव हमारी सौन्दर्य-चेतना को निर्धारित करने में महत्त्वपूर्ण भूमिका अदा करते हैं। यही नहीं, हमारी विचारधारात्मक प्रक्रियाओं से सम्बद्ध होकर हमारे अनुभव हमारी सौन्दर्य-दृष्टि का निर्धारण करते हैं। चूँकि संस्कार, रुचि आदि को जीवन-मूल्यों से अलग नहीं किया जा सकता, अतः सौन्दर्य-मूल्यों के स्वरूप-निर्धारण में भी उनकी भूमिका को घटाकर नहीं आँका जा सकता। बिम्बों और प्रत्ययों से निर्मित मनुष्य का अन्तर्जगत् उसके संस्कारों, विचारों और अनुभवों से शून्य नहीं रह सकता। इस अर्थ में, न सिर्फ कलात्मक अन्तर्वस्तु रूपात्मक सृजन के ज़रिये सौन्दर्य-निर्माण करती है, वरन् बिम्ब-प्रतीक आदि काव्य के रूप के स्तर पर व्यक्त होने वाले मूल्य हमारे जीवन-मूल्यों से गहरे तौर पर जुड़े होते हैं। इसलिए यदि अलेक्सान्दर जी. बाउमगार्तेन सौन्दर्य के रूपपक्ष को सौन्दर्य-मूल्य नहीं मानते तो उसके पीछे एक सुनिश्चित मान्यता है। मूल्य में जो भाव है, वह कला के कथ्य, उसकी सम्प्रेष्य विषयवस्तु पर निर्भर होती है, न कि 'ठंडे निर्जीव बिम्बों' पर। उनके अनुसार, "बिम्ब मानवीय भावनाओं की तुलना में कम स्पष्ट एवं दीप्त होने के नाते अपेक्षाकृत कम काव्यात्मक होते हैं।"[55] बिम्ब, अपनी सौन्दर्यात्मक अन्तर्वस्तु में मानव-समाज का अतिक्रमण नहीं कर सकते क्योंकि उनका सौन्दर्यात्मक आधार ही मनुष्य है।

सौन्दर्य-मूल्यों की मानव-विशिष्ट सत्ता के अपने तकाजे हैं। मानव-जीवन के लिए घातक किसी भी चीज़ के प्रति हमने सौन्दर्यपरक दृष्टिकोण विकसित नहीं किया है। संक्षेप में, जीवन-प्रक्रिया में निहित उपयोग और अनुरंजन तत्त्वों में से किसी एक का भी सौन्दर्य-मूल्यों के क्षेत्र में निषेध नहीं होता। अवनर ज़िस ने इस अन्तस्सम्बन्ध की व्याख्या करते हुए बताया है कि सौन्दर्य और उपयोगी तत्वों को आपस में बेमेल नहीं मानना चाहिए।

"न तो सुन्दर को नैतिक से पृथक् किया जा सकता है, न ही सौन्दर्य को अच्छाई से। यह ठीक है कि सौन्दर्य का क्षेत्र सच्चरित्रता के क्षेत्र से अधिक व्यापक है, जैसे कि सौन्दर्य का क्षेत्र प्राकृतिक जगत् के सम्बन्ध में भी प्रासंगिक है, जिनमें नैतिक मानदण्ड निस्सन्देह व्यवहारसंगत नहीं है। फिर भी, सामाजिक जीवन में और कला में, सौन्दर्य और नैतिक पक्ष अभेद्य रूप से अनुस्यूत होते हैं।"[56]

सौन्दर्य-मूल्यों की इस द्वन्द्वात्मक प्रकृति को स्वीकार न करने पर, उन्हें मानव-अनुभवों के व्यापक क्षेत्र—मानव-समाज—से जोड़कर न देखने पर सौन्दर्य-मूल्य एकान्ततः व्यक्तिनिष्ठ हो जायेंगे। हमारी सौन्दर्य-चेतना कुण्ठित होगी, वह अलग। समाज में रहकर ही भाषा, संस्कार, दृष्टि का विकास सम्भव है। अगर जीवन में असौन्दर्य व्याप्त है तो उसे समझना और बदलने का प्रयत्न करना चाहिए। मानव- समाज से च्युत रहकर हम सौन्दर्यानुभूति की अतिविकसित क्षमता हासिल नहीं कर सकते।

सौन्दर्य-बोध के बिना सौन्दर्य-सृष्टि नहीं हो सकती। हम कलात्मक रूप का सृजन करते हैं। इस सृजन के ज़रिये अपने से बाहर की तमाम चीज़ों को सौन्दर्यपूर्ण ढंग से अभिव्यंजक बनाते हैं। यह हमारी मानव-विशिष्ट रचनात्मक शक्ति का सबूत है। यह सृजन-क्षमता हमारे समूचे मानवीय विकास की उपलब्धि है। यह सौन्दर्यात्मक सृजन क्षमता ही हमें सौन्दर्य-सृष्टि में प्रकृति का सफल प्रतिद्वन्द्वी बनाती है।

मूल्यों का सम्बन्ध बहुधा अर्थशास्त्र से जोड़ा जाता है। अर्थशास्त्र में एक सिद्धान्त प्रचलित है कि आवश्यकता आविष्कार की जननी है। मानव-समाज की आरम्भिक अवस्थाओं की व्याख्या करने में यह सिद्धान्त हमारी मदद करता है। आहार की तलाश में भ्रमण करता हुआ आदिमानव प्रकृति की अपार और अनियन्त्रित शक्तियों का सामना करता था। वह उपयोग की चीज़ों का ग्रहण और निर्माण करता था। उसका आदिम श्रम और आदिम हथियार एवं औज़ार उसकी आवश्यकताओं की उपज हैं। आगे चलकर उसने अपने उपयोग की तमाम चीज़ों के प्रति सौन्दर्यात्मक दृष्टि विकसित की। यह गुणात्मक दृष्टि से भिन्न एवं उच्चतर धरातल है। उपयोग और अनुरंजन के द्वन्द्व से विकसित सौन्दर्य-मूल्य मानव-सापेक्ष होते हैं। आवश्यकता का आदिम तर्क उनके आधार से च्युत नहीं हो जाता। हाँ, आदिम समाज में जहाँ मनुष्य की सजग और सक्रिय भूमिका बेहद कम थी, उपयोग और अनुरंजन का द्वन्द्व अधिक स्थूल और अनावृत रूप में देखने में आता है। आज, जब मनुष्य की सजग भूमिका और बाह्य परिवेश में उसका सक्रिय हस्तक्षेप अत्यधिक बढ़ गया है, यह द्वन्द्व, अधिकाधिक जटिल और सूक्ष्म रूपों में व्यक्त हो रहा है। उपयोग और अनुरंजन (शिव और सुन्दर) का सामंजस्य-विधान समूचे परिवेश के साथ मनुष्य की सचेतन भागीदारी का ही परिणाम है। इसलिए यह समझना भूल है कि उपयोग पक्ष का लोप हो जाता है और केवल अनुरंजन पक्ष बच रहता है।

समाज के विकास के साथ सौन्दर्य-मूल्य भी बदलते हैं। अलग-अलग सामाजिक अवस्थाओं में अर्जित श्रेष्ठतम मूल्य मानव-समाज की अद्वितीय उपलब्धि, हमारी चेतना के नित्य और नैसर्गिक अंग बन जाते हैं। विकास-क्रम में सौन्दर्य-मूल्य परिवर्तित और परिष्कृत होते हैं, उनमें नये-नये तकाजों से उत्पन्न तत्त्व जुड़ते चलते हैं। इस अनवरत प्रक्रिया में मानव-जीवन से सम्बन्धित विविध पक्षों की द्वन्द्वात्मकता का निषेध नहीं होता। भारतीय चिन्तन में सत्य, शिव, सुन्दर के अन्तस्सम्बन्धों पर आधारित दार्शनिक प्रतिपत्तियाँ इस द्वन्द्वात्मक एकता के सिद्धान्त को पुष्ट करती हैं। सत्य अशिव नहीं हो सकता, जो अशिव है उसे सत्य नहीं माना जा सकता। लेकिन जीवन में अशिव की सत्ता है। अशिव सुन्दर नहीं होता। इस प्रकार, एक सन्तुलन-बिन्दु पर तीनों मिलते हैं। इससे यह सिद्ध होता है कि सत्य, शिव और सुन्दर परस्पर बहिष्कारी न होकर

परस्पर निर्भर हैं। किसी एक तत्त्व में असन्तुलन आया कि तीनों मूल्यों में व्याघात उत्पन्न हुआ। अर्थात् इनमें से किसी एक तत्त्व का असन्तुलन जीवन में असंगति पैदा करता है। यह असंगति ही काव्य-शास्त्रीय शब्दावली में 'अनौचित्य' है। अनौचित्य के अलावा रसभंग का अन्य कोई कारण नहीं माना गया है :

"अनौचित्यादृते नान्यद्रसभंगस्य कारणं।"[57]

औचित्य का यह बोध जीवन में उत्पन्न असंगति का समाहार करता है। यही मूल्यवत्ता है। कहने की आवश्यकता नहीं कि यह मूल्यवत्ता मानव-जीवन को अधिक-से-अधिक सामंजस्यपूर्ण, शिव एवं सुन्दर बनाने की मानवीय चिन्ता का ही प्रतिफल है।

अतएव हम कह सकते हैं कि सौन्दर्य-मूल्य समूचे मानवीय विकास के सारतत्त्व—उपयोग और अनुरंजन—की शाश्वत द्वन्द्वात्मकता में प्रतिफलित होने वाले जीवनगत मूल्यों का पर्याय हैं; व्यष्टि और समष्टि के बीच कायम होने वाले सन्तुलन-बिन्दु को सौन्दर्य-मूल्यों का उत्स मानना चाहिए; कलात्मक सौन्दर्य वस्तु में निहित गुण और आत्मजगत् में उन गुणों के प्रतिबिम्ब से जन्म लेता है; ये मूल्य कला के स्तर पर व्यक्त होते हैं और हमारी मानवीय चेतना को पुष्ट करते हैं।

सन्दर्भ-सूची

1. दि फण्डामेण्टल्स ऑफ मार्क्सिस्ट-लेनिनिस्ट फिलॉसफी, पृष्ठ 144 (ज़ोर मूल में)
2. दि क्रिएटिव प्रॉसेस, पृष्ठ 94
3. भाषा और समाज, पृष्ठ 480
4. राजनीतिक अर्थशास्त्र की आलोचना में योगदान, पृष्ठ 218
5. आर्ट एण्ड सोसाइटी, पृष्ठ 97
6. दि आर्ट एण्ड दि आर्ट ऑफ क्रिटिसिज्म, पृष्ठ 14
7. वही
8. इन्साइक्लोपीडिया ब्रिटानिका (मैक्रोपीडिक, खण्ड 1, पृष्ठ 151)
9. दि सेन्स ऑफ ब्यूटी, पृष्ट 35
10. दि सेन्स ऑफ ब्यूटी, पृष्ठ 169
11. वही, पृष्ठ 38
12. इन्साइक्लोपीडिया ब्रिटानिका, खण्ड 1, पृष्ठ 153
13. दि सेन्स ऑफ ब्यूटी, पृष्ठ 37
14. वही, पृष्ठ 36-37
15. सौन्दर्य मीमांसा, पृष्ठ 148, (पाद टिप्पणी)
16. आर्ट, पृष्ठ 6
17. वही, पृष्ठ 25
18. आर्ट एण्ड सोसाइटी, पृष्ठ 98
19. वही, पृष्ठ 100

20. वही, पृष्ठ 101
21. वही, पृष्ठ 71
22. द्वन्द्वात्मक और ऐतिहासिक भौतिकवाद की रूपरेखा, पृष्ठ 486
23. इल्यूजन एण्ड रियलिटी, इण्ट्रोडक्शन
24. दि इकॉनामिक एण्ड फिलॉसॉफिकल मैनुस्क्रिप्ट्स ऑफ 1844, पृष्ठ 114
25. डाइलेक्टिक्स ऑफ नेचर, पृष्ठ 233-234
26. आर्ट एण्ड सोसाइटी, पृष्ठ 78
27. प्रॉब्लम्स ऑफ मॉडर्न इस्थेटिक्स, पृष्ठ 103
28. ए हिस्ट्री ऑफ इस्थेटिक्स, पृष्ठ 3
29. प्राब्लम्स ऑफ मॉडर्न इस्थेटिक्स, पृष्ठ 162
30. आर्ट एण्ड सोसाइटी, पृष्ठ 65
31. ए न्यू थियरी ऑफ ब्यूटी, पृष्ठ 3
32. वही, पृष्ठ 85
33. आर्ट, पृष्ठ 8
34. वही, पृष्ठ 30
35. रोजर फ्राय, पृष्ठ 183
36. इन्साइक्लोपीडिया ब्रिटानिका, खण्ड 1, पृष्ठ 154
37. दि सायकॉलाजो ऑफ इमेजिनेशन, पृष्ठ 252
38. ह्वाट इज लिटरेचर, पृष्ठ 41
39. वही, पृष्ठ 43
40. वही, पृष्ठ 42
41. मॉडर्न आर्ट एण्ड दि ऑब्जेक्ट, पृष्ठ 47
42. अशोक के फूल, पृष्ठ 186
43. दि इकॉनामिक एण्ड फिलॉसफिकल मैनुस्क्रिप्ट्स ऑफ 1844, पृष्ठ 177
44. स्टडीज एण्ड करदर स्टडीज इन ए डाइंग कल्चर, पृष्ठ 202
45. प्रिंसिपिल्स ऑफ लिटरेरी क्रिटिसिज्म, पृष्ठ 25
46. वही, पृष्ठ 26
47. इकॉनामिक एण्ड फिलॉसॉफिकल मैनुस्क्रिप्ट्स ऑफ 1844, पृष्ठ 141
48. दि रिस्पांस टु पोएट्री, पृष्ठ 24
49. उपन्यास और लोकजीवन, पृष्ठ 142
50. काव्यप्रदीप, पृष्ठ 66
51. साहित्य दर्पण (विमला टीका, शालग्राम शास्त्री), पृष्ठ 312-13
52. लोकजीवन और साहित्य, पृष्ठ 14
53. मार्क्सिस्ट-लेनिनिस्ट इस्थेटिक्स एण्ड लाइफ पृष्ठ 114
54. दर्शन, इतिहास और आलोचना पृष्ठ 177
55. फिलॉसफीज ऑफ ब्यूटी, पृष्ठ 83
56. फण्डामेण्टल्स ऑफ मार्क्सिस्ट इस्थेटिक्स, पृष्ठ 191
57. ध्वन्यालोक लोचन, (अनु. जगन्नाथ पाठक), पृष्ठ 362

अध्याय-2
सौन्दर्य-संवेदन

जीवन-प्रक्रिया में निहित द्वन्द्वात्मकता का प्रमाण इसी बात से मिल जाता है कि प्राणी निसर्गतः एक साथ दो धरातलों पर जीता है। एक है सम्पूर्ण जैविक विकास का धरातल और दूसरा है प्रजातीय (मनुष्य के सन्दर्भ में सामाजिक) विकास का। कार्ल मार्क्स के अनुसार, "उसे अपने अस्तित्व और ज्ञान, दोनों ही स्तरों पर स्वयं को पुष्ट भी करना पड़ता है और प्रमाणित भी।"[1] पुष्टि का सम्बन्ध भौतिक ज़रूरतों से प्रेरित कार्य-कलाप (अर्थात् श्रम) से है और प्रामाण्य का आत्मिक (अर्थात् बौद्धिक और सामाजिक) क्रियाओं से। इस द्विस्तरीय पृष्ठभूमि के नाते मनुष्य का बोध अद्वितीय (व्यक्तिनिष्ठ) नहीं हो सकता।

प्रजातीय परिजीवन की प्रक्रिया दो स्तरों पर चलती है। एक तो पृथगात्म के जीने की प्रक्रिया और दूसरी प्रजाति के रूप में जीने की प्रक्रिया। बृहत्तर (सामाजिक) परिजीवन के लिए स्वयं को प्रस्तुत करते समय हमें मूल्यवत्ता का जो बोध होता है, वह हमारी अन्तर्रचना का अंग है।

विकास के दीर्घ क्रम में बाह्य प्रकृति से जीवी का द्वन्द्व ही जीवन का आधार बना। प्रतिकूल पर्यावरण में जीवन का विकास नहीं हो सकता था। अनुकूल और प्रतिकूल परिस्थितियों के विविध घात-प्रतिघात में जीवन का आदिम रूप विकसित हुआ।[2] जीवन की ही भाँति संवेदन-तन्त्र का विकास भी बाह्य प्रकृति से जीवी के द्वन्द्व का ही परिणाम है। संवेदन-तन्त्र के विकास के बगैर परिजीवन के द्वन्द्वात्मक धरातल पर बाह्य जगत् की किसी भी वस्तु का संवेदनगत अनुभव असम्भव था।

जीवन-क्रम समग्र रूप से सूर्य की किरणों पर निर्भर है। इन किरणों का प्रभाव पृथ्वी की निश्चित अवस्थाओं से उनके निश्चित सम्बन्धों द्वारा उत्पन्न होता है। अगर पृथ्वी अपने कक्ष से कुछ हजार मील सूर्य के निकट खिसक जाय तो जीवन-क्रम नष्ट हो जायेगा। अथवा, सूर्य से उतनी ही दूर चली जाय तो भूमध्य रेखा के अलावा कहीं भी जीवन का अस्तित्व नहीं रह जाएगा। अर्थात् पृथ्वी पर जीवन के अस्तित्व का सीधा सम्बन्ध पृथ्वी और सूर्य की सापेक्ष स्थिति और इस स्थिति से उत्पन्न वातावरण से है।

यह संयोग की बात नहीं है कि जीवों में चाक्षुष इन्द्रिय-बोध ही सर्वाधिक

विकसित हुआ। सौन्दर्य-चेतना और सौन्दर्य-मूल्यों का इस चाक्षुष धरातल से गहरा सम्बन्ध है। हमारा बिम्ब-जगत् मूलतः चाक्षुष है। बिम्ब हमारे संवेदन-जगत् की रचना के आधारभूत तत्त्व हैं। उपमाएँ, प्रतीक, साहचर्य आदि मूलतः हमारे चाक्षुष बिम्बों पर आधारित है।

सौन्दर्य-मूल्यों से सम्बन्धित संवेदन-तन्त्र और जीवन-प्रक्रिया को अलग करके नहीं देखा जा सकता। सौर प्रकाश के इन्द्रधनुषी सात रंगों को ग्रहण करने वाला हमारा संवेदन-तन्त्र सिर्फ इन्हीं रंगों के प्रति संवेदनशील क्यों हुआ? इस परिधि के बाहर की किरणों के व्यापक प्रसर के लिए हमारी कोई ज्ञानेन्द्रिय विकसित नहीं हुई।

संवेदन-तन्त्र परिजीवन की युक्ति के रूप में विकसित हुआ है। विकास सिर्फ उन्हीं तत्त्वों का हुआ, जो परिस्थिति से सीधे जुड़े हुए हैं और जो परिस्थितिजन्य शर्तों के सर्वदा अनुकूल हैं।[3] उपयोग के परिणाम और सौन्दर्य के कारण इस संवेदन-तन्त्र को इस रूप में देखा जा सकता है।

उपयोग (व्यापक अर्थों में)

↓

संवेदन-तन्त्र

↓

सौन्दर्य-बोध

कार्य-कारण का यह सम्बन्ध आवयविक रूप में द्वन्द्वात्मक एकता से आबद्ध है। उपयोगिता के दायरे से बाहर न तो संवेदन-तन्त्र विकसित हुआ है और न सौन्दर्य-बोध। सघनतम उपयोगिता के दायरे के भीतर ही सघनतम संवेदन और सघनतम सौन्दर्य-बोध का विकास हुआ है।

जीवन के आदिम रूपों में प्रकृति से जीवन का सम्बन्ध बेहद चुनौतीपूर्ण था। इस संघर्ष में मनुष्य की बहुत अधिक सीमाएँ थीं। सारी बाह्य शक्तियों की विकराल और विनाशक प्रकृति से मनुष्य की सुरक्षा उसकी कर्मठता (श्रम) ने की। जिन प्राणियों में कर्तृत्व शक्ति नहीं है, उनमें सौन्दर्य-चेतना भी नहीं है। वनस्पतियों में भी जीवन होता है किन्तु उनकी चेतना सर्वथा अविकसित है। वनस्पति ज़मीन तक से स्वतन्त्र नहीं हो सकी, जीवधारियों में सबसे बेबस वनस्पतियाँ ही हैं। सक्रिय भूमिका न होने के नाते उनमें सौन्दर्य-चेतना, सौन्दर्यानुभूति नहीं है। हाँ, वनस्पति जगत् सौन्दर्य का आधार भले ही है। पेड़-पौधे प्राणरहित (जड़) पत्थरों जैसे नहीं हैं। वे उग सकते हैं, विकसित होकर फलते-फूलते हैं। विकास की इस अन्तर्निहित क्षमता को ही प्राण शक्ति कहा जाता है।

यहाँ उपयोग की भूमिका साफ-साफ देखी जा सकती है। हम ऊर्जा-तरंगों के एक निश्चित प्रसर को ही अपने संवेदन द्वारा ग्रहण कर सकते हैं। जिस प्रसर से हमारा उपयोगितामूलक सम्बन्ध अधिक कायम हुआ, उन्हीं को हम सात रंगों में ग्रहण करते हैं। शेष ऊर्जा-तरंगों को ग्रहण कर सकने में हमारे संवेदन-तन्त्र अक्षम

हैं। यह विकास कमोबेश सभी प्राणियों में एक-सा हुआ है।

इसी सर्वसामान्य गुण को रेखांकित करते हुए डार्विन ने सौन्दर्यानुभूति को जैविक प्रक्रिया में निहित माना है। उनकी इस मान्यता के अनुसार सौन्दर्य-बोध मनुष्येतर प्राणियों में भी समान रूप से पाया जाता है। उनकी निश्चित मान्यता है कि रंगों और ध्वनियों के विशिष्ट प्रभाव मनुष्यों को ही नहीं, निम्न-स्तरीय प्राणियों को भी प्रभावित करते हैं। डार्विन धार्मिक आस्था वाले व्यक्ति थे। इस मान्यता का एक आधार सर्वात्यवादी धार्मिक विश्वास है, जो सब प्राणियों में एक-सी आत्मा का वास मानता है। लेकिन सौन्दर्यबोध के विकास में प्रकृति के साथ मनुष्य के सम्बन्ध की विशेषता और सामाजिक विकास की भूमिका को वे नज़रअन्दाज़ करते हैं। इस मान्यता का सैद्धान्तिक आधार यह है कि सौन्दर्य के प्राकृतिक उपादानों का अस्तित्व मनुष्य के पहले से है; वे मनुष्य के लिए विशेष रूप से निर्मित नहीं हुए हैं। इसलिए वे काफी बल देकर कहते हैं कि निम्नस्तरीय प्राणियों में भी "ठीक उसी रूप में सौन्दर्य-चेतना विद्यमान रहती है जिस रूप में मनुष्य या अन्य विकसित प्राणियों में।"[4]

यह सिद्धान्त पूरी तरह सही तभी साबित हो सकता है जब हम मानवीय सौन्दर्य-चेतना के विकास को क़ेवल जैविक विकास के सन्दर्भ में ही देखें। डार्विन की इस मान्यता में सबसे बड़ी कमज़ोरी यही है कि वे सौन्दर्य के वस्तुगत पक्ष को निर्णायक स्थान देते हुए भी इस बात को नज़रअन्दाज़ कर गये हैं कि सामाजिक विकास के दौरान सौन्दर्य-ग्रहण की विशिष्ट क्षमता हासिल करने के नाते ही मनुष्य अन्य प्राणियों से भिन्न है।

मिसाल के तौर पर आँख को लें। प्रो. यूरी फ्रोलोव के शब्दों में, "प्राणियों में ज्ञानेन्द्रियों की भाँति यह (आँख) निम्नतर जीवियों में भी उत्पन्न हुई।"[5] दर्शनेन्द्रिय के बावजूद निम्नतर जीवियों में बिम्ब-ग्रहण की क्षमता मनुष्य जैसी विशिष्ट और सौन्दर्यात्मक नहीं है। गिद्ध प्रायः सबसे अधिक दूर तक देखता है। कबूतर अवरक्त ऊर्जा-तरंग को देख सकता है। बिल्ली, उल्लू आदि अन्धकार में भी देख सकते हैं। इससे केवल बाह्य-जगत् से उनके संवेदन-तन्त्र के अन्योन्य सम्बन्ध की सूचना मिलती है। यह सिद्ध नहीं होता कि इन प्राणियों का संवेदन-तन्त्र आदिम अवस्था में न होकर विकसित एवं उन्नत अवस्था में है। उनके सौन्दर्य-बोध के साथ-साथ उनका उपयोगिता-बोध भी अविकसित है। वे केवल ग्रहण करते हैं, सृजन नहीं करते। श्रम के कारण ही प्रकृति से हमारा संबंध उपयोगी और सुन्दर बनता है।

यही बात वायु तरंगों के सम्बन्ध में भी देखी जा सकती है। हम अपनी श्रवणेन्द्रिय द्वारा निश्चित तरंग-दैर्घ्य को ही ग्रहण कर सकते हैं। तरंग-दैर्घ्य या आयाम एक सीमा तक बढ़ते-बढ़ते या घटते-घटते साधारणतया अश्रव्य हो जाता है। तरंग-दैर्घ्य और आयाम के जिस प्रसर से जीवन का सर्वाधिक साक्षात्कार होता रहा है, उसी के सन्दर्भ में हमारी श्रवण-शक्ति विकसित हुई है। 'पवनचार' से 'उनचास पवन' तक तरंग-दैर्घ्य का प्रसर सहित्य में व्यक्त होता रहा है।

जैविक विकास के क्रम में विकसित होने वाले हमारे सौन्दर्य-मूल्य वस्तुतः हमारी सौन्दर्य-चेतना के आधारभूत प्रेय है। रंग या ध्वनि की संवेदन-क्षमता सामान्य

धरातल पर होती है। डार्विन के मत से यही बात ध्वनित होती है। डार्विन का यह कथन सही है कि "पृथ्वी पर फूलों का आविर्भाव मनुष्य के जन्म से काफी पहले हो चुका था।"[6]

किन्तु इसका एक दूसरा पहलू भी है। इस प्रसंग में निकोलाई सिलयेव के ये शब्द स्मरणीय हैं, "प्राकृतिक सौन्दर्य जीवों के अनवरत विकास का नतीजा है। जीवन के लिए संघर्ष, वातावरण के अनुकूलन और नैसर्गिक चयन की प्रक्रिया में उनका परिष्कार होता गया है।"[7]

जिन प्राणियों में कर्तृत्व-शक्ति जितनी अधिक है, उनकी चेतना का स्तर भी उतना ही ऊँचा है। श्रम ने मनुष्य की कर्तृव्य-शक्ति को नये धरातल पर पहुँचाया, साथ ही उसने मनुष्य को नये रूप में प्रकट किया। अब मनुष्य सुलभ परिस्थितियों में ही रास्ता निकालने का काम नहीं करता, वह अपने अनुरूप—तय करके—रचना भी करता है। यह स्तर सामाजिक विकास से जुड़ा हुआ है।

समाज के रूप में मनुष्य का गठन अन्य प्राणियों के अव्यवस्थित यूथ अथवा रेवड़ से उसकी भिन्नता स्थापित करता है। समाज व्यवस्थाबद्धता का ही एक रूप है। व्यवस्थावद्धता का अर्थ है : (1) एक कोषीय जीव से तंत्रिका तंत्र वाली केंद्रीकृत प्रणाली का विकास, (2) 'झुंड' से मनुष्य के 'समाज' का विकास, (3) इन्द्रिय-बोध से व्यवस्थित विचारधारा का विकास। इस व्यवस्थाबद्धता को मनुष्य की जैविक संरचना से अलग करके नहीं देखा जा सकता। मनुष्य के सौन्दर्य-बोध को, आत्मगत अनुभूतियों के अन्तः संसार को भी व्यवस्थाबद्धता से पृथक् नहीं किया जा सकता।

मनुष्य की यह सामाजिक व्यवस्था उसके मानवीय इतिहास का विषय है। श्रम-प्रक्रिया के क्रम में मनुष्य ने न केवल अपना मनुष्य-रूप सम्पन्न किया अपितु अपनी चेतना को भी गुणात्मक दृष्टि से नये धरातल पर पहुँचाया। कला या सौन्दर्य-बोध को उनकी मानव-सापेक्षता के कारण श्रम-प्रक्रिया से च्युत करना सम्भव नहीं है। इसका एक प्रमाण यह भी है कि मनुष्य के पास एक ओर जहाँ सौन्दर्य-बोध की अद्वितीय क्षमता है, वहीं उसके पास अति-विकसित श्रमेन्द्रिय—हाथ—भी मौजूद हैं। पशुओं के पास हाथ नहीं होता। पशु श्रम नहीं करते इसलिए उनके पास सौन्दर्य-बोध भी नहीं होता। फ्रेडरिक एंगेल्स ने हाथों को मनुष्य के विकास में केन्द्रीय घटक माना है। यदि पुरुषाभ वानरों के हाथ स्वतन्त्र न होते तो उनका इस रूप में विकास हो पाता, यह कहना नामुमकिन हैं।[8]

हाथों की निर्णायक भूमिका का उल्लेख करते हुए पावलोव चिम्पाज़ी का हवाला देकर बताते हैं कि चिम्पाज़ी हाथों की सहायता से ही अपने परिवेश के साथ अन्य पशुओं की अपेक्षा अधिक जटिल सम्बन्ध कायम करता है। पदार्थों से अपेक्षाकृत अधिक जटिल सम्बन्ध कायम करने के नाते ही वह अधिक बुद्धिमान है। मनुष्य हाथों का उपयोग सर्वाधिक करता है। रामविलास शर्मा के शब्दों में, "वह बुद्धिमान था, इसलिए हाथों से काम नहीं लेने लगा। हाथों से काम लेने के कारण अधिक बुद्धिमान हुआ।"[9]

मनुष्य अपने हाथों के द्वारा बाह्य पदार्थों से जो जटिल सम्बन्ध कायम करता था, श्रम उसी का विकसित रूप है। आदिम अवस्था में सरल क्रियाओं और चेष्टाओं तक सीमित मनुष्य के हाथ उन क्रियाओं के प्रति अनुकूलित होते गये। इससे हाथों की कुशलता और दक्षता बढ़ी। हाथ अधिकाधिक नमनीय हुए। यह नमनीयता आनुवंशिक होती थी। अधिक जटिल क्रियाओं में हाथों के प्रयोग से उसमें परिष्कार आया। आदिम औज़ारों को भी नया रूप मिला। अतएव हाथ श्रमेन्द्रिय भी हैं और श्रम की उत्पत्ति भी।

हाथों की विशेष क्रिया ने शरीर-रचना को भी प्रभावित किया। खान-पान की विविधता ने शारीरिक क्रियाओं को प्रभावित किया। खानाबदोशी का कबाइली जीवन बिताने वाले मनुष्य के सामने कन्द-मूल सीमित रूप में है। उन्हीं से काम चला लेना सम्भव न था। प्राकृतिक अनिश्चितता ने भोजन को विविधतायुक्त बनाया और मनुष्य को मांसाहारी। मनुष्य मूलतः मांसाहारी न था। इसके लिए एंगेल्स ने यह उदाहरण दिया है कि "शिकारी उस हिरणी को नहीं मारता जो अगले वर्ष मृगशावक देने वाली होती है जबकि भेड़िया उसे मार देता है।"[10]

मांसाहार ने उपापचय और शारीरिक विन्यास को ही प्रभावित नहीं किया, उसने मनुष्य को शिकार की तलाश में नदी-पहाड़ों के साथ-साथ हजारों-लाखों मीलों और वर्षों की महायात्रा पर निकलने को प्रेरित किया। तरह-तरह की जलवायु और प्राकृतिक वातावरण से जुड़ता हुआ मनुष्य समूह में रहता और स्वयं को स्थितियों के अनुरूप ढाल लेता था। समूह में रहकर उसमें सम्मिलित कार्य-कलाप और पारस्परिक सहयोग की भावना विकसित हुई। समाज का जन्म इस भावना के बगैर असम्भव है।

सामूहिक जीवन बिताते हुए मनुष्य आपसी सम्पर्क के लिए जिन निरर्थक ध्वनि-संकेतों से काम लेता था, वही विशिष्ट मानवीय सन्दर्भों से जुड़कर भाषा के रूप में व्यक्त हुई। मनुष्येतर प्राणियों में भी निरर्थक ध्वनि-संकेतों से भय, प्रसन्नता आदि भाव व्यक्त करने की प्रकृति और क्षमता होती है। इस प्रकार मनुष्य की वाणी का परस पाकर निरर्थक ध्वनियाँ सार्थक शब्दों में बदल गयीं। श्रम और भाषा का यह अन्योन्य सम्बन्ध मानव-मस्तिष्क पर किस तरह प्रभाव डालता है, इसका हवाला देते हुए फ्रेडरिक एंगेल्स कहते हैं—"पहले श्रम, उसके बाद और तब उसके साथ वाणी—ये ही दो सबसे सारभूत उद्दीपनाएँ थीं, जिनके प्रभाव से वानर का मस्तिष्क धीरे-धीरे मनुष्य के मस्तिष्क में बदल गया, जो सारी समानता के बावजूद वानर के मस्तिष्क से कहीं बड़ा और अधिक परिनिष्पन्न है। मस्तिष्क के विकास के साथ-ही-साथ उसके सबसे निकटस्थ कारकों (ज्ञानेन्द्रियों) का विकास हुआ। जिस तरह वाणी के क्रमिक विकास के साथ अनिवार्य रूप से श्रवणेन्द्रिय का तदनुरूप परिष्कार होता है, ठीक उसी तरह समग्र रूप में मस्तिष्क के विकास के साथ सभी ज्ञानेन्द्रियों का परिष्कार होता है।"[11]

जिन प्राणियों का मस्तिष्क अविकसित या अल्पविकसित है, उनकी ज्ञानेन्द्रियाँ परिष्कृत नहीं हैं। यही कारण है कि कई मायनों में मनुष्य से अधिक देख-सुन सकने वाले प्राणी

सौन्दर्य का अनुभव नहीं कर पाते। मानव-मस्तिष्क का यह विकास श्रम, समाज, भाषा की जटिल द्वन्द्वात्मकता में सम्पन्न हुआ है। मस्तिष्क हमारी कर्मेन्द्रियों को शासित करने के लिए हमारे भीतर विकसित तन्त्र है। मस्तिष्क ज्ञानेन्द्रियों द्वारा उसके प्रति क्रिया या प्रतिक्रिया करता है तथा इन दोनों के बीच सम्बन्ध कायम करता है।

मस्तिष्क का परिष्कार चेतना के बौद्धिक विकास का मार्ग प्रशस्त करता है। बुद्धिमत्ता के विकास के कारण ही संवेदन, ग्रहण और धारण (धृति) की मानव-क्षमता निम्नस्तरीय प्राणियों की तुलना में गुणात्मक दृष्टि से भिन्न है। पशु बाह्य-जगत् को केवल ग्रहण कर सकता है, धारण नही। पशुओं में किसी वस्तु के साक्षात्कार का संवेदन-संस्कार केवल उस स्तर पर शेष रहता है कि वह संवेद्य वस्तु का पुनः साक्षात्कार होने पर उसे पहचान भर ले। इसे प्रत्यभिज्ञान कहते हैं। मनुष्य संवेद्य वस्तु को उसकी अनुपस्थिति में भी स्मरण कर सकता है। इसे प्रतिस्मरण कहते हैं। पहली क्षमता जीवियों के सार्वभौम विकास में अर्जित हुई है और दूसरी सामाजिक विकास में।

इस प्रकार, मनुष्य विकास के जैविक और सामाजिक दोनों चरणों से गुज़रता हुआ सामान्य से विशिष्ट के धरातल पर पहुँच गया है। चेतना के स्तर पर इसे यों देखा जा सकता है—

1. प्रत्यभिज्ञान
   —परिमाण भेद से प्राणिमात्र का गुण,
2. प्रतिस्मरण
   —मानव-विशिष्ट गुण,

प्रतिस्मरण की इस क्षमता के कारण मनुष्य बाह्य-जगत् की प्रत्येक वस्तु को देश-कालगत व्यापक परिधि में देखता है। वस्तुओं में सामान्य-असामान्य का विवेक कर सकने की मानवीय क्षमता उसकी इसी बृहत्तर दृष्टि-परिधि के कारण सम्भव हो सकी। यह विवेक उसकी संवेदना द्वारा वस्तुओं के ग्रहण और उनकी अनुभूति को अधिक स्पष्ट और परिभाषित स्वरूप प्रदान करता है। वह सामान्यताओं और असामान्यताओं का विश्लेषण और संश्लेषण करता है। वह संश्लेषण-विश्लेषण के आधार पर सामान्यीकरण करता है। इस प्रक्रिया के द्वारा विशिष्ट बिम्बों के रूप में ग्राह्य विशिष्ट वस्तुओं के सामान्य प्रत्यय और परिस्थिति-बोध विकसित होते हैं। प्रत्यय और परिस्थिति-बोध वस्तुओं की देश-कालगत उपयोगिता को नये आयाम प्रदान करते हैं।

उदाहरणार्थ, मांसाहार को लें। आदिम कबाइली समाज में शिकार की प्रवृत्ति और यायावर जीवन मांसाहार का परिणाम है। शिकार उत्पादन का आदिम रूप है। इतना ही नहीं, मांसाहार के व्यापक प्रभाव के सम्बन्ध में एंगेल्स ने लिखा है—"मांसाहार के फलस्वरूप निर्णायक महत्त्व के दो नये कदम उठाये गये—मनुष्य ने अग्नि को वशीभूत किया, दूसरे...पशुपालन आरम्भ हुआ। पहले के फलस्वरूप पाचन-क्रिया और संक्षिप्त बन गयी क्योंकि इसकी बदौलत मानव-मुख को मानो पहले से ही आधा पचा भोजन मिलने लगा। दूसरे ने मांस की पूर्ति का शिकार के अलावा एक नया,

अधिक नियमित स्रोत प्रदान करके मांस की आपूर्ति को अधिक प्रचुर बना दिया।"[12]

ध्यान देने की बात यह है कि भुना हुआ मांस अधिक सुपाच्य और स्थायी होता है। इससे उसका देश-कालगत उपयोग बढ़ गया। मांस की उपयोगिता और स्थायित्व में वृद्धि से उस पर व्यय श्रम का मूल्य भी बढ़ गया। इससे श्रम की उपयोगिता बढ़ी। प्रतिस्मरण से उत्पन्न परिस्थिति-बोध ने मानव-श्रम को नये धरातल पर पहुँचा दिया। दूसरी ओर इसके फलस्वरूप मनुष्य के अन्तर्जगत् के प्रत्ययों का निर्माण हुआ। जैविक विकास की दृष्टि से भाषा का जन्म परिस्थिति-बोध के साथ होता है। विषम परिस्थितियों में निःसृत विभिन्न निरर्थक ध्वनियाँ प्रतिस्मरण की मानवीय क्षमता से जुड़ने पर सार्थक भाषा—परिस्थितिजन्य भावों को व्यक्त करने वाले माध्यम—के रूप में सामने आती हैं।

भाषा की अन्तःप्रकृति सामूहिक है। उसने सामाजिक गठन में आदिम काल से ही महत्त्वपूर्ण भूमिका निभायी है। भाषा ही सांस्कृतिक रूपों का आधारभूत घटक है। समाज की रचना के साथ मानव-श्रम नये धरातल पर आसीन हुआ। संक्षेप में, इवान अस्तखोव के शब्दों में कह सकते हैं कि "श्रम के औज़ारों की उत्पत्ति मानव के विकास में एक निर्णायक मोड़ की सूचना देती है, जिसने उसके भौतिक स्वरूप का स्थायित्व निश्चित कर दिया। इसके बाद मनुष्य शारीरिक दृष्टि से उतना नहीं बदला जितना सामाजिक दृष्टि से बदला है।"[13]

इस प्रकार, हम कह सकते हैं कि जैविक विकास के सामान्य और सामाजिक विकास के विशिष्ट—दोहरे—धरातलों से गुज़रते हुए मनुष्य ने सौन्दर्यानुभूति की विशिष्ट क्षमता हासिल की है। सौन्दर्य-मूल्यों और चेतना के रूपों का विकास उसकी विभिन्न सामाजिक अवस्थाओं से जुड़ा हुआ है।

सन्दर्भ-सूची

1. दि इकॉनामिक एण्ड फिलॉसॉफिकल मैनुस्क्रिप्ट्स ऑफ 1844, पृष्ठ 182
2. दि ओरिजिन ऑफ लाइफ, पृष्ठ 80-81
3. दे. दि ओरिजिन ऑफ लाइफ, ओपारिन, पृष्ठ 81
4. उद्धृत, प्राब्लम्स ऑफ मॉडर्न इस्थेटिक्स, पृष्ठ 158-159
5. वर्क एण्ड दि ब्रेन, पृष्ठ 14
6. उद्धृत प्राब्लम्स ऑफ मॉडर्न इस्थेटिक्स, पृष्ठ 159
7. वही, पृष्ठ 112।
8. दे. डाइलेक्टिक्स ऑफ नेचर, पृष्ठ 228
9. भाषा और समाज, पृष्ठ 9
10. डाइलेक्टिक्स ऑफ नेचर, पृष्ठ 235
11. वही, पृष्ठ 233
12. वही, पृष्ठ 267
13. प्रॉब्लम्स ऑफ मॉडर्न इस्थेटिक्स, पृष्ठ 160

अध्याय-3

मानवीय सौन्दर्य-चेतना का विकास

यदि मनुष्य की चेतना अपने आधार से पूर्णतः स्वतन्त्र और सर्वथा स्वायत्त होती तो उसका विश्वबोध भी प्रत्यभिज्ञान (रिकॉग्निशन) के स्तर पर रहा होता। उसकी दृष्टि भी विच्छिन्न होती। सजग और निर्णायक भूमिका अदा करने की मानव-विशिष्ट गुणवत्ता उसकी व्यवस्थाबद्ध चेतना की उपज है, न कि विच्छिन्नता की। मनुष्य में प्रतिस्मरण (रिकॉल) की क्षमता है। वह चीज़ों की अनुपस्थिति में भी उनके बारे में सोच सकता है। यही कारण है कि प्रत्यभिज्ञान के स्तर पर चेतना रखने वाले प्राणियों—पशुओं—के विश्वबोध से भिन्न मनुष्य का विश्वबोध कहीं अधिक विकसित है। वह गुज़रे हुए क्षण और गुज़रे ज़माने को याद कर सकता है। वह वर्तमान की उनसे तुलना कर सकता है और अनागत का पूर्वानुमान कर सकता है। इस तरह वह अतीत से सबक सीखता है और भविष्य को सामने रखकर वर्तमान में क्रियारत होता है। त्रिकाल में जी सकने की यह अद्‌भुत और अपूर्व क्षमता केवल मनुष्य में है। जिनमें यह क्षमता नहीं है, वे पशुओं की श्रेणी में गिने गये हैं। चिम्पाज़ी का दिमाग बहुत विकसित है, लेकिन मनुष्य का दिमाग उससे कहीं अधिक विकसित है। दोनों की चेतना में मात्रा का नहीं गुण का अन्तर है। चिम्पाज़ी त्रिकाल में नहीं जीता। वह अतीत से मुक्त और भविष्य से निरापद होता है। वह शुद्ध वर्तमान में जीता है। अपनी आदिम अवस्था में मनुष्य भी शायद चेतना के इसी धरातल पर जीता था। उसमें जो मौलिक परिवर्तन नज़र आता है, वह सुदीर्घ विकास का परिणाम है। उसका यह विकास हुआ अपने से बाहर की चीज़ों के साथ अधिक पेचीदा सम्बन्ध कायम करने के नाते। इस क्रम में उसने पहले-पहल अलग-अलग चीज़ों को सिलसिलेवार जानना शुरू किया। फिर, उन चीज़ों को एक-दूसरे से जोड़ना और घटाना सीखा।

वही मनुष्य आज गुणात्मक दृष्टि से इतने भिन्न और उच्चतर धरातल पर जी रहा है कि दोनों के बीच कोई तुलना भी सम्भव नहीं दीखती। अपनी वस्तुगत गति के कारण विकास सदैव आगे की दिशा में होता है। जो लोग इस बात को नहीं समझ

पाते वे मनुष्य के प्रत्यभिज्ञान के स्तर पर जीने वाली चेतना को आदर्श मानते हैं। वे भूत-भविष्य से मुक्त शुद्ध और 'सच्चे' वर्तमान (काल के आयाम में क्षण और देश के आयाम में द्वीप) में जीने की कामना करते हैं। हिन्दी में एक ऐसे ही चिन्तक श्री सच्चिदानन्द हीरानन्द वात्स्यायन अज्ञेय ने कोरे कागज़ पर लिखा है–"सच्चा वर्तमान ऐसा क्षण है, जिसके साथ न तो स्मृति का आभास है और न प्रत्याशा या अपेक्षा का–क्योंकि एक अतीत का लक्षण है और दूसरा भविष्य का।"[1]

सौभाग्य से सामान्य मनुष्य चेतना के इस धरातल पर नहीं जीता। वह अतीत के साथ वर्तमान का तुलनात्मक विवेचन करके यह जान सकता है कि विकास अतीत से भविष्य की दिशा में होता है। मनुष्य के इस वैशिष्ट्य को शुक्ल जी ने पशुत्व से अन्तर का आधार माना है। उनके अनुसार, "मनुष्य उस कोटि को पहुँची हुई सत्ता है जो उस अल्प क्षण में ही आत्म-प्रसार को बद्ध रखकर सन्तुष्ट नहीं हो सकती जिसे वर्तमान कहते हैं।"[2] त्रिकाल में जीने की क्षमता न होती तो कला और सौन्दर्य-बोध क्या, औज़ार, भाषा और समाज का विकास कर पाना भी मनुष्य के लिए सम्भव नहीं था।

मनुष्य के अन्तर्जगत् के मूलाधार बिम्ब निर्मित हैं। प्रतिस्मरण की क्षमता के नाते मनुष्य के बिम्ब त्रिकाल-बोध और व्यवस्था-बोध से आबद्ध होते हैं। बिम्ब मनुष्य के जिस जीवन्त अन्तर्जगत् की रचना करते हैं, भाषा उस अन्तर्जगत् को व्यक्त करती है। कविता को बिम्बों में सोचने की कला कहा जाता है। बिम्ब अन्तर्जगत् की रचना ज़रूर करते हैं लेकिन बिम्बों में सोचना भाषा के ही ज़रिये सम्भव है। भाषा का जन्म श्रम-प्रक्रिया में आपसी विचार-विनियम की आवश्यकता से हुआ है।

आदिम मनुष्य का पहला साक्षात्कार स्वयं से होता है। वह सप्राण अनुभूतियों के विकसित अन्तःसंसार वाला प्राणी है। उसके सामने समूचा ब्रह्माण्ड 'रहस्यात्मक किन्तु समर्थ शक्तियों वाले ब्रह्माण्ड'[3] के रूप में प्रस्तुत होता है। इस रहस्यलोक को दृष्टि, स्पर्श, घ्राण आदि संवेदनो के द्वारा हम जिन रूपों में ग्रहण करते हैं, उन रूपों को ही बिम्ब कहते हैं। हमारे उक्त संवेदन हमारे समूचे विकास का नतीजा हैं। इसलिए श्रम-प्रक्रिया के दौरान इनमें आये परिष्कार हमारे बिम्ब-ग्रहण के तौर-तरीके में आधारभूत गुण-परिवर्तन लाते हैं। मनुष्य के बिम्ब परिस्थिति-बोध द्वारा अनुकूलित होते हैं।

कविता के जन्म के प्रश्न को मनुष्य के उक्त सन्दर्भों से नहीं काटा जा सकता। आदिम लय से शब्दबद्ध गीत तक की यात्रा के दरम्यान, नृत्य, संगीत आदि कला के अन्य रूप प्रचलित थे। यदि थोड़ा ठहरकर विचार करें तो श्रम के साथ कला के अविच्छेद्य सम्बन्ध की पुष्टि होगी। जी. वी. प्लेखानोव और क्रिस्तोफर कॉडवेल कविता के जन्म के प्रश्न को आदिम मनुष्य की सामूहिक जीवन-विधि से घनिष्ठ रूप

में जोड़कर देखते हैं। कविता को मूलतः गीत बताते हुए क्रिस्तोफर कॉडवेल कहते हैं कि गीत अपनी अन्तःप्रकृति के कारण मूलतः सामूहिक भावों की अभिव्यक्ति करते हैं।[4] लुई हरप (Luis Harap) कविता के उद्‌भव को श्रम-प्रक्रिया से अनिवार्यतः सम्बद्ध बताते हैं। वे कहते हैं कि "श्रम-प्रक्रिया में स्वर की लयात्मक गति से संगीत और नृत्य आविर्भूत हुए। श्रमरत आदिम मनुष्य ने सहज लय को शब्द प्रदान किये। फिर उसने स्वरों के बीच की रिक्ति को अन्य स्वरों से भरा। इस प्रकार, कविता और गीत का जन्म हुआ।"[5] आरम्भ में गद्य और पद्य दोनों गीत से सम्बद्ध थे। इसकी व्याख्या करते हुए ऐशली मोंटेगू ने लिखा है कि "अनपढ़ लोगों के गद्य और पद्य दोनों गीत से सम्बद्ध होते हैं...और यह कोई संयोग की बात नहीं है कि कविता छन्द-शास्त्र, गीत, बाद्य, संगीत और नृत्य सब एक-दूसरे से इतने जुड़े होते हैं।"[6] ह. प्र. द्विवेदी ने इसी तथ्य को भाषा के लयात्मक विधान का रूप देकर आदिम जातियों और पशु-पक्षियों के स्वर-संयोग का विवेचन किया है।

स्पष्ट है कि श्रम से पहले कला का अस्तित्व सम्भव नहीं था। श्रम के कारण बाह्य-जगत् से हम जो जटिल सम्बन्ध कायम करते हैं, वह हमारी चेतना को विशिष्ट स्वरूप प्रदान करता है। इसी कारण मनुष्य देश-कालगत व्यापक परिधि में देख एवं सोच-समझ सकता है। मनुष्य की चेतना के रूप उसके इस सामान्य विकास से गहरे स्तर पर सम्बद्ध हैं। भाषा का जन्म समाज के साथ होता है और कविता भाषा के बगैर असम्भव है। इसलिए मानव-समाज के अस्तित्व से पूर्व कला या कविता के अस्तित्व की कल्पना भी नहीं की जा सकती। ब्यूशन आदि की कला सम्बन्धी मान्यताओं का खण्डन करते हुए सोवियत चिन्तक जी.वी. प्लेखानोव कहते हैं कि "श्रम कला से प्राचीन है।"[7] हिन्दी कवि और प्रगतिशील चिन्तक केदारनाथ अग्रवाल इस बुनियादी प्रस्थापना को प्रस्तुत करते हुए कविता को नृत्य एवं संगीत से अधिक भावात्मक बताते हैं।[8] यह भावात्मकता श्रम की देन है। श्रम ने मनुष्य में साथ-साथ रहने का अभ्यास डाला। 'झुंड' को 'समाज' बनाया, साहचर्य को सम्बन्ध बनाया और मूल्यवत्ता प्रदान की। यह साहचर्य भौतिक उत्पादन के ही नहीं, आत्मिक भावों—प्रेम, घृणा आदि—के उदय का भी कारण बना। डॉ. रामविलास शर्मा के शब्दों में, "भावों का विकास सामाजिक स्तर पर ही निर्भर है।"[9]

कविता समाज के विकास के साथ अस्तित्व में आयी है, इसलिए इन्द्रिय-बोध के अलावा भाव-जगत् से उसका गहरा सम्बन्ध है। कविता इन्द्रियों से अनुभूत बिम्बों का पुनःसृजन करती है किन्तु स्वयं बिम्ब कविता नहीं होते। मनुष्य के भाव ही बिम्बों को काव्यात्मक बनाते हैं। वाउमगार्तेन ने भाव-जगत् से कविता के गहन अन्तस्सम्बन्ध को रेखांकित करने के प्रयास में ही बिम्बों को भावों की तुलना में कम काव्यात्मक माना है। स्पष्ट है कि बिम्बों की काव्यात्मक अन्तर्वस्तु

मनुष्य के भावात्मक अन्तर्जगत् के अस्तित्व पर निर्भर है। इस प्रकार, कविता मनुष्य के बिम्ब निर्मित अन्तर्जगत् की भावात्मक अभिव्यक्ति है।

मनुष्य के इन्द्रिय-बोध, भाव-जगत् और विचार-प्रणाली का विकास एवं परिष्कार समाज के विकास से गहरे तौर पर सम्बद्ध है। विकास की आरम्भिक अवस्था में मानव-चेतना संश्लेषण-विश्लेषण की वह क्षमता नहीं रखती थी, जो आज हमारे पास मौजूद है। उसकी चेतना विविध संवेगों में साथ-साथ व्यवस्थित नहीं हुई थी। निम्नस्तरीय जीवों में यह अभी भी नहीं है। पशुओं के पास आँख है लेकिन अलग-अलग रंगों की विशिष्ट पहचान उनमें नहीं है। वे संगीतात्मक या अन्य संगीतेतर ध्वनियों का फर्क नहीं कर पाते। इसका कारण समाज की उस आरम्भिक अवस्था में निहित है जिसमें श्रम-विभाजन का अस्तित्व नहीं था। विभाजन और वर्गीकरण विशेषज्ञता का परिणाम होते हैं। श्रम के साथ-साथ चेतना भी अविकसित अवस्था में होने के नाते अस्पष्ट थी। यह अस्पष्टता दो रूपों में देखी जा सकती है। एक तो धर्म, मिथ, कला आदि सम्भव चेतना-रूपों के घालमेल में, और दूसरे, संगीत, कविता, नृत्य आदि कला-रूपों की अन्तस्सम्बद्धता में। इस धरातल पर चेतना और कला के रूपों को अलग-अलग करके नहीं देखा जा सकता था।

कबायली जीवन बिताता हुआ मनुष्य सामूहिक चेतना का विकास करता है। ऐशली मोंटेगू ने आदिम मनुष्य की चेतना के सन्दर्भ में बताया है कि उसकी चेतना अपने ऊपर सीधे प्रभाव डालने वाली अपने आस-पास की चीज़ों के प्रति अत्यधिक सजग एवं संवेदनशील थी।[10] व्यापक और विराट् प्रकृति के नाना उपादानों से उसका सीधा सम्पर्क कायम होता था। आत्म-साक्षात्कार की विमुग्ध दृष्टि वाला आदिम मनुष्य नदी, पहाड़, सूरज, वृक्ष, पशु-पक्षी आदि सभी पर आत्म-प्रक्षेपण करता था। वह उन्हें अपने जैसा सप्राण मानता था। आत्म-प्रक्षेपण की इस चरम अवस्था में मनुष्य की दुनिया फैण्टेसीमय होती थी। वह 'आत्म' और 'वस्तु' के बीच फर्क नहीं कर पाता था। यह अन्ध-विश्वास-युग की चेतना है। कालान्तर में जब आत्म और वस्तु के बीच का फर्क जान लिया गया तब उसकी समग्र चेतना एक नये उच्चतर धरातल पर पहुँच गयी। चेतना के इस युग को धर्म का युग कहते हैं। चेतना के विकास की सर्वोच्च अवस्था वैज्ञानिक है। मनुष्य विज्ञान-युग में पहुँचकर आत्म के भी वास्तविक रूप को देखने में समर्थ होता है।

मानव-चेतना के विकास से सम्बन्धित हमारी इस व्याख्या का आधार यह मान्यता है कि चेतना वस्तु-जगत् से स्वतन्त्र या निरपेक्ष नहीं, भौतिक जगत् का परिणाम होती है। वैज्ञानिक भौतिकवादी दर्शन के अनुसार—"चेतना मानव मस्तिष्क का कार्य है, जो अपने सारतत्त्व में पदार्थ को ही प्रतिबिम्बित करती है।"[11]

मनुष्य की चेतना का विकास उसके भौतिक विकास द्वारा अनुप्रेरित होता है।

मनुष्य के भौतिक विकास की मूल धुरी उसकी कर्तृत्व-शक्ति (श्रम) है। मानव-चेतना का विकास श्रम की विभिन्न अवस्थाओं द्वारा अनुशासित होता है।

मनुष्य अपने श्रम की आरम्भिक अवस्था में भौतिक दृष्टि से जिस प्रकृति के अधीन था, चेतना के स्तर पर उसी से आक्रान्त भी था। आदिम मनुष्य की इस दुर्दम स्थिति का उल्लेख विक्टर रोमनेंको इन शब्दों में करते हैं कि "एक ऐसा भी समय था जब प्रकृति मनुष्य में सकारात्मक के स्थान पर नकारात्मक भावनाएँ उत्पन्न करती थी; जब वह उसे सुन्दर कम और त्रासद अधिक प्रतीत होती थी, और वह उसकी माँ की तरह नहीं, दुष्ट सौतेली माँ की तरह थी...।"[12]

सामाजिक दृष्टि से अन्धविश्वास युग की यह चेतना आदिम सामुदायिक व्यवस्था और उससे जुड़े आरंभिक दास-समाज की अवस्थाओं से सम्बद्ध है। मनुष्य भौतिक दृष्टि से प्रकृति के जितना अधीन था, उसकी चेतना उसकी पराधीनता को उसी अनुपात में व्यक्त करती थी। निर्जीव पदार्थजगत् को सजीव वस्तुबिम्बों के रूप में ग्रहण करना मनुष्य की प्रकृति-भीत चेतना का प्रमाण है।

धर्म की चेतना मनुष्य के श्रम की अपेक्षाकृत उन्नत अवस्था की परिचायक है। धर्म की व्याख्या करते हुए फ्रेडरिक एंगेल्स ने लिखा है—"समस्त धर्म मानवों के मन में उन बाह्य शक्तियों की अपरूप प्रतिच्छाया के सिवा कुछ नहीं है, जो उसके रोजमर्रे के जीवन का नियन्त्रण करती हैं, ऐसी प्रतिच्छाया, जिसमें पार्थिव शक्तियाँ अतिप्राकृतिक रूप धारण कर लेती हैं।"[13] अर्थात् धर्म के काल में मनुष्य प्राकृतिक शक्तियों के अधीन बना रहता है, उसके दैनन्दिन जीवन का नियन्त्रण प्राकृतिक शक्तियाँ ही करती हैं।

उक्त दोनों युगों की चेतना में एक महत्त्वपूर्ण अन्तर है। आदिम मनुष्य प्रकृति के अनुरूप स्वयं को ढालता था, अपने श्रम द्वारा सुलभ प्राकृतिक साधनों का उपयोग करता था। उसकी ये चेष्टाएँ उसकी अत्यन्त सीमित कर्तृत्व-शक्ति की सूचना देती हैं। नयी अवस्था में मनुष्य अपने चेतन प्रयत्न द्वारा उत्पादन करता है। इसके विपरीत, आदिम मनुष्य आखेट, पशुपालन आदि के ज़रिये अपनी ज़रूरतें पूरी करता था। आग के आविष्कार से उत्पादन की इस आदिम प्रणाली में नवीनता का समावेश हुआ। वैदिक युग मे यज्ञों का जो विधान था, वह श्रीपाद अमृत डांगे के मतानुसार, साम्य संघ (ब्रह्म) की सामूहिक उत्पादन प्रणाली का रूप था।[14] सामूहिक उत्पादन की आदिम प्रणाली अपेक्षाकृत सरल थी। उसमें श्रम-विभाजन नहीं था। आगे चल कर "उत्पादन, काम और विशिष्ट परिश्रम की अनेकता के कारण आर्यों के साम्य संघ के अन्दर श्रम-विभाजन शुरू हुआ।"[15] आदिम श्रम-विभाजन के गर्भ से निजी सम्पत्ति का उदय हुआ। यह नया समाज दास-प्रथा के रूप में सामने आया। दास-समाज निजी सम्पत्ति पर आधारित वर्ग-समाज के अस्तित्व का पहला संगठन

है। वैदिक समाज के बारे में यह धारणा गलत है। वहाँ कृषि के साथ वाणिज्य का विस्तृत उल्लेख मिलता है। दासता सामाजिक उत्पादन की इस प्रक्रिया का एक अंग है। अतः आदिम साम्य संघ की धारणा भ्रमित है।

महत्वपूर्ण तथ्य यह है कि कृषि के चलन के साथ मनुष्य ने यायावर जीवन के स्थान पर भूमि से बँधकर रहना शुरू किया। फलतः मनुष्य के जीवन का आधार बदल गया। मनुष्य की चेतना अनुभवों को संचित करती है। जब ये अनुभव विपुल मात्रा में संचित हो जाते हैं, तब गुणात्मक दृष्टि से नयी चीज़ें उभरती हैं। ज़मीन में गिरने से अन्न पौधा बनकर उग जाता है। यह अनुभव संचित होकर कृषि के विकास का कारण बना। कृषि ने मनुष्य को अपनी कर्मशक्ति का बोध कराया। श्रम के द्वारा कृषि की जा सकती है, मनुष्य खुद फसल पैदा कर सकता है, इस भाव ने वस्तु और आत्म का अन्तर उजागर कर दिया। उनके आदिम सम्बन्धों को पुनर्गठित भी किया।

यह बाह्यजगत् और अन्तर्जगत् के विवेक का ही परिणाम है कि धर्मग्रन्थों में प्रयुक्त 'जड़-चेतन', 'दृश्य-द्रष्टा', 'प्रमेय-प्रमाता', 'चर-अचर', 'जड़-जंगम' आदि शब्द-युग्म अपने भीतर निश्चित दार्शनिक भावभूमियाँ समाहित किये हुए हैं। अन्धविश्वास की चेतना में जहाँ वस्तुओं में निहित व्यवस्था-बोध का सम्बन्ध स्वयं उन वस्तुओं से माना जाता था, वहीं धर्म के युग में उसे लोकोत्तर विधान के रूप में देखने की शुरुआत हुई। समस्त प्रक्रियाओं के केन्द्र में एक नयी सत्ता की कल्पना की गयी। वह सत्ता ईश्वर की है। ईश्वर की कल्पना मनुष्य की प्रतिमा के आधार पर की गयी। मैक्सिम गोर्की ने ईश्वर की कल्पना के सम्बन्ध में दो महत्त्वपूर्ण बातें कही हैं—(1) अगर सिंह, चूहे, मच्छर आदि में भी कल्पनाशक्ति होती तो वे भी ईश्वर की कल्पना अपनी-अपनी प्रतिमा के आधार पर करते; और (2) ईश्वर की कल्पना 'जीवन की नीरसता और दरिद्रता मिटाने, तथा जीवन को अधिक समृद्ध, सुविधाजनक, अधिक न्यायसंगत और सुन्दर बनाने की मनुष्य की अस्पष्ट प्रेरणा, का परिणाम है। इसीलिए "लोगों ने ईश्वर को रोजमर्रा के नीरस जीवन से बहुत ऊँचा आसन दिया है।"[17] इस प्रकार, यहाँ बाह्यजगत् और अन्तर्जगत् के बीच अन्योन्यता का नया धरातल सामने आया। अन्धविश्वास युग में मनुष्य का अन्तर्जगत्-वस्तुजगत् को अर्थवत्ता प्रदान करता था। धर्म के युग में बाह्यजगत् और अन्तर्जगत् एक-दूसरे को अर्थवान् बनाते हैं।

श्रम ने मनुष्य की चेतना में गुण-परिवर्तन ला दिया। सही मायने में देखा जाय तो परिभाषित रूप में कला-बोध धर्म की चेतना में ही सामने आता है। इस प्रसंग में बर्नार्ड बोसाँके की यह मान्यता सही प्रतीत होती है कि कलात्मक चेतना अविकसित अथवा आरम्भिक अवस्था में सौन्दर्यात्मक मूल्यों को अपेक्षाकृत कम ग्रहण कर पाती

है। कलात्मक सौन्दर्य के प्रति मनुष्य की सजगता और संवेदनशीलता उत्तरोत्तर बढ़ती जाती है।[18] सौन्दर्यानुभूति की सजगता में वृद्धि मनुष्य की सजग भूमिका में आम वृद्धि का परिणाम है। मनुष्य की सजगता का यह विकास उसकी उत्तरोत्तर बढ़ती हुई बौद्धिक क्षमताओं की सूचना देता है।

मनुष्य की चेतना उच्चतर धरातल पर पहुँचती है तो चेतना का कार्य भी जटिल हो जाता है। धार्मिक कर्मकांडों और धार्मिक साहित्य के अध्ययन से यह बात सिद्ध हो जाती है। जटिलता का यह अर्थ नहीं है कि मनुष्य का चिन्तन उपयोगपरक आधार से च्युत हो जाता है। जो बात भौतिक जीवन से सम्बन्धित है, मनुष्य उसी के प्रति संवेदनशील होता है। कृषि-समाज में उपयोग-पक्ष की भूमिका का हवाला देते हुए रेमंड फर्थ ने लिखा है—"...कृषि-मूलक समाज व्यवस्था में वर्षा की भूमिका बेहद महत्त्वपूर्ण होती है। इसलिए जल-वृष्टि के लिए तरह-तरह के उत्सव मनाये जाते हैं।"[19]

यह मनुष्य की विशिष्ट चेतना का ही नतीजा है कि वह अपने जीवन के उपयोग पक्ष से सम्बन्ध रखने वाली चीज़ों के प्रति न केवल सौन्दर्यात्मक, बल्कि धार्मिक दृष्टि भी अपनाता है। सामन्तवाद से पूर्व मनुष्य दास-समाज की त्रासद स्थितियाँ झेल चुका था। दोनों ही अवस्थाओं में मनुष्य का श्रम नीरसता का पर्याय था और दैनन्दिन जीवन दरिद्रतर था। दासों के प्रति सम्भ्रान्त शासक वर्ग का क्या मूल्य-बोध था, इसका अनुमान ऋग्वेद के बालखिल्य सूक्तों में आये पृषध्र ऋषि की इस उक्ति से लगाया जा सकता है—

"शतं मे गर्दभानां शतमुपवितीनां। शतं दासाः अतिसृजः।"[20]

दासों को गधों और भेड़ों के समान समझा जाता था। इसलिए मनुष्य ने अपने जिस मनुष्य रूप-धारी ईश्वर की कल्पना की, उसे मैक्सिम गोर्की के अनुसार, "सर्वदर्शी, सर्वशक्तिमान् तथा सर्वोत्पादक बना दिया, दूसरे शब्दों में, उसने अपनी सर्वोच्च आकांक्षाएँ उसमें मूर्तिमान कर दीं।"[21]

संक्षेप में, धर्म का विधान या समस्त मानवीय मूल्यों के सर्वोत्तम प्रतीक ईश्वर की कल्पना उस जीवन में आस्था दृढ़ करने का ज़रिया बन गयी। जेम्स एल. जैरेट भी सौन्दर्य और धर्म की उपर्युक्त धारणा के समर्थक हैं। "सौन्दर्यानुभूति और धार्मिक अनुभूति न तो तद्वत् है, न सजातीय। किन्तु सर्वोत्कृष्ट रूप में वे एकरूप होती हैं, और तब दोनों जीवन में आस्था दृढ़ करती हैं।"[22] धर्म यहाँ जीवन में आस्था दृढ़ करता है। जीवन धर्म में समर्पित नहीं होता। मनुष्य ईश्वर की सेवा करता है ताकि ईश्वर मनुष्य की सेवा करे। साध्य है मनुष्य।

यह गौर करने की बात है कि मनुष्य की सचेतन साझेदारी मे बढ़ोतरी के

कारण उसमें समाज और प्रकृति की अन्धशक्तियों से मुक्ति की छटपटाहट व्यक्त होती है। इसी कोशिश में वह ईश्वरीय अवतारों की कल्पना करता है और उनके द्वारा दुःख-दारिद्र्य का नाश कराता है। उसके ये काल्पनिक कार्यकलाप प्रकृति के सामने उसकी विकराल सीमाओं को भी उद्घाटित कर देते हैं। प्रो. व. केल्ले और म. कोवालजोन इसी तथ्य को व्यक्त करते हुए कहते हैं—"धर्म की उत्पत्ति उस समय हुई, जब मानव का अपने श्रम द्वारा प्रकृति से विलगाव हो चुका था, मगर उस समय तक वह सर्वथा प्राकृतिक शक्तियों के अधीन था।"[23] इसलिए जब रेमण्ड फर्थ अन्धविश्वास और धर्म को अलग-अलग मानते हुए भी यह कहते हैं कि "उनमें साफ-साफ विभाजन नहीं किया जा सकता।"[24] तो वस्तुतः वे इसी तथ्य को रेखांकित करते हैं। फर्क यह है कि अन्धविश्वास-युग की चेतना "प्रकृति के विरुद्ध लड़ाई में जंगली मनुष्य की बेबसी का प्रतिबिम्ब है।"[25] तथा धर्म के युग की चेतना प्रकृति पर मनुष्य की अधिकार-वृत्ति और मानवीय हस्तक्षेप की नयी अभिलाषा की अभिव्यक्ति है।

जिस अनुपात में मनुष्य की सचेतन सहभागिता बढ़ती है, उसी अनुपात में वह प्रकृति की अन्ध-शक्तियों से मुक्त होता है। बदले में, अन्ध-शक्तियों से उसकी यह मुक्ति उसकी सचेतन भागीदारी और उसके दायित्व-बोध को विकसित करने में मदद देती है। इसके फलस्वरूप मनुष्य की वैचारिक संलग्नता में वृद्धि होती है। मनुष्य की यह सजग भूमिका जैविक, सामाजिक और व्यक्तिगत विकास के तीनों धरातलों पर बढ़ती है। हमारी सजग भूमिका हमारी सौन्दर्य-सृष्टि को अधिकाधिक अनुशासित करती है।

मनुष्य की चेतना तथा उसकी सजग और सक्रिय भागीदारी के निर्धारण में उसकी जीवन-विधि और उसके श्रम के स्तर की भूमिका अक्षुण्ण होती है। भारतीय कला और कला-दर्शन कई मायनों में अधिक उन्नत हैं। इस उन्नति का सम्बन्ध यहाँ के निवासियों की जीवन-विधि में आने वाली उन महत्त्वपूर्ण निर्णायक स्थितियों से है, जिनसे दूसरी जगहों पर रहने वाले मनुष्य के पूर्वज वंचित रहे। इनमें सबसे मुख्य है पशुपालन। भारत में पशुपालन वन्य दशा में ही आरम्भ हो गया है। संस्कृति के विकास में इसका प्रभाव इस रूप में झलकता है कि "पशु पालने और उसके द्वारा संस्कृति का विकास करने का मूल प्रदेश एशिया" बना।[26] यह घटना ज्ञात इतिहास से पहले की है।

एशिया की विशिष्ट स्थितियों में मनुष्य ने जो उपलब्धियाँ हासिल कीं उन्हीं के परिणामस्वरूप प्रकृति के प्रति भारतीय मानस का सौन्दर्य-बोध अपेक्षाकृत अधिक विकसित हुआ। यूनानी काव्य से तुलना करते हुए श्री एस. एन. दास गुप्त ने यह दिखाया है कि "भारतीय काव्य जहाँ प्रकृति के अनुपम सौन्दर्य में अधिक रमता

है और (उसमें) मनुष्य प्रकृति का अंग बनकर आता है वहीं ग्रीक काव्य में प्रकृति मनुष्य की तुलना में हीन मानी गयी है और कभी-कभी तो उसकी उपेक्षा भी की गयी है।"[27] कालिदास आदि कवि-कुल-गुरुओं की रचनाओं में तो प्रकृति के बिना मनुष्य की सम्पूर्णता खण्डित मानी गयी है। मनुष्य तभी पूर्ण होता है, जब वह व्यक्ति की हैसियत से नहीं, वरन् अपने समूचे परिवेशगत सन्दर्भ के साथ–समग्रता में–उपस्थित होता है। ऋग्वेद में तो प्रकृति की उपासना ही है।

भारतीय साहित्य के सौन्दर्य-मूल्यों के इस स्वरूप का अध्ययन मनुष्य पर प्रकृति के केवल आतंक के प्रतिबिम्ब के रूप में ही नहीं करना चाहिए। उसे प्रकृति और समाज के बीच निरन्तर चलने वाले बहुमुखी टकरावों से विकसित मानवीय सौन्दर्य-चेतना का प्रतिबिम्ब मानना चाहिए। इसके दो कारण हैं। पहला यह कि आतंक पैदा करने वाली शक्तियों को मनुष्य सुन्दर नहीं मानता। भारतीय साहित्य में प्रकृति को मानव-जीवन के अनुकूल सन्दर्भ में प्रस्तुत करते हुए उसे मनुष्य को पूर्ण बनाने वाली सत्ता के रूप में देखा गया है, दुष्ट सौतेली माँ के रूप में नहीं। दूसरा यह कि मनुष्य की चेतना विकास-प्रक्रिया का निष्क्रिय प्रतिबिम्ब मात्र नहीं होती, वह मनुष्य के भौतिक विकास को प्रभावित करने में सक्रिय भूमिका भी अदा करती है। व्लादीमिर इल्यीच लेनिन के शब्दों मे हम कह सकते हैं कि "...चिन्तन और पदार्थ दोनों ही 'वास्तविक' हैं, अर्थात् दोनों का अस्तित्व है।"[28]

दोनों 'वास्तविक' यानी अस्तित्ववान् हैं, इसलिए दोनों एक-दूसरे को प्रभावित करते हैं। पदार्थ ही चेतना के उद्भव का कारण है, यह सही है। किन्तु, चेतना पदार्थ जगत् के अधीन है, यह सही नहीं है। चेतना स्वयं एक सक्रिय घटना है। वह पदार्थ-जगत् से आविर्भूत होती है और पदार्थ-जगत् को सार्थक बनाती है–उसे जानती, समझती है और मनुष्य के अनुरूप उसका रूपान्तरण करती है। चेतना पदार्थ-जगत् का परिणाम है इसलिए सामाजिक जीवन चेतना को निर्धारित करता है। इसी तथ्य को प्रस्तुत करते हुए कार्ल मार्क्स कहते हैं–"भौतिक जीवन की उत्पादन-पद्धति सामाजिक, राजनीतिक और बौद्धिक जीवन की आम प्रक्रिया को प्रभावित करती है। यह मनुष्य की चेतना नहीं होती जो उनके भौतिक अस्तित्व को निर्धारित करती है, वरन् यह उनका सामाजिक अस्तित्व होता है जो उनकी चेतना को निर्धारित करता है।"[29]

अगर ऐसा न होता और चेतना सर्वोपरि और स्वयंभू होती तो उसमें मनुष्य की भौतिक और सामाजिक स्थितियाँ प्रतिबिम्बित न होतीं। लेकिन यह जगजाहिर है कि मनुष्य हिताहित-विवेक से परिचालित होता है। कृषि के अस्तित्व में आने के बाद दास श्रम-शक्ति का एक स्रोत बन गये। लेकिन जब तक कृषि का अस्तित्व नहीं था, दासों को मार डाला जाता था।[30]

यही नहीं, चातुर्वर्ण्य की अवधारणा कृषि के जन्म के बाद सामने आयी। इससे

पहले, शतपथ ब्राह्मण के अनुसार प्रजापति त्रयी के रूप में चीज़ों को जन्म देते हैं। इनमें तीसरी त्रयी "ब्रह्म, क्षत्र और विश...अथवा तीन वर्गों की त्रयी थी।"[31] आगे चलकर कृषि उत्पादन में श्रम-शक्ति के रूप में दासों का उपयोग आरम्भ हुआ। श्रम को शोषण-मूलक समाज में निकृष्ट माना जाता है। यह कोई संयोग की बात नहीं है कि ॠग्वेद में शूद्रों को ब्रह्मा के पैरों से उत्पन्न[34] बता कर और 'श्रमद्भगवद्गीता' में 'पापयोनयः' कहकर उनकी निकृष्टता साबित की गयी है।[33]

अतः स्पष्ट है कि चेतना भौतिक और सामाजिक जीवन से जुड़कर ही सक्रिय होती है। वर्ग-समाज में सांस्कृतिक क्षेत्र में शासक वर्गों का आधिपत्य होता है, तथा श्रमजीवी वर्ग की स्थिति दयनीय होती है। श्रमजीवी समाज के सबसे निचले अंग होते हैं। शासक वर्ग उनके साथ जानवरों जैसा सलूक करता है। आर्थिक शोषण और सांस्कृतिक तिरस्कार का आपस में बहुत गहरा सम्बन्ध है। धर्म का विकास वर्ग-विभक्त समाज की चेतना से होता है, इसलिए उसकी भूमिका पूर्णतः वर्गेतर नहीं होती। मध्य-युग की चेतना का सामान्य रूप धर्म है। इसलिए वह सांस्कृतिक और सौन्दर्यात्मक क्रियाओं को बहुत सघन रूप में प्रभावित करता है। कला और धर्म दोनों का सम्बन्ध अधिरचना से है (क्योंकि वे बौद्धिक क्रियाएँ हैं), इसलिए दोनों ही वर्ग-विभक्त समाज में निश्चित वर्गों के हितों से जुड़ जाते हैं।

वर्ग-विभक्त समाज में संस्कृति के वर्गीय स्वरूप की व्याख्या करते समय उत्साहवश कुछ मार्क्सवादी विचारक मध्य युग की समूची संस्कृति को प्रतिक्रियावादी मान बैठते हैं।[34] ऐसे लोगों को मध्ययुगीन शोषित जनता की चेतना का स्वरूप स्पष्ट नहीं होता। वे भाषा को 'भारतीय जनता की महान् रचना'[35] कहकर भी वैदिक और संस्कृत भाषाओं को 'शोषक वर्गो की कृति' बता सकते हैं।[36] मध्ययुगीन समाज में प्रगतिशीलता की खोज करते हुए उन्हें श्रमजीवी जनता द्वारा गढ़े गये थोड़े-से गीत[37] और 'शिकार की तकनीक के अंगन्यासों'[38] से पैदा हुए थोड़े-से नृत्य मिलते हैं।

सत्य के ऐसे एकांगी दर्शन का एक ज्वलन्त उदाहरण आर. पी. सर्राफ द्वारा व्याख्यायित 'मार्क्सवाद' है। यह ठीक है कि पतनशील शोषक वर्ग जीवन के प्रत्येक क्षेत्र में भ्रष्टता, कामुकता और व्यभिचार फैलाता है। किन्तु वह मात्र यही करता है, यह समझ ठीक नहीं है। श्री सर्राफ की व्याख्या के अनुसार आदिम सामुदायिक अवस्था ('शिकार की तकनीक के अंगन्यासों') को छोड़कर समाज में कभी कोई श्रेष्ठ मूल्य नहीं विकसित हुए, वर्ग समाजों की भूमिका केवल भ्रष्टीकरण की भूमिका है।

इस समझदारी के अनुसार वर्ग समाजों में जनता केवल उत्पादक श्रमशक्ति (बैल और घोड़ा) होती है। इस भौतिक आधार पर सांस्कृतिक अधिरचना का निर्माण करता है शोषक वर्ग। धर्म, परम्परा, जाति-व्यवस्था आदि इन्हीं सांस्कृतिक प्रयत्नों का परिणाम हैं। अधिरचना और संस्कृति के क्षेत्र में जनता की कोई सक्रिय भूमिका

नहीं होती, वह केवल निष्क्रिय ग्रहीता होती है। इसलिए 'शिकार की तकनीक के अंगन्यासों' से लोगों ने लोक-नृत्य विकसित किये तो सामन्तों ने उसे "व्यभिचार और कामुकता का माध्यम बनाकर भ्रष्ट कर दिया।"[39] जनता कुछ न कर सकी, चुपचाप देखती रह गयी। भला भेड़, बकरी, गधे, बैल भी संस्कृति की रचना करते हैं!

इस मान्यता से यही निष्कर्ष निकलेगा कि संस्कृति और इतिहास की रचना मुट्ठी भर शोषक वर्गों के द्वारा होती है। इसलिए नयी, शोषणरहित संस्कृति समस्त प्राचीन संस्कृति को नष्ट कर के ही रची सकती है। यह धारणा त्रात्स्की से चलकर शिवदान सिंह चौहान तक रही है। यह बात भौतिक आधार और सामाजिक उत्पादन के क्षेत्र में कुछ कम और सांस्कृतिक विकास के सन्दर्भ में पूरी तरह लागू होती है। इस प्रकार, ऐतिहासिक विकास (अधिरचना के क्षेत्र में खासकर) किन्हीं प्रगतिशील शक्तियों द्वारा परिचालित नहीं होता, वह एकान्ततः गिने-चुने शासकों की इच्छा का परिणाम होता है।

मार्क्सवादी समझदारी ऐसी एकांगी नहीं है। उसके अनुसार, आज के शोषक वर्ग का उदय कल एक क्रान्तिकारी और प्रगतिशील भूमिका के साथ हुआ था। उसकी क्रान्तिकारिता और प्रगतिशीलता का सम्बन्ध जनता के हितों से था। उसकी सामाजिक भूमिका में निहित यह द्वन्द्वात्मकता उसकी सांस्कृतिक भूमिका को, अधिरचना के निर्माण में उसके अवदान को भी स्पष्ट करती है। अतः उसके सांस्कृतिक अवदान की कोई अनन्यवादी व्याख्या मार्क्सवादी नहीं हो सकती, उसमें उत्साह का अतिरेक और सरलीकरण की धुन चाहे जितनी हो। अस्तु।

विज्ञान ने मानव-चेतना को अन्धविश्वास-युग की चेतना के बिल्कुल विपरीत ला खड़ा किया है। मनुष्य सत्य के वस्तुगत स्वरूव को पहचान गया है। इसलिए पदार्थ जगत् पर आत्म का प्रक्षेपण करने के स्थान पर अपनी चेतना के वस्तुगत रहस्यों से भी परिचित होने लगा है। अन्धशक्तियों से मुक्त होने के साथ मनुष्य की सचेतन भूमिका बढ़ गयी है। वह प्रकृति का प्रतिद्वन्द्वी बन बैठा है। आधुनिक सौन्दर्यशास्त्र मनुष्य की कर्मशक्ति की नियामक भूमिका को मनुष्य का सबसे बड़ा मूल्य मानकर चलने के नाते ही **सौन्दर्य-सृजन में मनुष्य को प्रकृति का सफल प्रतिद्वन्द्वी** मानता है। रचयिता होने का मानवीय भाव विज्ञान की देन है। यदि मनुष्य रचयिता न होता तो उससे बाहर के सौन्दर्य-जगत् का कोई मूल्य न होता। अपने श्रम से मनुष्य रचना करता है और तब वह प्रकृति में निहित गुण और सौंदर्य पहचानता है। रचनात्मकता से ही 'ज्ञान और सौन्दर्यबोध का विकास' होता है। सृजन, सौंदर्यबोध और ज्ञान से ही वह सृष्टि को मूल्यवत्ता प्रदान करता है। यह मूल्यवत्ता ही नये सन्दर्भों में मानवीय कर्तृत्व से जुड़कर नये दायित्व-बोध को जन्म देती है।

धर्म के काल में सामाजिक-सांस्कृतिक विरोध चरम अवस्था में नहीं होता। इसलिए इस विरोध के प्रति सजग और सक्रिय प्रतिरोध की भी उतनी गुंजाइश नहीं होती। यही कारण है कि प्राचीन ग्रन्थों का एकांगी मूल्यांकन हमेशा भ्रम पैदा करता

है। प्राचीन धर्म और संस्कृति का अध्ययन करते समय हमारे समाने वर्गों के आपसी टकराव और समन्वय की दोहरी भूमिका प्रकट होती है।

शासन-तन्त्र पर प्रत्यक्ष आधिपत्य होने के कारण क्षत्रिय समस्त सम्पदा का स्वामी होता था। उसे किसी चीज़ की कमी नहीं थी, इसलिए निष्काम कर्म का सन्देश देता था, अगोचर और कल्पनातीत ब्रह्म की बातें करता था। किन्तु ब्राह्मण वैभव के महारणों के बीच दारिद्र्य का द्वीप होता था। वह विद्या-दान करता, शस्त्रास्त्र-संचालन की दीक्षा देता और सारथी बनता था। उसे जीवन में सुख भी मिलता था, लेकिन यह सुख-भोग उसकी अपनी इच्छा पर निर्भर न था। जीवन में अनिश्चय की स्थिति बनी रहती थी। इसलिए वह 'धनान्नदानसूक्त' लिखता था, दान-दाक्षिण्य का गुणगान करता था, पीढ़ियों तक चलने वाले यज्ञों और सत्रों का विधान करता था। उसका ईश्वर भी शरीरी था; वह अवतार ग्रहण कर खाता-खेलता हुआ लीलाएँ करता था।

अपनी आर्थिक परिस्थितियों की (अस्पष्ट) प्रेरणा से मनुष्य निष्कर्ष निकालता था, किन्तु उसके सभी निष्कर्षों का एकमात्र कारण उसकी सामाजिक या आर्थिक परिस्थितियाँ नहीं होती थीं। 'कर्मण्येवाधिकारस्ते मा फलेषु कदाचन्'[40] केवल शोषक वर्ग का मन्त्र न था। इसमें प्रकृति के आतंक का प्रतिबिम्ब भी मौजूद है। कर्म करना मनुष्य का काम है। फल उसके वश में नहीं है। व्यक्तिगत कर्म का सम्बन्ध व्यक्ति की कर्म-चेतना से है, किन्तु उस कर्म के फल की प्राप्ति व्यक्ति से पृथक् शक्ति पर निर्भर है, इसे चाहे ईश्वर कह लें, प्रकृति कह लें या समाज कह लें। विज्ञान जिसे जान-पहचान कर प्रकृति और समाज (वस्तुगत संसार) कहता है, धर्म उसे नहीं जानता और उस पर रहस्य का पर्दा डालकर उसे ईश्वर कहता है। यह अनभिज्ञता, प्रकृति के आगे मनुष्य की यह सर्वांगीण परवशता ही धर्म की चेतना के गहन अन्तर्विरोध का मुख्य कारण है।

धर्म की चेतना के अन्तर्विरोध का दूसरा कारण है समाज और श्रम का पिछड़ापन। अन्याय और उत्पीड़न का आधार सामाजिक था किन्तु उसका जीवन में अन्त सम्भव नहीं था। परस्परविरोधी हितों के परस्पर बहिष्कारी चरित्र को न समझ कर मनुष्य उनमें समन्वय करना चाहता था। इस प्रकार, जीवनानुभव और दार्शनिक समाधान में अन्तर्विरोध उत्पन्न हो गया। समन्वयवाद के प्रयत्नों से एक तरफ जहाँ धर्म की समग्र चेतना अन्तर्विरोधों से ग्रस्त हुई, वहीं दूसरी ओर वर्गीय भूमि पर खड़े होकर समस्त मानवता की चिन्ताओं से जूझने के नाते उसमें वर्गों का अतिक्रमण करने की क्षमता भी आ गयी। इसलिए धर्म के युग को वर्ग-विशेष का एकाधिकार मानना मार्क्सवाद के सरलीकरण का ही परिणाम है।

गीता का विश्लेषण करते हुए श्री डी. डी. कोसाम्बी ने लिखा है कि गीता के

माध्यम से "हमारे सामने विचारधाराओं का अद्‍भुत सिंहावलोकन-संश्लेषण प्रस्तुत होता है जो कई बातों में परस्परविरोधी थीं।... प्रत्येक मत या सम्प्रदाय में जो सर्वोत्तम है उसे इस प्रकार से लिया गया है मानो वह परम प्रभु से प्राप्त हो।"[41] थोड़े-बहुत शब्दान्तर से यह बात सभी मध्ययुगीन कृतियों के सम्बन्ध में कही जा सकती है।

इस द्वन्द्वात्मक भावभूमि पर चिन्तन न करने से अन्धवृत्तियाँ पैदा होती है। श्रद्धावादी या निषेधवादी अतिवाद इसी अन्धवृत्ति का परिणाम होने के नाते एक किस्म का भाववाद है। श्री सर्राफ की तरह निषेधवादी दृष्टि से प्रेरित होकर सोवियत संघ में प्रो. नूसिनोव, क्रेपचेंको लेविन आदि विद्वानों ने गोगोल की विश्वविख्यात कृति 'मृतात्माएँ' (Dead Souls) को ''भू-दासों के शोषण को मूलबद्ध करने का प्रयास'' घोषित किया था। इनके मत का खंडन करते हुए प्रो. मिखाइल लिफशित्ज़ ने लिखा था—"इस सन्दर्भ में प्रत्येक पाठक को यह कहने का अधिकार है : यदि साहित्य के इतिहास के बारे में भौतिकवाद का आपका व्यवहार सही है, तो सम्पत्तिशाली वर्गों के पतन के साथ-साथ कलात्मक साहित्य का सौन्दर्य-मूल्य भी नष्ट हो जाना चाहिए।"[42] तुलसीदास के बारे में वही तर्क दोहराने वाले मार्क्सवादी इस इतिहास से कुछ नहीं सीखते।

हम जानते हैं कि व्यवहार में पुराने शासक वर्गों का पतन हो जाने के बाद भी उस समय की कलात्मक कृतियों का मूल्य नष्ट नहीं होता। इसके दो कारण हैं। पहला यह कि समाज और चेतना की एक अवस्था का अकस्मात् किसी निश्चित तिथि पर पतन और नये रूप का उदय नहीं हो जाता। परिवर्तन एक प्रक्रिया है। नये तकाजों से उत्पन्न और विकसित होने वाले नये मूल्य बहुत समय तक पुराने तत्त्वों के साथ-साथ चलते रहते हैं। जन-चेतना में समाविष्ट होकर दोनों तत्त्व घुले-मिले होते हैं, उनमें दो-टूक विभाजन नहीं हो पाता। इसलिए अधिरचना के क्षेत्र में परिवर्तन की गति और भी धीमी होती है।

दूसरा यह कि अपने उदय-काल में प्रत्येक शासक वर्ग निश्चित हद तक प्रगतिशील भूमिका निभाता है। सामन्तवाद की प्रगतिशील भूमिका यह थी कि उसने आजीविका को सुचारू बनाया और असंख्य लोगों को दासता से मुक्ति दिलायी। उदीयमान शासक वर्ग की भूमिका केवल तभी प्रगतिशील हो सकती है जब उसके हित जनता के हितों से मेल खाते हों। ऐसे समय में शासक वर्ग जिन मूल्यों का विकास करता है, वे मानव-चेतना के नित्य और नैसर्गिक अंग बन जाते हैं।

शासन-सत्ता पर आधिपत्य कायम कर लेने के बाद शासक वर्ग की प्रगतिशील भूमिका का ह्रास होने लगता है। जैसे-जैसे शासक वर्ग सत्ता पर अपना कब्जा जमाता जाता है, जनता के हितों से उसका विरोध प्रकट और उग्र होने लगता है। उत्पादक

शक्तियों और उत्पादन सम्बन्धों का द्वन्द्व निरन्तर विकासमान प्रक्रिया को नये-नये धरातलों पर पहुँचाता है। मानव-श्रम और श्रम के औज़ार संचित होते-होते जब नये रूपों में प्रकट होते हैं, तब समाज नये रूप में गठित होता है और चेतना नये रूप में प्रकट होती है। नयी चेतना के लिए भौतिक आधार निर्मित हो जाने पर और इस आधार पर अधिरचना के नये रूप का निर्माण हो जाने पर पुरानी चेतना की ऐतिहासिक भूमिका समाप्त हो जाती है। विज्ञान की चेतना ने जहाँ जीवन-जगत् के सभी प्रश्नों का सुसंगत समाधान प्रस्तुत करना आरम्भ कर दिया है, वहीं उसने यह भी प्रकट कर दिया है कि धर्म की प्रगतिशील सम्भावनाएँ आज समाप्त हो गयी हैं। विज्ञान वर्तमान युग की सामाजिक चेतना का रूप है। लेकिन धर्म और भाग्यवाद आज भी लोगों की चेतना पर हावी है। भाग्यवाद एक ओर सामर्थ्यहीन विवशता का परिणाम है तो दूसरी ओर मनुष्य की कर्मशक्ति को पंगु बनाने का अस्त्र भी है। अपने विश्वप्रसिद्ध लेख 'समाजवाद और धर्म' में लेनिन ने लिखा है–''शोषकों के खिलाफ अपने संघर्ष में, अपनी शक्तिहीनता के कारण, शोषित वर्ग स्वर्ग में सुख भोगने के स्वप्न में विश्वास करने लगते हैं ; ठीक उसी प्रकार जैसे प्रकृति के विरुद्ध अपने संघर्ष में आदिम मनुष्य की शक्तिहीनता द्वारा देवी-देवताओं, शैतानों, जादू-टोने आदि का विश्वास उत्पन्न हुआ।''[43]

इस प्रकार, विज्ञान ने यह सिद्ध कर दिया है कि धर्म मनुष्य की शक्ति को नहीं, सीमा को व्यक्त करता है। अवनर ज़िस के शब्दों में, "...धर्म एक ऐसी स्थिति को प्रतिबिम्बित करता है जिसमें प्रकृति और समाज की शक्तियाँ मनुष्य पर हावी हैं।..."[44]

आज जब विज्ञान ने हमारे ऐतिहासिक परिस्थिति-ज्ञान से उत्पन्न दायित्व, दिशा-बोध, प्रतिश्रुति, चैतन्य विचारधारा आदि को हमारे समस्त (भौतिक और आत्मिक) कार्यकलाप का नियामक बना दिया है, मानवीय असमर्थता को व्यक्त करने वाला धर्म अपनी सामाजिक भूमिका खो चुका है। आज के समाज में धर्म का पुनः उत्थान वही तत्त्व चाहते हैं जो या तो सामाजिक विकास को सारभूत गति को नहीं समझते, और समझते हैं तो जाने-अनजाने उसे अवरुद्ध करना चाहते हैं।

इसीलिए लेनिन ने धर्म को वर्तमान समय में ऐसे लोगों का हथियार बताया है, "जो दूसरों की कमाई पर बसर करते हैं।" धर्म को मनुष्य का 'व्यक्तिगत प्रश्न' घोषित कर देने की माँग करते हुए उन्होंने कहा कि वह "शोषकों को अपने अस्तित्व का औचित्य सिद्ध करने के लिए बहुत सस्ता उपाय बताता है,...जनता के लिए धर्म अफीम है। धर्म एक प्रकार की रूहानी शराब है, जिसके नशे में पूँजी के गुलाम अपनी इंसानी हैसियत और इंसान के योग्य जिन्दगी बसर करने की अपनी ख्वाहिश तक डुबा देते हैं।"[45]

लेनिन द्वारा की गयी धर्म-सम्बन्धी इस आलोचना में अन्याय और अन्याय

को चुपचाप सहते जाने वाली भाग्यवादी चेतना के प्रति जो तीव्र विक्षोभ का भाव है, वह मनुष्य को सक्रिय कर्त्ता बनाकर अन्याय और उत्पीड़न का नाश करने की प्रेरणा लिये है। मनुष्य की यह प्रेरणा विज्ञान की देन है जिसने उसे अपने विवेक और अपने विचार के अनुसार अपने परिवेश की पुनर्रचना का सामर्थ्य प्रदान किया है। विज्ञान मनुष्य की भौतिक और आत्मिक सम्भावनाओं के नये क्षितिज उद्‌घाटित करता है।

दूसरे शब्दों में, बौद्धिकता की बढ़ती हुई युगीन भूमिका वैज्ञानिक चेतना की देन है। विज्ञान का यह युग प्रकृति और समाज की शक्तियों पर मनुष्य की विजय से आरम्भ होता है।

सत्य के प्रति मनुष्य की जिज्ञासा उसके बौद्धिक विकास का सर्वप्रमुख कारण है। मनुष्य का वैचारिक चिन्तन उसके सुलभ तथ्यों पर आधारित होता है। मध्य युग में वर्तमान निगमनमूलक विज्ञान नहीं था। इसलिए मनुष्य सत्य के वस्तुनिष्ठ स्वरूप को पहचान नहीं सका था। कल तक वह जिन नक्षत्रों को अपने जीवन पर प्रत्यक्ष प्रभाव डालने वाली चीज़ों के रूप में देखता था, आज वह उनके रहस्य जानकर उनके मानवीय उपयोग के लिए प्रयत्नशील है।

विज्ञान ने ज्ञान के सभी क्षेत्रों में मनुष्य के सामने असंख्य तथ्य उजागर कर दिये हैं। प्राकृतिक प्रक्रियाओं से सम्बन्धित तथ्यों की जानकारी ने मनुष्य को सत्य के वस्तुगत स्वरूप का ज्ञान कराया। प्रकृति (पृथ्वी और सौर-मंडल ही नहीं, हजारों सौर-मंडलों वाली दस हजार से अधिक आकाशगंगाओं) के विशाल प्रांगण में मनुष्य से स्वतन्त्र वस्तुजगत् के नियम, गुण-धर्म और सम्बन्ध भी मनुष्य से स्वतन्त्र होते हैं। ये गुण-धर्म और सम्बन्ध मानव-संज्ञान में प्रतिबिम्बित होते हैं। मनुष्य अपने श्रम से आज उस धरातल पर पहुँच गया है जहाँ वह अपने से स्वतन्त्र इस विराट् वस्तुजगत् को सार्थकता प्रदान करता है। अतएव, वस्तुजगत् की प्रक्रियाएँ मानव-संज्ञान में प्रतिबिम्बित हुए बिना मूल्यवत्ता धारण नहीं कर सकतीं।

दूसरी तरफ, मनुष्य की रचनात्मक शक्तियों को विज्ञान नये दायित्व-बोध से युक्त करता है और सक्रिय कर्त्ता की उसकी भूमिका को नया धरातल प्रदान करता है। विज्ञान मनुष्य को निष्क्रिय ग्रहीता नहीं मानता। मनुष्य की सक्रिय भूमिका प्रकृति में उसके हस्तक्षेप द्वारा ही नहीं, भाषा, संस्कृति, सौन्दर्य-बोध और इन सबके आधार—समाज—की रचना द्वारा भी प्रमाणित होती है।

मनुष्य की सजग भूमिका में वृद्धि उसकी भौतिक सीमाओं को तोड़कर बौद्धिक विकास का मार्ग प्रशस्त करती है। मनुष्य का ज्ञान अन्धशक्तियों से मुक्त होकर उसकी सृजनात्मक भूमिका को और भी प्रबल अभिव्यक्ति देता है। इस प्रकार विज्ञान मनुष्य को केन्द्र में स्थापित कर देता है तथा उसे समूची प्रकृति की सर्वश्रेष्ठ

उत्पत्ति और सभ्यता, संस्कृति, सौन्दर्य-बोध आदि मानव-समाज से सम्बद्ध विशिष्ट मूल्यों का उत्पादक बताता है। इस मूलभूत स्थिति को उजागर करते हुए विज्ञान हमें यह बोध भी कराता है कि "मनुष्य का सत्य पर कोई वश नहीं है। वह अपने आसपास की दुनिया को बदल सकता है। वह अपने जीवन की स्थितियाँ बदल सकता है। किन्तु सत्य को वह उस रूप में नहीं बदल सकता जिस रूप में उसे वह उपयुक्त समझता है... ।"[46] अर्थात्, सारे वैज्ञानिक साधनों के बावजूद वस्तुगत, निरपेक्ष सत्य तक—विराट् प्रकृति तक—मनुष्य की पहुँच अभी नहीं है। वहाँ पहुँच हो जाने के बाद भी वह संपूर्ण सृष्टि को अपने मनोनुकूल बदल सकेगा, इसमें संदेह है।

अपने से स्वतन्त्र पदार्थ-जगत् को वह बदल भले न सकता हो, किन्तु उसका रूपान्तरण अवश्य कर सकता है। समाज और सभ्यता की विभिन्न अवस्थाओं में इस रूपान्तरण के सारतत्त्व और उसमें निहित अन्तर्वस्तु, दोनों में भिन्नता होती है। साथ ही, "मनुष्य की चेतना केवल भौतिक जगत् को प्रतिबिम्बत ही नहीं करती, वरन् उसका सृजन भी करती है।"[47] अर्थात् ठोस भौतिक स्थितियों के अलावा मनुष्य की आम चेतना भी मनुष्य के विकास को प्रेरित एवं निर्धारित करती है।

इस प्रकार, सम्पूर्ण मनुष्य को सृष्टि का केन्द्रीय घटक बनाकर विज्ञान का युग जिस नये मानववाद की प्रतिष्ठा करता है, वह अत्यन्त ठोस और वस्तुगत परिप्रेक्ष्य में मनुष्य के आकलन का नतीजा है। वैज्ञानिक मानववाद अपने सारतत्त्व में मनुष्य की कर्मण्यता को मनुष्य के सबसे महान् मूल्य के बतौर अभिव्यक्त करता है। मनुष्य जिस सौन्दर्य की सृष्टि करता है, वह उसकी इसी सजग भूमिका का परिणाम है। मनुष्य की यह सजगता ही उसे बाह्य-जगत् की शक्तियों पर हावी बनाती है। अन्धविश्वास के काल में वस्तुजगत् के बिम्ब मनुष्य पर हावी होते थे। इसके बिल्कुल उल्टे, विज्ञान के युग में, मनुष्य अपने अन्तर्जगत् में प्रतिबिम्बित होने वाले वस्तुजगत् के बिम्बों पर शासन करता है।

साहित्य में मनुष्य की सक्रिय कर्त्ता (Active Agent) की यह भूमिका बिम्ब ग्रहण की प्रक्रिया को तो जटिल बनाती ही है, बिम्बों में मुक्त साहचर्य, प्रतीकवत्ता आदि के अधिक सजग अन्यथाकरण (डिस्टार्शन) को भी सम्भव और अनिवार्य बनाती है। वस्तुजगत् का महत्त्व निर्णायक है, किन्तु सौन्दर्य-सृष्टि में वस्तुजगत् के बिम्बों को मनुष्य अपने अनुरूप बरतता है। इससे कलात्मक सौन्दर्य के क्षेत्र में प्रत्ययों का व्यापक पैमाने पर प्रवेश होता है। यही कारण है कि विज्ञान के काल में कला जिन अनेक दृष्टियों और विचार-बिन्दुओं से अधिक समृद्ध होती है, उनमें विचारधारा, सामाजिक प्रतिबद्धता और सजग कर्मण्यता का स्थान सर्वोपरि है।

अपनी सामान्य सजग भूमिका में वृद्धि के साथ-साथ मनुष्य अपनी श्रम-शक्ति का अधिक सार्थक उपयोग करता है। बाह्य जगत् मानवीय आवश्यकताओं की तुष्टि

का साधन है। मूल्यवत्ता बाह्य जगत् की वस्तुओं से (मानवीय) विचारों के सम्बन्ध में प्रतिफलित होती है। मूल्यवत्ता का केन्द्र मनुष्य है, इसलिए "मूल्यों की प्रकृति की समस्या का समाधान इतिहास और खुद अपने निर्माता के बतौर मनुष्य की समझदारी पर, अपनी सकर्मक अन्तर्वस्तु में उसके विश्वास पर निर्भर है।"[48]

मनुष्य की यह द्वन्द्वात्मक भूमिका—**निर्माता की सकर्मक अन्तर्वस्तु और इससे उत्पन्न समझ की द्वन्द्वात्मकता**—समग्र रूप में मानवीय कार्यकलाप का निर्धारण करती है। अर्थात् मनुष्य का चिन्तन व्यवहार से उत्पन्न और व्यवहार का नियामक है। ज्ञान और व्यवहार में द्वन्द्वात्मक एकता है। मनुष्य की सजग भूमिका और सकर्मक अन्तःप्रकृति का ज्ञानात्मक स्वरूप तीन धरातलों पर प्रकट होता है—

1. वस्तु का ठोस, अखंड **ज्ञान** ;
2. उसे व्यवहार में, भौतिक रूप में, हासिल करने की **इच्छा**; तथा
3. कर्म का **उद्देश्य** और सुनिश्चित **कार्यक्रम**, अर्थात् 'वस्तु' के रूपान्तरण से सम्बद्ध 'आत्म' की **'योजना'**।[49]

मानव कर्म की सही दिशा और भूमिका के लिए तीनों का पूर्वापर क्रम अनिवार्य है। हम जिस 'वस्तु' या 'प्रक्रिया' को परिवर्तित (रूपान्तरित) करना चाहते हैं, उसका वायवी और खंड-ज्ञान हमारे व्यवहार को भ्रमित करता है। अगर 'कर्त्ता' की अपनी भूमिका के प्रति उदासीन होकर हम 'वस्तु' के रूपान्तरण की इच्छा गँवा दें तो कर्म में प्रवृत्त न हो सकेंगे। और यदि हमारे पास इस रूपान्तरण की सम्यक् योजना न होगी, अपने कर्म के औचित्य और उद्देश्य के प्रति अस्पष्टता होगी या किसी सुनिश्चित कार्यक्रम का अभाव होगा तो हम अपना लक्ष्य पा नहीं सकेंगे। कहने का तात्पर्य यह है कि इनमें से किसी एक का भी अभाव मानव-कर्म की दिशा और भूमिका को कुंठित करता है। इस प्रक्रिया को, लेनिन के शब्दों में, यों कह सकते हैं—**"जीवन्त चिन्तन से अमूर्त चिन्तन तक और फिर अमूर्त चिन्तन से व्यवहार तक—सत्य के, वस्तुगत यथार्थ के ज्ञान की प्रक्रिया ऐसी ही द्वन्द्वात्मक है।"**[50]

स्पष्ट है कि विज्ञान ने ज्ञान और कर्म, दोनों स्तरों पर मनुष्य की सचेतन सहभागिता को अत्यन्त उच्च धरातल पर पहुँचा दिया है। आज मनुष्य का निःसीम गरिमामण्डित रचनात्मक स्वरूप समाज और साहित्य दोनों धरातलों पर समान रूप से व्यक्त हो रहा है। सामाजिक धरातल पर इसकी अभिव्यक्ति अनन्त काल से चले आ रहे अन्याय और उत्पीड़न के विरुद्ध विश्व-मानवता के निर्णायक जेहाद के रूप में हो रही है। मनुष्य की इस नयी भूमिका की पहचान के प्रयत्न में जो विभिन्न साहित्यिक प्रवृत्तियाँ, शैलियाँ और आन्दोलन समय-समय पर प्रकट हुए, उन्हीं के बीच से विकसित होकर वैज्ञानिक मानववाद मनुष्य की निःसीम रचनात्मकता को

व्यक्त करता है। यह कहने की ज़रूरत नहीं कि साहित्यिक सीमाओं के अतिक्रमण की क्षमता दृष्टि की वैज्ञानिकता पर निर्भर करती है। मनुष्य ने यह क्षमता स्वयं अपने श्रम द्वारा अर्जित की है।

यह ध्यान देने की बात है कि विज्ञान जिस गति से मनुष्य को अन्धशक्तियों से मुक्त कर रहा है, उसी गति से मनुष्य की परिवर्तनकारी और सृजनात्मक भूमिका में भी अभिवृद्धि हो रही है। विज्ञान द्वारा प्रस्तावित मनुष्य की वह भूमिका उसे अधिकाधिक अपने से बाहर निकलकर वस्तुगत् यथार्थ से जुड़ने के लिए प्रेरित कर रही है। व्यवहार ही सत्य की कसौटी है। इसलिए मनुष्य को अपनी नयी भूमिका का निर्वाह व्यवहार में करना पड़ता है। व्यवहार मनुष्य को नया मूल्य प्रदान करता है। **सत्य के वास्तविक स्वरूप की समझ, अपने गन्तव्य को पाने की इच्छा, अपने प्राप्तव्य ध्येय के न्यायसंगत होने का बोध और उसे व्यवहार में हासिल करने की योजना—मनुष्य की कर्मशक्ति को गुणात्मक दृष्टि से नये धरातल पर पहुँचने वाला यह नया मूल्य विज्ञान की देन है।**

इस नये मूल्य को आत्मसात् करके चलने वाला साहित्य अपने सामाजिक दायित्व से भाग नहीं सकता। विज्ञान द्वारा प्रस्तावित इस नये मूल्य के आविर्भाव के साथ साहित्य की सामाजिक भूमिका में गुणात्मक अभिवृद्धि होती है। समाजवादी यथार्थवाद की कला के सम्बन्ध में मनुष्य के दायित्व-बोध की चर्चा करते हुए क्रैपचेंकी ने लिखा है—"नये समाज की रचना का दायित्व और हमारे युग का लोकप्रिय मुक्ति आन्दोलन, ये दो चीज़ें सम-सामयिक जनवादी कला, समाजवादी-यथार्थवाद की कला के विकास की प्रभावशाली प्रेरणाएँ हैं।"[51]

सामाजिक परिवर्तन और न्याय की आकांक्षा वर्तमान युग के सन्दर्भों की सही पहचान पर निर्भर है। सारा समाज भूखा, नंगा, प्रताड़ित और असुरक्षित है। युगों से चला आ रहा समाज का अन्तर्विरोध आज उग्रतम रूप में प्रकट हो रहा है। मनुष्य अपनी सजग भूमिका और सामाजिक दायित्व के प्रति सचेत हो और श्रम तथा सम्पत्ति के बीच के शाश्वत अन्तर्विरोध को समझकर इसे दूर करने के एकमात्र समाधान—निजी सम्पत्ति के उन्मूलन—की ओर प्रवृत्त हो। इससे जहाँ सामान्य श्रमजीवी जनता का हित होता है, वहाँ सम्पत्तिशाली लोगों का अहित। हिताहित-विवेक से परिचालित मनुष्य अपनी अस्मिता बनाये रखने के लिए हर सम्भव प्रयास करता है। फलतः सम्पत्तिशाली वर्ग विज्ञान द्वारा प्रदर्शित मनुष्य की सकर्मक भूमिका पर कुठाराघात करता है। यह संयोग की बात नहीं है कि समकालीन विश्व में जितनी भी प्रतिक्रियावादी शक्तियाँ और सत्ताएँ हैं, वे धर्म का सहारा लेकर आतंकवाद और नस्लवादी आन्दोलन पैदा कर रही हैं।

साहित्य सामाजिक घटना है, इसलिए मानव-समाज के आन्तरिक द्वन्द्व उसमें प्रतिबिम्बित होते हैं। विज्ञान की चेतना को धारण करने वाली साहित्य-दृष्टियाँ

मानवीय श्रम और समाज का पक्ष लेती हैं और मनुष्य की दिव्य-ऐतिहासिक भूमिका को अपना केन्द्रीय विषय बनाती हैं। मानव समाज और चेतना के विकास के इस स्वाभाविक तर्क को अस्वीकार करके चलने वाली दृष्टियाँ मनुष्य को पराङ्मुखी बनाती हैं। मनुष्य अपनी रचनात्मक क्षमताओं को पहचानकर कर्मक्षेत्र में उतरे, यह उनके लिए भय का विषय है। अतः वे परिजीवन की द्वन्द्वात्मक प्रकृति के स्थान पर व्यष्टि और समष्टि में दिखाई देने वाले ऊपरी विरोध को वास्तविक विरोध बना कर पेश करती हैं। उनके अनुसार, व्यक्ति और समाज के बीच का विरोध ही वास्तविक विरोध है। अब इस विरोध में अतीत के अवशेषों पर आधारित पहचान और जुड़ रही है।

फ्रायड एक ऐसे ही विचारक हैं जिन्होंने परिजीवन के क्रम में परिलक्षित होने वाले इस विरोधाभास को अपने मनोविश्लेषण का मूलाधार बनाया है। उनकी मान्यता है कि सामाजिक निषेधों के कारण मनुष्य की वासनाएँ अतृप्त रह जाती हैं। चेतन मन में अतृप्त रह जाने वाली वासनाएँ तरह-तरह की कुण्ठाओं और ग्रन्थियों के रूप में अवचेतन मन में विद्यमान रहती हैं। वह इन्हीं को स्वप्न और कला का उत्स मानते हैं। अतः उनके अनुसार क्या कला, क्या धर्म और क्या स्वप्न सभी की उत्पत्ति मानवीय दुर्बलताओं और क्षुद्रताओं से होती है।[52] दमित वासनाओं की तुष्टि के माध्यम स्वप्न मूलतः असामाजिक होते हैं। कला समाज द्वारा स्वीकृत माध्यम है। सामान्य लोगों के पास यह माध्यम नहीं होता। इसलिए सामान्य व्यक्ति अपनी इन भावनाओं को स्वप्नों के ज़रिये तुष्ट करता है और कलाकार अपनी कला द्वारा। इस तरह, समस्त कला क्षुद्र और कुंठित मनुष्य की दमित वासनाओं की अभिव्यक्ति के सिवा कुछ नहीं है। अलग-अलग समाजों में सामाजिक निषेधों का क्या स्वरूप रहा है, यह तत्कालीन कला से मालूम हो सकता है। इन्हीं सूत्रों के आधार पर अनेक विचारकों ने सभ्यता के इतिहास की खोज की है।

फ्रायड की 'दमित' वासनाओं को एडलर ने 'हीन भावना' बना दिया। उनके मतानुसार, कलाकार सामाजिक दृष्टि से दुर्बल और अनुपयोगी प्राणी होता है। अपनी कला के ज़रिये वह समाज में अपनी सत्ता प्रमाणित करता है। इसलिए कला क्षतिपूर्ति का माध्यम है।

युंग इन ग्रंथियों और हीनताओं को भिन्न दृष्टि से देखते हैं। वे मानते हैं कि वैयक्तिक आकांक्षाओं की पूर्ति और सामाजिक अथवा समस्त मानवता की अभिलाषाओं की पूर्ति—इन दो प्रकार की इच्छाओं और चुनौतियों के द्वन्द्व से कला का जन्म होता है। व्यक्ति ऊपर रहे और समाज नीचे, यह सावधानी युंग ने भी बरती है। इसीलिए वे प्रतिपादित करते हैं कि सामूहिक भावों की अभिव्यक्ति से कलाकार का व्यक्तित्व उपेक्षित रह जाता है। यह हमेशा कलाकार व्यक्ति के दुःख

का कारण बनता है। चेतना सामूहिक अवचेतन का परिणाम है। किन्तु सामाजिक प्रक्रिया कलाकार व्यक्ति को पीड़ित करती है। यह पीड़ा कलाकार को सृजन की उद्दाम आकांक्षा से भर देती है। ऐसी स्थिति में कलाकार का सृजन समस्त प्राणिजगत् की आकांक्षाओं को तृप्त करता है। अतएव, कलाकार व्यक्ति के मन का प्रतिरूप सामूहिक तुष्टि का कारण बनता है।

यह सही है कि मनोविश्लेषणशास्त्र ने सतह पर दिखाई देने वाली वृत्तियों के साथ अधिक अन्तरंग 'चित्त' (इड) को रेखांकित करके मानव-चेतना के नये आयाम उद्घाटित किये हैं। किन्तु मनुष्य के विकास की प्रक्रियाओं और समस्याओं से ध्यान हटाकर व्यक्ति और समाज के विरोध को आधार मानने के कारण उसमें मनुष्य की हीनताओं, क्षुद्रताओं और कुण्ठाओं को ही मनुष्य और कला का सबसे श्रेष्ठ मूल्य माना गया है। समाज और संस्कृति का निषेध करने वाली इन दार्शनिक प्रतिपत्तियों को आधार मानकर भारत के एक आधुनिक चिन्तक ने लिखा है—"एक बिन्दु ऐसा है जहाँ कला का मार्ग संस्कृति के मार्ग से अलग हो जाता है। संस्कृति का आधार समाज है, उसका सत्य व्यापक सत्य है और उसकी दृष्टि भी तदनुकूल है। पर कला का क्षेत्र विशिष्ट का क्षेत्र है : उसका सत्य विशिष्ट, अद्वितीय और मौलिक सत्य है, और उसकी दृष्टि भी वैसी ही एक और अद्वितीय।"[53]

मनुष्य के विकास की आम प्रक्रियाओं से इस साहित्य-दृष्टि की संगति नहीं है। इस मान्यता से यह निष्कर्ष निकलता है कि श्रेष्ठ कला सांस्कृतिक बोध से और श्रेष्ठ संस्कृति सौन्दर्य-बोध से रहित होती है। व्यक्ति और समाज में विरोध की यह परिणति न केवल मनुष्य की कर्मशक्ति को पंगु बनाती है, वरन् उसे वापस पशुवत् जीवन की दिशा में ले जाने की आकांक्षा भी व्यक्त करती है। समाज और संस्कृति का गहरा सम्बन्ध है। मनुष्य का विकास सामान्य के धरातल पर होता है, अद्वितीय के धरातल पर नहीं। जो लोग इस बात को स्वीकार नहीं करते, वे मनुष्य को निष्क्रिय और पंगु बनाने का काम करते हैं। रुथ बेनेडिक्ट ने इस तरह की समझदारी का खण्डन करते हुए ठीक ही कहा है कि—"व्यक्ति की समस्या का समाधान संस्कृति और व्यक्ति के बीच वैर प्रतिपादित करके नहीं, बल्कि दोनों की परस्पर निर्भरता स्थापित करके ही किया जा सकता है।" इसका कारण यह है कि "कोई भी व्यक्ति एक संस्कृति के बगैर, जिसमें वह शरीक हो, अपनी आवश्यकताओं के द्वार तक भी नहीं पहुँच सकता।"[54]

कला और सौन्दर्य का क्षेत्र इसका अपवाद नहीं है। इस मान्यता के आधार पर हम यह निष्कर्ष निकाल सकते हैं कि मनुष्य को अपनी रचनात्मक सम्भावनाओं को मूर्त रूप देने के लिए सामाजिक-सांस्कृतिक प्रक्रियाओं का अंग बनकर रहना पड़ेगा। समाज में रहकर, सामाजिक दायित्व-बोध से सम्पन्न होकर ही मनुष्य अपनी सृजनात्मक वृत्तियों को परितोष प्रदान कर सकता है। अतः मनुष्य के रचनात्मक

व्यवहार और सामाजिक दायित्व की स्वीकृति दोनों एक सिक्के के दो पहलुओं की भाँति अभिन्न हैं।

इसके विपरीत, मनुष्य को प्रवाह-पतित, हीन-कुण्ठित वृत्तियों के पुंज के रूप में देखने वाली दृष्टियाँ उसे समाज, सभ्यता और संस्कृति से ही पराङ्मुख नहीं बनातीं, इन सबके आधार—श्रम—के प्रति तिरस्कार का भाव भी उत्पन्न करती हैं। ऐसी दृष्टियाँ इस तथ्य से आँख मूँद लेती हैं कि श्रम के बगैर मनुष्य अपना मानवीय विकास नहीं कर सकता। हेनरी जे. कोरेन के मतानुसार मनुष्य खुद अपना अधिकाधिक मानवीय विकास तभी कर सकता है, जब वह वस्तुगत प्रकृति को अधिकाधिक अपने श्रम का आधार बनाता चले।[55]

श्रम (कर्म) के प्रति तिरस्कार का भाव रखने पर मनुष्य की सृजनात्मक वृत्तियाँ कुण्ठित होती हैं। इससे जीवन में निरुद्देश्यता पैदा होती है। और यह कहने की ज़रूरत नहीं कि निरुद्देश्य होकर न कोई मनुष्य जी सकता है, न कोई समाज या साहित्य। पश्चिमी जगत् में इस तरह के निरुद्देश्य साहित्य का अधिक प्रचार है। उद्देश्यहीन साहित्य समाज का निषेध करता है, और जनता के सौन्दर्य-बोध के उन्नयन के दायित्व से मुक्त होता है। वह शुद्ध रूप में कलाकार की आन्तरिक वृत्तियों का प्रतिफलन और स्वयंसाध्य होता है। यह समझ में नहीं आता कि ऐसे 'विशिष्ट' और 'अद्वितीय' साहित्य से कलाकार अपनी सामाजिक उपयोगिता कैसे प्रमाणित करता है।

यह कोई संयोग की बात नहीं है कि निराशा, कुण्ठा, व्यक्तिवाद आदि समाज-विरोधी वृत्तियों का प्रचार करने वाला पश्चिमी साहित्य आज इंसान की पहचान भूल गया है। सन् 1960 के बाद से इस साहित्य में अस्मिता का गहरा संकट उभरा है। हालाँकि अस्मिता का प्रश्न इस साहित्य का "अकेला विषय नहीं है, फिर भी वह इन सब में केन्द्रीय विषय है।"[56] हिन्दी में 'अस्मिता' का प्रश्न एक आन्दोलन और विमर्श का रूप लेकर इसके काफी दिन बाद उभरा। व्यक्ति की 'विशिष्टता', 'अद्वितीयता' और 'मौलिकता' जब अधिक बढ़ जाती है तब अजनबीपन पैदा होता है। मनुष्य जब नदी के बीच द्वीप बन जाता है, इतिहास की गतिमयता के विरुद्ध स्थितप्रज्ञ हो जाता है तब अजनबीपन अस्मिता का संकट बनकर प्रस्फुटित होता है। सामाजिक संकट के बढ़ने के साथ-साथ इतिहास और मानव विरोधी शक्तियाँ समाज में अलग-थलग पड़ने लगती हैं। जब ये शक्तियाँ इतिहास के प्रवाह में द्वीप बन जाती हैं तब जीवन से उनका नाता टूट जाता है। मृत्यु, कुण्ठा, घुटन, अस्मिता का संकट आदि इसी भावबोध का तर्कसंगत परिणाम् हैं।

यथार्थवादी साहित्यधारा मनुष्य में आस्था रखकर, उसके विकास के ऐतिहासिक निष्कर्षों को स्वीकार करके चलने के नाते समाज को साहित्य का और श्रम को

सौन्दर्य-चेतना का आधार मानती है। अडोल्फो सैंचेज़ वैज़्क्वेज़ ने निम्नलिखित तीन बातों के आधार पर कला की व्याख्या सामाजिक घटना के रूप में की है—

1. कलाकार की प्रथम अनुभूति कितनी ही अद्वितीय क्यों न हो, वह एक सामाजिक प्राणी है;
2. कलाकृति उस प्रथम अनुभूति से चाहे जितनी गहराई से सम्बद्ध हो और उसका वस्त्वीकरण या रूप चाहे जितना विशिष्ट हो और जिसका दोहराया जाना फिर कभी सम्भव न हो, वह सदैव कलाकार और समाज के अन्य सदस्यों के बीच सेतु का, सम्पर्क-सूत्र का काम करता है।
3. कलाकृति दूसरों को प्रभावित करती है—वह दूसरों के विचारों, लक्ष्यों या मूल्यों को पुनः पुष्ट करती है या उनका अवमूल्यन करती है; कला एक सामाजिक शक्ति है जो अपनी भावात्मक या विचारधारात्मक शक्ति के कारण लोगों को विचलित या प्रेरित करती है।[57]

यहाँ यह भ्रम न पैदा हो कि कला का सामाजिक चरित्र रेखांकित करने का अर्थ है कला के विशिष्ट चरित्र का निषेध करना। अतः क्रैपचेंकों के इन शब्दों को स्मरण करना प्रासंगिक होगा—"कलाकार का मानस नये के अन्वेषण तथा अज्ञातपूर्व आत्मिक और सौन्दर्यात्मक मूल्यों के सृजन का प्रयास करते हुए उस नये की ओर आकृष्ट होता है।"[58]

सामाजिक सन्दर्भवत्ता और कलाकार की सचेतन भूमिका से जुड़कर कला भी रचनात्मक और परिवर्तनकारी भूमिका अदा करती है। इस अर्थ में कला मनुष्य की सजग चेतना का ही प्रतिबिम्ब है। मानव-जीवन से गहरे स्तर पर जुड़े होने के नाते कला के सौन्दर्य-मूल्य को जीवन-मूल्यों से अलग नहीं किया जा सकता। श्रम मानव-जीवन का सबसे बड़ा स्रोत है और मानव-जीवन—व्यापक अर्थों में जिजीविषा—सृष्टि का सबसे बड़ा मूल्य है। इसलिए श्रम और सौन्दर्य-मूल्यों को एक-दूसरे से जोड़कर देखने की ज़रूरत है। विज्ञान सौन्दर्य को मानव-श्रम की उत्पत्ति मानता है और यह रेखांकित करता है कि सौन्दर्य-मूल्य मनुष्य के श्रम को अधिक मानवीय बनाते हैं। विकास मनुष्य को वंचित नहीं करता वरन् उसे समृद्ध करता है। इसलिए विकास के दौरान मानवीय आवश्यकताओं में वृद्धि मनुष्य की पूर्ति-सम्बन्धी गतिविधियों को ही नहीं, सौन्दर्य-चेतना को भी अधिक सघन बनाती है।

मानवीय कर्म और सौन्दर्य-चेतना परस्पर निर्भर होते हैं। विकास के साथ उनकी यह परस्पर निर्भरता बढ़ती जाती है। विकास के विभिन्न चरणों में मानव-चेतना और सौन्दर्य-मूल्यों का स्वरूप भिन्न होता है। उनका उच्चतर धरातलों पर पदार्पण होता है। चेतना के विकास का आकलन श्रम की अवस्थाओं द्वारा किया जा सकता

है। जब मनुष्य अपने श्रम की उच्चतम अवस्था में पहुँचता है तथा प्रकृति और समाज की शक्तियों पर नियन्त्रण के लिए संघर्षरत होता है, तब मनुष्य की चेतना भी सर्वोच्च धरातल पर पहुँचती है तथा सौन्दर्य-मूल्यों के क्षेत्र में सजग निर्माता की उसकी विशिष्ट क्षमता निर्णायक भूमिका अदा करती है।

संक्षेप में, हम कहते हैं कि "इंसान की बुद्धि, इन्सान का चिन्तन मानसिक कार्यकलाप के विकास में सर्वोच्च धरातल है। मनुष्य सामाजिक प्राणी है। इसलिए उसके अत्यन्त उच्च स्तर के मानसिक जीवन, उसके चिन्तन का निर्धारण उसके श्रम सम्बन्धी कार्यकलाप द्वारा होता है।"[59]

सन्दर्भ-सूची

1. 'लिखि कागद कोरे', अज्ञेय, पृष्ठ 82
2. आचार्य रामचन्द्र शुक्ल : 'रस-मीमांसा', पृष्ठ 218
3. ऐशली मोंटेगू, 'मैन : हिज फर्स्ट मिलियन ईयर्स', पृष्ठ 141
4. 'इल्यूजन एण्ड रियलिटि', पृष्ठ 15-16
5. 'सोशल रूट्स ऑफ आर्ट्स', पृष्ठ 11
6. 'मैन : हिज फर्स्ट मिलियन ईयर्स', पृष्ठ 172
7. 'आर्ट एण्ड सोशल लाइफ' पृष्ठ 102
8. 'समय-समय पर', पृष्ठ 14
9. 'साहित्य : स्थायी मूल्य और मूल्यांकन', पृष्ठ 15
10. 'मैन : हिज फर्स्ट मिलियन ईयर्स', पृष्ठ 168-69
11. 'दि फण्डामेण्टल्स ऑफ मार्क्सिस्ट-लेनिनिस्ट फिलॉसफी', पृष्ठ 192
12. 'प्राब्लम्स ऑफ मॉडर्न इस्थेटिक्स', पृष्ठ 133-34
13. उद्धृत, 'ऐतिहासिक भौतिकवाद', (अनु. अली अशरफ), पृष्ठ 289
14. 'भारत : आदिम साम्यवाद से दासप्रथा तक का इतिहास', पृष्ठ 48
15. वही, पृष्ठ 112-13
16. वही, पृष्ठ 117
17. 'ऑन लिटरेचर' पृष्ठ 31
18. 'ए हिस्ट्री ऑफ इस्थेटिक्स', पृष्ठ 10-11
19. 'ह्यूमन टाइप्स', पृष्ठ 40
20. 'ऋग्वेद', 8/8/3 (देखिएः ऋग्वेदिक आर्य, राहुल सांकृत्यायन)
21. 'ऑन लिटरेचर', पृष्ठ 31
22. 'दि क्वेस्ट फॉर ब्यूटी', पृष्ठ 286
23. 'ऐतिहासिक भौतिकवाद', पृष्ठ 288
24. 'ह्यूमन टाइप्स' पृष्ठ 132
25. 'ऐतिहासिक भौतिकवाद', पृष्ठ 290
26. 'भारत : आदिम साम्यवाद से दासप्रथा तक का इतिहास', पृष्ठ 109
27. 'फण्डामेण्टल्स ऑफ इंडियन आर्ट', पृष्ठ 20

28. उद्धृत : 'दि फण्डामेण्टल्स ऑफ मार्क्सिस्ट-लेनिनिस्ट फिलॉसफी', पृष्ठ 106
29. 'राजनीतिक अर्थशास्त्र की आलोचना में योगदान', प्रस्तावना, पृष्ठ 2-3
30. 'ऋग्वेद', 6/29/6, 2/20/6, 8/17/8 आदि
31. 'भारत :...' (डांगे), पृष्ठ 114
32. 'ऋग्वेद', 10/90/12
33. 'श्रीमदभागवद्‌गीता' 9/32
34. 'दि इंडियन सोसाइटी', पृष्ठ 371
35. वही, पृष्ठ 407
36. वही, पृष्ठ 413
37. वही, पृष्ठ 433
38. वही, पृष्ठ 435
39. वही, पृष्ठ 436
40. 'श्रीमद्‌भागवद्‌गीता' 2/47
41. 'मिथक और यथार्थ', (अनु-नन्दकिशोर नवल), पृष्ठ 19
42. 'लिटरेचर एण्ड मार्क्सिज्म', (सं. ऐंजेल फ्लोर्स), पृष्ठ 80
43. 'समाजवादी विचारधारा और संस्कृति', पृष्ठ 64
44. 'मार्क्सिस्ट-लेनिनिस्ट इस्थेटिक्स एण्ड लाइफ', पृष्ठ 63
45. 'समाजवादी विचारधारा और संस्कृति', पृष्ठ 65
46. 'फण्डामेण्टल्स ऑफ मॉर्क्सिज्म-लेनिनिज्म', पृष्ठ 99
47. 'कलेक्टेड वर्क्स' खंड 38, पृष्ठ 212
48. 'फण्डामेण्टल्स ऑफ मॉर्क्सिज़्म-लेनिनिज़्म', पृष्ठ 249
49. वही, पृष्ठ 245
50. 'कलेक्टेड वर्क्स', खंड 38, 171
51. 'दि राडटर्स क्रिएटिव इण्डिविजुआलिटी एण्ड दि डेवलपमेण्ट ऑफ लिटरेचर', पृष्ठ 316-17
52. देखिए 'मनोविश्लेषण और मानसिक क्रियाएँ', पृष्ठ 162-63, 170-71, 184, 196, 199 आदि
53. 'आत्मनेपद', पृष्ठ 257
54. 'पैटर्न्स ऑफ कल्चर', पृष्ठ 234
55. 'मार्क्स एण्ड दि आर्थेटिक मैन', पृष्ठ 30
56. 'लिटरेचर इन अपहेवल : वेस्ट जर्मन राइटर्स एण्ड दि जेंजेज़ ऑफ दि 1960', पृष्ठ VII।
57. 'आर्ट एण्ड सोसाइटी', पृष्ठ 112-13
58. 'दि राइटर्स क्रिएटिव इंडिविजुअलिटी एण्ड दि डेवेलपमेण्ट ऑफ लिटरेचर', पृष्ठ 290
59. 'फण्डामेण्टल्स ऑफ मार्क्सिस्ट-लेनिनिस्ट फिलासफी', पृष्ठ 39

अध्याय-4

सौन्दर्य : अधिष्ठान और अन्तर्रचना का प्रश्न

लम्बे अरसे से बहस-मुबाहसे के परिणामस्वरूप दूसरे प्रश्नों की तरह इस प्रश्न पर भी सौन्दर्य-चिन्तक खेमों में बँट गये हैं। कोई कहता है कि सौन्दर्य की सत्ता हमारे मन में है। वस्तुजगत् से उसका कोई सम्बन्ध नहीं है। सौन्दर्य एक अनुभूति है। कोई कहता है कि सौन्दर्य की अनुभूति का सम्बन्ध वस्तुजगत् के साक्षात्कार से है। सम्भव है शुरुआती दौर में ऐसे मत प्रचलित रहे हों जो सौन्दर्य को एकान्ततः वस्तुजगत् की वस्तु मानते रहे हों। ऐसे चिन्तन के अवशेष अभी भी उन अतिवादी प्रगतिशीलों में पाये जा सकते हैं जो सौन्दर्य को व्यक्ति के अन्तर्जगत् से काटकर देखने का प्रस्ताव करते हैं। साहित्य और कला को अर्थिक जीवन का प्रत्यक्ष प्रतिबिम्ब मान बैठने की भूल इसी सिद्धान्त का व्यवहार पक्ष है।

सौन्दर्यानुभूति चेतना का गुण है। इसलिए उसका सम्बन्ध सजीव मनुष्य से है। इस पक्ष पर अधिक बल देने वाले भाववादी चिन्तक अन्ततः इस नतीजे पर पहुँचते हैं कि चेतना ही सृष्टि का उत्स है; समूचा वस्तुजगत् इसी परम चेतना का प्रतीयमान रूप है ; सौन्दर्यानुभूति इसी परम चेतना से सम्बद्ध अद्वितीय-अलौकिक अनुभूति है।[1] प्लेटो के सौन्दर्य-सम्बन्धी मत का सार-संक्षेप प्रस्तुत करते हुए डॉ. नगेन्द्र ने लिखा है, "सौन्दर्य के चार स्तर हैं : शारीरिक सौन्दर्य, मानसिक सौन्दर्य, नैतिक सौन्दर्य और शुद्ध बुद्धि का सौन्दर्य या प्रज्ञात्मक सौन्दर्य। प्रज्ञात्मक सौन्दर्य ही निरपेक्ष और चरम सौन्दर्य है। ...इस प्रज्ञात्मक सौन्दर्य को प्लेटो ने प्रकाश-रूप माना है जो वस्तुतः आत्मचैतन्य का प्रतीक है।"

अव्यक्त सत्ता को गुण और 'उसी के व्यक्त भाव को रूप' कहकर श्री जैनेन्द्र कुमार ने सौन्दर्य को 'अन्तरंग आकांक्षा के प्रतिबिम्ब' के रूप में परिभाषित किया है।[2] भारतीय काव्यशास्त्र में रसानुभूति और साधारणीकरण को 'ब्रह्मास्वाद सहोदर' बताकर अन्ततः अलौकिक (लोकोत्तर) अनुभूति का समानधर्मा घोषित किया गया है। पाश्चात्य सौन्दर्य-चिन्तकों ने भी सौन्दर्य को चेतन-रूप माना है। जिन चिन्तकों ने कलात्मक सौन्दर्य और लोकोत्तर (Transcendental) सौन्दर्य को एक बिन्दु पर

जोड़कर देखने की चेष्टा की है वे ज़्याक मारितें की भाँति इस निष्कर्ष पर पहुँचे हैं : "कला सौन्दर्यशास्त्रीय सौन्दर्य (Aesthetic Beauty) और लोकोत्तर (इन्द्रियातीत) सौन्दर्य के बीच के फर्क को मिटाने तथा सौन्दर्यशास्त्रीय सौन्दर्य को लोकोत्तर सौन्दर्य में समाहित करने के लिए संघर्ष करती है।"[3]

अर्थात्, यह कला का कार्य है। कला पहले तो सौन्दर्यशास्त्रीय (इन्द्रियग्राह्य) सौन्दर्य और लोकोत्तर (इन्द्रियातीत) सौन्दर्य का फर्क मिटाती है और अन्ततः इन्द्रियग्राह्य सौन्दर्य को इन्द्रियातीत सौन्दर्य में समाहित करती है। इसके बगैर कलात्मक सौन्दर्य की सिद्धि नहीं होती। आत्मा ब्रह्म में लीन होकर ही पूर्णता प्राप्त करती है। प्रतीयमान विश्व परम चेतना में लीन होकर ही सार्थक होता है। इस दार्शनिक भावभूमि पर आधारित भाववादी सौन्दर्यशास्त्र अमूर्त विचार और इन्द्रियातीत लोकोत्तर अनुभूति को ही सौन्दर्य-मूल्य के रूप में स्थापित करता है।

विज्ञान इस तर्क-पद्धति पर दार्शनिक मान्यता का हामी नहीं है। इस चिन्तन के अनुसार चेतना प्राथमिक और पदार्थ गौण है। वैज्ञानिक अनुसन्धानों ने जिन तथ्यों को उद्‌घाटित किया है उनके अनुसार मनुष्य की अधिरचना, उसका अन्तर्जगत् स्वयं वस्तुओं के साथ उत्तरोत्तर विकासमान घात-प्रतिघात की सतत प्रक्रिया में निर्मित और विकसित हुए हैं। विभिन्न युगों की चेतना के मौलिक स्वरूप का अध्ययन करते हुए हम देख चुके हैं कि मनुष्य की सामान्य चेतना श्रम की विभिन्न अवस्थाओं में वस्तुजगत् से कायम होने वाले मनुष्य के निश्चित सम्बन्धों का (जटिल) प्रतिफलन है। दूसरे शब्दों में, मानवीय चेतना और बोध का विकास श्रम के विकास की अवस्थाओं से जुड़े होने के नाते स्वयं एक भौतिक प्रक्रिया है।

मनुष्य की चेतना विकसित होती है, यह तथ्य चेतना को स्वयंभू और स्वयंपूर्ण मानने वाले भाववाद के दार्शनिक आधार को ध्वस्त कर देता है। इससे यह पता चलता है कि आरम्भ से आज तक अन्य सभी वस्तुओं की भाँति चेतना भी विकसित हुई है। पेड़-पौधों से लेकर मनुष्य तक जीवन के विविध रूप देखे जा सकते हैं। पेड़-पौधों, पशु-पक्षियों और मनुष्य की चेतना में मात्रा और गुण दोनों का अन्तर है। इस अन्तर का कारण, विज्ञान की नज़र में, भौतिक है।

यही नहीं, विभिन्न मनुष्यों (व्यक्तियों और जातियों) की चेतना में भी अन्तर हुआ करता है। एक ही व्यक्ति की चेतना अलग-अलग शारीरिक और मानसिक अवस्थाओं में समान नहीं रहती। ये सभी तथ्य चेतना के भौतिक स्वरूप का समर्थन करते हैं। मन की परिभाषा करते हुए शुक्ल जी ने लिखा है, "मन भी रूप-गति का संघात ही है। ...हमें अपने मन और अपनी सत्ता का बोध रूपान्त्मक ही होता है।"[4] हमारा अन्तर्जगत् रूप और गति का संघात है। रूप और गति पदार्थ के गुण है। मन इस पदार्थ जगत् के बाहर की वस्तु नहीं है। किसी को सन्देह न रहे, इसलिए

आगे चलकर शुक्ल जी यह भी कहते है कि "राग मिलाने वाली वासना है और द्वेष अलग करने वाली। रासायनिक मूल द्रव्यों के राग से ही सृष्टि का विकास होता है।"[5] अर्थात् समस्त जड़-चेतन सृष्टि रासायनिक मूल द्रव्यों के राग का परिणाम है। दूसरे शब्दों में, चेतना स्वयं भौतिक पदार्थ की उपज है। पदार्थ का गुण होने के नाते चेतना स्वयं भौतिक है। इसलिए शुक्ल जी सुन्दर वस्तु से पृथक् सौन्दर्य की सत्ता अस्वीकार करते हैं।[6]

चिन्तकों का एक दल चेतना के रूपों और उससे सम्बद्ध अनुभूति के अनेक स्तरों के तर्क को उस बिन्दु तक ले जाता है जहाँ व्यक्ति-व्यक्ति की अनुभूति के मौलिक अन्तर का सिद्धान्त प्रतिपादित किया जा सके। ऐसा ही एक तर्क अज्ञेय जी का है–"अनुभूति अद्वितीय है क्योंकि कोई दूसरे की अनुभूति नहीं भोग सकता।"[7] इस मान्यता का दार्शनिक आधार है अनुभूति की निरपेक्षता। इस तर्क के अनुसार अनुभूति का सम्बन्ध अन्तर्मन की प्रेरणाओं से है, बाहर की किसी वस्तु या विचार के साक्षात्कार से नहीं। यदि अनुभूति का सम्बन्ध ऐसे किसी साक्षात्कार से माना जाय तथा इस साक्षात्कार-जन्य अनुभूति को व्यक्ति-मन की अवस्था और वस्तु के बीच कायम होने वाले सम्पर्क से जोड़कर देखा जाए तो भिन्न-भिन्न व्यक्तियों की अनुभूति की विशिष्टताओं का स्वरूप स्पष्ट हो सकेगा और साथ ही अनुभूति की अद्वितीयता की मान्यता की निरर्थकता भी साबित हो जायेगी। कारण यह है कि अनुभूति-प्रक्रिया शुद्ध भौतिक-प्रक्रिया है। मनुष्य संवेदनशील प्राणी है। उसके मन में घटित होने वाली प्रक्रियाओं का स्वरूप विशिष्ट है। वे शुद्ध रासायनिक प्रक्रियाओं या फार्मूलों की तरह नहीं होतीं।

किन्तु अनुभूति की 'अद्वितीयता' के तर्क से यह निष्कर्ष निकलता है कि देश, काल और पात्र (व्यक्ति) के तीनों आयामों में अनुभूति की पुनरावृत्ति सम्भव नहीं है। साथ ही, कोई भी दूसरी अनुभूति पहली जैसी नहीं हो सकती। इसलिए अनुभूतियाँ गुण-दोष वाचकता से भी निरपेक्ष हुईं।

अन्ततः, मनुष्य का भौतिक और आत्मिक विकास सामान्य के धरातल पर हुआ है, विशिष्ट के धरातल पर नहीं। न तो हमारे संवेदन-तन्त्रों का विकास 'अद्वितीय' है और न ही भावों, विचारों और बिम्बों से निर्मित अन्तर्जगत् का। अतः सामान्य ग्राहिकाओं (रिसेप्टर्स) के ज़रिये ग्रहण करके (सामान्य के ही धरातल पर अर्जित) अन्तर्जगत् में अनुभव की जाने वाली अनुभूति सर्वथा 'अद्वितीय' कैसे है, यह समझ में नहीं आता।

और फिर, अनुभूति कितनी भी अद्वितीय हो, उसे व्यक्त करती है भाषा। भाषा स्वयं सामान्य की उपलब्धि है, 'अद्वितीय' की नहीं। इसलिए ऐसी अद्वितीय अनुभूति कैसे सम्भव है, उसे अनुभव करने वाले जानें, विज्ञान ऐसी अनुभूति का अस्तित्व

सम्भव नहीं मानता। अनहोनी को होनी बताने वाले भाववादी-व्यक्तिवादी चिन्तकों की यह अनुभूति शायद 'अव्याकृतम् अग्राह्यम् अव्यपदेशम्' की दुनिया का नेतिवाद है। वास्तव में, अनुभूति विशिष्ट है; समान्य धरातल के अनेक पहलू किसी एक मनुष्य में विशेष संघात बनाते हैं। विशिष्टता और अद्वितीयता में फर्क है।

भाववादी चिन्तनधाराओं की यह सबसे प्रमुख सीमा है कि वे सौन्दर्य को अमूर्तता और निरपेक्षता के धरातल पर व्याख्यायित करती हैं। वस्तुजगत् से काट कर सौन्दर्य को आन्तरिकतावादी दृष्टि से देखने का आग्रह करने वाली भाववादी धारणाओं की इस मूल असंगति को रेखांकित करते हुए क्रिस्तोफर कॉडवेल ने कहा है कि वे सौन्दर्य को रूप-रंगहीन विचार में तब्दील कर देते हैं।[8] विश्व का कोई भी सृजनात्मक साहित्य रंग-रूप-गन्ध रहित ऐसे अमूर्त विचार को सौन्दर्य-मूल्य मानने को तैयार नहीं है। किसी विचार को कलात्मक सत्य बनने के लिए रंग-रूप-गन्ध आदि के मूर्त संवेदनात्मक अनुभव-बिम्बों में परिणत होना पड़ता है। कलागत सौन्दर्य-मूल्य और दार्शनिक सौन्दर्य के इस अन्तर को समझकर ही ज़्याक मारितें ने कला का कार्य निर्दिष्ट किया था। कला की सामाजिक और ऐतिहासिक भूमिका को अस्वीकार करने के नाते उनका निष्कर्ष भिन्न है; वे कला को—मूर्त सौन्दर्य को— लोकोत्तर इन्द्रियातीत सौन्दर्य में समाहित करने का माध्यम बताते हैं। कहने की आवश्यकता नहीं कि जीवन-जगत् के प्रति पराङ्मुखता का यह भाव भाववादी- आन्तरिकतावादी चिन्तन की स्वाभाविक परिणति होती है।

इस व्याख्या का यह आशय नहीं है कि सौन्दर्य का सम्बन्ध मनुष्य के अन्तर्जगत् से है ही नहीं। ऐतिहासिक दृष्टि से विचार करने पर हम पाते हैं कि सौन्दर्य की अवधारणा एक मूल्य की अवधारणा है, जिसकी कल्पना मनुष्येतर सत्ता के रूप में नहीं की जा सकती। वस्तुतः मनुष्य ही प्रकृति के नाना उपादानों से रू-ब-रू होता है, उनसे अपनी जैविक और सामाजिक विकास की भिन्न-भिन्न अवस्थाओं में भिन्न-भिन्न तरह से टकराता है और इस समूचे क्रम में उन्हें सुन्दर या असुन्दर के रूप में पहचानता है। सौन्दर्य-मूल्यों की इस मानव-विशिष्ट सत्ता को अस्वीकार करने के नाते भाववादी या अतिशय वस्तुवादी चिन्तक सौन्दर्य की एकांगी व्याख्याएँ प्रस्तुत करते हैं।

सौन्दर्य की आन्तरिकतावादी व्याख्याओं को 'भाषा का गड़बड़झाला' कहते हुए जब शुक्ल जी यह कहते हैं कि "....सुन्दर वस्तु से पृथक सौन्दर्य कोई पदार्थ नहीं", तो वे वस्तुतः सौन्दर्यानुभूति के वस्तुगत स्वरूप पर ही बल देते हैं। वे सौन्दर्य को वस्तुवादी दृष्टि से देखने का आग्रह करते हैं, इसलिए उसे उसके आधार से जोड़ते हैं। शुक्ल जी उन भौतिकवादी विचारकों में नही हैं जो वस्तुवाद के आग्रह में संवेदनशील मनुष्य की भूमिका का निषेध करें। वे यह भली-भाँति अनुभव करते हैं कि वस्तुओं

में जो सौन्दर्य है, उसकी पहचान और परख मनुष्य करता है, सौन्दर्यानुभूति की प्रक्रिया वस्तु के सम्पर्क से सजीव मानव के अन्तर्जगत् में घटित होती है। इसीलिए वे कहते हैं कि "कुछ रूप-रंग की वस्तुएँ ऐसी होती हैं जो हमारे मन में आते ही थोड़ी दरे के लिए हमारी सत्ता पर ऐसा अधिकार कर लेती हैं कि उसका ज्ञान ही हवा हो जाता है और हम उन वस्तुओं की भावना के रूप में ही परिणत हो जाते हैं।"[9] जो लोग इस बात को नहीं समझ पाते वे सौन्दर्य की आन्तरिक अनुभूति प्रक्रिया को ही सर्वस्व मान बैठते हैं।

इस विवेचन के आधार पर यह बेखटके कहा जा सकता है कि "मनुष्य किसी वस्तु को देखता है और उसे सुन्दर-असुन्दर की संज्ञा से विभूषित करता है।"[10] स्पष्ट है कि वस्तुगत और आत्मगत के पारस्परिक (द्वन्द्वात्मक) सम्बन्धों के बिना सौन्दर्य की कल्पना नहीं की जा सकती। जिस मनुष्य का संवेदन-तन्त्र दृष्टि या श्रुति की दिशा में कुंठित और अविकसित रह गया है, क्या उसके लिए दृश्य या श्रव्य जगत् से सम्बद्ध ऐसी कोई मूल्यवत्ता हो सकती है जिसमें सौन्दर्य-बोध की आदिम भूमिका खोजी जा सके? ठीक यही बात उन जीवियों (Species) के साथ भी लागू होती है जिनमें श्रुति नहीं है, या जो वर्णान्ध हैं।

वस्तुगत सौन्दर्य की स्थिति मानव-सापेक्ष है। अन्तर्गामी अनुभवों और बहिर्गामी संकल्पों से निर्मित हमारा जटिल अन्तर्जगत् वस्तु और आत्म के उस सुदीर्घ द्वन्द्व का परिणाम है जो हमारे जैविक और सामाजिक विकास के दौरान चलता रहा है। बाह्य जगत् की जिन वस्तुओं से हमारी जीवन-प्रक्रिया जितनी अधिक टकराती है, उनसे सम्बन्धित हमारी ग्रहिकाएँ, हमारा संवेदन-तन्त्र और इन्द्रिय-बोध उसी अनुपात में अधिक विकसित हुआ है। विकास के इस क्रम में संवेदनों को ग्रहण करने के आन्तरिक तन्त्र के साथ-साथ उसका आत्मगत नानारंगी आस्वाद और बोध भी विकसित हुआ है। **मूल्यवत्ता का जन्म इसी आत्मगत धरातल पर होता है।** इसलिए सौन्दर्य के आन्तरिक प्रतिमानों का निषेध वस्तुवाद न होकर यान्त्रिक भौतिकवाद है।

बाह्य जगत् के ग्रहण की मानवीय सीमाएँ हैं। पहले अध्यायों में हम देख चुके हैं कि जीवन-प्रक्रिया में बाह्य जगत् की जिन चीज़ों से हमारा उपयोगपरक टकराव जितना अधिक होता है, उनसे सम्बन्धित हमारा आन्तरिक संवेदन भी उसी अनुपात में कमोबेश विकसित होता है। इस आनुपातिक सम्बन्ध को आँख और कान की ग्रहण-शक्तियों और उनसे सम्बद्ध मूल्य-बोध के विकास के स्तरों से जाना जा सकता है।

बाह्य जगत् की ऊर्जा-तरंगों, वायु के कम्पनों आदि को ग्रहण करने की हमारे संवेदन-तन्त्रों की शक्ति न्यूनतम और अधिकतम के एक निश्चित प्रसर के भीतर ही विकसित हुई है। हम बैंगनी और लाल के प्रसर के भीतर की ऊर्जा-तरंगों को देख सकते हैं। लेकिन पराबैंगनी या अवरक्त ऊर्जा-तंरगों को नहीं देख सकते। एक्सरेज़

में अन्तर केवल मात्रात्मक है, गुणात्मक नहीं।

मनुष्य की ग्रहण-शक्ति की यह विशेषता और सीमा दोनों ही सामान्य के गुण हैं, विशिष्ट के या अद्वितीय के नहीं। यह तो सम्भव है कि कोई 'अद्वितीय' मनुष्य की इस सामान्य ग्रहण-शक्ति से कम ही ग्रहण कर पाने में समर्थ हो और दृष्टि या श्रुति के क्षेत्र में उसकी व्यक्तिगत सीमाएँ मनुष्य-मात्र की आम सीमाओं से कहीं अधिक हों ; किन्तु यह सम्भव नहीं हैं कि वह इन्द्रधनुषी सात रंगों (बैंगनी और लाल के प्रसर) से बाहर की ऊर्जा-तंरगों को देख सके। यह मनुष्य-मात्र की सीमा है।

हम एक्सरेज़ को यन्त्र की सहायता से भले ही ग्रहण कर लें और उन्हें मानवीय उपयोग का हिस्सा बना लें, किन्तु हमारे पास उनके अनुभव के लिए संवेदन-तन्त्र विकसित नहीं है। जो वस्तुएँ हमारे अनुभव-जगत् से बाहर हैं वे हमारे मूल्य-जगत् से भी बाहर हैं। हम जिसका अनुभव नहीं कर सकते उसके प्रति सौन्दर्य-दृष्टि भी नहीं अपना सकते। जाहिर है कि हम उनके गुणों को परिभाषित नहीं कर सकते।

रंग का गुण रंग की विशिष्टता के लिए की गयी हमारी परिभाषा ही है। रंगों का अपना कोई अस्तित्व नहीं होता। इसीलिए, "यदि कोई भूरी पृष्ठभूमि पर अंकित लाल बिन्दु को लगातार देखें तो वह हरा दिखाई देने लगेगा।"[11] अगर सचमुच रंगों का अपना अस्तित्व होता तो ऐसा कभी न होता। जो लोग वर्णान्ध होते हैं वस्तुतः उनका संवेदन-तन्त्र उन विशिष्ट प्रकाश-तंरगों को देखने में अक्षम होता है। इसलिए कहने की ज़रूरत नहीं कि ऊर्जा-तंरगों के विशिष्ट प्रसर के प्रति हमारे तन्त्र का विशिष्ट सम्बन्ध हमें रंगों का आभास कराता है। प्रजातीय परिजीवन के तकाज़ों से उत्पन्न हमारा चाक्षुष बोध दृश्य जगत् से सम्बन्धित हमारे सौन्दर्य-मूल्य का आधार है।

हमारी ज्ञानेन्द्रियों (रिसेप्टर्स) और कर्मेन्द्रियों (इफेक्टर्स) के विकास के बाद बाह्य जगत् से हमारा समस्त घात-प्रतिघात इनकें माध्यम से होता है। ज्ञानेन्द्रियाँ वस्तुजगत् के तत्त्वों को ग्रहण करती हैं। विकास के क्रम में हमने वस्तु के गुणों को विशिष्ट संवर्गो (कैटेगरीज़) के रूप में ग्रहण करने की शक्ति अर्जित की है। इन्हें शब्द-स्पर्श-रूप-रस-गन्ध के पाँच संवर्गों में बाँटा गया है। वस्तुओं को संवर्गों में ग्रहण करने की प्रक्रिया में उसके गुण हमारे अनजाने ही विश्लेषित हो जाते हैं। यह हमारे तन्त्र का नैसर्गिक गुण है। यह नैसर्गिक गुण इसी बात से प्रमाणित है कि हम रंगों को सुनते नहीं, या ध्वनियों को लाल, हरे या पीले के रूप में देखते नहीं।

मनुष्य में यह गुण विशेष है। पशु हल्की या तेज आवाज में फर्क कर सकता है, अपनी नैसर्गिक वृत्तियों के अनुरूप तत्सम्बन्धी प्रतिक्रियाएँ भी कर सकता है, लेकिन संगीत और शोर में फर्क नहीं कर सकता। भैंस के आगे बीन बजाने से कला का ही अनादर होता है। यही स्थिति पशुओं के रंग-बोध की है। पशु आमतौर

पर रंगों को अलग-अलग बिम्ब में ग्रहण नहीं कर सकते, वे "रंगों में विवेक नहीं कर सकते।"[12]

किन्तु मनुष्य में यह क्षमता बहुत अधिक विकसित है। मनुष्य के सौन्दर्य-बोध के विकास का उसकी इन विशिष्ट क्षमताओं से गहरा सम्बन्ध है।

हम जिन गुणों को अलग-अलग संवर्गों में ग्रहण करते हैं वे मस्तिष्क में पहुँचते हैं और वहाँ संश्लेषित होते हैं। विश्लेषण और संश्लेषण के बाद हमें संश्लिष्ट वस्तु- बोध होता है। बिम्ब इस वस्तु-बोध का मूलभूत रूप है। हम फूल को देखते हैं और उसके विशिष्ट आकार-प्रकार, रंग और गन्ध के बिम्ब हमारी ग्राहिकाओं द्वारा हमारे मस्तिष्क में पहुँचते हैं और संश्लेषित होकर वहाँ फूल के लिए एक विशिष्ट बिम्ब बन जाते हैं। दूसरे शब्दों में, हमारे संवेदन-तन्त्रों के ज़रिये वस्तु हमारे मस्तिष्क में नहीं जाती, वरन् वस्तु का बिम्ब जाता है।

इसलिए बिम्ब को हम इन शब्दों में परिभाषित कर सकते हैं—**बिम्ब वस्तु के प्रत्यक्ष ज्ञान से उत्पन्न वस्तु-बोध है।** यह संवेदन-बिम्ब हमारी चेतना का अंग बन जाता है। और तब हम वस्तु की अनुपस्थिति में भी उसके बिम्ब के माध्यम से उसे स्मरण अथवा परिभाषित कर सकते हैं।

लेकिन डॉ. नगेन्द्र मानते हैं कि बिम्ब किसी **पूर्वानुभूत किन्तु तत्काल अनुपस्थित** पदार्थ या घटना के गुणों या विशेषताओं के न्यूनाधिक पूर्ण मानसिक प्रत्यंकन—मानस-चित्र का नाम है....बिम्ब किसी पदार्थ या घटना के **प्रत्यक्ष ज्ञान की पुनरावृत्ति** है जो मूल पदार्थ या बिना घटना के ही घटित होता है।[13]

बिम्ब और प्रतिबिम्ब में लगभग ऐसा ही भेद सार्त्र ने भी किया था।[14] दोनों को इस तरह बिलगाने का प्रयत्न ठीक नहीं है। क्योंकि किसी वस्तु का ग्रहण हम तथाकथित प्रतिबिम्बों के माध्यम से करते हैं। हमारे अन्तर्जगत् का निर्माण इन्हीं प्रतिबिम्बों के ज़रिये हुआ है। वस्तुतः हमारे अन्तर्जगत् में उन वस्तुओं के बिम्ब होते हैं, जिनसे हमारा साक्षात्कार हुआ है, न कि स्वयं वे वस्तुएँ।

बिम्बों से निर्मित मनुष्य का अन्तर्जगत् अत्यन्त विकसित है। विकास प्रक्रिया में अर्जित प्रतिस्मरण क्षमता ने मनुष्य को पशुओं से एकदम अलग धरातल पर पहुँचा दिया। बिम्बों से प्रत्यय के निर्माण की प्रक्रिया सौन्दर्य-मूल्यों के निर्धारण में अत्यन्त महत्त्वपूर्ण है। प्रतिस्मरण की क्षमता के बगैर प्रत्यय विकसित नहीं हो सकते और प्रत्ययों के बगैर सौन्दर्य-मूल्य की कल्पना नहीं की जा सकती।

वस्तु और गति के बिम्ब इन्द्रिय संवेदनों द्वारा हमारे मस्तिष्क में पहुँचते हैं। बिम्ब ग्रहण के दो स्तर हैं— संवेदन (सेंसेशन) और प्रत्यक्ष (पर्सेप्शन)। प्रत्यक्ष होते ही बिम्ब एक अनुभूति (फीलिंग) उत्पन्न करता है। इस प्रकार, वस्तु मनुष्य के सन्दर्भ में सगुण और अर्थवान् हो जाती है। इस गुणवत्ता और अर्थवत्ता को हम उपयोग

और अनुरंजन के द्वन्द्व से पृथक् नहीं कर सकते।

प्रत्यक्ष के बाद बिम्ब मनुष्य की प्रत्यभिज्ञान और प्रतिस्मरण की क्षमता के कारण विश्लेषित-संश्लेषित और सामान्यीकृत होते हैं। इन प्रक्रियाओं से गुज़रकर बिम्ब प्रत्यय में रूपान्तरित हो जाता है। **अतः प्रत्यय बिम्ब के अमूर्तन का परिणाम है।** बिम्बों और प्रत्ययों से निर्मित अन्तर्जगत् वाले मनुष्य के लिए ही यह सम्भव था कि वह सौन्दर्य-बोध का विकास कर सके।

सौन्दर्य-मूल्य जीवन-प्रक्रिया में विकसित हुए हैं। इसलिए जीवन-प्रक्रिया से उनका अविच्छेद्य सम्बन्ध है। जीवन के बगैर न अनुभूति का अस्तित्व सम्भव है और न सौन्दर्य का। **जीवन-प्रक्रिया में बाह्य-जगत् को ग्रहण करने के लिए विकसित की गयी युक्तियों में निहित आत्मगत मूल्य ही सौन्दर्य है।** अतएव सौन्दर्यानुभूति के लिए आत्मगत और वस्तुगत पक्षों की मौजूदगी समान रूप से अनिवार्य है। इसी अर्थ में सौन्दर्य-मूल्य वस्तुगत और आत्मगत के द्वन्द्वात्मक अन्तस्सम्बन्धों का प्रतिफल है। यह द्वन्द्वात्मकता सौन्दर्यानुभूति की प्रक्रिया में निसर्गतः अन्तर्निहित है; इसके लिए आत्म और वस्तु में सामंजस्य या सन्तुलन के आरोपण की ज़रूरत नहीं होती। इस द्वन्द्व के बगैर सौन्दर्य-बोध क्या, कोई भी बोध विकसित नहीं हो सकता।

सौन्दर्य की द्वन्द्वात्मक सत्ता को नज़रन्दाज़ करके हम एकांगिता का शिकार होने से नहीं बच सकते। चूँकि वस्तुओं के गुणों को ग्रहण करने की युक्तियाँ हमारे प्रजातीय विकास की देन हैं, अतः सौन्दर्य को आत्मगत मानकर उसकी स्वायत्तता और वस्तु-निरपेक्षता का तर्क देना अवैज्ञानिक दृष्टि का परिचायक है। और चूँकि वस्तुजगत् की जिस किसी भी अर्थवत्ता से हम परिचालित होते हैं, वह जीवन, बल्कि मानव-जीवन से सन्दर्भित है, इसलिए सौन्दर्य का बाह्य जगत् मे ऐकान्तिक अधिष्ठान मानना यान्त्रिक भौतिकवाद है। ऐसा करते समय हम केवल जीवन की उपेक्षा नहीं करते, वरन् यह भी भुला देते हैं कि वस्तुजगत् की मूल्यवत्ता और अर्थवत्ता मानव जीवन से सन्दर्भित होती है।

सौन्दर्य के अधिष्ठान की इस अन्तर्बाह्य द्वन्द्वात्मकता को रेखांकित करते हुए इवान अस्तखोव ने लिखा है—"**सौन्दर्य हमारे विचार और विचार की वस्तु दोनों में है।** जिसे हम आत्मगत धरातल पर सौन्दर्यात्मक आनन्द के रूप में अनुभव करते है वह हमारी अनुभूतियों और वस्तु के घात-प्रतिघात से निष्पन्न होता है।"[15]

इस द्वन्द्वात्मकता से सौन्दर्य की वस्तुगत सत्ता प्रमाणित होती है। इस वस्तुगत सत्ता को मानव-सन्दर्भ से काटकर नहीं देखा जा सकता। मनुष्य, बहैसियत एक सामाजिक प्राणी, इस समस्त सौन्दर्य-प्रक्रिया का केन्द्र-बिन्दु है। सोवियत चिन्तक जी. वी. प्लेखानोव मनुष्य के भौतिक और आत्मिक विकास का, सौन्दर्य सम्बन्धी अभिव्यक्तियों और अवधारणाओं से उसके सम्पन्न हो सकने की सम्भाव्यताओं

के यथार्थ रूप में परिणत होने की प्रक्रिया का आकलन वस्तुगत परिस्थितियों की निर्णायक भूमिका के परिप्रेक्ष्य में करते हैं। साथ ही वे निर्दिष्ट करते हैं कि "यही स्थितियाँ इस तथ्य को भी स्पष्ट करती हैं कि सामाजिक मनुष्य (अथवा कोई विशेष समाज, जनता या वर्ग) अपनी विशिष्ट सौन्दर्याभिरुचि और अवधारणाओं से क्यों सम्पन्न होते हैं।"[16]

सामाजिकता एक नैंसर्गिक गुण है। मनुष्य के सन्दर्भ में यह और भी सार्थक तथ्य बन गया है। मानवीय सन्दर्भ में सामाजिकता की भूमिका को परिभाषित करते हुए क्रिस्तोफर कॉडवेल ने समाज को व्यक्ति और प्रकृति के बीच एक दुर्दम मानवीय शक्ति के रूप में प्रतिष्ठापित किया है। कॉडवेल समाज को व्यक्ति और प्रकृति के मध्य स्थित एक ऐसा घटक मानते हैं जो व्यक्ति के समक्ष सूर्य, पृथ्वी, वायु आदि सहित समस्त वातावरण के रूप में उपस्थित होता है, तथा प्रकृति के समक्ष एक सक्रिय मानवीय शक्ति के रूप में है।[17]

समाज की इस मानवीय शक्ति ने मनुष्य में सुन्दर रूप और सुन्दर संगीत के प्रति आकर्षण उत्पन्न किया, उसके भाव-बोध को निद्रा, भय, मैथुन आदि की सहज वृत्तियों से ऊपर उठाकर मूल्य-बोध के स्तर तक पहुँचाया। मनुष्य के इस सामाजिक (मनुष्य-मात्र के सन्दर्भ में अद्वितीय) विकास की कुंजी है श्रम–जिसने उसमें निहित भौतिक और आत्मिक विकास की अपार सम्भावनाओं को साकार किया। रूप-रंग-गन्ध की वस्तुओं में, उनके विशिष्ट अन्तःसम्बन्धों और सन्तुलनों में सौन्दर्य की अनुभूति कर सकने की मानवीय क्षमता ने हमें प्राणिजगत् में विशिष्ट धरातल पर प्रतिष्ठित कर दिया है। रंग-बिरंगे पक्षियों का सौन्दर्य-बोध केवल अपने नर-मादा तक सीमित रहता है।[18] किन्तु मनुष्य तो सौन्दर्य की दुनिया में प्रकृति का भी सफल प्रतिद्वन्द्वी बन बैठा है। उसकी इसी क्षमता को पहचानकर डॉ. रामविलास शर्मा ने लिखा है–"सौन्दर्य की वस्तुगत सत्ता स्वयं उन वस्तुओं में है जिनके गुण पहचान कर हम उन्हें सुन्दर-असुन्दर की संज्ञा देते हैं। ...आकार-प्रकार, रूप-रंग और घ्राण-स्पर्श आदि विषयों के अनुपात को हम सुन्दर-असुन्दर की संज्ञा देते हैं।"[19]

यदि हम न हों तो प्रकृति के इस अपार, अनुपम सौन्दर्य का क्या मूल्य रह जायेगा? जो सौन्दर्य मनुष्य की चेतना से स्वतन्त्र है, जिसकी अपनी वस्तुगत सत्ता है, वह मनुष्य के अभाव में कितना सुन्दर या असुन्दर रह जायेगा, यह केवल कल्पना करने की बात है। वस्तुगत सौन्दर्य, मानव-चेतना से स्वतन्त्र जिसका अपना भौतिक अस्तित्व है, मनुष्य द्वारा सन्दर्भित होकर ही मूल्य में परिणत होता है। इसलिए सौन्दर्य की अवधारणा को मूल्य-बोध से निरपेक्ष नहीं माना जा सकता।

मनुष्य के श्रम सम्बन्धी कार्यों और उसकी सौन्दर्य-चेतना में सपाट रिश्ता भले न हो, लेकिन दोनों के बीच कितना गहरा सम्बन्ध है, यह श्रम और मनुष्य की चेतना के विकास की मंजिलों से ही प्रमाणित है। प्रकृति जीवों से कहीं अधिक पुरातन है।

किन्तु मनुष्य के अतिरिक्त किसी जीवी में उसके सौन्दर्य का बोध या उसके प्रति ऐसी ललक नहीं दिखाई पड़ती। स्वयं मनुष्य में, हर युग में सौन्दर्य-चेतना का एक ही स्तर नहीं रहता। आदिम मनुष्य जब अपना और अपने वातावरण यानी प्रकृति का बोध अर्जित कर रहा था, तब प्रकृति के सौन्दर्य के प्रति उसकी दृष्टि निश्चित रूप से या तो अविकसित रही होगी या विकास की शैशवावस्था में रही होगी।[20]

मनुष्य का विकास यूथ या रेवड़ के रूप में न होकर समाज के रूप में हुआ है। इसलिए सामाजिक विकास के युग में अर्जित मूल्य भी हमारी सौन्दर्याभिरुचियों को निर्धारित करते हैं। जैविक विकास के दौरान मुख्यतः हमारी ज्ञानेन्द्रियाँ विकसित होती हैं। ज्ञानेन्द्रियों के विकास के साथ हमारे इन्द्रिय-संवेदन और इन्द्रिय-बोध का विकास होता है। श्रम प्रकृति से मनुष्य के रिश्ते को पूर्णतः बदल देता है। संगठन- बद्ध मनुष्य समाज में रूपान्तरित होता है। समाज उसकी चेतना के विकास के लिए नयी स्थितियाँ सुलभ करता है।

सामाजिक अनुशासन पशु-यूथ और मनुष्य के बीच सबसे बड़ा फर्क पैदा करता है। उसका आत्मगत अनुभूतियों का अन्तःसंसार पशु-पक्षियों की भाँति भय, निद्रा आदि मूल वृत्तियों तक सीमित नहीं होता। इसमें मानवीय भावों का विकास होता है।

सामूहिक जीवन बिताते हुए मनुष्य ने आदिम सामुदायिक अवस्था में जिन मूल्यों और भावों का विकास किया, सामाजिक विकास के साथ उनमें विकास, परिवर्तन और परिष्कार हुआ। ऋग्वेद में उर्वशी-पुरुरवा प्रसंग पर विचार करने से मालूम होता है कि यह मनुष्य के एकनिष्ठ प्रेम की प्रथम अनुभूति की कथा है। सामूहिक विवाह के मूल्यों वाले आदिम समाज में एकनिष्ठ प्रेम की प्रथम अनुभूति सचमुच कैसी रही होगी! सामाजिक निषेधों के कारण एकनिष्ठ प्रेम की सफलता सम्भव न थी। इसलिए उर्वशी प्रथम उषा-सी आती है और स्वयं को वायु की तरह दुर्लभ बताती है।[21]

व्यक्तियों में आसक्ति हर युग में पायी जा सकती है, हालाँकि समय-समय पर उसकी सघनता में अन्तर होता है।[22] किन्तु परिभाषित रूप में प्रेम का भाव मानवीय बोध का सूचक है। मानवीय सन्दर्भों से युक्त होकर ही प्रेम एक नैतिक मूल्य बनता है जिसे सोवियत सौन्दर्य-शास्त्री इवान अस्तखोव के अनुसार, 'समूचे मानवीय विकास' के सन्दर्भ में ही देखना चाहिए।[23]

यह स्पष्ट है कि मानवीय बोध और भावों के विकास के बिना सौन्दर्य-चेतना के अस्तित्व की कल्पना नहीं की जा सकती। प्रकृति से मनुष्य का सम्बन्ध अधिक प्राचीन तथा स्थायी है। किन्तु प्रकृति में सौन्दर्य का दर्शन—यह मानवीय रूपान्तरण के बाद ही सम्भव है। अडोल्को-सैंचेज़ वैज़्क्वेज़ के शब्दों में, "मानवीकृत किये बिना प्रकृति स्वतः सौन्दर्य की परिधि के बाहर होती है।"[24] प्रकृति स्वयं सुन्दर नहीं हो सकती। सौन्दर्य की आवश्यकता मनुष्य को होती है, जैसे प्रेम की आवश्यकता मनुष्य को होती है। मनुष्य की प्रेम आदि भावनाओं में उपयोग और अनुरंजन का

शाश्वत द्वन्द्व अन्तर्निहित है, जैसे सौन्दर्य में इनका द्वन्द्व अन्तर्निहित है। उपयोग और अनुरंजन के अन्तस्सम्बन्ध को अन्योन्याश्रित मानते हुए विल ड्यूराँ उपयोग को अनुरंजन का आधार मानते हैं। वे कहते हैं, "सभी उपयोगी चीज़ें एक समय के बाद रुचिकर हो जाती हैं।"[25]

उपयोग से अनुरंजन तक पहुँचने के बाद, मनुष्य में भावों और सौन्दर्य-बोध के विकास के बाद यह द्वन्द्व उच्चतर धरातलों पर पहुँचता है। सामाजिक विकास की प्रबल धारा में प्रत्ययों के विकास के साथ अमूर्त तर्क विकसित होता है जो हमारे सोचने-समझने की क्षमता को विचारों के सूक्ष्म और अत्यन्त उन्नत धरातल पर प्रतिष्ठापित करता है।

समाज की रचना (सामाजिक संरचना) मनुष्य की चेतना को रूप प्रदान करती है। जिस तरह कबाइली समाज में उर्वशी का प्रेम—आदिम मानव का एकनिष्ठ प्रेम—उसके लिए एक अपरिभाषित अनुभूति मात्र था, उसी तरह दास समाज का अन्तर्विरोध आरम्भ में मनुष्य के सामने अस्पष्ट और अपरिभाषित था। किन्तु इन अन्तर्विरोधों में मूलबद्ध होने के साथ मनुष्यों में जो परस्पर-अन्तर्विरोधी हित उभरने लगे, उनसे मनुष्य की सामाजिक चेतना का अछूता रहना अकल्पनीय है। यह सोचना निराधार है कि दासों और दास-स्वामियों की चेतना एक ही रही होगी। यहीं आधुनिक अर्थ में परिभाषित विचार अस्तित्व में आते हैं।

संक्षेप में, विकास-क्रम की दृष्टि से हमारी चेतना के तीनों तत्त्व, इन्द्रिय-बोध, भाव और विचार क्रमशः अगली कड़ी के रूप में विकसित हुए हैं। इन्द्रिय-बोध का आर्थिक जीवन से सबसे कम सम्बन्ध है और विचारों का सबसे अधिक। इसीलिए आर्थिक परिवर्तन के साथ विचारों के क्षेत्र में सबसे तेजी से परिवर्तन घटित होता है और इन्द्रिय-बोध के धरातल पर सबसे कम—नहीं के बराबर।

आर्थिक परिवर्तन वर्गों की स्थिति में परिवर्तन लाता है। इन्द्रिय-बोध, भाव और विचार के क्षेत्र में यह परिवर्तन वर्ग-हितों की अभिव्यक्ति की मात्रा और स्वरूप पर निर्भर करता है। डॉ. रामविलास शर्मा के शब्दों में—"वर्गों का अपना राजनीतिक दृष्टिकोण होता है, करुणा और शृंगार आदि के क्षेत्र में भी उनके बहुत-कुछ अपने भाव होते हैं, कभी-कभी रूप-रस-गन्ध के क्षेत्र में भी स्वस्थ और अस्वस्थ रस-दृष्टियों का अन्तर देखा जाता है। ... विचारों के क्षेत्र में यह सबसे अधिक होता है; भावों में उससे कम; इन्द्रिय-बोध में—जिसमें चित्र-सौन्दर्य, छन्द-संगीत आदि भी शामिल हैं—यह अन्तर प्रायः नहीं रह जाता।"[26]

कला एक संश्लिष्ट इकाई है। उसका सौन्दर्य इन्द्रिय-बोध, भाव और विचार के सम्यक् परिपाक द्वारा घटित होता है। जहाँ ये अलग-अलग या बेमेल हों, वहाँ कलात्मक सिद्धि नहीं होती। अतः सौन्दर्य-प्रक्रिया कला-सृजन के आन्तरिक

मूल्य से सम्बद्ध है। कला-सृजन का यह आन्तरिक तर्क कला को शुद्ध विचार या विचार-धारा का रूप होने से बचाता है।

वर्गों के आर्थिक-राजनीतिक हित विचारों के स्तर पर सर्वाधिक व्यक्त होते हैं इसलिए उनमें भौतिक परिवर्तन का सबसे अधिक और प्रत्यक्ष प्रभाव पड़ता है। यह प्रभाव विचारों की तुलना में कम और धीमी गति से पड़ता है भावों पर। मनुष्य का इन्द्रिय-बोध सामाजिक-आर्थिक परिवर्तनों से सबसे कम (नहीं के बराबर) प्रभावित होता है।

यह तथ्य एक ओर जहाँ आर्थिक जीवन से साहित्य और कला की सापेक्ष स्वतन्त्रता को रेखांकित करता है वहीं दूसरी ओर सौन्दर्य-चेतना के थिराव (स्थायित्व) और परिवर्तन सम्बन्धी बहस को ठोस आधार और निश्चित स्वरूप प्रदान करता है।

सौन्दर्य-बोध का यह आन्तरिक चरित्र उसके वस्तुगत स्वरूप का निषेध नहीं करता। सौन्दर्य वस्तु और आत्म के द्वन्द्व का परिणाम होने के नाते प्रकृति, मानव-जीवन और मानव मन में है, इसीलिए सौन्दर्य की वस्तुगत सत्ता है। इसलिए शुद्ध, स्वायत्त अथवा निरपेक्ष सौन्दर्य की अवधारणाएँ काल्पनिक और विज्ञान-विरुद्ध प्रतीत होती हैं। सौन्दर्य-मूल्य हमारे जैविक विकास का परिणाम है तो हमारे सामाजिक विकास की देन भी है। जैविक और सामाजिक विकास की प्रक्रियाओं में विरोध नहीं है। सभ्य मनुष्य समान रूप से दोनों की उत्पत्ति है। इसलिए मनुष्य के सौन्दर्य-मूल्यों का सम्बन्ध एक ओर प्रकृति और मनुष्य, समाज और व्यक्ति की द्वन्द्वात्मक प्रक्रियाओं से है और दूसरी ओर उपयोग और अनुरंजन के सतत द्वन्द्व से।

सन्दर्भ-सूची

1. भारतीय सौन्दर्यशास्त्र की भूमिका, पृष्ठ 21
2. प्रस्तुत प्रश्न, पृष्ठ 101
3. क्रिएटिव इंट्यूशन इन आर्ट एण्ड पोएट्री, 126
4. रस मीमांसा, पृष्ठ 24
5. वही, पृष्ठ 60
6. वही, पृष्ठ 24
7. आत्मनेपद, पृष्ठ 169
8. फरदर स्टडीज इन ए डाइंग कल्चर, पृष्ठ 82
9. रस मीमांसा, पृष्ठ 24
10. फरदर स्टडीज, पृष्ठ 79
11. वर्क एण्ड दि ब्रेन, पृष्ठ 16
12. वही, पृष्ठ 15
13. काव्य-बिम्ब (नेशनल पब्लिशिंग हाउस, 19), पृष्ठ 22

14. इमेजिनेशन, (अनु. फॉरेस्ट विलियम्स), भूमिका, पृष्ठ V-VI
15. प्राब्लम्स ऑफ मॉडर्न इस्थेटिक्स, पृष्ठ 173
16. आर्ट एण्ड सोशल लाइफ, पृष्ठ 31
17. फरदर स्टडीज, पृष्ठ 86-87
18. दि डिसेंट ऑफ मैन, पृष्ठ 104
19. लोक ज़ीवन और साहित्य, पृष्ठ 5-6
20. प्राब्लम्स ऑफ माडर्न इस्थेटिक्स, पृष्ठ 176
21. ऋग्वेद 10/95/2
22. दि ग्रोथ ऑफ सोशबिलिटी, पृष्ठ 107
23. प्राब्लम्स ऑफ माडर्न इस्थेटिक्स, पृष्ठ 164
24. आर्ट एण्ड सोसाइटी, पृष्ठ 89
25. दि प्लेज़र्स ऑफ फिलासफी, पृष्ठ 193
26. आस्था और सौन्दर्य, पृष्ठ 16

अध्याय-5

वस्तु और रूप का द्वन्द्व

भारतीय काव्यशास्त्र में काव्यात्मा के निरूपण को लेकर जो सिद्धान्त प्रतिपादित किये गये हैं, वे मूलतः रूप और वस्तु के अन्तस्सम्बन्धों की पड़ताल का ही नतीजा हैं। तत्कालीन रूपवादी नज़रिये से साहित्य के मर्म की व्याख्या का प्रयत्न हुआ रीति-सिद्धान्त, वक्रोक्ति-सिद्धान्त और अलंकार-सिद्धान्त में। साहित्य को मात्र शिल्प न मानकर उसके अधिक अन्तरंग धरातल को पहचानने की चेष्टा हुई रस, ध्वनि और औचित्य सिद्धान्तों में।

इसी प्रकार, पाश्चात्य साहित्य चिन्तन के जनक प्लेटो तथा अरस्तू और लांजाइनस आदि पूर्ववर्ती चिन्तकों ने अपने-अपने दार्शनिक विश्वबोध के अनुरूप इस समस्या पर व्यापक विचार किया है। प्लेटो का अनुकृतिवाद भाववादी विश्व-दर्शन पर आधारित है। उसमे परम-सत्ता को मूल विचार माना गया है और जगत् के समस्त प्रतीयमान रूपों को उसी की अनुकृति। प्लेटो विचार और उसके प्रकट रूप के बीच जिस द्वैत की परिकल्पना करते हैं वह उन्हें एकांगी बनाता है। इसीलिए प्लेटो अन्ततः कला-विरोधी रुप अपनाते प्रतीत होते हैं। इससे भिन्न, लांजाइनस के उदात्त-निरूपण में यह एकांगिता नहीं है। उसमें शैली और उसके अलंकार तथा भावों-विचारों के आपसी सम्बन्धों को सृजनात्मक पक्ष से जोड़कर तर्कसंगत दृष्टि अपनायी गयी है।

अतिवादी आग्रह

कला में रूप और वस्तु के अन्तस्सम्बन्ध का प्रश्न इनकी द्वन्द्वात्मक एकता की ओर ध्यान आकृष्ट करता है। किसी घटना में ये दोनों पक्ष अविच्छेद्य होते हैं। इनमें एक के बिना दूसरे का अस्तित्व नहीं होता। वे मूलतः आवयविक एकता में प्रतिफलित होते हैं। अतः विवाद दोनों की अनिवार्यता पर उतना नहीं जितना दोनों में एक की प्रधानता पर है।

वस्तुवादी दृष्टि से विचार करने वाले चिन्तक रूप-तत्त्व की अपेक्षा वस्तु-तत्त्व को

अधिक गतिशील और महत्त्वपूर्ण पाते हैं।[1] वस्तु-तत्त्व ही प्रतिमूर्तित घटना की प्रकृति को उद्‌घाटित करता है और उसके सारतत्त्व का संयोजन अथवा नियमन करता है। इसके विपरित, आनन्दवादी दृष्टि से विचार करने वाले चिन्तकों के अनुसार सभी कलाओं की अन्तर्वस्तु में बुनियादी अन्तर नहीं होता; अन्तर होता है केवल उनके रूप में। अतः कला का लक्ष्य रूप-रचना के अलावा कुछ नहीं हो सकता। क्लाइव बेल 'शुद्ध सौन्दर्यात्मक' भावनाओं का सम्बन्ध महत्त्वपूर्ण रूप विधान से जोड़ते हुए अन्तर्वस्तु के आधार पर कला के आस्वादन को अविकसित बोध का पर्याय मानते हैं।[2] इमैनुएल कांट यह प्रतिपादित करते हैं कि सौन्दर्यानुभूति के स्वरूप निर्णय का "एकमात्र और मूल आधार है वस्तु का रूप।"[3]

इस रूपवाद का दार्शनिक आधार है यह मान्यता कि कला का लक्ष्य आनन्द प्रदान करना है। इस लक्ष्य की प्राप्ति के लिए कला सार्थक रूप-रचना में न्यस्त होती है। अन्तर्वस्तु आनन्द-प्रक्रिया को बाधित करती है। अर्थात् कथा, सन्देश या किसी भी प्रकार के वस्तु-तत्त्व की उपस्थिति से इस रूप-निर्भर आनन्द की आन्तरिक लय खंडित होती है।

सिद्धान्त रूप में यह प्रतिपत्ति चमत्कारपूर्ण लग सकती है। किन्तु सृजनात्मक धरातल पर अभी तक अभिव्यक्ति का ऐसा तरीका ईजाद नहीं किया जा सका है जिससे रचना में केवल रूप ही रूप हो, वस्तु हो ही नहीं। रूप-तत्त्व की प्राथमिकता सिद्ध करते हुए कलाइव बेल सरीखे रूपवादी भी अन्तर्वस्तु की उपस्थिति अस्वीकार नहीं कर सके हैं, बल्कि विषय-वस्तु के माध्यम से कला के आस्वादन को अविकसित सौन्दर्य-दृष्टि का परिचायक मात्र बताकर रह गये हैं।

प्रश्न यह है कि यदि रचना अन्तर्वस्तु-रहित, 'शुद्ध रूप' नहीं होती तो उसके वस्तु-तत्त्व का निषेध क्यों किया जाता है? और यदि वस्तु-तत्त्व रचना में अनिवार्य रूप से विद्यमान होता है, तो क्या रचना-प्रक्रिया में उसकी कोई गतिशील भूमिका नहीं होती?

दरअसल, रूपवादी विचारक कला में वस्तु-तत्त्व की उपेक्षा करके उसे सामाजिक अभिप्राय से वंचित कर देना चाहते हैं। लेकिन सच्चाई यह है कि जिस तरह अर्थ को शब्दों से अलग नहीं किया जा सकता उसी तरह वस्तु को रूप से अलग नहीं किया जा सकता क्योंकि दोनों का अन्तस्सम्बन्ध अविच्छेद्‌य और द्वन्द्वात्मक है—'गिरा अर्थ जल वीचि सम कहियत भिन्न न भिन्न।'

रूडोल्फ आर्नहाइम ने रंगो की दृश्य-सामग्री और रंगच्छायाओं का अध्ययन करते हुए दो महत्त्वपूर्ण तथ्यों की ओर ध्यान आकृष्ट किया है। रंगो से दृष्टि के मस्तिष्क केन्द्र में उत्तेजना पैदा होती है। लाल रंग के अनेक प्रयोग और उसकी रंगच्छायएँ हमारे मष्तिष्क में गति या रूप के बिम्ब उपस्थित कर सकती हैं। किन्तु ये भौतिक

अथवा जैविक प्रभाव प्राथमिक नहीं हैं। प्राथमिक हैं रंगों के साहचर्य से उद्बुद्ध बौद्धिक प्रतिक्रियाएँ। हम व्यवहार से जानते हैं कि आग जलाती या नष्ट करती है। यह हमें हिंसा का स्मरण करा सकती है। यदि हम लाल रंग को खून से जोड़कर देखते हैं तो हिंसा का तत्त्व उजागर हो सकता है।[4] संक्षेप में, अपनी जातीय, सांस्कृतिक परम्पराओं से जुड़ी मान्यताएँ लाल रंग के प्रति भिन्न-भिन्न भाव उत्पन्न कर सकती हैं। यदि रंग या रंगच्छायाएँ कोई प्रभाव उत्पन्न करने में पूर्णतः असमर्थ रहती हैं तो उसे कृति की कलात्मक असफलता माना जायगा।

'शुद्ध रूप' की झंकृतियों से पृथक् ये भावनाएँ, विचार या प्रतिक्रियाएँ ही रंगों की विशिष्ट अन्तर्वस्तु होती हैं, जिन्हें उनके निश्चित संयोग द्वारा कलाकार सम्प्रेषित करता है। ये भावनाएँ, विचार अथवा प्रतिक्रियाएँ कितनी ही वैयक्तिक और आत्मनिष्ठ क्यों न हों, उसकी निश्चित सामाजिक प्रकृति होती है।

जिस तरह प्रत्येक रूप-विधान में निश्चित अन्तर्वस्तु निहित रहती है—चाहे वह कितनी ही गौण, परोक्ष या अस्पष्ट हो, उसी तरह प्रत्येक अन्तर्वस्तु विशिष्ट रूप में ही व्यक्त होती है, भले ही कलाकृति में यह रूप-विधान कितना ही भोंडा, असुन्दर या उपेक्षणीय क्यों न हो। कलात्मक अन्तर्वस्तु का अभिप्राय विचार, विषय-वस्तु और संश्लेषण-विश्लेषण की परस्पर-अनुस्यूत-आवयविक समष्टि से है और रूप का इस अन्तर्वस्तु की बाह्याभिव्यक्ति से। हर्बर्ट रीड के शब्दों में, ''किसी कलाकृति का रूप उसके आकार, उसके अवयवों की व्यवस्था, उसके प्रतीयमान पहलू के अलावा और कुछ नहीं है।''[5]

रूप और वस्तु में द्वैत भी निहित रहता है और विरोध भी। इसी कारण रूप और वस्तु के सम्बन्ध में अतिवादी आग्रहों की गुजांइश पैदा होती है। किन्तु दोनों का द्वैत या विरोध परस्पर-बहिष्कारी न होकर अनिवार्य द्वन्द्वात्मकता से आबद्ध होता है : ''रूप और वस्तु में किसी वस्तु का विभाजन उसकी अविच्छेद्य एकता की सीमा रेखा के भीतर ही अस्तित्ववान होता है, और उनकी एकता का अस्तित्व भी उनके आन्तरिक विभाजन के रूप में होता है।''[6]

रूप और वस्तु के बीच अन्तर्विरोध और एकता की यह स्थिति अत्यन्त जटिल है। चिन्तन वस्तुगत यथार्थ के प्रतिबिम्बन का आदर्श 'रूप' है। साथ ही, बोधात्मक प्रक्रियाओं की अन्तर्वस्तु की रचना भी उसी से होती है। रूप और वस्तु के इस अविभाज्य सम्बन्ध को न समझने पर, इनमें से किसी एक को बाह्य या विजातीय मानने पर हम कलात्मक सौन्दर्य के प्रति भ्रान्तियों के शिकार होते हैं।

वस्तुतः रूप अन्तर्बाह्य की एकता का पर्याय है। रूप-विधान कला का आन्तरिक तत्त्व है क्योंकि वह अन्तर्वस्तु के तत्त्वों के अन्तस्सम्बन्ध का माध्यम है। रूप ही अन्तर्वस्तु की मूल संरचना है। इस अर्थ में वह अन्तर्वस्तु का ही एक तत्त्व है। किन्तु

जब रूप कलात्मक अन्तर्वस्तु से अन्य प्रक्रियाओं की अन्तर्वस्तु के अन्तस्सम्बन्ध का माध्यम बनता है तब वह बाह्य होता है। इस प्रकार हम पाते हैं कि किसी कलाकृति का प्राथमिक आन्तरिक रूप है उसका कथ्य। कथ्य ही कलात्मक बिम्बों और विचारों के अन्तस्सम्बन्ध का बुनियादी माध्यम है जिससे कलाकृति की अन्तर्वस्तु निर्मित होती है। बाह्य रूप कृति का इन्द्रियग्राह्य-अनुभूतियुक्त प्रकटीकरण है, उसका बाह्य प्रस्तुतीकरण है।

निर्णायक स्थिति

इस सन्दर्भ में साहित्याचार्य पं. सीताराम चतुर्वेदी की यह मान्यता अत्यन्त समीचीन प्रतीत होती है कि यद्यपि 'व्यक्त' रूप का गुण है, तथापि शुद्ध रूप व्यक्त नहीं हो सकता। रूप 'वस्तु का भाव-मात्र' है; उसका "बाह्ययीकरण उस वस्तु के बनाने से सम्भव हो सकता है", अन्यथा नहीं। संक्षेप में, ''यद्यपि किसी भी कृति में रूपात्मक तत्त्व रहते हैं फिर भी किसी पूर्ण कृति में रूपात्मक तत्त्व उस सामग्री के अंशमात्र हैं जो वह प्रदान करना चाहता है या व्यक्त करना चाहता है।''[7]

रूप और वस्तु के इस अन्तस्सम्बन्ध में वस्तु की अपेक्षाकृत अधिक मौलिक भूमिका की पुष्टि मेल्विन रेडर और बर्टरम जेसप की मान्यताओं द्वारा भी होती है। रूपवादी अभिव्यंजनावाद के विपरीत वे 'अभिव्यंजना' के दुहरे अर्थ का उल्लेख करते हुए कहते हैं कि इसमें दोनों बातें ध्वनित होती हैं–अभिव्यक्ति की प्रक्रिया और अन्तर्वस्तु।[8] वे अन्तर्वस्तु के लिए 'अभिव्यंजकता' के प्रयोग को अधिक उपयुक्त बताते हैं। आगे 'अभिव्यंजकता की आवयविक एकता' सिद्ध करके वे सृजनात्मक प्रक्रिया में अन्तर्वस्तु की प्राथमिकता प्रमाणित करते हैं। 'आवयविक एकता' की व्याख्या करते हुए वे कहते हैं कि ''कलाकृति अपनी उपयुक्तता, अर्थव्यवस्था और आन्तरिक संगति में जीवित प्राणी के सदृश है।''[9] कलाकृति उपयुक्तता, अर्थव्यवस्था और आन्तरिक संगति से निर्मित आवयविक एकता की आत्मा है। अपनी तर्कपूर्ण विचार-पद्धति से वे इस निष्कर्ष पर पहुँचे हैं कि ''अभिव्यंजकता की प्राथमिकता'' की बात करना सर्वथा उपयुक्त है।[10] अभिव्यंजकता अन्तर्वस्तु का पर्याय है इसलिए उसकी प्राथमिकता का तात्पर्य अन्तर्वस्तु की प्राथमिकता से ही है।

ऐतिहासिक दृष्टिकोण से विचार करने पर कला में अन्तर्वस्तु की अपेक्षाकृत अधिक गतिशील भूमिका की और अधिक पुष्टि होती है। मनुष्य के ऐतिहासिक विकास की भिन्न-भिन्न अवस्थाओं में कला के रूप आविर्भूत हुए हैं या उनमें से किसी रूप का विशेष चलन रहा है। दूसरी ओर, विभिन्न ऐतिहासिक चरणों में एक ही कलात्मक विधा के रूपों में आश्चर्यजनक भिन्नताएँ आयी हैं।

आदिम कला में शुद्ध रूप के दर्शन करके क्लाइव बेल उसकी घोरातिघोर प्रशंसा

करते हैं। किन्तु वे इस सवाल का कोई तर्कसंगत जवाब क्यों नहीं देते कि आगे चलकर कला अपने शुद्ध रूप की रक्षा कयों नहीं कर सकी?

यह एक ज्वलन्त प्रश्न है कि आदिम कलाओं में कहाँ तक 'शुद्ध रूप' की सत्ता होती थी? अभी तक मुख्यतः यही मान्यता स्वीकृत रही है कि अपनी जीवन-स्थितियों को प्रत्यक्षतः प्रभावित करने वाली वस्तुओं, घटनाओं अथवा प्रक्रियाओं को ही आदिमानव अपनी कला में चित्रित करता था। साथ ही अन्धविश्वास से कला तक एक आन्तरिक अविछिन्नता विद्यमान होती थी। जिस तरह उस युग का अन्ध-विश्वास पदार्थ जगत् के साथ मनुष्य के द्वन्द्वात्मक टकराव की परिणति है, उसी तरह कला भी पदार्थ जगत् के साथ उसके टकराव से उद्‌भूत होती है। उसके कलात्मक कृतित्व में वस्तुजगत् के रूप ग्रहण की प्रक्रिया उसी आभ्यन्तर युक्ति से शासित होती है जिससे उसके आभ्यन्तर जगत् की अन्धविश्वास पर आधारित वैचारिक प्रक्रिया। अतः यह सहज अनुमेय है कि विराट प्राकृतिक शक्तियों के मुकाबले अपनी विराटतम सीमाओं में घिरा आदिमानव गुफाओं में अपनी असमर्थता के भाव अंकित करता था अथवा यथार्थ का निषेध करने वाली अन्तर्वस्तु से रहित सार्थक रूप की सृष्टि? यदि अन्धविश्वास युग की चेतना का प्रमाण प्रस्तुत करने वाली आदिम कलाकृतियाँ शुद्ध और सार्थक रूप का श्रेष्ठ उदाहरण हैं तो यह मानना होगा कि ऐसा शुद्ध रूप (और रूपवाद) बाह्यजगत् के समक्ष अपनी असमर्थता के बोध से पैदा होता है।

अपनी इन्हीं सीमाओं के कारण रूपवाद के पास इस प्रश्न का कोई उत्तर नहीं है कि कलारूपों में परिवर्तन क्यों आते हैं? विभिन्न ऐतिहासिक व्यवस्थाओं में कला के विकास की गति समान क्यों नहीं होती?

इस बात से शायद ही किसी को इनकार हो कि कलाकार नवीनता के प्रति आकृष्ट होता है। इन सबके सम्मिलित प्रभाव से उत्पन्न नये ऐतिहासिक दबावों को सबसे पहले कलाकार ही सूँघता है। कला में रूप-विधान की प्राथमिकता मानी गयी है। सुन्दर रूप-विधान के बिना कलात्मक प्रभाव क्षीण रहता है। सौन्दर्य-मूल्यों की दृष्टि से भी वह कला हीन कोटि की होती है। इस रूप-विधान के बारे में हर्बर्ट रीड यहाँ तक कहते हैं कि—"शब्द-संगीत, बिम्ब और रूपक तो कविता के रक्त प्रवाह हैं जिनके बिना कविता क्षण भर भी नहीं जी सकती।"[11] और कला की इस जीवनी-शक्ति—रूप-विधान—में परिवर्तन हुआ करते हैं।

श्री सुमित्रानन्दन पन्त सौन्दर्योपासक कवि माने जाते हैं। साहित्य में रूप-परिवर्तन के प्रश्न को सामाजिक अन्तर्वस्तु के परिवर्तन पर निर्भर बताते हुए उन्होंने

सौन्दर्य-सम्बन्धी प्रगतिशील अवधारणा प्रस्तावित की है। उनके अनुसार कला 'अरूप मान्यताओं' और 'कोरे कला-इंगित' के अतिवादों से पृथक् अन्तर्वस्तु और रूप-तत्त्व के अनिवार्य 'तादात्म्य' में प्रतिफलित होती है। इसलिए रूप-विधान में आने वाले परिवर्तन "भाव-बोध, रस-बोध, अर्थ-संकेत एवं मान्यताओं में" आने वाले परिवर्तन के द्योतक होते हैं।[12]

भाव-बोध, रस-बोध, अर्थ-संकेत और मान्यताओं में परिवर्तन समाज-स्थितियों और सामाजिक संरचनाओं के दबाव से घटित होता है। सामाजिक और साहित्यिक मान्यताओं का यह अन्तस्सम्बन्ध प्रत्येक युग की सामान्य विचारधारा (अन्धविश्वास, धर्म या विज्ञान) की सीमा के भीतर गतिशील द्वन्द्व के रूप में मौजूद होता है और यही मनुष्य की सृजनात्मक क्रियाओं को दिशा देता है।

यही कारण है कि पन्त जी साहित्य-रूपों, साहित्यिक मान्यताओं और सामाजिक स्थितियों के त्रिकोणात्मक घात-प्रतिघात के ज़रिये ही कलात्मक विकास अथवा परिवर्तन की व्याख्या करते हैं। साहित्य मानव समाज के ऐतिहासिक, सामाजिक और मानसिक आन्दोलनों से सम्बद्ध है इसलिए उसका विकास भी उसी पर निर्भर है। रस-बोध, भाव-बोध, मान्यताओं आदि में परिवर्तन रूप-विधान में परिवर्तन का द्योतक और नियामक दोनों है :

"अन्तर्मन अथवा चेतना का नवीन स्फुरण अथवा विकास कला एवं अभिव्यक्ति के रूप को भी अपने आप बदल देता है। साहित्य के रूप तथा उसकी आत्मा का सदैव से ऐसा ही पूरक सम्बन्ध रहा है।"[13]

यदि सामाजिक स्थितियों से कला और उसके रूप-विधान का ऐसा जटिल सम्बन्ध न रहा होता तो कला-रूपों में भिन्नता और विकास या परिवर्तन का कोई प्रश्न ही पैदा न होता। ऐसा भी न होता कि किसी युग में कला का विकास मन्द गति से हो और कुछ साहित्य-रूप चरमोत्कर्ष प्राप्त कर लें तथा दूसरे युगों में यह परिवर्तन आश्चर्यजनक ढंग से त्वरित हो जाय और अनेक नये साहित्य-रूप आविर्भूत एवं विकसित हो जाएँ।

उदाहरणार्थ, पूँजीवाद से पहले और पूँजीवाद के आविर्भाव के बाद साहित्यिक विकास की गतियाँ भिन्न रही हैं। पूँजीवाद-पूर्व युग में साहित्य-रूपों में उतना त्वरित परिवर्तन नहीं होता था। इसलिए किसी साहित्य-रूप के परिमार्जिस होकर कला के विकास के उच्चतम शिखर पर पहुँच सकने की सम्भावना बहुत अधिक होती थी। इसका सर्वप्रमुख कारण था सामाजिक परिवर्तन की मन्द गति। समाज और कला के विकास की इस मन्द गति के कारण उपमानों, प्रतीकों और यहाँ तक कि विधाओं में भी रूढ़ियाँ अधिक बनती थीं। यह सही है कि सामाजिक संवेदना धनीभूत होकर अभिव्यक्ति के नये रूपों की तलाश करती रही है। इसका कारण है समाज और

उसकी आन्तरिक रचना का गतिशील द्वन्द्व पर आधारित होना। किन्तु सामाजिक और साहित्यिक रूप-विधान के परिवर्तन में जितनी त्वरा आज—औद्योगिक क्रान्ति और तज्जन्य सामाजिक और बौद्धिक स्थितियों (पूँजीवादी समाज और वैज्ञानिक-वैचारिक संरचना) के उदय के बाद—देखने में आ रही है, उतनी पहले न थी। वर्तमान युग ने नयी संवेदनाओं के अनुरूप अन्तर्वस्तु और रूप के धरातलों पर अनेक नयी उपलब्धियाँ हासिल की हैं। छन्दों, प्रतीकों, बिम्बों आदि के प्रति परिवर्तित बोध, उपन्यास की नयी विधा अथवा कहानी में शिल्पगत विकास अथवा स्वतन्त्र विधा के रूप में व्यंग्य का आविर्भाव और उसकी प्रतिष्ठा तथा संस्मरण रेखाचित्र, डायरी, रिपोर्ताज जैसे अनेक नये रूपों का उदय इस बात को प्रमाणित करते हैं।

कला या कलारूपों का यह विकास वस्तु और रूप के अलगाव, उनमें से किसी एक के कृत्रिम स्वीकार या अस्वीकार अथवा वस्तु पर कल्पित और कृत्रिम रूप के आरोप द्वारा नहीं होता। कलात्मक अन्तर्वस्तु सामाजिक-ऐतिहासिक दबाव और कलाकार की वर्गस्थिति के द्वन्द्व का परिणाम होती है और वह अपने इष्ट रूप की तलाश करती है। इसलिए रूप-विवेचन के सन्दर्भ में अन्तर्वस्तु के विवेचन का महत्त्व अक्षुण्ण है।

यथार्थाधारित कलादर्शन में कला को इसी वस्तुगत परिप्रेक्ष्य में देखा जाता है। उसमें कलात्मक रूप को कलात्मक अन्तर्वस्तु, अर्थात् वस्तुगत यथार्थ के प्रतिबिम्बन का अनिवार्य माध्यम माना जाता है। कलाकार जीवन की प्रकियाओं या घटनाओं को कला में अंकित करता है। ये जीवन-प्रक्रियाएँ कलाकार के इन्द्रिय-बोध, भाव-जगत् और विचारों से निर्मित अन्तर्जगत् के प्रिज़्म से छनकर कला में मूर्तिमान होती हैं। इस प्रक्रिया को नज़रन्दाज़ न करने के नाते यथार्थवादी कलादर्शन एक ओर जहाँ अतिवादी भटकावों से बचता हुआ तर्कसंगत निष्कर्षों तक पहुँच जाता है[14] वहीं दूसरी ओर वह रूप और वस्तु के अन्तस्सम्बन्ध के प्रश्न को कलाकार की सजग, संवेदनशील रचना-प्रक्रिया के जीवन्त पक्ष से जोड़कर देखता है।

रचना-प्रक्रिया के आन्तरिक रहस्य और उसमें अनुभूति के रूप ग्रहण की प्रक्रिया को सूत्रित करते हुए केदारनाथ अग्रवाल ने लिखा है—"अपने इन्द्रिय-बोध से मैंने बहिर्जगत् का ज्ञान प्राप्त किया। मेरा इन्द्रिय-बोध मेरे हृदय और मस्तिष्क में पहुँचा। वहाँ उद्वेल हुआ। अनुभूत जीवन से बने व्यक्तित्व से, उस उद्वेल से, मेरे इन्द्रिय-बोध का सम्पर्क हुआ और वह उससे समन्वित हुआ। उस सम्पर्क और समन्वय के समय मेरा इन्द्रिय-बोध एक दिशा पाने लगा। आकार और प्रकार में परिवर्तित होकर वह अस्पष्ट से स्पष्ट और अमूर्त से मूर्त की ओर प्रयाण करने लगा। बाहर से आया हुआ ज्ञान भीतर के ज्ञान से गुम्फित होने लगा। वहाँ स्थित शब्द-संकेत उसे मिले। वह उनसे जुड़ गया। जुड़कर अर्थवन्त हो गया। छन्द

में शिल्पित होकर वही बाहर निकल आया। वही कविता हुआ।"[15]

संक्षेप में, अनुभव-क्षण से अभिव्यक्ति-क्षण तक की समूची अन्तर्यात्र में कविता उत्तरोत्तर विकसित होती है, उसकी रूपाकृति अधिक स्पष्ट और मूर्त रूप ग्रहण करती है। बिम्ब, भाषा, छन्द, प्रतीक आदि के माध्यम से व्यक्त कविता में उसका मूल संवदेनात्मक उद्देश्य उसी तरह निहित होता है जैसे फूल में रंग और गन्ध। जैसे रंग और गन्ध के बिना कोई आकृति फूल नहीं होती, वैसे ही अपने अभिप्राय और अर्थ के बिना प्रतीक, बिम्ब, भाषा आदि कविता नहीं होते। अमृत राय के शब्दों में, "विचार के भीतर ही उसका सार्थक प्रतीक भी होता है, प्रतीक की हत्या कर दो, विचार की भी हत्या हो जायगी।"[16] यहाँ प्रतीक को बिम्ब या अभिव्यक्त रूप समझना चाहिए।

कलाकृति की आन्तरिक अन्विति का प्रमुख माध्यम है कथ्य या अन्तर्वस्तु। जहाँ कलाकार अथवा भावक की व्यक्तिगत सीमाएँ बाधक न बनें वहाँ कलात्मक रूप आन्तरिक विन्यास की एकता के कारण संश्लिष्ट प्रभाव उत्पन्न करने में समर्थ होता है। किन्तु जहाँ अन्तर्वस्तु रहित शुद्ध-रूप की परिकल्पना है वहाँ कविता की आन्तरिक संगति, उसके रूप का अन्तर्विरोध-रहित विन्यास कैसे सम्भव है? उदाहरण के लिए, जहाँ प्रतीक किसी 'अन्तर्वस्तु' की अभिव्यक्ति के लिए नहीं होते वहाँ उनके प्रभाव में एकरूपता कैसे आती होगी? कारण यह कि कलात्मक वस्तु ही प्रतीकों को सन्दर्भवान बनाती है। अन्तर्वस्तु-रहित होने पर (अगर ऐसा सम्भव है तो) सन्दर्भ-मुक्त प्रतीक स्वयंसाध्यता का चाहे जितना गौरव ढोएँ, उनमें आन्तरिक अर्थ की कोई मर्यादा न रह जाएगी। संभवतः इसीलिए कवित विशुद्ध संगीतात्यकता और 'मुक्त' साहचर्य तक जा पहुँची!

अंतर्बाह्य सन्दर्भ

साहित्य को इस अमर्यादा और अराजकता से बचाने के लिए डी. ऑग्डेन और रिचर्ड्स 'प्रतीक-सन्दर्भ' पर आत्यन्तिक बल देते हैं।[17] यह सन्दर्भवत्ता किसी कृति में प्रतीकों को मानवीय भावों का वाहक बनाती है और इसी से कलात्मक प्रतीक सुनिश्चित भावात्मक अन्तर्वस्तु धारण करते हैं।

प्रतीतों का विश्लेषण करते हुए युंग ने उन्हें सजग चिन्तन का परिणाम न मान कर अन्तर्ज्ञान (Intuition) पर आधारित और स्वप्न में आविर्भूत होने वाला बताया है। उनके अनुसार प्रतीकों का सम्बन्ध (1) चेतन से नहीं, (2) व्यक्तिगत अचेतन और (3) सामूहिक अचेतन से है।[18]

प्रतीकों का सम्बन्ध अचेतन से है या चेतन से, यह विवाद का विषय है किन्तु इतना स्पष्ट है कि बिम्बों के प्रतीक रूप में परिणत होने के पीछे मनुष्य की समग्र

चेतना सक्रिय होती है और उसमें व्यक्तिगत और सामूहिक चेतना का अलगाव करना भी सरल नहीं होता। सच पूछा जाए तो प्रतीकों को अलग श्रेणी मानना अधिक उपयुक्त नहीं है। कारण यह कि बिम्ब ही वह मौलिक आधार वस्तु है जो भिन्न-भिन्न स्थितियों में भिन्न-भिन्न भूमिकाएँ अदा करती है। बिम्बों से ही मिथकों और प्रतीकों की सृष्टि होती है।

बिम्ब को परिभाषित करते हुए डॉ. कुमार विमल ने लिखा है कि उनसे "मूर्त को भावरूप और भाव को मूर्तरूप" प्रदान किया जाता है।[19] क्या प्रतीकों की भी यही व्याख्या नहीं की जा सकती? प्रतीकों में प्रत्ययात्मकता भी होती है। प्रत्ययों के निर्माण में भी बिम्बों की केन्द्रीय भूमिका होती है। अमूर्त प्रत्ययों का निर्माण बिम्बों के साधर्म्य और सामान्यीकरण के आधार पर होता है। इसलिए बिम्ब और प्रत्यय कलात्मक रूप के आधारभूत घटक कहे जा सकते हैं। प्रतीक और मिथक भी मूलतः बिम्ब हैं। बिम्बों, प्रतीकों और मिथकों में मात्रा-भेद अवश्य है, गुण-भेद नहीं, जैसा कि बिम्बों, प्रतीकों, मिथकों का प्रत्ययों के साथ है।

आधुनिक कला बिम्बों और प्रत्ययों के अत्यन्त सजग उपयोग के साथ-साथ अभिव्यक्ति के स्तर पर अपनी स्पष्टता और सादगी को सुरक्षित रखे हुए है। यूरी बाराबाश कलात्मक सादगी को, अभिव्यक्ति की स्पष्टता को सपाटपन से भिन्न अर्थ में सूत्रित करते हुए उसे "मनुष्य द्वारा यथार्थ के कलात्मक आत्मीकरण का अत्यन्त महत्त्वपूर्ण पहलू" बताते हैं।[20] अभिव्यक्ति की स्पष्टता दुरूहता से भिन्न है। दुरूहता कलात्मक सादगी का विलोम तब तक नहीं है जब तक वह अस्पष्टता या उलझाव का रूप धारण न करे।[21] जटिल विन्यास को कलात्मक सादगी का विलोम मान लेना कलाकार के साथ अन्याय है।[22] दूसरे शब्दों में, सादगी और स्पष्टता एक नहीं हैं, जटिलता और दुरूहता भी एक नहीं हैं। सादगी कला का गुण है, सपाटता दोष। उसी तरह जटिलता यथार्थ की अन्तस्सम्बद्ध प्रक्रिया का बोध है, दुरूहता उस अन्तस्सम्बद्धता को ग्रहण न कर पाने का परिणाम। कला में सादगी और जटिलता एक साथ हो सकते हैं, सपाटता और दुरूहता भी एक साथ हो सकती है।

कला की संरचनात्मक जटिलता किस स्थिति में उलझावपूर्ण नहीं होती? जब कलाकार के जटिल साहचर्य अर्थात् उसके बिम्ब, प्रत्यय आदि वस्तुगत यथार्थ तथा इस यथार्थ के प्रति कलाकार के आत्मगत दृष्टिकोण की जटिलता को व्यक्त करते हैं। दूसरे शब्दों में, जब कलात्मक अन्तर्वस्तु सघन भावात्मक प्रभाव से सम्पृक्त होती है। इसी बिन्दु पर, कलाकार से भावक तक एक अविछिन्नता की स्थिति होती है तथा कलात्मक बिम्ब, प्रत्यय और पूरी संरचना निश्चित अनुभूतिगत अर्थ से सन्दर्भित होती है।

कलाकार का दृष्टिकोण और संवेद्य यथार्थ जितना तटस्थ और निर्वैयक्तिक

अर्थात् वस्तुगत और रागद्वेष-निरपेक्ष होगा, कला उतनी अधिक सशक्त और उलझाव हीन होगी। यह कलात्मक सम्प्रेषण की प्रथम शर्त भी है। प्रतीकों के सम्बन्ध में जिस अनुभव-सन्दर्भ की बात कही गयी है, वह कला के रूप को वस्तुगत प्रक्रिया से जोड़कर सम्प्रेषणीय बनाता है। इस तथ्य को अनुभव करने के नाते युंग ने आदि-बिम्बों की भूमिका का उल्लेख इन शब्दों में किया—"जो व्यक्ति आदि-बिम्बों में बोलता है वह हजार जीभों से बोलता है।"[23]

आदि-बिम्ब जातीय अनुभव से निर्मित होते हैं। कलाकार अपने अनुभव-सन्दर्भ में उनका उपयोग ज़रूर करता है लेकिन यह वैयक्तिकता आदि-बिम्बों की उस सांस्कृतिक अन्तर्वस्तु में ढल जाती है, जो उन्हें जातीय सा सामाजिक प्रक्रिया से जोड़ता है। आदि-बिम्बों की यह निर्वैयक्तिकता ही उनमें सांस्कृतिक वासनाओं को उद्दप्ति करने की क्षमता उत्पन्न करती है। यहाँ यह उल्लेख करना अप्रासंगिक न होगा कि सांस्कृतिक सन्दर्भों से युक्त होने के नाते ही आदि-बिम्बों में वह सामर्थ्य पैदा होता है जो उन्हें व्यक्तिनिष्ठता के धरातल से उठाकर सघन भावात्मक अन्तर्वस्तु से जोड़ता है।

यदि इस प्रसंग से भावात्मक अन्तर्वस्तु की बात घटा दी जाए तो कविता की संरचना की व्याख्या नहीं की जा सकती। संक्षिप्त कविता या गीत और लम्बी कविता या प्रबन्धात्मक रचना के अन्तर का अध्ययन करते हुए हर्बर्ट रीड कहते हैं कि "छोटी कविता या गीत एक अथवा सरल भावात्मक क्षण, हस्तक्षेप रहित मनःस्थिति या प्रेरणा को सीधे-सीधे व्यक्त करती है; और लम्बी कविता में अनेक भावात्मक मनःस्थितियाँ समन्वित रहती हैं। यह बहुत सम्भव है कि कोई एक विचार प्रधान हो जो किसी कविता की भावात्मक एकता का कारण हो।"[24]

'काव्य' और 'कविता' के अन्तर को मैक्फार्लैण्ड शिल्प की समस्या के रूप में ग्रहण करते हैं। जहाँ कविता के 'शिल्प' द्वारा काव्य की रक्षा नहीं की जाती वहाँ वे गद्य के दर्शन करते हैं।[25] यह सही है कि वे रूपवाद के आत्यन्तिक आग्रह को अस्वीकार करते हैं इसलिए रूप को ही सार्थकता मानने वाली क्लीन्थ ब्रुक्स आदि की धारणाओं का खंडन करते हैं। किन्तु कविता और काव्य के बीच अन्तर को वे शिल्प की आधारभूमि से देखते हैं इसलिए रूप और वस्तु की द्वन्द्वात्मक अन्विति को नहीं समझ पाते। वे इस धारणा से ग्रस्त होते हैं कि रूप और वस्तु में सतत पार्थक्य होता है : ''रूप के अन्तर्गत वस्तु का अर्थ है कविता के भीतर काव्य।''[26]

किन्तु अपने इस अध्ययन क्रम में मैक्फार्लैण्ड स्वयं को रूपवादी चिन्तन से अलग भी करते हैं। वे कविता के रूपगत प्रयोगों की अपेक्षा सार्थक रूप को अधिक उपादेय मानते हैं। सैमुएल लेविन की मान्यता यह है कि कविता में भाषागत तत्त्व ही 'यूनिटी', 'नावल्टी', 'कम्प्रेशन' (एकता, नवीनता, सघनता) आदि गुण

उत्पन्न करते हैं और उन्हीं से काव्यात्मक रूप निर्मित होता है। रिद्म (लय), छन्द आदि को भाषागत तत्त्वों की ही सीमा में बाँधते हुए लेविन प्रतिपादित करते हैं कि इन्हीं के कारण काव्य में रूप की आधारभूत अनिवार्यता सिद्ध होती है। रूप की इस अनिवार्यता का दूसरा प्रमाण यह है कि काव्य में अन्तर्वस्तु केवल सतही चीज़ बन जाता है और जो अवशिष्ट रहता है वह है रूप।[27] मैक्फार्लैण्ड इस मान्यता का खण्डन करते हैं। उनके अनुसार, भाषागत जोड़-तोड़ से कविता भले किसी तरह बन जाय, काव्य नहीं बन सकता।[28] इस बिन्दु पर वे स्वयं को तकनीकवाद—भाषावाद, रूपवाद, संरचनावाद आदि—के आग्रहों से मुक्त करते हैं।

इससे यह सिद्ध नहीं होता कि कला में श्रेष्ठ तकनीक फालतू चीज़ है। इससे केवल यह सिद्ध होता है कि तकनीक स्वयं साध्य नहीं हो सकती; वह कलात्मक अन्तर्वस्तु की अभिव्यक्ति के एक समर्थ माध्यम के रूप में ही सार्थक होती है। सम्भवतः यही कारण था कि अपने रचनात्मक सामर्थ्य से परिचित होने पर अलेक्जेंडर ब्लाक ने अनुभव किया कि कुशल शिल्पकारी कहीं उनकी कविता की मृत्यु का कारण न बन जाय।[29]

मध्ययुग की भारतीय कविता पर एक दृष्टि डालने से अलेक्जेंडर ब्लाक की इस आशंका की सार्थकता प्रमाणित हो सकती है। भक्तिकाव्य और रीतिकाव्य में बुनियादी अन्तर यही है कि भक्तिकाव्य में मनुष्य के रागात्मक पक्ष को प्रमुखता मिली है और रीतिकाव्य में शिल्पगत तकनीक को। फलस्वरूप भक्तिकाव्य सामाजिक भावभूमि पर अधिष्ठित हुआ है और रीतिकाव्य शिल्पगत चमत्कार की ओर प्रवृत्त हुआ है। सामाजिक भावभूमि और तकनीकी-कौशल का यह अन्तर कविता की अन्तर्वस्तु और शिल्प के विकास दोनों को प्रभावित करता है। यह संयोग की बात नहीं कि भक्तिकाव्य के शिल्प में विविधता और जीवन्तता के दर्शन होते हैं, प्रबंधात्मक और गीतात्मक रूपों का व्यापक प्रयोग मिलता है और रीतिकाव्य में शिल्प का विकास बाधित होता है, दोहा, कवित्त, सवैया आदि लघु छन्द और मुक्तक रूप ही काव्य का मुख्य माध्यम बन गये हैं।

कला के अन्तर्गत रूपगत प्रयोगों में एक तरफ अन्तर्वस्तु तथा दूसरी तरफ कलाकार का वर्गीय-सामाजिक जीवन दोनों तत्त्व क्रियाशील होते हैं। भक्तिकाव्य में तत्कालीन विरोधात्मक समाज के अतिक्रमण का प्रयत्न है। इससे भक्त कवियों की मानवीय भावना प्रमाणित होती है। उनकी यह भावना ही उनके विद्रोह का कारण और उनकी कविता की शक्ति है। अगर उदाहरण के लिए राधाकृष्ण के चरित्र को लें तो पायेंगे कि चाहे सूर की प्रबन्धात्मक कृति हो या मीरा का मुक्तक काव्य-रूप, राधाकृष्ण के कथानक में निहित गीतात्मक सम्भावनाओं की रक्षा करते हुए भी उन्हें अनूठा व्यक्तित्व दिया गया है। रीतिकाव्य में उनके इस व्यक्तित्व का लोप हो गया

है। रीतिकाव्य का रूप उन पर आरोपित है। वाहवाही या मुद्राप्राप्ति के लिए लिखे जाने वाले इन मुक्तकों में रागात्मक अन्तर्धारा का अभाव उन कवियों की वर्ग-स्थिति से उत्पन्न है। इससे रूप कृत्रिम हो गया है। वस्तु की आन्तरिक अनिवार्यता से उद्‌भूत न होने के नाते रीतिकाव्य का रूप कल्पित और आरोपित लगता है।

उपर्युक्त विवेचन से यह निष्कर्ष निकलता है कि रूप-विवेचन के लिए वस्तु-विवेचन अनिवार्य है। कलात्मक उपलब्धि वहीं मानी जा सकती है जहाँ वस्तु अपने इष्ट रूप में व्यक्त हो। रूप और वस्तु के इस प्रकृत सम्बन्ध को ध्यान में रखने पर हम देखेंगे कि रूप "कलात्मक अन्तर्वस्तु की आन्तरिक संरचना की अभिव्यक्ति" का माध्यम है।[30] कलात्मक रूप कलात्मक चिन्तन (सृजन-प्रक्रिया) में अन्तर्वस्तु के अनिवार्य साधन के रूप में विकसित होता है। सर आर्थर क्विलर-कूच के शब्दों में, "शिल्प हृदय और बुद्धि के चिन्तन में ही निहित रहता है।"[31]

संतुलन की स्थितियाँ

रूप और वस्तु के अन्तस्सम्बन्ध का रहस्य संशलिष्ट कलात्मक चिन्तन की प्रक्रिया में ही अन्तर्निहित रहता है। इस तथ्य से यह भी उद्‌घाटित होता है कि स्वभावतः रूप और वस्तु के सन्तुलन की कोई एक आदर्श स्थिति नहीं होती, कला-माध्यमों और विषय-वस्तु के अनुरूप सन्तुलन की स्थितियाँ भिन्न-भिन्न होती हैं।

भवभूतिकृत 'उत्तर रामचरित' और भारतीय शास्त्रीय संगीत के उदाहरणों से यह बात अधिक स्पष्ट हो सकती है। दोनों रूप और वस्तु के सन्तुलन की दो चरम स्थितियाँ हैं। भावभूति के काव्य में रूप गौण हो गया है और शास्त्रीय संगीत प्रकटतः शुद्ध रूपात्मक लगता है।

'उत्तरामचरित' के अनेक प्रसंगों में संवेदना का वह धनीभूत रूप देखने को मिलता है कि सन्दर्भ-विशेष से जुड़कर संवेदना स्वयं काव्य बन गयी है। रूप इतना गौण है कि वह अपना अस्तित्व भी नहीं जताता। वस्तुतः रूप वस्तुमय हो गया है। लेकिन इससे कलात्मकता कहीं खंडित नहीं होती। इस प्रकार, वस्तु को ही कला बनाकर भवभूति रूप और वस्तु के सन्तुलन की एक चरम अवस्था का प्रमाण देते हैं।

इसके विपरीत जहाँ वस्तु रूप में अन्तर्भुक्त होने लगती है वहाँ कला अमूर्तता की ओर बढ़ती है। शास्त्रीय संगीत में रूप की अमूर्तता है। इसका कारण अन्तर्वस्तु का अभाव न होकर वस्तु का रूप में पर्यवसान है। अन्तर्वस्तु का अभाव कला को विकृत करता है। शास्त्रीय संगीत अन्तर्वस्तुरहित नहीं है। अगर वह सर्वथा अन्तर्वस्तुहीन कला होती तो उसके लिए देश-काल की मर्यादाओं का कोई प्रश्न न उठता। भैरवी अगर प्रातः काल का राग है तो विहाग रात्रि का। इसी प्रकार, विभिन्न रागों का काल और प्रहर की विभिन्न स्थितियों से गहन सम्बन्ध है। भैरवी सुनते समय हमें

ऐसा अनुभव होता है जैसे प्रत्यूष मानव-संवेदना से जुड़कर जो भी आशय, अभिप्राय, अनुभूति आदि उत्पन्न करता है वह सब कुछ भैरवी से समाहित होकर रूपमात्र बन गया है। अगर इन रागों का सम्बन्ध अपनी संवेदनात्मक वस्तु से न होता तो उनके गाये जाने के लिए प्रहर की मर्यादा का प्रश्न ही न उठता।

उपर्युक्त अध्ययन से तीन बातें स्पष्ट होती हैं–

1. जहाँ रूप वस्तुमय हो जाने की अपनी चरम स्थिति में होता है वहाँ मानव-संवेदना का अत्यन्त घनीभूत रूप अपेक्षित होता है। लेकिन यदि रूप के वस्तु में अन्तर्भुक्त होने के बजाय रूप से वस्तु की ओर बढ़ने का प्रयत्न होता है तो कलाहीनता की स्थिति उत्पन्न होती है। प्रगतिवाद के दौर की कविताओं के अध्ययन में हम ऐसे अनेक उदाहरण देखेंगे।
2. जहाँ वस्तु के रूपमय हो जाने की चरम स्थिति होती है वहाँ कला अमूर्तता की दिशा में बढ़ती है। लेकिन अगर रूप में वस्तु के पर्यवसित होने की जगह वस्तुहीनता और शिल्पवाद का आग्रह व्यक्त होता है तो कला विकृत रूप में सामने आती है। रूप अगर वस्तु से पृथक अपनी स्वतन्त्र सत्ता जताता है तो उसे कलाहीनता मानना चाहिए।
3. कला में वस्तु की भूमिका अपेक्षाकृत अधिक गतिशील होती है। रूप निष्चेष्ट प्रतिच्छाया नहीं होता, वह भी वस्तु की ही भाँति सक्रिय तत्त्व होता है। रूप या संरचना कलात्मक वस्तु को भी मर्यादित करती है। बहुत बार ऐसा भी होता है कि रूप पर श्रम करते हुए कलाकार को अपनी मूल अवधारणा की विचार-वस्तु में संशोधन करना पड़े। किन्तु रूप कलात्मक अन्तर्वस्तु की अभिव्यक्ति का माध्यम है और ऐतिहासिक विकास के क्रम में नयी वस्तु के साथ रूप में परिवर्तन घटित होता है, इसलिए रूप की सक्रियता वस्तु की सक्रियता से स्वतन्त्र नहीं होती।

इस प्रकार हम कह सकते हैं कि रूप और वस्तु कला में दो अविभाज्य इकाइयों के रूप में मौजूद होते हैं। इनकी अविभाज्यता द्वन्द्वात्मक आधार पर होती है। वस्तु से रूप और रूप से वस्तु मर्यादित होती है। जहाँ यह द्वन्द्वात्मक नहीं होती, रूप और वस्तु में कृत्रिम सन्तुलन या अप्राकृतिक पार्थक्य होता है वहाँ कलात्मक धरातल पर असंगति पैदा होती है। यह असंगति कलात्मक असफलता या कलाहीनता का मूल कारण है।

विद्वानों ने संगीत को रूप और वस्तु के एकमेक हो जाने का उदाहरण माना है। वाल्टर पीटर की मान्यता है कि संगीत में रूप और वस्तु के बीच अभेदात्मकता की स्थिति होती है, जबकि अन्य सभी प्रकार की कलाओं में "रूप से वस्तु को अलग करना सम्भव होता है।" चूँकि "कला का सतत प्रयास इस भेद को मिटाने की दिशा

में होता है" इसलिए "सभी कलाएँ निरन्तर संगीत की आकांक्षा करती हैं।"[32]

डोनाल्ड टोबे के मत से भी कलाकृति की रचना तभी सफल होती है जब रूप और वस्तु में निहित अन्तर्विरोध पूर्णतः शमित होता है। संगीत को आदर्श बताते हुए वे कहते हैं कि "साहित्य और दृश्य कलाओं में विषय और शिल्प के सम्बन्ध के बीच यह अन्तर्विरोध न्यूनाधिक रूप में सदैव सुरक्षित रहता है।...केवल संगीत ही ऐसी कला है, जिसमें हम यह निर्णय नहीं कर पाते कि अनेक पक्षों में से किसे विषय कहें और किसे शिल्प।"[33]

संगीत में रूप और वस्तु की आन्तरिक संगति का परिणाम यह होता है कि दोनों में अन्तर करना भी कठिन जान पड़ता है। कोई भी सफल कला इस बात का अपवाद नहीं है। किन्तु भाँति-भाँति के कलावादी-रूपवादी चिन्तन वस्तु और रूप के इस प्रकृत सम्बन्ध को अस्वीकार करते हैं। वे या तो वस्तुशून्य रूप का आग्रह करते हैं, या रूप-सज्जा के अतिरिक्त मोह में विकृत जीवन यथार्थ प्रस्तुत करते हैं, या फिर रूप चुनकर वस्तु तलाशते हैं।

रूपवाद का विवेचन

प्रश्न उठता है कि आखिर इस प्रकार के अप्राकृतिक रुझान क्यों पैदा होते हैं? इस प्रश्न के अनेक उत्तर हैं। सबसे यांत्रिक उत्तर यह है : "... शुद्ध कला उदीयमान पूँजीपति वर्ग की पताका थी, जो खुलेआम अपने पूँजीवादी चरित्र की उद्घोषणा नहीं कर सकता था, और साथ ही साथ जो बुद्धिजीवी समुदाय को अपनी चाकरी में लगाये रखना चाहता था।"[34]

कलावाद और रूपवाद पूँजीवादी साहित्य-दर्शन हैं, यह बात सही है किन्तु उन्हें उदीयमान पूँजीवाद का दर्शन मानने की बात सन्दिग्ध है। रूपवादी दर्शन की आवश्यकता पूँजीवाद को तब पड़ती है जब उसकी सृजनात्मक सम्भावनाओं का ह्रास होने लगता है तथा वह समाज और उत्पादन के विकास में बाधक बनने लगता है। संकटग्रस्त पूँजीवाद रूपवादी दर्शन के ज़रिये एक ओर उदीयमान सामाजिक शक्ति– सर्वहारा वर्ग–तथा उसकी चुनौतियों का वैचारिक प्रतिरोध करता है, दूसरी ओर सर्वहारा वर्ग द्वारा प्रस्तावित वर्ग-विकल्प को अप्रासंगिक सिद्ध करने के लिए रूप पर अतिरिक्त बल देता है ताकि सारा ध्यान पूँजीवादी अन्तर्वस्तु के ही दो रूपों– जनतान्त्रिक (Democratic) और तानाशाही (Dictatorial) पर ही केन्द्रित होकर रह जाय।

उदीयमान पूँजीवाद सामन्ती तन्त्र की चुनौतियों से कमोबेश टकराता है और अपने उदयकाल में वह सृजन की नयी सम्भावनाओं के साथ प्रकट होता है। उसकी अपनी विधेयात्मक भूमिका और अन्तर्वस्तु होती है। उसकी यह सृजनात्मक सम्भावना

भौतिक और आत्मिक दोनों धरातलों पर होती है। पराधीन भारत में पूँजीवादी विकास की अपेक्षा 'अंधकार-युग' से निकलने वाले यूरोप में पूँजीवाद के लिए यह बात और अधिक सही है। उपनिवेशों में उसने पिछड़ी हुई विचारधाराओं को प्रोत्साहन दिया। किंतु अपने यहाँ सामंती रूढ़िवाद से संघर्ष करते हुए उसे यथार्थपरक और वैज्ञानिक चिंतन की आवश्यकता थी। इसलिए 'उदीयमान' पूँजीपति वर्ग को रूपवाद की नहीं, वस्तुवाद की ज़रूरत पड़ती है।

रूपवाद के अध्ययन-विश्लेषण में त्रात्स्की का यान्त्रिक मार्क्सवाद कोई सहायता नहीं करता। वह अतिरंजित भावाभिव्यक्ति अवश्य है और अपने दृष्टिकोण में वह मार्क्सवाद का भाववादी संस्करण है। भाववादी दृष्टि समस्या को सुलझाने के बजाय स्वयं उलझ जाती है। इसीलिए त्रात्स्की के सूत्र से एक ओर जहाँ पूँजीवादपूर्व के पतनशील-रूपवादी साहित्य के कारणों का पता नहीं लगता, वहीं इस बात की भी कोई व्याख्या नहीं की जा सकती कि पूँजीवाद के उदय के बाद गैर-मार्क्सवादियों द्वारा विपुल यथार्थवादी साहित्य वैसे लिखा जा सका।

प्लेखानोव का मत इस सन्दर्भ में अधिक व्यावहारिक है। उनके अनुसार कलाकार और सामाजिक ढाँचे में असंगति के कारण रूपवाद का जन्म होता है। सामाजिक वातावरण से प्रचंड असामंजस्य होने पर कलावादी मान्यताएँ पैदा होती हैं।

इस मान्यता के अनुसार कलाकार अपने वातावरण से असामंजस्य-बोध का अतिक्रमण करने के लिए कला की सामाजिक अन्तर्वस्तु का निषेध करने लगते हैं। इसमें व्यवस्थागत अन्तर्विरोधों से अधिक सक्रिय भूमिका कलाकार के प्रयत्नों की मानी गयी है, व्यवस्था की भूमिका इसमें कुछ परोक्ष रूप में स्वीकार की गयी है। इससे यह मान्यता सीमित ज़रूर होती है, यान्त्रिक नहीं। इस मान्यता की मुख्य विशेषता है कलाकार के पक्ष से समस्या पर विचार करने का प्रयत्न।

वस्तुतः रूपवाद के उत्स के प्रश्न पर अधिक वस्तुनिष्ठ तरीके से विचार करने की आवश्यकता है। रूपवादी आग्रहों के पीछे दो मुख्य कारण हैं—पहला, व्यवस्थागत प्रयत्न, शासन सत्ता की सक्रिय कोशिशें; और दूसरा, कलाकार की स्थिति तथा अपने परिवेश और उसमें अपनी स्थिति के प्रति कलाकार की सजगता का स्तर।

किसी युग और किसी समाज में, यानी किसी स्थिति में रूपवाद का आग्रह तभी विकसित होता है जब कलाकार परजीवी का-सा जीवन व्यतीत करता है। यह परजीविता कलाकार की सामाजिक स्थिति और वैचारिक समझ—दोनों अथवा इनमें से किसी एक कारण से सम्भव होती है। अर्थात्, या तो कलाकार वस्तुतः परजीवी हो या वह परजीविता का दर्शन मानता हो।

यही मुख्य कारण है जिससे कलावादी रुझान विकसित होते हैं। कला को आनन्द तक सीमित कर देने वाला यथास्थितिवादी दर्शन पराङ्मुखता का मन्त्र पढ़ाता है।

इससे कला वस्तुहीनता की ओर बढ़ती है। भगवतशरण उपाध्याय ने ठीक लिखा है कि "वस्तुतः विषय-वस्तु का दिवालियापन वर्तमान को अछूत मानकर उससे भागने के कारण संगठित होता है।"[36]

दिनकर के अनुसार यह वस्तुहीनता या रूपवाद का आग्रह सामाजिक सन्दर्भवत्ता से च्युत होने पर आयी रिक्तता और उसे कलाकार द्वारा 'शब्द-सौन्दर्य' और 'धुँधले रहस्यवाद' से भरने के कारण विकसित होता है।[37] परिणामस्वरूप "अर्थ अब कविता या कोई नित्य धर्म नहीं है।...कविता का प्रभाव उसमें प्रयुक्त शब्दों के संगीत का प्रभाव है ; कविता का आनन्द उन झंकृतियों का आनन्द है जो कभी पूरे तौर से पकड़ में नही आतीं... ।"[38]

कहने की ज़रूरत नहीं कि अन्तर्वस्तु के निषेध से 'शुद्ध' कविता जिस रूप की साधना करती है वह अन्ततः अमूर्त झंकृतियों में पर्यवसित होती है। कला अमूर्त को मूर्त करती है। वह जीवन के रूप, रंग, अर्थ को धारण करती है और मनुष्य की संवेदनाओं, अनुभूतियों से जीवन ग्रहण करती है। साहित्य में रूप और वस्तु के परिवर्तन, विकास और आन्तरिक एकता का यही मुख्य आधार है।

अन्योन्याश्रय सम्बन्ध

कला में रूप और वस्तु की अभेदात्मक स्थिति पर लांजाइनस[39] के विचारों की उपेक्षा कर सकना असम्भव है। उन्होंने उदात्त के जिन पाँच तत्त्वों का अपने कला-सिद्धान्त में उल्लेख किया है वे वास्तव में रूप और अन्तर्वस्तु के सम्बन्ध की व्याख्या के प्रयत्न में ही विकसित हुए हैं। अन्तरंग और बहिरंग तत्त्वों की कोटियों में विभाजित करके लांजाइनस ने उदात्त के निम्नलिखित पाँच तत्त्व निर्धारित किये हैं–

अन्तरंग तत्त्व

1. चिन्तन की गरिमा,
2. आवेगों का स्फूर्त और जीवन्त निर्वाह,

बहिरंग तत्त्व

3. वाक्यालंकारों का सुष्ठु प्रयोग,
4. शब्दचयन, सादृश्य-विधान, और अंलकार योजना,
5. स्थापत्य कौशल और महिमामंडित प्रयोग।

यहाँ ध्यान देने की बात यह है कि जिन तत्त्वों को हम कला की अन्तर्वस्तु से सम्बद्ध मान सकते हैं, लांजाइनस उन्हें काव्य के अन्तरंग तत्त्व बताते हैं, और रूप सम्बन्धी तत्त्वों को काव्य के बहिरंग तत्त्व के रूप में स्वीकार करते हैं। उदात्त के ये तत्त्व अलग-अलग रहकर उदात्त की संज्ञा नहीं पा सकते। उदात्त में अन्तरंग और बहिरंग तत्त्व समाहित होते हैं। उदात्त का प्रभाव आत्मा का उत्कर्ष करता है

तथा उसे हर्ष और उल्लास से भर देता है। श्रेष्ठ और सच्चा औदात्य सार्वभौमिक और सार्वकालिक होता है। वह मात्र रूप-योजना द्वारा सम्भव नहीं। रूप-योजना आत्मनिर्भर या स्वयंसाध्य नहीं है इसलिए वे उसे उदात्त के बहिरंग तत्त्वों के रूप में स्वीकार करते हैं। किन्तु इस रूप-योजना के बिना चिन्तन और आवेग (अर्थात् कलात्मक अन्तर्वस्तु) का प्रभाव क्षीण होता है। इसलिए वे उदात्त में अन्तरंग और बहिरंग गुणों के सामंजस्य पर बल देते हैं।

लांजाइनस का उदात्त-विश्लेषण रूपवाद का निषेध करता है। उनके शब्दों में, "विचार और पद-विन्यास अधिकतर एक-दूसरे के आश्रय से विकसित होते हैं।"[40] उनके चिन्तन में इस द्वन्द्वात्मक पद्धति का आधार यह है कि वे मनुष्य को साध्य मानते हैं, "...जो बात मनुष्य के विषय में सही है, वही उदात्त के विषय में भी है।"[41] इसलिए लांजाइनस कल्पना-निर्भर काव्य को अनुदात्त[42] और "यथार्थता और सत्यता" पर निर्भर काव्य को उदात्त मानते हैं।[43]

रूप और वस्तु के अन्तस्सम्बन्ध में वस्तु की भूमिका ही अधिक महत्त्वपूर्ण है : "महान शब्द उन्हीं के मुख से निःसृत होते हैं जिनके विचार गहन और गम्भीर हों। यही कारण है कि मनीषियों को भव्य वाणी सहज प्राप्त होती है।"[44] क्लाइव बेल और रोज़र फ्राय आदि का रूपवाद लांजाइनस की इस धारण का विलोम है कि "जिस प्रकार सूर्य के प्रखर आलोक में सभी मंद दीपक बुझ जाते हैं, उसी प्रकार 'उदात्त' के सर्वव्यापी ऐश्वर्य में नहाकर सभी आलंकारिक चमत्कार दृष्टि से ओझल हो जाते हैं।"[45] अर्थात्, उदात्त की स्थिति में रूप की स्वतन्त्र-सत्ता खुद-व-खुद समाप्त हो जाती है।

एक मान्यता के अनुसार वस्तु ओझल हो जाती है और रूप मात्र शेष रहता है। दूसरी मान्यता के अनुसार रूप मानवीय आलोक के सर्वव्यापी ऐश्वर्य में नहाकर उस उदात्तता को प्राप्त होता है जहाँ आलंकारिक चमत्कार गौण हो जाते हैं, कविता का संश्लिष्ट प्रभाव प्रधान हो जाता है। 'उदात्त' की यह दृष्टि कला में रूप और वस्तु सम्बन्धी विवाद में युग-युग तक मार्ग-दर्शन करने वाली दृष्टि है। मानवीय सत्य से जुड़कर, मानवीय संवेदनाओं और अनुभूतियों से भरकर कला का रूप सार्थक होता है।

उपर्युक्त अध्ययन के निष्कर्ष सूत्रित करते हुए हम कह सकते हैं कि रूप और वस्तु के बीच द्वन्द्वात्मकता का सम्बन्ध होता है। उनका अन्तर्विरोध परस्पर बहिष्कारी न होकर द्वन्द्वात्मक एकता में घटित होता है। दोनों का अस्तित्व एक-दूसरे के अस्तित्व की अनिवार्य शर्त है। यह संसार की रचना में ही निहित है कि 'अणोरणीयान महतीमहीयान' सभी कुछ किसी न किसी रूप में व्यक्त होने वाले गुण हैं। रूप और वस्तु की द्वन्द्वात्मक एकता का तर्क यहीं से विकसित होता है।

यह सही है कि अन्तर्वस्तु की भूमिका अपेक्षाकृत अधिक गतिशील होती है।

किन्तु यह भी उतना ही सही है कि रूप अन्तर्वस्तु की निष्चेष्ट प्रतिच्छाया मात्र न होकर उस पर असर डालने वाला सक्रिय सत्त्व होता है। रूप काव्य पर आरोपित नहीं होता वरन् उसका अनिवार्य आन्तरिक अंग होता है।

कला के रूपों और साहित्य की विधाओं में परिवर्तन के साथ रूप और वस्तु के सन्तुलन की अनेक अवस्थाएँ हो सकती हैं और होती भी हैं, लेकिन काव्यात्मक गरिमा (जिसे लांजाइनस 'उदात्त' कहते हैं) वहाँ उत्पन्न होती है जहाँ वस्तु अपने इष्टतम, उपयुक्ततम रूप में व्यक्त हो और दोनों के बीच अविभाज्यता और अविच्छिन्नता की स्थिति विद्यमान हो। रूप और वस्तु सम्बन्धी वस्तुवादी विश्लेषण का यही निष्कर्ष है।

सन्दर्भ-सूची

1. फाउंडेशंस ऑफ मार्क्सिस्ट इस्थेटिक्स पृष्ठ 124
2. आर्ट, पृष्ठ 30-31
3. क्रिटिक ऑफ जजमेंट, पृष्ठ 62
4. 'दि प्रायरिटी ऑफ एक्सप्रेशन', जर्नल ऑफ इस्थेटिक्स एंड आर्ट क्रिटिसिज़्म, अंक-8, दिसम्बर, 1949, पृष्ठ 106
5. दि मीनिंग ऑफ आर्ट, पृष्ठ 36
6. फंडामेंटल्स ऑफ मार्क्सिस्ट-लेनिनिस्ट फिलॉसफी, पृष्ठ 185
7. समीक्षा-शास्त्र, पृष्ठ 547
8. आर्ट एंड ह्यूमन वैल्यूज, 41
9. वही, पृष्ठ 43
10. आर्ट एंड ह्यूमन वैल्यूज, पृष्ठ 43
11. फार्म इन माडर्न पोएट्री, पृष्ठ 65
12. कला और संस्कृति, पृष्ठ 14
13. वही, पृष्ठ 14
14. "सौन्दर्यमूलक विचार अमूर्त भाव नहीं, बल्कि कलाकृति का साक्षात्कार करने वाले व्यक्ति द्वारा अनुभूत संस्कारों, भावनाओं, संवेगों, मनोदशाओं, मननों का समुच्चय होते हैं—मूर्त कलात्मक बिम्ब कला में और कला के माध्यम से यथार्थ के साथ उसके सम्बन्ध को अभिव्यक्त करता है।"—फाउंडेशंस ऑफ मार्क्सिस्ट इस्थेटिक्स, पृष्ठ 128-29
15. फूल नहीं, रंग बोलते हैं, पृष्ठ 4
16. सहचिन्तन, पृष्ठ 68
17. दि मीनिंग ऑफ मीनिंग, पृष्ठ 209
18. कंट्रीब्यूशन टु एनालिटिकल साइकालाजी, पृष्ठ 19
19. सौन्दर्यशास्त्र के तत्त्व, पृष्ठ 203
20. इस्थेटिक्स एंड पोएटिक्स, पृष्ठ 169
21. वही, पृष्ठ 169
22. वही, पृष्ठ 193

23. कंट्रीब्यूशन टु एनालिटिकल साइकालाजी, पृष्ठ 248
24. फार्म इन मॉडर्न पोएट्री, पृष्ठ 62
25. लिटरेरी थियरी एंड स्ट्रक्चर, पृष्ठ 90
26. वही, पृष्ठ 97
27. वही, पृष्ठ 94
28. वही, पृष्ठ 98
29. फाउंडेशंस ऑफ मार्क्सिस्ट इस्थेटिक्स, पृष्ठ 143
30. वही, पृष्ठ 143
31. ज्ञान दि आर्ट ऑफ राइटिंग, पृष्ठ 210
32. दि रेनेसाँ, पृष्ठ 140
33. उद्धृत : 'रस सिद्धान्त और सौन्दर्यशास्त्र', डॉ. निर्मला जैन, (नेशनल पब्लिसिंग हाउस, दिल्ली, 1967), पृष्ठ 284-85
34. लिअन त्रात्स्की : मार्क्सिस्ट्स आन लिटरेचर, पृष्ठ 368
35. आर्ट एंड सोशल लाइफ, पृष्ठ 184 और 188
36. साहित्य और कला, पृष्ठ 64
37. शुद्ध कविता की खोज, पृष्ठ 145
38. वही, पृष्ठ 17
39. काव्य में उदात्त तत्त्व।
40. वही, पृष्ठ 90
41. वही, पृष्ठ 51
42. वही, पृष्ठ 60
43. वही, पृष्ठ 72
44. वही, पृष्ठ 55
45. वही, पृष्ठ 77

अध्याय-6

सौन्दर्य और विचारधारा

सौन्दर्य सम्बन्धी रुचि और अवधारणा की आवश्यकता मनुष्येतर प्राणियों को नहीं होती। इस आवश्यकता की अनुभूति मनुष्य की प्रबल सृजनात्मक वृत्ति की सूचक है। जिस अनुपात में मानवीय सृजनवृत्ति तात्कालिकता के धरातल से उठकर सशक्त और सघन होती गयी है, उसकी सौन्दर्याभिरुचि उसी अनुपात में अधिक गहन, अन्तरंग और चिरस्थायी होती गयी है। जो लोग मनुष्य के रचनात्मक चरित्र को सौन्दर्य का कारक नहीं मानते वे न केवल मनुष्य के जन्मदाता—श्रम—के रचनात्मक चरित्र से इनकार करते हैं बल्कि खुद कला-सृजन में मनुष्य के सजग दायित्व से इनकार करते हैं।

कला एक सृजनात्मक इकाई है। कलाकार इस सृजन का माध्यम है। सृजन कर्म में सर्जक की निमित्तता को अतिरंजित करके देखने वाली दृष्टि कलाकार को सभी प्रकार के दायित्वों से मुक्त करती है। जैसे भाग्यवादी चिन्तन मनुष्य को निमित्त मानता है, उसके प्रत्येक कार्य को पूर्वनिश्चित और ब्रह्म को एक मात्र संचालक मानता है—मनुष्य को हर प्रकार के दायित्व-विवेक से मुक्त कर देता है। इस दृष्टि के अनुसार कोई अज्ञात सत्ता कलाकार को वशीभूत करके सृजन करा लेती है।[1] और कलाकार अवाक्, विवश, विस्मृत और स्तब्ध रह जाता है। 'असाध्य वीणा' कविता में अज्ञेय ने सृजनकर्म सम्बन्धी अपनी सैद्धान्तिक मान्यताएँ प्रतिपादित की हैं—

> श्रेय नहीं कुछ मेरा
> मैं तो डूब गया था स्वयं शून्य में—
> वीणा के माध्यम से अपने को मैंने
> सब कुछ को सौंप दिया था...
> सुना आपने जो वह मेरा नहीं,
> न वीणा का था
> वह तो सब कुछ की तथता थी।[2]

यही नहीं, रचना-कर्म के सम्बन्ध में सजगता को वे अस्वास्थ्यकर मानते हैं।[3]

इसके विपरीत दूसरा दृष्टिकोण कलाकार के सजग और कर्ता व्यक्तित्व पर अमर्यादित बल देता है। कला की कृतकार्यता कला-सम्पादन का माध्यम बन जाने में नहीं, 'शिल्पी' या 'गढ़िया' बनने में है। इस मत के अनुसार कवि का कर्तृव्य उसकी इच्छा और संकल्प से शत-प्रतिशत अनुशासित होता है। कला के अपने आन्तरिक तर्क को पूर्णतः नज़रन्दाज़ करके चलने वाली यह कल्पना भी अतिवादी है। हिन्दी साहित्य के रीतिकाल में 'गढ़िया' कवि को सच्चा कवि माना जाता था। इसका परिणाम भावहीन शिल्प-साधना और कामोत्तेजना के रूप में हमारे सामने है।

पहली स्थिति रचनाकर्म में रचनाकार को हर प्रकार के दायित्व से मुक्त करती है। दूसरी स्थिति उसकी सचेतन भूमिका और दायित्व-पक्ष पर अमर्यादित बल देती है। पहली स्थिति स्वयंस्फूर्तता और सहजता पर अतिरिक्त बल देती है; दूसरी स्थिति बुद्धि-विवेक साध्यता और असहजता पर।

यह निर्विवाद है कि दोनों अतिवाद अवैज्ञानिक और भ्रान्त हैं। एक-दूसरे से प्रकट अलगाव के बावजूद कलात्मक धरातल पर दोनों स्थितियाँ एकीभूत होती हैं। महान् कवियों में 'रचयिता' और 'आविष्ट' दोनों का समन्वय हुआ करता है।[4] यह समन्वय यान्त्रिक अन्तस्सम्बन्ध न होकर द्वन्द्वात्मक एकता का सम्बन्ध होता है। इनमें द्वन्द्वात्मक सामासिकता का यह अन्तस्सम्बन्ध सौन्दर्यानुभूति से लेकर उसकी अभिव्यक्ति तक संश्लिष्ट रूप में विद्यमान रहता है। अनुभूति क्षण से लेकर अभिव्यक्ति क्षण तक की इस अत्यन्त जटिल और संश्लिष्ट विकास-प्रक्रिया को मुक्तिबोध इस प्रकार कहते हैं–

> "वीरान मैदान, अँधेरी रात, खोया रास्ता, हाथ में एक पीली मद्धिम लालटेन। यह लालटेन समूचे पथ को पहले से उद्‌घाटित करने में असमर्थ है। केचल थोड़ी-सी जगह पर ही उसका प्रकाश है। ज्यों-ज्यों वह पग बढ़ाता जायेगा, थोड़ा-थोड़ा उद्‌घाटन होता जायेगा।"[5]

लालटेन उन उद्‌वेगों और अनुरोधों का प्रतीक है जिनके सहारे रचना बढ़ती है।[6]

कलाकार के इस आन्तरिक संघर्ष को नज़रन्दाज़ करने के नाते ही स्वयंस्फूर्तता या गढ़िया की आत्यन्तिक मान्यताएँ सामने आती हैं। इन सिद्धान्तों का सबसे बड़ा दोष यह है कि वे कला को कलाकार के अपने अनुभूत यथार्थ से काट देते हैं। इसका परिणाम यह होता है कि कला यथार्थ जगत् से विच्छिन्न सर्वथा नवीन सृजन प्रतीत होती है। श्रीमती सूज़ेन लैंगर के शब्दों में, "कलाओं में व्यक्त प्रत्येक वस्तु का सृजन किया जाता है, वास्तविकता से कभी भी आयात नहीं किया जाता।"[7] भ्रम की गुंजाइश न छोड़ते हुए उन्होंने आगे और भी स्पष्ट किया है कि कला में सम्भाव्य वस्तु का 'पूर्णतः सृजन'[8] किया जाता है। श्री अर्न्स्ट क्रिस के विचार में भी "कलाकार न तो प्रकृति का 'पुनर्चित्रण' करता है, न उसका 'अनुकरण' ही करता

है, अपितु वह नये सिरे से इसकी रचना करता है।"[9]

कला जीवन की वास्तविकताओं का ब्यौरा नहीं होती। इसीलिए वह इतिहास या राजनीति से भिन्न होती है। वह मनुष्य और संसार के अन्तस्सम्बन्धों का सैद्धान्तिक विवेचन भी नहीं करती। इसलिए वह दर्शनशास्त्र से भी भिन्न होती है। किन्तु इस आधार पर हम श्रीमती लैंगर की भाँति कला के बिम्बों और वास्तविकताओं के बीच 'तात्त्विक अन्तर'[10] प्रतिपादित नहीं कर सकते। कलाकार अपनी रचना में जिन बिम्बों की सृष्टि करता है वे इसी वस्तुजगत् के अनुभूत बिम्ब होते हैं। यह सही है कि बिम्बों का कलात्मक मूल्य उनकी यथातथ्यता में नहीं, कलाकार के 'संवेदनात्मक उद्देश्य' (मुक्तिबोध द्वारा प्रयुक्त पद) में निहित होता है। इनमें से किसी एक पक्ष पर—वस्तुपक्ष या आत्मपक्ष पर—अमर्यादित बल देने पर हम कलासृजन की वास्तविक समझ तक, उसकी गहराइयों तक कभी नहीं पहुँच सकते।

कला की प्रेरणा आकाश से नहीं आती। अपने सृजनकर्म के लिए कलाकार यथार्थ से टकराता है। वह यथार्थ का अनुसरण करने के लिए उससे नहीं टकराता, बल्कि उसे आत्मसात् करने और उसे मानवीय महत्ता प्रदान करने के लिए उससे टकराता है।[11] यथार्थ को आत्मसात् करने से लेकर उसकी कलात्मक अभिव्यक्ति तक की आन्तरिक प्रक्रिया में कलाकार वास्तविकता का लोप नहीं कर देता। वह वास्तविकता के उस रूप का निषेध ज़रूर कर देता है जिससे उसे प्रथम अनुभूति प्राप्त हुई है। वह अपने अनुभूत सत्य को अपने संवेदनात्मक उद्देश्य के अनुरूप रूपाकार देता है और तब वह यथार्थ एक नये यथार्थ में परिणत हो जाता है। यह यथार्थ कलात्मक बिम्बों में व्यक्त होने वाला उच्चतर—सौन्दर्यात्मक—यथार्थ होता है। रचना की इस समूची आन्तरिक प्रक्रिया में कलाकार वस्तुजगत् के मूल अनुभवों से विच्छिन्न नहीं हो जाता। उसकी कलात्मक अनुभूतियाँ वस्तुजगत् के विशिष्ट साक्षात्कार का परिणाम होती हैं। इसीलिए मुक्तिबोध रचना-प्रक्रिया को 'बाह्य का आभ्यन्तरीकरण' और इस 'आभ्यन्तर का बाह्यीकरण' कहकर परिभाषित करते हैं।[12] रचना-प्रक्रिया की जटिल अन्तर्बाह्य द्वन्द्वात्मकता के सम्बन्ध में राल्फ फाक्स ने लिखा था—

"कला एक साधन है जिसके द्वारा मानव वास्तविकता से जूझता और उसे आत्मसात् करता है। अपनी भीतरी चेतना की निहाई पर लेखक वास्तविकता रूपी लाल भभूका धातु को रखता, हथौड़ियों की चोट से ठोंक-पीटकर अपने उद्देश्य के अनुकूल उसे नयी शक्ल में ढालता और एकदम बेसुध होकर...विचारों के हिंस्र हथौड़े उस पर बरसाता है। सृजन की समूची प्रक्रिया, कलाकार की सम्पूर्ण वेदना वास्तविकता के साथ इसी हिंस्र द्वन्द्व में, और दुनिया का एक सत्यपूर्ण चित्र गढ़ने के प्रयास में, निहित है।"[13]

संक्षेप में, कलाकार यथार्थजगत् के साक्षात्कार से जागृत बिम्बों की कलात्मक बिम्बों के रूप में पुनर्रचना करता है। कला हमारे अन्तर्जगत् की अभिव्यक्ति है

लेकिन उसे बाह्यजगत् के पार्थक्य में नहीं देखा जा सकता। हमारी चेतना से स्वतन्त्र जो सत्ता है वही हमारे भीतर प्रतिबिम्बित होकर हमारे अन्तर्जगत् की रचना करती है। हमारा अन्तर्जगत् बाह्यजगत् के प्रतिबिम्बित रूपों के अलावा पहले से संचित हमारे निजी भावों, विचारों, संस्कारों, अनुभवों, प्रागनुभवों आदि से भी निर्मित होता है। इसलिए जब हम कला में अपने अन्तर्जगत् की अभिव्यक्ति करते हैं तो वस्तुतः यथार्थ का ही "सौन्दर्यात्मक और विचारधारात्मक मूल्यांकन" करते हैं।[14]

इससे स्पष्ट है कि रचना सामान्य (अर्थात् जीवन जगत्) और विशिष्ट (अर्थात् कलाकार) के जटिल अन्तस्सम्बन्ध का परिणाम है। कलाकार का आभ्यन्तरीकृत जीवन-यथार्थ जब उसके अन्तःकरण में पहुँचता है तब वह जीवन-मूल्य, जीवन-दृष्टि आदि के मनोवैज्ञानिक रूपों में ढल जाता है।[15] इसीलिए मुक्तिबोध लेखक को जीवन तथ्यों और भावों का स्रष्टा नहीं मानते, वरन् "उनका केवल अनुभविता, भोक्ता और अभिव्यंजक" मानते हैं। कारण यह कि वस्तुतः वे जीवन तथ्य लेखक के भीतर उपस्थित होते हुए भी, अपने अस्तित्व के लिए मात्र उसकी सत्ता पर *अवलम्बित* नहीं रहते। वे सामाजिक अनुभवों के रूप में सबके हृदय में विराजमान रहते हैं।"[16]

इसका यह अर्थ नहीं है कि कलाकार की अनुभूतियों और संवेदनाओं की कोई विशिष्ट भूमि नहीं होती। इसका केवल यह अर्थ है कि नित-नवीनताओं की ओर आकृष्ट होने वाले कलाकार की विशिष्ट और अद्वितीय अनुभूतियाँ उसके समग्र अस्तित्व की व्यंजक होती हैं और इसलिए उनकी विशिष्टता कलाकार की जीवन-दृष्टि और सामाजिक अनुभव-प्रतिबद्धता पर निर्भर होती है। यही कारण है कि कोई दो कलाकार समान विषय से, और समान विषय होने पर भी समान रूप से आन्दोलित नहीं होते। विषय ही वह केन्द्रीय उद्दीपक है जो हमारी मनःस्थिति और सजग प्रयत्न की अत्यन्त संश्लिष्ट और गतिशील समष्टि होता है। अतः महत्त्व दोनों बातों का है–

1. कौन-सा विषय उद्दीप्त करता है, और
2. यह उद्दीपक किस प्रकार उद्दीप्त करता है। अर्थात् ज्ञान, बुद्धि, अनुभवों, संस्कारों, रुचियों, मनःस्थितियों आदि से सम्पृक्त कलाकार विषय से कैसे उद्दीप्त होता है।

उदारहण के लिए मृत्यु के साक्षात्कार से सम्बद्ध दो स्थितियाँ लें। एक ऐसी स्थिति है जिसमें महीने भर की रसद जोड़कर बर्फ के नीचे दबे मकान में दार्शनिक बहस करते हुए मृत्यु का साक्षात्कार है।[17] और दूसरी स्थिति है 'गोदान' के होरी की जो सुबह-शाम की रसद जुटाने की चिन्ता करता हुआ मौत के चक्के में पिस रहा है।[18] एक मौत भरे पेट की दार्शनिक ऊहा का परिणाम है जिसमें निष्क्रिय और नपुंसक ठंडापन है। दूसरी मौत जिन्दगी के जद्दोजहद में गले तक डूबे हुए बेबस

आदमी की सचाई है जो सामाजिक अन्तर्विरोधों को निर्ममतापूर्वक उद्घाटित करती है और एक तिलमिला देने वाले व्यंग्य में परिणत होती है।

दोनों स्थितियाँ सच हैं। दोनों इसी समाज की सचाई हैं। दोनों दो जीवनानुभव से सम्बद्ध सचाइयाँ हैं। यह कलाकार की संवेदना, सहानुभूति और विचारधारा पर निर्भर है कि उसका अन्तर्जगत् किस सचाई से आन्दोलित होता है। यह दावा करना भ्रामक है कि "कलाकार यथार्थ से कुछ भी आयात नहीं करता।" इसके विपरीत, यह कहना अधिक उपयुक्त जान पड़ता है कि कला वस्तुजगत् के साथ कलाकार के विशिष्ट सम्बन्ध को व्यक्त करने वाली कल्पना-सृष्टि है, इसलिए वह "जगत् की वस्तुओं के प्रति उसके प्रेम या घृणा का फल"[19] है। प्रेम या घृणा के भाव कलाकार को शून्य से नहीं मिलते। ये राग-द्वेष जगत् की वस्तुओं से उसके विशिष्ट साक्षात्कार का परिणाम होते हैं। जीवन के व्यावहारिक अनुभवों से निर्मित कलाकार का अन्तर्जगत् समूचे बाह्य यथार्थ के सन्दर्भ में कलाकार की स्थिति और इस स्थिति के प्रति कलाकार के दृष्टिकोण का परिणाम और व्यंजक है।

जिस प्रकार कला में केन्द्रीय महत्त्व विषय का है उसी प्रकार कलाकार के अन्तर्जगत् के सन्दर्भ में केन्द्रीय महत्त्व कलाकार के दृष्टिकोण का है। यह दृष्टिकोण बाह्य जगत् को ग्रहण और आत्मसात् करने, मूल्यबोध के धरातल पर उसे स्वीकार या अस्वीकार करने, तथा अपने निजी भावों, विचारों, संस्कारों, अनुभवों, प्रागनुभवों, मनःस्थितियों आदि के साथ उसका अविरोधात्मक सम्बन्ध स्थापित करने की मूल धुरी है। इस आधारभूत दृष्टिकोण पर निर्भर विचारों की निश्चित पद्धति को, इस पद्धति के अन्तर्गत आने वाले मूल्यों, अभिरुचियों आदि को डेविड आप्टर विचार-धारा के नाम से अभिहित करते हैं।[20] कला सर्जक के आन्तरिक मूल्य-जगत् से गहरे स्तर पर जुड़ी होती है, वह कलाकार के समूचे अन्तर्बाह्य व्यक्तित्व को व्यंजित करती है। इसलिए वह कलाकार की विचारधारा को भी धारण करती है।

यह आवश्यक नहीं है कि प्रत्येक व्यक्ति अपनी विचारधारा निश्चित कर ले। एक ही व्यक्ति में भिन्न जीवन-प्रसंगों या स्थितियों में विरोधी वैचारिक संस्कार प्रकट हो सकते हैं। लेकिन इसे चिन्तन का दोष मानेंगे, गुण नहीं। जो व्यक्ति जितना सजग और विवेकसम्पन्न होगा, जिसकी चेतना जिस अनुपात में आवयविक और अन्तर्विरोधरहित होगी, उसकी विचारधारा उसी अनुपात में अखण्ड, निर्भ्रान्त और समर्थ होगी। मानव समाज और चेतना का विकास व्यवस्थाबद्धता और सजगता की दिशा में हुआ है। विचारधारा व्यवस्थाबद्ध चिन्तन का परिणाम है। इन्द्रियजन्य ज्ञान से विचारात्मक ज्ञान तक का विकास यह रेखांकित करता है कि मानव-चेतना का विकास सीमित से विस्तृत की दिशा में हुआ है तथा बौद्धिकीकरण और सजगता की भूमिका उत्तरोत्तर बढ़ती गयी है। मानव-चेतना के विकास की इस गति को

समझते हुए शुक्ल जी ने भावप्रसार को ज्ञानप्रसार में निहित बताया है, और इस प्रकार बौद्धिकीकरण की बढ़ती हुई भूमिका को भाव एवं ज्ञान की व्यापकता का आधार बताया है।[21]

मनुष्य की भौतिक और आत्मिक सीमाएँ तोड़कर उसकी सृजनात्मक क्षमताओं के नये-नये क्षितिज उद्घाटित करने में विज्ञान की भूमिका अत्यन्त महत्वपूर्ण है। विज्ञान मनुष्य के बौद्धिक विकास का चरमोत्कर्ष है। विज्ञान की विशेषता यह है कि उसने ज्ञान और कर्म को पारस्परिक सम्बद्धता में परिभाषित किया है। जेम्स कोनेन्त ने विज्ञान को निरीक्षणों-परीक्षणों पर आधारित तथा भावी निरीक्षणों-परीक्षण ों में मददगार प्रत्ययों और अवधारणात्मक पद्धतियों की अन्तस्सम्बद्ध शृंखला[22] कहकर सिद्धान्त और व्यवहार के द्वन्द्वात्मक सम्बन्ध को ही विज्ञान का आधार बताया है। यह द्वन्द्वात्मकता मानव समाज और मानव-चेतना के विकास की मूल धुरी है। इस द्वन्द्वात्मक अन्तस्सम्बन्ध के बिना मनुष्य के रूप में मनुष्य का विकास ही सम्भव नहीं था। अपने परिवेश से जटिल क्रियात्मक सम्बन्ध मनुष्य के भौतिक और आत्मिक विकास का आधार है, यह हम पहले अध्याय में देख चुके हैं। मनुष्य का अपने परिवेश से यह सम्बन्ध जिस अनुपात में जटिलतर होता गया, बाह्य जगत् को ग्रहण करने की मनुष्य की आन्तरिक युक्ति उसी अनुपात में जटिल होती गयी। विचारधारा व्यक्ति की अपने परिवेश से साक्षात्कार की मूल युक्ति है। इसलिए वह बाह्यजगत् से मनुष्य के घात-प्रतिघातात्मक सम्बन्ध को, इस सम्बन्ध के प्रति मनुष्य की सजगता को व्यक्त करने वाली व्यवस्थित अन्तर्दृष्टि का पर्याय होती है।

कुछ विद्वान् विचारधारा को भ्रान्त और मिथ्या चेतना से बढ़कर कुछ नहीं मानते। श्लेसिंजर के मतानुसार विचारधारा वास्तविकताओं की तस्वीर न होकर वास्तविकताओं से ग्रहण किया गया आदर्श होती है इसलिए वह यथार्थ के अनेक ज्वलन्त पहलुओं की उपेक्षा करती है।[23] इस परिभाषा की असंगति यह है कि इसमें मनुष्य के चिन्तन को यथार्थ का यान्त्रिक प्रतिबिम्ब माना गया है। विचारधारा वास्तविकता से टकराती है, वास्तविकता के सन्दर्भ में मनुष्य की स्थिति से प्रभावित होती है और वास्तविकता को अपने अनुरूप ढालने का यत्न करती है, इन बातों को नज़रअन्दाज़ करके चलने के परिणामस्वरूप वे विचारधारा की सक्रिय भूमिका को पहचान पाने में असमर्थ रहते हैं। वास्तविकताओं के ग्रहण से आदर्श का निर्माण भी वस्तुतः विचारधारा का एक कार्य है।

कला सम्बन्धी कार्य में विचारधारा की यह भूमिका अनेक रूपों में प्रकट होती है। सामाजिक विरोधों से घिरे वर्तमान समाज में कलाकर न तो यथार्थ की उपेक्षा कर सकता है और न आदर्शों और मूल्यों के अपने आन्तरिक जगत् की। कलाकार जिस सामाजिक समुदाय का अंग होगा या जिससे खुद को जोड़ेगा उसके आदर्शों

और मूल्यों को भी अपनायेगा। लेकिन अगर वह इन अन्तर्विरोधों में अपने को पक्षधर न बनाकर तटस्थ रहना चाहता है तो भी उसे वास्तविकता के अपने साक्षात्कार के आधार पर एक आदर्शजगत् और मूल्य-जगत् की रचना करनी होगी। इस आन्तरिक जगत् से खुद को जोड़कर ही वह कला की साधना कर सकता है। सम्भवतः इसीलिए जोसेफ च्यारी यह मानते हैं कि "सृजनात्मक कल्पना सोद्देश्य कल्पना होती है।"[24]

कलात्मक सोद्देश्यता का स्वरूप क्या है यह कलाकार की सामाजिक और वैचारिक प्रतिबद्धता या सहानुभूति पर निर्भर है। सच पूछा जाय तो कलाकार द्वारा समाज या उसके अन्तर्विरोधों के अतिक्रमण की कल्पना भी असम्भव है। आज की सामाजिक स्थिति ऐसी नहीं है कि दैनन्दिन जीवन की चिन्ताओं से सर्वथा मुक्त होकर हम दस्तकारी या कला के किसी क्षेत्र में सर्वतोभावेन निमग्न हो जायें। आदिम समाज में मनुष्य की आवश्यकताएँ सीमित थीं। उसका सार्थक क्रिया-व्यापार भी सीमित था। शिकारादि सम्बन्धी उत्पादन-कर्म, मूलतः व्यक्ति-प्रयास पर निर्भर था। आज का उत्पादन अत्यन्त जटिल सामाजिक चरित्र ग्रहण कर चुका है। कला के धर्म के निर्वाह के लिए आज रचनाकार-व्यक्ति की आन्तरिक तैयारी और इच्छा ही पर्याप्त नहीं है। सामाजिक तन्त्र उसमें बाधा बनता है। श्रम और सम्पत्ति के अन्तर्विरोध पर आधारित सामाजिक उत्पादन जिस तन्त्र को जन्म देता है वह कलाकार की कलात्मक संलग्नता का नियमन करता है। सम्पत्तिशाली वर्ग के रचनाकार समस्याओं से मुक्त होते हैं, वे चाहें तो कलात्मक सिद्धि के लिए जीवन अर्पण कर सकते हैं। जिन्हें खाने-पीने जैसी तुच्छ और मामूली समस्याओं के समुद्र में असहाय की भाँति संघर्ष करना हो, वे कला और सौन्दर्य की साधना किस प्रकार करें? उनकी अत्यन्त साधारण समस्याएँ श्रम के शोषण और तिरस्कार पर आधारित सम्पत्तिमूलक समाज की उत्पत्ति हैं और ये चिन्ताएँ उसकी रचनात्मक इच्छा को बाधित करती हैं।

कलाकार इसी समाज में रहता है इसलिए वह श्रम और सम्पत्ति के सम्बन्धों से उत्पन्न सामाजिक समुदायों से परे नहीं रह सकता। वह अपने जाने-अनजाने या चाहे-अनचाहे समाज के किसी-न-किसी समुदाय का सदस्य होता है। कलाकार की विचारधारा और उसका साहित्य उसकी इस सामाजिक स्थिति से प्रभावित होते हैं। अर्थात् सामाजिक स्थितियाँ मनुष्य की वैयक्तिक स्थिति को प्रभावित करती हैं, इसलिए वर्ग-विभक्त समाज में सम्पत्ति और श्रम के सम्बन्ध विचारधाराओं को प्रभावित करते हैं। विचारधारा की इस वर्गीय प्रकृति को रेखांकित करते हुए लेनिन ने कहा था कि "वर्ग-वैषम्य से जीर्ण समाज में गैर-वर्गीय या वर्गेतर विचारधारा का अस्तित्व सम्भव नहीं है।"[25]

सौन्दर्य-बोध विचारधारा की ही तरह मानव-संज्ञान का एक अंग है, उसके

वर्ग-विभाजन से निरपेक्ष रहने की बात करना भ्रामक है। वर्ग-विभाजन के मानव-चेतना पर पड़ने वाले प्रभाव को नज़रन्अदाज करके श्री स्टेस सौन्दर्य-निर्णय को 'सभी मनुष्यों का सत्य' बताते हैं।[26] किन्तु आगे चलकर वे स्वयं अपनी बात सिद्ध कर सकने में असमर्थ रहे। उन्होंने यह शंका उठायी कि सौन्दर्य के सार्वभौम चरित्र की कल्पना वास्तव में विवादास्पद है। इसका समाधान तत्सम्बन्धी दृष्टिकोण पर निर्भर है। सत्य के स्वरूप के सम्बन्ध में अपनाये गये दृष्टिकोण का सवाल सौन्दर्य-शास्त्र से बाहर का सवाल है।[27] इसलिए न वे सौन्दर्य-निर्णय की सार्वभौमता प्रमाणित कर सके और न अपनी शंका का समाधान ही प्रस्तुत कर सके।

श्री स्टेस ने सौन्दर्य-निर्णय के प्रश्न पर अपनाये गये हमारे दृष्टिकोण को केन्द्रीय महत्त्व प्रदान करके इस सम्भावना की ओर संकेत कर दिया कि उसे व्यक्ति के सामाजिक सन्दर्भ में देखा जाय। अन्तर्विरोधपूर्ण समाज में सत्य के सार्वभौम चरित्र की कल्पना अधिक-से-अधिक हमारी सदिच्छा को व्यक्त करती है, हमारे अध्ययन की व्यावहारिकता को नहीं। हावर्ड फास्ट ने वर्ग-समाजों में सत्य के चरित्र को सार्वभौम या तटस्थ न मानकर पक्षधर माना है।[28] उन्होंने हड़ताल के चित्रांकन का उदाहरण देकर यह बताया है कि हड़ताल के सम्बन्ध में अपनाया गया कलाकार का दृष्टिकोण उसकी वैचारिक प्रतिबद्धता पर निर्भर है। हड़ताल यदि मालिक के पक्ष से उसकी सम्पत्ति और मुनाफे पर गैरकानूनी हमला है तो मजदूरों के लिए वह जीवन-मरण का सवाल हो सकती है। ऐसा सम्भव नहीं है कि कलाकार उसे मालिक और मजदूर दोनों के पक्ष में देखे। जनता के अलग-अलग समुदाय अपनी स्थितियों और ज़रूरतों के अनुसार हड़ताल के सम्बन्ध में अलग-अलग दृष्टिकोण अपना सकते हैं। कलाकार उनमें से किसी एक के दृष्टिकोण से हड़ताल का चित्रांकन कर सकता है। किन्तु वह अपनी विशिष्ट स्थिति से और उस स्थिति के कारण हड़ताल के प्रति उत्पन्न हिताहित विवेक से तटस्थ नहीं हो सकता।[29]

यह सही है कि समाज में वर्गों-उपवर्गों के अनेक संवादी-विसंवादी हित होते हैं। वे आपस में अलग-अलग धरातलों पर संवाद-विसंवाद के भिन्न समुच्चय बनाते हैं। पूँजीवादी क्रान्ति के बाद वर्ग-विरोध सरल और उग्र हो जाते हैं, किन्तु पुरानी सामाजिक संरचनाओं के अवशेष बखूबी मौजूद रहते हैं। आदिवासियों के रूप में अगर आदिम सामुदायिक समाज के अवशेष पाये जा सकते हैं तो कानूनी ख़ात्म के बावजूद बन्धक श्रम प्रथा के रूप में भूदास समाज के ध्वंसावशेष भी कुछ कम तादाद में नहीं हैं। नट मदारी आदि तरह-तरह के पेशे के लोग सामन्तवाद की उपज हैं। आज भी उन्हें हर गली-मुहल्ले में आदमी को आटे-दाल की गठरी बना कर पेट ठोंकते या बन्दर-भालुओं के साथ नाचते हुए देखा जा सकता है। राजा-रानियों और जमींदारों को कानून ने खत्म कर दिया है; उनका सामाजिक-आर्थिक अस्तित्व

और प्रभाव भी खत्म हो गया है, यह दाव नहीं किया जा सकता। सामाजिक हितों और हितसमुच्चयों की बहुलता के अनुपात में विचारधाराओं की बहुलता देखी जा सकती है।

इसी सामाजिक परिप्रेक्ष्य में विचारधारा का अध्ययन करते हुए सोवियत सिद्धान्तकार मॉस्क्विचोव ने लिखा है—"विचारधारा किसी समाज, वर्ग या सामाजिक समुदाय की चेतना है जिसका निर्धारण उसके अस्तित्व की भौतिक स्थितियों द्वारा होता है तथा जो उसके व्यावहारिक क्रिया-कलाप को दिशा, सिद्धान्त और आदर्श प्रदान करती है।"[30]

पूँजीवाद और उसमें अवशिष्ट पुरानी सामाजिक संरचनाओं से व्यापक रूप में जिन वर्गों-उपवर्गों की हित-सिद्धि होती है वे आपसी हित-टकराव और तज्जन्य विचारधारात्मक पार्थक्य के बावजूद यथास्थिति में हिमायती होते हैं। मनुष्य की असमर्थता और हीनता का दर्शन प्रतिपादित करके वे निष्क्रियता और भाग्यवाद का पाठ पढ़ाते हैं। कलाकार "समाज के किसी भी तात्कालिक सुधार में अपनी असमर्थता अनुभव करता है...।"[31] भावी परिवर्तन की भयावहता का प्रचार करके वे किसी भी सामाजिक परिवर्तन के प्रति लोगों की आस्था डिगाते हैं : "अमुक दलित वर्ग जब क्रान्ति के ज़ोर से शास्ता वर्ग बन बैठा है, तब मालूम हुआ कि वही शोषक बन गया है।"[32] इसलिए समाज के वर्गीय चरित्र और दिनोंदिन उग्र होते हुए वर्ग-विरोधों को छिपाने या नज़रन्दाज़ करने की कोशिश करते हैं और जन-संघर्षों को कुण्ठित करने के लिए यह सीख देते हैं कि "...संघर्ष से परे अस्तित्व ही तो सार्थकता है—स्वयं अर्थ है...।"[33]

यथास्थितिवादी शक्तियों की प्रगति-विरोधी भूमिका का उद्‌घाटन करते हुए मॉस्क्विचोव ने लिखा था : "न तो सभी वर्ग-हित सामाजिक प्रगति को, सामाजिक अन्तर्विरोधों और समस्याओं के समाधान को प्रोत्साहित करते हैं, न ही सभी वर्ग हमेशा सामाजिक उत्पादन, विज्ञान और संस्कृति के स्वस्थ विकास में रुचि रखते हैं, क्योंकि ऐसी प्रगति उनके अस्तित्व को ही खतरे में डाल सकती है।"[34]

इसके विपरीत, अनेकानेक वर्गों-उपवर्गों में विभक्त जन-समुदाय है जिसके हित वर्तमान वर्ग-विरोधों से बाधित होते हैं। वर्ग-समाज श्रम के शोषण पर टिके होते हैं इसलिए श्रमजीवी जन-समुदाय शोषण तन्त्र को बदलना चाहता है। सम्भव है, उन्हें इस परिवर्तन की दिशा का सही बोध न हो। इस दूसरे वर्ग-समुच्चय में वह तमाम जन-समुदाय आ जाता है जो अपने भौतिक और आत्मिक श्रम से सामाजिक सम्पदा की सृष्टि करता है। औद्योगिक क्रान्ति और विज्ञान के उत्थान के साथ श्रम की सृजन-क्षमता में क्रान्तिकारी अभिवृद्धि हुई है। विज्ञान और प्रविधि के विकास के साथ मनुष्य अत्यन्त संजटिल औज़ारों को बरतने में सक्षम हो गया है। भाप, बिजली,

नाभिकीय ऊर्जा, इस्पात, इलेक्ट्रानिकी, स्वचालन और साइबरनेटिक्स ने मनुष्य के श्रम में गुणात्मक परिवर्तन ला दिया है। श्रम में एक नयी विलक्षण सृजनशक्ति आ गयी है। इस ज्ञानदीप्त श्रम का स्पर्श स्वयं एक नया जादू है। इसकी चमत्कारी सृजनशक्ति, 'अणोरणीयान् महतीमहीयान्' का सृजन कर रही है तथा परमाणु के नाभि का और पृथ्वी के गुरुत्वाकर्षण को तोड़कर अन्तरिक्ष की गहराइयों का भेदन कर रही है।

पाश्चात्य चिन्तक हर्बर्ट रीड ने लिखा है–"समाज का स्वास्थ्य और कल्याण उसके सदस्यों के श्रम और विज्ञान पर निर्भर करता है, किन्तु जब तक श्रम और विज्ञान स्वयं श्रमजीवियों द्वारा निर्दिष्ट और नियन्त्रित नहीं किये जाते तब तक न स्वास्थ्य सम्भव है और न कल्याण।"[35] वर्तमान समाज की असंगति यही है कि यन्त्र का स्वामी स्वयं श्रमजीवी नहीं है। श्रम के सृजन-सामर्थ्य में वृद्धि के अनुपात में विरोधी हितों का टकराव उग्र-से-उग्रतर और उग्रतम होता गया है। लेनिन ने इस टकराव की उग्रता को देखते हुए इसे 'समझौताविहीन-विरोध' कहा था।[36]

पूँजीवाद का सूत्रपात हुआ औद्योगिक क्रान्ति से। "सामन्ती व्यवस्था में खाने-पहनने की चीज़ें मशीनों से नहीं, हाथ से, बड़े पैमाने पर नहीं, छोटे पैमाने पर, कारखानों में नहीं, खेत, घर या दूकान पर तैयार की जाती हैं।"[37] सामन्ती व्यवस्था के ये दस्तकारी के औज़ार जब श्रम की उत्पादकता बढ़ाने में बाधक बनने लगते हैं और श्रम-विभाजन पर आधारित बड़े-बड़े मैनुफैक्चरिंग प्रतिष्ठानों का उदय होने लगता है तब श्रम अपनी नयी आवश्यकता के अनुरूप नये उपकरणों (अर्थात् यन्त्रों या औज़ारों) का आविष्कार करता है।[38] मार्क्स के शब्दों में, हाथचक्की आपको सामन्ती समाज देती है, भाप चक्की औद्योगिक पूँजीवादी।[39]

इस प्रकार, पूँजीवाद उत्पादन-साधनों (उपकरणों) में क्रान्ति लाता है, उत्पादन सम्बन्धों में नहीं। वह वर्ग समाज का ही एक रूप होता है। पूँजीवाद की विशेषता यह है कि उसमें मशीनों से बड़े पैमाने पर उत्पादन किया जाता है। औद्योगिक केन्द्रों के उदय के साथ उत्पादन-प्रक्रिया का चरित्र घर, खेत या दूकान पर होने वाले उत्पादन जैसा सरल और सीधा नहीं रह जाता, वरन् वह अत्यन्त जटिल, निर्मम और निर्वैयक्तिक स्वरूप ग्रहण करता जाता है। पूँजीवादी उत्पादन जहाँ एक ओर अत्यन्त जटिल श्रम-विभाजन पर आधारित होता है वहीं दूसरी ओर वह वर्ग-विरोधों को बेहद सरल बना देता है।

उत्पादन के नये उपकरणों और उत्पादक शक्तियों के क्रान्तिकारी परिवर्तन के साथ पूँजीवाद का जन्म विज्ञान के जन्म का भी द्योतक बन गया है। विज्ञान ने परिवेश के साथ मनुष्य के नये अन्तस्सम्बन्ध और नये अनुपात स्थापित किये हैं।

बद्रीनाथ तिवारी के शब्दों में इस अन्तस्सम्बन्ध और अनुपात-बोध के फलस्वरूप मानव समाज विकास की "उस मंजिल पर पहुँच गया है जहाँ से वह इस पूरे विकास के नियमों को पूर्ण वस्तुगत, वैज्ञानिक ढंग से सूत्रित कर सकता है, भावी दिशा का पूर्वानुमान कर सकता है और उस दिशा में समाज को आगे ले जाने के लिए अपनी 'नियति' में दखल दे सकता है।"[40] इस नयी शक्ति और सम्भावना को पहचानने और उसे साकार करने की क्षमता स्वयं विज्ञान की देन है। परिवेश के साथ मनुष्य के सापेक्ष्य-सामर्थ्य और उसके वस्तुगत ज्ञान में वृद्धि के समानान्तर मनुष्य की सजग भूमिका और उसके दायित्व में भी अभिवृद्धि होती जाती है। संक्षेप में, मानव-समाज और चेतना का विकास स्वयंस्फूर्तता से सजगता, नियति से सक्रिय हस्तक्षेप की दिशा में हुआ है।

वैज्ञानिक चेतना के विकास का परिणाम यह है कि नियति और प्रगति की शक्तियों में विरोध अधिकाधिक उग्र होता जा रहा है। कार्ल मार्क्स के शब्दों में, "...आज पूरा समाज दो विशाल शत्रु शिविरों में, एक-दूसरे के खिलाफ खड़े दो विशाल वर्गों में—पूँजीपति और सर्वहारा वर्ग में...अधिकाधिक विभक्त होता जा रहा है।"[41] यह सम्भव नहीं है कि दोनों में समन्वय स्थापित किया जाय। एक का हित दूसरे के हित का बहिष्कार करता है।[42] फलतः यथास्थितिवादी शक्तियों के विरुद्ध अविरोधात्मक समाज के निर्माण के लिए भविष्य-विधायक सर्वहारा वर्ग (श्रमजीवी जन-समुदाय) को एक नये वैचारिक अस्त्र की ज़रूरत होती है। उसका यह वैचारिक अस्त्र विश्व को समझने, उसका रूपान्तरण और पुनर्निर्माण करने में उसकी मदद करता है। विज्ञान आज की चेतना का रूप है, अर्थात् विज्ञान वर्तमान युग की विचारधारा है। इसलिए यह आवश्यक है कि भविष्य-विधायक शक्तियाँ विज्ञान की दृष्टि अपनायें और विज्ञान की विधि को अपना आधार बनायें।

विज्ञान की विचारधारा के उदय के साथ मनुष्य के श्रम को जो नवीन अर्थवत्ता और गुणवत्ता प्राप्त हुई है उसे मार्क्सवाद अपने दर्शन का केन्द्रबिन्दु मानता है। मार्क्सवाद के इस पक्ष को रेखांकित करते हुए टामस और जान चेट्टिमेट्टम ने लिखा है कि मार्क्सवाद मानवीय श्रम को मनुष्य का निर्माण करने और वस्तुगत यथार्थ को मानवीय यथार्थ में परिवर्तित करने वाले गतिशील तत्त्व के रूप में देखता है।[43] भावी परिवर्तन की दिशा का निर्धारण वह विज्ञानप्रसूत सकर्मकता के आधार पर, नियतिवाद के विरुद्ध सजग सहभागिता के आधार पर करता है। श्रम को मूल्यवत्ता प्रदान करके वह श्रमजीवी जन-समुदाय की वैचारिक-दार्शनिक विश्व-दृष्टि बन जाता है और श्रमजीवी जनता को ही भावी परिवर्तन का, समाज के अविरोधात्मक विकास का वाहक घोषित करता है। दो शत्रु-शिविरों में समन्वय स्थापित करने की मध्य-युगीन असमर्थता का अतिक्रमण करके वह सम्पत्ति के व्यावसायिक और

अमानवीय चरित्र का उद्घाटन करता है और सम्पत्ति की प्रभुता के उन्मूलन की अनिवार्यता प्रतिपादित करता है।

यह संयोग की बात नहीं है कि यथास्थिति से अपने हित जोड़कर चलने वाले विद्वान् मार्क्सवाद के विरुद्ध प्रचार करने के प्रश्न पर एकमत और दृढ़निष्ठ हैं। इस रुझान का भौतिक-दार्शनिक स्वरूप जैनेन्द्र के इस कथन से उजागर हो सकता है : "कुछ की आर्थिक सम्पन्नता के प्रति आकांक्षा और सम्पन्नता के वर्तमान भोक्ताओं के प्रति विद्वेष जगाने से उसका (मार्क्सवाद का) काम सधता है।"[44] सम्पन्नता के वर्तमान भोक्ताओं के प्रति तीव्र सहानुभूति जगाने वाला यह सिद्धान्त वर्तमान विपन्नता पीड़ितों को 'पड़ोसी की कीमत पर बड़ा न बनने'[45] की नैतिक सलाह देकर क्या स्वयं किसी वर्ग की रक्षा का प्रयत्न नहीं करता? फिर तटस्थता की मुद्रा क्यों? पूँजीवादी उत्पीड़न कायम रखने वाली विचारधाराओं की यह विशेषता है कि वे अपना मन्तव्य साफ-साफ नहीं व्यक्त कर सकतीं।

इसके विपरीत मार्क्सवाद मानवतावादी चिन्तन-परम्परा का वैज्ञानिक विकास करता हुआ अब्राहम लिंकन के 'सच्चे लोकतंत्र' सम्बन्धी इन सूत्रों को अपना मूलमन्त्र मानता है—"नागरिक के रूप में सभी नागरिक बराबर हैं" और "सभी मनुष्य समान सिरजे गये हैं।"[46] उनमें छोटे-बड़े, ऊँच-नीच आदि का भेद-भाव मनुष्य का अपना बनाया हुआ है। आज जब ये भेद-भाव समाज और मनुष्य के लिए अहितकर हो गये हैं और उनका तर्कसंगत समाधान सुलभ है तब उनको बनाये रखने की इच्छा मनुष्य के कर्म के तिरस्कार का मार्ग प्रशस्त करती है। इसीलिए कार्ल मार्क्स दृढ़ स्वर में घोषित करते हैं कि "कम्युनिस्ट अपने विचारों और उद्देश्यों को छिपाना अपनी शान के खिलाफ समझते हैं। वे खुलेआम ऐलान करते हैं कि उनके लक्ष्य पूरी वर्तमान सामाजिक व्यवस्था को बलपूर्वक उलटने से ही सिद्ध किये जा सकते हैं। कम्युनिस्ट क्रान्ति के भय से शासक वर्ग काँपा करें। सर्वहारा के पास खोने के लिए अपनी बेड़ियों के सिवा कुछ नहीं है। जीतने के लिए सारी दुनिया है।"[47]

इस प्रकार, सर्वहारा क्रान्ति जिस वर्गहीन समाज की रचना का ध्येय लेकर चलती है वह वर्तमान विरोधात्मक समाज के उन्मूलन द्वारा ही सम्भव है। विज्ञान की विचारधारा के प्रसार के साथ मनुष्य की सजग और सक्रिय भूमिका में अभिवृद्धि के कारण सामाजिक टकरावों की उग्रता ने यथास्थितिवादी शासक वर्ग को अधिक अमानवीय बना दिया है। वह अपनी अस्तित्व-रक्षा के प्रयत्न में परिवर्तनकामी शक्तियों के विरुद्ध अपना आक्रमण घनीभूत करता है। परिवर्तन की किसी भी आशंका से भयाक्रान्त शासक-वर्ग शोषण और सामाजिक अन्तर्विरोध-उत्पीड़न कायम करने के लिए अपनी सारी शक्ति लगा देता है। इसलिए अविरोधात्मक समाज की वाहक शक्तियों को बलपूर्वक वर्तमान समाजिक व्यवस्था को उलटना पड़ता है।

टामस और चेट्टिमेट्टम का कहना है कि वर्गहीन समाज की मार्क्सवादी परिकल्पना मनुष्य के कर्ता व्यक्तित्व में उसकी आस्था का परिणाम है।[48] वैज्ञानिक विचारधारा के विकास के साथ मनुष्य की सीमाएँ टूटी हैं और उसकी रचनात्मक सम्भावनाओं के नये-नये क्षितिज उद्घाटित हुए हैं। अपनी रचनात्मक क्षमताओं को साकार करने के लिए यह ज़रूरी है कि मनुष्य ज्ञान और कर्म को पारस्परिक अन्तस्सम्बद्धता में देखे। हम पहले देख चुके हैं कि विज्ञान ने मनुष्य की सजग और सक्रिय भूमिका के तीन आयाम रेखांकित किये हैं : वस्तु या प्रक्रिया का ठोस, अखण्ड ज्ञान, उसे भौतिकतः और व्यवहारतः हासिल करने की इच्छा तथा इच्छा को मूर्त रूप देने का—कर्म का—उद्देश्य और कार्यक्रम, यानी कि वस्तु या प्रक्रिया के रूपान्तरण की सम्यक् योजना। आद्योपान्त अखण्ड प्रक्रिया होने के नाते मनुष्य के ज्ञान और कर्म में भेद करना अवैज्ञानिक है। मार्क्सवाद मनुष्य के सकर्मक अस्तित्व को अपना दार्शनिक आधार मानता है इसलिए हर्बर्ट मूलर उसे वैज्ञानिक दृष्टिकोण पर आधारित बताते हैं। उनके अनुसार मार्क्सवाद ने अपनी प्रामाणिकता विज्ञान से अर्जित की है।[49]

संक्षेप में, मनुष्य का श्रम उसके विकास की धुरी है। विज्ञान श्रम की सृजनात्मक अन्तर्वस्तु को अधिकाधिक मानवीय धरातल प्रदान करता है। अपने इस प्रयत्न में मनुष्य अन्धशक्तियों पर विजय हासिल करता है तथा श्रम की सृजनात्मक क्षमताओं में बाधक अन्तर्विरोधों का समाधान करता है। विज्ञान मनुष्य के बौद्धिक विकास की अत्यन्त उन्नत अवस्था है। वह प्रकृति और मानवमात्र के बीच अन्तर्विरोधों को तथा समाज के आन्तरिक अन्तर्विरोधों को उद्घाटित करता है। मानवीय सामर्थ्य में सृजात्मक परिवर्तन लाकर वह प्राकृतिक शक्तियों के मानवीय उपयोग का मार्ग प्रशस्त करता है। प्रकृति के साथ अपने समष्टिगत अन्तर्विरोधों को पहचानकर मनुष्य अपने सजग प्रयत्न द्वारा उन पर अपना अधिकार बढ़ाता जाता है। चूँकि सांस्कृतिक प्रक्रियाएँ मानव-अस्तित्व से स्वाधीन हैं इसलिए वह उनका नियमन-निर्धारण नहीं कर सकता। अधिक-से-अधिक वह उन पर अपना नियन्त्रण कायम करके उनका मानवीय उपयोग कर सकता है और अपने ऊपर पड़ने वाले अनिष्टकारी प्रभाव को सीमित कर सकता है। लेकिन समाज का अस्तित्व मनुष्य और उसके पुरुषार्थ (गुण) पर निर्भर है। वह अपने पुरुषार्थ द्वारा सामाजिक अन्तर्विरोधों का समाधान कर सकता है। ज्ञान और कर्म की इस नयी भूमिका के साथ मनुष्य के निर्णय और दायित्व-बोध का महत्त्व बहुत बढ़ जाता है। अपने परिवेश के मानव-बोध की दिशा बौद्धिकीकरण की दिशा है जिसे हम दो स्तरों पर देख सकते हैं—

1. इन्द्रियज ज्ञान से विचारात्मक ज्ञान तक की यात्रा में; और
2. अन्धविश्वास (वस्तु-आत्मीकरण) से विज्ञान (आत्म-वस्त्वीकरण) तक की

यात्रा में।

बौद्धिक उन्मेष के इस युग में व्यक्ति के अन्तर्जगत् को आन्दोलित करने वाले वस्तु और क्रिया के बिम्बों की अन्तर्वस्तु (उनका आन्तरिक आशय) भी परिवर्तित और विकसित तथा सरल से जटिल और जटिल-से-जटिलतर होती गयी है। बिम्बों का स्वरूप मूर्त होता है। बिम्बों की अन्तर्वस्तु में जटिलता बढ़ने के साथ मनुष्य के चिन्तन में जटिलता बढ़ती है। अवधारणात्मक प्रत्ययों का विकास अत्यन्त जटिल मस्तिष्क के बिना सम्भव न था। इस प्रकार मूर्त बिम्बों से अमूर्त प्रत्ययों तक का विकास मानव-चेतना की जटिलता, सृजनात्मकता, सकर्मकता, सजगता और सामर्थ्य की संशिलष्ट अभिव्यक्ति करता है।

मनुष्य के वस्तुगत ज्ञान और सापेक्ष सामर्थ्य तथा सजग भूमिका और दायित्व में अभिवृद्धि के समानान्तर उसी अनुपात में रचनाकर्म की स्वयंस्फूर्तता (रचनाकार की नियतिबद्धता अथवा निमित्तता) घटती है और सामाजिक सन्दर्भवत्ता बढ़ती है। कपड़ा धोते समय धोबी या बोझ ढोते हुए श्रमिक के स्वर-प्रवाह में और आदिवासी समूह के स्वर-समारोह में और एक कवि के गान में इस विकासमान क्रम को बखूबी देखा और समझा जा सकता है। इस आधार पर यह सूत्रित किया जा सकता है कि मनुष्य की सजगता में अभिवृद्धि के साथ उसी अनुपात में रचनाकार की विचारधारा का महत्त्व भी बढ़ता जाता है। विचारधारा व्यक्ति की अपने अन्तर्जगत् और बाह्यजगत् की तथा इनके अन्तस्सम्बन्धों की अविकल और अविरोधात्मक समझदारी को कहते हैं इसलिए न तो किसी व्यक्ति (खासकर साहित्यकार) के विचारधाराहीन होने की कल्पना की जा सकती है और न वर्ग-आधारित समाज में विचारधारा के गैर-वर्गीय चरित्र की। मनुष्य की चेतना उसके इन्द्रियबोध, भावजगत् और विचारों की पारस्परिक विच्छिन्नता के कारण संगठित और विकसित नहीं हुई है; बल्कि ये तीनों तत्त्व गहन अन्तस्सम्बन्ध में, परस्पर घात-प्रतिघात में आकर मानव-चेतना का गठन करते हैं। इसलिए सौन्दर्य बोध और विचारधारा में भेद या विरोध दर्शाने की प्रवृति मनुष्य के व्यक्तित्व का विघटन करती है। विज्ञान मानव-अस्तित्व की सम्पूर्णता को मनुष्य की शक्ति का कारण मानता है। इससे स्पष्ट होता है कि मनुष्य के व्यक्तित्व के विघटन की प्रवृत्ति मनुष्य को शक्तिहीन और निष्क्रिय बनाने की योजना का अंग है। सामाजिक अन्तर्विरोधों के सन्दर्भ में देखने पर मालूम होगा कि मनुष्य का विघटन, उसकी शक्तिहीनता और निष्क्रियता का प्रतिपादन अन्ततः यथास्थितिवादी शक्तियों के हित में जाता है। रचनाकर्म की स्वतः स्फूर्तता और रचनाकार की दायित्वहीनता की मान्यताएँ यथास्थिति की विचारधारा से सम्बद्ध हैं।

मानव संज्ञान के अन्य रूपों—राजनीति, दर्शन, धर्म आदि की ही भाँति विज्ञान

और कला के क्षेत्र में भी यथास्थितिवादी और भविष्य-विधायक विचारधाराओं का विरोध आसानी से देखा जा सकता है। यह विरोध कला के यथार्थ आधारित चरित्र और रचना-प्रक्रिया की वस्तुनिष्ठता एवं आन्तरिकता के सम्बन्ध में उठने वाले विवादों में ही परिलक्षित नहीं होता, वरन् कला में मानव-अस्तित्व की अभिव्यक्ति के प्रश्न पर भी साफ-साफ उभरकर आता है। 'सहज-वृत्तियों' के नाम पर कला को मनुष्य के सचेतन व्यक्तित्व से असम्बद्ध करके कला की विचारहीनता या असजगता का प्रतिपादन करने वाले तरह-तरह के मनोविज्ञानवादी-स्वप्नवादी सिद्धान्त अन्ततः कला और मनुष्य को असामाजिक वृत्तियों और काम-कुंठाओं का पुंज मात्र बना देते हैं। फ्रायड के मनोविश्लेषण की सबसे बड़ी असंगति यही है कि वे लिविडो को काम-वृत्ति का पर्याय मानकर मानव-चेतना के समस्त कार्यकलाप को कामतृप्ति का स्थानापन्न मात्र घोषित करते हैं। उनकी इस असंगति को चुनौती देते हुए उन्हीं के एक अनुयायी बी. एस. लेविस ने सृजन और काम सम्बन्धी प्रक्रियाओं के मौलिक अन्तर को स्पष्ट किया और इस आधार पर दोनों से प्राप्त होने वाले परितोष या तृप्ति के स्तरों को अलग-अलग सिद्ध किया। उन्होंने यह दो-टूक निष्कर्ष निकाला कि "कविता कामतृप्ति का स्थानापन्न नहीं है।"[50]

कला मनुष्य की सृजनात्मक अन्तर्वस्तु की अभिव्यक्ति का अभेद्य दुर्ग है। कला उन क्षेत्रों में से एक है जहाँ मनुष्य अपनी "सृजनशक्ति को बारम्बार और निस्सीम हद तक चरितार्थ कर सकता है।"[51] दूसरे शब्दों में, कला मनुष्य का ऐसा सृजनात्मक प्रयत्न है जिसे वह अपनी सृजनवृत्ति के परितोष के लिए सम्पन्न करता है। मनुष्य के इस सृजनात्मक प्रयत्न में यन्त्र आदि की भूमिका जितनी सीमित होती है, इससे मिलने वाला कलात्मक परितोष उतना अधिक होता है। इस प्रयत्न के अभाव में उसे सृजनात्मक परितोष नहीं मिल सकता। कलाकर्म में मानवीय प्रयत्न की केन्द्रीय भूमिका को स्वप्न और कविता या कला के अन्तर में भी देखा जा सकता है। पं. हजारीप्रसाद द्विवेदी ने कला को "प्रयत्नसाध्य सिसृक्षा का परिणाम या फल" कहकर "प्रयत्न-निरपेक्ष सर्जनात्मक शक्ति की सूचना" देने वाले स्वप्न से उसका अन्तर स्पष्ट किया है।[52] यदि स्वप्न और कला में कोई फर्क न होता तो दोनों से मिलने वाले कलात्मक या सृजनात्मक परितोष में कोई अन्तर नहीं होना चाहिए था। दूसरी ओर, स्वप्न मनुष्य की प्रयत्न-निरपेक्ष सृष्टि है इसलिए व्यक्ति उसके लिए उत्तरदायी नहीं होता, हालाँकि स्वप्न मनुष्य चित्त को व्यक्त अवश्य करते हैं। कविता प्रयत्नसाध्य सृष्टि होने के नाते ही स्वप्न से भिन्न होती है। उसमें कवि का दायित्व और व्यक्तित्व समन्वित रहते हैं। प्रयत्नसाध्य सिसृक्षा का फल होने के कारण ही कला जीवन-जगत् और समाज के सभी पक्षों के प्रति कलाकार की 'समग्र अवधारणा'[53] को व्यक्त करती है।

बहुधा यह देखने में आता है कि कला में व्यक्तित्व अथवा यथार्थ की अखण्डता

और समग्रता से इनकार किया जाता है। यह अस्वीकार किसी एक रूप या किस्म का नहीं होता। किन्तु इन मान्यताओं का अध्ययन करने पर हम पाते हैं कि उनका मूल उद्देश्य होता है कला में मनुष्य के सजग वैचारिक पक्ष का निषेध। फिनलैण्ड के बुद्धिजीवी पेण्टी होलपा ने विचारधारा को राजनीति और समाज से जोड़कर साहित्य को राजनीति से बचाने का आह्वान किया है। उनकी समझ से मनोवैज्ञानिक साहित्य ही सच्चा साहित्य होता है। और राजनीति, विचारधारा या समाज से जुड़ा साहित्य सफल या असफल प्रचार से बढ़कर कुछ नहीं होता।[54]

इसी पद्धति से विचार करने वाले राबर्ट ग्रेब्ज सोचते हैं कि "कलाकार के सामाजिक व्यवहार का कोई बना-बनाया नियम नहीं होता।" उसे किसी बने-बनाये नियम से बँधना भी नहीं चाहिए। राजनीतिक पार्टियाँ नियम-अनुशासन और विचार- धारा पर आधारित होती हैं इसलिए "कलाकार उनका सदस्य नहीं बन सकता।"[55]

राजनीतिक पार्टियाँ निश्चित विचारधारा से जुड़ी होती हैं, यह सही है। विचार-धाराएँ सदैव वर्ग-स्थिति से उत्पन्न दृष्टिकोण पर आधारित होने के नाते वर्गीय होती है, इसलिए राजनीतिक पार्टियाँ किसी-न-किसी वर्ग का प्रतिनिधित्व करती हैं। हर पार्टी अपने वर्गीय अनुशासन से आबद्ध होती है, यह बात और भी सही है लेकिन कलाकार वर्ग-स्थिति से स्वतन्त्र और विचारधाराहीन होता है, यह नहीं कहा जा सकता। विचारधारा राजनीति का पर्याय नहीं होती। मानव-संज्ञान केवल राजनीति पर आधारित या उसी में केन्द्रित है, यह धारणा भ्रामक है। विचारधारा मानव-संज्ञान का पर्याय है इसलिए उसका सम्बन्ध "केवल बुद्धि से नहीं, मनुष्य के हृदय, अनभूतियों और इच्छाओं"[56] से भी है। यही कारण है कि राजनीति के अलावा साहित्य, कला, धर्म, विज्ञान आदि विषयों पर भी राजनीतिक पार्टियों का अपना दृष्टिकोण होता है। यह दृष्टिकोण वर्ग-स्थिति से उत्पन्न होता है। यदि कलाकार राजनीति या राजनीतिक पार्टी से जुड़ता है तो वस्तुतः वह अपनी सजग सहभागिता और प्रतिबद्धता को ही साकार करता है। राजनीतिक प्रतिबद्धता से कला की क्षति नहीं होती, बल्कि उसमें निखार आता है। राजनीति या कला में मनुष्य के भावजगत् और सजग विचारात्मक व्यक्तित्व विभाजित होकर नहीं आते, बल्कि समग्र और संश्लिष्ट रूप में आते हैं। अन्तर इतना है कि राजनीति में विचारों की प्रमुखता होती है और कला में सौन्दर्य-बोध की।

किन्तु मनुष्य के सजग और सहज व्यक्तियों में द्वैत निरूपित करने वाले क्रोचे[57] का अभिव्यंजनावाद भी उक्त चिन्तकों की भाँति कला और मनुष्य सम्बन्धी भ्रान्त धारणाओं से ग्रस्त है। क्रोचे मनुष्य के व्यक्तित्व को व्यावहारिक और आत्मिक पक्षों में और फिर आत्मिक व्यक्तित्व को सजग और सहज पक्षों में विभक्त

करके देखते हैं। वह सौन्दर्य को व्यवहार-च्युत ज्ञानरूपता में स्थित मानते हैं। ज्ञान निश्चयात्मक बुद्धि से सर्वथा स्वतन्त्र है। वह बौद्धिक न होकर अन्तःप्रेरणा पर आधारित प्रातिभ या सहज होता है। कला कल्पना के सहारे अन्तःप्रेरणा की अभिव्यक्ति होती है। इस प्रकार एक ओर तो क्रोचे स्वयंस्फूर्ततावादी सृजन-सिद्धान्तों की पुष्टि करते हैं और दूसरी ओर सहज प्रज्ञा, अभिव्यंजना, रूप और सौन्दर्य सब को एकीभूत कर देते हैं।

उनका यह एकीकरण अनुपयुक्त है।[58] किन्तु इससे भी अधिक अनुपयुक्त है उनका व्यक्तित्व-विभाजन। उनका सौन्दर्य-चिन्तन जिस भेदवाद पर आधारित है, शुक्ल जी ने उसे व्याधि कहा है। इस व्याधि की जड़ है व्यक्तिवाद।[59] व्यक्तिवाद पर आधारित यह भेदभाव कला को अत्यन्त संकीर्ण धरातल पर ला खड़ा करता है। कला व्यवहार और बुद्धि से स्वतन्त्र शुद्ध अन्तःप्रेरणा है, यह मान्यता कला को कलाकार के व्यक्तित्व और इच्छाशक्ति से पृथक् करने की प्रवृत्ति को जन्म देती है। साथ ही, यह कला को निष्क्रिय, अबौद्धिक अन्तः-प्रेरणा पर आधारित काल्पनिक सृष्टि कहकर उसकी गतिहीनता और दिशाहीनता का मार्ग प्रशस्त करती है।

कहने की आवश्यकता नहीं कि बुद्धि और कर्म से स्वतन्त्र यह सौन्दर्य-बोध मनुष्य को प्रवाह-पतित, कुण्ठित, क्षुद्र और पंगु बनाता है। रचनात्मक धरातल पर यह सौन्दर्य-बोध जिस धारा को प्रवाहित करता है उसका उदाहरण अज्ञेय जी का यह कथन है—"अपने प्यार के बदले अपनी भूख का दुखड़ा रोने से कोई विशेष अन्तर नहीं पड़ता, केवल श्रोता के लिए वह दुखड़ा और भी कम प्रीतिकर हो जाता है।"[60] निश्चित जीवन-यथार्थ से जुड़कर चलने के परिणामस्वरूप कर्म और बुद्धि का बहिष्कार करने वाला सौन्दर्यशास्त्र अन्ततः 'नैसर्गिक वृत्तियों' के नाम पर उसी व्यावसायिकता का शिकार हो गया जिसकी तीखी आलोचना करते हुए स्वयं पूँजीवादी साहित्य-आलोचक रिचर्ड्स ने उसे व्यावसायिक पूँजीवाद का परिणाम बताया था। पूँजीवादी कला के इस बाजारोन्मुख चरित्र को रेखांकित करते हुए जार्ज थॉमसन ने कहा था कि पूँजीवादी उत्पादन में कलाकार के व्यक्तित्व को कोई मूल्य प्राप्त नहीं होता और "कविता पण्य बन जाती है, कवि खुले बाजार के लिए सृजन (उत्पादन) करता है, जिसकी माँग धीरे-धीरे घटती जा रही है।"[61] पाठक के प्रीतिकर विषयों पर लिखने की अतिरिक्त चिन्ता से इसी तथ्य की पुष्टि होती है। माँग और पूर्ति के नियमों पर रचा जाने वाला पूँजीवादी साहित्य लेखक की इच्छा का कम, उसकी विवशता का परिणाम अधिक होता है। इस प्रसंग में कला और यथार्थ के जटिल रिश्ते को व्यक्त करने वाली लेव तोलस्तोय की यह आत्मस्वीकृति महत्त्वपूर्ण है—

"अपने लेखन में मैने ठीक वैसा ही किया जैसा मैं अपने जीवन में करता था। ख्याति और मुद्रा—जिसके लिए मैं लिखता था, यह ज़रूरी था कि अच्छाई (भलाई) को छिपाया जाय और बुराई को चित्रित किया जाय। और मैने वैसा किया।"[62]

वास्तविक तथ्यों को विकृत करके प्रस्तुत करने की यह विवशता (या स्वेच्छा!) इसी पूँजीवादी उत्पादन का परिणाम है। कला को धर्म के रूप में स्वीकार करने वाले कलाकार वस्तुतः इस असंगति से मुक्ति पाने के लिए छटपटाते हैं। पूँजीवादी उत्पादन के अन्तर्विरोधों को और उसकी विसंगतियों के साहित्य पर पड़ने वाले प्रभाव को न समझ पाने के कारण बहुधा कलाकार अपने सृजनात्मक कार्य को विभाजित करके उससे छुटकारा पाना चाहता है। एक ओर तो वह अभिव्यक्ति और सम्प्रेषण की अपनी आन्तरिक ज़रूरतों के लिए सृजन करता है; और दूसरी ओर बाह्य आवश्यकताओं की तुष्टि के लिए—बाजार के लिए—रचना करता है। "इस प्रकार कलाकार पूँजीवादी समाज में वास्तविक जीवन के विघटित चरित्र का पुनर्सृजन करता है।"[63] अपने इस आन्तरिक विघटन और विभाजन के प्रति भी वह सजग नहीं होता। अर्थात, अपनी आन्तरिक और बाह्य स्थितियों और उनके अन्तस्सम्बन्धों के प्रति सजग न होने के कारण कलाकार-व्यक्ति और उसकी रचना, दोनों बाह्य अन्तर्विरोधों का शिकार हो जाते हैं।

इस प्रकार, यथास्थिति से सजग रूप में अपने हित जोड़ने वाले रचनाकारों के अलावा ऐसे रचनाकारों की भी कमी नहीं है जो वास्तविकता के अन्तर्विरोधों की समझ और पकड़ न रखने के कारण स्वयं उनके वाहक बन जाते हैं। कार्ल मार्क्स ने लिखा था कि सत्ताधारी वर्ग के विचार प्रत्येक युग में सत्ताधारी विचार होते हैं। वे प्रभुता सम्पन्न भौतिक सम्बन्धों का आदर्श रूप प्रस्तुत करते हैं।[64] वास्तविक सृजन के प्रति उदासीन रहने वाला कलाकार युग की स्वीकृत विचारधारा से स्वयं को अधिक समय तक मुक्त नहीं रख सकता। यह सही है कि कलाकार सत्ताधारी भौतिक सम्बन्धों और विचारों को प्रकट रूप में स्वीकार नहीं करता। आज तक कोई भी ऐसा सच्चा कलाकार नहीं हुआ जिसे शोषक व्यवस्था का गुणगान करने की आन्तरिक आवश्यकता अनुभव हुई हो। इसीलिए लेनिन ने कहा था कि कला बहुमत पर अल्पगत के शासन को सबसे कम स्वीकार करती है। यहाँ तक कि अनेक कलाकारों का कलावाद भी पूँजीवाद की व्यावसायिक वृत्ति के निषेध का प्रयत्न है। इसका स्वर नकारात्मक है। वे कला को सामाजिक सन्दर्भों से नहीं जोड़ना चाहते हैं क्योंकि वर्तमान समाज का यथार्थ बेहद विकृत और कुरूप है। वे यथार्थ की उपेक्षा करके वर्तमान समाज की विकृतियों का अतिक्रमण करना चाहते हैं। इससे उनकी कला में दिशाहीनता आती है।

पूँजीवाद के दुष्प्रभाव को, उसके अमानवीय व्यावसायिक चरित्र और सर्वांगीण विघटनकारी स्वरूप को रेखांकित करते हुए डॉ. धर्मवीर भारती कहते हैं कि स्वतन्त्रता, गौरव, करुणा और सौन्दर्य आदि मूल्य निरर्थक हो गये हैं। इन मूल्यों में अर्थ की प्रतिष्ठा तभी की जा सकती है "जब समाज का वैषम्य दूर हो जाय और वर्ग-वर्ग का भेद मिट जाय।"[65] यह भेद और वैबम्य सामाजिक और आर्थिक है। इसका समाहार भी सामाजिक-आर्थिक धरातल पर सम्भव है। किन्तु वे इन प्रक्रियाओं को अस्वीकार करते हैं। व्यवस्थागत विकृतियों को दूर करने के लिए संगठित प्रयत्नों की आवश्यकता है, लेकिन वे इन प्रयत्नों को मानव-गरिमा की निरर्थकता का कारण मानते हैं। वह सार्थक 'निजी विकल्प' के सहारे इस व्यवस्था का अतिक्रमण करना चाहते हैं। इससे वे इस नतीजे पर पहुँचे कि कोई भी विचारधारा या दर्शन इस दुर्भाग्य से मनुष्य को मुक्ति नहीं दिला सकता। इस प्रकार, अन्तरात्मा का पूर्ण विघटन अपरिहार्य है।[66] "मनुष्य को स्वतन्त्र, सचेत, दायित्वयुक्त" और "अपनी नियति, अपने इतिहास का निर्माता"[67] मानकर प्रस्थान करने वाले डॉ. भारती सामाजिक सन्दर्भों से विच्छिन्नता का अतिरिक्त आग्रह करने के नाते उस मंजिल पर पहुँचे जहाँ असंगति ही जगत् का नियम लगने लगती है। विवेक और दायित्व, संगति और क्रमबद्धता से पूर्णतया मुक्त होने का आग्रह उठने लगता है। केवल शून्य शेष रह जाता है।[68]

इस प्रकार, वे पूँजीवाद से चलकर निषेधवाद, पराङ्मुखता और व्यक्तिवाद तक पहुँचते हैं। उनका यह बोध विसंगत और विकृत यथार्थ के रूपान्तरण की चेतना को नहीं, बल्कि विफलता-बोध और पराजय-बोध को जन्म देता है। मध्यवर्ग से आने वाले अनेक रचनाकार इसी बिडम्बना के शिकार होते हैं। उनका पराजय-बोध सामाजिक अन्तर्विरोधों और अपने मित्र और शत्रु शक्तियों को ठीक-ठीक न पहचान पाने की उनकी वैचारिक असमर्थता की सूचना देता है। उनकी पीड़ा आकांक्षा और उपलब्धि के अन्तर्विरोध से उत्पन्न है। उनकी आर्थिक हैसियत और सांस्कृतिक स्वप्न के बीच जो खाई है उसे पाटने के लिए वे सजग और सक्रिय सहभागिता के बजाय, सकारात्मक पुरुषार्थ के बजाय निषेधवादी दृष्टि अपनाते हैं। फलस्वरूप वे न श्रमजीवी वर्ग का अंग बन पाते हैं, न सम्पत्तिशाली वर्ग का। अपने आगे-पीछे की कड़ी टूट जाने से उनमें सांस्कृतिक रिक्तता जन्म लेती है। यह सांस्कृतिक रिक्तता निराशा, कुण्ठा, पराजय-बोध और व्यक्तिवाद आदि का परिणाम और कारण दोनों है। यह संयोग की बात नहीं है कि आधुनिक व्यक्तिवाद का जन्म पूँजीवादी व्यवस्था के मूलबद्ध हो जाने के बाद, 19वीं सदीं में हुआ।[69] इस भाव-बोध का साहित्य मूल्यों का नहीं, मूल्यों के विघटन से उत्पन्न दृष्टि—निराशा, शंका, त्रास, असुरक्षा आदि—का वाहक है।

अस्वीकार और निषेध सकारात्मक मूल्य नहीं हैं। इन मूल्यों को धारण करके

चलने वाली साहित्य-दृष्टि मनुष्य के श्रम से अपना नाता तोड़ लेती है। समाज और संस्कृति मनुष्य के श्रम में निहित सृजन-क्षमता का परिणाम है। विश्व के श्रेष्ठतम साहित्य में समाज और संस्कृति की अवधारणाएँ समान अर्थ में प्रयुक्त हुई हैं।[70] यह साहित्य-दृष्टि कला और संस्कृति को भिन्न पथानुगामी बताती है।[71] इतना ही नहीं इस दृष्टि के अनुसार–"संस्कारों के सार्थक विस्तार में एस्थेटिक व्यापार समाप्त हो जाता है।"[72]

यह सौन्दर्य-दृष्टि यथास्थिति के हित में है। हम अपनी ओर से भले कहें कि सौन्दर्य-दृष्टि व्यवहार-दृष्टि या हिताहित भावना से मुक्त होती है,[73] किन्तु हमारी मान्यताएँ सामाजिक हितों से विच्छिन्न नहीं रह सकतीं। प्रगतिशील साहित्य विज्ञान द्वारा प्रस्तावित पुरुषार्थ के नये मूल्य को स्वीकार करके चलता है। इसलिए वह संस्कारों के सार्थक विस्तार और सांस्कृतिक-बोध और हिताहित विवेक से मुक्त होने की बात सोच भी नहीं सकता। प्रेमचन्द ने प्रगतिशील साहित्य के इस दृष्टिकोण को दो-टूक शब्दों में घोषित करते हुए कहा था कि अपनी सजग प्रखरता के कारण प्रगतिशील रचनाकार दो विरोधी धाराओं के बीच निरपेक्ष होकर नहीं रह सकता। "अर्थात् या तो उसे प्रगतिशील बनकर श्रमजीवी श्रेणी के साथ चलना पड़ेगा या प्रतिक्रियावादी फैशिज़्म का पल्ला पकड़ना पड़ेगा।"[74]

लेनिन ने साहित्य को परिवर्तन के लिए संघर्षरत श्रमजीवी वर्ग के हितों के साथ जोड़ने की आवश्यकता पर बल दिया था।[75] लेनिन द्वारा प्रस्तावित साहित्य की इस नयी भूमिका का चरित्र कितना गरिमामण्डित है, इसकी पुष्टि हिन्दी आलोचना के जनक आचार्य रामचन्द्र शुक्ल की साहित्य सम्बन्धी मान्यताओं से होती है। क्षुद्र, संकुचित और व्यक्तिगत हितों (स्वार्थों) से ऊपर उठकर लोकसत्ता में तदाकार हुए बिना, लोक हित के लिए त्याग और उत्सर्ग की भावना से ओत-प्रोत हुए बिना कला का सच्चा प्रभाव ग्रहण कर पाने की क्षमता नहीं आती। "जो किसी प्राणी के कष्ट व्यंजक रूप और चेष्टा पर करुणार्द्र नहीं होता, जो किसी पर निष्ठुर अत्याचार होते देख क्रोध से नहीं तिलमिलाता उसमें कला का सच्चा प्रभाव ग्रहण करने की क्षमता नहीं है।"[76] इस मानवीय बोध से सम्पृक्त होकर प्रगतिशील साहित्य मनुष्यता को जगाता है। वह "बाह्य सौन्दर्य के ढूह में खड़े होकर आन्तरिक सौन्दर्य की उपासना" नहीं करता, बल्कि उस भविष्य-विधायक श्रमजीवी वर्ग के हितों से अपने हित जोड़कर पुरुषार्थ की प्रेरणा देता है जो "छोटाई और बड़ाई में, धनी और निर्धन में, ज्ञानी और अज्ञानी में आकाश पाताल का अन्तर" मिटाकर सामंजस्यपूर्ण अविरोधात्मक समाज की रचना के लिए कृतसंकल्प है।[77] शुक्ल जी के शब्दों में, "कविता तो भाव प्रसार द्वारा कर्मण्य के लिए कर्मक्षेत्र का और विस्तार कर देती है।"[78]

इन मान्यताओं का आधार वह मूलभूत दृष्टि है जो कला और जीवन में

अविच्छेद्य सम्बन्ध मानती है। जब शुक्ल जी कला को जीवन पर मार्मिक प्रभाव डालने वाली वस्तु कहते हैं तो वस्तुतः वे मानव-जीवन को कला के भी साध्य के रूप में स्वीकार करते हैं। उन्होंने राम के कालाग्नि-सदृश क्रोध में भी सौन्दर्य के दर्शन किये हैं।[79] इसका कारण है राम का कर्म, जिसका लक्ष्य है मानव-समाज को अत्याचार और उत्पीड़न से मुक्ति दिलाकर सर्वजन-हिताय समाज की रचना करना। यह मानवीय करुणा और मानव-कल्याण की भावना संकट की चरम स्थितियों में प्राणोत्सर्ग तक में प्रतिफलित हुई है। क्रिस्तोफर कॉडवेल, राल्फ फाक्स या निकोला वाप्सरोव प्रभृति साहित्यकारों ने मनुष्यता की रक्षा के लिए अपने प्राणों तक की आहुति दी। इस प्रकार के निर्णयों को उपादेय बताते हुए मुनरो बीयड्र्सले ने निष्कर्ष दिया है कि ऐसी स्थितियाँ आ सकती हैं जहाँ संकट में पड़े हुए मूल्य अधिक उच्च हों और उनकी रक्षा के लिए कलाकार को सौन्दर्यात्मक दृष्टिकोण त्यागना पड़े। दुर्घटना का उदाहरण देकर उन्होंने अपनी बात अधिक स्पष्ट की है। उन्होंने प्रश्न किया कि दुर्घटना के समय चित्रकार दर्द से छटपटाते व्यक्ति की मदद करे या उसका चित्र बनाये? चित्र बनाने पर उसका कलात्मक मूल्य निस्सन्देह बहुत उच्च होगा। किन्तु घायल व्यक्ति के प्राण-पखेरू उड़ जायेंगे। और यदि वह घायल व्यक्ति की मदद करता है तो उसे कला की बलि देनी पड़ती है। ऐसी स्थित में चुनाव की समस्या मूल्यों के प्रति हमारे दृष्टिकोण से जुड़ी है।[80] लेनिन ने ऐसी ही मर्मान्तक स्थितियों में अपने परमप्रिय संगीत की जगह क्रान्ति का पक्ष लेना मुनासिब समझा था।[81]

महान् उद्देश्य के लिए यह उत्सर्ग-भाव निराशावादी भावबोध का परिणाम नहीं है जो असांस्कृतिक प्रेम-प्रकरणों या काल्पनिक आत्महत्या में ही जीवन की सार्थकता अनुभव करता है। यह दृष्टिकोण मनुष्य मात्र में, उसके कर्म और भविष्य में आस्था का परिणाम है। यथास्थिति से जुड़ने पर कुण्ठा, निराशा और विफलता-बोध पैदा होता है। मरणासन्न सत्य स्वस्थ और आशावादी भाव कैसे उत्पन्न करेगा? इस मरणासन्न वर्तमान के स्थान पर अविरोधात्मक भविष्य में आस्था रखने के नाते प्रगतिशील साहित्य-दृष्टि कला को पूँजीवादी संस्कृति के खिलाफ संघर्ष में एक अस्त्र मानकर चलता है।[82]

सौन्दर्य और विचारधारा के बीच की द्वन्द्वात्मक सन्धि-रेखा (किसी भी युग में) युग-सन्दर्भ और कलाकार व्यक्ति के सामाजिक सन्दर्भ से अनुशासित-अनुप्राणित होती है। विधवा ब्राह्मणी का तिरस्कृत पुत्र कबीर अपने सामाजिक परिवेश की विषमताओं का भुक्तभोगी था। उसे काशी के पण्डितों की विदग्धता के दो-चार घूँट मिल चुके थे और वह उनके पाखण्ड से भली-भाँति परिचित था। इसलिए नायिकाभेद, नखशिख वर्णन या बारहमासे में उसे जीवन और साहित्य की सार्थकता नहीं महसूस हुई। उसका फक्कड़ाना अन्दाज़, उसका मर्माहत करने वाला

व्यंग्य, 'सत्-चित्-ज्ञान' रूपी प्रिय से सन्दर्भित है। यह कबीर की विचारधारा है। इसमें उसके युग और व्यक्तिगत वर्गीय जीवन की मिली-जुली छवि विद्यमान है।

तुलसीदास गँवई वायुमण्डल में पले और गरीब ब्राह्मण परिवार की सन्तान थे। संस्कारतः परम्परानुगामी होते हुए भी वे सामन्ती व्यवस्था की अमानवीयता से प्रताड़ित थे। इसलिए सामन्ती व्यवस्था की अनेक संस्थाओं और परम्पराओं को तद्वत् अंगीकार करते हुए भी उन्हें अपनी एक आदर्श-सृष्टि रचने की आवश्यकता अनुभव हुई। उनका यह वैचारिक आदर्श सामन्ती समाज के आदर्शीकरण से निर्मित है। इसी में उनकी सौन्दर्य-चेतना और विचारधारा का अभेदात्मक सम्बन्ध निहित है। राम उनकी विचारधारा के प्रतीक हैं। तत्कालीन राजाओं पर कविता न लिखकर वे राम के नाते से सारा सम्बन्ध निर्धारित करते हैं—नाते नेह राम के मनियत सुहृद सुसेव्य जहाँ लौं। यह सामाजिक विसंगतियों का अतिक्रमण करने की चेष्टा का परिणाम है।

इसके विपरीत बिहारी हैं जो रीति को काव्य में अंगीकार करते हैं। वे दरबार में पोषित होते हैं इसलिए उसी संस्कृति को तद्वत् अंगीकार कर लेते हैं। उन्हें नये आदर्शों की दुनिया रचने की ज़रूरत नहीं महसूस होती। भक्ति भी उनके लिए अवान्तर हो गयी—राधिका कन्हाई नाम सुमिरन का बहाना भर रह गये। इस विचार-धाराहीनता ने शैलीबद्धता को प्रेरित किया। इसके विपरीत, नये आदर्शों के प्रति वैचारिक प्रतिबद्धता के कारण तुलसीदास के काव्य में भाषा, शैली, अनुभूति और सामाजिक सम्बन्धों तथा सांस्कृतिक ऐश्वर्य की आदर्शीकृत ऋद्धि के दर्शन होते हैं।

उपर्युक्त अध्ययन से यह स्पष्ट हो जाता है कि कलाकार अपने जाने-अनजाने सामाजिक और वैचारिक संस्कारों से सम्पृक्त रहता है। कला उसके व्यक्तित्व की संश्लिष्ट अभिव्यक्ति होती है। उसके संस्कार उसकी कला में व्यक्त होते हैं। दूसरी तरफ, उसकी कला उसके वैचारिक आधार से इतने गहरे स्तर पर जुड़ी होती है कि कलागत मूल्यों का स्वरूप उसकी विचारधारा द्वारा निर्धारित होता है। यथास्थितिवादी विचारधारा साहित्य में असांस्कृतिक और पराङ्मुख मूल्यों की प्रेरणा देती है। प्रगतिशील विचारधारा साहित्य को सांस्कृतिक ऐश्वर्य की ऋद्धि प्रदान करती है। इन दोनों प्रकार की कलाओं का यह मुख्य अन्तर है कि यथास्थिति से जुड़ी कला सामाजिक अंतर्विरोधो और अपने उद्‌देश्यों को छिपाती है, जबकि प्रगतिशील कला अपने लक्ष्यों और आदर्शों को छिपाना अपनी शान के खिलाफ समझती है। वर्तमान युग सामन्ती असमर्थता का युग नहीं है। इसलिए यथास्थितिवादी कला जहाँ अपने अन्तर्विरोधों का शिकार होकर पूँजीवादजन्य संकट, त्रास, मृत्यु-बोध आदि के भावों को व्यक्त करने लगती है वहीं प्रगतिशील कला स्वस्थ, जीवनोन्मुख मूल्यों के विकास में सहायक बनती है। पहली कला श्रम से घृणा करने वाली पूँजीवादी नैतिकता की कला है जो श्रमजीवियों की "सेवा के बल पर विशुद्ध चिन्तन द्वारा निष्क्रिय 'हीरो'

की रचना करती है।"[83] दूसरी कला उस जागरूक और कर्मण्य जनता में आस्था रखकर चलती है "जो इतिहास का निर्माण करती है तथा दुनिया का और अपना रद्दोबदल करती है।"[84] इतिहास और भविष्य का निर्माण करने वाली जनता के प्रयत्नों, उसकी बढ़ती हुई सामाजिक और आत्मिक सहभागिता के साथ आवयविक रूप में स्वयं को जोड़ लेने के नाते प्रगतिशील कला मनुष्यता के सर्वोच्च गुणों का प्रतिनिधित्व करती है। इस भावभूमि को समझकर ही डॉ. श्यामसुन्दरदास ने कहा था कि "मार्क्सवादी साहित्य समीक्षा कलाकार को युग का उपभोक्ता और निर्माणकर्त्ता दोनों ही मानती है।"[85]

अन्त में यह स्पष्ट कर देना आवश्यक है कि जिस प्रकार इन्द्रिय-बोध, भाव-बोध और विचारों के स्तरों पर वर्ग हितों और विचारधारा की समान रूप से अभिव्यक्ति नहीं होती, उसी प्रकार सभी कला-रूपों, संगीत, चित्रकला, मूर्तिकला, कविता, उपन्यास आदि में उनकी भूमिका समान नहीं होती। साहित्य का कार्य है भाषा के ज़रिये बिम्ब-रचना। वह अन्य कला-रूपों से इसी अर्थ में विशिष्ट है। भाषा बिम्बों को जागृत करने का बाह्यजगत् के समानान्तर एक सम्पूर्ण तन्त्र है। यह कला का भी सबसे विकसित माध्यम है। भाषा को माध्यम बनाकर आत्माभिव्यक्ति करते समय कलाकार की भूमिका, उसके सामाजिक दायित्व और विचारधारा का महत्त्व बहुत बढ़ जाता है।

सन्दर्भ-सूची

1. दि क्रियेटिव प्रासेस, पृष्ठ 194
2. आज के लोकप्रिय हिन्दी कवि : अज्ञेय, पृष्ठ 126
3. आधुनिक हिन्दी साहित्य, पृष्ठ 150
4. रेनेवेलेक, ऑस्टिन वारेन : साहित्य सिद्धान्त, अनु0 बी. एस. पालीवाल, पृष्ठ 109
5. नयी कविता का आत्मसंघर्ष तथा अन्य निबन्ध, पृष्ठ 26-27
6. नयी कविता का आत्मसंघर्ष तथा अन्य निबन्ध, पृष्ठ 27
7. प्राब्लम्स ऑफ आर्ट, पृष्ठ 84
8. वही, पृष्ठ 148
9. साइकोएनालिटिक एक्सप्लोजन इन आर्ट्स, पृष्ठ 51
10. फीलिंग एण्ड फॉर्म, पृष्ठ 46
11. आर्ट एण्ड सोसाइटी, पृष्ठ 106
12. नयी कविता का आत्मसंघर्ष, पृष्ठ 27-28
13. उपन्यास और लोकजीवन, पृष्ठ 21
14. दि फण्डामेण्टल्स ऑफ मार्क्सिस्ट-लेनिनिस्ट फिलॉसफी, पृष्ठ 489
15. नयी कविता का आत्मसंघर्ष, पृष्ठ 5
16. नये साहित्य का सौन्दर्यशास्त्र, पृष्ठ 145
17. अज्ञेय : 'अपने-अपने अजनबी

18. प्रेमचन्द : गोदान
19. राल्फ फाक्स : उपन्यास और लोकजीवन, पृष्ठ 13
20. आइडियालॉजी एण्ड डिस्कण्टेण्ट, पृष्ठ 17
21. आचार्य रामचन्द्र शुक्ल : रस-मीमांसा, पृष्ठ 16
22. साइंस एण्ड कॉमन मैन, पृष्ठ 25
23. पाथ्स ऑफ अमेरिकन थॉट, पृष्ठ 534
24. आर्ट एण्ड नॉलेज, पृष्ठ 41
25. लेनिन : कलेक्टेड वर्क्स, खंड–38, पृष्ठ 384
26. दि मिनिंग ऑफ ब्यूटी, पृष्ठ 206
27. वही, पृष्ठ 209
28. लिटरेचर एण्ड रियलिटी, पृष्ट 21
29. वही, पृष्ठ 21।
30. दि एण्ड ऑफ आइडियालॉजी थियरी : इल्यूजंस एण्ड रियलिटी, पृष्ठ 66
31. पोएटिक क्राफ्ट एण्ड प्रिंसिपिल्स, पृष्ठ 112
32. जैनेन्द्र कुमार : प्रस्तुत प्रश्न, पृष्ठ 82
33. अज्ञेज : आत्मनेपद, पृष्ठ 253
34. दि एण्ड ऑफ आइडियालॉजी थियरी, पृष्ठ 68
35. सेलेक्टेड राइटिंग्स, पृष्ठ 333
36. लेनिन : कलेक्टेड वर्क्स खण्ड 6, पृष्ठ 29
37. डॉ. रामविलास शर्मा : 'निराला की साहित्य साधना-2, पृष्ठ 27
38. विवरण के लिए देखिए : ऐतिहासिक भौतिकवाद, पृष्ठ 122, 124-25, और फण्डामेण्टल्स ऑफ मार्क्सिज्म-लेनिनिज्म, पृष्ठ 129-33
39. पावर्टी ऑफ फिलॉसफी, पृष्ठ 95
40. बद्रीनाथ तिवारी : 'जनता से जुड़ने की ज़रूरत' परिचर्चा ('मुक्तधारा', नयी दिल्ली, वर्ष - 6, अंक-7, 17 मार्च, 1976), पृष्ठ 11
41. मार्क्स-एंगेल्स : कम्युनिस्ट पार्टी का घोषणापत्र, (प्रगति प्रकाशन, मास्को), पृष्ठ 36
42. लेनिन एण्ड गोर्की : लेटर्स, रेमिनिसेंसेज, आर्टिकल्स, पृष्ठ 68
43. इमेजेज ऑफ मैन : ए फिलॉसफिक एण्ड साइण्टिफिक इंक्वायरी, पृष्ठ 105
44. जैनेन्द्र : प्रस्तुत प्रश्न, पृष्ठ 109
45. वही, पृष्ठ 109
46. लिंकन वाणी, पृष्ठ 107
47. कम्युनिस्ट पार्टी का घोषणापत्र, पृष्ठ 80
48. इमेजेज ऑफ मैन, पृष्ठ 111
49. साइंस एण्ड क्रिटिसिज्म, पृष्ठ 188
50. सेलेक्टेड लिटरेरी एसेज, पृष्ठ 295
51. आर्ट एण्ड सोसाइटी, पृष्ठ 205
52. आलोचना (नयी दिल्ली, पूर्णांक-40, अक्टूबर-दिसम्बर, 1967), पृष्ठ 33
53. रेनेवेलेक, आस्टिन वारेन : साहित्य सिद्धान्त, पृष्ठ 125
54. उद्धृत : फाउण्डेशन्स ऑफ मार्क्सिस्ट इस्थेटिक्स, पृष्ठ 63
55. पोएटिक क्राफ्ट एण्ड प्रिन्सिपिल्स, पृष्ठ 108

56. लेनिन एण्ड दि प्रॉब्लम्स ऑफ लिटरेचर, पृष्ठ 139
57. इस्थेटिक्स : क्रोचे
58. इन्साइक्लोपीडिया ब्रिटानिका, खण्ड-1, पृष्ठ 155
59. रस-मीमांसा, पृष्ठ 271
60. आत्मनेपद, पृष्ठ 29
61. मार्क्सिज्म एण्ड पोएट्री, पृष्ठ 53
62. ए कन्फेशन, दि गास्पेल इन ब्रीफ एण्ड ह्वाट आइ बिलीव, पृष्ठ 8
63. आर्ट एण्ड सोसाइटी, पृष्ठ 213
64. ऑन लिटरेचर एण्ड आर्ट, : मार्क्स-मएंग्रेल्स, पृष्ठ 70
65. मानव-मूल्य और साहित्य, पृष्ठ 28 और 41
66. वही, पृष्ठ 33
67. वही, पृष्ठ 21
68. मानव-मूल्य और साहित्य, पृष्ठ 33-34
69. इण्ट्रोडक्शन टु मॉडर्न पोलिटिकल थियरी, पृष्ठ 24
70. ए. आर. क्रोवर और टेस्काट पार्सन्स : अमेरिकन सोश्योलॉजिकल रिव्यू, जिल्द 23, अंक 5, अक्टूबर, 1958, पृष्ठ 582
71. आत्मनेषद', पृष्ठ 257
72. लीलाधर गुप्त : पाश्चात्य साहित्यालोचन के सिद्धान्त, पृष्ठ 197
73. डॉ. नगेन्द्र : भारतीय सौन्दर्यशास्त्र की भूमिका, पृष्ठ 28
74. 'हंस', 'प्रगतिवाद ही क्यों' परिचर्चा, अप्रैल-मई, 1943
75. संकलित रचनाएँ, भाग - 1, पृष्ठ 232
76. रस-मीमांसा, पृष्ठ 213
77. हजारीप्रसाद द्विवेदी : अशोक के फूल, पृष्ठ 189
78. रस मीमांसा, पृष्ठ 18
79. वही, पृष्ठ 54
80. पर्सपेक्टिब्ज इन एजूकेशन, रेलिजन एण्ड दि आर्ट्स, पृष्ठ 235
81. वही, पृष्ठ 220
82. इल्या इहरेनवर्ग : दि राइटर एण्ड हिज क्राफ्ट, पृष्ठ 15
83. डॉ. रामविलास शर्मा : आस्था और सौन्दर्य, पृष्ठ 9
84. मार्क्सिस्ट्स ऑन लिटरेचर, वर्तोल्त ब्रेख्त, पृष्ठ 423
85. साहित्यालोचन, पृष्ठ 226

अध्याय-7

प्रगतिशील हिन्दी कविता : एक संक्षिप्त पृष्ठभूमि

यह संयोग की बात नहीं है कि प्रगतिवाद अपने समग्र भावबोध, अपनी समग्र चेतना और काव्य-संरचना में बिल्कुल नयी भंगिमाओं, नये स्वरों और नये तेवर के साथ हिन्दी साहित्य में प्रकट हुआ। मनुष्य के समस्त सांस्कृतिक कार्य-कलाप पूर्ववर्ती युगों की सांस्कृतिक निधियों के संचित परिणाम होते हैं इसलिए किसी भी साहित्य में पूर्ववर्ती युगों की सांस्कृतिक ऊष्मा अनुभव की जा सकती है। प्रगतिवाद जिन नये मूल्यों के साथ एक ऐतिहासिक आन्दोलन के रूप में सामने आया उनमें से अधिकांश मूल्यों को हम पूर्ववर्ती भारतीय साहित्य में आसानी से देख सकते हैं। संस्कृत और हिन्दी के प्राचीन और मध्ययुगीन कवियों के मूल्य जिस मानववादी अन्तर्वस्तु को धारण करते रहे हैं, प्रगतिशील काव्य ने उसे आधुनिक युग की वैज्ञानिक पीठिका पर आसीन किया है। साथ ही, उसने भारतेन्दु युग और छायावाद के दौर की साम्राज्यवाद-विरोधी मानवतावादी परम्परा को सुसंगत वैज्ञानिक अन्तर्दृष्टि प्रदान की है। संक्षेप में, प्रगतिशील साहित्य भारतीय साहित्य की समस्त मानवतावादी परम्पराओं से विकसित सुसंगत, वैज्ञानिक चेतना का साहित्य है।

मनुष्य की भौतिक और आत्मिक सीमाओं को तोड़कर विज्ञान के कर्म और सृजन की जिन सम्भावनाओं को उद्घाटित किया है वे न केवल मनुष्य के भौतिक, वरन् आत्मिक कार्य-कलापों में भी प्रतिबिम्बित हुई हैं। आधुनिक युग में भौतिक और आत्मिक कार्य-कलापों के बीच के द्वन्द्वात्मक सम्बन्धों ने एक नयी यथार्थवादी चेतना को जन्म दिया है। इस द्वन्द्वात्मक चेतना ने प्रकृति और मनुष्य के सम्बन्धों का नया धरातल उद्घाटित किया है। साथ ही, इस नयी वैज्ञानिक चेतना ने मनुष्य को भूत, वर्तमान और भविष्य के सन्दर्भों को पहचानने की अत्यन्त समर्थ और वस्तुगत अन्तर्दृष्टि भी दी है। मनुष्य काल के सहज प्रवाह में संक्रमण करने वाला असमर्थ प्राणी नहीं है। वह अपने सजग हस्तक्षेप द्वारा प्रकृति और समाज की शक्तियों को वशीभूत और रूपान्तरित कर सकने में समर्थ है।

मानवीय कर्म की यह समर्थ अन्तर्दृष्टि जिस विचारधारा के रूप में प्रकट हुई

उसने अन्धविश्वास और धर्म की विचारधाराओं के स्थान पर वैज्ञानिक मानववाद को प्रतिष्ठित किया। मार्क्सवाद व्यवहार और सिद्धान्त के द्वन्द्व से उत्पन्न तथा विज्ञान की समर्थ अन्तर्दृष्टि से सम्पन्न विचारधारा है। प्रगतिवाद का जन्म मानव-मुक्ति के स्वप्न के साथ हुआ। अतः उसने मनुष्य को अपना साध्य बनाया और वैज्ञानिक विश्वदृष्टि पर आधारित चिन्तन-विधि—मार्क्सवाद—का उस पर गहरा प्रभाव पड़ा।

मार्क्सवाद और प्रगतिवाद के सम्बन्ध को रेखांकित करते हुए शिवबालक राय ने गौरवपूर्ण शब्दों में लिखा है—"प्रगतिवाद मार्क्सवाद का सहोदर भाई है। संसार में कार्ल मार्क्स ही प्रथम व्यक्ति हैं जिसने समाज के कोढ़ पूँजीवाद के प्रति, बुद्धि को अपील करने वाली वैज्ञानिक आवाज उठायी।...पूँजीवाद गरीब जन-समुदाय को जोंक की तरह चूसता रहता है, सभी खून गायब, लेकिन घाव का नाम नहीं।...पूँजीवाद का मल समाजवाद की अग्नि में ही भस्मसात् हो सकता है।...राजनीति क्षेत्र का समाजवाद साहित्य क्षेत्र में प्रगतिवाद के रूप में अवतरित हुआ है।"[1]

मार्क्सवाद वैज्ञानिक विचारधारा है और प्रगतिवाद मानववादी साहित्यधारा। मार्क्सवादी दर्शन से व्यापक रूप में प्रभावित होने के नाते प्रगतिशील साहित्य का मानववाद मुख्यतः वैज्ञानिक और समाजवादी मानववाद है। प्रगतिवाद की पुष्ट मानववादी परम्पराओं का उल्लेख करते हुए डॉ. कृष्णलाल 'हंस' ने लिखा है कि भारत या विश्व के किसी क्षेत्र में प्रगतिवाद का जन्म "कोई आकस्मिक घटना नहीं है।"[2] भारत की विशिष्ट परिस्थितियों में प्रगतिशील काव्य की मानववादी, यथार्थवादी आधारभूमि स्पष्ट करते हुए डॉ. 'हंस' लिखते हैं—

> "यथार्थवादी कवियों ने मानवतावाद का सम्बल लेकर जो रचनाएँ प्रस्तुत कीं, वे ही समाजवादी यथार्थवाद की निधियाँ बनीं। इसी मानवतावादी यथार्थवाद का विकास तत्कालीन राजनीतिक, सामाजिक और आर्थिक परिस्थितयों से प्रभावित होकर प्रगतिवाद के रूप में व्यक्त हुआ।"[3]

समाजवादी यथार्थवाद और मानवतावादी यथार्थवाद एक नहीं हैं। डॉ. 'हँस' ने एक अर्थ में उनका प्रयोग किया है। इस भ्रांति से अलग, उनके वक्तव्य से स्पष्ट है कि प्रगतिवाद भारत की मानवतावादी परम्पराओं से पुष्ट तथा समकालीन राजनीतिक, सामाजिक और आर्थिक स्थितियों से प्रभावित है। वह बाहर कहीं से आयातित विजातीय न होकर भारतीय ज़मीन से उत्पन्न हुआ है, भारतीय जन-मानस की आकांक्षाओं का प्रतिबिम्ब है। यदि ऐसा न होता तो लाख चाहने पर भी प्रगतिवाद की साहित्यिक प्रतिष्ठा सम्भव न थी।

इस तथ्य को नज़रन्दाज़ करके विद्वान् लोग उस पर विदेशी होने का आरोप लगाते हैं। एक विद्वान् डॉ. धर्मवीर भारती के शब्दों में "यहाँ प्रगतिवाद का प्रवेश

तब हुआ जब विदेशों में उसका दिवाला पिट चुका था। विदेशों की इस उतरन को हमने बड़े चाव से दौड़कर पहना, जबकि हमारे अपने साहित्य में किसी भी प्रगतिवाद से सौगुनी शक्तिशाली प्रवृत्तियाँ पनप रही थीं।"[4] प्रगतिवाद के 'विदेशों की उतरन' होने का प्रमाण है उसका मार्क्सवादी दृष्टिकोण। डॉ. भारती 'रूढ़ अर्थों में' उस धारा विशेष को प्रगतिवाद कहते हैं, ''जो मार्क्सवादी जीवन-दर्शन के अनुसार साहित्य के लिए निर्देशित की गयी है।''[5]

इस तर्क-पद्धति का अन्तर्विरोध उस समय उजागर होता है जब प्रगतिशील साहित्य की व्याख्या उसकी यथार्थवादी आधारभूमि के सन्दर्भ में की जाती है। यथार्थवाद और प्रगतिवाद की हिन्दी साहित्य कोश की व्याख्या से इस अन्तर्विरोध को आसानी से समझा जा सकता है।

कोश में यथार्थवाद की व्याख्या इस प्रकार है—"यथार्थवाद जीवन की समग्र परिस्थितियों के प्रति ईमानदारी का दावा करते हुए भी प्रायः सदैव मनुष्य की हीनताओं तथा कुरूपताओं का चित्रण करता है।" यथार्थवाद की कथनी और करनी का अन्तर दिखाने के बाद लिखा है, "यथार्थवाद सुधारक साहित्य का प्रथम अस्त्र है। किसी भी सामाजिक स्थिति के प्रति विद्रोह करते समय साहित्यकार उसका यथार्थवादी चित्र उपस्थित करता है" और "यथार्थवाद का हिन्दी साहित्य में प्रथम विकास प्रगतिवाद के माध्यम से हुआ।''[6]

यदि इसी व्याख्या को प्रामाणिक मान लिया जाय तो भी हिन्दी साहित्य में यथार्थवाद अर्थात् प्रगतिवाद अगर पूरे हिन्दुस्तान में नहीं तो कम-से-कम हिन्दी प्रदेश में सुधार के ध्येय से प्रेरित होकर उसकी हीनताओं, कुरूपताओं को उद्घाटित करने वाला साहित्य हुआ। वह एकांगी भले हो, विदेशी नहीं है। आश्चर्य तब होता है जब इसी कोश में 'प्रगतिवाद' की जानकारी हम इन शब्दों में पाते हैं—"भारतीय जीवन में प्रगतिवाद अनुभूतियों के स्तर पर देश-काल और सम-सामयिक यथार्थ की अवहेलना करता रहा है।"[7] अतएव इस बात का खण्डन करते हुए कि प्रगतिवाद में यथार्थवाद का विकास है, यहाँ स्पष्ट कर दिया गया है कि "प्रगतिवाद केवल एक अयथार्थवादी भावधारामात्र है।"[8]

कहने की ज़रूरत नहीं है कि इस प्रकार की पूर्वाग्रह प्रेरित आलोचनाओं से न किसी साहित्य को समझने में मदद मिलती है और न साहित्यालोचन के विकास में। बल्कि ऐसी आलोचनाएँ अपनी आन्तरिक असंगतियों और परस्पर-विरोधी स्थापनाओं के कारण स्वयं अपनी वस्तुनिष्ठता के प्रति गहरा सन्देह उत्पन्न करती हैं।

यथार्थवादी कला हीनताओं और कुरूपताओं का चित्रण करती है, लेकिन वह केवल उतना ही नहीं करती। उसकी मुख्य शक्ति इस बात में निहित है कि वह

मनुष्य को देश-कालगत दृश्यफलक पर रखकर सामाजिक अन्तर्विरोधों की व्याख्या की अन्तर्दृष्टि प्रदान करती है। यथार्थवादी आधारभूमि पर अधिष्ठित प्रगतिवाद के लिए यह सर्वथा स्वाभाविक है कि वह सामाजिक विश्लेषण, अर्थात् सामाजिक परिप्रेक्ष्य में मनुष्य के अध्ययन और चित्रण पर बल दे।

यदि हम प्रगतिशील साहित्य के जन्म से पूर्व की सामाजिक और सांस्कृतिक पृष्ठभूमि पर एक दृष्टि डालें तो स्पष्ट होगा कि सामाजिक यथार्थ को कला में व्यापक स्तर पर अभिव्यक्ति मिलने लगी थी। छायावादी कल्पना और भावुकता अपनी उड़ान में ज़मीन से इतनी दूर जा पहुँची थी कि उसे जीवन का स्पन्दन मिलना बन्द हो गया था। दूसरी ओर समाज में उभरती हुई श्रमजीवी जनता की नयी वास्तविकताएँ साहित्य में व्यक्त होने लगी थीं। भारतेन्दु-युग में साम्राज्यवाद-विरोधी यथार्थवादी परम्परा गयाप्रसाद शुक्ल 'सनेही', रामेश्वर 'करुण', छैलबिहारी दीक्षित 'कण्टक', श्यामबिहारी शुक्ल 'तरल', जगदम्बाप्रसाद मिश्र 'हितैषी' आदि कवियों में विकसित होकर समाजवादी रुझान ग्रहण कर रही थी। इसकी कविताओं में साम्राज्यवाद, पूँजीवाद और सामन्तवाद के तिहरे शोषण का विरोध और श्रमिक वर्ग की आस्था से दीप्त सर्वहारा क्रान्ति का स्वप्न विद्यमान है। जो छायावादी कवि ज़मीन त्यागकर कल्पना-लोक में नहीं जा बसे थे उन्होंने जीवन की ज्वलन्त वास्तविकताओं को वाणी दी। जिन कवियों ने कल्पना के आकाश से उतरकर धरती के खुरदुरे यथार्थ को देखा उन्होंने 'युगान्त' की घोषणा की।

भारत में प्रगतिवाद के जन्म के समय अंग्रेजों का उपनिवेशवादी शासन था। कांग्रेस के नेतृत्व में राष्ट्रव्यापी स्वाधीनता संघर्ष अधिकाधिक निर्णायक रूप लेता जा रहा था। सभी के सामने मुख्य प्रश्न था ब्रिटिश साम्राज्यवाद से भारत की मुक्ति। कांग्रेस इन सभी स्वाधीनता प्रेमी शक्तियों का प्रमुख संगठन थी। लेकिन उसके पीछे लामबन्द सभी शक्तियाँ क्रान्ति की पक्षधर नहीं थीं। कांग्रेस के पीछे बड़े पैमाने पर मजदूर-किसान अवश्य थे, लेकिन उसका नेतृत्व क्रान्तिकारियों के हाथ में न होकर पूँजीवादियों के हाथ में था। भारतीय पूँजीपति वर्ग मुख्यतः उत्पादन करने वाला पूँजीपति वर्ग है। उत्पादक प्रकृति के पूँजीपति वर्ग को अपना माल बेचने के लिए बाज़ार की ज़रूरत होती है। इसलिए भारत को अपनी मण्डी बनाकर रखने वाले अंग्रेजों से उसके हितों का टकराव स्वाभाविक था। किन्तु श्रम और सम्पत्ति के जन्मजात विरोध के कारण उसके हित मजदूर-किसान से भी टकराते थे। फलतः कांग्रेसी स्वाधीनता की बहुत बड़ी सीमाएँ थीं। वह अंग्रेजों से उसी हद तक टकराना चाहती थी जिस हद तक मजदूर-किसानों के वर्ग-संघर्ष को काबू में रखने के लिए समझौते की गुंजाइश बनी रहे। यही कारण था कि सन् 47 की आजादी ने जहाँ एक तरफ पूँजीपतियों-जमींदारों के हाथ में शासन-सत्ता सौंप दी वहीं दूसरी तरफ

जनता के जागरूक वर्ग-संघर्ष को नियन्त्रण में रखने के ध्येय से ब्रिटिश साम्राज्यवाद के कामनवेल्थ में रहने का 'समझौता' भी किया।

कम्युनिस्ट पार्टी कांग्रेस के इस दुमुँहें चरित्र को समझती थी। उसने जिस आजादी की रूपरेखा प्रस्तुत की उसमें अंग्रेजी साम्राज्यवाद के साथ-साथ पूँजीवादी और सामन्ती शोषकों से भी जनता की मुक्ति निहित थी। अंग्रेज इस बात को बखूबी समझते थे कि मजदूर वर्ग और उसकी विचारधारा—मार्क्सवाद—ही साम्राज्यवाद-विरोधी संघर्ष को निर्णायक रूप दे सकती है। वे यह देख रहे थे कि भारतीय जीवन में मार्क्सवादी विचारधारा का प्रभाव तेजी से बढ़ रहा है। कम्युनिस्ट पार्टी ही नहीं, कांग्रेस सामाजवादी पार्टी भी यह स्वीकार करने लगी थी कि "मार्क्सवाद ही साम्राज्यवाद-विरोधी शक्तियों को उनके अन्तिम ध्येय तक पहुँचा सकता है।"[9] इसके अतिरिक्त 'हंस', 'जागरण', 'विश्वमित्र', 'आज' आदि अनेक पत्र-पत्रिकाओं में असंख्य लेखक अपने-अपने तरीके से समाजवाद, साम्यवाद, मार्क्सवाद आदि के महत्त्व पर प्रकाश डाल रहे थे।

मार्क्सवादी विचारधारा के इस व्यापक प्रभाव से जनता की साम्राज्यवाद-विरोधी भावना के साथ-साथ इस बात का भी पता चलता है कि लोग मार्क्सवाद को ही सुसंगत साम्राज्यवाद-विरोधी विचारधारा के रूप में ग्रहण कर रहे थे। फलतः अंग्रेजों ने बन्दिशों का दौर शुरू कर दिया। कम्युनिस्ट-विरोधी अभियान में तेजी आयी और सन् '34 में कम्युनिस्ट पार्टी पर कानूनी प्रतिबन्ध लगा दिया गया। 'हंस', 'जागरण' आदि से 1932 में ज़मानत माँगी गयी और 'आज' बन्द कर दिया गया। 1930 से 34 के चार-पाँच वर्षों में 348 पत्र-पत्रिकाओं के प्रकाशन पर पाबन्दी लगायी गयी।[10] इन सब बन्दिशों का कारण बताता गया—राजद्रोह। कम्युनिस्टों का ही नहीं, इन पत्र-पत्रिकाओं का भी 'राजद्रोह' यह था कि वे स्वराज का पक्ष लेतीं थीं, राष्ट्रीय स्वाधीनता के अलावा इनमें से अनेक अखबार किसानों की मुक्ति, नवजागरण, समाजवाद आदि बिषयों की चर्चा करते थे।

इन तथ्यों से प्रगतिशील साहित्य की साम्राज्यवाद-विरोधी अन्तर्वस्तु का पता चलता है। साम्राज्यवाद-विरोधी मोर्चे के रूप में जिस तरह राजनीति के मंच पर कांग्रेस के इर्द-गिर्द विभिन्न विचारों और प्रवृत्तियों के लोग एकजुट हुए, उसी तरह साहित्य के मंच पर प्रगतिशील लेखक संघ के इर्द-गिर्द व्यापक मोर्चा तैयार हुआ। दोनों में मूलभूत अन्तर यह था कि प्रगतिशील लेखक संघ की विचारधारा सुधारवादी या पूँजीवादी कांग्रेसी नेतृत्व की विचारधारा से भिन्न थी।

प्रगतिशील सौन्दर्य-चिन्तन में साहित्य को 'जीवन की समीक्षा' और 'जीवन का पुनः सृजन' मान गया है। समसामयिक भारतीय जीवन की ऐतिहासिक प्रक्रियाओं के प्रति प्रगतिशील साहित्य उदासीन रहता, इसकी कल्पना भी नहीं की जा सकती। प्रगतिशील लेखक संघ में जो राष्ट्रवादी, जनवादी और मार्क्सवादी लेखक आये उनकी

रचनाओं में साम्राज्यवाद-विरोधी राजनीतिक चेतना अत्यन्त प्रखरता से विद्यमान है। प्रगतिवाद के इस राजनीतिक स्वर से चौंक कर कुछ 'अहं अन्तर्गुहावासी' लेखक उसे एक राजनीतिक बिल्ला घोषित करते है।[11] लेकिन वे यह भूल जाते हैं कि प्रगतिवाद के राजनीतिक स्वर का सबसे बड़ा कारण था समकालीन राजनीतिक पुनर्जागरण। डॉ. नामवर सिंह के शब्दों में, "सामान्य लोगों के जीवन में राजनीति का तथा राजनीति में सामान्य लोगों का ऐसा प्रवेश पहली बार हुआ था।"[12] इस राष्ट्रव्यापी राजनीतिक पुनर्जागरण के समय विकसित प्रगतिवाद के काव्य-मूल्यों पर राजनीति का गहरा असर पड़ना स्वाभाविक था।

कांग्रेस और कम्युनिस्ट पार्टी की आजादी की परिकल्पनाओं में जो मौलिक अन्तर था, वह आजादी के बाद और तीव्र होकर उभरा। आजादी से पहले तरह-तरह की समाजोन्मुख प्रवृत्तियों के रचनाकार प्रगतिशील साहित्य के मंच पर एकत्र हुए थे। विभिन्न समाजोन्मुख प्रवृत्तियों का संगम होने के नाते प्रगतिवाद में "दृष्टिकोणों की विविधता और वर्ग-चेतना के अनेक रूपों और स्तरों का होना स्वाभाविक था। उसके विभिन्न तत्त्वों में सहयोग और संघर्ष का होना भी स्वाभाविक था।"[13] किन्तु इन सब अन्तर्विरोधों के बावजूद उनमें सहमति का एक मुद्दा था—ब्रिटिश शासन से संघर्ष। जब भारतीय नेता गद्दी पर जा बैठे तब ब्रिटिश शासक चले गये और राष्ट्र के अपने अन्तर्विरोध उजागर होने लगे। रामराज का स्वप्न दिखाने वाली कांग्रेस ने जनता के संघर्षों का दमन आरम्भ कर दिया। आकांक्षाओं और उपलब्धियों के इस भयंकर अन्तर्विरोध ने जनता में व्यापक असन्तोष और मोहभंग पैदा किया।

प्रगतिशीलों में जो मार्क्सवादी थे उन्होंने आजादी के दमनकारी चरित्र को उद्घाटित किया। जो अन्य प्रेरणाओं से प्रगतिवाद के नजदीक आये थे, वे उससे अलग होने लगे। उन दिनों को याद करते हुए अज्ञेय ने लिखा—"आरम्भ में प्रगतिशील लेखक संघ में विभिन्न प्रवृत्तियों के लोग थे जिन्हें आपस में मिलाने वाली भावना वस्तुस्थिति के प्रति एक सन्देह की भावना थी।... किन्तु क्रमशः प्रगतिशील आन्दोलन में 'शील' का स्थान 'वाद' ने ले लिया। जिसके नाम और प्रतिष्ठा के आधार पर प्रगतिशील लेखक संघ संगठित हुआ और पनपता रहा, ये एक-एक कर उससे अलग हो गये या अलग कर दिये गये।"[14]

श्री लक्ष्मीकान्त वर्मा की नज़र में प्रगतिवाद के सर्वव्यापी प्रभाव का कारण दूसरा है :"हिन्दी साहित्य में कम्युनिस्ट पार्टी के साहित्यिक दल प्रगतिशील लेखक संघ ने दस वर्षों तक ऐसा आन्दोलन चलाया था कि जिसके परिणामस्वरूप हिन्दी के अनेक साहित्यकारों के लिए यह आवश्यक हो गया है कि वह अपने को प्रमाणित करने के लिए किसी-न-किसी रूप में प्रगतिशील-लेखक संघ से अपना सम्बन्ध स्थापित कर लें। इस भाग-दौड़ में छोटे-बड़े सभी शामिल थे। यहाँ तक

कि पन्त, निराला, महादेवी वर्मा भी इससे नहीं बच सके। प्रगतिशील लेखक संघ के पास 'हंस', 'नया साहित्य', 'जनयुग', 'वीणा', 'वसुधा' आदि अनेक पत्रिकाएँ थीं जिनके माध्यम से लेखकों का प्रचार-प्रसार तो होता ही था, साथ ही, उनको साहित्यिक प्रतिष्ठा भी मिलती थी।''[15]

ये छोटे-बड़े लेखक प्रगतिवाद से वस्तुस्थिति के प्रति सन्देह की भावना से जुड़े या प्रचार-प्रसार और साहित्यिक प्रतिष्ठा की लालसा से, यह अलग बात है। उनके इस जुड़ाव का मुख्य कारण था प्रगतिशील लेखक संघ द्वारा चलाया गया आन्दोलन जिसने गैर-मार्क्सवादियों को भी उससे जुड़ने पर विवश कर दिया। जो लेखक बाद में प्रगतिवाद से अलग हो गये और साहित्य की दूसरी धाराएँ प्रवाहित करने लगे वे भी एक समय समाजवाद के साथ थे। जब तक भारतीय जनता का मुख्य संघर्ष अंग्रेज से था, भारतीय पूँजीवादियों से नहीं, तब तक तो ये लेखक उग्र समाजवादी थे। लेकिन "सन् 47 के बाद जब समाजवाद के लिए संघर्ष करने का समय आया, तब वे सरकार या पूँजीवादियों के संस्थानों से चिपक गये।''[16] प्रगतिशील मूल्य भारतीय जीवन में गहराई तक रसे-बसे थे इसलिए ये लेखक भी अपनी-अपनी विचारधाराओं को सच्ची प्रगतिशीलता बताकर प्रतिष्ठित करने का प्रयत्न करते थे।

इस स्थिति में यह निर्दिष्ट करना आवश्यक हो गया कि प्रगतिशील मूल्यों की कसौटी क्या है? ऐतिहासिक सन्दर्भो में 'रूढ़ि' और 'प्रगति' का विवेचन करते हुए आचार्य हजारीप्रसाद द्विवेदी ने ''जीवन से प्रत्यक्ष सम्बन्ध'' रखने और ''मनुष्यता की अग्रगति में सहायक'' बनने को प्रगतिशीलता का आधार माना।[17] जीवन का चरित्र विकासशील है, इसलिए पुरानी व्यवस्थाएँ जब अपनी सृजनात्मक सम्भावनाएँ खो बैठती हैं तो उनसे जुड़े मूल्य भी रूढ़ि में बदल जाते हैं।

अपनी बात स्पष्ट करते हुए द्विवेदी जी ने दुष्यन्त और शकुन्तला के प्रेम का उदाहरण दिया। दुष्यन्त और शकुन्तला का प्रेम वैयक्तिक है। किन्तु उसका दूसरा धरातल सामाजिक विधान से टकराता है। दुष्यन्त क्षत्रिय हैं, शकुन्तला ब्राह्मण। सामाजिक विधान उनके प्रेम को अनुमति नहीं देता। स्त्री-पुरुष का अनुराग सनातन है, जाति-धर्म की सीमाएँ और इस कारण स्त्री-पुरुष का मिल न पाना समाज-स्थिति से जुड़ा है। ऐसा सदैव नहीं रहेगा।

संक्षेप में, व्यक्ति और व्यक्ति के सम्बन्धों के दो धरातल हैं। पहला वैयक्तिक जो काफी हद तक देश-काल का अतिक्रमण करता है। दूसरा सामाजिक जो सामाजिक विधान से जुड़ा है। पहला धरातल आसानी से नहीं बदलता। दूसरा धरातल समाज के साथ बदलता रहता है। प्रगतिशील सौन्दर्य-मूल्यों में इन दोनों धरातलों को, इनके बीच होनेवाले गतिशील द्वन्द्व को स्वीकार किया जाता है। द्विवेदी जी जड़ीभूत वास्तविकता को 'रूढ़ि' मानते हैं और उनके स्थान पर गतिशील जीवन यथार्थ का पक्ष लेने को 'प्रगति'। जीवन के प्रत्यक्ष सम्पर्क द्वारा न केवल 'प्रतिगमन' को रोकना

बल्कि अग्रगति में सहायक होना प्रगतिशीलता की कसौटी है।

जो कला इस अग्रगति में, नयी वास्तविकताओं से उत्पन्न नये मूल्यों की प्रतिष्ठा में सक्रिय सहायता नहीं करती, वह 'प्रतिगामी' होती है। यह 'प्रतिगमन' अतीत प्रेम में भी व्यक्त हो सकता है और यथास्थितिवाद में भी।

अतीत प्रेम के दो कारण हैं। पहला, वर्तमान की-सी अनुभूति-सघनता न होने से अतीत की जटिलताओं की ओर ध्यान नहीं जाता और दूसरा, अतीत के वर्णन से आनन्द तो मिलता है लेकिन उसके प्रति कोई जवाबदेही नहीं रहती। अतः अतीत-प्रेम दायित्वहीन पलायन-वृत्ति का ही एक रूप है।

इससे भिन्न, यथास्थितिवादी विचारधाराएँ अतीतपन्थी रूढ़िवाद का विरोध करती हैं, लेकिन जीवन की अग्रगति में सहायक होने को भी अनुचित ठहराती हैं। वर्तमान की स्वीकृति को ही मानववादी मूल्य बताते हुए डॉ. धर्मवीर भारती कहते हैं—"यदि हम...भविष्य के किसी अदृश्य वर्गहीन समाज की स्थापना के नाम पर मानववादी मूल्यों का तिरस्कार करते हैं तो हम प्रगति की आस्था को आन्तरिक रूप से पराजित करके एक प्रकार के नये भाग्यवाद को प्रश्रय देते हैं।"[18]

तात्पर्य यह है कि वर्गहीन समाज की कल्पना भविष्य के गर्भ में है। कल किसने देखा है? कल की बात सोचना प्रगति को पराजित करना और भाग्यवाद को बढ़ाना है। सच्चा मानववादी मूल्य भविष्य के बारे में नहीं सोचता। शुद्ध वर्तमान में लिप्त रहने वाली 'प्रगति' की यह 'आन्तरिक आस्था' जिस यथास्थितिवाद और व्यक्तिवाद को जन्म देती है उसका मूल कर्तव्य है मार्क्सवाद-विरोध। इसीलिए लक्ष्मीकान्त वर्मा "मार्क्सवाद के विरोध में व्यक्तिनिष्ठा पर ज़ोर" देते हैं।"[19]

मार्क्सवाद व्यक्ति-निष्ठा और यथास्थिति की स्वीकृति मात्र को प्रगति, मानव-मूल्य और दायित्व-बोध मानने से इनकार करता है। सभी अतीतपन्थी अथवा यथास्थितिवादी विचारधाराएँ मनुष्य के दायित्व, पुरुषार्थ और सामर्थ्य में सन्देह उत्पन्न करती हैं। मार्क्सवाद से उनका यह बुनियादी विरोध है। मार्क्सवाद मनुष्य को काल-प्रवाह में पतित, पंगु, विवश, अभिशप्त मानने के बजाय सजग दायित्व-बोध से युक्त और अपनी नियति में दखल दे सकने वाला प्राणी मानता है। वह भविष्य के प्रति अनास्था उत्पन्न नहीं करता। प्रगतिशील काव्य-मूल्यों की दीप्ति का कारण है जनता में, भविष्य के महान् ध्येय से प्रेरित उसके कर्म में, उसकी संगठित शक्ति में गहरे विश्वास से उसका अनुप्राणित होना।

प्रगति-विरोधियों की भाँति प्रगति के साथ 'वाद' में संकीर्णता और 'शील' में व्यापकता के दर्शन करने वाले प्रगतिवादियों ने भी प्रगतिशीलता का व्यापकतम निकष प्रस्तुत करने के लिए निरपेक्षता की शरण ली। श्री शिवदान सिंह चौहान ने प्रगतिवाद को मात्र तुकबन्दी और नारेबाजी का साहित्य कहा। उन्होंने जिस निरपेक्ष

युग-सत्य और जीवन-यथार्थ को प्रगति का आधार कहा, वह समसामयिक युग और जीवन से अलग था।[20] ऐसा कौन-सा जीवन-यथार्थ सम्भव है इसका उल्लेख उन्होंने नही किया। प्रगतिशीलों की इस तरह की निरपेक्षता-वादी धारणाओं का खण्डन करते हुए डॉ. रामविलास शर्मा ने सर्वथा उचित कहा है कि ''युग जीवन की वास्तविकता अखण्ड इकाई नहीं है। कोई युग भी सत्य-द्वन्द्व से परे नहीं होता। आज के युग का सत्य है, एक तरफ जनता साम्राज्यवाद से मुक्ति के लिए संघर्ष कर रही है, दूसरी तरफ साम्राज्यवादी ताकतें और उनके हिमायती उसे दबाने और गुलाम बनाये रखने की कोशिश कर रही हैं। इस द्वन्द्व में कलाकार किसी अद्वैत युग-सत्य का सहारा न लेकर जनता या उसके विरोधियों का पक्ष लेता है। इसलिए स्वभावतः प्रगतिशील न होकर उसे युग-विशेष और समाज-विशेष के संघर्ष में जनता का पक्ष लेने पर ही प्रगतिशील कहा जा सकता है।''[21]

अर्थात्, मुक्ति के लिए संघर्षरत जनता का पक्ष लेने पर ही कला प्रगतिशील होती है। यह मुक्ति सभी प्रकार के शोषण से मुक्ति का पर्याय है। प्रगतिशील अर्थों में जनता ''अपने शरीर या दिमाग से मेहनत''[22] करने वाली श्रमजीवी जनता है। सारी दुनिया में मेहनतकश जनता की एक बिरादरी है। जो मुट्ठी भर महाजन अपनी दौलत और शक्ति के बल पर बेमुरब्बती से मेहनत करने वालों का खून चूसते हैं, उनकी भी अखिल विश्व में एक बिरादरी है। भाई-चारे के अतिरिक्त जाति, धर्म, रंग आदि के आधार पर किये गये दूसरे विभाजनों को कृत्रिम और भ्रामक माना गया है। सामाजिक विभाजन के बीच तटस्थता अकल्पनीय है। प्रगतिशील कविता में तटस्थता की अस्पष्ट और विभाजित सहानुभूति को विभाजित जीवन की उपज माना गया है।

अपनी परिभाषित पक्षधरता के कारण प्रगतिशील रचनाकार जीवन की गतिशील वास्तविकताओं में सजग और सक्रिय रूप में भागीदार बनने में ही ज्ञान की सार्थकता मानता है। मनुष्य के पुरुषार्थ—उसके कर्म और श्रम—में बुनियादी आस्था प्रगतिशील सौन्दर्य-मूल्यों का सारतत्त्व है।

प्रगतिशील कविता में जनता की तरफदारी महाजनी समाज के ध्वंस की सक्रिय चेतना में व्यक्त होती है। प्रगतिशील शक्तियों के संगठित कार्य का यह सर्वोच्च मूल्य है। प्रगतिशील कविता में कर्मशील मनुष्य का यह मूल्य तीन स्तरों पर व्यक्त हुआ है।

एक : सामाजिक और ऐतिहासिक सन्दर्भों में व्यक्ति का विश्लेषण एवं व्यक्ति और समाज के द्वन्द्वात्मक धरातल की पहचान।

दो : मनुष्य की नयी प्रतिमा का निर्माण। मनुष्य वर्तमान विसंगतियों को झेलने और उन्हें ही मूल्य के रूप में स्वीकार करने को विवश (अभिशप्त)

प्राणी नहीं है। वह इतिहास के सहज प्रवाह में अपनी सजग और सक्रिय भूमिका द्वारा अपनी नियति में दखल दे सकता है और अपने भविष्य की खुद रचना कर सकता है।

तीन : गहन यथार्थ-बोध, इतिहास-बोध और इनसे उत्पन्न दायित्व-बोध। यह दायित्व-बोध मनुष्य को अन्तर्गुहावास से निकालकर समय की चुनौतियों का सामाना करने की प्रेरणा देता है और मनुष्यों को व्यक्ति नहीं समाज और संगठन बनाता है।

सन्दर्भ-सूची

1. साहित्यिक निबन्ध, पृष्ठ 147
2. प्रगतिवादी काव्य साहित्य, पृष्ठ 1
3. वही, पृष्ठ 78
4. प्रगतिवाद : एक समीक्षा, पृष्ठ 14
5. वही, पृष्ठ 7
6. हिन्दी साहित्य कोश, पृष्ठ 661
7. वही, पृष्ठ 511
8. वही, पृष्ठ 511
9. काँग्रेस समाजवादी पार्टी की नीति, पृष्ठ 6
10. भारतीय राष्ट्रीय कांग्रेस का इतिहास, खण्ड 2, पृष्ठ 197
11. आधुनिक हिन्दी साहित्य, पृष्ठ 153
12. आधुनिक हिन्दी साहित्य की प्रवृत्तियाँ, पृष्ठ 77
13. चन्द्रबली सिंह : 'प्रगतिवाद : पुनर्मूल्यांकन और नयी दिशा' शीर्षक लेख (स्वाधीनता, कलकत्ता, नवम्बर, 1976)
14. आधुनिक हिन्दी साहित्य, पृष्ठ 32
15. हिन्दी साहित्य के पिछले बीस वर्ष, कल्पना, जून 1967
16. निराला की साहित्य साधना, भाग 1, पृष्ठ 536
17. संघर्ष', 25 अप्रैल, 1938, पृष्ठ 7
18. 'साहित्य की नयी मर्यादा', 'आलोचना', अप्रैल, 1954
19. नयी कविता के प्रतिमान, पृष्ठ 20
20. दे. साहित्य की समस्याएँ, पृष्ठ 53, 54, 62, 63
21. प्रगतिशील साहित्य की समस्याएँ, पृष्ठ 6।
22. प्रेमचन्द : 'महाजनी सभ्यता', ('हंस', सितम्बर, 1936), पृष्ठ 51

अध्याय-8

इतिहास-बोध : सांस्कृतिक चेतना

सन् 1920 के आसपास एक तरफ छायावाद का उद्‌भय हो रहा था, दूसरी तरफ गयाप्रसाद शुक्ल 'सनेही' और उनके मण्डल के अन्य कवियों के काव्य में समाजवादी विचारधारा को प्रत्यक्ष अभिव्यक्ति मिल रही थी। दोनों धाराएँ साथ-साथ विकसित हो रही थीं। दोनों काव्यधाराओं में कोई मूलभूत विरोध न था। दोनों की चेतना यथार्थपरक थी। यही दोनों के सह-अस्तित्व और जीवन्तता का कारण था। समाजवादी विचारधारा से प्रेरित सनेही-मण्डल के कवियों में सामाजिक विषमताओं और शोषण के तिहरे—साम्राज्यवादी, पूँजीवादी, सामन्तवादी—रूपों के विरुद्ध संघर्ष की व्यवस्थित चेतना मौजूद थी। छायावाद की प्रासंगिकता का कारण भी उसकी साम्राज्य-विरोधी, सामन्त-विरोधी चेतना थी।

एक-दूसरे की संगति में विकसित होती हुई उपर्युक्त दोनों काव्य-धाराओं की चेतना में अन्तर भी था। छायावाद औद्योगिक संस्कृति के आरम्भ-काल में उत्पन्न व्यक्तिवादी रोमांटिक चेतना का वाहक था। उसकी सामन्त-विरोधी अन्तर्वस्तु का आधार था उसका रोमांटिक व्यक्तिवाद। सनेही-मण्डल के कवियों की सामन्त-विरोधी चेतना परोक्ष और प्रतिक्रियाजन्य न होकर वैचारिक प्रतिबद्धता से उत्पन्न थी। साम्राज्य-विरोधी भावना दोनों को अपने पूर्ववर्ती साहित्य से विरासत में मिली थी।

पूँजीवाद विकास की आरम्भिक व्यवस्था में था। छायावादी कवियों का विशेष ध्यान उसके अन्तर्विरोधों की ओर नहीं गया। औद्योगिक क्रान्ति ने प्रकृति की विराट् शक्तियों का जो उद्‌घाटन किया उसके कारण छायावादी काव्य में रहस्यपूर्ण विमुग्धता का भाव ही अधिक रहा। इससे भिन्न, मार्क्सवादी विचारों से प्रभावित होने के नाते सनेही-मण्डल के कवियों में आरम्भ से पूँजीवाद-विरोधी भावना विद्यमान थी।

प्रगतिशील साहित्य इन दोनों धाराओं के माध्यम से विकसित हुआ। 1936 में प्रगतिशील लेखक संघ की स्थापना के बाद जब संगत रूप से प्रगतिशील साहित्य-सृजन आरम्भ हुआ तब मार्क्सवादियों के अतिरिक्त राष्ट्रवादी धाराओं के अनेक कवि उससे

जुड़ गये। इस प्रकार, प्रगतिशील काव्य आरम्भ से ही व्यापक जनवादी चेतना का प्रतिनिधित्व करता रहा है।

प्रगतिशील लेखक संघ ही प्रगतिशील साहित्य का प्रमुख मंच था। उसकी स्थापना में तरुण मार्क्सवादी बुद्धिजीवियों (सज्जाद ज़हीर, मुल्कराज आनन्द) और कम्युनिस्ट पार्टी ने केन्द्रीय भूमिका अदा की। प्रेमचन्द, निराला, जिन गैर-मार्क्सवादी लेखकों ने '35'-36 से ही प्रगतिशील लेखक संघ के साथ खुद को जोड़ा, वे अपनी-अपनी सीमाओं के बावजूद मार्क्सवाद के निकट थे। परिणाम यह हुआ कि प्रगतिशील साहित्य मार्क्सवादी बिचारधारा को लेकर आगे बढ़ा। उसने साहित्य और संस्कृति को जिस दृष्टि से देखा, वह या तो मार्क्सवादी थी या मार्क्सवाद के नज़दीक थी। दोनों का मूल दृष्टिकोण वर्गीय अन्तःप्रकृति को उद्‌घाटित करता था।

जनवरी, 1935 में ही, अपने प्रखर विवेक के कारण प्रेमचन्द ने "सुन्दरता की कसौटी बदलने" की आवश्यकता पर बल दिया था। उन्होंने लिखा था कि "अभी तक यह कसौटी अमीरी और विलासिता के ढंग की थी।" कलाकार झोपड़े और खण्डहर को "मनुष्यता की परिधि के बाहर समझता था, कभी इनकी चर्चा करता भी था तो मजाक उड़ाने के लिए।" वह "जीवन संग्राम में सौन्दर्य का परमोत्कर्ष" देख सकने[1] वाली व्यापक दृष्टि नहीं रखता था, उसके लिए सौन्दर्य सुन्दर स्त्री में है—उस बच्चों वाली "गरीब रूपरहित स्त्री में नहीं, जो बच्चे को खेत की मेड़ पर सुलाये पसीना बह रही है।" सौन्दर्य सम्बन्धी रूढ़ दृष्टिकोण का खण्डन करते हुए उन्होंने असुन्दर को नहीं, कुरूप को सौन्दर्य का विलोम बताया और समाज से कुरूप का मूलोच्छेद करने वाले कर्म को सर्वोच्च मूल्य। उन्होंने सौन्दर्य का जो नया मान बताया "वह किसी श्रेणी-विशेष तक सीमित न था।" उसकी परिधि बाग की चारदीवारी से निकलकर सारे भू-मण्डल को घेरे वायुमण्डल तक विस्तारित थी। जब यह नया निकष स्वीकृत होगा "तब कुरुचि हमारे लिये सह्य न होगी, तब हम उसकी जड़ खोदने के लिए कमर कसकर तैयार हो जायेंगे।" हजारों मनुष्यों को गुलाम बना रखने वाली अत्याचारी व्यवस्था के विरुद्ध "केवल कागज़ के पृष्ठों पर सृष्टि करके सन्तुष्ट न हो जायेंगे किन्तु उस विधान की सृष्टि करेंगे जो सौन्दर्य सुरुचि, आत्म-सम्मान और मनुष्यता का विरोधी न हो।"[1]

सुमित्रानन्दन पन्त ने मार्क्सवादी विचारधारा से प्रभावित होकर 'युगवाणी' और ग्राम्या में इतिहास और संस्कृति के वर्गीय स्वरूप को अंकित किया। निराला ने घोषित तौर पर मार्क्सवाद को अपनाये बिना ही यह कार्य किया।

'चर्खा चला' और 'राजे ने अपनी रखवाली की', इन दो कविताओं के माध्यम से निराला की भौतिकवादी इतिहास-दृष्टि को बखूबी समझा जा सकता है। 'चर्खा चला' मनुष्य की ऐतिहासिक विकास-यात्रा की गाथा है। गुफाओं से जंगल और

जंगल से उपवन की ओर यात्रा करता हुआ मनुष्य धरती से बँधा, अंधविश्वास से मानवीय यथार्थ तक आया। वाल्मीकि ने 'वेदों की लीक'—मंत्र—छोड़कर छंद में गीत रचे, मानव को मान दिया, धरती की प्यारी लड़की सीता के गाने गाये, इत्यादि।

सौन्दर्य-बोध और सांस्कृतिक मूल्यों का जीवन की उपयोगपरक वास्तविकताओं से कितना गहरा सम्बन्ध है इसे भी इस कविता में देखा जा सकता है। मनुष्य ने कृषि की तकनीक विकसित कर ली है। बलदेव हल को हथियार बनाते हैं :

कृष्ण ने भी जमीं पकड़ी,
इन्द्र की पूजा की जगह, गोबर्धन को पुजाया,
मानवों को, गायों और और बैलों को मान दिया।[2]

इतिहास की भौतिकवादी व्याख्या का दूसरा पहलू 'राजे ने अपनी रखवाली की' कविता में द्रष्टव्य है। राजा किला बनाकर रहता है। फौजें रखता है। चापलूस सामन्त, पोथी पत्री वाले पण्डित, कवि, इतिहासकार सब उसके दरबार की शोभा हैं। इस समाज का जादू ऐसा है कि "लोकनारियों के लिए रानियाँ आदर्श" हो गयी हैं। धर्म का धोखा है। साम्राज्य-विस्तार के लिए युद्ध होते हैं। मरता कौन है? किसके खून की नदियाँ बहती हैं? आज जब आँख खुली तो मालूम हुआ कि जनता को हर तरह की तबाही और जुल्म का शिकार बनाकर 'राजे ने अपनी रखवाली की।'[3]

निराला जिस दृष्टिकोण से इतिहास के अन्तर्विरोध को समाने रखते हैं उसके सूत्र मार्क्सवाद में निहित हैं, "वास्तविक इतिहास की रचना व्यक्ति नहीं मनुष्यों का जनसमूह किया करता है।"[4] किन्तु दरबारी इतिहास-दृष्टि ने सदैव इतिहास-निर्माण में जनता की भूमिका की उपेक्षा की है और व्यक्तियों के शौर्य वर्णन को प्रश्रय दिया है। इस इतिहास-दृष्टि के विरुद्ध निराला के विक्षोभ और विद्रोह का मूल्य आज मालूम होता है। निराला के इस जनवादी दृष्टिकोण का आधार उनकी मानवीय करुणा थी।

दरबारी दृष्टि चारदीवारी में सीमित रहती है और व्यापक भूमण्डल में फैली हुई जनता और उसकी संस्कृति की उपेक्षा करती है। प्रगतिशील दृष्टि इस विडम्बना का उद्घाटन करती है और जनता का पक्ष लेती है। दरबार और जनता के बीच जो फासला है उसे वह वर्ग-संस्कृति के रूप में देखती है। संस्कृति के वर्गीय चरित्र के नाते ही एक दृष्टि दरबार की शोभा बनती है और दूसरी बलदेव के हल की ताकत।

वर्तमान युग में यह अन्तर्विरोध अधिक उग्र और निर्मम हो गया है। इसलिए मानवीय पक्षधरता का प्रश्न भी अधिक ज्वलन्त हो उठा है। जिस तरह 'राजे ने रखवाली की' में निराला ने सामन्त युग के विराट् शोषण तन्त्र को बेनकाव किया उसी तरह आधुनिक युग के तामझाम को उद्घाटित करने वाले नरेन्द्र शर्मा की ये पंक्तियाँ उल्लेखनीय हैं :

"इस दुनिया में दो दुनिया हैं, जिनके नाम गरीब अमीर।
पर सोने के नगर बने हैं, मिट्टी ही का सीना चीर

X X X

मन्दिर उनके, मस्जिद उनकी, गिरजे उनकी बाजू में,
पैगम्बर, अवतार, मसीहा, जैसे बाट तराजू में।
दीन भी उनका, दुनिया उनकी, उनके तोप और तलवार
उनके अफसर और गवर्नर, उनके ही साहब सरकार।"

....इत्यादि।[5]

पूँजीवादी समाज के उदय के साथ शासन के विधान का जो नया तन्त्र उभरा वह पूरी तरह अमीरों की दुनिया से जुड़ा रहा। अमीर तोप और तलवार के बूते पर अपनी हुकूमत चलाते हैं। धर्म और पैगम्बर सब उनके न्याय की तराजू के बाट हैं। इस सामाजिक विधान का न्याय ऐसा है कि :

"घाट, धर्मशोले, अदालतें, विद्यालय, वेश्यालय सारे
होटल, दफ्तर, बूचड़खाने, मन्दिर, मस्जिद, हाट, सिनेमा
श्रमजीवी की उस हड्डी से टिके हुए हैं—जिस हड्डी को
सभ्य आदमी के समाज ने टेढ़ी करके मोड़ दिया है।"[6]

श्रमजीवी का यह चित्र अधिक वास्तविक और यथार्थवादी है क्योंकि इसमें उसकी अतुलनीय मृजनक्षमता और वर्तमान उत्पीड़न का अन्तर्विरोध पूरी वस्तुनिष्ठता के साथ मूर्त हुआ है। यह एक तरफ सनेही-मण्डल के कवियों के भावोद्‌गार से मुक्त है तो दूसरी तरफ इसमें 'धर डगमग डग' आने वाले पन्त के श्रमजीवियों की-सी ऋृजुता नहीं है। इस चित्र की सघन भावात्मक अन्तर्वेदना का कारण खुद इसकी यथार्थवादी संवेदना है। यह गम्भीर यथार्थवाद ऐतिहासिक और सांस्कृतिक स्थितियों की सही, अतिरंजनाहीन समझ का परिणाम है।

निराला, नरेंद्र, केदार जिस बात के प्रति जागरूक हैं, उस पर ध्यान देना चाहिए। शासक वर्ग शोषण और वर्चस्व के लिए केवल दमन का सहारा नहीं लेता। वह धर्म और संस्कृति का उपयोग करके अपने प्रभुत्व को 'आदर्श' बना देता है ताकि पीड़ित वर्ग स्वेच्छा से उसे स्वीकार करें।

पहले से चला आ रहा अमीरी और गरीबी का फर्क दिनोंदिन बढ़ रहा है। पन्त अपनी सरल दृष्टि से इस फर्क को अनुभव के स्तर पर उतारने का प्रयत्न करते हैं। धनपतियों को वे इस प्रकार स्मरण करते हैं :

"वे नृशंस हैं : वे जन के श्रमबल से पोषित,
दुहरे धनी, जोंक जग के, भू जिनसे शोषित।

नहीं जिन्हें करनी श्रम से जीविका उपार्जित
नैतिकता से भी जो रहते अतः अपरिचित।
जनजीवन का दुरुपयोग है उनका जीवन,
अब न प्रयोजन उनका अन्तिम हैं उनके क्षण।"[7]

ये धनपति जोंक की तरह श्रम को आखिरी बूँद तक चूसते जाते हैं। पन्त जी मनुष्य के इतिहास और संस्कृति को श्रम और सम्पदा के मर्मान्तक टकराव के बीच परिभाषित करते हैं इसलिए नैतिकता का सम्बन्ध श्रम से जोड़ते हैं और घोषित करते हैं कि धनपतियों के अन्तिम क्षण निकट हैं। अपनी ॠजुता के बावजूद पन्त जी की काव्य-दृष्टि में यथार्थ की विसंगति के प्रति क्षोभ, उसके कारणों के प्रति व्यंग्य और उससे पीड़ित जन के प्रति करुणा एक साथ विद्यमान है। यह परिभाषित सहानुभूति—प्रेम और घृणा—प्रगतिशील कविता की सुस्पष्ट ऐतिहासिक और सांस्कृतिक अन्तर्दृष्टि से उत्पन्न मूल्य है। नफरत और प्रेम के इस परिभाषित स्वरूप के कारण प्रगतिशील कविता संशयहीन स्वर में घोषित करती है :

"वे व्यापारी, वे जमींदार, वे हैं लक्ष्मी के परमभक्त।
वे निपट निरामिष सूदखोर, पीते मनुष्य का उष्ण रक्त।"[8]

'भैंसागाड़ी' पर ही घूमते हुए भगवतीचरण वर्मा देखते हैं कि पीड़ित ग्रामों के अविरल क्रन्दन का कारण बड़े नगरों का रागरंग है। इस तरह, भारतीय समाज की वास्तविकताओं को उनके जटिल अन्योन्याश्रय में न समझ कर भी उन्हें समग्र रूप में देखने का प्रयत्न है। 'नैंसागाड़ी' शीर्षक से ही स्पष्ट है कि कवि से कितनी ॠजु दृष्टि से समाज को देखा है। इसीलिए यथार्थ के विभिन्न पहलू स्वतन्त्र (और प्रायः असम्बद्ध) रूप से ही समाविष्ट हो सके हैं। सूदखोर, व्यापारी और ज़मींदार मनुष्य का रक्त पीते हैं। वे गाँव और शहर दोनों जगह हैं। फिर शहरों के रागरंग गाँवों के क्रन्दन का कारण कैसे हुआ? क्या गाँवों में रागरंग नहीं है?

औद्योगिक केन्द्रीकरण एक तरफ तथा बिखरी हुई आवादियों, उत्पादन के साधनों और सम्पत्ति का केन्द्रीकरण दूसरी तरफ—यह पूँजीवादी विकास का सारभूत गुण है। औद्योगिक विकास के साथ बड़े नगर अर्थ-व्यवस्था का केन्द्र बन जाते हैं। इससे कृषि की उद्योग पर और गाँव की शहरों पर निर्भरता बढ़ती है। शहरी मजदूरों का शोषण प्रत्यक्ष और निर्मम होता है। ग्रामांचलों का, किसानों का काफी कुछ परोक्ष। किन्तु यह तथ्य है कि पूँजीवादी विकास का सबसे विनाशकारी प्रभाव ग्रामीण अर्थ-व्यवस्था पर पड़ता है। जिस तरह विदेशी पूँजीपति और उनके प्रतिनिधि भारत को अपनी मण्डी बनाये हुए थे और यहाँ से कच्चा माल ले जाकर अपने देश को औद्योगिक दृष्टि से और भी सुदृढ़ बना रहे थे, उसी तरह यहाँ के पूँजीपति ग्रामांचलों को कच्चे माल की सप्लाई और पक्के माल की बिक्री के लिए मण्डी के रूप में बरतते रहे हैं।

यह पूँजीवादी उत्पादन का अन्तर्निहित चरित्र है। अतः ग्रामीण गरीबों पर पूँजीवादी उत्पादन और ग्रामीण सामन्तों-जागीरदारों की दोहरी चोट पड़ती है।

अंग्रेज़ी राज की स्थापना के बाद कृषि-प्रधान देश बन जाने से भारतीय जीवन में ग्रामांचलों का विशेष महत्त्व रहा है। यहाँ की वास्तविकताओं से अधिक गहराई तक जुड़ने के लिए कवियों का ग्राम-संस्कृति में रसना-बसना अनिवार्य था। प्रगतिशील कवियों ने अपनी सांस्कृतिक परम्पराओं से जुड़कर अपनी काव्यशक्ति का विकास किया और ग्रामीण जनजीवन को अपनी संवेदना का मुख्य आधार बनाया। ग्रामीण जीवन की दारुण वास्तविकताओं में भी सौन्दर्य के दर्शन कर प्रगतिशील कविता अपनी निष्कुण्ठ सहजता और पक्ष-धरता का उदाहरण प्रस्तुत करती है। भवानीप्रसाद मिश्र की निम्नलिखित पंक्तियाँ इस सन्दर्भ में उल्लेखनीय हैं :

गाँव, इसमें झोंपड़ी हैं, घर नहीं है—झोंपड़ी में, टकियाँ हैं, दर नहीं हैं,/धूल उड़ती है धुएँ से/ दम घुटा है,/मानवों के हाथ से मानव लुटा है/ रो रहे हैं शिशु कि माँ चक्की लिये है,/पेट पानी, के लिए पक्की किये है। फट रही छाती।[9]

इस यथार्थ-बोध में संस्कृति के वर्गीय चरित्र की पहचान निहित है और बदले में वह वर्ग-दृष्टिकोण को मजबूत करता है। इसीलिए एक तरफ वह वर्गातीत इतिहास-दृष्टियों की असंगति पर व्यंग्य करता है[10] और दूसरी तरफ सांस्कृतिक जीवन के अन्तर्विरोध की अत्यन्त संयत और कलात्मक समीक्षा प्रस्तुत करता है :

वह समाज के त्रस्त क्षेत्र का मस्त महाजन,
गौरव के गोबर-गणेश-सा मारे आसन,
नारिकेल के सिर पर बाँधे धर्म मुरैठा,
ग्राम-बधूटी की गोरी गोदी में बैठा,
नागमुखी पैतृक सम्पत्ति की थैली खोले,
जीभ निकाले, बात बनाता करुणा धोले,
ब्याज-स्तुति से बाँट रहा है रुपया पैसा।
सदियों पहले से होता आया है ऐसा।[11]

महाजन की 'करुणा' और ब्याज-स्तुति से रुपया-पैसा बाँटने की सदियों पुरानी परम्परा आज भी जारी है। सम्पत्ति नागमुखी है जो हिंसक को गोबर-गणेश की तरह पुजाती है और मेहनत को डँसती है। महाजन प्रगतिशील कविता में सम्पत्तिधारी वर्गों का प्रतीक है। 'महाजनी सभ्यता' में प्रेमचन्द शोषक सम्पत्तिधारी वर्गों को 'महाजन' कहकर ही व्याख्यायित करते हैं। केदार की कविता में यह महाजन उस गोबर-गणेश की तरह है जो किसी काम का न होकर भी पूजा पाता है। उसके नागपाश से मेहनत करने वाले "ग्रामीणों को मुक्ति अभी तक नहीं मिली है।"[13]

उनकी गुलामी का सूत्र महाजनी सभ्यता के उस विधान में निहित है जो गरीब श्रमजीवियों को कर्जे के सूँड़ में लपेटकर धीरे-धीरे तोड़ता, पीसता और निगलता रहता है। कर्ज सम्बन्धी केदार की दो छोटी कविताएँ इस प्रकार हैं :

1. मौत को पढ़ रही है जिन्दगी / जो मर गयी है,
   अमेरिकी अनाज पाकर / कर्ज का जॉज बजाकर।
2. कर्ज का पहाड़, बड़े-से-बड़े मर्ज से बड़ा है,
   न मरा आदमी, पहाड़ से मरा पड़ा है।[13]

कर्ज हमारे समाज का भयंकर मर्ज है। यह कर्ज चाहे एक देश का हो या एक व्यक्ति का। देश का कर्ज देश को मारता है और व्यक्ति का कर्ज व्यक्ति को। दोनों में मात्रा-भेद है, गुण-भेद नहीं। गुण एक है—कर्ज मौत है। सामन्ती समाज के इस अस्त्र को पूँजीवाद ने यथावत् अंगीकार कर लिया है। सांस्कृतिक जीवन के विघटन और विनाश का यही मुख्य कारण है।

सामाजिक विषमताएँ मानव-जीवन और संस्कृति के मानवीय चरित्र का हनन करती हैं। अतः महाजनी समाज को प्रगतिशील कवि घृणा की नज़रों से देखता है। महाजनी चक्के में पिसता श्रमिक उसकी संवेदना का अधिकारी है, वह संस्कृति और इतिहास का निर्माता है इसलिए वही उसका काव्य-पुरुष है। वह श्रमजीवी काव्य-नायक जाति-धर्म में भी विभक्त नहीं है—"धरती के पुत्र की / होगी कौन जाति-कौन मत, कौन धर्म? / धूलि भरा धरती का पुत्र है / जोतता है बोता जो किसान इस धरती को।"[14]

सामाजिक अन्तर्विरोध किन सांस्कृतिक सम्बन्धों को जन्म देते हैं, इसका उदाहरण श्री जगन्नाथप्रसाद 'मिलिन्द' का यह रूपक बड़ी खूबी से प्रस्तुत करता है :

"हम पद्मनाल से छिपे विश्व-जीवन में,
अपने ऊपर वैभव का कमल खिलाते;
शोभा, सौरभ, मधु सब बाहर बँटते हैं,
हम पंक-गर्त में भीतर गलते जाते।"[15]

संक्षेप में, सामाजिक और सांस्कृतिक जीवन के अन्तर्विरोधों को मानवीय आधारभूमि से देखने के नाते प्रगतिशील कविता के सौन्दर्य-मूल्यों में बेलौस खरापन, निर्भीक पक्षधरता और बेबाक इतिहास-दृष्टि मौजूद है।

यहाँ यह स्पष्ट कर देना आवश्यक है कि प्रगतिशील काव्य में श्रमजीवी वर्ग के प्रति सहानुभूति है, करुणा है, कहीं-कहीं भावुकता और अतिरिक्त उत्साह है; किन्तु उसमें अधिकांशतः उसका यथार्थ चित्र ही उभरकर आया है। श्रमजीवी न दूध का धुला वर्ग है और न चौबीस घण्टे युद्ध का डंका पीटने वाला यान्त्रिक शूरवीर। उसमें 'गन्दा यश'[16] भी है; 'निश्चेतन निद्रा' की मूर्च्छा[17] भी है। यदि यह निश्चेतन निद्रा

टूटे, सांस्कृतिक चेतना आये तो ये लोग क्या नहीं कर सकते?

प्रगतिशील कवियों ने जनता की गरीबी और जहालत तथा इनका फायदा उठा कर उन्हें सांस्कृतिक दृष्टि से पिछड़ेपन का शिकार बनाने वाली साजिशों को बखूबी समझा है। इसलिए उन्होंने एक ओर सांस्कृतिक शून्य से ग्रस्त श्रमजीवियों को गन्दे यश और निश्चेतन निद्रा के लिए फटकारा है तो दूसरी ओर दायित्व-सजग होकर कर्म-क्षेत्र में उतरने के लिए प्रेरित किया है। ऐसा इसलिए किया है कि वह गहरी वेदना से भरा हुआ है। मानव-जीवन की पीड़ाएँ उसे व्यथित करती हैं :

> "दिन के बुखार / रात्रि की मृत्यु / के बाद हृदय पुंसत्वहीन /
> अन्तर्मनुष्य / रिक्त-सा गेह / दो लालटेन-से नयन दीन;
> निष्प्राण स्तब्ध / दो खड़े पाँव / लकड़ी का धोखा वक्ष रिक्त।"[18]

असम्पृक्त (तटस्थ) भाव से जिन्दगी की कटुताओं और विद्रूपताओं को अंकित कर देना ही प्रगतिशील साहित्य की विशेषता नहीं है। जीवन-यथार्थ को अनुभव प्रक्रिया के माध्यम से प्रगतिशील कविता जितने विश्वसनीय तरीके से प्रस्तुत करती है उससे जिन्दगी में उसकी सहभागिता का सबूत मिलता है।

उदाहरण के लिए वंशीधर शुक्ल की कविता 'किसान की अर्जी'[19] को लें। यह कविता विवरणात्मक शैली में है; किन्तु यह शैली जीवन से उत्पन्न है इसलिए उसमें अतिरिक्त तिलझन और बनावटी क्रोध न होकर सांस्कृतिक समग्रता है। पत्नी खुद भूखी रह सकती है, लेकिन पति को पहले खिलाती है। खेती की दशा यह है कि पेट भर अन्न नहीं जुट पाता। एक साल जब खेत में खूब हरियाली आती है तो मन फूला नहीं समाता कि 'अबकी सबु दारिद हरिगा।' लेकिन जब खेत फूलने लगा तब उसमें गन्धी का आक्रमण हो गया। जो थोड़ा-बहुत अनाज हुआ उसमें भी उसके हिस्से बहुत कम आया। कारण यह कि कर्ज और लगान वगैरह 'भुगतायन'। बचे-खुचे अनाज के तीन रुपये मिले। उधर तौलाई, चन्दा, चुंगी वगैरह के चौदह रुपये दो आने हुए।

इस तरह समस्याएँ ज्यों-की-त्यों बनी रहीं, बल्कि और विकराल हो गयीं। लगान वगैरह अदा न हो सका तो जिलेदार आया, उसके चपरासी ने जूतों से मारा; मुर्गा बनाया। पण्डित जी ने इस दुर्दशा पर रोते देखा तो 'उनकेउ कुछु आँसू आये।' लेकिन कर वह भी क्या सकते थे?

मोहलत पाकर घर आये तो बच्चों की 'दुइ पैसा' की मामूली फरमाइश पूरी करने लायक नहीं रहे। असमर्थ पिता की पीठ पर हाथ फेरते हुए बच्चों ने पूछा, 'बप्पा ये कैसी बर्तें/हम बोलेनि, ये हैं बिटिया, खेती की जिन्दा शर्तें?" 42 वर्ष बाद (और अब तीन चौथाई सदी बाद) आज भी क्या खेती की यही 'जिन्दा शर्तें' नहीं

हैं? समकालीन जीवन से जुड़कर ही यह कविता सदियों के यथार्थ को व्यक्त करने वाला स्थायी मूल्य दे सकी है।

अपने तन पर 'खेती की जिन्दा शर्तें' झेलने वाला यह किसान कर्त्तव्यमुक्त बुद्धिजीवी की भाँति नहीं है। उसे बच्चों के फटे कपड़ों, अपनी फटी लँगोटी, घर में उधार बैठी पत्नी, नाते-रिश्तेदारों की फरमाइशों और उनके प्रति अपने कर्तव्यभाव—सबकी चिन्ताएँ सताती हैं। कर्ज में एक पाई भी नहीं मिलती। दिया जलना भी कठिन है।

उसे आत्महत्या का विचार आता है। (तब केवल विचार आता था!) किन्तु वह सामाजिक दायित्व से निरपेक्ष व्यक्ति नहीं है। बदनामी और थानेदारी की अमानुषिक नवाबी का खयाल आता है—

"लरिकी का बेंतन मरिहैं, मेहरी की इज्जत हरिहैं,
भैंसनि की कुरकी करिहैं, लरिकन की पसरी तोरिहैं।"

वह यह विचार त्यागकर मन को समझाता है। 'कबहूँ नीके दिन अइहैं/कबहूँ इन आँखिनि देखिबा, बेटऊ-पेटऊ भरि खैहैं।' बच्चे पेट भर खा सकें यही उसके लिए 'नीके दिन' की पहचान है। इस अमानवीय व्यवस्था ने उसके स्वप्नों को भी कितना संकुचित कर दिया है!

प्रगतिशील कविता इस अमानुषिक स्थिति की जिम्मेदारी व्यक्ति पर न डाल कर व्यवस्था पर डालती है। व्यवस्था मानव-समाज की देन है इसलिए मनुष्य उसे बदल सकता है, उसकी जगह नयी व्यवस्था की रचना कर सकता है। कवि इस वर्ग-भेद वाले समाज की शाश्वतता का गुणगान करने वाली मनोवृत्तियों को ललकारकर कहता है कि "परिवर्तन ही एक नियम है बस शाश्वत; स्थायी रह सकता नहीं नीर, स्थायी है बस उसका बहाव।"[20]

इस प्रकार, प्रगतिशील कविता इतिहास की गतिमयता को रेखांकित करती है और इस गतिमयता में मनुष्य की निर्णायक भूमिका की उद्घोषणा करती है। सोवियत संघ की समाजवादी क्रान्ति से पहले कौन कह सकता था—

"दो हड्डी पिचके गालों के गर्जन में यह घनघोर छिपा।
किसने जाना भूखे मन, सूखे तन में इतना ज़ोर छिपा?"[21]

इतिहास को वहन करने वाली इन शक्तियों को जब 'धीरे-धीरे कलियों के खिलने के समान' ही 'अपनी क्षमता का पूर्ण बोध' हो गया और 'चिर दिन से बन्दी आकुल-सा कोई प्रवाह / पा गया अचानक अपनी ही अवरुद्ध राह', भला 'उसके आगे तब ठहर सका है कौन कूल?'[22] वह वैषम्य की शृंखलाएँ चूर-चूर करके सुदूर उगती हुई समता की स्वर्ण-रेखाओं को जीवन में उतारेगा और नये युग का समारम्भ करेगा। उसे पूर्ण विश्वास है कि 'युग की गंगा, पाषाणों पर दौड़ेगी ही', 'नव संसार

बनायेगी ही', 'गुहा-गर्त से आगे जाकर सूर्योदय से खेलेगी ही', 'सूखी खेती सींचेगी ही'।[23]

उसके विश्वास के दो कारण हैं। पहला, उसे मनुष्य की रचनात्मक शक्ति और अपने न्यायसंगत ध्येय पर पूर्ण विश्वास है। और दूसरा, प्रकृति और समाज के बारे में वैज्ञानिक अन्तर्दृष्टि होने के नाते वह इतिहास की द्वन्द्वात्मक गति को समझता है।

जो प्रगतिशील कवि मार्क्सवाद की वैज्ञानिक दृष्टि से सम्पन्न न थे, उनमें भी सामाजिक पीड़ाएँ विद्रोह की भावना उत्पन्न करती हैं। बालकृष्ण शर्मा 'नवीन' की कविता "जूठे पत्ते" इसका उदाहरण है। कवि कहता है कि आदमी आदमी के आगे हाथ पसारे और आदमी की आँखों में दुःख के फौव्वारे देखकर भी अगर 'कहते हो कि तुम नहीं हो विप्लवकारी / तब तो तुम पत्थर हो, या हो महाभयंकर अत्याचारी।"[24]

यहाँ यह उल्लेख करना आवश्यक है कि जिन कवियों में सुसंगत मार्क्सवादी अन्तर्दृष्टि नहीं है उनकी विप्लवकारिता का रूप सर्वनाशकारी ही अधिक है। दिनकर की 'विपथगा' और 'नवीन' की 'कवि कुछ ऐसी तान सुनाओ' अपने ओज गुण के बावजूद क्रान्ति का विध्वंसक स्वरूप ही प्रस्तुत करती हैं। इसके विपरीत मार्क्सवादी कवि वास्तविक सामंजस्य-विधान पर आधारित क्रान्ति का जो स्वप्न प्रस्तुत करते हैं उसमें शोषण की सत्ता को चुनौती है, शोषक अपना सर्वनाश देखता है, सारा समाज और समूचा वर्तमान जगत् नहीं। कारण यह कि जिस 'नवीन जीवन के दर्शन, नवप्रकाश' ये वह आलोकित है वह है मार्क्सवाद।[25]

वर्ग-संघर्ष के नग्नतम रूप की झेलते हुए[26] प्रगतिशील कवि जिस भविष्य का स्वप्न देखता है उसमें "सेठों और जमीदारों को नहीं मिलेगा एक छदाम ; / खेत, खान, दूकान, मिलें सरकार करेगी दखल तमाम। / खेत-मजदूरों और किसानों में ज़मीन बँट जायेगी / नहीं किसी कमकर के सिर पर बेकारी मँडरायेगी।"[27]

प्रगतिशील साहित्य की इतिहास और संस्कृति सम्बन्धी इस दृष्टि के सन्दर्भ में दो और पहलुओं पर ध्यान देना ज़रूरी है। विद्वानों ने कविता को जीवन का पुनःसृजन और कुछ ने तो सर्वथा नये यथार्थ का सृजन माना है। इससे यह स्पष्ट होता है कि कला यथार्थ का कलात्मक और कवि के इच्छित यथार्थ के रूप में रूपान्तरण है। इस आधार पर डॉ. रामविलास शर्मा द्वारा उठाये गये इन दोनों प्रश्नों का आत्यन्तिक महत्त्व है कि "कवि अपनी रुचि के अनुसार जब विश्व को परिवर्तित करता है तो यह भी बताता है कि विश्व से उसे असन्तोष क्यों हैं", और "वह यह भी बताता है कि विश्व में उसे क्या रुचता है जिसे वह फलता-फूलता देखना चाहता है।"[28]

प्रगतिशील साहित्य का यथार्थवाद इसीलिए अधिक गहरा और विश्वसनीय है कि वह अपने असन्तोष का कारण और अपनी रुचि के मूल्यों-आदर्शों की रूपरेखा, दोनों

प्रस्तुत करता है। वह सन्दर्भच्युत यथार्थ की भाँति यथास्थितिवाद में नहीं फँसाता। कलाकर्म के वैयक्तिक सन्दर्भ के आधार पर अज्ञेय जहाँ जन-संस्कृति से उठकर यथास्थितिवाद के मंच पर जा बैठते हैं, वहीं ऐतिहासिक तर्क के प्रति सकारात्मक जीवन-दृष्टि अपनाने के नाते सर्वेश्वर दयाल सक्सेना व्यक्तिवादी, यथास्थितिवादी घेरे को तोड़कर भविष्योन्मुख, समाजोन्मुख सत्य तक पहुँचते हैं। अज्ञेय अपनी कविता 'बाँगर और खादर' में राजाजी और उनके पुरवे के बीच के दारुण अन्तर्विरोध को व्यक्त करने के बाद यह निष्कर्ष निकालते हैं कि "बाँगर का कुआँ / राजाजी का अपना है, / लोक जन के लिए एक / कहानी है, सपना है। / खादर की नदी नहीं / किसी की बपौती की / पुरवे के हर घरवे को गंगा है अपनी कठौती की?"[29] इस तरह अपनी-अपनी स्थिति को सहर्ष स्वीकार करने वाले आत्मसन्तोष का यह प्रचार यथास्थितिवादी मन्तव्य जाहिर करता है।

इसके विपरीत सर्वेश्वर आरम्भ करते हैं क्रान्तिकारी विचारों की आलोचना से : "आज के विश्वकर्मा तो सभी हैं युगधर्मा / नया रचते हैं, मरम्मत नहीं करते / मैं जानता हूँ– / गड़बड़ी ज़्यादा नहीं है / बस वह रास्ता बन्द करना है / जहाँ से चूहे पैठते हैं।"[30]

लेकिन बाद में वह इस 'गडबड़ी' का सही रूप समझते हैं। इस 'गड़बड़ी' की व्यवस्था में निहित जड़ों को जान लेने के बाद वह कहते हैं कि एक कुत्ते की या सभी कुत्तों की दुम काट दो, लेकिन "दुम हिलाने का भाव / नहीं जायेगा / क्योंकि कुत्ता / आदत से टुकड़खोर है / तुम्हें टुकड़खोरी के रास्ते बन्द करने होंगे।"[31] सांस्कृतिक स्तर पर उनकी चेतना चेहरे पर कहीं खो गये चुम्बन[32] की चिन्ता छोड़कर व्यापक भावभूमि पर व्यक्त होती है :

> एक हमारी धड़कन
> जो इस जंगल की धड़कन में इस कदर लय हो गयी है
> कि उसे अलग से पहचानना बेसुरा होना है।[33]

यही भावभूमि प्रगतिशील कविता को बेसुरा होने से बचाती है। इसका यह आत्मविस्तार—आत्मसमाजीकरण—तब पूर्ण होता है जब—"विश्व की मूर्ति में आत्मा ही ढल गयी" हो।[34] मध्यवर्गीय जीवन से आकर अपने आपको विश्व की मूर्ति में ढालना संस्कारों का संघर्ष है। विचार अपेक्षाकृत अधिक आसानी से अपनाये और छोड़े जा सकते हैं ; संस्कारों को बदलना वास्तविक चुनौती है। प्रगतिशील कविता जिस वर्गीय मूल्यवत्ता पर आधारित है उसमें मध्यवर्ग को श्रमजीवी वर्ग का ही अंग माना गया है। किन्तु आर्थिक हैसियत में श्रमजीवी होकर भी मध्यवर्ग संस्कारों (सांस्कृतिक अभिलाषाओं) के स्तर पर सर्वहारा नहीं हो पाता। अतः आत्मगत संघर्ष स्वभावतः उसके जीवन में आता है। वह अनुभव करता है कि दुनिया की गन्दगी साफ करने

के लिए मेहतर चाहिए, मगर खुद वह मेहतर नहीं बन पाता। प्रगतिशील कविता ने सृजनात्मक धरातल पर यह आत्मसंघर्ष झेला है और वर्गापसरण की प्रक्रिया पूरी करके खुद को विश्व की मूर्ति में डाला है। यह अनुभव किया है कि–

हमारा अधिकार सम्मिलित श्रम और
छीनने का दम है[35]

इसलिए संघर्ष की सक्रियता में कला को हथियार के तौर पर इस्तेमाल किया है। मुक्तिबोध के यहाँ 'पोस्टर ही कविता' थी, लेकिन आगे चलकर डॉ. विश्वनाथ त्रिपाठी के यहाँ, भीड़ ने महल पर जो पत्थर फेंके, वह कवि के हाथों में कविता की पंक्ति बन गये। कवि इस सत्य को रेखांकित करता है कि "कविता की सार्थकता पत्थर का टुकड़ा बनने में और पत्थर की सार्थकता कविता की पंक्ति बनने में" है।[36] संघर्ष के समय कला की यह भूमिका ही प्रगतिशील कविता को सर्वथा भिन्न धरातल पर ला खड़ा करती है।

मानव कर्म को निष्फल बनाने वाले यथास्थितिवाद से तो प्रगतिशील सौन्दर्य-चेतना टक्कर लेती ही है, वह अतीतपन्थी रूढ़िवाद का भी खण्डन करती है। 'ताज' कविता में अतीत और वर्तमान के बीच की असंगत स्थितियों को रेखांकित करते हुए पन्त कहते हैं :

हाय मृत्यु का ऐसा अमर अपार्थिव पूजन।
...शव को दें हम रूप-रंग-आदर मानव का
मानव को हम कुत्सित रूप बना दें शव का?
गत युग के मृत आदर्शों के ताज मनोहर
मानव के मोहान्ध हृदय में किये हुए घर।[37]

इस दृष्टिकोण का आधार कवि की यह मान्यता है कि "सत्य नहीं वह जनता से जो / नहीं प्राण सम्बन्धित।"[38] जनता से अलग-थलग पड़ा यह 'असत्य' अपनी हिफाजत के लिए तन्त्र-मन्त्र का सहारा लेता है और प्रगतिशील कवि अपने विवेक से इस पाखण्ड को चुनौती देता है। वह ज्ञान-विज्ञान का महत्त्व और उसकी सार्थकता रेखांकित करता है। उसे यह विश्वास है कि थोड़े-से लोगों को सुविधा और ज्यादातर लोगों को पीड़ा पहुँचाने वाली यह दुनिया बदलेगी, इतिहास और संस्कृति अखंड, अविभाजित मानवता के लक्ष्य तक पहुँचेंगे। यही विवेक उसके कर्मशील सौन्दर्य-मूल्यों का आधार है। इसे कवि सच्ची 'जन संस्कृति' की संज्ञा देता है।[39]

प्रगतिशील कविता वर्तमान समाज की विसंगतियों और विद्रूपताओं को उद्घाटित करती है। यह मनुष्य को एक न्यायसंगत व्यवस्था की रचना के लिए प्रेरित करती है। उसके इस दायित्व-बोध का मजाक बनाते हुए प्रभुदयाल अग्निहोत्री ने उसके सौन्दर्य-मूल्यों को 'कुरूप' का पर्याय कहा।[40] उनके उपहास का उत्तर देते हुए अमृत

राय ने 'हंस' के सम्पादकीय में ठीक लिखा था कि "....अपने वातावरण को बदलने के लिए ज़रूरी है कि उसे समझ लिया जाय। इसी हेतु प्रगतिवादी साहित्य समाज में चारों ओर फैली हुई गन्दगी, सड़ते हुए अनाचार से मुँह नहीं चुराता। स्वतः गन्दगी से उसे कोई प्रीति नहीं होती।"[41] लेकिन वह गन्दगी को नज़रन्दाज़ करके निरपेक्ष सौन्दर्यवादी दृष्टि से भविष्य का स्वप्न नहीं देखता। वह गन्दगी के वास्तविक कारणों को उजागर करता है और इन कारणों के वास्तविक समाधान की खोज करता है। वर्ग-शोषणरहित जिस भावी संस्कृति की कल्पना करता है वह जनता के जीवन से अन्तरंग रूप में सम्बद्ध है। इसीलिए वह जनता के सांस्कृतिक मूल्यों के द्वारा ही भावी विधान को प्रतिबिम्बित करता है। डॉ. रामविलास शर्मा की कविता 'डलमऊ में गंगा' की ये पंक्तियाँ इतिहास और संस्कृति सम्बन्धी प्रगतिशील कविता के दृष्टिकोण को अत्यन्त स्पष्टता से व्यक्त कर देती हैं –

हाँ, जन-संस्कृति का पर्व कार्तिकी आयेगा,
ये बियावान उद्यान नये जीवन से फिर संकुल होंगे।
गत सामन्ती संस्कृति के गिरते ढूहों पर
आश्वस्त सुनाई देगी फिर/गंगा की अविरल धारा-सी।
नवयुग के श्रमकर जनता की पदचाप नयी।[42]

संक्षेप में, प्रगतिशील कविता के इतिहास और संस्कृति सम्बन्धी मूल्यों का आधार है श्रमजीवी जनता में उसकी आस्था। ऐतिहासिक दृष्टि से लैस, मानवीय करुणा पर आधारित प्रगतिशील कविता की यह निर्द्वन्द्व घोषणा ही उसके सौन्दर्य-मूल्यों का बीज है कि–

श्रमिक के शोणित कणों से मैं सिंचा निर्माण धन हूँ,
सभ्यता की नींव, श्वासों का सहारा–मैं लगन हूँ,
पदप्रहारों से दलित उद्घोष मैं, मैं जागरण हूँ,
छिन्नबन्धन शोषितों के विश्व का एकीकरण हूँ,
आत्मगत सन्तोष, बलिपथ पर विपुल संवेदना हूँ।[43]

सन्दर्भ-सूची

1. 'हंस', जनवरी 1935
2. नये पत्ते, पृष्ठ 37-38
3. वही, पृष्ठ 31-32
4. ऐतिहासिक भौतिकवाद, पृष्ठ 170
5. 'हंस', मार्च, 1942
6. फूल नहीं रंग बोलते हैं, पृष्ठ 72
7. सुमित्रानन्दन पन्त ग्रन्थावली, खण्ड-2 (युगवाणी) पृष्ठ 94

8. मानव, पृष्ठ 67
9. गीत फरोश, पृष्ठ 36
10. नये पत्ते, 'झींगुर डटकर बोला', पृष्ठ 63-64
11. फूल नहीं, रंग बोलते हैं, पृष्ठ 72
12. फूल नहीं, रंग बोलते हैं, पृष्ठ 82
13. आग का आईना, पृष्ठ 45
14. रूप तरंग, पृष्ठ 16
15. 'संघर्ष' (26 दिसम्बर, 1937, प्रथमांक), 'शोषितों का गान', पृष्ठ 6
16. फूल नहीं, रंग बोलते हैं, पृष्ठ 76
17. रूप तरंग, पृष्ठ 24
18. ग. मा. मुक्तिबोध : 'नयी धारा', नवम्बर, 1953, पृष्ठ 168
19. 'संघर्ष', 14 मार्च, 1938
20. भारतभूषण अग्रवाल : 'हंस', दिसम्बर 1841
21. 'संघर्ष', शिवमंगल सिंह 'सुमन', 26 जनवरी, 1939
22. एकान्त, पृष्ठ 20
23. गुलमेंहदी, पृष्ठ 19
24. 'हंस', अक्टूबर, 1941
25. अग्रवाल : 'हंस' मई 1942
26. केदार नाथ अग्रवाल : 'कैसे जियें कठिन है चक्कर / निर्बल हम बलीन है मक्कर/तिलझन ताबड़तोड़ कटाकट / हड्डी की लोहे से टक्कर।'—फूल नहीं, रंग बोलते हैं, पृष्ठ 149
27. नागार्जुन : 'हंस', अप्रैल, 1948
28. स्वाधीनता और राष्ट्रीय साहित्य, पृष्ठ 79
29. अरी ओ करुणा प्रभामय, पृष्ठ 44
30. गर्म हवाएँ, पृष्ठ 34
31. जंगल का दर्द, पृष्ठ 46
32. गर्म हवाएँ, पृष्ठ 70
33. जंगल का दर्द, पृष्ठ 80
34. चाँद का मुँह टेढ़ा है, पृष्ठ 304
35. वही, पृष्ठ 44
36. 'आलोचना', जुलाई-सितम्बर, 1968, पृष्ठ 114
37. सुमित्रानन्दन पन्त ग्रन्थावली-2' (युगपथ), पृष्ठ 21
38. वही, पृष्ठ 91
39. उपर्युक्त, पृष्ठ 83
40. 'वीणा', नवम्बर, 1942
41. 'हंस', दिसम्बर, 1942।
42. रूप-तंरग, पृष्ठ 78
43. जगन्नाथप्रसाद 'मिलिन्द', संघर्ष, 26 जनवरी, 1939, पृष्ठ 30

अध्याय-9

मनुष्य की नयी प्रतिमा : नया मानववाद

छायावाद की 'वैयक्तिकता' जब 'व्यक्तिवाद' में रूपान्तरित होकर अतिशय भावुकता और कल्पनाशीलता में परिणत हुई तब छायावाद का ह्रास हुआ। स्वयं छायावादी कवि स्वप्न-महल छोड़कर यथार्थ की जलती हुई भूमि पर उतरे। जिस नये प्रगतिशील साहित्य का प्रसार हुआ उसने व्यक्तिवाद की परिपाटी को तोड़ा। व्यक्तिवाद को 'आत्मप्रेम' कहकर नरेन्द्र शर्मा के काव्य-व्यक्तित्व का विकास दिखाते हुए डॉ. नगेन्द्र ने लिखा है, "अतिशय भावुकता की मुक्ति है बुद्धि, और अतिशय आत्मप्रेम (जो वास्तव में इस अतिशय भावुकता का मूल कारण है) की मुक्ति है सामाजिकता। एक जागरूक व्यक्ति की भाँति नरेन्द्र ने यही किया।"[1]

व्यक्तिवाद पूँजीवादी विचारधारा है। मानव-जीवन और संस्कृति की वस्तुनिष्ठ अवधारण के कारण प्रगतिशील सौन्दर्य चिन्तन में इस पूँजीवादी बिडम्बना को बखूबी समझा गया है कि वह व्यक्ति का सम्मान करने की जगह उसके अहं को बढ़ावा देकर एक प्रवंचना की सृष्टि करता है।[2] अपने स्फीत अहं के कारण व्यक्ति अपने सामाजिक परिवेश के प्रति निषेधपरक दृष्टिकोण अपनाता है। जहाँ जीवन की कटु वास्तविकताओं को स्वीकार करता है वहाँ भी उसके परिवर्तन का संकल्प लेने की जगह अपनी स्थिति से चिपके रहने को ही मानव-धर्म समझता है। पहली स्थिति साहित्य में सामाजिक अन्तर्वस्तु का निषेध करने वाले काव्य में आद्योपान्त देखी जा सकती है। इससे भिन्न, दूसरी स्थिति में सीमित अंशो में प्रगतिशील अन्तर्वस्तु निहित होती है।

उदाहरण के लिए भवानीप्रसाद मिश्र की कविता 'जाहिल बाने'[3] को लें। 'मैं असभ्य हूँ' और 'आप सभ्य हैं' सम्बोधनों से लिखे दो खण्डों में कवि उग्रतम सामाजिक विरोधों को सामने लाता है। इस अन्तर्विरोध का कटुतम पक्ष यह है कि जिसे असभ्य समझा जाता है वह बेहद निरीह है और जिसे सभ्य समझा जाता है उसके 'जबड़े खून सने हैं।' इस खूँख्वार संस्कृति के मुकाबले कवि निरीह 'असभ्य' जन को अपने 'जाहिल बाने' पहने रहने की सलाह देता है।

यह कविता तथाकथित 'सभ्य' समाज के आगे 'प्रोटेस्ट' (प्रतिरोध) अवश्य है। लेकिन इसकी वैचारिक भावभूमि में अनेक मूलभूत असंगतियाँ हैं। पहली असंगति यह है कि इसमें दोनों विपर्यस्त स्थितियाँ एक-दूसरे से स्वतन्त्र, निरपेक्ष इकाइयों के रूप में देखी गयी हैं। इन दो परस्पर-विरोधी वास्तविकताओं के बीच किसी अन्तस्सम्बन्ध को स्वीकार नहीं किया गया है। दूसरी यह कि जनता के प्रति निरीह भाव प्रदर्शित करके उसमें अन्तर्निहित सम्भावनाओं को नज़रन्दाज़ किया गया है। और तीसरी यह कि इस दारुण, विरोधपूर्ण स्थिति से मुक्ति भी सम्भव है, इसकी ओर कवि का ध्यान नहीं गया है। इन्ही कारणों से अपने 'जाहिल बाने' पहने रहने में ही मानव-मूल्य और कर्म की इति मानी गयी है। मानवीय दायित्व का यह स्वरूप यथास्थितिवाद का पक्ष पुष्ट करता है। ऐसे कला-मूल्यों की प्रगतिशील भूमिका अत्यन्त सीमित होती है।

अपनी स्थिति को और मजबूती से पकड़कर जीने का ऐसा संकल्प स्वयं एक अहंवाद को जन्म देता है। अहंवादी आधारभूमि पर खड़े होने पर भी इस 'प्रोटेस्ट' का रूप समाजोन्मुख है। इसलिए अत्यन्त सीमित मात्रा में ही सही, इसकी निश्चित प्रगतिशील भूमिका है।

प्रगतिशील सौन्दर्य-मूल्य मानवीय-यथार्थ को निरपेक्ष सन्दर्भों में नहीं आँकता। विरोधी चरित्र की वास्तविकताओं में कार्य-कारण सम्बन्ध रेखांकित करते हुए श्री सुमित्रानन्दन पन्त ने श्रमजीवी मनुष्य को इस रूप में देखा :

> वह पवित्र है : वह जग के कर्दम से पोषित,
> वह निर्माता, श्रेणि, वर्ग, धन, बल से शोषित।
> मूढ़, अशिक्षित, सभ्य, शिक्षितों से वह शिक्षित
> विश्व-उपेक्षित—शिष्ट संस्कृतों से मनुजोचित।[4]

मनुष्य की अमानवीय स्थिति के कारणों को स्वीकार करने के नाते ही पन्त जी उसमें निहित 'मनुजोचित' सम्भावनाओं को पहचान सके।

गिरिजाकुमार माथुर के अनुसार ये अमानवीय स्थितियाँ ऐसी हैं कि आदमी का कोई सम्मान नहीं रह गया है। इन स्थितियों का कारण यह है कि 'स्वार्थ', 'लालच', 'युद्ध' ही देवता बन गये हैं। माथुर इसे इंसान की सभ्यता नहीं मानते क्योंकि इस सभ्यता में—

> मूल धन हिंसा, गुलामी सूद है
> आदमी बन्दूक की बारूद है।[5]

सूदखोर व्यवस्था ने आदमी का सम्मान छीनकर उसे अपनी स्वार्थ-सिद्धि के लिए बन्दूक की बारूद बना दिया है। इसलिए मनुजता का गरिमा-गान भी शेष नहीं रह गया है।

प्रगतिशील कविता जीवन की विभिन्न वास्तविकताओं में निहित गम्भीर कार्य-कारण सम्बन्ध को पहचानती और व्यक्त करती है इसलिए उसकी मानवता तटस्थ न होकर पक्षधर है, व्यक्तिगामी न होकर समाजगामी है तथा उसकी आस्था ह्रासोन्मुख न होकर जीवनोन्मुख है, भोगपरक न होकर दायित्वपरक है। निराला की अधिकांश कविताएँ यथार्थ को बहुत गहराई से प्रतिबिम्बत करती हैं। 'विधवा', 'भिक्षुक', 'ये किसान की नयी बहू की आँखे' आदि कविताओं में जिस करुणा और सहानुभूति के दर्शन होते हैं वही विकसित होकर 'तोड़ती पत्थर' में रागात्मक एकीकरण का रूप धारण कर लेती है :

देखकर कोई नही, / देखा मुझे उस दृष्टि से
जो मार खा रोयी नहीं
सजा सहज सितार,
सुनी मैंने वह नहीं जो थी सुनी झंकार।[6]

श्रमरत मजदूरनी की दृष्टि से उसके अन्तर की चोट पढ़ लेने और अपने जीवन के संघर्षों को उससे जोड़ देने पर निराला को सहज सितार की अपूर्व झंकृति की अनुभूति हुई। जो व्यक्ति 'लखकर अनर्थ आर्थिक पथ पर' हारता रहा हो स्वार्थ-समर[7], उसके लिए साहित्य कर्म भी पत्थर तोड़ने जैसी मजदूरी है। दोनों के जीवन में आर्थिक अनर्थ है और दोनों स्वार्थ-समर में हारते हैं। यही उनकी अविच्छिन्नता का कारण है और यही उस मजदूरनी से निराला की सहानुभूति का आधार भी है।

पन्त जी की अनेक कविताओं में ग्रामीण और शहरी जीवन के चित्र देखने को मिलते हैं। 'वह बुड्ढा' पन्त के मन में जो 'काली नारकीय छाया निज' छोड़ गया है वही करुणा के स्वर से गर्भित होकर इन शब्दों में व्यक्त हुआ है :

उसका लम्बा डील-डौल है/हट्टी-कट्टी काठी चौड़ी,
इस खँडहर में बिजली-सी/उन्मत्त जवानी होगी दौड़ी।
बैठी छाती की हड्डी अब/झुकी रीढ़ कमठा-सी टेढ़ी।
पिचका पेट, गढ़े कन्धों पर/फटी विवाई से है एँड़ी।"[8]

एक ही व्यक्ति जीवन की भिन्न अवस्थाओं में इतना बदल गया है कि व्यक्तित्व के खँडहर में झाँककर पता लगाना पड़ रहा है कि कभी इसमें यौवन की बिजलियाँ दौड़ी होंगी। व्यक्तित्व खँडहर बन गया है। किसने मानव-व्यक्तित्व को इतना तोड़ दिया है? 'आज की जिन्दगी' शीर्षक कविता में महेन्द्र भटनागर ने समाज में व्याप्त कुरीतियों, अन्तर्विरोधों को जिम्मेदार ठहराते हुए लिखा—"आदमी की सब बहारें छिन गयी हैं" और "फट गया मन लहलहाते खेत का/बेरहम तूफान आया रेत का।"[9] इस कविता का प्रतीकवाद कलात्मक दृष्टि से प्रभावहीन अवश्य है किंतु कवि की भावना ठीक दिशा में कार्यरत है।

मानव जीवन को खण्डित और रंग-गन्ध हीन बना देने वाला समाज जीवन-विरोधी है। जीवन-विरोधी सत्य मरणोन्मुख है। प्रगतिशील कविता भविष्य-विधायक जनता से जुड़कर विकसित होती है इसलिए वह जीवन और उसकी गतिशीलता को अनिवार्य और सर्वोपरि मूल्य मानती है। केवल पन्त ही यह नहीं अनुभव करते कि "जन्मशील है मरण : अमर मर-मर कर जीवन/झरता नित प्राचीन पल्लवित होता नूतन।" वरन् डॉ. रांगेय राघव भी 'देख जीवन के पगों पर मृत्यु झुकती'[10] हर्षोल्लास से भर जाते हैं और गिरिजाकुमार माथुर घोषणा करते हैं, "जीवन में जीने का बल है/मनु की धरती अजर-अमर है/जयति मृत्यु-मरते भविष्य की/जय हो जीवन के भविष्य की।"[11]

जीवन में इतने गहरे विश्वास का आधार ही जीवन के विकासशील चरित्र की परिकल्पना है। सृष्टि गतिमान, विकासमान है। मनुष्य इस सृष्टि का केन्द्र है। यह प्राकृतिक ही नहीं मानवीय सत्य भी है। 'समय देवता' में नरेश कुमार मेहता ने लयात्मक प्रवाह के साथ इस सत्य को अत्यन्त प्रखरता से व्यक्त किया है :

> उसके चलने में लोहा है/कौन रोक सकता है मानव को चलने से/ जिसके संग-संग आदि काल से इन्द्र चल रहा।/मनुज चल सके इसीलिए तो अन्धकार में सूर्य चल रहा।/जहाँ गया मनु पुत्र नदी ने जल पहुँचाया।/ रत्नंभरा धरा ने मानव को शत-शत हीरों से लादा।/ मनुज चला तो सृष्टि चली, अन्यथा मात्र भी पूर्व प्रकृति।[12]—इत्यादि

इतना समर्थ है मनुष्य! तब भला उसे भावी विकास से कौन रोक सकता है? वह सृष्टि को अर्थवान् बना रहा है; उससे पहले सृष्टि नहीं थी, मात्र प्रकृति थी। यह नया मानववादी मूल्य मनुष्य के श्रम की देन है।

उल्लेखनीय है कि मनुष्य की इस विराट् शक्ति और निर्णायक भूमिका का अंकन नरेश मेहता ने अपनी कविता में तब किया है जब 'समय देवता' बोल्गा की धरती, 'यौवन की भूमि सोवियत' पहुँचते हैं, 'जहाँ मनुज की, उसके श्रम की होती पूजा।'[13] वर्गाधारित समाज में श्रम नीरस काम होता है। उसमें सौन्दर्य की कल्पना नहीं की जाती। समाजवाद सृष्टि के केन्द्रबिन्दु मनुष्य और उसके भी निर्माता श्रम को सर्वोच्च सौन्दर्य-मूल्य के रूप में स्वीकृत और स्थापित करता है। प्रगतिशील कविता समाजवाद को मानव-मुक्ति की सच्ची व्यवस्था के रूप में स्वीकार करती है इसलिए वह श्रमजीवी जनता को मानवता की धुरी और उसके मूल्यों को साहित्य के श्रेष्ठ मूल्यों के रूप में अभिव्यंजित करती है। उसका श्रम-सौन्दर्य किसान-मजदूरों के जीवन के दुःसह कष्टों के प्रति हाय-तोबा में ही नहीं, बल्कि उसकी हीनता में छिपी महानता को पहचानने, उसे उभारने और प्रतिमूर्तित करने में व्यक्त होता है। रोते-बिलखते और अमानवीय—पशुवत्—बिलबिलाते हुए जनता के जीवन के प्रति

सनेही-मण्डल के कवियों के अलावा भी बहुतों ने सहानुभूति का शिष्टाचार दिखाया है; लेकिन उनकी सम्भावनाओं और क्षमताओं में गहन आस्था से दीप्त जीवन्त और मूर्त चित्र जिस स्तर पर प्रगतिशील काव्य में अंकित किये गये, उस स्तर पर अन्यत्र दुर्लभ हैं। अकेले नागार्जुन ने मल्लाहों ('देना ओ गंगा मैया'), रिक्शा चालाकों ('खुरदुरे पैर'), मजदूरों-किसानों ('घिन तो नहीं आती है'), खानाबदोशों ('आदम का तबेला') आदि के जितने चित्र अंकित किये हैं वे प्रगतिशील कविता की मानवीय अन्तर्धारा को बलपूर्वक रेखांकित करने के लिए पर्याप्त हैं। रिक्शाचालक के 'खुरदरे पैर' जिस तरह 'त्रिविक्रम वामन के पुराने पैरों को' मात कर देते हैं उससे नागार्जुन की और प्रगतिशील कविता की करुणा और सहानुभूति का ही पता चलता है। नागार्जुन अनुभव करते हैं :

> धँस गये / कुसुम कोमल मन में/ गुट्ठल घट्ठों वाले कुलिश
> कठोर पैर/ दे रही गति / रबड़ विहीन ठूँठ पैडलों को /
> चला रहे थे / एक नहीं, दो नहीं, तीन-तीन चक्र / कर रहे
> थे मात त्रिविक्रम वामन के पुराने पैरों को / नाप रहे हैं
> धरती का अनहद फासला / घण्टों के हिसाब से ढोये जा रहे थे।[14]

रिक्शाचालक धरती का अनहद फासला नापता है श्रम के बूते पर। इस श्रमजीवी के पैरों की ताकत से खिंचते रिक्शे के तीन चक्र त्रिविक्रम वामन को भी मात करते हैं। लेकिन हमारे समाज की विडम्बना देखिए, यह श्रमजीवी कितना सम्मानित है कि घण्टे के हिसाब से ढोते जाने को विवश है। यह दृश्य कवि की आँखों से देर तक टकराता रहा और उसकी कुसुम कोमल आत्मा में ये गुट्ठल पट्ठों वाले खुरदरे पैर खुद कर अंकित हो जाते हैं। मानो पूरी जिन्दगी की हकीकतें उसकी बिवाइयों की तरह दरक गयी हैं। कवि के मन को जीवन का यह खण्डित और विकृत रूप आहत करता है। निराला से लेकर नागार्जुन तक में जिन्दगी की वास्तविकताएँ और मन पर पड़ने वाला उनका प्रभाव कितनी गहराई और सघनता से अंकित हुआ है, इसे सहज ही देखा जा सकता है। तुलसीदास के बाद और प्रगतिशील साहित्य से पहले कितने कवियों ने चन्द्रबदन मृगलोचनियों से दृष्टि हटाकर इन बिवाई-फटे पैरों को देखा है?

प्रगतिशील साहित्य की इस व्यापक सहानुभूति का आधार है वैज्ञानिक निष्कर्षों के प्रकाश में विकसित विश्व और मानव सम्बन्धी उसका नया बोध। इसीलिए प्रगतिशील कविता में हम खेत में झुककर पानी लगाती हुई युवती[15] और भूख से लड़ने के संकल्प के साथ अडिंग खड़े मनुष्य[16] दोनों में समभाव सौन्दर्य के दर्शन करते हैं। फिर वह चाहे 'शक्ति प्रदाता, राष्ट्र-विधाता'[17] श्रम हो या 'भूख अन्तर में छिपाये' हुए 'मजदूर',[18] चारों ओर से प्रश्नों से घिरा, वास्तविकताओं से जूझता

साधारण भारतीय युवक[19] हो या हमारे सांस्कृतिक-पारिवारिक पूर्वज और अग्रज हों, सभी उसके सौन्दर्य-बोध की परिधि में आते हैं। इसीलिए छोटे-से बच्चे की मामूली-सी हरकत से ध्वनित होता वह बहुत बड़ा अर्थ उसकी दृष्टि से छिपा नहीं रहता कि : ''ताल को कँपा दिया/कंकड़ से बालक ने/, ताल को कँपा दिया/ताल को नहीं/अनन्त काल को कँपा दिया।''[20]

औद्योगिक सभ्यता के उदय के साथ सरकारी-गैरसरकारी संस्थानों-कार्यालयों में काम करने वाले नए मध्यवर्ग का भी जन्म होता है। दो विरोधी शत्रु-वर्गों की दुरभिसन्धि पर अवस्थित मध्यवर्ग की दशा विचित्र है। आर्थिक आधार में वह श्रमजीवी है। किन्तु सांस्कृतिक स्तर पर वह खुद को सम्पत्तिधारी वर्गों के साथ जोड़ता और उन्हीं की दुनिया का अंग बनने के स्वप्न देखता है। इसलिए प्रगतिशील काव्य में जहाँ उससे सहानुभूति का स्वर मिलता है वहीं उसकी तीखी आलोचना भी मिलती है। मुक्तिबोध और नागार्जुन दो भिन्न पद्धतियों से यह कार्य करते हैं। मुक्तिबोध 'अपने ही वर्ग' को अपनी तरफदारी तय करने की समुचित सलाह देते हैं और नागार्जुन वस्तुस्थिति के चित्रण के ज़रिये उस पर व्यंग्य करते हैं। लक्ष्य दोनों का एक है—मध्यवर्ग को वस्तुस्थिति और स्वयं अपनी स्थिति के प्रति सजग करना। लेकिन कुछ अधकचरे प्रगतिशील वर्गापसरण के कठिन आन्तरिक संघर्ष को अनुभव किये बिना ही जब स्वयं को सर्वहारा कल्पित कर लेते हैं तब उनका स्वर रचनात्मक, आत्मसजग बनाने वाला न होकर भर्त्सना का होता है। प्रकटतः क्रान्तिकारी लगने वाला यह स्वर कितना दम्भपूर्ण और अयथार्थ है, इसकी एक मिसाल काफी है। श्री प्रभाकर माचवे ने 'निम्न मध्यवर्ग' को इन शब्दों में स्मरण किया है :

रक्त नहीं गोमूत्र बहता इन जिस्मों में,
इसी से सदा डरते क्रान्ति से नवीनता से घबड़ाते।
पीटते लकीर।[21]

स्वयं को मध्यवर्ग से अलग साबित करने की जितनी कसक इस तरह के स्वर में होती है, यह स्वर उतना ही अधिक आत्मकेन्द्रित और वास्तविकता से दूर होता है। इससे वास्तविकता अपने वस्तुगत परिप्रेक्ष्य से च्युत होकर मात्र आत्मगत प्रतिक्रिया रह जाती है। इन कविताओं को प्रगतिशील मानने पर प्रगतिशीलता का निकष अत्यन्त सीमित और यथार्थ-निरपेक्ष हो जाता है। अतः इस प्रकार के स्वरों को प्रगतिशील काव्य की परिधि में विसंवादी मानना ही उचित है। वास्तव में यह प्रगतिशील काव्य की पैरोडी है।

बाद के प्रगतिशील कवियों ने इन उदाहरणों से उचित सबक सीखा और यह अनुभव किया कि वर्गापसरण की प्रक्रिया वस्तुतः एक अत्यन्त कठिन आत्मसंघर्ष की प्रक्रिया है। मुक्तिबोध ने मध्यवर्गीय संस्कारों से मुक्ति के इस आत्मसंघर्ष को

जिस व्यापक स्तर पर अनुभव किया है, वह अकारण नहीं है। आशंका, त्रास, अनिश्चय और यदा-कदा अपराध-बोध, इन सब चीज़ों ने मुक्तिबोध को इतना संशयालु बना दिया कि वे यथार्थ को फैण्टेसी में रूपान्तरित किये बिना उसे अभिव्यक्ति दे ही नहीं सकते थे। ये मनोवृत्तियाँ वर्तमान व्यवस्था की देन हैं। मध्यवर्ग जब तक सर्वहारा के उद्देश्यों से एकमेक नहीं होता, वह अपने जीवन को, कर्म को सार्थकता नहीं प्रदान कर सकता। वह इन दुःस्थितियों से मुक्ति भी नहीं पा सकता। इसीलिए मुक्तिबोध की आलोचना का स्वर आत्मीय अधिक है; उसमें माचवे की-सी दम्भपूर्ण कटुता नहीं है :

बताओ तो किस-किस के लिए तुम दौड़ गये,
करुणा के दृश्यों से हाय! मुहँ मोड़ गये,
बन गये पत्थर/बहुत-बहुत ज्यादा लिया,
दिया बहुत-बहुत कम,/मर गया देश, अरे,
जीवित रह गये तुम।[22]

जो कल्पित सर्वहारा न होकर संस्कारतः सर्वहारा बन गया हो, उसकी आलोचना का स्वर नागार्जुन की कविता 'वे और तुम' में सुना जा सकता है। मध्यवर्ग के बुद्धिजीवियों को सम्बोधित करते हुए नागार्जुन कहते हैं कि घुटन दो तरह की होती है। एक घुटन उनकी है जो लोहा पीट रहे हैं, पत्तर जोड़ रहे हैं, और दूसरी उनकी है जो मन को पीट रहे हैं और सपने जोड़ रहे हैं। इन दो स्थितियों में विरोध तब होता है जब श्रमजीवी अपनी फसलों में डूबकर हुलसित होता है और मध्यवर्गीय बुद्धिजीवी श्रम-मूल्यों से विरत होकर चितकबरी चाँदनियों में सौन्दर्य खोजता है। और, "उनको दुख है/तरुण आम की मंज़रियों को पाला मार गया है..../तुमको दुःख है/काव्य संकलन दीमक चाट गये हैं।"[23] कर्म-प्रयत्न, सुख-दुख की भिन्न स्थितियों के माध्यम से नागार्जुन ने भावबोध के दो धरातलों का अन्तर स्पष्ट किया है, जीवन की ठोस वास्तविकताओं से तटस्थ रहकर सृजन करनेवाले रचनाकारों की सौन्दर्य-दृष्टि पर व्यंग्य किया है। यह उनके मानवीय दृष्टिकोण का परिणाम है। इस तथ्य को मद्देनज़र रखकर ही डॉ. नामवर सिंह ने लिखा है कि "कविता में पहली बार इतनी व्यापक सहानुभूति का प्रवेश हुआ।"[24]

इस व्यापक सहानुभूति का प्रगतिशील कविता के सौन्दर्य-मूल्यों पर अनेकायामी प्रभाव पड़ा। पहला, बड़े पैमाने पर किसानों-मजदूरों के धूल-सने पैरों की आहट और काले-कड़े हाथों की दस्तक ने साहित्य-प्रेमियों की चेतना को झकझोर दिया। दूसरा, मनुष्य को केन्द्रीय घटक के रूप में स्वीकृति मिली और मानवीय एवं अतिमानवीय शक्तियों की कसौटी खुद मनुष्य और मानव-सम्बन्ध बने। वैज्ञानिक मानववाद से अन्तर्दृष्टि अर्जित करने के नाते प्रगतिशील काव्य में कर्म को मानवीय अन्तर्वस्तु के

रूप में मान्यता मिली और नियतिवाद को मानवीय मूल्य के रूप में प्रस्तावित करने वाली धार्मिक चेतना का खण्डन हुआ। किसी ने 'गुनाहों के लिए फरियाद करते' रोगियों को देखा तो 'घृणा की धूल से' ईश्वर का 'सत्कार' करने चला (रामेश्वर शुक्ल 'अंचल') और किसी ने नर को लपककर जूठे पत्ते चाटते देखा तो 'यह भी सोचा क्यों न टेंटुआ घोटा जाय स्वयं जगपति का' (नवीन) इत्यादि। किन्तु केदारनाथ अग्रवाल ने 'देवताओं की आत्महत्या'[25] में नवीन जीवन-मूल्यों की दीप्ति में तिरोहित होती दैवी सत्ता की बड़ी वाजिब तस्वीर पेश की है। वैज्ञानिक चेतना के प्रकाश में देवताओं का अस्तित्व ही सन्दिग्ध हो उठा है। केदार लाली फूटने, प्रकाश होने का जिक्र दो बार करते हैं। भूखे-प्यासे देवतागण अँधेरे में धरती की यात्रा करने निकलते हैं लेकिन प्रकाश में प्रकट होने से डरते हैं। प्रकाश मानव-विवेक को जागरित करने वाली वैज्ञानिक चेतना है और अन्धकार मानवीय विवशता को प्रतिबिम्बित करने वाली मध्ययुगीन-चेतना। जागरित-विवेक प्राणी के लिए देवताओं का अस्तित्व नहीं है। संक्षेप में, मानव-जीवन और कर्म को प्रगतिशील काव्य ने मूल्य के रूप के अंगीकार किया इससे उसके लिए ज़रूरी हो गया कि वह ईश्वर की सत्ता को चुनौती दे, मनुष्य में भाग्यवाद के विरुद्ध अपने कर्म के प्रति विश्वास उत्पन्न करे और तीसरा, मानव-सम्बन्धों में असंगति उत्पन्न करने वाली स्थितियों, प्रवृत्तियाँ, शक्तियों आदि के विरुद्ध सक्रिय संघर्ष की चेतना विकसित करे। असंगत सामाजिक विधान मानव-व्यक्तित्व को कुण्ठित और खण्डित करता है। इसलिए प्रगतिशील कविता जीवन में गहरी आस्था से अनुप्राणित होकर असंगत विधान का निषेध और संगत मूल्य-बोध की स्थापना का प्रयत्न करती है।

प्रगतिशील कविता की गहरी मावनीय संवेदना मानव-व्यक्तित्व की पूर्णता की परिकल्पना में प्रतिबिम्बित होती है। वह एक ओर 'मुक्ति के रास्ते अकेले में नहीं मिलते' की वास्तविकता से परिचित है तो दूसरी ओर व्यक्ति को भीड़ में खोकर चेहरा-मोहराहीन बनाने की पूँजीवादी साजिशों से भी सतर्क है। प्रगतिशील कविता में व्यक्ति को, उसकी रचनात्मक भूमिका को, उसके सम्पूर्ण निजीपन के साथ स्वीकार किया जाता है। वह ऐसा 'व्यक्ति' नहीं है जो अपने अलावा सब कुछ के प्रति असहिष्णुता प्रदर्शित करे। उसकी चिन्ता घर-परिवार के बीच अपने निजीपन के साथ अपना स्थान बनाने की मानवीय चिन्ता है : "छोटे से आँगन में / माँ ने लगाये हैं / तुलसी के बिरबे दो / पिता ने उगाया है / बरगद छतनार / मैं अपना नन्हा गुलाब / कहाँ रोप दूँ?"[26] इस प्रश्न में कवि की लाचारी इसी अर्थ में है कि वह सामाजिक जीवन में अपनी सार्थक, रचनात्मक भूमिका की तलाश कर रहा है। केदारनाथ सिंह का उद्देश्य सांस्कृतिक मूल्यों का विघटन दिखाना नहीं है अन्यथा वे भी 'अन्धायुग' अवतरित कराते, प्रश्न की छटपटाहट न झेलते। दूसरी तरफ, वे

'फूल को हक दो' जैसी कविता कदापि न लिखते। मानव-जीवन में आस्था दृढ़ करने वाली यह कविता 'फूल को हक दो, वह हवा को प्यार करे, / ओस, धूप रंगों से जितना भर सके, भरे' से आरम्भ होती है और समाप्त होती है यहाँ की माटी को भीजने, सरसने, फूटने, अँखुआने का हक दो ताकि वह संकीर्णताओं को तोड़ती हुई 'इन मेड़ों से उन मेड़ों तक छाये' और यदि हारे तो दूब की पताका और उठे—नये मानव के लिए।[27]

जीवन की पूर्णता और स्वाभाविकता में यह अभेद्य आस्था प्रगतिशील साहित्य का अन्यतम मूल्य है। इसीलिए नागार्जुन 'नयी-नयी सृष्टि रचने को तत्पर/कोटि-कोटि कर चरण' के 'अहरह स्निग्ध इंगित' पाकर 'अलस-अकर्मा' पड़े रहने को असम्भव बताते हैं और निर्बन्ध, अमर्यादित व्यक्ति-स्वातन्त्र्य के बारे में कहते हैं :

> सलिल को सुधा बनायें तटबन्ध/धरा को मुदित करें नियन्त्रित नदियाँ/
> तो फिर मैं ही रहूँ निर्बन्ध,/मैं ही रहूँ अनियन्त्रित/यह कैसे होगा?/
> यह क्यों कर होगा?[28]

व्यष्टि और समष्टि के सम्बन्धों को भूलकर जो कवि व्यक्ति के महत्त्व पर अमर्यादित बल देते हैं वे सामूहिक गति को मानव-मूल्यों की निरर्थकता का मूल कारण मानते हैं। उनकी दृष्टि में खण्डित 'व्यक्ति' भी मौके पर 'सामूहिक गति' से अधिक सार्थक होता है क्योंकि सामूहिक गति का मिथ्यापन अधिक छिप नहीं सकता। वे अपने टूटे हुए होने को ही सुरक्षित रखने की हिदायत देते हैं कि ''इतिहास की सामूहिक गति/सहसा झूठी पड़ जाने पर/क्या जाने सच्चाई टूटे हुए पहियों का आश्रय ले।''[29] सामूहिक गति अकारण, तर्कहीन ढंग से 'सहसा' झूठी पड़ जायेगी, यही स्वप्न सँजोये टूटे पहिये अपनी गरिमा के गुरूर में चूर पूँजीवादियों की शोभा बढ़ा रहे हैं।

यह नहीं कि प्रगतिशील कविता ने मनुष्य के गरिमाण्डित रूप की परिकल्पना में वास्तविकता से आँखे चुरायी हैं। श्रमजीवी किसान-मजदूर-मध्यवर्ग के प्रति करुणा और संवेदना का भाव यदि उसकी तलस्पर्शी, मर्मभेदी यथार्थ-दृष्टि का परिचय देता है तो व्यक्तियों या वर्गों के सामान्य चित्रों और आलोचनाओं में हम उसकी भविष्यगामी चिन्ता की झलक पा सकते हैं। 'शहर के छोकड़े' सामाजिक बिडम्बना के शिकार होकर यदि संस्कृति-संस्कारहीन हो गये हैं और ''गन्दा धुआँ छोड़ते हैं समाज में''[30] तो कवि की संवेदना उसकी मार्मिक आलोचना से भी नहीं चूकती। इसी तरह चना-चबैना खाकर 'चरस की चिलम' से ''शेष आयु का धुआँ उड़ाता'' 'चंदू'[31] व्यक्ति होता हुआ भी अपने जैसे तमाम भिखारियों का प्रतिनिधि (टाइप) बन जाता है। व्यक्ति चित्रों से सामान्य को प्रतिबिम्बित करने के साथ-ही-साथ 'सामान्य' की आलोचना भी देखी जाती है। डॉ. रामविलास शर्मा 'कर्मक्षेत्र' में किसानों की इस वास्तविक स्थिति को नज़रअन्दाज़ नहीं करते कि :

रूढ़ियों की, नियमों की, अस्पष्ट विचारों की
सदियों के पुरातन मृत संस्कारों की
चिह्नित हैं प्रेतरूप छायाएँ मटीले मुँह पर।[32]

प्रेतरूप छायाएँ मटीले मुँह पर चिह्नित होती हैं, कलात्मक दृष्टि से यह प्रतीक-योजना उनकी अन्तर्बाह्य वास्तविकता को बेहद खूबी से व्यक्त करती है। क्रान्तिकारिता के उत्साह में यहाँ वास्तविकता से आँखे नहीं चुरायी गयी हैं। सच्ची क्रान्तिकारिता वास्तविकताओं और उनके वस्तुगत आकलन द्वारा निर्धारित दिशा पर निर्भर होती है।

प्रगतिशील कविता वास्तविकता की स्वीकृति मात्र को मूल्यवान् नहीं मानती। उसके लिए मूल्यवान् है वास्तविकताओं से अर्जित हमारा निष्कर्ष। प्रगतिशील कविता मानव-व्यक्तित्व को विघटित और अमानवीकृत करने वाली समाज-व्यवस्था में परिवर्तन की सक्रिय चेतना धारण करती है। इसलिए वस्तुस्थिति की स्वीकृति, उसमें व्यक्ति (और कला) की स्थिति एवं भूमिका की पड़ताल और भविष्य के न्यायसंगत ध्येय के प्रति जनता की चेतना का विकास—यह प्रगतिशील कविता के मानववादी मूल्यों का केन्द्रीय सार है। रूढ़ियों, नियमों, अस्पष्ट विचारों के जिन मृत संस्कारों ने मनुष्य को दबोच रखा है, उनसे मुक्ति इस प्रक्रिया की मूल धुरी है। ग. मा. मुक्तिबोध ने खासकर मध्यवर्ग के आत्मसंघर्ष के ज़रिये संस्कार-मुक्ति की प्रक्रिया को सर्वाधिक अभिव्यक्ति दी है। 'एक रग का राग' में उन्होंने लिखा,

एकमात्र उद्देश्य—
हृदय की लुटिया से दिमाग की मोरी में
पानी डाल
जमी हुई काई सब निकालना।[33]

काई निकालकर मानव-व्यक्तित्व में जो नयी आभा निखरेगी वह समाज और कला को नया मनुष्य देगी। यह संघर्ष आसान नहीं है। इस परिप्रेक्ष्य को पूरी स्पष्टता से समझने के नाते ही प्रगतिशील कविता टूटे पहियों की भाँति किसी चमत्कार की अभिलाषा लिये अकेले, निष्क्रिय, चेतनाशून्य पड़े रहने के विरुद्ध है। चूँकि "जन- जन की साहसी विचारधारा/कर्ममयी अग्निधारा"[34] है इसलिए वह "प्राणों की नवभक्ति से, शक्ति से" एक "नव विश्व-संकल्प का नया-नया गुरुभार" लेकर चलती है।[35]

आज के जीवन की समस्याएँ राजनीति से बहुत गहरे तौर पर जुड़ी हैं। नागरिक जीवन में सामाजिक विरोधों का अधिक प्रत्यक्ष और उग्र रूप देखने में आता है। सामाजिक उत्पादन में कायम होने वाले सम्बन्धों में स्वामी और श्रमिक के बीच की खाई को राजनीतिक जीवन में भी साफ-साफ देखा जा सकता है। शकुन्त माथुर की 'लीडर का निर्माता'[36] कविता में इस खाई को दो चित्रों द्वारा मूर्त किया गया है।

पहले चित्र में नेतागण हैं जो रेशम के पर्दों से सजे, साफ-सुथरे सुविधापूर्ण बँगलों में रहते हैं, "चपरासी कसे बेल्ट/सेक्रेटरी लिये डायरी/गेट पर कार खड़ी" है। और दूसरे चित्र में सड़न-भरी जिन्दगी जीता जन-समुदाय : "निकल रही छिपकली-सी/लड़की दरवाजे से/गली का पिल्ला बन/फिर रहा बच्चा/लिये खाली बोतल/मिट्टी के तेल की।/...बोल रहा/मौत के सिगनल-सा/भोंपू दूर मील का।/भूखा ही/कौन जा रहा है?/ लीडर का निर्माता।"

आर्थिक और राजनीतिक जीवन के अन्तर्विरोध एक-दूसरे से निरपेक्ष तो हैं नहीं; इसलिए प्रगतिशील कविता अमीरों की हवेली को किसानों की पाठशाला बनाने, धोबी, पासी, चमार, तेली सबके जीवन का अन्धकार दूर करने वाला एक पाठ पढ़ाने के लिए जल्द-जल्द पैर बढ़ाने का आह्वान करती है, सेठों, जमीदारों की जगह किसानों का बैंक खुलवाने की माँग रखती है और सारी सम्पत्ति-आपत्ति को देश की बनाने का मार्ग सुझाती है।[37] वह यह महसूस करती है कि इतना महत् युगान्तकारी कार्य राजनीति के वर्तमान विधान से हो नहीं सकता। इसलिए वह जिस नयी दिशा और नये विधान को अपनाती है वह शमशेर के अनुसार, "वाम, वाम, वाम दिशा/समय-साम्यवादी" है। यह विधान "कर्मनिष्ठ जनता का एकता-समन्वय" है और "वज्र कठिन कमकर की मुट्ठी में पथ प्रदर्शिका मशाल" की तरह लाल-लाल प्रकाश बिखर रहा है।[38] मनुष्यता की, खुद मनुष्य की रक्षा का दायित्व समय की आवश्यकता है। इस आवश्यकता का प्रतीक है साम्यवाद। राजनीतिक चेतना निस्सन्देह प्रगतिशील कविता का अंगभूत मूल्य है।

उपर्युक्त विवेचन से स्पष्ट है कि प्रगतिशील कविता में जिस दृष्टिबिन्दु से मनुष्य के व्यक्तित्व का मूल्यांकन हुआ उससे उसकी भौतिक विवशताओं और अन्तर्निहित सम्भावनाओं—दोनों का प्रकाशन हुआ। प्रगतिशील कवियों ने मनुष्य की कष्टपूर्ण स्थिति को 'आह!' भरकर देखा तो दूसरी ओर उसकी सुषुप्त क्षमताओं को अंकुरित करने के लिए उसे ललकारा, कभी व्यंग्य किया, कभी फटकार सुनायी। लेकिन यह सब उसकी आस्था, उसके मनोबल, उसके विश्वास और संकल्प को दृढ़ करने के लिए। यह नया मानववाद 'मानव तुम सबसे सुन्दरतम' (पन्त) की भावना पर आधारित है। इसलिए प्रगतिशील कविता में मनुष्य 'अखिल भुवन के उपवन का सर्वोत्तम कुसुम' बना (नरेन्द्र शर्मा), 'उच्च जीवन का श्रेष्ठ मान' बना (डॉ. शिवमंगल सिंह 'सुमन')।

किन्तु हमारे युग में मनुष्य को अपने लक्ष्य से च्युत कर दिया गया है। प्रगतिशील कविता का संघर्ष उसे पुनः उसके सम्मानित आसन पर पहुँचाने का संघर्ष है। वह इस सत्य से अवगत है कि इतिहास का वह निर्णायक संघर्ष अकेले दम नहीं लड़ा जा सकता। अतः वह मनुष्य के संगठित सामूहिक प्रयत्नों की महत् भूमिका को

रेखांकित करना अपना धर्म समझती है।

जब तक मनुष्य को वास्तव में उसका सम्मानित दरजा नहीं मिलता तब तक कविता के माध्यम से उसे आत्मसजग बनाने, उसके सर्वोत्तम मानवीय गुणों को अभिव्यक्ति देने का दायित्व प्रगतिशील कविता अपने जिम्मे लेती है। ईश्वर, धर्म, आदि की सार्थकता मनुष्य को उसका खोया हुआ दरजा दिलाने में है। कवि जगत्-निर्माता है, वह यह नया मूल्य भी निर्मित कर सकता है कि देवता मन्दिरों, राजप्रासादों और तहखानों में नहीं हैं; 'देवता कहीं सड़कों पर मिट्टी तोड़ रहे, देवता मिलेंगे खेतों में, खलिहानों में।' (दिनकर) मनुष्य के श्रम को इतना ऊचाँ स्थान देकर कवि उसका स्वत्व हरण करने वाली व्यक्तिगत सम्पदा का निषेध करता है; नयी मानवता के स्वप्न देखता है।

सम्पदा मद का रूप है, श्रम आग का। 'आग सबकी होती है, सबको एक करती है।' (सर्वेश्वर) मनुष्य की एकता वह बल है जो प्रगतिशील कवि को महाप्रलय की शक्तियों के आगे भी विचलित होने से बचाता है। उसमें पस्तहिम्मती आती है, मगर वह हिम्मत बाँधता है—भविष्य, न्याय और मनुष्य में आस्था के नाते। वह 'अन्धकार के निराकार भुतहे सूनेपन' को चीरकर उगने वाले 'नये दमकते सूर्य' या 'नूतन मानवता के चेहरे' को (मुक्तिबोध) आँखों से ओझल नहीं होने देता।

सन्दर्भ-सूची

1. आस्था के चरण, पृष्ठ 427
2. नयी समीक्षा, पृष्ठ 54
3. नयी कविता, अंक 1, पृष्ठ 42
4. सुमित्रानन्दन पन्त, ग्रन्थावली-2, (युगवाणी), पृष्ठ 95
5. धूप के धान, पृष्ठ 86
6. अनामिका, पृष्ठ 81
7. वही, पृष्ठ 122
8. सुमित्रानन्दन पन्त ग्रन्थावली—2 (ग्राम्या), पृष्ठ 138
9. जिजीविषा, पृष्ठ 30
10. 'हंस', नवम्बर, 1947, पृष्ठ 127
11. धूप के धान, पृष्ठ 62
12. दूसरा सप्तक, पृष्ठ 122
13. वही, पृष्ठ 121
14. सतरंगे पंखों वाली, पृष्ठ 21
15. रूप तंरग, पृष्ठ 63, 'कुहरे के बादल'
16. जंगल का दर्द, पृष्ठ 35
17. गुलमेंहदी, पृष्ठ 159

18. शील : लावा और फूल
19. राजेन्द्र किशोर, 'नयी कविता', अंक-3, 1956, पृष्ठ 79-80
20. फूल नहीं, रंग बोलते हैं, पृष्ठ 41
21. तार सप्तक, पृष्ठ 56
22. चाँद का मुहँ टेढ़ा है, पृष्ठ 277-78
23. 'नयी कविता', अंक 5-6, (1959-60), पृष्ठ 192
24. आधुनिक साहित्य की प्रवृत्तियाँ, पृष्ठ 78-79
25. गुलमेंहदी, पृष्ठ 35-36
26. अभी, बिल्कुल अभी, पृष्ठ 26
27. 'नयी कविता', अंक 3, 1955; पृष्ठ 69-71
28. सतरंगे पंखों वाली, पृष्ठ 12-13
29. सात गीत वर्ष, पृष्ठ 79-80
30. गुलमेंहदी, पृष्ठ 45
31. वही, पृष्ठ 46
32. रूप-तंरग, पृष्ठ 16
33. भूरी-भूरी खाक धूल, पृष्ठ 11
34. वही, पृष्ठ 197
35. वही, पृष्ठ 187
36. दूसरा सप्तक, पृष्ठ 45-46
37. बेला पृष्ठ 78
38. दूसरा सप्तक, 'समय सात्यवादी', पृष्ठ 102-103

अध्याय-10

राष्ट्रीयता : अन्तर्राष्ट्रीयता

प्रगतिशील साहित्य आरम्भ से ही साम्राज्यवाद-विरोधी चेतना का साहित्य रहा है। राजनीतिक स्तर पर उसकी साम्राज्यवाद-विरोधी चेतना का सम्बन्ध सुसंगत मार्क्सवादी विचारधारा और गैर-मार्क्सवादी राष्ट्रीय-जनवादी प्रवृत्तियों—दोनों से है। साहित्यिक स्तर पर भारतेन्दु-युग से लेकर छायावाद तक की पुष्ट साम्राज्यवाद-विरोधी परम्पराएँ उसकी पृष्ठभूमि में सक्रिय रही हैं। प्रगतिशील काव्य की साम्राज्यवाद-विरोधी चेतना का मूल आधार भारतीय जनता की राष्ट्रीय मुक्ति की छटपटाहट में है। इसलिए उसकी राष्ट्रीय चेतना का स्वरूप बहुआयामी है। मानव की सर्वांगीण मुक्ति की प्रेरणा से विकसित समाजवादी विचारधारा और समाज का अनुराग अपने ग्राम, जनपद, नाते-रिश्तों के प्रति तीव्र आकर्षण, परम्परा और इतिहास का सम्यक् मूल्यांकन आदि उसकी राष्ट्रीय भावना का ही परिणाम है।

अंग्रेजों ने 1857 के स्वाधीनता संग्राम से यह सीख ली कि यहाँ के सामन्ती महाप्रभुओं को अपना सहयोगी बनाये बगैर अधिक समय तक निष्कण्टक राज्य कर पाना कठिन होगा। अतः ढहती व्यवस्था के स्तम्भों को अंग्रेजों ने दृढ़ किया, नवाबों, जागीरदारों को अपना विश्वस्त मित्र बनाया। दूसरी तरफ, भारत का पूँजीवादी विकास भी ब्रिटिश शासन की छत्रच्छाया में आरम्भ हुआ। किन्तु इस पहलू को नज़रन्दाज़ नहीं किया जा सकता कि अंग्रेजों ने परम्परागत भारतीय उद्योगों को नष्ट-भ्रष्ट किया तथा अपने माल की बिक्री के लिए और ब्रिटेन को कच्चे माल की सप्लाई करने के लिए भारत को एक विशाल मण्डी में बदल दिया।

इन विविध और प्रकटतः विरोधी स्थितियों में जब पूँजीवाद का विकास पुनः आरम्भ हुआ तो उसने अंग्रेजों के साथ सहयोग और संघर्ष की दोहरी कार्यनीति बनायी। भारतीय पूँजीपति वर्ग ने सामन्ती महाप्रभुओं और अंग्रेज शासकों के सम्बन्ध से तटस्थ रह कर साम्राज्यवाद-विरोधी निर्णायक संघर्ष चलाने की जगह समझौतावादी रणनीति अपनायी। साधारण जनता का हित न अंग्रेज शासकों से जुड़ा था और न उनसे सीमित संघर्ष की समझौतावादी नीति चलाने वाले भारतीय पूँजीपतियों-जमींदारों

से। प्रगतिशील साहित्य जनता की तरफदारी और जनहित की प्रतिबिम्बित करने वाला साहित्य है। जनहित और जनशक्ति में गहरी आस्था से प्रनुप्राणित प्रगतिशील कवि की भाँति पन्त ने लिखा :

मुखियों के कुलपति, सामन्त महन्तों के वैभव-क्षण
बिला गये बहु राजतंत्र सागर में ज्यों बुद्-बुद कण।
रजत स्वप्न साम्राज्यवाद के, ले नयनों में शोभन
पूँजीवाद निशा भी है होने को आज समापन।[1]

मनुष्य के तिहरे शोषण के विरुद्ध अनवरत संघर्ष से प्रगतिशील कविता की राष्ट्रीय चेतना का स्वरूप स्पष्ट होता है। राष्ट्रीय स्वाधीनता के साथ जनता के जो स्वप्न जुड़े थे उनका सम्बन्ध आर्थिक और सामाजिक जीवन की खुशहाली से था। अपने दैनन्दिन जीवन में जनता जिन पूँजीपतियों, जमींदारों के जुल्मों का शिकार बनती थी उन्हें वह आजादी के साथ बेमेल मानती थी। गाँधी जी के नेतृत्व में चलने वाले स्वाधीनता संग्राम की विशेषता यह थी कि उसके पीछे साधारण जन का कर-बल था और नीति की आँखों में पूँजीपतियों की ज्योति थी। एक उदाहरण द्वारा यह बात प्रमाणित हो सकती है। गांधी जी ने विदेशी वस्तुओं के बहिष्कार का 'स्वदेशी' आन्दोलन चलाया। उनका कहना था कि चरखे से सूत कात कर सारे देश को कपड़ा सुलभ किया जाएगा। किन्तु इस कथन की व्यावहारिकता के बारे में स्वयं गांधी जी को कोई भ्रम न था। वे यह समझते थे कि सारे देश को कपड़ा सुलभ करना हँसी-खेल नहीं हैं, उसके लिए बड़े-बड़े कारखाने आवश्यक हैं। उनकी नीति यह थी कि 'विदेशी' के बहिष्कार से स्वदेशी उद्योगपतियों के लिए बाजार तैयार होगा। स्वदेशी के इस वर्ग-चरित्र को समाने रखते हुए मंगल मोहन ने लिखा :

यंत्रों का लाखों का स्वामी वस्त्रों की जलवाता होली।
जाड़ों काँप-काँप मरती है मजदूरों की रानी भोली।
वही वस्त्र जिसके धागे-धागे में श्रम का स्वेद भरा है,
वही वस्त्र जिसके रेशे-रेशे में श्रम का रक्त भरा है।[2]

श्रमजीवियों की अन्तर्राष्ट्रीय बिरादरी है। अपने खून-पसीने की गाढ़ी मेहनत से वे चीज़ें उत्पन्न करते हैं। मुनाफा कमाने या बाजार हथियाने की दौड़ में पूँजीपति वर्ग उन वस्तुओं का सदुपयोग ही नहीं करता, बल्कि दुरुपयोग करने में भी नहीं हिचकता। स्वाधीनता संग्राम के व्यावहारिक अनुभवों ने इस मार्क्सवादी प्रस्थापना को इतने ज्वलन्त रूप में सामने ला दिया कि गाँधीवादी कवि मैथिलीशरण गुप्त तक ने 'जयिनी' में लिखा, "धन रूपी फल का परिश्रम ही मूल है।" मार्क्स-जेनी संवाद के ही रूप में वह आगे कहते हैं, "पूँजी नहीं लूट ही इसे कहो/दूसरों को ठग कर

जोड़ी जो गयी अहो!/दासता की नींव यही व्यक्तिगत नीवी है/खाता दूसरा ही है, कमाता श्रमजीवी है।"[3]

राष्ट्रकवि के कथन में संशय के लिए स्थान नहीं है। दूसरों की कमाई हड़प कर अर्जित व्यक्तिगत पूँजी दासता की नींव है। हिन्दी की प्रगतिशील कविता की राष्ट्रीय भावना का यही उत्स है। इसलिए प्रगतिशील कविता की राष्ट्रीयता साम्राज्यवाद के प्रति समझौतावादी नीति को अस्वीकार करती थी। यदि मार्क्सवादी कवि शिवमंगल सिंह 'सुमन' 'विदेशी बहेलिये' को ललकारते हैं और 'कातर कण्ठ क्रौंचिनी' की बेबाक चीख ('कहाँ गया हत्यारा') के जवाब में कण-कण में जगते विद्रोह के अंकुर[4] को चित्रित करते हैं, तो कांग्रेसी देशभक्ति पर व्यंग्य करते हुए अगिया बैताल (रामविलास शर्मा) लिखते हैं :

देशभक्ति के काम में रुपये दिये हजार
चमक उठा इस पुष्प से फिर खोया व्यापार।
न इसको लूट बताओ जी।[5]

शासन हैं अंग्रेज। उनके विरुद्ध देशभक्तिपूर्ण संग्राम चला रहे हैं कांग्रेसी नेता। सेठ-विशेष ने रुपये कांग्रेस को दिये। फिर भी व्यापार चमक उठा। क्या इससे पूँजीवादी-साम्राज्यवादी हितों का भीतरी गँठजोड़ उद्‌घाटित नहीं होता? और क्या इससे राष्ट्रकवि का निष्कर्ष पुनः पुष्ट नहीं होता?

सन् 1857 के गदर से सबक सीखकर अंग्रेजों ने भारतीय सामन्तों-जागीरदारों और उनसे अपने सम्बन्धों को इसलिए दृढ़ किया कि ग्रामीण गरीबों को काबू में रखा जा सके। भारतीय पूँजीपति वर्ग ने अंग्रेजों से अपने हित टकराव के बावजूद इसलिए मिलीभगत की कि उन्हें हिन्दुस्तान के जागरित मेहनतकशों से भी भय था। प्रगतिशील कवि इस वस्तुस्थिति के प्रति सजग है। इसीलिए जब 1946 में कांग्रेस ब्रिटिश साम्राज्यवाद के झण्डे के नीचे सिंहासन यह आसीन हुई तब प्रगतिशील कवियों ने देशी-विदेशी शोषकों की अपवित्र साठ-गाँठ पर गहरा क्षोभ व्यक्त किया :

मेरी मानवता पर रक्खा गिरि का-सा सत्ता सिंहासन,
मेरी आत्मा पर बैठा है, विषधर-सा सामन्ती शासन,
मेरी छाती पर रखा हुआ साम्राज्यवाद का रक्त-कलश,
मेरी धरती पर फैला है मन्वन्तर बनकर मृत्यु-दिवस।[6]

शोषण के तिहरे रूपों—सामन्तवाद, पूँजीवाद और साम्राज्यवाद—के प्रति सजग विरोध की दृष्टि होने से प्रगतिशील कविता की राष्ट्रीय भावना दो स्तरों पर व्यक्त हुई है। साम्राज्यवाद-विरोधी निर्णायक संघर्ष के द्वारा देश की राजनीतिक स्वतन्त्रता प्राप्त करना और दूसरा अपने देश की समस्त जनता को सामन्ती, पूँजीवादी और साम्राज्यवादी शोषण से मुक्ति दिला कर समता और भाईचारे के आधार पर नये भारत

का निर्माण करना। इन दोनों के बीच गम्भीर अन्योन्याश्रय का सम्बन्ध है। इसीलिए विश्व-स्तर पर चल रहे साम्राज्वाद-विरोधी मुक्ति संग्रामों से भाईचारा और समाजवादी जगत् में गहरी आस्था उसकी राष्ट्रीय भावना के ही परिणाम हैं। साम्राज्यवाद और फासिज़्म दोनों पूँजीवाद की विकृत अभिव्यक्तियाँ हैं। इसलिए प्रगतिशील कविता में भारतीय मुक्ति आन्दोलन को अन्तर्राष्ट्रीय मुक्ति आन्दोलनों के एक अंग के रूप में देखने तथा समाजवादी दिशा और विधान को शोषकवर्गी प्रवृत्तियों के एकमात्र विकल्प के रूप में देखने की प्रवृत्ति विकसित हुई है।

इस परिप्रेक्ष्य में देखने पर स्पष्ट होगा कि प्रगतिशील काव्य में राष्ट्रीयता और अन्तर्राष्ट्रीयता एक-दूसरे के पूरक के रूप में विद्यमान हैं, पलायन, आरोपण और पाश्चात्य के अनुकरण के रूप में नहीं। जैसे पूँजीवाद का राष्ट्रीय चरित्र उसके अन्तर्राष्ट्रीय चरित्र और भाईचारे से सम्बद्ध हैं, वैसे ही सर्वहारा का चरित्र और भाईचारा भी राष्ट्रीय और अन्तर्राष्ट्रीय दोनों है। केसरी नारायण शुक्ल ने प्रगतिशील कवियों के सम्बन्ध में यह उचित लिखा है कि "देश की घटनाएँ भी इनको प्रभावित करती हैं और वे देश की सीमा से उठकर सारी मानवता के अभ्युत्थान की भी कल्पना करते हैं।"[7]

शोषक संस्कृति के बारे में गिरिजा कुमार माथुर की ये पंक्तियाँ पहले उद्धृत की जा चुकी है : "....मूल धन हिंसा, गुलामी सूद है, आदमी बन्दूक की बारूद है।" हिंसा, युद्ध और गुलामी शोषक समाजों के मूलाधर होते हैं। प्रगतिशील कविता की राष्ट्रीयता इस विवेक का परित्याग नहीं करती। इसीलिए वह सभी प्रकार के शोषण से मनुष्य की मुक्ति को अपना ध्येय बनाती है और युद्ध की जगह शान्ति के गीत गाती है, ध्वंस की जगह निर्माण का स्वप्न अंकित करती है।

युद्ध और शान्ति की शक्तियों में 'अन्धायुग' का भ्रामक सन्तुलन बनाने की जगह नागार्जुन 'शान्ति का मोर्चा' कायम करते हैं। युद्ध के आमनुषित चरित्र का उद्घाटन वह भी करते हैं : "नहीं लाम पर/नहीं मुहिम पर/बम बरसेंगे जनाकीर्ण आबादी पर ही/निरपराध, निर्दोष, निष्कलुष/बाल, वृद्ध, बनिताओं की ही जान जायेगी...।" 'शान्त, निरीह नगर-ग्रामों' और 'खेतों, खानों, खलिहानों' पर गिरने वाले ये बम सभ्यता, संस्कृति, कला और मानव-आत्मा का ही ध्वंस करते है।[8] डॉ. धर्मवीर भारती के लिए इस विडम्बना से बचने की कोई सूरत नहीं है। चूँकि "दोनों ही पक्षों में विवेक ही हारा/दोनों ही पक्षों में जीता अन्धापन"[9] इसलिए युद्ध समाप्त हो जाने पर "जो अन्धायुग अवतरित हुआ जग पर/बीतता नहीं रह-रहकर दोहराता है।"[10] प्रहरी-1 और प्रहरी-2 के संवाद के माध्यम से वह निष्कर्ष देते हैं :

> "शासक बदले/स्थितियाँ बिल्कुल वैसी हैं/इससे तो पहले के ही शासक अच्छे थे/अन्धे थे..../....लेकिन वे शासन तो करते थे।"[11]

इस निरपेक्ष सन्तुलन से जो अनास्था और निरर्थकता उत्पन्न होती है वह मनुष्य को नियतिवादी बनाती है। प्रगतिशील कवि युद्ध और शान्ति की शक्तियों में फर्क करते हैं। डॉ0 सुमन समाजवादी चीन के उत्सर्गों की लाली में "सड़ी व्यवस्था का जर्जर कंकाल" जलता इसलिए देखते हैं कि इस 'नयी जवानी नयी किस्म की खेती' में "टैंकों के बदले ट्रैक्टर मेहमान बन गये/अणुबम के बदले जन-जन के गान बन गये।"[12] निर्माण और शान्ति की प्रेरणा के कारण ही 'नया चीन साम्राज्यवाद को नयी चुनौती' देता है।

युद्ध अनिवार्यतः जन-विरोधी होता है। सभी देशों की जनता के युद्ध-विरोधी मूल्यों को शमशेर बहादुर सिंह ने 'अमन का राग' में प्रतिबिम्बित किया है :

> मुझे अमरीका का लिबर्टी-स्टैचू उतना ही प्यारा है/जितना मास्को का लाल तारा।/और मेरे दिल में पेकिंग का स्वर्गीय महल/मक्का-मदीना से कम पवित्र नहीं।/मैं काशी में उन आर्यों का शंख-नाद सुनता हूँ/जो वोल्गा से आये/मेरी देहली में प्रह्लाद की तपस्याएँ दोनों दुनियाओं की चौखट पर/युद्ध के हिरण्यकश्यप को चीर रही हैं।/यह कौन मेरी धरती की शान्ति की आत्मा पर कुरबान हो गया है?[13]—इत्यादि।

देखना चाहिए कि शमशेर के लिए शान्ति और स्वतन्त्रता एक-दूसरे से जुड़े हैं। दोनों दुनियाओं की चौखट पर हिरण्यकश्यप का वध तटस्थ सन्तुलन नहीं है। अमरीका में लिबर्टी-स्टैचू से प्रेम की चयन-वृत्ति 'मास्को का लाल तारा' में नहीं है। लाल तारा समाजवाद का प्रतीक है और समाजवाद मुक्ति आन्दोलनों का मित्र है। दूसरों की स्वतन्त्रता का हरण करने वाला साम्राज्यवाद स्वतन्त्रता की मूर्ति नहीं माना जा सकता। लिबर्टी-स्टैचू अमरीकी जनता की मुक्ति भावना का प्रतीक है। यह संयोग की बात नहीं है कि प्रगतिशील कविता में समाजवादी जगत् को ही मुक्ति का प्रतीक माना गया है। नरेन्द्र शर्मा ने लाल रूस को सब मजदूर किसानों का ढाल कहा और कहा :

> फासिस्टी गिद्धों की बन कर काल लाल सेना आयी
> ...दबी हुई चिनगारी भड़की आजादी के शोलों में
> देश-देश की जनता गरजी लाल फौज के गोलों में।[14]

द्वितीय विश्व युद्ध में 'दलितों की तीर्थभूमि' सोवियत संघ की विजय-कामना की गयी क्योंकि वह मुक्ति-आन्दोलनों और शान्ति की शक्तियों का प्रतिनिधि था। मुक्तिबोध ने लिखा :

> लाल सोवियत देश कि नूतन मानवता की आग
> दुनिया के मजलूमों का वह जलता एक चिराग।[15]

यह चिराग भविष्य की आशा-आकांक्षा का प्रतीक था। स्वयं अपने देश में स्वतन्त्रता के बाद ज़िस नयी मानवता की स्थापना का स्वप्न प्रगतिशील शक्तियों ने देखा था, लाल सोवियत उसका भी प्रतीक था। इसलिए उसकी विजय और पराजय के साथ प्रगतिशील कवियों ने मानवता के भावी मूल्यों को जोड़कर देखा।

वर्तमान विश्व में प्रगतिशील कवियों ने अपने मुक्ति-संग्राम को साम्राज्यवाद विरोधी मुक्ति-संग्रामों और समाजवादी शक्तियों की संगति में देखा तथा दूसरी तरफ अपनी जातीय परम्पराओं के प्रगतिशील मूल्यों से जुड़कर अपने इतिहास, अपनी जनता और अपने नगर-ग्रामों में अपनी राष्ट्रीय चेतना को मूर्त किया।

प्राचीन संस्कृति और परम्पराओं में राष्ट्रीय अस्मिता की तलाश करते समय बहुधा साम्प्रदायिक हो जाने का खतरा रहता है। कुछ पुनरुत्थानवादी राष्ट्रीय संघों की साम्प्रदायिक भावभूमि को देखते हुए इस खतरे के प्रति सजग होना आवश्यक हो जाता है। स्वयं को सांस्कृतिक कहने वाले एक राष्ट्रीय संघ के अनुसार भारत में ''अंग्रेज़ी शासन से भी बहुत बड़ी दुःखद घटना'' थी मुसलमानों का अस्तित्व।[16] इनके अनुसार दो हजार वर्षों का भारतीय इतिहास हिन्दू-मुस्लिम संघर्ष का इतिहास है। भले इस्लाम के जन्म को दो हजार साल न हुए हों! वे जिस हिन्दू राष्ट्र की रचना का संकल्प लेते हैं उसमें मुसलमानों का अस्तित्व स्वीकार नहीं किया गया है।[17]

कहना न होगा कि प्रगतिशील इतिहास-दृष्टि इतिहास की साम्प्रदायिक व्याख्या के विरुद्ध है। उसके अनुसार हिन्दू-मुसलमानों में ऐसा वैर नहीं है। केदारनाथ अग्रवाल यह निर्द्वन्द्व घोषणा करते हैं कि–

> हिन्दू मुसलिम दोनों भाई/हिन्द देश में साथ रहेंगे/एक खून के
> दो पौधों के/दो फूलों-से साथ खिलेंगे।/काँटों की शूली के ऊपर/
> चढ़ कर दोनों साथ हँसेंगे/सुन्दरतम संस्कृति से अपनी/
> पूरे भारत में महकेंगे।[18]

जिस समय ब्रिटिश शासन की नीति के फलस्वरूप पुनरुत्थानवादी शक्तियाँ प्राचीन इतिहास की साम्प्रदायिक व्याख्या द्वारा हिन्दुओं और मुसलमानों में विष बो रही थीं उस समय प्रगतिशील कवि इतिहास के उन पहलुओं को रेखांकित कर रहे थे जिनसे जनता में एकता और स्वतन्त्रता का भाव जगे। 'कबीर-स्मृति' में विश्वम्भरनाथ ने धार्मिक पाखण्ड और साम्प्रदायिक बहशत के खिलाफ लिखा :

> मजहब क्या है, एक अनोखा सौदा है दाढ़ी चोटी का,
> यही क्षेत्र है स्रोत न जाने कितनों की मक्खन रोटी का।[19]

'महाराज शिवाजी का पत्र' में निराला ने 'मोगल' और 'हिन्दू' प्रत्ययों का व्यवहार साम्प्रदायिक अर्थ में नहीं किया है, वरन् जातीय एकता के प्रश्न को उभार कर उन्होंने राष्ट्रीय मुक्ति की भावना को दृढ़ करने का प्रयास किया है। वहाँ 'मोगल

के साथ पठान भी हैं और दोनों का आपस में संघर्ष है। इसलिए शिवाजी अपने पत्र में जयसिंह को राजपूतों से गद्दारी के लिए धिक्कारते हैं और सलाह देते हैं कि "मिलो राजपूतों से, घेरो तुम दिल्ली गढ़।"[20] यदि निराला की दृष्टि साम्प्रदायिक होती तो 'जागो फिर एक बार' जैसी कविता वह कभी न लिखते। इसके पहले भाग में 'भारती-रति कवि-कण्ठ में' आती है।[21] कवि काल-बोध कराता है और जागरण का सन्देश देता है। दूसरे अंश में कवि जनता को उसकी शक्ति का अहसास कराता है। 'शेरों की माँद में आया है आत स्यार', अत्याचार के आगे असहाय खड़े रहने को 'मेषमाता' का आचरण कहता है और ऋषियों का महामन्त्र फूँकता है : "तुम हो महान्, तुम सदा हो महान्/है नश्वर यह दीन भाव/कायरता, कामपरता/ब्रह्म हो तुम/पद-रज-भर भी है नहीं/पूरा यह विश्व भार।"[22]

कहने की ज़रूरत नहीं कि छायावाद की ही भाँति प्रगतिशील कविता ने भी स्वाधीनता संग्राम की मुख्य भावधारा से प्रेरित इतिहास-दृष्टि के कारण अपनी महान् संस्कृति में अपनी अस्मिता खोजी। इतिहास-मन्थन से प्राप्त मूल्य प्राचीन दर्शन, साहित्य, संस्कृति आदि में आत्म-गौरव को तदाकार करने के नाते मूलतः साम्राज्वाद-विरोधी हैं, साम्प्रदायिक नहीं।

"योग्य जन जीता है/पश्चिम की उक्ति नहीं/गीता है"

के माध्यम से निराला ने जनता को एकता और कर्मठता का सन्देश दिया। भारत भूषण अग्रवाल ने 'महान् अकबर' के जीवन-चरित्र में साम्प्रदायिक एकता और मुक्ति चेतना को एक बिन्दु पर जोड़ा। अकबर की कथा 'शेरशाही आँधी' से जनता की रक्षा करने के नाते मुक्ति का सन्देश देती है और जनता की एकता को "सभी धर्मों का सत्य सार" बताती है। यही कारण है कि 'मरुस्थल का शिशु' होकर भी अकबर भारत की खुशहाली और हरियाली का प्रतीक बना।[23]

साम्प्रदायिक और प्रगतिशील राष्ट्रीयता का यह बहुत बड़ा फर्क है। साम्प्रदायिक दृष्टि नस्ल या वर्ण के आधार पर संकीर्ण प्रवृत्तियों का प्रचार करती है। प्रगतिशील दृष्टि किसी भी प्रकार की संकीर्णता के आधार पर जनता को विभाजित करने का विरोध करती है क्योंकि यह विभाजन फूट डालकर राज करने की साम्राज्यवादी कूटनीति पर आधारित है।

आजादी के बाद जब बड़े पैमाने पर साम्प्रदायिक दंगे आयोजित हुए तो शिवमंगल सिंह 'सुमन' ने अत्यन्त विचारपूर्वक लिखा : "भाई की गरदन पर/भाई का तन गया दुधारा/सब झगड़े की जड़ है पुरखों के घर का बँटवारा।/एक अकड़ कर कहता—/अपने मन का हक ले लेंगे/और दूसरा कहता/तिल भर भूमि न बँटने देंगे। पंच बना बैठा है घर में फूट डालने वाला,/मेरा देश जल रहा कोई नहीं बुझाने वाला।"[24]

यह कविता हिन्दू-मुस्लिम दंगों के मूल कारण को इंगित करती है, आजादी के

चरित्र को उद्‌घाटित करती है और आजादी के नेताओं की भूमिका पर व्यंग्य करती है। यह ऐसी आजादी थी कि अंग्रेज यहाँ से जाकर भी यहाँ के भाग्य-विधाता बने रहे, हम आजाद होकर भी अंग्रेज़ी साम्राज्य के अधीन बने रहे। आजादी की इस विडम्बना पर व्यंग्य करते हुए डॉ0 रामविलास शर्मा ने 1951 में लिखा, ''भारत में अहिंसात्मक क्रान्ति हुए चार साल हो गये। क्रान्ति के नेताओं को गद्‌दी पर बैठे पाँच साल हो गये—क्रान्ति से पहले गद्दी पाना इस क्रान्ति की अहिंसात्मक विशेषता थी। यह क्रान्ति अंग्रेज साम्राज्यवादियों की पूरी रजामन्दी से हुई।''[25]

निस्सन्देह प्रगतिशील कवियों ने ऐसी आजादी का स्वप्न न देखा था। इस आजादी से जनता को निराशा, भूख, हिंसा, विभाजन के अलावा कुछ न मिला। इससे लाभ हुआ हिन्दुत्व के नाम पर अंग्रेजों की मदद करने वाले निहित स्वार्थों और भारतीय पूँजीपतियों-जमीदारों को। इस प्रकार की आजादी के विरुद्ध चेतावनी देते हुए 1930 में ही प्रेमचन्द 'हंस' के सम्पादकीय में कह चुके थे, ''स्वराज्य की माँग गरीबों की माँग है, डोमीनियन गरीबों की कमाई पर मोटे होने वालों की।'' जब उन्होंने देखा कि अनेक भारतीय नेता अंग्रेजों की 'चाल को समझकर भी' उसके पक्ष में हैं तो लिखा, ''हमारी लड़ाई केवल अंग्रेज सत्ताधारियों से नहीं, हिन्दुस्तानी सत्ताधारियों से भी है। हमें ऐसे लक्षण नज़र आ रहे हैं कि ये दोनों सत्ताधारी इस अधार्मिक संग्राम में आपस में मिल जायेंगे और प्रजा को दबाने की कोशिश करेंगे।''[26]

यह सत्य है कि 1947 से पहले मुख्य लड़ाई अंग्रेज शासकों के विरुद्ध थी और '47 के बाद भारतीय शासकों के। किन्तु यह भी सत्य है कि '47 से पहले प्रगतिशील लेखक कांग्रेस और उसके नेतृत्व में चलने वाले आन्दोलन की भूमिका और चरित्र के प्रति उदासीन न थे। आजादी मिलने के बाद भारतीय समाज के, और खासतौर पर स्वाधीनता आन्दोलन के अन्तर्विरोध अत्यन्त उग्र रूप में उभर आये। दिनकर ने 'भारत का यह रेशमी नगर' में अत्यन्त तल्खी से इस अन्तर्विरोध को चित्रित किया : ''भारत धूलों से भरा आँसुओं से गीला/भारत अब भी व्याकुल विपत्ति के घेरे में।/ दिल्ली में तो है खूब ज्योति की चहल-पहल/पर, भटक रहा है पूरा देश अँधेरे में।''[27] निहित स्वार्थों का समझौता हुआ और जनता की दुरवस्था की उपेक्षा हुई। इसलिए दिल्ली 'अनाचार, अपमान, व्यंग्य की चुभती हुई कहानी' बन गयी।

यह अन्तर्विरोध जनता की आकांक्षाओं और उपलब्धियों के अन्तर्विरोध में व्यक्त हुआ। प्रगतिशील आन्दोलन मार्क्सवादी और अमार्क्सवादी राष्ट्रीय-जनवादी साहित्य प्रवृत्तियों का समवेत आन्दोलन था। आजादी के पहले इन भिन्न-भिन्न प्रवृत्तियों के रचनाकारों में जो मतभेद पनप रहा था वह आजादी के बाद खुल कर समाने आ गया। इसी के साथ यह दूसरा तथ्य भी ध्यान देने योग्य है कि '47 में आजाद

होने से एक वर्ष पूर्व, 46 में कांग्रेस गद्दी पर बैठ गयी थी और गद्दी पर बैठने के एक वर्ष पूर्व—'45 में उसने जबर्दस्त कम्युनिस्ट-विरोधी अभियान चलाया था। यदि इन तीनों घटनाओं में गम्भीर कार्य-कारण सम्बन्ध रहा हो तो कोई आश्चर्य की बात नहीं है। प्रगतिशील आन्दोलन पर इसका असर यह पड़ा कि आजादी से पहले उग्र समाजवादी विचार रखने वाले अनेक लेखक आजादी के बाद समाजवाद और मार्क्सवाद से दूर हटने लगे।

मनुष्य के तिहरे शोषण का उग्र विरोध करने वाले गिरिजा कुमार माथुर ने आजादी के वर्ग-चरित्र को ही नहीं, विदेशी शत्रु से उसकी साठ-गाँठ को भी पर्दे की आड़ में ठेलते हुए लिखा : "ऊँची हुई मशाल हमारी/आगे कठिन डगर है/शत्रु हट गया लेकिन उसकी/छायाओं का डर है/शोषण से है मृत समाज/कमज़ोर हमारा घर है/किन्तु आ रही नयी जिन्दगी/यह विश्वास अमर है/जन गंगा के ज्वार/लहर तुम प्रवहमान रहना/पहरुए, सावधान रहना।"[28] इससे कुछ भिन्न स्वर में इसी प्रकार का उत्साह शील ने भी दिखाया : "आज देश में नयी भोर है/नयी भोर का समारोह है।/आज सिन्धु गर्वित प्राणों में/उमड़ रहा उत्साह।"[29] शील का यह भ्रम 1951 तक भी नहीं टूटा था : "अभी मनोरथ की छाया में/होने को है शान्ति स्वयम्बर/अभी नयी भाषा के मुख पर/खिलने हैं चमकीले अक्षर।"[30]

मार्क्सवाद को कभी स्वीकार न करने वाले दिनकर ने रेशमी नगर की ज्योति भरी चहल-पहल और आँसू, धूल, विपत्ति से व्याकुल अन्धकारग्रस्त भारत के अन्त-र्विरोध को तल्खी से पकड़ा, उसे वाणी दी; किन्तु मार्क्सवाद में आस्था रखने वाले माथुर और शील ने इस तरफ ध्यान नहीं दिया। अंग्रेजों से मिलीभगत करके शासन पाने वाली कांग्रेस में शत्रु की छायाएँ माथुर जी को नहीं दिखी और वह नयी जिन्दगी के सूत्रपात का अमर विश्वास लेकर चले। शील 15 अगस्त की रात को ही 'नयी भोर' मान बैठे। संशोधनवादियों की तीव्र निन्दा करने वाले शील का यह भ्रम तेलंगाना के दमन के बाद भी बरकरार रहा। वे आस लगाये रहे कि अभी शान्ति-स्वयम्बर होगा, नयी भाषा के मुख पर चमकीले अक्षर खिलेंगे।

डॉ. रामविलास शर्मा ने "जनता की तरफदारी करने"[31] को प्रगतिशील होने की शर्त बताया है। जनता की तरफदारी का आशय जनता से केवल बौद्धिक सहानुभूति नहीं है, वरन् उसका आशय है जनता के साथ भागीदारी, उसके सुख-दुःख, जीवन-मरण में उससे प्रत्यक्ष सम्बन्ध। सम्बन्धों के इस स्तर और धरातल पर ही यह निर्भर है कि हम जनता के हितों, उसकी रुचियों-संस्कारों, उसके जीवन और संघर्षों को अपनी कला में किस अनुपात में प्रतिबिम्बित कर पाते हैं। जनता से घनिष्ठ सम्बन्ध न होने के कारण ही मार्क्सवाद से प्रभावित या कट्टर मार्क्सवादी होते हुए भी अनेक कवि आपत्काल में जनता की तरफदारी छोड़ कर रेशमी नगर की चमक-दमक में भटक

गये और मार्क्सवाद से दूर रहते हुए भी अनेक कवि आजादी का स्वागत करते हुए भी वास्तविकताओं को अत्यन्त गम्भीरता से व्यक्त कर सके।

यह आशय नहीं कि मार्क्सवादी कवि कम्युनिस्ट पार्टी की इस नीति के बावजूद भ्रमित रहे कि 'देश की जनता भूखी है, यह आजादी झूठी है।' कुछ कवियों ने तो पार्टी की नीति को ही शब्दान्तर से पद्यबद्ध किया : 'इत्ते से पानी से बुझाने वाली किसकी यहाँ तृषा, पहिले से ही गरजने वाली यह आजादी मृषा-सृषा।' (प्रभाकर माचवे) किन्तु अधिकांश कवियों ने भारतीय जीवन के मटमैले चित्रों और सत्ता की लौह-दीवारों पर अंकित स्वप्निल रंगों का अन्तर्विरोध उजागर किया। रानी एलिजाबेथ के आने पर नागार्जुन ने पार्टी की नीति को अत्यन्त कलात्मक अभिव्यक्ति दी : 'आओ रानी हम ढोएँगे पालकी/यही हुई है राय जवाहरलाल की।' जनता के कन्धे पर देशी शासन का बोझ और विदेशी शासकों से उसकी मिलीभगत—दोनों बातें इन पंक्तियों से ध्वनित होती है। केदारनाथ अग्रवाल ने आरम्भिक दौर में ही कांग्रेस के पूरे चरित्र को देखते हुए आने वाली विपदाओं का संकेत किया : "कामधेनु-सी काँगरेस अब/सुरसा जैसा मुँह बाये है। शासन के अधिकारी नेता/डायर की वर्दी पहने हैं।"[32]

स्वदेशी शासकों ने विदेशी शासकों से गँठजोड़ और उनकी नीतियों का अनुसरण इसलिए किया कि दोनों के हित पूँजीवादी उत्पादन और व्यापार से जुड़े थे और साधारण मजदूर किसानों के हितों से इन हितों का टकराव था। अतएव स्वातंत्र्योत्तर प्रगतिशील कवियों के लिए यह आवश्यक हो गया कि वे आततायी सत्ता के विरुद्ध अपने देश की साधारण जनता से अधिकाधिक जुड़ें और अपनी देशभक्ति को साधारण जन के साथ परिभाषित करें। मुक्तिबोध ने आततायी सत्ता का त्रास अनुभव किया : "भयानक चेहरे घेरते हैं मुझको/मैं आततायी सत्ता के सम्मुख. ।"[33] इसके बाद दमन का चित्रण है। यह सत्ता उनकी कविता में अँधेरे का प्रतीक बनी और इस अँधेरे के विरुद्ध उन्होंने जनता में, उसके कर्म और भविष्य में गहन आस्था व्यक्त की।

धूमिल ने तमाम शिल्प-चमत्कार के बावजूद आजाद भारत की इस विसंगति को उभारा : "जहाँ पसीना पाप से अधिक बदबू/देता है/अपना हाथ खोकर/चिमनी के नीचे खड़ा है मज़दूर...।"[34] पाप को छिपाने और मेहनत से घृणा करने वाली व्यवस्था को आमूल बदलने की चेष्टा भी परवर्ती काव्य में व्यक्त हुई। स्वयं धूमिल ने भविष्य की दिशा का संकेत देते हुए 'देश-प्रेम : मेरे लिए' कविता में लिखा : "मैने भी नक्शे के ऊपर/लाल कलम से जगह घेर दी/और उसी सीमा के भीतर अपने घायल कबूतरों को/फिर से उड़ना सिखा रहा हूँ।"[35]

प्रगतिशील कविता की देशभक्ति का एक अत्यन्त महत्वपूर्ण पहलू है अपने गाँव

और जनपद से प्रेम। यह प्रेम संकीर्ण या साम्प्रदायिक न होकर सांस्कृतिक इयत्ता से सम्बद्ध है। नागार्जुन ने अपनी प्रसिद्ध कविता 'सिन्दूर तिलकित भाल' में लिखा है : "हो गया हूँ मैं नहीं पाषाण/जिसको डाल दे कोई कहीं भी/करेगा वह कभी कुछ न विरोध।/यहाँ भी, सच है, न मैं असहाय/यहाँ भी है व्यक्ति औ समुदाय/किन्तु जीवन भर रहूँ फिर भी प्रवासी ही कहेंगे हाय।"[36] केदार, रामविलास, त्रिलोचन आदि अधिकांश प्रगतिशील कवियों ने अपने ग्राम, जनपद, उसके रीति-रिवाजों आदि को अपनी कविता में व्यक्त किया है। दशहरा, दीपावली, होली आदि तिथि-त्यौहार भी प्रगतिशील कविता की जन-सम्बद्धता को प्रभावित करते हैं। आरसीप्रसाद सिंह यदि 'मिल कर आज सभी जन गाओ/भर कर रंग अबीर उड़ाओ।'[37] आदि के माध्यम से सांस्कृतिक पर्व के उल्लास को चित्रित करते हैं तो 'दूर-दूर कनक धूलि खुरों से उड़ाती हुई/आती है साँझ कजरी गाय-सी रँभाती हुई।'[38] के माध्यम से नरेन्द्र शर्मा अपने गाँव से अनुराग व्यक्त करते हैं।

नामवर सिंह के अनुसार, "पहले की देशभक्ति सामान्योन्मुखी थी तो प्रगतिशील युग की देशभक्ति विशेषोन्मुख है और इसलिए अधिक ठोस और वास्तविक है; यह विशेष के भीतर से सामान्य को प्रकट करती है।"[39]

इस प्रकार, प्रगतिशील कविता की राष्ट्रीयता का द्वन्द्वात्मक स्वरूप विशेष और सामान्य के धरातलों पर व्यक्त हुआ है। एक ओर अपनी राष्ट्रीय चिन्ताओं और सरोकारों को वह विश्व की सामान्य परिस्थितियों के सन्दर्भों से जोड़ कर देखती है और दूसरी ओर अपने गाँव-कस्बे से, अपने सहकर्मियों और देशवासियों से तथा अपनी जातीय परम्पराओं-उत्सवों आदि से जुड़कर अपनी देशभक्ति को मूर्त करती है। इसीलिए प्रगतिशील कविता के राष्ट्रीय मूल्य न संकीर्णता की दिशा में आते हैं और न साम्प्रदायिकता की।

सन्दर्भ-सूची

1. सुमित्रानन्दन पन्त ग्रन्थावली-2, (युगवाणी) पृष्ठ 63
2. 'संघर्ष', 10 जनवरी, 1938 पृष्ठ 9
3. पृथ्वी-पुत्र, पृष्ठ 39-40
4. विश्वास बढ़ता ही गया, पृष्ठ 41
5. 'लोकयुद्ध', 28 अक्टूबर, 1645, पृष्ठ 2
6. धूप के धान, पृष्ठ 6
7. आधुनिक काव्यधारा का सांस्कृतिक स्रोत, पृष्ठ 203
8. 'हंस', अक्टूबर, 1950, पृष्ठ 6
9. अन्धायुग, पृष्ठ 11
10. वही, पृष्ठ 13
11. वही, पृष्ठ 107

12. विश्वास बढ़ता ही गया, पृष्ठ 103
13. वाग्देवी, पृष्ठ 162
14. 'लोकयुद्ध', 5 नवम्बर, 1944, पृष्ठ 10
15. 'लोकयुद्ध', 11 जून, 1944, पृष्ठ 8
16. म. स. गोलवलकर, 'विचार नवनीत', पृष्ठ 289
17. विवरण के लिए दे0 उपर्युक्त, पृष्ठ 131, 158, 172, 202, 289 इत्यादि
18. 'हंस', जनवरी, 1948
19. वही, जून 1938, पृष्ठ 849
20. परिमल, पृष्ठ 221
21. वही, पृष्ठ 187
22. वही, पृष्ठ 188-90
23. 'संघर्ष', 25 दिसम्बर, 1938, पृष्ठ 8
24. विश्वास बढ़ता ही गया, पृष्ठ 49
25. प्रगतिशील साहित्य की समस्याएँ, पृष्ठ 132
26. 'हंस', मार्च, 1930 (सम्पादकीय)
27. चक्रवाल, पृष्ठ 317
28. धूप के धान, पृष्ठ 36
29. 'हंस', अक्टूबर, 1947, पृष्ठ 875
30. नया साहित्य, अगस्त, 1951
31. प्रगतिशील साहित्य की समस्याएँ, पृष्ठ 25
32. 'हंस', जुलाई, 1948, पृष्ठ 931
33. चाँद का मुँह टेढ़ा है, पृष्ठ 293
34. संसद से सड़क तक, पृष्ठ 66
35. कल सुनना मुझे, पृष्ठ 15
36. सतरंगे पंखों वाली, पृष्ठ 45-46
37. संचयिता, पृष्ठ 39
38. अग्निशस्य, पृष्ठ 121
39. आधुनिक साहित्य की प्रवृत्तियाँ, पृष्ठ 96

अध्याय-11

नारी और प्रेम सम्बन्धी मूल्य

कुछ विद्वानों की मान्यता है कि मार्क्सवाद केवल आर्थिक सम्बन्धों का दर्शन है। वह प्रेम आदि भावों का तिरस्कार करता है। ये विद्वान् मार्क्सवाद को सम्पूर्ण मानव-सम्बन्धों की व्यापक भावभूमि पर पहुँचाने के लिए अस्तित्ववाद, खासकर फ्रायडवाद से उसके समन्वय पर ज़ोर देते हैं। फ्रायड के दर्शन के बारे में प्रायः सभी विद्वान् एकमत हैं कि फ्रायड जिस "लिबिडो" को जीवन की मूल वृत्ति बताते हैं उसे केवल काम-भावना तक संकुचित कर देते हैं। इसीलिए फ्रायड की परम्परा के विद्वानों ने भी 'लिबिडो' को व्यापक जीवन-ऊर्जा के अर्थ में व्याख्यायित करना आवश्यक समझा।

मार्क्सवाद को केवल आर्थिक और फ्रायडवाद को जीवन के शेष सभी पक्षों का दर्शन मानने वाले विद्वानों की राय में काम-सम्बन्धी अभिलाषाएँ ही प्रायः सम्पूर्ण जीवन-सम्बन्धों को प्रतिबिम्बित करती हैं। इस प्रकार ये विद्वान् काम-सम्बन्धी चिन्ताओं को जीवन की मूल केन्द्रीय वृत्ति मानते नज़र आते हैं। 'आधुनिक काव्य के आलोचक' शीर्षक निबन्ध में डॉ. नगेन्द्र ने नैतिक और सांस्कृतिक स्रोतों से छायावाद का उद्गम मानने के कारण आचार्य शुक्ल, जयशंकर प्रसाद और नन्ददुलारे वाजपेयी आदि सब की आलोचना की है। वाजपेयी जी की आलोचना करते हुए उन्होंने लिखा, "उनके विवेचन में यह दोष था कि....उन्होंने छायावाद की अधिकांश मूल प्रवृत्तियों का उद्गम प्रसाद जी की तरह भारतीय दर्शन को ही माना, विदेशी रोमाण्टिक स्कूल और इस युग की सामाजिक कुण्ठाओं का (विशेषकर सेक्स-सम्बन्धी) प्रभाव वे उचित मात्रा में स्वीकार न कर सके।"[1] कहने की ज़रूरत नहीं कि सेक्स-सम्बन्धी कुण्ठाओं को आधुनिक युग की मुख्य सामाजिक समस्या के रूप में देखने के नाते डॉ. नगेन्द्र आधुनिक काव्य का उद्गम इसी वृत्ति-विशेष अथवा कुण्ठा-विशेष को मानते हैं।

आगे चलकर प्रगतिवाद सम्बन्धी अपने मूल्यांकन में वह बताते हैं : "पहले प्रकृत्त भावनाओं का संयम, दमन और गोपन ही उनका परिष्कार माना जाता था,

परन्तु...फ्रायड ने दमन और गोपन का पर्दा फाड़कर उसकी तह में छिपी हुई कुत्साओं का प्रदर्शन किया। अतएव प्रगतिवादी स्वस्थ मानव-वृत्तियों को–जिनमें मुख्य क्षुधा और काम हैं–प्रकृत रूप में व्यक्त करने से नहीं घबराता।"[2] अर्थात् प्रगतिशील कविता में प्रेम आदि से सम्बन्धित विषय फ्रायड के युगान्तरकारी प्रभाव से समाविष्ट हुए हैं और वह भी 'संयम, दमन और गोपन' के परिष्कार में नहीं, प्रकृत, अर्थात् नग्न, कुत्सित रूप में।

प्रगतिशील कविता के बारे में डॉ. नगेन्द्र की इस मान्यता का आधार हैं कवि अंचल। अंचल जी पर अपने स्वतन्त्र निबन्ध में डॉ. नगेन्द्र ने उनकी प्रगतिशीलता की सबसे अधिक प्रशंसा करते हुए उसका आधार इन शब्दों में बताया है, "यौन सम्बन्धों की विषमता ही उन्हें अर्थ-सम्बन्धों की विषमता तक ले गयी है.....अंचल जी की दुनिया में सबसे बड़ी मजलूम नारी है और इन जुल्मों का अन्त करने के लिए भी उसने नारी की ही भैरव मूर्ति का आह्वान किया है।"[3]

नारी युगों से प्रताड़ित है, यह सच है। उसकी प्रताड़ना मुख्यतः पुरुष द्वारा ही हुई है, यह और भी सच है। किन्तु इस ताड़ना का कारण सामाजिक सम्बन्धों की विषमता में न खोज कर यौन सम्बन्धों की विषमता में खोजने पर हम भाववाद के शिकार होते हैं। अंचल जी के नारी-विषयक दृष्टिकोण की मुख्य असंगति यह है कि वे नारी-पराधीनता को इतिहास से विच्छिन्न करके देखते हैं। वे सृजनात्मक धरातल पर यह स्वीकार नहीं करते कि नारी की पराधीनता के बीज व्यक्तिगत स्वामित्वमूलक सम्पत्ति में निहित हैं; इसलिए नारी की स्वाधीनता का प्रश्न निरपेक्ष या एकांगी न होकर समस्त मुक्तिकामी शक्तियों से जुड़ा है। वह केवल नारी पर होने वाले अत्याचारों से मुक्ति के लिए नहीं, सभी प्रकार के जुल्मों का अन्त करने के लिए नारी की भैरव मूर्ति का आह्वान करते हैं। फ्रायड के काम-कुण्ठावादी दर्शन पर आधारित व्याख्या के कारण डॉ. नगेन्द्र इस प्रगतिशीलता की मुक्त-कण्ठ से प्रशंसा करते हैं।

जहाँ अंचल जी नारी के उत्पीड़न को सामाजिक विषमताओं के सन्दर्भ में देखते हैं वहाँ उनके स्वर में मानवीय करुणा और कला में यथार्थवाद के दर्शन होते हैं। 'शोषिता' की नायिका एक ऐसी स्त्री है जिसका पति परदेश में मजूरी करता है। सीमित आमदनी और पुश्तैनी कर्ज का फासला इतना अधिक है कि वह पनघट पर मौन खड़ी सोच रही है :

> घर के बिकते ही बन जाना होगा पेड़ तले की वासी[4]

वह 'अपने निर्मोही की प्यासी' प्रेम की सच्ची अनुभूति को सामाजिक विषमताओं के आगे विवश टूटते हुए देखती है। भावुकता का अंश यहाँ भी है किन्तु अंचल की कविताओं में इतना यथार्थवाद भी कम ही है। 'खोल दिया अवगुण्ठन मेरा जब

तक लाज कहाँ की/ दरस-परस के बाद अभी तो सारा सुख है बाकी।' जैसी बन्द कमरे वाली कविताओं में ही प्रेम का वासनागर्भित रूप नहीं खुलता, वरन् 'अन्तिम भेंट' जैसे मार्मिक विषय की कविता में भी उसका मोह नहीं टूटता। 'समझा रहा दुःख जीवन में एक मंत्र ही जपना/रहे भूमि से ऊपर मेरे दीपक की अरूणाई'[5] के माध्यम से वह अपने पूर्व-प्रेमी के प्रति नव-विवाहिता के भाव को उदात्त बनाने की चेष्टा करते हैं ; किन्तु 'दरस- परस' के सुखों की मादकता के कारण यह कविता भी सामाजिक व्यंग्य न बन कर छिछली भावुकता में परिणत होती है। यह भावुकता भी ऐसी कि विवाह से पूर्व ही विवाहित हो चुकने का बोध करायेः

> मेरे आँचल में तेरी साँसों का स्वर भर आता.../मधुर जागरण, मादक निद्रा की वे क्वाँरी रातें/आज शिथिल बाँहों के बन्धन चुम्बन मंत्र न गाते।[6]
> इत्यादि।

अंचल जी की प्रणय-नैतिकता का स्वरूप प्रगतिशील प्रेम-मूल्यों से कितना भिन्न है, इसे 'नींद के बादल' में कही गयी केदारनाथ अग्रवाल की इन पंक्तियों से तुलना करके आसानी से समझा जा सकता है :

> जिस दिन, जिस क्षण, जिस साइत में, मेरा पाणिग्रहण हुआ।
> एक अलोकिक पूर्ण सुन्दरी का उर में आगमन हुआ।
> दुपटे चुनरी का गठबन्धन मेरा जीवन-वरण हुआ।
> प्रथम प्रेम का वह मेरा दिन, अमर मधुर संस्मरण हुआ।[7]

अंचल के यहाँ 'अन्तिम भेंट' है, केदार के यहाँ 'प्रथम प्रेम का दिन।' अंचल के यहाँ 'मादक निद्रा', 'शिथिल बाँहों के बन्धन', 'चुम्बन-मंत्र' आदि का इतना प्रबल प्रवाह है कि 'क्वारी रातें' का सायास प्रयोग भी इसकी विश्वसनीयता प्रमाणित नहीं होने देता। विवाह से पूर्व प्रेम अनैतिक नहीं है। अनैतिक है 'दरस-परस' की मादकता में उन भौतिक परिस्थितियों को नज़रन्दाज़ करना जो दो प्रेमियों को आपस में मिलने नहीं देतीं। केदार की दृष्टि इससे भिन्न है। वह अन्तिम भेंट के अवसर पर 'दुपटे-चुनरी का गँठबन्धन' नहीं कराते, बल्कि पाणिग्रहण के अवसर पर 'एक अलौकिक पूर्ण सुन्दरी का उर में आगमन' अनुभव करते हैं। सुख और सुखवाद में यही अन्तर है।

प्रगतिशील काव्य का स्वर स्वस्थ है क्योंकि उसमें अमर्यादित और देश-काल निरपेक्ष प्रेम की व्यंजना नहीं है। ऐतिहासिक सन्दर्भों में देखने के नाते प्रगतिशील काव्य में प्रेम सहज वृत्ति से अधिक एक मानवीय मूल्य के रूप में व्यक्त हुआ है। प्रेम का भाव हमारे समूचे मानवीय विकास की उपलब्धि है। मनुष्येतर प्राणियों में यह वृत्ति अधिक-से-अधिक आकर्षण के स्तर तक विकसित हुई है, उसने भावना का रूप ग्रहण नहीं किया है। इसीलिए पन्त जी जब कहते हैं कि 'कामेच्छा प्रेमेच्छा

बनकर हो जाती मनुजोचित'[8] तो वह वस्तुतः अन्य सौन्दर्य-मूल्यों की ही भाँति प्रेम के मूल्य को भी मानव-विशिष्ट (उदात्त) सत्य के रूप में प्रतिष्ठित करते हैं।

नगेन्द्र के ऊपर उल्लिखित वक्तव्य से यह भी प्रकट होता है कि फ्रायड के प्रभाव से प्रगतिशील कविता में 'संयम, दमन और गोपन' के स्थान पर 'प्रकृत' अभिव्यक्ति का अग्रह उत्पन्न हो गया। इसमें सन्देह नहीं कि प्रगतिशील काव्य में अनावश्यक गोपन की प्रवृत्ति नहीं है। उदाहरण के लिए, पिकासों का चित्र ला-विए देखकर केदार ने लिखा :

"सम्भोग की मुद्रा में/नग्न खड़े हैं/खुले आम नर और नारी/एक दूसरे में लिप्त/परदा तोड़े नये युग में/नयी सन्तान/पैदा करने के लिए।"[9]

यह सम्भवतः सबसे 'प्रकृत' चित्रण है। किन्तु नये युग में नयी सन्तान पैदा करने के लिए यह परदा तोड़ा गया है। 'खजुराहो के मन्दिर'[10] में भी कहीं-कहीं यह परदा टूटा है। किन्तु वह भी फ्रायड के कुत्सा प्रेम को धारण करने के लिए नहीं, स्त्री-पुरुष सम्बन्धों के पवित्र सार्वलौकिक स्वरूप की शक्ति व्यंजित करने के लिए। और, केदार की ही इन पंक्तियों में कि 'मैं गया हूँ डूब/इतना डूब/तेरे बाहुओं में/लोचनों में/कुन्तलों में/गिरि गया है डूब/जितना/सिंन्धु में सम्पूर्ण/सदियों पूर्व/और जब भी/मग्न है बेऊब।'[11] संयम और गोपन की प्रवृत्ति है, इसलिए यह 'प्रकृत' अभिव्यक्ति नहीं हुई। फ्रायड के प्रभाव के लिए काम की कुण्ठा और अभिव्यक्ति का संयम-गोपन रहित होना—दोनों आवश्यक है। अंचल जी में इसके उदाहरण मिलते हैं। 'अन्तर्गीत' में उन्होंने लिखा :

वह जवानी की जलन वह रक्त की प्रतिज्ञा गुलाली,
जब हमीं तुम थे यहाँ सौन्दर्य पुञ्जों में अकेले ....
...एक यौवन मच गया था रँग गया नभ लालसा से
नग्न ऊषा थी अकम्पित मुक्त उच्छल वासना से।[12]

स्पष्टतः अंचल के काव्य में प्रेमेच्छा से अधिक ज़ोर कामेच्छा पर ही है। इसी कारण उनका प्रणय-बोध प्रगतिशील क्या, सामान्यतः मानवीय भी नहीं हो पाता। सम्भवतः इसी प्रकार के 'यौवन मचाने' वाले प्रयोगों को देखकर कुछ विद्वान् प्रगतिशील काव्य में फ्रायड का प्रभाव मानने लगते हैं।

प्रगतिशील काव्य-बोध और अंचल के प्रणय-बोध में ज़मीन-आसमान का अन्तर है। प्रगतिशील कवि ऐतिहासिक दृष्टिकोण से विचार करने के नाते सामाजिक विषमताओं को नारी-पराधीनता और प्रेम के अवमूल्यन का कारण मानते हैं। अंचल की यात्रा उलटी है। वे यौन सम्बन्धों की विषमता से समाज की विषमता तक पहुँचते हैं। इसीलिए उनमें यौन-सम्बन्धों को चित्रित करने का आग्रह अधिक

है, प्रेम-सम्बन्धों और स्त्री-पुरुष की विषमताओं के सामाजिक कारणों को चित्रित करने का कम। जबकि प्रगतिशील कवियों ने यौन-सम्बन्धों को प्रेम-सम्बन्धों का एक अत्यन्त सीमित क्षेत्र माना है और प्रेम-सम्बन्धों के वैपरीत्य का कारण माना है सम्पत्ति के व्यक्तिगत स्वामित्व पर आधारित समाज को।

स्त्री-पुरुष के सम्बन्धों के दो धरातल हैं, पहला वैयक्तिक जो काफी हद तक स्थायी है और दूसरा सामाजिक जो परिस्थितियों के साथ बदलता रहता है। सामाजिक साहचर्य के क्रम में व्यक्तिनिष्ठ प्रेम का उदय एक स्वाभाविक प्रक्रिया थी। किन्तु मातृसत्तात्मक समाज के स्थान पर पितृसत्तात्मक समाज के आविर्भाव का कारण थी व्यक्तिगत सम्पत्ति। दास समाज के सुलभ विवरणों से पता चलता है कि दास-दासियाँ भी ज़मीन और पशु-पक्षियों की भांति स्वामी की सम्पत्ति होते थे जिन्हें वह बेचता-खरीदता था। मातृत्व धर्म के कारण स्त्री की अनेक भौतिक सीमाएँ बँध जाती हैं। डॉ. रामविलास शर्मा के शब्दों में, कबाइली समाज टूटने और नया श्रम-विभाजन लागू होने पर "स्त्री-पुरुष में छोटे बड़े का भेद उत्पन्न होता है। स्त्री घर का काम करती है, पुरुष बाहर का काम करता है। सम्पत्ति का स्वामी पुरुष होता है, वह युद्ध करता है, शास्त्र रचता है, व्यापार करता है, स्वभावतः उसके काम के आगे स्त्री का घरेलू काम छोटा लगता है। शूद्रों में, जहाँ स्त्री पुरुष के साथ काम करती है, वह द्विजवर्ण की देवियों की तुलना में अधिक समर्थ होती है।"[13] सामन्ती व्यवस्था जिस अनुपात में अधिक मूलबद्ध और दीर्घकालिक होगी, नारी की पराधीनता भी उतनी अधिक होगी। स्वयं हमारे देश में सभी जगह नारियाँ समान रूप से पराधीन नहीं है। इसलिए प्रगतिशील कवियों ने नारी मुक्ति के लिए दो मार्ग अपनाये। पहला, सामाजिक जीवन में अपने साथ उन्हें सहभागी बनने को प्रेरित किया, और दूसरा सामाजिक विषमताओं का अन्त करके समता पर आधारित नये समाज की रचना का आदर्श अपनाया। सामाजिक अन्तर्विरोधों से नारी की पीड़ाओं का सम्बन्ध देखते हुए विद्यावती कोकिल ने 'प्रश्न' किया :

> खेतों की आग बुझाऊँ या सींचूँ मधुवन की वल्लरियाँ।
> पगडण्डी के काँटे बीनूँ या राजपथों की पंखुरियाँ
> तुझसे वर माँगू या तेरे अभिशापों का उपचार करूँ
> या केवल तुझसे प्यार करूँ?[14]

गहन दायित्व-बोध से युक्त प्रगतिशील कविता में यह द्वन्द्वात्मक विवेक आद्यन्त विद्यमान है। इसीलिए प्रगतिशील कविता का स्वर काम-कुण्ठावाद से पृथक्, सामाजिक सन्दर्भों से जुड़ा रहता है। इतिहास का यह दवाब ऐसा है कि प्रगतिशील धारा से तटस्थ रहते हुए भी रघुवीर सहाय ने लिखा, "माधवी/(या और भी जो कुछ तुम्हारे नाम हों...) तुम एक ही दुःख दे सकी थी/फिर भला ये और सब किसने दिये हैं?/जो

मुझे हैं और दुःख, वे तुम्हें भी तो हैं।"[15] इस प्रश्न का जवाब प्रगतिशील कविता में है। 'लाल निशान' कविता में नरेन्द्र शर्मा ने इसका उत्तर इन शब्दों में दिया है :

ऊँच-नीच का भेद गलत है, क्या है अमीरी, क्या गुरबत है।
वह आजाद समाज बनाओ, सभी जिओ, सब ही सुख पाओ।[16]

जब तक ऊँच-नीच और अमीरी-गरीबी का भेद रहेगा तब तक स्त्री-पुरुष की वास्तविक समानता स्थापित नहीं हो सकती और प्रेम एवं नारी सम्बन्धी स्वस्थ और अस्वस्थ दृष्टियाँ भी समाप्त नहीं हो सकतीं। हम जानते हैं कि सामन्त युग में स्त्रियों को दरबारों, अन्तःपुरों में कैद करके एकान्त भोग का विषय बनाया जाता था तो पूँजीवादी युग में उन्हें बाजार में विज्ञापित होने की वस्तु बना दिया गया है। वर्ग-भेद पर आधारित समाज में नारी की गरिमा की रक्षा सम्भव नहीं है।

इस विडम्बना को समझ कर प्रगतिशील कवि सामन्ती और पूँजीवादी प्रेम-दृष्टियों का निषेध करता है और बदले में स्वस्थ, मानवीय प्रेम-दृष्टि का विकास करता है। त्रिलोचन शास्त्री ने 'हँसता है अकाल' में दो भिन्न जीवन-स्थितियों से उत्पन्न दो विरोधी चिन्ताओं का चित्र अंकित करते हुए अवकाशभोगी वर्ग के प्रणय-मूल्यों पर सशक्त व्यंग्य किया। तारों के दाँत निकाले अट्हास करते अकाल को देखकर किसान उद्विग्न होता है; उधर बाप-दादों की सम्पत्ति पर गुलछर्रे उड़ाता प्रेमी 'हरे कुज्ज में' प्रेमिका को आमन्त्रित करता है। काली रात में तारों की टिमटिमाहट में 'कण्ट्रास्ट' की तकनीक से त्रिलोचन ने भयावहता का प्रभाव व्यंजित किया। अकाल के अट्टहास और हरे कुंज के 'कण्ट्रास्ट' से भिन्न आर्थिक हैसियत वाले व्यक्तियों की भिन्न चिन्ताओं का विश्वनीय प्रभाव डालने की आधारभूमि तैयार की। यह मौज-मस्ती में जीने वाला प्रेमी आहें भरता है। कवि कहता हैं :

खेतों की हरियाली
रहे न रहे उसे क्या/उसका खाना-पीना
चल जाता है, फिर क्या/उसको कभी पसीना
नहीं गिराना पड़ा, बजी बाँसुरी निराली।[17]

यह कहा जा सकता है कि छन्द की सीमा के कारण व्यंग्य में तीक्ष्णता नहीं आ सकी है। किन्तु कविता अपना अभीप्सित अर्थ पूरी स्पष्टता से सम्प्रेषित करती है, यह इसकी विशेषता है। इसी प्रकार 'एक मित्र को पत्र' में नागार्जुन भी पुरखों की जोड़ी सम्पत्ति होने पर 'प्रथमा, द्वितीया या तृतीया (प्रेयसी) को' याद करने की कल्पना करते है।[18]

अवकाशभोगी प्रणय वृत्ति पर प्रगतिशील कवियों के इस व्यंग्य से स्पष्ट है कि वे प्रेम को इतना व्यक्तिगत और समाज-निरपेक्ष नहीं मानते। निराला के गीत "प्रिय के हाथ लगाये जागी, ऐसी मैं सो गयी अभागी" में रागात्मक प्रगाढ़ता और

सामाजिक सन्दर्भों का अद्‌भुत परिपाक है। इसमें 'हरसिंगार के फूल द्वार गये, कनक रश्मि से द्वार भर गये' के प्राकृतिक उपादन ही प्रणयानुभूति को सघन नहीं बनाते बल्कि "शिशु गण अपने पाठ हुए रत/गृही निपुण गृह के कर्मों रत/गृहिणी स्नान, ध्यान को उद्यत/भिक्षुक ने घर भिक्षा माँगी!"[19] के कार्यकलाप भी व्यक्तिगत प्रेम को अधिक प्रगाढ़ता प्रदान करते हैं। एक अन्य गीत में निराला विद्यापति की बरबस याद दिलाते हैं। विद्यापति की राधा को प्रेम के एकान्त क्षणों में भी यह विवेक रहता है कि "छोड़ कन्हाई मोर आँचर हे फाटत नव सारी, अपजस होएत जगत भरि है जनि करहु उधारी।" सामाजिक चिन्ताओं का ऐसा ही धरातल निराला के इस गीत में मिलता है :

> बाँधों न नाव इस ठाँव, बन्धु!
> पूछेगा सारा गाँव, बन्धु![20]

व्यक्तिगत सघन रागात्मकता के साथ सामाजिक सन्दर्भवत्ता का बोध आगे प्रगतिशील कविता में और भी विकसित हुआ है। नागार्जुन की "सिन्दूर तिलकित भाल" में कवि "घोर निर्जन परिस्थिति में" पड़ा हुआ अपनी पत्नी को याद करता है और इस स्मृति से जुड़ी हुई जो स्मृतियाँ आती हैं, वे हैं कवि का 'तरउनी ग्राम', 'लीचियाँ औ आम', 'मिथिला के रुचिर भू-भाग'; और "याद आते धान/याद आते कमल, कुमुदिनी और तालमखान/याद आते शस्य-श्यामल जनपदों के/...रूप-गुण-अनुसार ही रखे गये वे नाम/आते वेणु वन थे, नीलिमा के निलय अति अभिराम।" और इन सबके मध्य "याद आता सिन्दूर तिलकित भाल।"[21] जैसे कालिदास के दुष्यन्त कण्व ऋषि के आश्रम, उसके लता-गुल्म, सरोवर-हंस, मृग आदि के बिना शकुन्तला की कल्पना नहीं कर सकते थे वैसे ही नागार्जुन मिथिला के रुचिर भू-भाग, शस्य-श्यामल जनपद, तरउनी ग्राम, वहाँ के प्राकृतिक और सांस्कृतिक जीवन से विच्छिन्न करके पत्नी के सिन्दूर तिलकित भाल की कल्पना नहीं कर सकते। प्रेम की इस उदात्त भूमि पर पहुँचकर ही प्रगतिशील कवि त्रिलोचन की भाँति कहता है:

> मुझे जगत् जीवन का प्रेमी
> बना रहा है प्यार तुम्हारा।[22]

जो कवि इस उदात्त भूमि पर नहीं पहुँच सके वे या तो अंचल की भाँति 'दरस-परस' में फँस कर रह गये या और आगे बढ़े तो उन्होंने नारी को आरसीप्रसाद सिंह की—'निवेदिता' बना दिया। नारी की वास्तविक पीड़ाओं के प्रति उदासीन रह कर मात्र अपने आन्तरिक भावों से परिचालित होने के कारण उनके लिए नारी केवल 'रूप में मन मोहिता' और 'किसी के ध्यान में आनन्दिता' मोहिनी बनकर रह गयी।[23] इसके विपरीत प्रगतिशील कविता में नारी कामिनी या मोहिनी का सामन्ती -बोध तोड़कर स्वस्थ मानवीय पूर्णता के धरातल पर पहुँची है। नागार्जुन की

'भिक्षुणी' यदि बुद्ध के मनोरम सौन्दर्य पर मुग्ध होती है और अपने अस्वाभाविक जीवन से त्राण चाहती है तो इसलिए कि–

कोई एक होता जिसको अपना वह समझती
भूख मातृत्व की मिटा देता वह।[24]

किसी एक को अपना समझने की ललक का कारण है मातृत्व की भूख। यह मातृधर्म न इन्द्रलोक की परियाँ धारण करती हैं और न अन्तःपुरों या विज्ञापनों वाली देवियाँ। यह गुण मानवी का है। दिनकर जी की 'उर्वशी' में जब रम्भा और सहजन्या चिन्ता करती हैं कि उर्वशी धरती पर पवित्र मातृपद प्राप्त करने के लिए दुःसह गर्भ-भार धारण करेगी, देह की गठन और यौवन की प्रकान्ति खो बैठेगी, तब मेनका उन्हें समझाती है :

माँ बनते ही त्रिया कहाँ से कहाँ पहुँच जाती है?
गलती है हिमशिला, सत्य है, गठन देह की खोकर,
पर, हो जाती वह असीम कितनी पयस्विनी होकर?...
–रूपमती भी सखी! मुझे तो वही त्रिया लगती है,
जो गोदी में लिए क्षीर मुख शिशु को सुला रही हो
अथवा खड़ी प्रसन्न पुत्र का पलना झुला रही हो।[25]

नारी का यह सम्पूर्ण व्यक्तित्व भक्तिकाव्य के अतिरिक्त यदि कही मिलता है सो वह है प्रगतिशील काव्य। छायावादी युग के उन्हीं कवियों में यह सम्पूर्णता देखने में आती है जो अपने भाव-बोध में प्रगतिशील जीवन-मूल्यों के करीब थे। नारी के व्यक्तित्व को उसकी सम्पूर्णता में प्रतिष्ठित करके प्रगतिशील कविता प्रेम के क्षेत्र में जिस आत्म-विस्तार अथवा भाव-विस्तार की सूचना देती है वही उसके स्वस्थ प्रेम का आधार बनता है।

समता के विचार से प्रेरित प्रगतिशील प्रेम-दृष्टि जिस व्यापक क्षितिज पर खुलती है उस पर प्रेम का प्रेरणाप्रद स्वरूप प्रकट होता है। भवभूमि के उदात्त संवदेनात्मक स्तर की याद दिलाने वाली नरेन्द्र शर्मा की ये पंक्तियाँ उल्लेखनीय हैं :

वह कितना सुन्दर सपना हो
जो आकर मेरे सिरहाने
तुम जलता मस्तक सहला दो।[26]

अन्तर्मन तक शीतल करने वाली प्रेम की यह व्यंजना सर्वेश्वर दयाल सक्सेना की है:

तुम्हारी मुस्कान/कोहरे से छन कर नहीं
सीधी धूप-सी आती है
जैसे सुबह-सुबह चिड़ियों का गान।[27]

प्रगतिशील कविता ने नारी की दुरवस्था के वस्तुगत कारणों को रेखांकित करके और उसकी मुक्ति के सच्चे मार्ग का अनुसन्धान करके ही यह साहस अर्जित किया है कि उससे स्वस्थ प्रेम सम्बन्ध कायम कर सके। इसी व्यापक दृष्टि-परिधि में उसके भाव-बोध में वह व्यापकता आ सकी है कि प्रताड़ित नारी को करुणा और सहानुभूति प्रदान करते हुए भी उसके सम्पूर्ण 'मानवी' व्यक्तित्व को पुनः प्रतिष्ठित करे; प्रेम के एकान्त क्षणों की रागात्मक स्थितियाँ व्यक्त करते हुए भी उसे घर की चारदीवारी से बाहर निकालकर लोक-सामान्य की भावभूमि पर पहुँचाये, जिन्दगी के संघर्षों में हिस्सेदार बनाये और क्रान्तिकारी चेतना का प्रतीक भी बनाये। मुक्तिबोध की 'अँधेरे में' कविता में प्रेम को क्रान्ति की छटपटाहट के रूप में अनुभव करते हुए प्रेमिका को क्रान्ति का प्रतीक बनाया गया है :

> जग भर दीखती हैं सुनहली तस्वीरें मुझको/मानो कि कल रात
> किसी अनपेक्षित क्षण में ही सहसा/प्रेम कर लिया हो/जीवन
> भर के लिए!!/मानो कि उस क्षण/अतिशय मृदु किन्ही बाँहों
> ने आकर/कस लिया मुझको/उस स्पर्श की, चुम्बन की याद आ
> रही है/याद आ रही है!!/अज्ञात प्रणयिनी कौन थी, कौन थी?/
> कमरे में सुबह की धूप आ रही है/गैलरी में फैला है सुनहला रवि
> छोर/क्या कोई प्रेमिका सचमुच मिलेगी?[28]

रात के किसी क्षण में मानो सहसा प्रेम कर लिया और सुबह की धूप के साथ यह स्नेह की गहरी वेदना 'सब ओर विद्युत्तरंगीय हलचल/चुम्बकीय आकर्षण' पैदा कर रही है।

संक्षेप में, प्रगतिशील कविता के नारी और प्रेम सम्बन्धी मूल्य काम-कुण्ठावाद से भिन्न, स्वस्थ मानवीय धरातल से सम्बद्ध हैं। इसलिए इसमें प्रेम को वैयक्तिक और सामाजिक सन्दर्भों के द्वन्द्व में परिभाषित करते हुए यह दृष्टिकोण उभरा कि स्वस्थ मानवीय सम्बन्धों की स्थापना तभी सम्भव है जब व्यक्ति और व्यक्ति के बीच कायम होने वाला सम्बन्ध अन्तर्विरोध या शत्रुता का न होकर समता और भाईचारे का हो।

सन्दर्भ-सूची

1. 'हंस', अक्टूबर, 1941
2. आस्था के चरण, पृष्ठ 266-7
3. वही, पृष्ठ 428
4. आधुनिक कवि 11, (हिन्दी साहित्य सम्मेलन, प्रयाग), पृष्ठ 11
5. वाग्देवी, पृष्ठ 368
6. वही, पृष्ठ 367

7. गुलमेंहदी, पृष्ठ 74
8. सुमित्रानन्दन पन्त ग्रन्थावली 2, (युगवाणी), पृष्ठ 100
9. आग का आईना, पृष्ठ 13
10. फूल नहीं, रंग बोलते हैं, पृष्ठ 196-200
11. गुलमेंहदी, पृष्ठ 178
12. 'हंस', फरवरी, 1938, पृष्ठ 419
13. निराला की साहित्य साधना, भाग-2, पृष्ठ 35
14. 'हंस', फरवरी, 1938, पृष्ठ 446
15. उद्धृत : नामवर सिंह; आधुनिक साहित्य की प्रवृत्तियाँ, पृष्ठ 100
16. 'हंस', अप्रैल, 1942, पृष्ठ 719
17. वही, 1952, पृष्ठ 29
18. वही, 1947, पृष्ठ 798
19. अर्चना, पृष्ठ 68
20. वही, पृष्ठ 37
21. सतरंगे पंखों वाली, पृष्ठ 46
22. धरती, पृष्ठ 11
23. 'हंस', फरवरी, 1938, पृष्ठ 458
24. युगधारा, पृष्ठ 16
25. उर्वशी, पृष्ठ 19
26. बाग्देवी, पृष्ठ 177
27. जंगल का दर्द, पृष्ठ 103
28. चाँद का मुँह टेढ़ा है, पृष्ठ 307-8

अध्याय-12
प्रकृति सौन्दर्य

प्रकृति से मनुष्य का सम्बन्ध शाश्वत है। प्रकृति मानव-अस्तित्व और ज्ञान की धुरी है। यह क्षमता केवल मनुष्य में है कि वह खुद प्रकृति को और उससे अपने सम्बन्धों को समझ सके। प्रकृति से मनुष्य का शाश्वत सम्बन्ध प्रतिपल कायम होने वाले घात-प्रतिघात पर निर्भर है। व्यावाहारिक सम्पर्क की यह घनिष्ठता इतनी व्यापक है कि कलाकार ही नहीं, प्रकृति वैज्ञानिक का भी प्राकृतिक सौन्दर्य के प्रति अत्यन्त सजग और संवदेनशील हो उठना स्वाभाविक है। विश्वविख्यात वैज्ञानिक आइन्स्टीन ने सूर्य की किरणो को 'पकड़ने' और 'तोलने' (अर्थात्, प्रकाश के दबाव का पता लगाने) वाले सोवियत वैज्ञानिक प्योत्र लेबेदेय को बीसवीं सदी का महानतम कवि कहा था। इससे पता चलता है कि प्रकृति से मनुष्य का सम्बन्ध कितना जटिल, सघन और अनेकायामी है। प्रकृति के प्रति संवदेनशीलता और अनुराग इतनी गहराई तक विद्यमान है कि उसे हम प्रायः सहजवृत्ति के रूप में देखते हैं।

प्रकृति और मनुष्य के इस रागात्मक सम्बन्ध को समझकर ही डॉ. रामविलास शर्मा ने लिखा था कि "क्या भारत और क्या यूरोप—कहीं भी अब तक कोई बड़ा मानव-प्रेमी कवि नहीं हुआ, जो प्रकृति का भी प्रेमी न रहा हो।"[1] कहने की आवश्यकता नहीं कि प्रगतिशील कविता में प्रकृति-प्रेम मानव-प्रेम का ही एक रूप है—उसका विस्तार है। छायावादी कवि का प्रकृति-प्रेम काफी-कुछ पलायन की अर्न्तवस्तु से गर्भित था। इसमें सन्देह नहीं कि छायावाद का पलायन वस्तुतः साम्राज्यवाद के विरुद्ध उसकी एक प्रतिक्रिया थी क्योंकि औद्योगीकरण का सम्बन्ध प्रकटतः ब्रिटिश शासन से जुड़ता था और वह हमारी स्वाभाविक, ग्रामीण जीवन-विधि के विपरीत जान पड़ता था। इसलिए छायावाद ने अपनी जातीय परम्परा, राष्ट्रीय अस्मिता और संस्कृति को ग्रामीण अर्थतन्त्र में मूर्तिमान किया तथा अनेक कवियों ने औद्योगिकरण से पलायन कर प्रकृति में शरण ली। किन्तु प्रगतिशील काव्य में यह निषेधात्मक प्रतिक्रिया नहीं है। उसका काव्य-बोध अधिक वैज्ञानिक, अधिक जीवनोन्मुख है।

प्रगतिशील कविता के प्रकृति-चित्रण की मुख्य विशेषता यह है कि उसमें प्रकृति को उद्दीपन के रूप में बहुत कम स्वीकार किया गया है। प्रकृति अपने सहज स्वाभाविक रूप में आकर्षित करती है, जीवन पर प्रभाव डालती है, उसमें आस्था को दृढ़ करती है, बार-बार हमें जीवन की याद दिलाती है, इसलिए परिपाटी निर्वाह के रीतिवाद से भिन्न है। वह छायावाद की भाँति प्रकृति की विराट शक्तियों से आक्रान्त भी नहीं है। फलतः उसमें प्रकृति पर आत्म-प्रक्षेपण नहीं है। प्रगतिशील दृष्टि की कविताओं में प्रकृति की विराटता का उद्घाटन भी है। "मैंने तो भीषण जाड़ो में/नभचुम्बी कैलाश शीर्ष पर/महामेघ को झंझानिल से/ गरज-गरज भिड़ते देखा है"—नागार्जुन; और प्रकृति की सहज प्रक्रियाओं के प्रति मुग्धता का भाव भी :[2]

मैं किस प्रदेश में आ पहुँचा
हैं चारों ओर खड़े पर्वत जिनका हिम झरनों में बहता
जिनके प्राणों को झरनों का संगीत मधुर मुखरित रखता
जिनके नीचे सुन्दर घाटी धानों से पीली पकी हुई
जिससे सुगन्धि की मृदु लहरें मारुत में उड़ती निकल रहीं।—इत्यादि

—चन्द्रकुँअर वर्त्थवाल

किन्तु उसके प्रकृति-चित्रण की मुख्य विशेषता है उसका मानव-प्रेम और इस प्रेम की सिद्धि के लिए प्रकृति में आत्म-विस्तार। यह दृष्टि इस सत्य का द्योतक है कि मानव जीवन का विस्तार प्रकृति के विस्तार की तरह अनन्त है—प्रकृति और जीवन दोनों अनश्वर हैं। त्रिलोचन 'आँखों के आगे' कविता में जीवन और प्रकृति के सादृश्य विधान के माध्यम से मानव जीवन को पुष्ट करते हैं :

हरा-भरा संसार है आँखों के आगे
ताल भरे हैं, खेत भरे हैं,
नयी-नयी बालें लहरायें
झूम रहे वे धान हरे हैं
धरती की झीनी मञ्ज़रियाँ
खेल रही हैं खेल लहरियाँ
जीवन का विस्तार है आँखों के आगे।[3]

जिस तरह मनुष्य निरपेक्ष इकाई न होकर देश और कालबद्ध प्राणी है, उसी तरह प्रकृति अपने समग्र रूप में सौन्दर्य का कारण होते हुए भी मूल्यवत्ता के धरातल पर मनुष्य के विशिष्ट सन्दर्भों से जुड़ी है। ऐसा इसलिए कि प्रकृति के गुणों को, सौन्दर्य आदि को पहचानने और उनके प्रति मूल्य का बोध विकसित करने का श्रेय मनुष्य को है। मनुष्य का बोध उसकी भौतिक परिस्थितियों से स्वतन्त्र नहीं रह

सकता। इसीलिए प्रगतिशील कविता में प्रकृति अपने अनन्त रूपों में सौन्दर्य की अधिकारिणी बनी और साथ ही, मानवीय सत्य से सन्दर्भित हुई। 'खुला आसमान' में निराला प्रगतिशील सौन्दर्य-दृष्टि का परिचय देते हुए प्रकृति में आत्मविस्तार का नया धरातल प्रस्तुत करते हैं :

बहुत दिनों बाद खुला आसमान।
निकली है धूप हुआ खुश जहान।[4]

धूप ही नहीं निकली, जैसे सारा जीवन उन्मुक्त हो गया। दिशाएँ दिखायी थीं, पेड़ झलके, गाय, भैंस चरने को चलीं, लड़के-लड़कियाँ बाहर निकले, सभी क्रियाएँ सामान्य हुई। इस तरह बारिश में दुबका सारा गाँव जैसे खुल पड़ा। ध्यान रहे यह सब 'बादल राग' का कवि कह रहा है। अगर सावन-भादों की रात में तारे उगे हों तो वे अकाल के दाँत लगते हैं और अगर बहुत दिनों तक वर्षा न रुके तो वह दुर्दिन लगता है।

प्रकृति में मनुष्य की दखल बढ़ने के साथ प्रकृति-सम्बन्धी कविता में मनुष्य को अधिक केन्द्रीय अभिव्यक्ति मिलनी स्वाभाविक है। प्रकृति में मानव-हस्तक्षेप की अभिवृद्धि भौतिक और आत्मिक (बौद्धिक) विकास को प्रतिबिम्बित करती है। मनुष्य और प्रकृति के अन्तस्सम्बन्धों की निरन्तर विकासमान स्थितियों में मनुष्य का बोध सहज से सजग, असमर्थ से समर्थ की ओर विकसित होता हुआ आज जिस धरातल पर पहुँचा है, वह कितना भिन्न है इसे आदिम मानव की भौतिक और बौद्धिक स्थितियों से तुलना करके ही समझा जा सकता है। वैज्ञानिक सामर्थ्य से लैस आधुनिक मनुष्य के वैशिष्ट्य को इस बात से समझा जा सकता है कि आज वह प्रकृति के हाथ का निष्क्रिय उपकरण नहीं रह गया है, वरन् स्वयं प्रकृति उसके हाथों में अत्यन्त समर्थ और गतिशील उपकरण बन गयी है। प्रकृति की विराटतम शक्तियों को अपने काबू में करने के मानवगत प्रयत्न के साथ-साथ प्रकृति के प्रति मनुष्य के सौन्दर्य बोध में आश्चर्यजनक विकास हुआ है। औद्योगिक प्रगति के साथ मनुष्य प्रकृति को खदेड़ता और समेटता जान पड़ता है। वह प्रकृति को एकदम नये ढंग से देखता, जानता और बरतता है। इस प्रक्रिया में प्रकृति से उसका आदिम सम्बन्ध टूटता नहीं, बल्कि नये धरातल में प्रवेश करता है। सौन्दर्य-सृष्टि के क्षेत्र में मनुष्य का यही सामर्थ्य उसे प्रकृति का सफल प्रतिद्वन्द्वी बनाता है। प्रतिद्वंदिता शत्रुता नहीं है। बल्कि भौतिक सृजन के साथ कलात्मक उपकरणों के उपयोग और सृजन में वह प्रकृति का सहारा लेता हुआ उससे होड़ करता है। इस उपयोग और सृजन की होड़ में वह सफल इसलिए होता है कि वह प्रकृति को मानवीय अर्थ देता है। मानवीय अर्थवत्ता प्राप्त किये बिना प्रकृति की न कोई सार्थकता है और न उसमें कोई सौन्दर्य।

प्रगतिशील कविता ने प्रकृति को मानवीय स्थितियों से जोड़कर सापेक्ष सत्य

के रूप में अंकित किया। इसलिए प्रगतिशील कविता के प्रकृति-चित्रण में विभिन्न मनःस्थितियों, जीवन-यथार्थों, भावों और वैचारिक अवधारणाओं के अर्थ विद्यमान हैं। पारस्परिक अर्थवत्ता का वास्तविक धरातल सौन्दर्य के क्षेत्र में सपाट ढंग से नहीं आता। कलात्मक प्रक्रिया में हमारे विचार, संस्कार, मन-स्थितियाँ आदि हमारी ग्रहण और अभिव्यक्ति की प्रक्रियाओं को गहराई तक प्रभावित करती हैं। इसलिए प्रगतिशील कवियों ने प्रकृति सम्बन्धी सौन्दर्य-मूल्यों को सामाजिक असंगतियों से उत्पन्न स्वस्थ और अस्वस्थ बोध से स्वतन्त्र नहीं माना। जीवन और समाज की मरणशील वृत्तियों से लोहा लेने के लिए प्रगतिशील कविता ने स्वस्थ इन्द्रिय संवेदनाओं को प्रकृत रूप में व्यक्त करने का दायित्व सँभाला। प्रकृति मनुष्य के इन्द्रिय संवेदन का प्राथमिक और सबसे विपुल आधार प्रस्तुत करती है। इसलिए स्वस्थ संवेदनाओं की अभिव्यक्ति के लिए प्रगतिशील कविता ने प्रकृति के स्रोतों को अंगीकार किया। विच्छिन्नतावादी आभिजात्यवाद का खण्डन करते हुए भारतभूषण अग्रवाल ने प्रकृति के उपादानों के माध्यम से ही अपनी बात को सशक्त बनाया था :

हम नहीं हैं द्वीप जीवन की नदी के
वरन् जीवन से भरे निर्मल सरोवर।
...सूर्य के दीपित किरण से
नीर के भावुक मिलन की हम विमल सन्तान।[5]

प्रकृति मानव-जीवन में इतनी अन्तरंगता से जुड़ी है और जीवन का इतना सहज-स्रोत है कि स्वस्थ वृत्तियों को जगाने और विकसित करने के लिए प्रगतिशील कवि प्रकृति की ओर ही मुड़ता है। नागार्जुन की वह संवेदना धूप के साथ जीवन की कितनी विशद समीक्षा करती है :

पूस माघ की धूप सुहावन/स्तनपायी नीरोग गौर-छवि
शिशु के गालों जैसी मनहर...

लेकिन मनुष्य का जीवन विपरीत स्थितियों के कारण इतना ही निष्कुण्ठ और नीरोग नहीं रह गया है :

फटी दरी पर बैठा है चिर रोगी बेटा
राशन के चावल से कंकड़ बीन रही पत्नी बेचारी
गर्भ-भार से अलग शिथिल है अंग-अंग
मुँह पर उसके मटमैली आभा
छप्पर पर बैठी है बिल्ली
किसके घर से जाने क्या कुछ खा आयी है
चला-चला कर जीभ स्वाद लेती होठों का।

और चूँकि "पूस माघ की धूप सुहावन/चावल नहीं सिझा सकती है/रोटी नहीं

सेंक सकती है/भाजी नहीं सिझा सकती है" इसलिए "जहाँ कहीं से एक अठन्नी लानी होगी/वरना इस चूल्हे के मुँह पर फिर मकड़ी का जाला होगा।"[6] यहाँ सम्पूर्ण प्रकृति मानवीय विधान के मुकाबले में खड़ी है। वेदाग बच्चे के गालों जैसी मनहर धूप और परिवार की अभावजन्य स्थितियों का विरोध एक मार्मिकता का सृजन करता है। दूसरी तरफ चूल्हे की बुझी हुई आँखें जीभ चटखारती बिल्ली से टकराती हैं; आदिम के मुकाबले सभ्यता के इस टकराव से वर्ग-संस्कृति की अमानवीय विवशताओं पर व्यंग्य की सृष्टि की गयी है। इस प्रकार जीवन की समीक्षा के लिए प्रकृति के उपादानों का उपयोग स्वयं इस तथ्य का प्रमाण है कि सजग मनुष्य कलात्मक उपकरण के तौर पर जीवन और प्रकृति का सार्थक उपयोग करता है।

मनुष्य का संगठन पारिवारिक इकाई से आरम्भ होकर गाँव, जनपद, नगर, जातीय प्रदेश और देश तक की अनेक इकाइयों के माध्यम से हुआ है। प्रगतिशील सौन्दर्य दृष्टि का वैशिष्ट्य यह है कि उसने व्यक्तिगत स्नेह सम्बन्धों को व्यापक भावभूमि पर रूपायित किया है। कहने की ज़रूरत नहीं कि अपने ग्राम, नगर, जनपद आदि की प्रकृति से प्रेम प्रगतिशील कविता के देश-प्रेम और मानव-प्रेम की ही अभिव्यक्ति है। कारण यह है कि कलात्मक स्तर पर भावनाओं का स्वरूप मूर्त होता है और इस मूर्तविधान के बिना कलात्मक सौन्दर्य की कल्पना भी नहीं की जा सकती। संक्षेप में, प्रगतिशील कविता में प्रकृति के मानवीय सन्दर्भ का यह अत्यन्त महत्त्वपूर्ण पहलू है कि विशिष्ट की भूमि पर ही सामान्य की परख की गयी है।

ग्रामीण प्रकृति से प्रेम के उदाहरणों की अतिशयता का कारण यह है कि अधिकांश प्रगतिशील कवियों की पृष्ठभूमि ग्राम्यजीवन की ही रही है और दूसरे यह कि भारतीय जीवन-स्थितियों के विशिष्ट सन्दर्भ में कविता की सार्थक भूमिका के लिए यह अनिवार्य था कि कवि ग्राम्यजीवन से अपनी शक्ति अर्जित करें।

इसीलिए जब नागार्जुन बहुत दिनों के बाद 'पकी सुनहली फसलों की मुस्कान' देखते हैं और 'अपनी गँवई पगडण्डी की चन्दनवर्णी धूल' छूने का सौभाग्य पाते हैं तो विभोर हो उठते हैं। रामविलास शर्मा को "हिन्दुस्तान के जिस गाँव पर भी साँझ की सुनहली धूप पड़ती है, वह अपने गाँव जैसा ही लगता है।"[7] इसलिए वह अपने गाँव का एक चित्र देते हैं जो उसी जैसे किसी भी गाँव का हो सकता है : "बरस रहा खेतों पर हिम-हेमन्त है/हरी-भरी बालों के भारी बोझ से/मूर्च्छित हो धरती पर झुकी मोराइयाँ/बरगद के नीचे ही महफिल है जमी/घुँघरू की छुम-छुम पर तबला टनकता...आदि।"[8]

और आधुनिक शहर भी कविता की संवेदना को उद्वेलित करते है। केदारनाथ सिंह 'बाजार से लौटकर' सोचते हैं कि "सारी रोशनियों के बुझ जाने के बाद भी/ रात के तीसरे पहर/जब भेजने के लिए किसी के पास कुछ नहीं होता/बड़ा डाकघर तब भी खुला रहता है।"[9] गाँव की सरल क्रियाओं से लेकर नागरिक जीवन की

जटिलताओं तक आते-आते प्रकृति का बोध भी बदल गया है। इसलिए 'पेड़' पर कविता लिखते हुए केदारनाथ सिंह ने कहा :

तुम्हें कोई नहीं बतायेगा
कि इस समय
इस कोरे कागज़ पर तुम जो कुछ लिख रहे हो
उसमें पेड़ो की यातनाभरी चुप्पी भी शामिल है।[10]

'धान उगेंगे कि प्रान उगेंगे/उगेंगे हमारे खेत में/आना जी बादल ज़रूर।'[11] की अभिव्यक्ति से यहाँ काम चलना सम्भव नहीं रह गया था। इसलिए प्रकृति सम्बन्धी भंगिमा अधिक जटिल हो गयी। वह जटिलता शहरी जीवन की जटिलता से उत्पन्न है।

स्थिति के साथ भंगिमा बदलती है, तेवर और संस्कार बदलते हैं; किन्तु सम्बन्ध नहीं बदलता—सम्बन्ध अधिक जटिल और प्रगाढ़ होता है। प्रकृति से मनुष्य के सम्बन्धों की प्रगाढ़ता के अनेक स्तर प्रगतिशील कविता में व्यक्त हुए हैं। शमशेर पारिवारिक संवेदनाओं के धरातल पर 'उषा' को चित्रित करते हैं :

प्रात नभ था बहुत नीला शंख जैसे
भोर का नभ/राख से लीपा हुआ चौका
(अभी गीला पड़ा है)
बहुत काली सिल ज़रा-से लाल केसर से
कि मानो धुल गयी हो।[12]

'पंचमढ़ी की एक शाम' नेमिचन्द्र जैन को ऐसी लगी जैसे

दूर ऊँची पहाड़ी पर
ठोढ़ी टिकाये बैठी वह शाम/कितनी मासूम थी
खोयी-सी उदास बड़ी-बड़ी आँखों से झाँकती।[13]

अथवा 'समय यात्रा' में त्रिलोचन अनुभव करते हैं कि "स्मृति की माला जप-जप/चलता रहा और तब तक फरियाई प्राची/कुहरा और बढ़ा। फिर सर्दी नाखूनों में/चुभने लगी।"[14] सर्दी का नाखूनों में चुभने लगना असाधारण अनुभव है। इसे निम्नवित किसान या घुमंतू व्यक्ति ही समझ सकता है।

प्रकृति के इस मुक्त, आत्मीय और अनुभूति एवं संवेदना से भरे संस्कार का सम्बन्ध परिपाटी निर्वाह की शास्त्रीयता से न होकर सजगता से है। प्रकृति अपने अनन्त रूपों में सहज सौन्दर्य की जो विपुल आधार-भूमि प्रदान करती है यह मानव सन्दर्भ से युक्त होकर नया अर्थ ग्रहण करता है और प्रगतिशील कविता इसी अर्थ को व्यञ्जित करती है। प्रगतिशील काव्य-बोध नदी, पहाड़, फूल, रंग, आसमान, पेड़ आदि समूची प्रकृति में मानवीय अर्थ तलाशता हुआ अपनी विभिन्न मनःस्थितियों,

भावनाओं और सामाजिक सत्यों की अभिव्यंजना के लिए प्राकृतिक उपादानों के श्रेष्ठ कलात्मक उपयोग की दिशा में अग्रसर होता है। केदारनाथ अग्रवाल प्रकृति में प्रवेश पाकर ही प्रेम की इस व्यञ्जना को कलात्मक स्तर पर अधिक सौन्दर्यपूर्ण बना सके हैं :

"तुम हो/दिन में/सूर्यमुखी नदी की/नटखट देह/खुशमिजाज धूप।/
तुम हो/रात में/गुलाब-फूलों की नाव/चाँदनी के चुम्बनों की/
कलहँसी देह/बाँहों में बिछलती/नाचती/स्वप्न मयूरी तरंग।"[15]

इसी प्रकार हरिवंश राय 'बच्चन' जीवन के परुष सत्यों के आगे कोमल भावों की अस्मिता का विश्वास इन शब्दों में व्यक्त करते हैं :

टहनी पर बैठी गौरैया/चहक-चहक कर कहती भैया—
नहीं कड़कते बादल का ही, मेरा भी अस्तित्व यहाँ है।
अब घन गर्जन गान कहाँ है।[16]

निराला ने बादल छँटने पर धूप के साथ मुखरित होते जीवन को चित्रित किया और बच्चन ने विनम्र चुनौती के साथ कड़कते बादल के मुकाबले चहकती गौरैये के होने का विश्वास व्यक्त किया। वर्तमान समाज की सम्भावनाओं को रेखांकित करना स्वस्थ मानव-वृत्तियों की रक्षा करना है। अपने इस उद्देश्य के प्रति सजगता प्रगतिशील कविता में आद्योपान्त विद्यमान है। सर्वेश्वर दयाल सक्सेना ने 'सुबह हुई' में सुबह के साथ उगने वाले मानवीय प्रयत्नों को रेखांकित किया कि धरती के सुनहरे चिकने फर्श पर लुढ़कते हुए हरी मटर के गोल बड़े दाने को पकड़ने के लिए भूरे पंख फड़फड़ाता गौरैये का एक बच्चा अपनी नन्ही-सी सुर्ख चोंच खोले फुदकने लगा। लेकिन शाम को "दूर आकाश के पीले रेगिस्तानी टीलों पर/भूखे शिथिल ऊँट/सुर्ख क्षितिज की ओर सिर उठाये/पीठ पर चारा लादे/किसी ओझल पड़ाव की ओर थके-माँदे/काले प्रश्न-चिन्हों से रेंगने लगे।" यह व्यंग्य "स्वावलम्बी गौरैये के बच्चे को ऊँट" बना देता है।[17]

प्रगतिशील कविता ने जीवन के इस व्यंग्य को उद्घाटित किया है और इसे व्यंग्यरहित इकाई में लाने के लिए धूप के जागरण गीत गाये है। उसने बताया है कि कंकड़-पत्थर वाली ज़मीन को केवल कुदाल और ट्रैक्टर ही नहीं तोड़ते, दूब का नरम अंकुर भी ज़मीन फोड़ता है। वह "सब कुछ सहकर भी जिसमें कोई आक्रोश नहीं" ऐसे 'स्थिर' और 'दृढ़' पुल को मनुष्य का आदर्श नहीं बताती;[18] बल्कि अपने जैसे दुःखी-पीड़ित भाइयों को सन्देश देती है कि "फूलो फलो/जैसे पेड़ फूलता-फलता है/अपने लिए नहीं/अपनों के लिए।"[19]

मानव सत्य से प्रकृति के जुड़ने पर प्रकृति और मनुष्य दोनों की अर्थवत्ता का

नया धरातल उभरता है। प्रगतिशील कविता के प्रकृति-सम्बन्धी मूल्यों का सारतत्व इसी गहरी मानवीय अर्थवत्ता में व्यक्त हुआ है।

सन्दर्भ-सूची

1. नयी कविता और अस्तित्ववाद, पृष्ठ 146
2. वाग्देवी, पृष्ठ 82
3. रूपाम्बरा, पृष्ठ 290
4. अनामिका, पृष्ठ 142
5. प्रगतिशील कविता के मील के पत्थर, पृष्ठ 141
6. उद्धृत : आधुनिक साहित्य की प्रवृत्तियाँ, पृष्ठ 3
7. तार सप्तक, पृष्ठ 62
8. वही, पृष्ठ 64-5
9. ज़मीन पक रही हैं, पृष्ठ 35
10. ज़मीन पक रही हैं, पृष्ठ 42
11. तीसरा सप्तक, पृष्ठ 20
12. वाग्देवी, पृष्ठ 153
13. एकान्त, पृष्ठ 114
14. बाग्देवी, पृष्ठ 503
15. पंख और पतवार, पृष्ठ 78
16. निशा निमन्त्रण, पृष्ठ 102
17. काठ की घण्टियाँ, पृष्ठ 379-80
18. 'पुल'—शिवकुटी लाल वर्मा, 'नयी कविता', अंक-3, 1956, पृष्ठ 75
19. गिरिधर गोपाल, 'नयी कविता', अंक-2, 1955, पृष्ठ 75

अध्याय-13

कला सम्बन्धी दो दृष्टिकोण

प्रगतिशील साहित्य के कलापक्ष पर विचार करते समय हमारे सामने सबसे मूलभूत प्रश्न यह उपस्थित होता है कि सामाजिक और सांस्कृतिक जीवन में उपेक्षित जनता के लिए लिखे गये साहित्य का रूप क्या हो? साहित्य के रूप के सम्बन्ध में प्रगतिशील सौन्दर्य-चिन्तन की यह बहुत स्पष्ट मान्यता रही है कि किसी कलाकृति का रूप महज उसकी अन्तर्वस्तु से निर्धारित नहीं होता, उसके निर्धारण में अनेक दूसरे तत्त्व भी गतिशील रहते हैं। सोवियत सौन्दर्यशास्त्री अनातोली लुनाचर्स्की के शब्दों में कहें तो कला के रूप को निर्धारित करने वाले अन्य प्रमुख तत्त्व हैं–उस वर्ग या वर्ग-समूह की जीवन-विधि जिसने किसी भी रूप में कलाकृति को प्रभावित किया हो; उस समाज की भौतिक संस्कृति का सामान्य धरातल, पड़ोसियों का असर, अतीत के संस्कार या उनके पुनर्जागरण के प्रयत्न जो जीवन के सभी पक्षों में घटित हो सकते हैं। ये सभी चीज़ें रूप पर असर डाल सकती हैं या उसे परिभाषित चरित्र प्रदान करने में सहायक कारण बन सकती हैं।[1]

संक्षेप में, कलाकृति के रूप को प्रभावित करने वाला तत्त्व यांत्रिक ढंग से उसकी अन्तर्वस्तु भर नहीं है। कलाकृति एक संश्लिष्ट इकाई है। इसलिए वह सम्पूर्ण वस्तुगत, ऐतिहासिक प्रक्रिया से सम्बद्ध है जिसमें कलाकार अभिव्यक्ति का संघर्ष झेलता है। यह संघर्ष पेचीदा है। इसलिए नहीं कि कलाकार जिनसे कला के आन्तरिक नियमों के बतौर टकराता है वास्तव में वे सब कलाकृति से बाहर खड़े हैं–समाज में और कलाकार में। बल्कि इसलिए भी कि कलाकृति में अन्तर्भुक्त वह बाह्य परिवेश एक विचित्र द्वैत से, विसंगतियों और अन्तर्विरोधों से भरा है। इस विचित्र स्थिति में अभिव्यक्ति के लिए संघर्षरत कलाकार प्रागनुभवों, संस्कारों, विचारों आदि की विभिन्न स्थितियों और अवस्थाओं के कारण भिन्न प्रतिक्रियाएँ करता है। अतः यह स्वाभाविक है कि एक ही विषय पर एक ही युग सन्दर्भ में लिखी गयी कविताएँ भिन्न अर्थ और गति दें, भिन्न रचना पैटर्न पर विकसित हों, यहाँ तक कि भिन्न कोणों से सम्बोधित हों और उसके सम्भावित पाठक भी भिन्न

हों। जो बात सामान्य होगी वह यह कि सभी कलाकार कल्पना या वास्तविकता के चित्रों द्वारा अमूर्त विचारों और भावों को सभी के लिए ग्राहय बनाते हैं। यह ग्राहयता रूप-रस-गन्ध-ध्वनि आदि के इन्द्रियगम्य बिम्बों और तत्प्रसूत प्रत्ययों द्वारा सम्भव होती है।

इस आधार पर हम यह कह सकते हैं कि कवि के अपने विचार, भाव-संस्कार, इन्द्रिय-बोध और वह दृष्टि-बिन्दु जिससे कवि अपनी संवेद्य वस्तु को आत्मसात् और कविता में रूपायित कर रहा है--सभी मिल कर कविता की अखण्ड-अविभाज्य इकाई को अस्तित्व में लाते हैं। कला की अन्तर्वस्तु और रूप में यान्त्रिक विभाजन या आरोपित एकता सम्भव नहीं है। इसलिए आधुनिक युग की जटिलतर होती परिस्थितियों में किसी साहित्य के लिए शिल्प का आदर्श साँचा नियत करना भी सम्भव नहीं है।

हिन्दी के प्रगतिशील कवि सृजन-प्रक्रिया की चुनौतियों से गुज़रते हुए काव्य-शिल्प सम्बन्धी दो भिन्न निष्कर्षों पर पहुँचे हैं। आधुनिक जीवन के बौद्धिक दबावों और तनावों को झेलते हुए कुछ कवि इस नतीजे पर पहुँचे कि इन जटिल संवेदनाओं को सर्वसाधारण की भाषा में व्यक्त नहीं किया जा सकता। इस आन्तरिक विवशता को बहुत पीड़ा के साथ अनुभव करते हुए प्रतिपादित किया गया कि कविता सर्वसाधारण को सम्बोधित हो या न हो, उसका दृष्टिकोण, उसकी दिशा और भावना सार्वसाधारण की हो। जनप्रिय रूप को आवश्यक न मानकर प्रगतिशील वस्तु की अनिवार्यता स्थापित करते हुए मुक्तिबोध ने लिखा :

"'जनता का साहित्य' का अर्थ जनता को तुरन्त समझ आने वाले साहित्य से हरगिज नहीं। ...साहित्य का उद्देश्य सांस्कृतिक परिष्कार है, मानसिक परिष्कार है। किन्तु यह परिष्कार तभी सम्भव है जब सुनने वाले या पढ़ने वाले की अवस्था स्वयं शिक्षित हो।...'जनता का साहित्य' का अर्थ 'जनता के लिए साहित्य से है' और वह जनता ऐसी हो जो शिक्षा और संस्कृति द्वारा कुछ स्टैण्डर्ड प्राप्त कर चुकी हो।"[2]

लेकिन दूसरा दृष्टिकोण केवल शिक्षित-संस्कृत जन को काव्य का एकमात्र अधिकारी नहीं मानता। उसके अनुसार समाज में ताड़ना के अधिकारी किसान और श्रमिक भी साहित्य-सुधा के पात्र हैं; अधिक नहीं तो उतने ज़रूर जितने भद्रजन हैं। इसलिए यह मान्यता बनी कि जनता के साहित्य का रूप भी जनवादी होना चाहिए। विशिष्ट बौद्धिक तनाव की स्थिति में जटिल अभिव्यंजना की अनिवार्यता या विवशता को स्वीकार किया गया लेकिन उसे जनवादी कला का अनुकरणीय आदर्श नहीं माना गया।

इस दृष्टि से प्रगतिशील लेखक संघ के प्रयत्नों की सफलता का स्वागत करते हुए केदारनाथ अग्रवाल ने लिखा कि "तब कविता और आम जनता का सीधा-सीधा

आमने-सामने का साक्षात्कार होने लगा।"[3] उन्होंने बल देकर कहा कि कवि जब तक अपनी आत्मग्रस्तता तोड़कर अपनी बौद्धिकता को दूसरों की मानसिकता से माँजता और निखारता नहीं तब तक वह अपनी कला को 'सार्वजनिक रूप' नहीं दे सकता।[4] स्वयं मुक्तिबोध की "बौद्धिक यंत्रणा और सम्प्रेषणीयता इसलिए गूढ़ हो गयी है क्योंकि वह उनकी वैयक्तिकता से निकल कर आम आदमी की वैयक्तिकता से जुड़ नहीं सकी।"[5] और मुक्तिबोध के ज्वलन्त आत्मसंघर्ष का कारण भी नहीं था। इस विवेचन से हम दो निष्कर्ष प्राप्त करते हैं :

1. दुरूहता से लेकर सुबोधता तक प्रगतिशील कविता का शिल्प-विस्तार प्रकटतः दो विरोधी सीमान्तों के बीच फैला हुआ है। इस व्यापक प्रसर के बीच रूप और वस्तु के सन्तुलन की अनेक अवस्थाएँ हैं; और
2. प्रगतिशील कवि का कलात्मक संघर्ष अपनी अभिव्यक्ति को अधिक-से-अधिक जनोन्मुख बनाने की दिशा में ही है।

काव्य-संरचना : प्रगीतात्मक और नाटकीय

कहने की ज़रूरत नहीं कि जितना व्यापक प्रगतिशील कविता का जनाधार है, उतनी ही व्यापकता और विविधता उसके शिल्प में है। प्रगतिशील काव्य के बिम्ब, प्रतीक, भाषा, तेवर आदि का मूल्यांकन करने से पहले, संक्षेप में, उसकी काव्य-संरचना सम्बन्धी इस विविधता का आकलन आवश्यक है। शिल्प सम्बन्धी विविधताएँ कविता के स्थापत्य और पद्धति में अनेक स्तरों पर विद्यमान हैं। छोटी और प्रदीर्घ कविताएँ, गीतात्मक और नाटकीय विधान की कविताएँ, सहजता में अभिधा के स्तर पर चलने वाली और सांकेतिकता में फैण्टेसी का रूप धारण कर लेने वाली कविताएँ—सबका प्रयोग प्रगतिशील कविता में मिल जायगा। मूलभूत संरचना की दृष्टि से हम इन सभी तरह की कविताओं को मुख्यतः दो संवर्गों में विभक्त कर सकते हैं : गीतात्मक और प्रबन्धात्मक अथवा नाट्यात्मक। इस वर्गीकरण का आधार कविता की संरचना के दो मूलभूत पक्ष है :

1. विस्तार : कविता का दृश्यफलक। देश-कालगत परिधि पर निर्भर;
2. आयाम : कविता का घनत्व। संवेदनात्मक गहराई पर निर्भर।

कविता का दृश्यफलक उसके घनत्व को भी प्रभावित, निर्धारित करता है। भावात्मक गहराई देश-कालगत विस्तार के साथ आकाश के शून्य में कवि का दायरा बढ़ाने में सहायक होती है। विस्तार कविता के विकास को अनवरुद्ध, प्रवाहपूर्ण बनाता है; आयाम (घनत्व) अनवरुद्ध विकास को बाधित करता है।

कविता में आयाम और विस्तार की भूमिकाएँ बहुत महत्त्वपूर्ण है। मुक्तिबोध की अधिकांश कविताएँ कलेवर में लम्बी हैं। लेकिन सभी में विस्तार की अधिकता

आवश्यक नहीं है। घनत्व इनकी मुख्य विशेषता है। इसलिए फैण्टेसी और आत्म-संवाद की शैली के बावजूद ये कविताएँ गीत नहीं बनतीं। प्रसाद जी का 'आँसू' कलेवर की दृष्टि से 'राम की शक्तिपूजा' (निराला), 'हरिजन गाथा' (नागार्जुन), 'चाँद का मुँह टेढ़ा है (मुक्तिबोध) आदि से कहीं अधिक विस्तृत है। देश-कालगत विस्तार और जीवन के आयामों की दृष्टि से उसकी भूमि अत्यन्त सीमित है। इसलिए उसमें प्रबन्धात्मकता के स्थान पर गीतात्मकता है। अन्य उल्लिखित कविताएँ आकार की लघुता के बावजूद प्रबन्धात्मक है।

स्पष्ट है कि प्रवाह की तरलता गीतात्मकता की दिशा में विकसित होती है और प्रभाव का घनत्व प्रबन्धात्मकता की दिशा में। यह आशय नहीं कि रागात्मक तरलता के कारण गीत वैयक्तिक होते हैं और नाटकीय द्वन्द्व पर आधारित कृति वैयक्तिक नहीं होती। कवि की वैयक्तिकता दोनों में होती है। फर्क होता है दोनों में वैयक्तिकता की स्थिति में।

गीतों में इतिवृत्तात्मकता और वर्णनात्मकता का निषेध करते हुए अज्ञेय जब उसमें अनुभूति की संहिति बनाये रखने के लिए आकार की लघुता को अनिवार्य बताते हैं तब वस्तुतः वे उसकी 'पर्सनल टोन' और अन्तरंग वैयक्तिकता को ही प्रकारान्तर से स्वीकार करते हैं। अतिशय वैयक्तिकता या 'पर्सनलिज़्म' ही आत्मग्रस्तता में तब्दील होकर गीतात्मक वृत्ति का रूप धारण कर लेती है।

प्रबन्धात्मक कृति में कवि की वैयक्तिकता का स्तर इससे भिन्न है। कवि के संवेदना जगत् में प्रतिबिम्बित वस्तु विकसित होकर जिस चित्र द्वारा व्यक्त होती है उस चित्र में कवि की सम्पूर्ण वैयक्तिकता अन्तर्निहित होती है। दूसरे शब्दों में, कवि वस्तु की संवेदना में प्रवेश करता है और वर्ण्य-विषय कवि की संवेदना में। गीत और प्रबन्ध दोनों इसी द्विविध धरातल पर रूपायित होते हैं। नाटकीय संयोजन की भिन्नता यह है कि गीत का टोन जहाँ वैयक्तिक होता है, वहीं प्रबन्ध का टोन निर्वैयक्तिक होता है–कवि उसके शिल्पगत विकास से तटस्थ रहता है, उसमें हस्तक्षेप नहीं करना। वह अपना सम्प्रेष्य वक्तव्यों द्वारा कहकर नहीं, प्रकट व्यापार द्वारा उद्घाटित करके पाठक तक पहुँचाता है।

संक्षेप मे, नाटकीय अथवा प्रबन्धात्मक विन्यास वाली कृतियाँ इसी शर्त पर सफल और सक्षम बनती हैं कि अन्तर्वस्तु के धरातल पर कवि की संवेदना वस्तु की संवेदना में एकमेक हो जाय तथा शिल्प के धरातल पर कवि निर्वैयक्तिक तटस्थता बरते। अन्तर्वस्तु और शिल्प का यह प्रकट विरोध प्रस्तुतः द्वन्द्वात्मक एकता का पर्याय है।

आधुनिक जीवन की तनावपूर्ण स्थितियाँ मानवीय सम्बन्धों के रागात्मक तन्तुओं को तोड़ती हैं, मानसिक तनाव और बौद्धिक दबाव उत्पन्न करती हैं। ज्वलन्त यथार्थ

की भूमि पर चलने वाली कला का यथार्थवादी होना उसके जीवित रहने के लिए ज़रूरी है। प्रगतिशील कविता अभिव्यक्ति की यथार्थवादी तकनीक को अपनाती, उपजाती और विकसित करती हुई आगे आयी। इस क्रम में उसने यदि नाटकीय विन्यास को अधिक अपनाया तो यह स्वाभाविक था। निराला की कलात्मक विशेषताओं पर प्रकाश डालते हुए डॉ. रामविलास शर्मा ने नाटकीय संवाद के बारे में लिखा, "दार्शनिक स्तर पर विचार-मन्थन, भावात्मक स्तर पर मन के उद्वेग, क्या गीत और क्या लम्बी कविता—दोनों में सफलता से चित्रित होते हैं।"[6]

स्पष्ट है कि नाटकीय द्वन्द्व के स्तर पर पहुँच कर गीत और प्रबन्ध दोनों के बीच की दूरी कम होती है, गीत सामाजिक सन्दर्भवत्ता के नये क्षितिज पर पहुँचते है। प्रगतिशील कवियों ने इस दिशा में जो साहसिक प्रयोग किये हैं उनसे गीतों की शिल्पगत सीमा टूटी और विस्तृत हुई है; उनमें जीवन की वास्तविकताओं को धारण करने का नया सामर्थ्य आया है। मुक्तिबोध की कविता 'अँधेरे में' का 'जो सिरफिरा पागल कतई था' एकाएक जागरित वुद्धि, प्रज्ज्वलित धी होकर 'आत्मोद्‌बोधमय' कोई पद, कोई गान गाता है। इस गीत का गद्यानुवाद देते हैं मुक्तिबोध—तीखी आलोचना के स्वर में वह व्यक्ति कहता है :

> ज्यादा लिया और दिया बहुत-बहुत कम
> मर गया देश, अरे, जीवित रह गये तुम...।[7]

गीत वस्तुतः समूची कविता में अन्तर्व्यापत आत्मसंघर्ष का ही एक अंग है। व्यावहारिक जीवन की क्षुद्रताओं, स्वार्थों के साथ आदर्शवाद और सिद्धान्तवाद की खोल! आत्म-उद्‌बोधन का गीत है—किसी लक्षित श्रोता की मौजूदगी के बिना अन्तर्द्वन्द्व की अभिव्यक्ति के लिए अपनायी गयी नाटकीय भंगिमा है। नाटकीय संवाद की विशेषता है सम्बोधन की शैली में वक्रतापूर्ण कथन द्वारा भावाभिव्यक्ति को सघन बनाना। उसकी गतिशीलता का आधार है भाव का सीधे प्रवाहित न होकर प्रकट या प्रच्छन्न रूप से विरोधी भाव से टकराते हुए विकसित होना। और गिरिजा कुमार माथुर के अनुसार, गीत भावावेश के "साक्षात्मकार से पायी गयी 'दृष्टि' या 'सत्य' का उद्‌घाटन" और "प्रतिपाद्य भावना के मूल तत्त्वों की तन्मय अभिव्यक्ति" करते हैं। गीतों की रचना आनन्द या पीड़ा की "अनुभूति से आक्रान्त बहुत बड़े मानसिक दबाव के कारण होती है।"[8] शास्त्रीय मान्यताओं पर विकसित इस नयी विचार-दृष्टि से भी परखें तो पायेंगे कि गीतों की स्वाभाविकता, उनके मौलिक चरित्र की रक्षा करते हुए प्रगतिशील कवियों ने उन्हें यथार्थपरक स्वर और आधार-भूमि दी।

मुक्तिबोध के प्रसंग में इस कथन का महत्त्व यह है कि आत्मगत द्वन्द्व से विकसित उनकी समूची फैण्टेसी वस्तुगत और आत्मगत भावों, विचारों, स्थितियों आदि के नाटकीय संघर्ष और टकराव पर आधारित है। उनके आत्मसंघर्ष का धरातल

मूलतः सांस्कृतिक है—मध्यवर्गीय संस्कारों से मुक्त होकर सर्वहारा वर्ग की संगति में व्यक्तित्व के रूपान्तरण की समस्या। डॉ रामविलास शर्मा इस विधान में नाटकीयता की स्थिति स्वीकार करते हुए भी यह मानते हैं कि "मूलतः आत्मगत भावों, मनोदशाओं और निकटवर्ती परिवेश" से सम्बद्ध होने के नाते नाटकीय आत्मसंवाद (ड्रैमेटिक मोनोलाग) के स्तर पर ही रहती है। एक-व्यक्ति-संवाद या आत्मसंवाद की स्थिति के कारण नाटकीयता सीमित है। विभिन्न पात्रों के अन्तर्द्वन्द्व की जगह काव्य-नायक का ही अन्तर्द्वन्द्व चित्रित है, फलतः प्रगीतात्मकता मुख्य हो उठती है।[9]

निराला के सन्दर्भ में विवेचन करते हुए डॉ. शर्मा ने स्वगतकथन को "अन्तर्मुखी विश्लेषण" की संज्ञा दी है और उसकी नाटकीय सम्भावनाओं पर विस्तार से प्रकाश डाला है। स्वगतकथन "मन की स्थिति को नाटकीय रूप देने की क्षमता का परिचय देता है। उसमें विश्लेषण है, भावगाम्भीर्य है, चित्रमयता है।"[10]

क्या मुक्तिबोध की कविता में स्वगतकथन का नाटकीय तत्त्व नहीं है? निराला 'सरोज स्मृति' में अपनी साहित्यिक उपेक्षा को 'हिन्दी का स्नेहोपहार' कहकर व्यंग्यपूर्वक उसे स्वीकार करते हैं। व्यावहारिक जीवन की पराजय को 'लख कर अनर्थ आर्थिक पथ पर/हारता रहा मैं स्वार्थ समर'[11] के जिस कारुणिक स्तर पर पहुँचाते हैं वह उनकी व्यक्तिगत पीड़ा को सार्वजनिक रूप प्रदान कर देता है। 'मैं' शैली अपना कर अपने दुःखी भाइयों की उमड़ती वेदना भी तो व्यक्त की जा सकती है। इसलिए निराला की अपनी पीड़ा लोक सामान्य की पीड़ा बन जाती है, 'वैयक्तिक' के धरातल से 'निर्वैयक्तिक' के स्तर पर पहुँच जाती है। मुक्तिबोध का आत्मसंघर्ष भी यदि उनका अपना है तो साथ ही, उसका दूसरा स्तर उनके समूचे वर्ग का है। यह पीड़ा उनकी अपनी भी हो सकती है और सारे मध्यवर्ग की भी कि

जो है उससे बेहतर चाहिए
पूरी दुनिया को साफ करने के लिए मेहतर चाहिए
और वह मेहतर मैं नहीं बन पाता।[12]

यदि निराला अर्थागमोपाय जानकर भी सदा संकुचितकाय रहते हैं और इस आत्मस्थिति को आत्मदया से न देखकर मूल्यांकन की तटस्थ मुद्रा में याद करते हैं तो मुक्तिबोध अपनी चिरपरिचित आत्मग्रस्तता तोड़कर दूसरे ही स्वर में मजाक बनाते हुए कहते हैं :

बेवकूफ बनने की खातिर ही
सब तरफ अपने को लिए-लिए फिरता हूँ;
और यह देख-देख बड़ा मजा आता है
कि मैं ठगा जाता हूँ।[13] ....इत्यादि।

आत्मगत या वस्तुगत द्वन्द्व और संघर्ष नाटकीय संरचना का सबसे दृढ़ आधार होता है। दो विरोधी पक्षों के टकराव के बिना नाटकीयता रूपायित नहीं हो सकती। गीतात्मक संरचना मूलतः अन्तर्मुखी होती है। मुक्तिबोध के सम्बन्ध में विवाद उत्पन्न

होता है उनकी फैण्टेसी के कारण। फैण्टेसी (स्वप्नदर्शिता) अन्तर्मुखता को जन्म देती है और चेतनता उसे तोड़ने का उपक्रम करती है। अन्तर्मुखता की ओर जाने वाली फैण्टेसी उत्तरोत्तर मुक्तिबोध की अभिव्यक्ति का माध्यम बनती गयी है; किन्तु उनका विवेक आत्मग्रस्तता को तोड़ने की दिशा में विकसित होता गया है। इससे संस्कार और विवेक में एक स्थायी द्वन्द्व उत्पन्न होता है जो अन्त तक चलता है, और दृढ़ होता है। अन्तर्मुखता—आत्मग्रस्तता और उसे तोड़कर जन-जीवन में एकमेक होने का प्रयत्न, इस आत्मगत संघर्ष से निष्पन्न उनकी काव्य-संरचना गीतात्मकता से बचने और नाटकीयता अर्जित करने की दिशा में अग्रसर होती है। गीतात्मकता आत्मग्रस्तता से गहरे तौर पर सम्बद्ध है इसलिए मुक्तिबोध में उसके प्रभावशाली तत्त्व देखे जा सकते हैं। किन्तु, उनकी स्वाभाविक दिशा यह नहीं है—वह है नाटकीयता में विकास। वह कहाँ तक सफल या असफल हैं, यह प्रश्न अलग है। कारण यह कि द्वन्द्व उनमें समाप्त होने या घटने के बजाय मूलबद्ध हुआ है। विवेक 'अभिव्यक्ति के खतरे' उठा कर सीधी-साफ अभिव्यकित के लिए प्रेरित करता है, लेकिन सहज प्रवृत्ति फैण्टेसी मे कविता रचने को विवश करती है। यह प्रकल्पना व्यावहारिक नहीं है कि उनका द्वन्द्व किसी प्रकट या प्रच्छन्न प्रचारात्मक उद्देश्य से ओढ़ा हुआ है। उनके आत्मसंघर्ष की यह भूमिका हो सकती है कि मध्यवर्ग को 'सजेसिव' तरीके से मार्क्सवाद और श्रमजीवी के नजदीक लाये। किन्तु, इसी उद्देश्य के लिए यदि उनका आत्मसंघर्ष अपनाया गया होता तो उसमें वह आवेग और जीवन्तता न होती जो उन्हे अन्य कवियों से सर्वथा भिन्न बनाती है।

इसी प्रसंग में एक अन्य पहलू पर विचार करना आवश्यक है। वह है नाटकीय और फैण्टेसी विधान के उपकरणों का प्रयोग।

नाटकीय द्वन्द्व गहरी तर्क-योजना द्वारा निर्धारित होता है। फैण्टेसी में प्रकटता : ऐसी तर्कबद्धता अनिवार्य नहीं है। जब मुक्तिबोध कहते हैं—

> नहीं होती कहीं भी खत्म कविता नहीं होती
> कि वह आवेग त्वरित काल-यात्री है।[14]

तो वे एक बात से दो अर्थ ध्वनित करते हैं। एक तो यह कि परस्पर सम्बद्ध यथार्थ के तत्त्व जटिल अन्तस्सम्बद्धता में विकसित होते हैं और कविता यथार्थ से सम्बद्ध होती है, इसलिए वह कभी खत्म नहीं होती।[15] दूसरे यह कि स्वप्न-चित्रों के संयोजन के कारण फैण्टेसी में कभी खत्म न होने की स्थिति बनी रहती है। फैण्टेसी वस्तुतः एक रूपान्तरित प्रक्रिया है। उसके स्वप्न-चित्र प्रकटतः असम्बद्ध होकर भी आन्तरिक क्रमबद्धता और तर्क-योजना से अनुशासित होते हैं। स्वप्न मनुष्य की प्रयत्न-निरपेक्ष सृष्टि है इसलिए उसमें यह क्रमबद्धता ज़रूरी नहीं है। फैण्टेसी की असम्बद्धता जीवन की विसंगतियों को उद्घाटित करने और अपने अभीष्ट आशय को प्रेषित

करने के लिए सजग प्रयत्न द्वारा अर्जित है, इसलिए फैण्टेसी खुद स्वप्न-चित्र होकर भी तर्कहीनता में परिणत नहीं होती।

मुक्तिबोध की कविता 'अँधेरे में' का संक्षिप्त अवलोकन अनेक दृष्टियों से लाभकर हो सकता है।

कविता आठ खण्डों में विभक्त है। और साथ ही, स्वप्न और जागृति के दोहरे स्तरों की भाँति द्वन्द्व और विकास के भी दोहरे स्तरों पर चलती है। आरम्भ में जो अपरिचित-अपरिभाषित चेहरा उभरता है वह धीरे-धीरे परिचय में बदलता है। जो पहले अनिश्चयसूचक प्रश्न था वह क्रमशः 'सम्भावित स्नेह-सा प्रिय रूप' और 'अब तक न पायी गयी मेरी अभिव्यक्ति' बनता है। वाचक नायक जब इस मुक्तिपुरुष से टकराता है तो उसमें अन्तर्द्वन्द्व पैदा होता है। 'मैं' और रक्तालोकस्नात पुरुष दोनों प्रयत्नरत हैं और दोनों के प्रयत्न से परिचय स्थापित होता है। उसके विवेक-विक्षोभ, जगत् समीक्षा और द्युति आकृति-सा भविष्य का नक्शा वाचक को बिजली के झटके दे-दे कर विकल्प से संकल्प की अवस्था में लाते हैं। अब वह उन्हें स्वीकार करने लगा है।

वाचक नायक मध्यवर्गीय व्यक्ति है और रक्तालोकस्नात पुरुष की प्रतिमा उसकी गुरु है, परम अभिव्यक्ति है और क्या-क्या नहीं है अर्थात्, **वाचक नायक कवि का संवेदनात्मक ज्ञान है और रक्तालोकस्नात पुरुष कवि का संवेदनात्मक उद्देश्य।** जैसे मध्यवर्गीय व्यक्ति के लिए आर्थिक हैसियत और सांस्कृतिक-स्वप्न के अन्तर्विरोध के कारण उस गुरु को पाने की अदम्य आकांक्षा और अपनी कमजोरियों से लगाव, दोनों साथ-साथ हैं, वैसे ही संवेदनात्मक ज्ञान और संवेदनात्मक उद्देश्य में अन्तर्विरोध है। समस्या है ज्ञान को उद्देश्य से जोड़ने की।

यह सही है कि मुक्तिबोध अन्तर्द्वन्द्व को मानसिक संकल्प में परिणत करके भविष्य की राह सुझाते हैं। कविता के तीसरे खण्ड में वे एक प्रोसेशन देखते हैं जिसमे कर्नल, ब्रिगेडियर, जनरल, मार्शल, सेनाध्यक्ष, प्रकाण्ड आलोचक, विचारक, जगमगाते कविगण, मंत्री, उद्योगपति और "यहाँ तक कि शहर का हत्यारा कुख्यात डोमा जी उस्ताद" भी शामिल है। यह प्रोसेशन भीतर के राक्षसी स्वार्थ का प्रतीक है इसलिए किसी मृत दल की शोभा-यात्रा मालूम पड़ता है।[15] कवि ने व्यवस्था का वास्तविक चेहरा देख लिया है—साफ-साफ :

> हाय, हाय! मैंने उन्हें देख लिया नंगा,
> इसकी मुझे और सजा मिलेगी।[17]

इस यथार्थ दर्शन के बाद संघर्ष की सक्रियता की अपेक्षा की जाती है। किन्तु ऐसा नहीं होता। एक कथा-प्रवाह को रोककर बीच-बीच में उसी के अनुषंग के रूप में भिन्न चित्रों का संयोजन करके मुक्तिबोध कविता को घनत्व प्रदान करते हैं।

लेकिन गौर करने की बात यह है कि व्यवस्था को नग्न रूप में देख लेने के बाद फिर वे आत्मकेन्द्रित, अन्तर्मुखी होते हैं। मटमैला मन-रूपी वल्मीक चल-विचल होता है। काली-काली हायफन-डैशों की लीकें निकलती हैं और भयभीत भीतर घुसती है। काले-काले शहतीर छत के हृदय दबोचते हैं। इस अन्तर्मुखता को तोड़ते हैं 'अखबारी दुनिया का फैलाव/फँसवा, घिराव, तनाव' का सर्वव्यापी प्रसंग लाकर। संकल्प-विवेक जागृत होने के बाद फिर अन्तर्मुखता—यह केवल फैण्टेसी-विधान की सुविधा नहीं है, मुक्तिबोध का अन्तस्संघर्ष है जिससे वे ताज़िन्दगी मुवलता रहे।

विक्षिप्त जन के गीत के बाद फैण्टेसी टूटती है, इस घोषणा से कि "सपनों में चलता है आलोचन/विचारों के चित्रों की अवलि में चिन्तन।"[18] फैण्टेसी टूटती है और आत्मसंकेन्द्रण दृढ़ होता है : "मानों मेरे ही कारण लग गया/मार्शल लॉ यह/ मानो मेरी निष्क्रिय संज्ञा ने संकट बुलाया..." आदि।[19] अतिरिक्त आत्मलोचना भी आत्मग्रस्तता का ही नतीजा है। मुक्तिबोध को बार-बार सजग होकर इस आत्मलोचना को अन्तर्मुखी होने से बचाना पड़ता है। रात्रि के क्षालित ओस में खँडहर प्रासादों के उद्यान से आती किसी गुरु-गम्भीर महान् अस्तित्व की महक में 'कोई छिपी वेदना, कोई गुप्त चिन्ता' छटपटाती हुई अनुभव होती है। और चौथा खण्ड यहाँ खत्म होता है।

स्थिति का वर्गीय मूल्यांकन हो चुका है—खँडहर प्रासादों के उपेक्षित, गरीब लोग एक ओर और व्यवस्था का संगठित प्रोसेशन दूसरी ओर। फलतः सकर्मक चेतना के लिए आधार-भूमि तैयार होती है। तिलक की पाषाण मूर्ति का गहन क्षोभ और गाँधी जी का संवाद उसमें कर्म-चेतना उत्पन्न करते हैं। अब वह जान जाता है कि :

मिटटी के लोंदे में किरगीले कण-कण
गुण हैं,
जनता के गुणों से ही सम्भव
भावी का उद्भव....।[20]

लेकिन इस ज्ञान से पूर्व आत्मग्रस्तता का एक तेज़ झोंका आता है। खण्ड-6 के उपर्युक्त निष्कर्षों से पूर्व खण्ड-5 में वाचक-नायक कन्धे पर बरगद के पत्ते के गिरने को संकेत मानकर भागता है। अनेक मोड़ घूमते हुए वह एक मुँदे हुए घर की पत्थर-सीढ़ी पर बैठ जाता है। यहाँ वह अपने को एक खोह में पाता है—यह खोह उसके निज के भीतर की खोह है। इस आभ्यन्तर प्राकृत गुहा में पैठ कर वह तिमिर को भेदता है और चमकते हुए पत्थर, मणि तेजस्क्रिय रेडियो ऐक्टिव रत्न बिखरे हुए पाता है, 'झरता है जिन पर प्रबल प्रपात एक।' लहरों के तल में से इन 'रत्नों की रंगीन रूपों की आभा फूट निकलती' है और खोह की बेडौल भीतें झिलमिल होती हैं। अन्तर्मुखता जैसे उनमें आन्तरिक शक्ति, ज्योति उत्पन्न करती है।

आन्तरिक द्वन्द्व की स्थितियाँ उनमें इतनी मूलबद्ध हैं कि वे उनसे निरन्तर संघर्ष

करते हैं लेकिन छुटकारा नहीं पाते। इस बौद्धिक तनाव के कारण वैचारिक स्तर पर सर्वहारा के क्रान्तिकारी आदर्शों को अंगीकार करते हुए भी वे अपनी वैयक्तिकता को सार्वजनीन नहीं बना पाते। कविता की सामान्य कथा चलती है, विकसित होती है, लेकिन आत्मसंघर्ष का दूसरा धरातल भी निरन्तर चलता रहता है। इसलिए आत्मग्रस्तता और उसे तोड़ने का संकल्प, प्रयत्न और फिर आत्मग्रस्तता की एक नयी परत—यह भी आद्यन्त कविता में विद्यमान रहता है। इसीलिए सभी निष्कर्ष हासिल कर लेने के बावजूद क्रान्ति का चित्र स्वप्न में ढलकर आता है, वाचक नायक के विवेक-विक्षोभों को लेकर जो लोग बढ़ रहे हैं वे आगे निकल जाते हैं और वह लोगों की पाँते पार करके बढ़ता है तो भी पश्चातूपद रह जाता है। वह अकेला, बौद्धिक जुगाली में अपने से दुकेला बनता है। विवेक-निष्कर्षों का तीव्र आकर्षण—जो कविता में प्रकाश और ज्योति के माध्यम से व्यक्त होता है—और सकर्मक चेतना पर आत्मग्रस्तता का अन्धकार, दोनों कविता में समान रूप से व्याप्त हैं।

कहने की ज़रूरत नहीं कि नाटकीय द्वन्द्व के पैटर्न पर विकसित मुक्तिबोध की फैण्टेसी एक ओर तो प्रबन्ध की सीमा का स्पर्श करती है और दूसरी ओर प्रबल आत्मग्रस्तता के कारण आत्मगत स्थितियों और निकटवर्ती परिवेश से बँधकर गीतात्मक चरित्र धारण करती है। यह परस्परविरोधी स्थिति उनकी फैण्टेसी में अन्तर्भुक्त होकर सहज रूप में व्याप्त रहती है। दो अन्तर्विरोधी तत्त्व एकीभूत होते हैं क्योंकि प्रकट असम्बद्धता के साथ-साथ गहरी आन्तरिक तर्कबद्धता से फैण्टेसी का शिल्प निर्मित होता है।

मुक्तिबोध की कृतियों में अनेक बार स्वप्न और जागृति के बीच स्थितियाँ बदलती हैं, स्वप्न टूटते हैं और जागृति में कवि उनके अर्थों के संकेत-सूत्र देता है। स्वप्न और जागृति के माध्यम से कवि अपने शिल्प का विकास निर्धारित कर सकता है। बहुत बार स्वप्न में ही 'सीन बदलता है'।[21] अपेक्षित अर्थ-सन्दर्भ देने के लिए कवि को चित्रों को बरतने की पूरी छूट है। यदि प्रकट तर्कहीनता की गुंजाइश न होती, गैर-फैण्टेसी शिल्प होता तो गाँधी जी वाचक नायक को जो शिशु दे जाते हैं वह रोता-चिल्लाता चाहे जितना, शिशु से प्रकाश की किरणें बिखेरने वाले सूरजमुखी और फिर वजनदार रायफल में उसका रूपान्तरण सम्भव नहीं था। अस्तु!

फैण्टेसी का यह विशिष्ट चरित्र ही कथा के विस्तार और आयाम को निश्चित विकास नहीं पाने देता। घटनाएँ प्रकटतः तर्कहीन प्रवाह में होती हैं—इसलिए काल और देश का फलक उतना प्रासंगिक नहीं रह जाता। घनत्व होता है, लेकिन देश-कालगत निश्चित दृश्यफलक के बिना वह नाटकीय संरचना खड़ी नहीं कर पाता। इसलिए डॉ. रामविलास शर्मा का यह निष्कर्ष संगत जान पड़ता है कि मुक्तिबोध की कविता का नाटकीय तत्त्व सीमित है। किन्तु, उनकी यह मान्यता ठीक नहीं जान

पड़ती कि मुक्तिबोध का शिल्प प्रगीतात्मक है। उपर्युक्त विवेचन से हम यह देख सकते हैं कि गीतात्मक वृत्ति मुक्तिबोध में है, किन्तु उनका प्रयत्न उसे तोड़ने और नाटकीयता में विकसित करने की दिशा में है।

गैर-फैण्टेसी कविताओं में यह विवाद पैदा नहीं होता। नागार्जुन की कविता 'हरिजन गाथा' का संक्षिप्त विश्लेषण फैण्टेसी की संरचना से नाटकीय संरचना का अन्तर जानने में सहायक हो सकता है।

कविता तीन खण्डों में विभक्त है। पहले खण्ड में उस पाशविक घटना का अंकन है जिसमें तेरह अंकिचन मनुपुत्रों को "साधनसम्पन्न ऊँची जातियों वाले सौ-सौ मनुपुत्रों द्वारा"[22] प्रचण्ड अग्नि की लपटों में झोंक दिया गया था। 'ऐसा तो कभी नहीं हुआ था...' की पुनरावृत्ति द्वारा इस घटना पर कवि का विस्मय, आक्रोश व्यक्त हुआ है। दूसरा खण्ड विस्तृत है। हत्याकाण्ड के बाद एक अनोखे शिशु का जन्म, हरिजन बँधुआ-मजदूरों की चिन्ताएँ, सन्त गरीबदास का आना और बच्चे का भविष्य बताना। तीसरे खण्ड में बुद्धू और खदेरन द्वारा शिशु को झरिया, गिरिडीह या बोकारो भेजने की योजना है।

प्रकटतः एक कथा है जो बिना काव्यात्मक उपकरणों के कह दी गयी है। छन्द भी पूरी कविता में नहीं है, सांकेतिकता भी नहीं है, बल्कि निपट अभिधा की भाषा है, विन्यास भी अधिक जटिल नहीं है। फिर कविता की शक्ति कहाँ है, क्या है?

सबसे पहले, 'ऐसा तो कभी नहीं हुआ था' की पुनरावृत्ति के माध्यम से हरिजन-दहन की अश्रुतपूर्व पशुता की व्यंजना, और फिर गरीबदास की भविष्यवाणी के साथ 'दिल ने कहा...' की पुनरावृत्ति द्वारा भविष्य की सम्भावनाओं का संकेत। जो हो चुका है वह इतना पाशविक है कि पहले कभी नहीं हुआ। और जो होगा वह इतना मानवीय है कि मनुष्य हमेशा से उसके सपने देखता रहा है। जो अश्रुतपूर्व है वही भविष्य की सम्भावना के द्वार खोलता है। नागार्जुन की कविता का यह दृश्यफलक—इतिहास का यह बोध कविता को दिशावाचक गति प्रदान करता है।

दूसरी बात, सीमित देश और कविता में घटित होने वाली घटनाओं की दृष्टि से सीमित काल में ही इतिहास अपनी पूरी गतिमयता के साथ व्यक्त हुआ है। पूरी कविता एक ही देश-बिन्दु पर घटित होती है—जहाँ बुद्धू और खदेरन शुरू से बैठे हैं। स्थान बदलता है क्षण भर के लिए जब गुरु जी नदी किनारे चले गये। अधेड़ गुरु जी विगत के अनुभव-रूप और अनागत के प्रवक्ता हैं। नदी किनारे जाते समय 'वह था मानो पीछे-पीछे, आगे भी भास्वर शिशु छाया।'[23] इससे उसके मन का यह विश्वास पाठक की चेतना पर और भी सघन रूप में अंकित हो जाता है कि 'जुलुम मिटायेंगे धरती से इसके साथी और सँघाती।'[24] गुरु जी विगत और अनागत को जोड़ते हैं—ऐतिहासिक तजुर्बों से भविष्य को पहचानते हैं और इस तरह अपनी ऐतिहासिक

भूमिका पूरी कर चुकने पर नदी किनारे निकल जाते हैं, कुटी में नहीं लौटते।

तीसरी बात, कविता में घटनाएँ अधिक नहीं घटतीं। घटनाएँ या तो पृष्ठभूमि में है या भविष्य की सूचना में। इस अर्थ में इसका रचना-विधान 'राम की शक्तिपूजा' जैसा जटिल नहीं है। यह कविता जिस पाठक वर्ग को सम्बोधित है उसके लिए इससे जटिल संरचना दुर्बोध भी होती और कला की दृष्टि से अविश्वसनीय भी। जहाँ अज्ञेय जैसे कलावादी जनता को यथास्थितिवाद का उपदेश देते हैं वहाँ वे भी भाषा और रचना बेहद साधारण रखते हैं : ''अच्छा अपना ठाट फकीरी, मँगनी के सुख-साज से''; आदि। जहाँ कविता की संरचना अपने सम्बोधित पाठक से सम्प्रेषण में बाधक बने तथा कृति और पाठक में दूरी पैदा करे वहाँ कला की असफलता होती है। धूमिल की कविता 'मोचीराम' अपनी तमाम चमत्कारप्रियता और अग्निभक्षी तेवर के बावजूद संवेद्य और प्रभविष्णु नहीं बन पाती, जबकि नागार्जुन की कविता में यह दोष नहीं है।

रचना-विधान सरल है इसलिए एकाध छोटी-मोटी घटना को छोड़कर और कोई घटना कविता में घटित नहीं होती। घटनाएँ या तो घट चुकी है और गहरे विषाद, क्रोध, और सनसनी को जन्म देकर उन्हीं के रूप में मौजूद हैं (अर्थात् चेतना के स्तर पर घट रही हैं) या जो होना चाहिए और जो होगा उसका उल्लेख है। लेकिन घटित घटनाओं का प्रभाव इतना गहरा है कि अघटित के संकेतों से जुड़ कर कविता अपना पूरा प्रभाव अंकित कर देती है। जब वह दुर्घट घटित हुआ, उन स्त्रियों के सामने वह जिन्दा जलाया जा रहा था जिसका भ्रूण पेट में है तो वे एक अजीव बेचैनी और आकुलता अनुभव करने लगीं और

> उनकी गर्भकुक्षियों के अन्दर
> बार-बार उठने लगीं टीसें
> लगाने लगे दौड़ उनके भ्रूण
> अन्दर ही अन्दर।[25]

भ्रूणों के जनक बाहर जलाये जा रहे हैं और भ्रूण बेचैन हो रहे हैं। विवश माताएँ स्तम्भित हैं और इस अनाचार का प्रतिरोध नहीं हो रहा है। जो प्रभाव बाहर दिखाने से संवेदनहीनता प्रकट होती, उसे स्थापित करने के लिए कवि ने परिचित वस्तुओं में से ऐसा कुछ चुन लिया कि अन्तस् में पहुँची उस भयानकता को पूरी शक्ति से व्यक्त करने में सफल हो सका। भ्रूणों की आकुलता और क्षोभ जनकों की पीड़ा से उत्पन्न है। उसने यह विपदा 'सूक्ष्म रूप में' झेली है इसलिए माँ के पेट से ही अपनी हथेलियों में खुखरी, भाला, गँड़ासा, बम, तलवार आदि का निशान लेकर पैदा हुआ है। वह अभिमन्यु की तरह पेट में सीख नहीं रहा है, सामाजिक शोषण के सबसे हैवानी आतंक को झेल रहा है।

कविता में जिस तरह हत्याकाण्ड का वर्णन नहीं है, उसके प्रभाव की व्यंजना है, उसी तरह गरीबदास की वाणी में शिशु का वर्णन नहीं है, शिशु के विषय में, उसकी भावी गतिविधियों के बारे में सन्त-गुरु के उद्‌गार हैं। गुरु जी कहते हैं कि वह जुल्म मिटायेगा, खान खोदने वालों के बीच पलेगा, युग की आँचों में फौलादी ताँबे-सा वहीं ढलेगा, इसके डर से आततायी काँपेंगे, इसके लाखों सहयोद्धा और अनुचर होंगे, अपनी पार्टी होगी, इत्यादि। और,

इस कलुए की तदबीरों से
शोषण की बुनियाद हिलेगी।[26]

यह क्रान्तिकारी नैतिकता का व्यावहारिक आदर्श है जिसे नागार्जुन 'कलुए' में मूर्तिमान करते हैं। सच्चा क्रान्तिकारी श्रमिक वर्ग की जीवन-स्थितियों में पलेगा, उसी की विचारधारा और संस्कृति का अंग होगा, संघर्षों की आँच में तपकर फौलाद बनेगा, तभी वह शोषण की बुनियाद हिलायेगा। मध्यवर्गीय सुविधावाद या कुलीनतावादी संस्कार अथवा वैचारिक अन्तर्विरोध क्रान्तिकारी मार्ग से भटकाकर श्रमिक जनता से दूर ले जाता है। इस परिस्थिति में साहित्यकार तो दूर, कम्युनिस्ट पार्टी के नेता भी पार्टी की बैठकों में ''मार्क्सिज़्म-लेनिनिज़्म माई फुट'' जैसी भाषा का इस्तेमाल करने लगते हैं। इसलिए नागार्जुन का नायक 'अँधरे में' के मनु की तरह गौरवर्ण भव्य ललाट अजानुभुज न होकर 'कलुआ' है—जो ऊपर से हेठा जान पड़ता है, मगर भीतर से वह सच्चे आदर्श की मूर्तिमान सम्भावना है। स्वप्न दोनों है। एक में अतीत का सम्मोहन है, दूसरे में भविष्य की आकांक्षा।

प्रकटतः मुक्तिबोध की तरह नागार्जुन कविता के शिल्प-विकास में शामिल नहीं है, उससे तटस्थ हैं। एक तरफ सूत्रधार का वाचन : हरिजन-दहन और सवर्णों-सामन्तों का सुपर-मौज का मूड, उल्लास। आदमी को आदमी भून रहा है और वह भी योजनाबद्ध तरीके से। जैसे कुछ असहज, अस्वाभाविक नहीं हो रहा है। यह सहजता, स्वाभाविकता ही घटना की अमानवीयता को अधिक तीखेपन से अंकित करती है। कवि की यह तटस्थता ही कविता को अधिक नाटकीय बनाती है। कहने की ज़रूरत नहीं कि 'हरिजन गाथा' की नाटकीयता घट चुकी घटना और भविष्य के संकेतों के बीच से शक्ति अर्जित करती है और काल-प्रसार में इस तरह फैल जाती है कि कवि को अलग से कुछ बोलने की ज़रूरत नहीं पड़ती, जो कुछ प्रकट व्यापार है वही सारे अर्थ खोलता है। यह नाटकीयता प्रकट व्यापार द्वारा ही आन्तरिकता में प्रवेश करती है।

चूँकि कविता में घटनाएँ अधिक नहीं हैं, इसलिए संवाद और स्मृति के माध्यम से सारा मूर्ति-विधान निर्मित है और इस क्रम में गहन भावाभिव्यक्ति की मुद्राएँ प्रखरता से उभरती हैं। इसकी नाटकीयता की यह एक और विशेषता है। जब

खदेरन कहता है कि गुरु जी के आदेशानुसार बच्चे को माँ के साथ कहीं हटा देना चाहिए, तब–

> बुद्धू ने अपना माथा हिलाया
> खदेरन की बात पर/एक नहीं तीन बार।[27]

संवाद के सभी टुकड़ों में यह नाटकीयता विद्यमान है।

अन्ततः, आज के नाटकीय संयोजन की विशेषता केवल शब्दों की नाद-योजना और उपयुक्ततम अर्थच्छाया का उपयोग नहीं है, बल्कि कविता के वाचन, मुहावरे के प्रयोग, उपयुक्ततम घटना या क्रिया का उपयोग है। इसके लिए केवल शब्दों के इतिहास, उनके संस्कृतिक संदर्भों और विभिन्न अर्थच्छायों से परिचित होना ही काफी नहीं है; घटना के समूचे संदर्भ, पात्र के जीवन और विषय-वस्तु में अंतरंग पैठ और उनके सामान्य सामाजिक-सांस्कृतिक परिवेश की गहरी जानकारी ज़्यादा ज़रूरी है। इससे अपनी संदेवना, कथानक और प्रसंग के अनुरूप उपयुक्ततम अंश चुन लेना संभव होता है।

नागार्जुन की कविता में इन विशेषताओं का परिचय भ्रूणों की आकुलता के प्रसंग में ही नहीं, अन्य अनेक प्रसंगों मे भी मिलता है। वह अनोखा नवजातक 'दस रोज पहले' पैदा हुआ है और दोनों वृद्ध उसे दस रोज बाद देखते हैं। बच्चा सूतिकागृह से दस रोज बाद ही बाहर निकाला जाता है। फिर, 'दस साला छोकरी'। इससे छोटी बच्ची शिशु को सँभाल नहीं सकती थी और इससे बड़ी होने पर ब्याह कर चली गयी होती। जीवन का कितना गहरा 'आब्ज़र्वेशन' है यह 'वनमानुष जैसा' उपमा में देखिये। वनमानुष वन का मनुष्य है, लेकिन हरिजन समाज में मनुष्य नहीं समझा जाता। वनमानुष जंगल में सबसे विकसित है, लेकिन है वह आदमी से नीचे की चीज़, जानवर ही है न! हरिजनों को इससे अधिक कहाँ समझा जाता है? यदि समझा जाता तो ऐसा दुष्काण्ड ही क्यों होता?

नागार्जुन की कला में इस सांस्कृतिक ऋद्धि का सम्बन्ध उनकी नाटकीयता के प्रबन्धात्मक चरित्र से है। कारण यह कि नागार्जुन का आन्तरिक द्वन्द्व बहिर्जगत् पर आधारित है। बाह्य जीवन की घटनाएँ आन्तरिक द्वन्द्व उत्पन्न करती हैं। मुकितबोध के रचना-विधान में बाह्य जगत् की घटनाएँ भी आन्तरिक धरातल पर ही घटित होती हैं। द्वन्द्व का मूल प्रदेश आन्तरिक है। इसलिए उनकी काव्य-संरचना बहिर्मुख नहीं हो पाती। गीतात्मकता इसी धरातल से सम्बद्ध है और मुक्तिबोध के लिए फैण्टेसी इस गीतात्मकता से बचने का, नाटकीयता अर्जित करने का एक माध्यम है। इस नाटकीयता की सीमाएँ इसलिए बनती है कि फैण्टेसी में देश-कालगत आयाम बहुत प्रासंगिक नहीं रह जाता, आत्मगत धरातल प्रमुख हो जाता है। मुक्ति-बोध फैण्टेसी के चित्रों में ही इस आत्मग्रस्तता से बचने का यत्न करते हैं,

उसे वस्तुगत बनाने के लिए संघर्ष करते दिखायी देते हैं।

हम देखते हैं कि मुक्तिबोध और नागार्जुन काव्य की संरचना के दो ध्रुवों पर स्थिति हैं। नागार्जुन की नाटकीयता अधिक मुखर और प्रबन्धात्मक है क्योंकि वे रचना के शिल्पगत विकास में तटस्थ रहते हैं। मुक्तिबोध शिल्प से अपनी संलग्नता तोड़ नहीं पाते, लेकिन गीतात्मकता से बचने के लिए संघर्षरत हैं, इसलिए फैण्टेसी उनके लिए कवच का काम करती है।

इस विस्तृत विवेचन का उद्देश्य यह देखना था कि प्रगतिशील कविता में शिल्प सम्बन्धी दो भिन्न दृष्टियाँ किस तरह प्रतिफलित होती हैं और उनकी काव्य-संवेदना का सामाजिक आधार क्या है? मुक्तिबोध का आत्मसंघर्ष जिन संस्कारों से मुक्ति के लिए चलता है वे मध्यवर्गीय जीवन से प्राप्त हैं। वे सर्वहारा वर्ग की विचारधारा अपनाते हैं, लेकिन मध्यवर्गीय संस्कारों से पूर्णतः मुक्ति नहीं पाते। इसलिए मध्यवर्ग की आधार-भूमि से श्रमजीवी जनता के साथ बौद्धिक सहानुभूति व्यक्त करते हैं। संस्कार और विचार के इस भेद से काव्य के रूप और वस्तु में एक द्वैत उत्पन्न होता है। फलतः प्रगतिशील वस्तु और प्रयोगवादी रूप में सामञ्जस्य का प्रयत्न होता है और कविता (कवि की आत्मग्रस्त प्रतिक्रियाएँ वहन करते-करते) जन-संस्कृति से दूर जा बसती है।

इससे भिन्न, नागार्जुन की कला उस प्रगतिशील कला का उदाहरण है जो सर्वहारा से अपने तदाकार होने में ही सच्ची सार्थकता मानती है। फलतः श्रमजीवी जनता के भाव-संस्कार कविता में पूर्णतः घुल-मिल जाते हैं और कविता जन-जीवन के अधिक नजदीक पहुँचती है, जनता से सीधे संवाद कायम करती है और जन-संस्कृति के बीच से अपनी शक्ति अर्जित करती है।

सन्दर्भ-सूची

1. ऑन लिटरेचर ऐण्ड आर्ट, पृष्ठ 12
2. नये साहित्य का सौन्दर्यशास्त्र, पृष्ठ 78-9
3. विचार बोध, पृष्ठ 74
4. वही, पृष्ठ 76
5. वही, पृष्ठ 76
6. निराला की साहित्य साधना, खण्ड 2, पृष्ठ 290
7. चाँद का मुँह टेढ़ा है, पृष्ठ 278
8. नयी कविता : सीमाएँ और सम्भावनाएँ, पृष्ठ 127
9. नयी कविता और अस्तित्ववाद, पृष्ठ 226
10. निराला की साहित्य साधना, खण्ड 2, पृष्ठ 283
11. अनामिका, पृष्ठ 122

12. वही, पृष्ठ 108
13. वही, पृष्ठ 74
14. चाँद का मुँह टेढ़ा है, पृष्ठ i63
15. दे. एक साहित्यिक की डायरी, पृष्ठ 30
16. चाँद का मुँह टेढ़ा है, पृष्ठ 273
17. उपर्युक्त, पृष्ठ 275
18. चाँद का मुँह टेढ़ा है, पृष्ठ 278
19. वही, पृष्ठ 279
20. वही, पृष्ठ 289
21. वही, पृष्ठ 283
22. वही, पृष्ठ 2
23. वही, पृष्ठ 10
24. वही, पृष्ठ 6
25. वही, पृष्ठ 2
26. वही, पृष्ठ 10
27. वही, पृष्ठ 11

अध्याय-14

बिम्ब

बिम्ब, प्रतीक, मिथक और प्रत्यय

अक्सर यह मान लिया जाता है कि बिम्ब और प्रतीक समानार्थक हैं क्योंकि दोनों कला को चित्रमय बनाते हैं। इसमें सन्देह नहीं कि बिम्ब और प्रतीक दोनों चित्रों और मूर्तियों की उद्‌भावना करते हैं इसलिए रचना के विषय में संक्षिप्तता और रूप में गठन एवं मूर्तता लाते हैं, लेकिन इस आधार पर दोनों को एक मान लेना संगत नहीं है। बिम्ब हमारे ज्ञान का प्राथमिक आधार हैं। बिम्ब केवल चाक्षुष नहीं होते, उन्हें शब्द, स्पर्श, रूप, रस और गन्ध के पाँच संवर्गों में विश्लेषित किया गया है। इसलिए बिम्ब हमारे संवेदनात्मक बोध के सभी रूपों, प्रकारों के मूल घटक हैं लेकिन प्रतीक हमारे संवेदनात्मक बोध से अधिक संवेदनात्मक उद्देश्य से जुड़े होते हैं। संक्षेप में, बिम्ब बाह्य जगत् से हमारे साक्षात्कार की, बाह्य जगत् को आत्मसात् करने की मूल युक्ति हैं और प्रतीक बाह्य पर आत्म का प्रक्षेपण। मूर्ति-विधान अथवा चित्र-निर्माण दोनों का मध्यवर्ती सम्बन्ध-सूचक बिन्दु है। कदाचित् इसीलिए प्रतीकात्मक रूप का दर्शन प्रतिपादित करते हुए अर्न्स्ट काज़िरेर कहते हैं कि प्रतीकों का निर्माण बिम्बों द्वारा ही किया जाता है, फिर भी दोनों के बीच एक पार्थक्य की स्थिति बनी रहती है। इसका कारण यह है कि बिम्ब स्वतःसम्भवी होते हैं जबकि प्रतीक बौद्धिक प्रयत्नों द्वारा निर्मित होते हैं।[1]

जाहिर है कि बिम्ब हमारी अन्तर्वृत्तियों से सम्पृक्त होकर अर्थ-विशेष अथवा प्रभाव-विशेष के संकेतक की भूमिका निभाने लगते हैं और इस प्रकार घनीभूत बिम्ब ही प्रतीकार्थ धारण करते हैं। दूसरे शब्दों में, अतिरिक्त आशय से गर्भित होकर बिम्ब ही प्रतीक बनते हैं। बिम्बों को यह अतिरिक्त आशय हम अपने बौद्धिक प्रयत्नों द्वारा प्रदान करते हैं इसलिए उसे बिम्बों का अलंकरण भी कहा जा सकता है। बौद्धिक उन्मेष के साथ मनुष्य की चेतना अधिक-से-अधिक वस्तुनिष्ठता की दिशा में विकसित होती है; किन्तु प्रतीक की रचना में निहित बौद्धिक प्रयत्न वस्तुतः

आत्मनिष्ठता को बढ़ाने में मददगार होता है क्योंकि इसके ज़रिये हम किसी बिम्ब पर आत्मगत भाव या विचार का प्रक्षेपण, उसका आरोपण करते हैं। बौद्धिक प्रयत्न और आत्मगत प्रक्षेपण के इस विरोधाभास से न केवल यह सिद्ध होता है कि बिम्ब और प्रतीक में द्वैत का होना स्वाभाविक है, बल्कि यह भी पता चलता है कि प्रतीक अभिव्यक्ति का स्वाभाविक माध्यम नहीं रह जाते।

प्रतीक अभिव्यक्ति के कितने अस्वाभाविक माध्यम हैं इसका अनुमान स्वयं प्रतीकवादी चिन्तक ए.एम. ह्वाइटहेड की मान्यताओं द्वारा लगाया जा सकता है। ह्वाइटहेड के अनुसार 'प्रतीक सन्दर्भ' का समुचित ज्ञान हुए बिना प्रतीकार्थ तक पहुँच पाना असम्भव है क्योंकि प्रतीक की अर्थवत्ता प्रयोगकर्ता की मनोदशा पर निर्भर है। इतना ही नहीं, किसी प्रतीक का ठीक-ठीक अर्थ पाने के लिए ज़रूरी है कि प्रयोगकर्ता की मनोदशा के उस अंश-विशेष का मूल्यांकन किया जाय जिसमें प्रतीक अर्थगर्भ हुआ है।[2] इस तरह, प्रतीक का अर्थ पाने के लिए कलाकृति मात्र का आधार पर्याप्त नहीं है, उसके लिए कवि की मनोदशाओं के गूढ़ातिगूढ़ अंशों का विश्लेषण भी आवश्यक है। उल्लेखनीय है कि प्रतीक के ये सन्दर्भ कृति में विद्यमान नहीं होते क्योंकि प्रतीकवादी कला का आदर्श है 'एक शब्द—एक प्रतीक, एक चित्र या मूर्ति; अर्थात् एक सम्पूर्णता।' स्पष्ट है कि प्रतीकवादी कला मूलतः सम्प्रेषण विरोधी और स्वभावतः साधारणीकरण विरोधी कला है।

प्रतीक और मिथक

कला की सम्प्रेषणीयता में बाधा उत्पन्न करना कला की सामाजिकता का हनन करना है। कला को सामाजिक घटना के रूप में देखने के नाते प्रगतिशील कविता प्रतीकोन्मुख नहीं रही है। उसमें अभिव्यक्ति के मूल माध्यम रहे हैं बिम्ब और प्रत्यय। जहाँ बिम्बों, प्रत्ययों या मिथकों का प्रतीकार्थ के लिए उपयोग हुआ है वहाँ उनकी लोकग्राह्यता—सम्प्रेषण की शर्त—को ध्यान में रखा गया है।

ऐतिहासिक और सामाजिक प्रक्रियाएँ कविता की संवेदना और कलात्मक-बोध को ही प्रभावित नहीं करतीं, उसके रूपगत प्रयोगों पर भी असर डालती हैं। प्रगतिशील काव्य का आविर्भाव जिन ऐतिहासिक परिस्थितियों में हुआ उनमें शोषकवर्गीय संस्कृति की विकृतियाँ मनुष्यता पर विकरालतम संकट के रूप में व्यक्त हो रही थीं। फलतः मृत्यु, ध्वंस, प्रलय आदि का प्रयोग बहुतायत से मिलता है। प्रगतिशील कविता हिंसा का जवाब अहिंसा से देने की समर्थक कभी नहीं रही। उसने दिनकर की भाँति शिव के 'पावन नील गगन जल विदलित अमित निरीह-निबल-दल' और 'असहायों के शोणित शोषण' की पीड़ा का जवाब देने के लिए ताण्डव का आह्वान किया :

रच दो फिर से इसे विधाता तुम शिव, सत्य और सुन्दर।

नाचो, है नाचो, नटवर।[3]

पौराणिक और ऐतिहासिक प्रसंगों से आये प्रतीकों में भावात्मक शक्ति अपेक्षाकृत अधिक होती है। प्रगतिशील कवियों ने इन प्रतीकों का इतना व्यापक इस्तेमाल किया है कि प्रगति-विरोधी भावधारा से सम्बद्ध कवि डॉ. कैलाश वाजपेयी को स्पष्ट शब्दों में लिखना पड़ा : "प्रगतिशील रचनाओं में सबसे पहले जिस वर्ग के प्रतीक हमारा ध्यान अपनी ओर आकर्षित करते हैं वे सांस्कृतिक प्रतीक हैं।" यही नहीं, "प्राचीन संस्कृति का प्रतिनिधित्व" करने वाले ये प्रतीक "भारतीय धर्म और संस्कृति के इतिहास में अपना विशिष्ट महत्त्व रखते हैं।"[4] इससे प्रगतिशील कविता की सांस्कृतिक पृष्ठभूमि का पता चलता है। उसे परम्परा-द्रोही और अभारतीय कहने वालों के भ्रम का निवारण होता है, वह अलग।

जन-जीवन की प्रवहमान सांस्कृतिक विरासत को, उसके स्वीकृत मिथकों को अपने कलात्मक उपकरण का एक स्रोत बनाने के नाते प्रगतिशील कविता की शक्ति में अभूतपूर्व वृद्धि हुई है। इस क्रम में प्रगतिशील कविता ने अनेक स्वीकृत मूल्यों का खण्डन, नये मूल्य-बोध की प्रतिष्ठा और स्वीकृत मान्यताओं का समकालीन अर्थ-सन्दर्भ में प्रयोग किया। रांगेय राघव ने 'अरे ओ जल्लाद' कविता में सुरपति इन्द्र को पतनोन्मुख, विलासी और क्षुद्र वृत्तियों का प्रतीक बनाकर तुलसीदास की ही परम्परा विकसित की है :

फेंक मत तलवार/तेरी हड्डियों को काटती/तलवार भी/
निर्वीर्य पापी इन्द्र के बल हाथ/का है वज्र/कैसे भी
दधीचि महान् का चिरत्याग/भी अब व्यर्थ।[5]

दधीचि ने अस्थिदान किया असुरों का नाश करने के लिए। लेकिन सुरपति उसका उपयोग जनता की हड्डी काटने के लिए कर रहा है। दधीचि के प्रति सम्मान का तीव्र भाव इन्द्र के पापी चेहरे के प्रति और भी तीव्र घृणा उत्पन्न करता है।

माखन सिंह सिसौदिया ने 'धृतराष्ट्र' को स्मरण किया :

कलह का ही पोषक है आज
धर्म का यह अन्धा धृतराष्ट्र।[6]

धर्माधर्म की शक्तियों को पहचान कर भी सामन्ती मर्यादा का अन्ध वहन करने वाला धृतराष्ट्र प्रत्येक युग में कलह का ही पोषक रहा है। स्वीकृत मान्यताओं के आधार पर अपने युग के जीवन के मूल्यांकन का प्रयत्न सकारात्मक प्रतीकों द्वारा भी हुआ। शरद चन्द्र मिश्र ने सीता को सञ्चित अत्याचारों के विरुद्ध उदित हुए अंकुर का, त्याग और भविष्य का प्रतीक बताया :

धरा गर्भ में निहित, पराजित

जनता के ऋषि-रक्त कलश से
पापी की काली छाया में
प्रकट हुई जग की वैदेही।[7]

यदि यह सीता आजादी का प्रतीक है तो वह 'पापी की काली छाया में' प्रकट हुई है।

प्रतीकों के अर्थ में नवीनता लाने का उपक्रम भी हुआ। कहीं अर्थ को नये आयाम दिये गये और कहीं स्वीकृत अर्थ को चुनौती दी गयी। शिवमंगल सिंह 'सुमन' ने "शान्ति की बाँहें बढ़ाये है हिमालय"[8] में हिमालय के गरिमामण्डित व्यक्तित्व के साथ शान्ति का सन्देश देकर भिन्न प्रतीक-योजना से काम लिया है। चित्र की पूरी विशेषता तब उजागर होती है जब 'युद्ध के ज्वालामुखी' के सामने शान्तिदूत हिमालय की फैली हुई बाँहों के पूर्वप्रसंग से अवगत हों :

कौन श्रद्धा को खदेड़े फिर रहा है?
प्रलय-घन-सा स्निग्ध-नभ में घिर रहा है?[9]

श्रद्धा भारतीय सांस्कृतिक जीवन में मंगल शक्ति के रूप में स्वीकृत है। उसे खदेड़ने वाली शक्ति प्रलय के बाद सृष्टि आरम्भ करने का प्रतीक नहीं है, वह खुद प्रयल का आतंक पैदा कर रही है। यह अंमगल शक्ति स्निग्ध नभ में प्रलय-घन की तरह घिर रही है। युद्ध की विभीषिका में कवि ने स्वीकृत मिथक में अर्थ-परिवर्तन कर दिया। इसी प्रकार, परम्परा में पूजित कुबेर 'धनकुबेर' में बदल कर घृणा का पात्र हो गया और विभीषणों की परम्परा भी निन्दित हुई। अपने वैचारिक मूल्य-बोध के अनुरूप प्रगतिशील कविता ने कुबेर और विभीषण के प्रतीकों में जो अर्थ-परिवर्तन किया वह आज भी नये अभिप्राय के रूप में प्रचलित है। आज विभीषण कहलाना कोई पसन्द नहीं करता।

इतना ही नहीं, ऐतिहासिक घटनाक्रम ने भी प्रगतिशील कविता के प्रतीक-भण्डार को समृद्ध बनाया। जलियाँवाला बाग के खलनायक डायर की प्रतिमा कितनी खूँख्वार है यह तत्कालीन और समसामयिक प्रगतिशील कविता में उसके प्रयोगों द्वारा जाहिर होता है। कामधेनु-सी कांग्रेस सुरसा जैसा मुँह बाकर खाने दौड़ी तो लगा जैसे 'शासन के अधिकारी नेता डायर की वर्दी पहन' कर आ गये हैं।

इन प्रतीकों के अध्ययन से दो तथ्य स्पष्ट होते हैं। पहला यह कि परम्परागत प्रतीकों में प्रगतिशील कवियों ने सामान्यतः उन्हें ही अपनी अभिव्यक्ति का माध्यम चुना जो लोक-प्रचलित थे। दूसरा यह कि प्रतीकों की सम्प्रेषणीयता के लिए ज़रूरी है कि हम अतीत की ओर उन्मुख हों, अर्थात् वे सांस्कृतिक या ऐतिहासिक परम्परा में स्वीकृत ऐसे मूल्य हों जिन्हें पाठक समुदाय जानता हो। चूँकि प्रगतिशील कविता शुद्ध आन्तरिकतावादी मूल्यों को स्वीकार नहीं करती इसलिए अन्य प्रतीकवादी

साहित्य की भाँति उसके प्रतीकार्थ किसी अति गूढ़ मनोवृत्ति को व्यक्त नहीं करते, बल्कि सम्प्रेषण के उतने ही प्रत्यक्ष और सहज माध्यम बनते हैं जितने कि बिम्ब, भाषा या प्रत्यय :

नये भगीरथ सरिताओं की धार मोड़ते,
धनुष रूढ़ियों का जनता के राम तोड़ते।[10]

भगीरथ गंगा को पृथ्वी पर लाये थे, नये भगीरथ उसकी धार मोड़ रहे हैं; रखा हुआ शिव का धनुष रूढ़ि बन गया है, क्योंकि जीवन्त प्रवाह और उपयोग में ही गति होती है; प्रासंगिकता खोकर कोई भी चीज़ रूढ़ि बन जाती है और जनता के राम इस रूढ़ि को तोड़ते हैं।

युगीन जीवन-सन्दर्भ प्रतीकार्थ को किस तरह प्रभावित करता है, यह सहज द्रष्टव्य है। जहाँ युग-सत्य से अधिक आत्म-सत्य रचना-प्रक्रिया और कृति पर हावी होता है वहाँ प्रतीकार्थ सम्प्रेषण में बाधा उत्पन्न करते हैं।

प्रगतिशील कविता प्रतीकवाद की दुरूहता से सर्वथा मुक्त है। जहाँ जीवन के दूसरे क्षेत्रों से प्रतीक लिये गये वहाँ भी सम्प्रेषणीयता का पूरा निर्वाह किया गया। केदारनाथ अग्रवाल द्वारा प्रस्तुत 'खेत का तकवैया' का यह चित्र देखिए :

"एक गाय है।/...उसके ऊपर गोरा बैठा/तरह-नहस करता है
सबकी।/बहुत थकी है।/खाना-दाना की भूखी है/रेंग रही
है धीरे-धीरे।/एक सिंह है, जो मृग-छौनों को पकड़े है/
लोहू में पंजे डूबे हैं/माँस खा रहा है उधेड़कर।"[11]

प्रकटतः विच्छिन्न चित्र हैं। लेकिन उन्हें एक ही कविता में जोड़ने वाला तत्त्व इतना सघन हैं कि दोनों चित्र एक अटूट-अविभाज्य इकाई बनकर पेश होते हैं। यदि गाय, सिंह या मृग-छौनों पर प्रतीकार्थ आरोपित न करें तो भी अर्थ-ग्रहण में कठिनाई नहीं होगी।

यह सही है कि प्रतीकार्थ कवि के संवेदनात्मक उद्देश्य के सूचक होते हैं। अज्ञेय इसे 'निजी' को 'सामान्य' बनाने का 'कवि-कर्म' कहते हैं।[12] इस सूत्र से यह व्याख्यायित करना आसान हो जाता है कि भिन्न भावबोध, विचारधारा और संस्कार वाले कवियों में एक ही प्रतीक भिन्न और प्रायः विपरीत दिशावाचक अर्थ कैसे ग्रहण कर लेता है।

उदाहरण के लिए 'डाँगर' के तीन प्रयोग देखें। अज्ञेय ने 'औद्यागिक बस्ती' कविता में औद्योगीकरण को 'अफराये डाँगर'[13] के रूप में विचित्र करके उसकी विभीषिका व्यक्त की है। केदारनाथ अग्रवाल 'डाँगर' को बैल के मुकाबले में रख देते हैं। यहाँ वह दूसरों की कमाई खा-खाकर मोटे होने वाले उन कामचोर-निकम्मों का प्रतीक बनता है जो आजादी और प्रगति के दुश्मन हैं।[14] तीसरा प्रयोग है सर्वेश्वर

की कविता 'सूखा' में। व्यापक निराशा और त्राहि-त्राहि की स्थिति में "एक खाली पेट की तरह/मेरी आत्मा पिचक गयी है/और ईश्वर मरे हुए डाँगर-सा गन्धा रहा है।"[15] ईश्वर मर गया है फिर भी अभ्यासवश पूजा-गृहों की दीवारों से टिक कर खड़े होने और जलहीन सरोवरों के हाथ जिन्दगी के बिके होने की स्थिति तथा कुछ भी हासिल न होने के बावजूद निष्प्राण धरती को अपना मानने की विवशता—इससे व्यापक निरर्थकता पैदा होती है। 'डाँगर' मरा हुआ है और ईश्वर की उपमा बनकर आया है इसलिए व्यापक निरर्थकता का प्रतीक है।

निकटवर्ती ध्वनियों वाली भिन्न अर्थच्छायाओं में एक ही प्रतीक के अनेक प्रयोगों से उसमें निहित अर्थ-सम्भावनाओं का ही पता नहीं चलता, यह भी ज्ञात होता है कि प्रतीक को अर्थ देने में कवि के दृष्टिकोण की कितनी बड़ी भूमिका है। लेकिन जहाँ प्रतीक संश्लिष्ट-चित्र और अपने समूचे भाव सन्दर्भ के साथ विद्यमान नहीं रहते वहाँ अर्थ-प्रक्रिया बाधित होती है। हमारी अन्तर्रचना का विकास बौद्धिकीकरण की दिशा में हुआ है। इस प्रक्रिया में बिम्बों और उनके अमूर्तन से निर्मित प्रत्ययों की भूमिका हमारे अन्तःकरण की रचना में बढ़ती गयी है। बिम्ब चूँकि हमारे संवेदन का मूल माध्यम है इसलिए वह सम्प्रेषण का भी मूलतम माध्यम है। प्रत्यय बिम्बों के अमूर्तन होते हैं इसलिए वे हमारे संवेदन जगत् को समृद्ध करते हैं। बिम्ब और प्रत्यय सार्वभौम हैं इसलिए वे सम्प्रेषण के सेतु बनते हैं।

किन्तु प्रतीक की मूलभूत शर्त है वस्तुगत पर आत्मगत का प्रक्षेपण या आरोपण। यह स्थिति आदिम मानव की जीवन-विधि का स्वाभाविक अंग थी। वह प्रतीक की ही भाषा में चीज़ों को जानता और उनके बारे में सोचता-समझता था। अभिव्यक्ति की मूल इकाई—भाषा—भी विकास की अवस्था में थी इसलिए तरह-तरह के संकेत उन प्रतीकों की अभिव्यक्ति के माध्यम थे। निम्नतर जीवों में यह स्थिति आज भी देखी जा सकती है। विभिन्न ध्वनि-संकेत, स्वर-प्रवाह की गतियाँ ही उनके प्रतीक हैं। वस्तुगत को वस्तुगत के रूप में जानना और उनके अमूर्तन से प्रत्ययों का विकास करना—यह विकसित मानव-मस्तिष्क की ही देन है। और इसका असर यह हुआ कि तरह-तरह के निरर्थक ध्वनि-प्रतीक सार्थक होकर भाषा में बदल गये। आधुनिक मनुष्य का बोध आत्मीकृत नहीं है—वह हर चीज़ को आत्मगत धरातल पर ही नहीं जानता, सप्राण और निष्प्राण का फर्क जानता है। आत्मगत चिन्तन-प्रक्रिया टूटने के बाद भी आदिम मानसिकता की भाषा को आज की अभिव्यक्ति का माध्यम बनाया जाय तो क्या इससे अभिव्यक्ति आदिम की ओर उन्मुख नहीं होगी? यह संयोग की बात नहीं है कि मध्य-युग में भी प्रतीकों पर आधारित सृजन नहीं हुआ। जहाँ हुआ वहाँ सम्प्रेषण को बाधित करने के लिए, जैसे तन्त्र-मन्त्र में। गोपनीयता बनाये रखने के लिए गूढ़ातिगूढ़ प्रतीकों का उपयोग तन्त्र-मन्त्र को लोक-जीवन के नजदीक नहीं

लाया, बल्कि उससे दूर ले गया।

फिर प्रगतिशील कविता में प्रतीकों के व्यापक उपयोग का क्या औचित्य है? क्या इससे कविता जनता से दूर नहीं गयी? और क्या प्रतीक-मोह का परिणाम आदिम की ओर उन्मुखता में व्यक्त नहीं हुआ?

निस्सन्देह, आदिम की ओर उन्मुख प्रतीकवादी साहित्यों की ही तरह प्रगतिशील कविता ने भी अपने अधिक शक्तिशाली प्रतीक आदिम अनुषंगों से ही जुटाये हैं। किन्तु इससे उसका सम्प्रेषण-विरोधी होना प्रमाणित नहीं होता क्योंकि उसके प्रतीक जनता में स्वीकृत मूल्य-बोध के कारण और अपने पूरे अर्थ-सन्दर्भ एवं अभिप्राय के साथ व्यक्त होने के कारण, इतने स्पष्ट हैं कि उनके अर्थ-ग्रहण में व्यवधान नहीं आता। दूसरे, प्रगतिशील कविता के प्रतीक सामाजिक अन्तर्वस्तु को धारण करते हैं, इससे उनका चरित्र वैयक्तिक या आत्मगत नहीं रह जाता। उनका उपयोग मुख्यतः समकालीन जीवन का आकलन-मूल्यांकन करने और कलात्मक प्रभाव को सघन बनाने के लिए हुआ है। इसलिए वे प्रतीक से अधिक मिथक के रूप में विद्यमान हैं। आमतौर पर, और जहाँ आदिम प्रतीक अथवा मिथक नहीं हैं वहाँ खास तौर पर, कोई भी प्रतीकार्थ बिम्ब-विशेष के अतिरिक्त आशय के रूप में व्यक्त हुआ है, बिम्ब या चित्र के रूप में उसका अपना स्पष्ट आशय है जो सम्प्रेषण के लिए पर्याप्त है।

उदारहण के लिए, अपेक्षाकृत सर्वाधिक सांकेतिकता से काम लेने वाले प्रगतिशील कवि मुक्तिबोध माने जाते हैं। उनके चिन्तन की भाषा कितनी प्रतीकगर्भा है इसका अनुमान 'शिशु-प्रसंग' आदि की व्याख्या को लेकर विद्धानों के मतभेद से लगाया जा सकता है। किन्तु यह और भी अधिक सत्य है कि उनकी प्रतीकात्मकता लोकभाषा और लोकश्रुतियों पर अधिक निर्भर है और उनके प्रतीकों में इस संस्कार को पूरी जीवन्तता के साथ देखा जा सकता है। इस कारण उनके प्रतीक मूलतः बिम्ब बने रहते हैं जो हमारे बोध की दुनिया में प्रतीक तक एक सीढ़ी खोलते हैं। अतएव, प्रतीकार्थ में व्याख्या की गुजांइश के बावजूद, मुक्तिबोध उनका अर्थ सम्प्रेषित करने की दिशा स्वयं बिम्ब द्वारा ही दे देते है। 'चाँद का मुँह टेढ़ा है' कविता की पंक्तियाँ देखिये :

> मद्धिम चाँदनी में एकाएक/खपरैलों पर ठहर गयी/बिल्ली
> एक चुपचाप/**रजनी के निजी गुप्तचरों की प्रतिनिधि**/पूँछ उठाये वह/
> जंगली तेज/आँख/फैलाये/**यमदूत पुत्री-सी**/।....इत्यादि।[16]

मद्धिम चाँदनी है और बिल्ली खपरैलों पर आकर ठहर गयी है। खपरैलों वाला मकान किसी धनी पूँजीपति-जमींदार का नहीं है। बिल्ली 'रजनी के निजी गुप्तचरों की प्रतिनिधि' है इसलिए 'यमदूत-पुत्री' की तरह है। वह मुआयना कर रही है कि 'मकानों की पीठ पर/अहातों की भीत पर/बरगद के अजगरी डालों के फन्दों

पर/अँधेरे के कन्धों पर" बाँके तिरछे वर्ण और "लाल-नीले भयंकर" रंग वाले हड़ताली पोस्टर कौन चिपकाता है। वह इस बात की खुफियागिरी करती है खपरैलों वाले किसान-मजदूरों के घरों में। इसलिए वह मेहनतकश जनता के खिलाफ, अँधेरे की व्यवस्था के पक्ष से, मृत्यु की विभीषिका रचती है। चाँद की मद्धिम रोशनी में गाढ़े रंग (लाल और नीले) का उद्भासित होना सघन दृश्य पर्यावलोकन से उत्पन्न कलात्मक वैशिष्ट्य का परिचय तो देता ही है, देखने की बात यह है कि शोषक व्यवस्था की गुप्तचर बिल्ली के लिए 'यमदूत-पुत्री-सी' का विशेषण किस तरह मिथक को आधुनिक सन्दर्भ से अनुकूलित कर रहा है। मुक्तिबोध जिस संश्लिष्ट चित्र या बिम्ब की रचना करते हैं वह सामाजिक स्तर पर घटित होते हुए वर्ग-संघर्ष को पूरी स्पष्टता और प्रभुविष्णुता के साथ उद्घाटित करता है।

बिम्ब और प्रत्यय

संक्षेप में, गतिशील संश्लिष्ट बिम्ब या चित्र के सहारे मुक्तिबोध प्रभाव और वातावरण की सृष्टि करते हैं और यही उनका अभीष्ट है; उसमें प्रतिकार्थ जितना है—जो है, उसकी दिशा वे स्वयं इंगित कर देते हैं। यह सत्य जितना मुक्तिबोध की कला पर लागू होता है, उतना ही अन्य प्रगतिशील कवियों की कला पर भी। इसलिए संक्षेप में प्रगतिशील कविता के बिम्ब-विधान की मुख्य विशेषताओं का अध्ययन करना आवश्यक है।

बिम्ब-ग्रहण की प्रक्रिया मूलतः इन्द्रियज है और इन्द्रियग्राह्य ज्ञान को शब्द, स्पर्श, रूप, रस और गन्ध के पाँच संवर्गों में विश्लेषित किया गया है। स्वभावतः कला इन्द्रियग्राह्य बिम्बों के माध्यम से संश्लिष्ट वस्तु-बोध को जितना ही मूर्त करती है, उक्त गुणों को जितनी प्रखरता से व्यक्त करती है, उसका कलात्मक मूल्य उतना ही श्रेष्ठ होता है। भाव और प्रत्यय इन प्रत्यक्ष संवेदनात्मक बिम्बों का ही आभ्यंतरीकृत प्रभाव हैं इसलिए कविता में भाव या प्रत्यय भी चित्र या बिम्ब का रूप धारण करके प्रकट होते हैं। आचार्य रामचन्द्र शुक्ल की ये पंक्तियाँ इस सन्दर्भ में पर्याप्त प्रकाश डालती हैं :

> "ज्ञानेन्द्रियों से समन्वित मनुष्य जाति जगत् नामक अपार और अगाध रूप-समुद्र में छोड़ दी गयी है।....इसी की रूप-तरंगों से ही उसकी कल्पना का निर्माण और इसी की रूपगति से उसके भीतर विविध भावों या मनोविकारों का विधान हुआ है। सौन्दर्य, माधुर्य, विचित्रता, भीषणता, क्रूरता इत्यादि की भावनाएँ बाहरी रूपों और व्यापारों से ही निष्पन्न हुई हैं।"[17]

शुक्ल जी माधुर्य, सौन्दर्य आदि जिन गुणों को भाव या मनोविकार की संज्ञा देते हैं क्या उन्हें मधुर, सुन्दर आदि वस्तुओं के गुणों के विश्लेषण और संश्लेषण

से अर्जित अमूर्त अवधाराणाएँ नहीं कहा जा सकता? वस्तुतः शुक्ल जी ने भाव या मनोविकार कहकर यह निर्देशित किया है कि अमूर्त भाव, प्रत्यय या अवधारणाएँ मूर्त जगत् के इन्द्रियगाह्य रूपों का ही परिणाम हैं और कला में उनकी अभिव्यक्ति मूर्त चित्रों द्वारा ही होती है।

बिम्ब का संवेदनात्मक आधार स्पष्ट करते हुए गिरिजा कुमार माथुर ने कहा है कि बिम्ब वस्तुजगत् के क्रियाकलापों को अपनी वर्द्धमान उँगलियों से छूकर उन्हें ग्रहण करने का पर्याय है।[18] ये वर्द्धमान उँगलियाँ हैं कवि की सर्जक कल्पानाएँ। कलात्मक बिम्ब को मूलतः कल्पनाश्रित मानने के कारण डॉ. कुमार विमल लिखते हैं, "बिम्ब-विधान कला का क्रियापक्ष है, जो कल्पना द्वारा उत्थित होता है।" इसी प्रसंग में बिम्ब और 'कन्सेप्ट' का अन्तर बताते हुए वे लिखते हैं : "विचार-चित्र प्रत्याक्षाश्रित धारणाओं—'कन्सेप्ट्स' को आधार प्रदान करता है। वह अर्थग्रहण का प्रकट हरकारा होता है। किन्तु, बिम्बों का प्रत्यक्ष धारणा से कोई सीधा सम्बन्ध नहीं होता है।...उत्पादक कल्पना से हमें विचार-चित्रों की प्राप्ति होती है और पुनरुत्पादक कल्पना से बिम्बों की।"[19]

डॉ. विमल की इस मान्यता का सम्बन्ध उसी धारणा से है जिसके अनुसार बिम्ब "पूर्वानुभूत किन्तु तत्काल अनुपस्थिति" मनस्-चित्र है। ऐसी मिथ्या-धारणा के कारण डॉ. विमल आगे चलकर "मानसिक बिम्ब" की विशेषता बताते हैं कि "अनुभूति-रंक व्यक्ति भी मानसिक बिम्बों की सृष्टि कर सकता है। मनुष्य के जीवन में कुछ ऐसे क्षण आते हैं, जिनमें अघटित अनुभूतियाँ भी बिम्ब का उपजीव्य बन जाती हैं।"[20] गौर करने की बात है कि अघटित घटनाएँ नहीं, अपघटित अनुभूतियाँ भी बिम्बों का उपजीव्य बनती हैं। वस्तुजगत् के निषेध का यह चरम रूप है। किन्तु वास्तविकता से इस सिद्धान्त की पुष्टि नहीं होती। कल्पना में आयी अनुभूतियाँ भी घटित और वास्तविक ही हैं क्योंकि कल्पना भी (यही नहीं, स्वप्न भी) वस्तुगत प्रक्रिया है। उसका गहरा सम्बन्ध वस्तुगत अनुभवों से होता है और कल्पना या स्वप्न में वैचित्र्य चाहे जितना हो, दिखते हैं वस्तुजगत् के ही रंग-रूप।

कल्पना-विलास की प्रवृत्ति कला में रूपवादी प्रेरणाओं को जन्म देती है। क्रीड़ावृत्ति या रचना-वैचित्र्य के ध्येय से प्रतिपादित इन "काल्पनिक" सिद्धान्तों के खतरे को देखते हुए ही गिरिजा कुमार माथुर ने कहा था कि चमत्कार के लिए प्रयुक्त बिम्ब कलात्मक नहीं होते क्योंकि वे उपमान और उपमेय में खाई पैदा करते है। फलतः बिम्ब वस्तु-छवि को अंकित करने की जगह उसे पूर्णतः मिटा देते हैं।[21] इसके विपरीत, प्रगतिशील कविता के प्रयोग वस्तु को लेकर हुए हैं इसलिए बिम्ब उसमें वस्तु के अभिव्यञ्जक हैं। मुक्तिबोध के रूपगत प्रयोगों के बारे में कवि शमशेर ने उचित लिखा है कि "मुक्तिबोध के सारे प्रयोग विषयवस्तु

को लेकर हुए है।"[22]

दृश्य बिम्ब

संक्षेप में, जहाँ "घटित अनुभूतियाँ" कला का विषय बनती हैं वहाँ बिम्ब संवेदनयुक्त होते हैं और उनकी कलात्मक शक्ति भी अपूर्व होती है। और जहाँ "अघटित अनुभूतियाँ" बिम्बों का उपजीव्य बनती है वहाँ अशक्त, निर्जीव रूपवाद विकसित होता है। प्रगतिशील कवियों ने कहीं भी रूप को वस्तु का बाधक नहीं बनने दिया है इसलिए उनके बिम्बों और चित्रों में रंग, गन्ध, ध्वनि आदि का अत्यन्त प्रखर बोध मौजूद है। केदारनाथ अग्रवाल की एक कविता है :

"मैं बादल हूँ/आषाढ़ी जामुन के रंग का/लेकिन तप कर/मैं बादल
हो गया कनक का/और तुम्हारा छत्र हो गया।"[23]

अथवा, शमशेर का यह 'कत्थई गुलाब' :

"कत्थई गुलाब/दबाये हुए हैं/नर्म-नर्म/केसरिया साँवलापन मानो/
शाम की/अंगूरी रेशम की झलक/कोमल/कोहरिल/बिजलियाँ-सी/
लहराये हुए है।"[24]

रंगों का और स्पर्श का यह सधा हुआ प्रयोग वस्तु पर आरोपित न होकर वस्तु से उत्पन्न हुआ है। इसीलिए दोनों के कलात्मक प्रवाह और प्रभाव की गतियाँ भिन्न हैं।

कला को इन्द्रियबोध तक सीमित रखने का विरोध करते हुए डॉ. रमेश कुन्तल मेघ कहते हैं कि शुद्ध इन्द्रियबोध से उत्पन्न उद्वेलन क्षीण और क्षणिक होता है, हालाँकि "कलाकृति की भौतिक सत्ता के ये पहले सन्देशवाहक हैं"; यह स्तर वैयक्तिक होता है इसलिए अपने इन्द्रियबोधों और संस्कारों को अधिकाधिक प्रशिक्षित करना और तीक्ष्ण बनाना सृजन को स्थायी मूल्य प्रदान करने के लिए अत्यन्त आवश्यक है।[25]

डॉ. मेघ की मान्यता का आधार यही है कि इन्द्रियबोधात्मक रूप किसी वस्तु-सत्य के उद्घाटन का माध्यम बनकर आयें, महज खेल या चमत्कार के ध्येय से उनका उपयोग कला को छिछला बनाता है। निश्चय ही, वही काव्य-बिम्ब सजीव-सप्राण होते हैं जिनका जागृत इन्द्रियबोध सघन भावशक्ति से प्रेरित और परिचालित होता है। इन्द्रियबोध और भावशक्ति से रहित बिम्ब चमत्कारिक चाहे जितने हों, काव्यात्मक नहीं हो सकते। कला और कलावाद के इस नाजुक अन्तर को समझकर ही बाउमगार्तेन ने भावशक्ति पर अधिक बल देते हुए कहा था कि बिम्बों की तुलना में भाव अधिक काव्यात्मक होते है। उसके कथन का स्पष्ट आशय है कि भावात्मक शक्ति से क्षीण बिम्बों की कलात्मक क्षमता भी शून्य होती है। प्रगतिशील कविता के बिम्बों का वैशिष्ट्य यही है कि उनमें मानवीय अन्तर्वस्तु अत्यन्त सघन रूप में विद्यमान है। यह

मानवीय भावशक्ति जनता के गुणों को समझने, उसके जीवन से जुड़ने और उसी की स्थिति से विचार करने का परिणाम है। डॉ. रामविलास शर्मा भारतीय गाँवों में संस्कारतः कितने रचे-बसे हैं, इसका उदाहरण है यह चित्र :

> "आया वसन्त/शिव के तप की पावन धरती पर पग रखता/सौरभ से पुलकित कर दिगन्त।"[26]

धरती की पावनता के साथ वसन्त का सौरभ जीवन में आस्था, उल्लास का कितना विश्वसनीय सन्दर्भ देता है।

इससे सर्वथा भिन्न भावचित्र त्रिलोचन के सॉनेट 'हँसता है अकाल' में दिखायी देता है। अकाल 'तारों के दाँत' निकाले हँसता है। सावन-भादों की बरसाती रात में बादलों की जगह आकाश में तारे टिमटिमा रहे हों तो सौन्दर्य का नहीं, किसी अकल्पित विभीषिका का संकेत मिलेगा। असामंजस्य की स्थिति में तारे मानो उस विभीषिका के दाँत हैं जो आदमी को चबाने वाले अकाल के रूप में प्रकट हो रही है।

रंग, गन्ध और ध्वनि के अनेकायामी प्रयोग प्रगतिशील कविता के बिम्ब-विधान को स्वरूप प्रदान करते हैं। 'मेरे सहचर मित्र' कविता में मुक्तिबोध कहते हैं, "जिन्दगी के फूटे घुटनों से बहती/रक्तधारा का जिक्र न कर।"[27] किन्तु इस निषेध से ही जीवन-संघर्ष के वास्तविक प्रश्न उभरते हैं। संवेदना के अनुरूप शिल्प भी द्वन्द्वात्मक पद्धति पर विकसित होता है। यह आन्तरिक युद्ध मानो वस्तुजगत् में घटित हो रहा है :

> "वह घाव भरे चेहरे का कोई सैनिक है।/रण मैदानों की संध्या में/जब लाल विभा बैंगनी हुई/सँवलायी लाली में डूबी सरिताओं की/भर्रायी लहरों के भीतर से उझक-उझक/झल्लाहट भरी दिखी तकलीफों की बिजली।"[28]

सरिता उस अन्तस्संघर्ष की पीड़ा है जो निरन्तर प्रवहमान है और सैनिक या घायल अन्तर्मन के संघर्षरत विचार हैं। रंग-बोध कितना गहरा है यह लाल से बैंगनी होने और उसे 'सँवलायी लाली' कहने में व्यक्त हुआ है। आगे जब आत्मा का गुहाद्वार खुलता है तब "अन्तर के उस गुहा-तिमिर में/एक सुदृढ़/पत्थर की टेबिल पर रक्खे/रक्ताभ दीप की लौ/कुछ हिलती-डुलती है।"[29] आत्मा के गुहान्धकार में दीप के प्रकाश का रक्ताभ लगना न केवल प्रखर रंगबोध है बल्कि गहरी अर्थव्यंजना छिपाये हुए है। यह रक्ताभ 'लाल-वलय-शाली अंगार ज्योति' अन्धकार में हिलती-डुलती है और प्रकाश का विस्तार करती है। इसलिए पत्थर की कुर्सी पर बैठा जो अजानुबाहु क्रान्तिदर्शी मिलता है वह बहस द्वारा सही निष्कर्षों तक पहुँचाता है।

अन्धकार और प्रकाश का संघर्ष मुक्तिबोध के स्थापत्य की विशेषता है जो उनके बिम्बों को आन्तरिक अन्विति प्रदान करता है। बिम्ब कवि के संवेदनात्मक ज्ञान मात्र को व्यंजित नहीं करते, बल्कि संवेदनात्मक उद्देश्य से सम्पृवत होकर

सघन और संश्लिष्ट भावचित्र में परिणत होते हैं। संवेदना और उद्देश्य का अन्तर बिम्बों के चरित्र में बुनियादी अन्तर ला देता है। भारती की कविता "ये शरद का चाँद-से उजले धुले-से पाँव/मेरी गोद में"[30] और शमशेर की कविता : "चाँद निकला बादलों की पूर्णिमा का।/गल रहा है आसमान।/एक दरिया उमड़कर पीले गुलाबों का/चूमता है चाँदनी के झिलमिलाते/स्वप्न जैसे पाँव।"[31] की रूमानियत और बिम्ब-विधान में जो अन्तर है वह संवेदनगत मूल भावों और मूल्यों के कारण घटित हुआ है। इसलिए दोनों में 'चाँद' और 'पाँव' का प्रयोग दो भिन्न संवेदनात्मक दिशाओं की सूचना देता है।

सरसों की मदमाती गन्ध से आकुल होकर जुग मन्दिर तायल लिखते हैं:

ऊपर तो/दूर-दूर नीला है/धरती पर/पीला ही पीला है/
पछवा संग/उड़ता अजब नशीला रंग/पलकों को बन्द करो।[32]

प्रकृति में सहज व्यापक नील-पीत का यह संयोग कवि को उद्वेलित करता है और कवि गाँव की संवेदना को रंग और गन्ध में मूर्त कर देता है।

गन्ध बिम्ब

प्रगतिशील कवियों ने अपनी ज़मीन और अपने लोगों को केवल रंग और रूप से नहीं, गन्ध से भी जाना है। उनकी कविताओं में गन्ध-बोध का अत्यन्त व्यागक प्रसर है। उसमें कहीं चना-चबैना गमकता है तो कहीं किसान या मजदूर का पवित्र पसीना अपना अस्तित्व जताता है; कहीं "पत्थरों की रगड़ और आटे की गन्ध"[33] है, कहीं "तम्बाकू के खेतों" की;[34] कहीं "कण्डे की लाल आग" पर सिंकती हुई "सुगन्ध उस टिक्कड़ की"[35] उठती है तो कहीं वैज्ञानिक की प्रयोगशाला में सिर चकरा देने वाली अत्यन्त उग्र "वह महक अजीबोगरीब द्रव्यों की"।[36] गन्दी बस्तियों से उठती दुर्गन्ध से लेकर तमाम तरह के फूलों की गन्ध तक, गोरस की खुशबू से लेकर फसलों और आम्र-मंज़रियों की सुगन्ध तक, तुरन्त जोती गयी ज़मीन की महक से लेकर धुएँ-धक्कड़ वाले औद्योगिक केन्द्रों तक नाना प्रकार के गन्धों का अत्यन्त सूक्ष्म पर्यावलोकन है। गंध धरती का गुण है। धरती के निकट होने का अर्थ है यथार्थ के निकट होना जीवन को उसके सहज-गुण-धर्म से पहचानना। जितना व्यापक और नानारूपी यथार्थ है, गन्ध में उसकी अनुभूति भी उतनी ही विविधता लिये हुए है।

सजग कवि साधारण लगने वाली वस्तुओं से भी जीवन के गहन पक्षों को उद्घाटित कर देते हैं। दहेजलोभी कान्यकुब्ज ब्राह्मणों के प्रति तीव्र घृणा व्यक्त करने के लिए निराला ने 'सरोज-स्मृति' में लिखा था, जो घृणित हैं उनके पाँवों को "हो प्राण-प्राण से रहित व्यक्ति/पूजूँ मैं ऐसी नहीं शक्ति।" इन्द्रियबोध का उपयोग घृणा व्यक्त करने का साधन है, वह मानवीय शक्ति है। इस मानवीय शक्ति के प्रति आस्था का परिणाम

है पाखण्डों और रूढ़ियों के प्रति विद्रोह, अपनी आस्था के प्रति विश्वास और अपने विश्वास की रक्षा के लिए संघर्ष। मनुष्य की चेतना के विभिन्न स्तर–इन्द्रियबोध, संस्कार, भाव और विचार–सब परस्पर सम्बद्ध हैं, उनमें अन्योन्यता है।

ध्वनि बिम्ब

'ढाकवनी' में सूनी साँझ का दृश्यांकन करते हुए गिरिजा कुमार माथुर ने लिखा है :

झींगुरों की खँजड़ी पर झाँझ-सा बीहड़ झनकता,
कण्टकित बेरी करौंदे, महकते हैं झाव-झोरे।[37]

झींगुर, खँजड़ी, झाँझ और झनकता में ध्वन्यात्मक प्रभाव द्वारा, शब्द के नाद सौन्दर्य द्वारा, झींगुरों से गूँजते वन का चित्र मूर्त किया गया है। 'झाब-झोरे' में झंकुति नहीं है, वह कण्टकित बेरी-करौंदे के विशिष्ट चित्र को साकार करता है। इसी प्रकार केदारनाथ अग्रवाल की कविता है :

कैसे जियें कठिन है चक्कर/निर्बल हम बलीन है मक्कर
तिलझन ताबड़तोड़ कटाकट/हड्डी की लोहे से टक्कर।[38]

प्रकटतः अकाव्यात्मक लगने वाले 'तिलझन ताबड़तोड़ कटाकट' हड्डी और लोहे की टक्कर में अपनी ध्वन्यात्मक शक्ति का अभूतपूर्व प्रदर्शन करते हैं। यह यथार्थवादी कलात्मक पद्धति की सफलता का परिणाम है कि सुन्दर और मृदु शब्दध्वनियों को ही कविता में देखने का आग्रह कम हुआ तथा उपयुक्ततम ध्वनि के माध्यम से अभीष्ट लक्ष्य प्राप्त करने की कला विकसित हुई। गिरिजा कुमार माथुर के शब्दों में, "शब्द की नाद व्यंजना तथा अर्थ की अनेक सूक्ष्म झंकृतियों के सामंजस्य में ही शिल्प की सार्थकता हो सकती है।"[39]

प्रगतिशील कविता ने यह नाद-व्यंजना दो रूपों में अर्जित की। एक तो, शब्दों और अक्षरों के विशिष्ट ध्वन्यात्मक चयन द्वारा वस्तु को मूर्त करके और दूसरे, ध्वनि के साथ मात्राओं और स्वर-प्रवाह की गति द्वारा क्रियात्मक रूपों को उनके पूरे कम्पन और स्पन्दन के साथ अंकित करके। पहले प्रकार के बिम्बों को हम पूर्वोक्त दोनों कविताओं में देख सकते हैं। निराला के दो चित्रों से हम दोनों तथ्यों को और भी स्पष्ट कर सकते हैं :

1. अस्ताचल रवि, जल छल-छल छवि,
   स्तब्ध विश्व कवि, जीवन उन्मन।[40]
2. श्याम तन, भर बँधा यौवन,
   नत नयन, प्रिय कर्म रत मन।
   गुरु हथौड़ा हाथ,

करती बार-बार प्रहार—

सामने तरुमालिका अट्टालिका प्राकार।[41]

दोनों चित्रों में ध्वनि और मात्राओं के प्रभाव से वस्तु और क्रिया के बिम्ब निर्मित हुए हैं। 'अस्ताचल रवि' में सूर्य के उगने, ऊपर उठने और डूबने की क्रियाओं के संकेत विद्यमान हैं—'स्ता' में जो उठान है वह 'चल रवि' में उतरकर नीचे जाने की ध्वनि के साथ टूटता है। 'जल छल-छल' में मात्राएँ नहीं हैं, 'छवि' में लघु मात्रा है। इससे यहाँ उठान नहीं है। समतल है। सूर्य ऊपर है, जल नीचे। किंतु दोनों में अपनी-अपनी गति है। 'जल छल-छल' से जल की गति मूर्त होती है। दूसरी पंक्तियाँ भी अपनी ध्वनि में 'विश्व कवि' की स्थिति और आन्तरिक भावों को व्यक्त करती है। इसी प्रकार दूसरे चित्र में 'भर बँधा यौनव' की नाद-व्यंजना तो स्पष्ट ही है, 'नत नयन', 'प्रिय कर्म रत मन' की ध्वनि मजदूरनी की अन्तर्बाह्य स्थिति को चित्रित करती है। अगली पंक्ति में अचानक 'गुरु हथौड़ा हाथ' की सघोष ध्वनियों और 'बार-बार प्रहार' में लघु-दीर्घ मात्राओं के क्रमिक संयोजन द्वारा श्रम की गरिमा और क्रिया को क्रमशः ध्वनित किया गया है। अगली पंक्ति में 'तरुमालिका अट्टालिका' को उठाकर 'प्राकार' में उसे और गगनचुम्बी बना दिया गया है।

ध्वन्यात्मक त्वरा और गत्यात्मक प्रवाह द्वारा केदारनाथ अग्रवाल ने 'बसन्ती हवा'[42] और शिवमंगल सिंह 'सुमन' ने 'मजदूरनी'[43] के जो चित्र उपस्थित किये हैं उनसे भी पर्याप्त कलात्मक समार्थ्य का पता चलता है। शब्दों से अधिक शब्द की ध्वनि और गति से निर्मित इन चित्रों के कलात्मक मूल्य की श्रेष्ठता की कसौटी यह है कि शब्द की ध्वनि और उनसे मन में बनने वाले चित्र के बीच कम-से-कम दूरी हो। इस लक्ष्य को पाकर ही कवि संगीत, ध्वनि, नाद के संयोजन से अपेक्षित भावात्मक प्रभाव निर्मित करता है।

स्पर्श बिम्ब

अपेक्षाकृत स्थूल प्रतीत होने वाले स्पर्श-बोध द्वारा भी कुशल कवि वस्तु की संवेदना में प्रवेश करता है। 'बादल को घिरते देखा है' कविता में नागार्जुन मिथिला की भूमि, संस्कृति, लोक-मान्यताओं आदि के साथ पौराणिक अनुषंगों को बाँधकर जिस संश्लिष्ट चित्र की सृष्टि करते हैं उसमें स्पर्श का यह सूक्ष्म संवेदन कवि के निष्कुण्ठ इन्द्रियबोध को ही सूचित करता है :

नरम निदाग बाल-कस्तूरी-मृगछालों पर पल्थी मारे
मदिरारुण आँखों वाले उन उन्मद किन्नर-किन्नरियों की
मृदुल मनोरम उँगलियों की वंशी पर फिरते देखा है।[44]

इसी प्रकार, जब 'बहुत दिनों के बाद' नागार्जुन ''अपनी गँवईं पगडण्डी की

चन्दनवर्णी धूल" छूते हैं[45] तो अपूर्व मादक सुख का अनुभव करते है।

अन्य इन्द्रियबोधों की भाँति स्पर्श-बोध भी भावचित्र की संवेदना की संगति में होने पर ही प्रामाणिक बनता है। मुक्तिबोध में आत्मग्रस्तता और सामाजिक-चेतना के साथ जिस तरह अन्धकार और प्रकाश के बिम्ब मौजूद हैं उसी तरह ठण्डे और गरम के भी :

आता है अकस्मात् कोलतार रास्ता
लम्बा व चौड़ा व स्याह व ठण्डा।[46]

तिलक की पाषाण मूर्ति न स्याह है न ठण्डी। उससे किरणीले नीले इलेक्ट्रान गिरते हैं तो नासिका में से 'लाल-लाल गरमीला रक्त टपकता'[47] है। गाँधी जी द्वारा दिया गया शिशु रोता है तो 'गरम-गरम अश्रु टपकते हैं।[48] अन्धकार के साथ ठण्डेपन का बोध और उसे तोड़ने के संकेतों में गरमाहट के बिम्ब—यह मुक्तिबोध की कला का वैशिष्ट्रम है।

प्रगतिशील कविता ने स्पर्श के साथ आनंद और कष्ट व्यंजक अनुभवों को व्यक्त करने में अद्भुत कौशल का परिचय दिया है। केदारनाथ सिंह नये साल से पूछते हैं, "स्पर्श हाथों का/या सर्द पानी-सी छुअन निस्संग/लाओगे! क्या लाओगे!"[49] त्रिलोचन की 'समय यात्रा' में प्राची फरियाई और कुहरा और बढ़ा तो 'सर्दी नाखूनों में चुभने लगी'।[50] इसी प्रकार, 'दूब' में शमशेर दूब, मखमल और धूप को छूते हैं:

मोटी, धुली लान की दूब,
साफ मखमल की कालीन।
ठण्डी धुली सुनहरी दूब।[51]

और मुक्तिबोध शासन के आतंक को कम्पन में अनुभव करते हैं :

इतने में आसमान काँपा व धायँ-धायँ
बन्दूक धड़ाका...[52]

केदारनाथ अग्रवाल बालक को जब ताल में कंकड़ फेंकते देखते हैं तो अनुभव करते हैं कि उसने 'ताल को नहीं अनन्त काल को कँपा दिया।'[53]

अपने जिस्म की थिरकन से लेकर आकाश और अन्नत काल तक के स्पन्दनों को महसूस करने वाली कविता के लिए यह स्वाभाविक है कि प्रेमिका के हाथों और होठों की नर्म गरमाहट के साथ-साथ कालर पकड़कर गला दबाते खूँखार हाथों का दबाव और गाल पर पड़ते चाँटों और पीठ पर बरसते कोड़ों का दर्द भी व्यक्त करे। प्रगतिशील कविता ने स्पर्श के जितने नालारूपी बिम्ब दिये हैं, उनसे उसके स्वस्थ इन्द्रिय संवेदन, विराट् जनाधार और विपुल भावराशि का ही अनुमान होता है।

संश्लिष्ट और प्रत्ययात्मक बिम्ब

पंच-संवेदनात्मक इन्द्रियबोध की सूक्ष्मता को पकड़ने और अपने भाव-सन्दर्भ में उनका

अनुकूलतम उपयोग करने के नाते ही प्रगतिशील कविता संश्लिष्ट चित्र-योजना करने में सफल हुई है। इन संश्लिष्ट चित्रों में उसने भाव-सन्दर्भों के साथ प्रत्ययों या अवधारणाओं को बड़ी खूबी से बुना है। इस प्रकार के चित्र मुख्यतः वातावरण-निर्माण और प्रतीकात्मक संकेतों के लिए उपयोग में आये हैं।

नेमिचन्द्र जैन का एक भाव-चित्र देखें : 'पंचमढ़ी की एक शाम'—

जब अर्थहीन चंचलता से उत्तेजित मन/थक जाता है/लम्बी
उदास छायाओं से ढँक जाता है/हो जाता है फीका-फीका/
जैसे सूरज के उगने के पहले आसमान।[54]

एक मनःस्थिति के लिए दो चित्र हैं। पहले में है अर्थहीन चंचलता के बाद की थकन और थके मन को ढँकती छायाओं का लम्बा होना। और दूसरे में फीकापन सूरज के उगने से पूर्व के आकाश-सा मालूम होता है। पहला चित्र मन की पीड़ा को जितना घनीभूत करता है दूसरा चित्र शाम के साथ असंगत होने के नाते उसे उतना ही क्षीण कर देता है। भाव के साथ देश-काल के सन्दर्भ को भी ध्यान में रखकर चित्र देते समय यह कल्पना-विलास नहीं आता।

सामान्यतः प्रगतिशील कविता में काल्पनिक उड़ान की ऐसी अंसगतियाँ कम ही हैं। कारण यह है कि प्रत्येक कवि की रचना का अपना एक अन्तःसंसार है जिसमें बाह्य जगत् के रूप-गन्ध-ध्वनि आदि मिलकर विकासशील संश्लिष्ट चित्र बनाते हैं। अवधारणात्मक प्रत्ययों का अध्ययन इन संश्लिष्ट भाव-चित्रों से अलग करके नहीं किया जा सकता। निराला और मुक्तिबोध के रचना-संसार का संक्षिप्त विवेचन इस विषय पर पर्याप्त प्रकाश डाल सकता है।

निराला को रंग और गन्ध के बिम्बों में गन्ध का बोध ही अधिक भाता रहा है। रंगों में भी चटक लाल-हरे-पीले का आकर्षण है किन्तु नीला रंग ही उन्हें सर्वाधिक प्रिय है। उसे वह सुख और दुःख दोनों स्थितियों का व्यंजक बनाते हैं। डॉ. रामविलास शर्मा के अनुसार इसका कारण है नीले रंग की अन्धकार से निकटता। निराला के काव्य-विधान में अन्धकार के जितने सशक्त और सघन चित्र हैं, प्रकाश के उतने नहीं हैं।[55] यही बात गन्ध-बोध के बारे में भी लागू होती है। शेफाली जैसे उनके सर्वप्रिय फूल रात में ही खिलते हैं। अँधेरे में वस्तुओं को रूप और रंग से अधिक गन्ध और ध्वनि से पहचाना जाता है।

मुक्तिबोध के रचना-संसार में अधिकांश क्रिया-व्यापार का मूल केन्द्र तो अन्धकार है, लेकिन वहाँ अन्धकार और प्रकाश का अनवरत संघर्ष चलता है, अन्धकार में प्रकाश की किरणों के चटक रंग उभरते हैं। मुक्तिबोध में ध्वनि और रंग के बिम्ब अधिक हैं, निराला में गन्ध और स्पर्श के। निराला के दोनों बोध अन्धकार से सम्बद्ध हैं तथा मुक्तिबोध का ध्वनि-बोध अन्धकार से और रंग-बोध

प्रकाश से सम्बद्ध है। निराला के यहाँ भी ध्वनि-बोध अँधेरे से ही सम्बद्ध है। रावण का खलखल अट्टहास अँधेरे की ध्वनि है। मुक्तिबोध के यहाँ भी अँधेरे में ध्वनियों के बुलबुले उभरते हैं।

निराला के यहाँ सांस्कृतिक सूर्य के अस्त होने पर 'तमस्तूर्य दिङ्मण्डल'[56] का जितना गहन प्रभाव है उतना 'श्वेत पटल'[57] खुलने का नहीं है। धूप और प्रकाश का बिम्ब भी कोमलता से अधिक सम्बद्ध है :

1. आज मन पावन हुआ है/जेठ में सावन हुआ है।[58]

2. याद है दिवस की प्रथम धूप/थी पड़ी हुई तुझ पर अनूप।[59]

जहाँ धूप तेज है वहाँ 'झुलसाती हुई लू' और 'रुई ज्यों जलती हुई भू'[60] अधिक है। कहीं-कहीं तो 'है निरी पैनी धुरी रवि की छटा।''

लेकिन मुक्तिबोध के यहाँ जितना अन्धकार का आंतक है उतना ही रंगों का उल्लास भी। अँधियारे पीपल के पहरे में हवाओं की निस्संग लहरों में काँपती हुई कुत्तों की दूर-दूर अलग-अलग आवाज सियारों की ध्वनि से टकराती है। वातावरण का एक पहलू यह है जो अन्धकार से सम्बद्ध है और पशुओं की अलग-अलग ध्वनि, किसी के रोने की पतली आवाज, अँधेरे के बुलबुले, पदचाप, दरवाजे की साँकल और दूर किसी बैण्ड की क्रमागत तान धुन की उदास ध्वनि-तंरगों और दीर्घ लहरियों द्वारा मूर्त होता है। दूसरा पहले है जहाँ इस अन्धकार को तोड़ने वाला प्रकाश दिखाई देता है और यह पक्ष मूर्त होता है शिला-द्वार खुलने पर लाल-लाल मशाल, हरे-हरे पेड़ आदि दिखने में। द्वन्द्व की स्थिति में अन्धकार छाया रहता है, विवेक की स्थिति में वह टूटता है और फौजी तानाशाही की नग्न वास्तविकताएँ दिखाई देती हैं। अँधेरे में भी रोशनी की कैसी छटपटाहट है यह प्रकट होता है, यह भी द्रष्टव्य है : कहीं दियासलाई की रोशनी में सैनिक के 'ताँबे के चेहरे की ऐंठ झलकती' है[61] तो कहीं 'तड़त्तरंगीय गतिमयता'[62] है; कहीं बन्दूक दगने पर मकानों के ऊपर गेरुआ प्रकाश छा जाता है[63] और कहीं 'पीतालोक प्रसार में काल गल रहा है।'[64] यही नहीं हृदय को 'बिजली के झटके' देने वाले रक्तालोक स्नात पुरुष के 'चेहरे पर खिलती है सुबहें/गालों पर चट्टानी चमक पठार की/आँखों में किरणीली शान्ति की लहरें है''।[65]

अन्धकार से प्रकाश की ओर बढ़ने वाले मुक्तिबोध के बिम्ब उनके काव्य की दिशावाचक गति का संकेत देते हैं। इसीलिए **निराकार** घण्टाघर में जब **चार का गजर** बजता है तो हृदय धड़कता है। यह अन्तिम संग्राम से पूर्व की धड़कन है। इसके बाद क्रान्ति का चित्र है। क्रान्ति के स्वप्न में ध्वनियों से अधिक चित्र हैं क्योंकि मुक्तिबोध जिस क्रान्ति का स्वप्न देखते हैं वह प्रकाशगामी है।

निराला और मुक्तिबोध के इन्द्रियबोध और काव्य-संरचना में यह जो फर्क है, निराला का अन्धकार के प्रति और मुक्तिबोध का गहनतम अन्धकार में संघर्षरत प्रकाश

के प्रति जो तीव्र आकर्षण है, वह इन दो कवियों के युग-सत्य और इस युग-सत्य के कारण घटित भिन्न विश्व-बोध के अन्तर को स्पष्ट करता है। इस अन्तर का दोनों के सृजन में निहित अवधारणात्मक वस्तु से बहुत गहरा सम्बन्ध है।

ऐसी बात नहीं हैं कि सर्वत्र ये अवधारणाएँ इतने जटिल रूप में अन्तर्व्यापत हैं। कही-कहीं एक शब्द-चित्र प्रत्ययात्मक वस्तु के वाहक बने हैं। उदाहरणार्थ, नागार्जुन हमारी सांस्कृतिक अस्मिता के विरुद्ध साम्राज्यवादी प्रत्याक्रमण को गोरी चमड़ी वालों के 'बाइबिल बाँटने' के चित्र द्वारा व्यक्त करते हैं और शमशेर विश्व के मुक्तिकामी जनगण की आकांक्षाओं को 'मास्को का लाल तारा' और 'अमरीका का लिबर्टी स्टैचू' के प्रतीक में मूर्त करते हैं। कहीं-कहीं चीज़ों में कार्य-कारण सम्बन्ध निदर्शित करके प्रत्ययों की व्याख्या की गयी है। नरेन्द्र शर्मा की बहुउद्धृत पंक्तियाँ हैं–

वहाँ राज है पंचायत का, वहाँ नहीं है बेकारी,
वहाँ न दाढ़ी-चोटी लड़ती, वहाँ नहीं साहूकारी।[66]

पंचायत राज, दाढ़ी-चोटी, साहूकारी प्रत्ययात्मक बिम्ब हैं। चीज़ों के कार्य-कारण सम्बन्ध पंक्ति-पंक्ति में व्यक्त हुए हैं–जिस तरह पंचायत राज में बेकारी नहीं होती उसी तरह साहूकारी न रहने पर दाढ़ी-चोटी का झगड़ा नहीं होता।

यथार्थ का गहन और व्यापक पर्यवेक्षण करने तथा वास्तविकता के मर्म की आन्तरिक पहचान होने के नाते प्रगतिशील कवियों ने जिस चित्रात्मकता का परिचय दिया है वह अन्ततः एक नैतिक दृष्टि के रूप में काव्य-कर्म का अंग बन गयी है। वास्तविकता के बिम्बों या चित्रों की जितनी सूक्ष्म पकड़ है, उनके सन्दर्भों और स्पन्दनों की जितनी परख है, उसी के अनुरूप उनके उपयोग में उतनी जीवन्तता और समग्रता है। यह समग्रता और जीवन्तता अनेकरूपता में व्यक्त हुई है। निराला ने जीवन-स्थितियों की विविधता के अनुरूप अपने बिम्बों की रचना की; मुक्तिबोध मूलतः वातावरण-निर्माण के लिए बिम्ब-योजना करते हैं; केदारनाथ अग्रवाल और नागार्जुन जीवन के रूप-रस-गन्ध में निष्कुण्ठ उन्मुक्तता के साथ डूबने के लिए बिम्बों का उपयोग करते हैं; शमशेर बिम्ब-रचना करते हैं एक भावचित्र–एक इम्प्रेशन देने के लिए; केदारनाथ सिंह के बिम्ब वस्तु के भावात्मक प्रभाव और चारित्रिक वैशिष्ट्य को उद्घाटित करते हैं।

वस्तुतः कोई भी कवि अपने संवेदनात्मक ज्ञान को संवेदनात्मक उद्देश्य से सम्पृक्त किये बिना सृजन नहीं करता। इसलिए किसी भी साहित्य का दृश्यफलक और उसकी करुणा का जनाधार उसके रूपगत प्रयोगों को बहुत गहराई से प्रभावित करता है। प्रगतिशील कविता में प्रकृति, समाज और मनुष्य के सभी पहलुओं को यथासम्भव सभी कोणों से देखने और प्रस्तुत करने का प्रयत्न है। इससे उसकी विषय-सामग्री, वस्तु और संवेदना में जो व्यापकता आयी है उसे हम उसके बिम्बों

और चित्रों द्वारा भी देख सकते हैं।

प्रगतिशील कविता का ध्यान कलात्मक चमत्कार उत्पन्न करने की दिशा में कभी नहीं रहा। उसमें यह विवेक आद्योपान्त विद्यमान है कि बिम्ब, वस्तुतः अपेक्षित भावचित्र, कवि और पाठक के रिश्ते के सेतु हैं इसलिए उनका अवधारणात्मक वस्तु से गहरा सम्बन्ध है। वे, अनिवार्यतः, निजी नहीं हो सकते। इसीलिए प्रगतिशील कविता के बिम्ब प्रतीकोन्मुख न होकर भावचित्र बनने की दिशा में उन्मुख हैं। इस भावात्मक वस्तु और चित्रात्मक रूप-विधान के कारण प्रगतिशील कविता जीवन्त कलात्मक भाषा की सुरक्षा और बिम्बवाद-प्रतीकवाद आदि से बचाव, दोनों एक साथ कर सकी।

सन्दर्भ-सूची

1. फिलासकी ऑफ सिम्बालिक फार्म, पृष्ठ 69
2. सिब्बालिज़्म : इट्स मीनिंग ऐण्ड इफेक्ट, पृष्ठ 15
3. रेणुका, पृष्ठ 2-3
4. आधुनिक हिन्दी कविता में शिल्प, पृष्ठ 207-8
5. 'हंस', दिसम्बर, 1945
6. वही, जनवरी, 1947
7. 'जनता', नवम्बर, 1947
8. विश्वास बढ़ता ही गया, पृष्ठ 102
9. विश्वास बढ़ता ही गया, पृष्ठ 101
10. वही, पृष्ठ 103
11. 'हंस', नवम्बर, 1946, पृष्ठ 150
12. आत्मनेपद, पृष्ठ 41
13. अरी ओ करुणा प्रभामय, पृष्ठ 47
14. गुलमेंहदी, पृष्ठ 50-51
15. गर्म हवाएँ, पृष्ठ 46
16. चाँद का मुँह टेढ़ा है, पृष्ठ 33
17. रस मीमांसा, पृष्ठ 211
18. धूप के धान, 'निवेदनम्'
19. सौन्दर्यशास्त्र के तत्त्व, पृष्ठ 201
20. वही, पृष्ठ 206
21. अवन्तिका (काव्यालोचनांक, पटना, जून, 1954), पृष्ठ 248
22. चाँद का मुँह टेढ़ा है, पृष्ठ 27
23. फूल नहीं, रंग बोलते हैं, पृष्ठ 50
24. इतने पास अपने, पृष्ठ 17
25. सौन्दर्य-मूल्य और मूल्यांकन, पृष्ठ 65-66
26. रूप-तंरग, पृष्ठ 67
27. चाँद का मुँह टेढ़ा है, पृष्ठ 97
28. वही, पृष्ठ 67

29. वही, पृष्ठ 98
30. ठण्डा लोहा, पृष्ठ 3
31. कुछ कविताएँ, पृष्ठ 14
32. सूरज सब देखता है, पृष्ठ 44
33. ज़मीन पक रही है, पृष्ठ 15
34. वही, पृष्ठ 9
35. भूरी-भूरी खाक धूल, पृष्ठ 26
36. वही, पृष्ठ 51
37. धूप के धान, पृष्ठ 89
38. फूल नहीं, रंग बोलते हैं, पृष्ठ 149
39. नयी कविता : सीमाएँ और सम्भावनाएँ, पृष्ठ 25
40. गीतिका, पृष्ठ 98
41. अनामिका, पृष्ठ 81
42. फूल नहीं, रंग बोलते हैं, पृष्ठ 20
43. प्रलय-सृजन, पृष्ठ 12
44. रूपाम्बरा, पृष्ठ 279
45. कविता कुंज, पृष्ठ 127
46. चाँद का मुँह टेढ़ा है, पृष्ठ 285
47. वही, पृष्ठ 286
48. वही, पृष्ठ 290
49. तीसरा सप्तक, पृष्ठ 190
50. वाग्देवी, पृष्ठ 503
51. कुछ कविताएँ, पृष्ठ 28
52. चाँद का मुँह टेढ़ा है, पृष्ठ 287
53. फूल नहीं, रंग बोलते हैं, पृष्ठ 41
54. एकान्त, पृष्ठ 57
55. निराला की साहित्य साधना, खण्ड-2, पृष्ठ 315-16
56. तुलसीदास, पृष्ठ 11
57. वही, पृष्ठ 61
58. आराधना, पृष्ठ 10
59. अनामिका, पृष्ठ 126
60. उपर्युक्त, पृष्ठ 81-82
61. चाँद का मुहँ टेढ़ा है, पृष्ठ 284
62. वही, पृष्ठ 303
63. वही, पृष्ठ 281
64. वही, पृष्ठ 268
65. वही, पृष्ठ 265
66. 'हंस', अगस्त, 1842

अध्याय-15

व्यंग्य की संचरना

जिन ऐतिहासिक दबावों ने साहित्य के क्षेत्र में यथार्थ की प्रखर चेतना को जन्म दिया और छायावाद का अन्त करके वास्तविकता के प्रत्यक्ष साक्षात्मकार को साहित्य में प्रतिष्ठित किया, उनका यह स्वाभाविक तर्क था कि सच्चाई के ज्वलन्त पहलुओं की अभिव्यक्ति के लिए नये रूपों की तलाश की जाय। व्यंग्य यथार्थ के दबाव से उत्पन्न एक ऐसा ही माध्यम है। 'आधुनिक हिन्दी कविता में व्यंग्य' की आवश्यकता पर विचार करते हुए केदारनाथ अग्रवाल ने लिखा था कि 20वीं सदी के जीवन में दिखाई देने वाली विरोधात्मक प्रक्रियाएँ, परिवर्तन, विषमताएँ और स्थायी द्वन्द्व तथा विश्व की गति को देखते हुए भविष्य के प्रति कुतूहलपूर्ण आशंका—"इस सदी की यही मूल भावनाएँ, जीवन की प्रक्रियाओं के रूप में व्यंग्य की सृष्टि करती हैं।"[1] सारा जीवन इतने बड़े व्यंग्य में परिणत हो रहा है कि साहित्य में उसका प्रवेश एक ऐतिहासिक अनिवार्यता बन गया है।

सुप्रसिद्ध व्यंग्यकार हरिशंकर परसाई ने प्रस्तुत पंक्तियों के लेखक के साथ एक भेंटवार्ता में कहा था : "व्यंग्य जीवन की विसंगति, अनुपातहीनता, असामंजस्य, पाखण्ड, छद्म, अन्याय आदि का अन्वेषण करता है और इस अन्वेषण के लिए उसे गहरे जाना पड़ता है।" तथा "वह जीवन में गहरे जाता है और आत्म-साक्षात्कार, आत्मसमीक्षा और आत्मालोचन के लिए प्रेरित कता है।"[2]

इस प्रकार व्यंग्य एक साथ दो स्तरों पर चोट करता है। एक तो सीधे स्थिति पर या व्यक्ति पर। दूसरा स्तर पहले स्तर का जटिल परिणाम है। व्यंग्य से मर्माहत होकर व्यक्ति अपने भीतर और बाहर व्याप्त पाखण्ड और अन्याय के रहस्यों को जानने की, उनके निदान और उपचार की दिशा में प्रवृत्त होता है। यही सच्चे व्यंग्य की पहचान है। व्यंग्य का मूल अंहकार में नहीं, करुणा में है; उसकी मार दुश्मन के चाबुक की नहीं, दोस्त के फटकार की होती है। ज़रूरत पड़ने पर व्यंग्य चाबुक भी लगाता है; लेकिन अपमानित करने के ध्येय से नहीं, मानवीय करुणा और आत्मचेतना जगाने के ध्येय से। कहने की ज़रूरत नहीं कि अपनी इस जटिल

संरचना के कारण "व्यंग्य अभिजात-वर्ग और परम्परागत जीवन-मूल्यों के लिए एक चुनौती होता है।"[2]

अपने विश्वबोध और अपनी दायित्व चेतना के नाते प्रगतिशील कविता आरम्भ से ही जीवन की विसंगति, असन्तुलन, पाखण्ड, अन्याय के उन्मूलन का संकल्प लेकर आयी। सांस्कृतिक स्तर पर जनता परम्परागत जीवन-मूल्यों और मिथ्या चेतना में फँसी हुई है। इस जटिल स्थिति में यह स्वाभाविक था कि प्रगतिशील कविता के व्यंग्यों में अनेक स्तर और रूप विद्यमान हों।

सामाजिक जीवन के जटिल अन्तर्विरोधों और तज्जन्य बौद्धिक तनावों को चुटीले ढंग से व्यक्त करने के लिए व्यंग्य की यह अनिवार्य माँग है कि रचनाकार उसके शिल्प से तटस्थ रहे, अपने आवेश को संयत रखे और स्थितियों के वैपरीत्य से अर्थ व्यंजित करे। कलात्मक तटस्थता ही व्यंग्य की शक्ति का आधार है। उल्लेखनीय है कि प्रगतिशील कविता ने जीवन की विसंगतियों के उद्घाटन में जितनी सफलता व्यंग्य-चित्रों में प्राप्त की है उतनी इतिवृत्तात्मक विवरणों वाली भावावेशपूर्ण कविताओं में नहीं।

अन्तर्वस्तु में कवि की गहरी सम्पृक्ति और चित्रण में पूर्ण तटस्थता की कठिन साधना के बाद ही केदारनाथ अग्रवाल 'गाँव के महाजन' को 'गौरव का गोबर गणेश'[3] कहकर भी कलात्मक प्रभाव अर्जित कर पाते हैं। इस उपमा में जो हिकारत का भाव है वह "समाज के त्रस्त क्षेत्र के मस्त महाजन" से जुड़कर गम्भीर सामाजिक व्यंग्य में परिणत हो जाता है।

निराला ने जहाँ भी किसी तरह के पाखण्ड के दर्शन किये वहाँ व्यंग्य का ही प्रहार किया। भक्तों द्वारा भिक्षुक की करुण पुकार को अनसुना करके बन्दरों को पूए खिलाने का व्यंग्य बहुत जाना-माना हुआ है। 'हिन्दी के सुमनों के प्रति' भी तिलमिला देने वाला व्यंग्य है :

> "ईर्ष्या कुछ नहीं मुझें, यद्यपि
> मैं ही वसन्त का अग्रदूत,
> ब्राह्मण समाज में ज्यों अछूत
> मैं रहा आज यदि पार्श्वच्छवि।"[4]

'झींगुर डटकर बोला' का व्यंग्य अनेक दृष्टियों से महत्त्वपूर्ण है। गाँधीवादी कांग्रेसमैन (भाई जी) किसान सभा के लोगों को समझाता है कि 'देशभक्ति और निर्विरोध शक्ति' से स्वदेश आयेगा जिसमें 'जमीदार, साहूकार अपने कहलाएँगे।'[5] जब यह 'बधार' चल रही थी तभी कान्स्टेबल को साथ लेकर जमींदार का गौड़इत आया और दोनाली बन्दूक से गोली चलाने लगा। झींगुर यह 'पेंच' समझाता है कि किसान सभा के सदस्यों पर भाई जी के मददगार जमींदार ने गोली चलवायी है।

व्यंग्य क्या है? किसान और जमींदार के हितों में इतना विरोध है फिर भी गाँधीवादी कहता है कि वे अपने हैं। व्यवहार और सिद्धान्त में, कर्म और वचन में इतनी बड़ी खाई है कि उसे पाटना सम्भव नहीं है। झींगुर की निष्कर्षात्मक टिप्पणी से यह व्यंग्य क्षीण होने की जगह और तीक्ष्ण हो जाता है। सिर्फ इसलिए नहीं कि वह गाँधीवादी काँग्रेसमैन के राजनीतिक नेतृत्व में जमींदार-साहूकार-पुलिस के गँठजोड़ के ज़रिये सरकारी तंत्र के चरित्र को बेनकाब करता है, बल्कि इसलिए भी कि व्यंग्य वस्तुतः कविता की वस्तु में अन्तर्निहित है। जिस वस्तुस्थिति को निराला लेते हैं वह है समाज और राजनीति में व्याप्त छद्म और विसंगति। किसान के अनुभव और 'भाई जी' के उपदेश की विरोधी स्थितियों द्वारा यह व्यंग्य रूपायित होता है। इसलिए झींगुर की निष्कर्षात्मक टिप्पणी इस व्यंग्य को दिशावाचकता प्रदान करती है।

इससे यह प्रमाणित होता है कि व्यंग्य एक ही साथ व्यंग्य भी है और करुणा भी; वह स्थितियों की विडम्बना का उद्घाटन भी करता है और उनके विकल्प की दिशा का संकेत भी देता है। वैकल्पिक परिप्रेक्ष्य के बिना सार्थक व्यंग्य लिखा ही नहीं जा सकता। कलाकार की अंतर्दृष्टि और वैचारिक संलग्नता की भूमिका इसमें अत्यंत महत्वपूर्ण है। इसके अभाव में व्यग्य केवल शैली और चमत्कार बन जायेगा। वैकल्पिक धारणा होने पर व्यंग्य रचना के कथ्य में ढलकर आता है। कविता में व्यंग्य कथ्य में रूपान्तरित होकर ही दिशावाचक करुणा से सन्दर्भित होता है, अन्यथा भोंडा हास्य बनकर रह जाता है।

इस दृष्टि से जिन प्रगतिशील कवियों ने सशक्त व्यंग्य दिये हैं उनमें निराला के अतिरिक्त केदारनाथ अग्रवाल, नागार्जुन और रामविलास शर्मा अग्रणी हैं। रामविलास और नागार्जुन के व्यंग्य अपेक्षाकृत प्रत्यक्ष हैं और केदार के व्यंग्य जटिल। रामविलास शर्मा यथार्थ के सम्बन्धों और टकरावों को प्रत्यक्ष अभिव्यक्ति देते हैं इसलिए उनका लहजा भी व्यंग्यात्मक होता है। 'अगिया बैताल', 'निरंजन' आदि नामों से लिखे उनके राजनीतिक व्यंग्यों से लेकर 'सत्यं शिवं सुन्दरम्' जैसी सुप्रसिद्ध कविता तक यह तथ्य अबाध रूप से देखा जा सकता है। उदाहरण के लिए 'तुम और मैं' कविता को लें जिसमें किसान-मजदूर प्रजा पार्टी और सोशलिस्ट पार्टी की नेताशाही पर व्यंग्य हैं :

> तुम सत्याग्रह के योग, मैं सुखद वर्ग सहयोग।
> तुम समझौते की चाह और मैं उसका मधुर सुयोग
> तुम शान्ति विरोधी वीर, मैं क्रान्ति-विरोध अधीर
> तुम गाँधी जी के धनुष और मैं बिड़ला जी का तीर।[6]

इतने पैने राजनीतिक व्यंग्य हिंदी के रामविलास जी के अलावा केवल नागार्जुन ने लिखे है।

नागार्जुन के व्यंग्य में सामान्यतः उपहास-वृत्ति अधिक है। 'भैया, लन्दन ही पसन्द है आजादी की सीता को'[7] से लेकर 'बापू के भी ताऊ निकले तीनों बन्दर बापू के। सरल सूत्र उलझाऊ निकले तीनों बन्दर बापू के।'[8] तक में उनकी परिहास वृत्ति ही व्यंग्य में तटस्थता और तीखापन लाती है।

कहीं-कहीं उनके व्यंग्य का स्वर बिल्कुल बदल जाता है। हास्य-वृत्ति कम हो जाती है और स्नेहाकुल करुणा ही वक्रोक्ति बन जाती है। 'शासन की बन्दूक' के दोहे इसका आदर्श उदाहरण हैं :

खड़ी हो गयी चाँपकर कंकालों की हूक।
नभ में विपुल विराट्-सी शासन की बन्दूक।[9]

मूर्ति-विधान का जो कौशल है वही व्यंग्य का प्राण है। कंकालों की हूक को चाँपकर शासन की 'विपुल-विराट्' बन्दूक खड़ी हो गयी है। दमन के इस 'विपुल-विराट् रूप के आगे चँपी हुई कंकालों की हूक क्या परिस्थिति के व्यंग्य को उद्घाटित करने के लिए पर्याप्त नहीं है? यह करुणा ही उन्हें एक ओर 'दुखरन झा' जैसे बेबस क्रोधी मास्टर के प्रति सहानुभूतिपूर्ण व्यंग्य के लिए प्रेरित करती है और दूसरी ओर चुनावों को 'आये दिन बहार के' समझने वाले खुशामदी अवसरवादी नेताओं का बेलौस उपहास करने के लिए भी। ये नेतागण सेवा करते हैं 'जयति नख रंजिनियों' की और कंकालों को सताते हैं। दुखरन झा दोनों के बीच की स्थिति में हैं इसलिए नागार्जुन उसकी बेबसी के प्रति सहानुभूतिपूर्ण रुख अपनाते हैं और 'बेबस बच्चों को मिनट-मिनट में पाँच तमाचे' लगाकर 'आदम के साँचे' ढालने की उनकी तकनीक का उपहास करते हैं। 'शासन की बन्दूक' और 'दुखरन झा' के व्यंग्य 'प्रभु जी, तुम दीपक हम बाती' जैसे व्यंग्यों से भिन्न कोटि के हैं। दुखरन की खीझ जीवन की अभावग्रस्त स्थितियों से उत्पन्न है : धुन खाये शहतीर, चूती छत, फटी भीत। इस स्थिति से मुक्ति का कोई रास्ता नहीं दीखता। इस असहाय निरीहता के कारण वह बच्चों पर अपना गुस्सा निकालता है और आदम के विकृत साँचे गढ़ता है। स्थितिजन्य खीझ और आभ्यन्तर तनाव तथा व्यक्ति की निरीह असहायता की भिड़न्त से नागार्जुन दुखरन पर व्यंग्य नहीं करते, उस व्यंग्य की चोट पड़ती है उसे इस स्थिति में पहुँचाने वाली व्यवस्था पर। जटिलता नागार्जुन की संरचना में नहीं है, इसलिए उनके कथन का बेबाकपन बहुत वक्र नहीं जान पड़ता। उनकी कलात्मकता का पता तब चलता है जब हम उनकी भंगिमा को उनकी वस्तु के माध्यम से देखते हैं।

व्यंग्य में जटिल-से-जटिल अन्तर्विरोधी स्थितियों को बहुत तीखेपन और निर्वैयक्तिक तटस्थता के साथ व्यक्त करने की क्षमता होती है। आधुनिक जीवन को बौद्धिक तनावों से ग्रस्त कहा जाता है। इसका कारण सम्भवतः यही है कि आधुनिक जीवन में मनुष्य की बौद्धिक भूमिका बहुत बढ़ गयी है। जीवन-स्थितियों

का तनाव ऐसा है कि :

भेड़िये-सा/भयंकर हो गया है/यथार्थ
न कोई बचाव/न कोई सुझाव।[10]

इस बिडम्बना की स्थिति में ज़रूरी हो गया है कि हम वास्तविकता के समूचे तनाव को गहराई से पकड़ें। व्यंग्य रचना में तनाव की यह पकड़ भिन्न प्रकार की होगी क्योंकि व्यंग्य में भावावेश के आस्फालन की जगह वस्तुस्थिति की विडम्बना का प्रकटीकरण होता है। केदार में व्यंग्यपूर्ण स्थितियों और वस्तुगत द्वन्द्व से उत्पन्न मानसिक तनाव की गहरी पकड़ विद्यमान है। उनके व्यंग्य में बाह्य स्थितियों और मानसिक तनावों का ऐसा विनियोजन है कि कथ्य में स्वभावतः जटिलता आ जाती है :

बढ़ गया है
जीने से ज्यादा न जीना
और आदमी है कि हँसना नहीं भूलता।[11]

जीवन में व्याप्त विडम्बना सघन मानवीय करुणा से सम्पृक्त होकर इस कविता में व्यक्त हुई है। जिजीविषा मनुष्य में सर्वाधिक है ; किन्तु वह जिन स्थितियों में जी रहा है उनमें जीना न जीने के समान है। उसकी स्थिति उसकी क्षमताओं और मानवीय सम्भावनाओं की मौत का प्रतीक है और उसकी हँसी इस स्थिति पर जिजीविका का व्यंग्य। इस पूरे तनाव को केदार ने जितनी गहराई से पकड़ा है उतने ही कौशल से व्यक्त भी कर दिया है। कहने की ज़रूरत नहीं कि कारुणिक स्थितियों की गहरी समझ के अभाव में श्रेष्ठ व्यंग्य की रचना सम्भव नहीं है।

प्रगतिशील कविता में व्यंग्य की जो अन्तर्धारा विकसित हुई वह यथार्थवादी तकनीक के विकास का परिणाम थी। उसकी इस नयी आधारभूमि का स्वाभाविक परिणाम हुआ एक ओर परम्परागत साहित्य-मूल्यों से विच्छेद, अभिजात-संस्कारों को चुनौती और भावनाहीन काल्पनिकता का परित्याग। तथा दूसरी ओर, क्रुद्ध प्रतिक्रिया की जगह व्यंग्य की प्रकटतः मजाकी मुद्रा का अपनाया जाना। सम्भवतः इसीलिए जीवन में व्याप्त "विसंगति और विडम्बना" की अभिव्यक्ति के लिए अपनायी गयी व्यंग्य की तकनीक को क्रीड़ा-वृत्ति मान कर डॉ. नामवर सिंह उसे 'छायावादी-गम्भीरता' के भंजक के रूप में देखते हैं : "अकस्मात् एक हल्की सी बात कहकर गम्भीरता को झटके के साथ तोड़ने की प्रवृत्ति छायावादोत्तर काव्य के सन्धिकाल की व्यापक प्रवृत्ति थी।"[12]

व्यंग्य को मात्र क्रीड़ा-वृत्ति मानकर चलने के नाते नामवर जी के लिए वह गम्भीरता तोड़ने वाली 'हल्की बात' हो गयी और चूँकि छायावाद काल में 'हल्की बात' कहने की प्रथा न थी इसलिए इसकी धार छायावाद-विरोधी हो गयी। यह

ठीक है कि नामवर जी ने रघुवीर सहाय आदि की जिन कविताओं को अपने इस प्रतिमान का आधार बनाया है उनमें "टोता हूँ। ढ नहीं ट" के खेलवाड़ से गम्भीरता तोड़ने के लिए 'हल्की बात' का अर्थ-चमत्कार होगा। किन्तु क्या कारण है कि जिसे नामवर जी 'हल्की बात' कहकर निराला की 'सरोज-स्मृति' और 'कुकुरमुत्ता' तक से पुष्ट करने का भगीरथ प्रयत्न करते हैं उसमें निहित व्यंग्य की अन्तर्धारा को देख नहीं पाते? क्या पुत्री-शोक के अवसर पर 'वे जो यमुना के-से कछार/पद फटे बिवाई के, उधार/खाये के मुख ज्यों, पिये तेल/चमरौधे के जूते सकेल/निकले,.../ऐसे शिव से गिरिजा विवाह/करने की मुझको नहीं चाह।'[13] जैसा प्रसंग "गम्भीर भाव-भूमि में अगम्भीर प्रसंग लाना" भर है? और क्या 'सत्यं शिवं सुन्दरम्' जैसे रामविलास शर्मा के व्यंग्य छायावाद-विरोधी अभियान के अंग है?

क्या कारण है कि जिसे क्रीड़ा-भाव और हल्की बात कहकर नामवर जी छायावाद-विरोध का अस्त्र बनाते हैं उसके प्रणेता स्वयं निराला हैं जो छायावाद के शीर्षस्थ कवि थे? नामवर जी के मूल्यांकन में असंगति यह है कि वे व्यंग्य के ऐतिहासिक सन्दर्भों को नज़रन्दाज़ करके चलते हैं। इसीलिए वह छायावाद के कलावादी (गम्भीरतावादी!) पक्ष को अतिरंजित करते हैं और यह स्वीकार करने से कतराते हैं कि जिस ऐतिहासिक युग-सन्धि में व्यंग्य का विकास हुआ वह रोमाण्टिसिज्म के टूटने और यथार्थवाद के उदय की युग-सन्धि है। निराला का व्यक्तित्व विराट् इसलिए नहीं हो गया कि वे 'हल्की बात' कहने की क्रीड़ा-वृत्ति से इतने अभिभूत थे कि पुत्री-शोक के अवसर पर भी उससे बच न सके। उनके ऐतिहासिक महत्त्व का कारण यह है कि वे रोमाण्टिक युग से लेकर यथार्थवादी युग में संक्रमण तक के समूचे ऐतिहासिक दौर के जीवन्त प्रतिनिधि हैं। 'सरोज-स्मृति' में जो 'अगम्भीर प्रसंग' है वह वस्तुतः उस व्यंग्यात्मक अन्तर्धारा का ही प्रस्फुटन है जिसने कविता को लिजलिजा होने से बचा लिया है। भावुकता से बचाव का कारण है आत्मदया की भावना से मुक्त होना। निराला ने आत्मदया की भावना से मुक्त होकर कविता को व्यंग्य में बदल दिया है। इस कार्य के सम्पादन में उन्होंने यथार्थवादी तकनीक को—तटस्थता की स्थिति को—अपनाया है। उनका शोक आत्मदया न होकर वैयक्तिक तटस्थता की सूचना देता है—इसका एक ही उदाहरण पर्याप्त होगा :

> जाना तो अर्थागमोपाय, पर रहा सदा संकुचित काय
> लख कर अनर्थ आर्थिक पथ पर, हारता रहा मैं स्वार्थ समर।[14]

तटस्थ आत्मालोचना आत्मदया नहीं है; यथार्थवाद और भाववाद में यही अन्तर है।

सन्दर्भ-सूची

1. 'हंस', नवम्बर, 1941
2. 'जनयुग', 7 मार्च, 1976
3. फूल नहीं, रंग बोलते हैं, पृष्ठ 82
4. अनामिका, पृष्ठ 118
5. नये पत्ते, पृष्ठ 63
6. 'जनयुग' (अगिया बैताल), 7 सितम्बर, 1952
7. 'हंस', जून, 1949, पृष्ठ 492
8. प्रगतिशील कविता के मील के पत्थर, पृष्ठ 28
9. निकेत, मार्च-अप्रैल, 1971, पृष्ठ 3
10. आग का आईना, पृष्ठ 27
11. वही, पृष्ठ 73
12. कविता के नये प्रतिमान, पृष्ठ 163
13. अनामिका, पृष्ठ 133-34
14. वही, पृष्ठ 122

अध्याय-16

काव्य-भाषा और प्रगतिशील कविता

भाषा को 'सेकण्ड सिग्नलिंग सिस्टम' (द्वितीय संकेत प्रणाली) की संज्ञा देकर पावलोव ने उसे हमारे अन्तर्गामी अनुभवों और उनकी बहिर्गामी अभिव्यक्ति—परिभाषा और सम्प्रेषण—के बीच एक ऐसे समर्थ माध्यम के रूप में स्थापित करने का प्रयत्न किया था जो मनुष्य की अतिविकसित बौद्धिक क्षमता का सूचक है। अमरीकी भाषावैज्ञानिक एडवर्ड सपीर के निष्कर्षों और हिन्दी के प्रयोगवादी कवियों के अनुभवों को माध्यम बनाकर डॉ. नामवर सिंह ने काव्य-भाषा के सम्बन्ध में लिखा है कि "कविता की भाषा का विश्लेषण करके उसके अनुभव की शक्ति को भी मापा जा सकता है।"[1] इसका कारण यह है कि "....परिवेश का बोध भाषा की क्षमता पर निर्भर है। किसी की भाषा-शक्ति उसकी बोध-शक्ति का प्रमाण है : व्यक्ति का अपना भाषा-संसार ही अनुभव का संसार है, इसलिए अनुभव संसार के विस्तार के लिए भाषा-संसार का प्रसार आवश्यक शर्त हैं,"[2]

डॉ. नामवर सिंह भाषा के बोध-पक्ष पर बल देकर सम्भवतः यह रेखांकित करना चाहते हैं कि भाषा केवल अभिव्यक्ति का नहीं, ज्ञान का भी माध्यम है। भाषा की दोहरी भूमिका की इस मान्यता को वैज्ञानिक आधार पर अधिक प्रामाणिक रूप से इस प्रकार व्यक्त किया जा सकता है : भाषा हमारे अन्तर्गामी अनुभवों को परिभाषित करने और इस परिभाषित बोध को अभिव्यक्त करने का मूल माध्यम है।

भाषा का माध्यम सामाजिक स्वीकृति पर आधारित है। इसलिए काव्य-भाषा का प्रयोग सृजन के पक्ष से निजी होते हुए भी सम्प्रेषण के पक्ष से उसका दूसरा धरातल सामाजिक दायित्व-बोध से जुड़ा है। अपनी इस द्विविध अथवा द्वन्द्वात्मक स्थिति के कारण भाषा एक ओर सामाजिक जीवन की सांस्कृतिक प्रक्रियाओं का अंग होती है और दूसरी ओर इस सांस्कृतिक माध्यम को कवि अपने वैयक्तिक सन्दर्भ में इस्तेमाल करता है। काव्य-भाषा के सृजन की प्रक्रिया में कवि भाषा के स्वीकृत अर्थों और मूल्यों से स्वयं नये अर्थ ग्रहण करता है और साथ ही, व्यक्तिगत अनुभूति-सन्दर्भ से युक्त करके वह भाषा को अपने खुद के नये अर्थ भी प्रदान करता है। फलतः कवि

के निजी अनुभव-संसार के साथ-साथ सामाजिक अनुभवों में भी अभिवृद्धि होती है। काव्य-भाषा की तलाश या रचना से वस्तुतः कवि और समाज के अनुभवों तथा भाषा की सामाजिक परम्परा, दोनों में विस्तार होता है। कविता या अन्य सृजन-रूपों से सम्बद्ध होकर भाषा में जो द्वन्द्वात्मक गतिशीलता आती है उससे पता चलता है कि आखिर काव्य सम्बन्धी मान्यताओं के साथ काव्य-भाषा सम्बन्धी मान्यताओं में भी क्यों परिवर्तन घटित होता है। सामाजिक विकास की भिन्न-भिन्न अवस्थाओं में व्यक्ति और समाज के बीच की विभिन्न सम्बद्ध-स्थितियों से काव्य-भाषा सम्बन्धी अनेक दृष्टियों का विकास स्वाभाविक है। काव्य-भाषा के इस ऐतिहासिक दृश्यफलक से स्पष्ट होता है कि प्रगतिशील साहित्य में भाषा सम्बन्धी मूल्य-बोध का सर्वथा नवीन धरातल आकस्मिक नहीं था।

सृजनकर्म में भाषा चूँकि कविता की बुनियादी संरचना का एक ऐसा माध्यम है जो कवि और पाठक के संवाद का सेतु बनता है इसलिए प्रगतिशील कविता के नये भाव-बोध और नये जनाधार के कारण भाषा का भी नवीन संस्कार आवश्यक हो उठा था। वैज्ञानिक मानववाद से लैस प्रगतिशील कविता जनता के नजदीक पहुँचकर उससे अधिक प्रत्यक्ष संवाद कायम करने और उससे तदाकार होने में ही अपनी सार्थकता का अनुभव करती है। 'जिन्दगी की भीड़' में 'जनता के मोर्चे की प्रतिध्वनि' होने के नाते प्रगतिशील कविता ने जिस भाषा को आदर्श बनाया वह केदारनाथ अग्रवाल के शब्दों में 'किसान की वाणी, मजदूर की वाणी और जन-जन की वाणी'' है।[3]

भाषा को साधारण जन के निकट लाकर कविता को लोक-निर्णय के लिए प्रस्तावित कर देना अत्यन्त क्रान्तिकारी और नैतिक साहस का काम था। भाषा सम्बन्धी प्रगतिशील दृष्टिकोण ने अध्यात्मवादी, रूढ़िवादी, साम्प्रदायिक और कुलीनतावादी भाषा संस्कारों को निर्णायक चुनौती दी। परिणामस्वरूप, डॉ. जगदीश गुप्त के शब्दों में, ''प्रगतिवाद ने भाषा को गेय रोमाण्टिकता की परिधि से निकाल कर सड़कों और पगडण्डियों पर चलने को विवश किया। इससे उसमें एक खुलापन आया, उसने आसपास की लोक-भाषाओं से अपना शब्द-भण्डार समृद्ध किया।''[4]

गहन सकर्मक दायित्व-बोध से उत्पन्न भाषा सम्बन्धी यह प्रगतिशील दृष्टिकोण कि कविता की भाषा बोलचाल के निकट हो, भाषा का निर्माण जीवन से सीधे सम्पर्क कायम करने में सहायक हो, दो कारणों से विकसित हुआ। पहला, यथार्थ के प्रखर दबावों और जीवन के प्रामाणिक स्पन्दनों को व्यक्त करने वाली लय को, जनता के जीवन्त आन्तरिक छन्दों को गहराई से पकड़े बिना काव्य-भाषा को जन-मन में कवि के विचार-वहन करने का विश्वसनीय साधन नहीं बनाया जा सकता था। दूसरा, कवि अपनी कविता में जो दुनिया रचता है—जीवन का जो पुनः सृजन करता

है—उसे दुनिया से, संवेद्य वस्तुजगत् से तटस्थ रहकर नहीं, बल्कि उसमें सक्रिय हिस्सेदारी अदा करते हुए सम्पन्न करता है। 'अपने प्रसिद्ध सानेट 'ध्वनि-ग्राहक' में त्रिलोचन शास्त्री ने लिखा है :

लड़ता हुआ समाज, नयी आशा-अभिलाषा
नये चित्र के साथ नयी देता हूँ भाषा।[5]

चूँकि काव्य-भाषा समाज की ऐतिहासिक आवश्यकताओं और काव्य की आन्तरिक अनिवार्यताओं का संश्लिष्ट परिणाम होती है इसलिए प्रगतिशील कविता के सामने भाव और भाषा के अन्तस्सम्बन्ध को लेकर एक जटिल चुनौती प्रस्तुत हुई। भाव-व्यंजना और सरल शैली (जिसे जनता समझ सके) का सवाल उठाते हुए डॉ. रामविलास शर्मा ने लिखा : "भावों की गहनता, सूक्ष्मता या उच्चता के साथ भाषा सरल रहे, साथ ही, शिथिल भी न हो यह अत्यन्त दुष्कर है। इसकी सफलता का उदाहरण 'रामचरितमानस' है। गर्जन-तर्जन करने वाले शब्दों में उनके समान-भाव भरना आसान नहीं।"[6] भाव और भाषा के सामंजस्य की यह दुहरी चुनौती समाज की नयी आवश्यकताओं और प्रगतिशील साहित्य की नयी भाषा-दृष्टि के जटिल द्वन्द्व से उत्पन्न हुई और इस चुनौती से टकराते हुए अनेक कवियों ने अपनी समझ, जीवन की पकड़ और सामर्थ्य के अनुरूप सफलता या असफलता हासिल करते हुए प्रगतिशील कविता की भाषा-संरचना को स्वरूप प्रदान किया। गहन भाव-व्यंजना के साथ सरल शैली के निर्वाह का उदाहरण यदि नागार्जुन की 'हरिजन-गाथा' है तो गर्जन-तर्जन करने वाले छन्द में उसके अनुरूप भाव न भर पाने का उदाहरण है शिवमंगल सिंह 'सुमन' की 'मास्को अब भी दूर है'।

'हरिजन गाथा' में जिस बालक की तदबीरों से 'शोषण की बुनियाद हिलेगी', उसे 'कलुआ' जैसे मामूली विशेषण से सम्बोधित किया गया है। सामाजिक विडम्बना और कथ्य की दिशावाचक मानवीयता के अन्तर्विरोध को नागार्जुन ने जितनी गहराई से जज़्ब किया है उतनी ही सफलता से उपेक्षा, उलाहना के स्वर में बोलते हुए भी अपनी संवेदना की पक्षधरता और उद्देश्य की गरिमा को पाठक की चेतना में अंकित कर दिया है। बालक के प्रति बाबा के स्वर में नागार्जुन कितनी आत्मीयता भर देते है! और फिर भी 16-16 मात्राओं वाली पंक्तियों के सरल छन्द में कितना गहन ओज एवं प्रभाव बनाये रखते हैं, इसका एक उदाहरण पर्याप्त होगा :

अरे भगाओ इस बालक को/होगा यह भारी उत्पाती
जुलुम मिटाएँगे धरती से/इसके साथी और सँघाती

× × ×

जनबल धनबल सभी जुटेगा/हथियारों की कमी न होगी
लेकिन अपने लेखे इसको/हर्ष न होगा, गमी न होगी

सबके दुःख में दुःखी रहेगा/सबके सुख में सुख मानेगा
समझ-बूझ कर ही समता का/असली मुद्दा पहचानेगा।[7]

इस प्रकार की कविताओं को अतिरिक्त व्याख्या की आवश्यकता नहीं होती। 'सुमन' की कविता आकार-प्रकार में 'हरिजन गाथा' से कम नहीं है। उसका छन्द 28 मात्राओं का है ताकि प्रवाह और वेग बनाये रखते हुए द्वितीय विश्वयुद्ध की विभीषिका और उसमें सोवियत संघ की दुर्जेय शक्ति के गहन, दिक्मण्डलव्यापी प्रभाव को ध्वनित किया जा सके। कविता का आरम्भ इस प्रकार होता हैं :

घहर-घहर घर बादल गरजे, घनन घनन घर तोपें
ज्वालामुखी सजीव टेंक बन, सब धरती पर कोपे
हिली धरा, हिल गया आसमाँ, हिला विश्व का कोना
अन्तरिक्ष से प्रतिध्वनि आयी, ऐसा हुआ न होना
रातों-रात बढ़े उलूकगढ़, रही सृष्टि सब सोती
वरना दो-सौ मील जमीं आसानी से सर होती?— इत्यादि।[8]

आगे विवरण-वृत्ति ज्यों-ज्यों बढ़ती गयी है, कविता आन्तरिक दृष्टि से त्यों-त्यों शिथिल होती गयी है। जोश के साथ ललकार कर बोलने के लिए लिखे गये इस छन्द में यदि तथ्यरहित भावावेश हो ('यहाँ हिटलरी मूँछ कट गयी, गया विजय का गौरव।' आदि।) तो कविता प्रभावहीन होगी, और यदि तथ्यात्मक विवरणों का उपयोग भावावेश के उद्दीपन के रूप में किया गया हो ('दो सौ वर्षो की आद्योगिक उन्नति काम न आयी, बीस वर्ष के पट्ठे ने जब निज तलवार उठायी।' आदि) तो कविता वस्तु-सत्य की सतही पहचान सूचित करेगी। इसलिए ज़रूरत यह है कि कथ्य ऐसे भाव-चित्रों में रूपान्तरित हो जो विषय-वस्तु की संवेदना को व्यंजित कर सके। 'मास्को अब भी दूर है' का कवि युद्ध की विभीषिका का, मास्को की शक्ति और फासिस्टों की पराजय से जनता में उत्पन्न स्फूर्ति का संवेदनात्मक प्रभाव व्यंजित नहीं करता। वह थाड़े-थोड़े कलात्मक उपकरणों के सहारे प्रदीर्घ वक्तव्य देता जाता है। इसलिए टैंको को सजीव ज्वालामुखी कहने, फासिस्टों के लिए उलूकगण की उपमा देने, हिटलरी मूँछ कटने के मुहावरे का प्रयोग करने, इत्यादि के बावजूद कविता प्रचारात्मक उद्देश्य से हट नहीं पाती। इसमें सन्देह नहीं कि अपने समय में यह अत्यन्त लोक-प्रिय हुई और प्रचारात्मक उद्देश्य में यह अत्यन्त सफल रही है। किन्तु काव्यात्मक धरातल पर कविता की असफलता कथ्य को विषय-वस्तु में रूपान्तरित करने की असफलता का सूचक है। भाषा इस रूपान्तरण का माध्यम है इसलिए कविता की असफलता वस्तुतः भाषा की असफलता का पर्याय है।

इसलिए चुनौती केवल यह नहीं है कि जनता की भाषा लिखी जाय, चुनौती यह भी है कि कविता के समूचे सन्दर्भ में जनता की भाषा को सृजनात्मक चरित्र

प्रदान किया जाए। इस चुनौती को अपने सृजनकर्म में अंगीकार न करने के नाते 'मास्को अब भी दूर है' प्रचार बनकर रह जाती है और इसका सफल निर्वाह करने के नाते 'हरिजन गाथा' ज़मीन के ठोस मुहावरे को चुनकर जीवन के स्पन्दनों को पूरी प्रामाणिकता के साथ कविता में रूपान्तरित कर देती है :

राम जी के आसरे जी गया अगर यह
कौन-सी माटी गोड़ेगा?
कौन-सा ढेला फोड़ेगा?[9]

प्रचारधर्मी कविताओं को छोड़कर अधिकांश प्रगतिशील कविताओं में परम्परा और जन-जीवन से प्राप्त भाषा का संवेदनात्मक वस्तु के सन्दर्भ में सृजनात्मक उपयोग दिखायी देता है। कविता के मूर्ति-विधान का प्रमुख माध्यम भाषा है इसलिए काव्य- भाषा के सृजनात्मक चरित्र को रेखांकित करते हुए निराला ने यह समर्थ चित्र प्रस्तुत किया है :

अति गहन विपिन में जैसे
गिरि के तट काट रही हैंनव-जल
धाराएँ, वैसे भाषाएँ सतत बही हैं।[10]

भाषा की विशेषता का उल्लेख-मात्र नहीं, उसका सृजनात्मक उपयोग करके निराला ने काव्य-भाषा का आदर्श प्रस्तुत किया है। पूरा छन्द एक वाक्य है; पहली और तीसरी तथा दूसरी और चौथी पंक्तियों में तुक है, किन्तु तुक सहज तार्किक वाक्य-गठन पर हावी नहीं होता। भाषा संरचना की यह विशेषता केदारनाथ अग्रवाल, रामविलास शर्मा, नागार्जुन, त्रिलोचन शास्त्री आदि कवियों में बड़े पैमाने पर विद्यमान है। इसमें त्रिलोचन शास्त्री का विशेष उल्लेख आवश्यक है। सॉनेट के कसे हुए छन्द के कड़े अनुशासन में भी तार्किक वाक्य-गठन का निर्वाह करके उन्होंने असामान्य कवि-प्रतिभा का ही परिचय नहीं दिया, अर्थगर्भ भाषा की रक्षा में अमूल्य योगदान भी किया है :

सीथ बीन कर खाता है अब वह बंगाली
जो दूकान चलाता था, तन कर चलता था,
स्निग्ध प्रार्थनाओं के स्वर सुनकर ढलता था
और कृपा करता था, लेकिन अब कंगाली
ने श्रीहीन कर दिया है।[11]—इत्यादि।

कहने की ज़रूरत नहीं कि 'हरिजन गाथा' के प्रयोग से यह प्रयोग कितना भिन्न है। यहाँ सीधे जनता की भाषा का प्रयोग नहीं है। क्या तार्किक वाक्य-गठन के साथ जनता की भाषा का निर्वाह सम्भव नहीं था? वस्तुतः दोनों में कोई विरोध नहीं है। जनता की भाषा का अर्थ उस भाषा से उतना नहीं जो जनता की बोल-चाल की भाषा है, जितना उस भाषा से जिसे जनता साहित्य में पाना चाहती है। जनता के

बीच नाट्य-आन्दोलन के अपने लम्बे अनुभव से उत्पल दत्त ने यह निष्कर्ष निकाला है कि "लोग जो नाटक देखने आते हैं, वे केवल वह बोली सुनने के लिए नहीं आते जो वे बोलते हैं, वरन् सीधे-सादे गद्य में यदि सम्भव हो तो, लच्छेदार भाषा सुनना ही उनका अभीष्ट होता है।"[12] इस सूत्र से प्रमाणित होता है कि कला के साथ-साथ भाषा का भी सृजन होता है और वास्तविक जन-भाषा और कला की जनभाषा के बीच निरन्तर एक द्वैत की स्थिति बनी रहती है। जहाँ जनभाषा और काव्यभाषा के बीच की इस द्वन्द्वात्मकता को नज़रन्दाज़ किया जाता है वहाँ कलावाद या प्रचारवाद का आग्रह मुखरित होता है।

कथ्य की व्यापकता के समान्तर प्रगतिशील कविता की भाषा का प्रसर भी एक ओर प्रचारवाद की सीमा का स्पर्श करता है तो दूसरी ओर कलावाद के बिन्दु को भी छूता है। मुक्तिबोध में ही नहीं, केदारनाथ अग्रवाल तक में कला के प्रति अतिरिक्त सजगता के दर्शन होते हैं :

> खिला है अग्निम प्रकाश/सन्ध्याकाश में;/
> कमलवन की तरह नयनाभिराम,/प्रवाल पंखुरियों
> के सम्पुट खोले,/क्षण-पर-क्षण/बिम्बित-प्रतिबिम्बित
> होता/दिगम्बरी दिशाओं के दर्पण में।[13]

कला के प्रति अतिरिक्त सजगता के बावजूद मुक्तिबोध, केदारनाथ अग्रवाल और यहाँ तक कि शमशेर की भाषा को रूपवादी नहीं कहा जा सकता क्योंकि इनके रूपगत प्रयोगों का गहरा सम्बन्ध उनकी काव्यात्मक वस्तु से है। उल्लेखनीय बात यह है कि इन कवियों में कला के प्रति सजगता वस्तुतः आरम्भिक दौर की कलाहीनता और प्रचारात्मकता की प्रतिक्रिया के तौर पर विकसित हुई है। रूप के आग्रह में वस्तु की उपेक्षा की प्रवृत्ति कविता के लिए कितनी अस्वाभाविक है इसका अनुमान रघुवीर सहाय, सर्वेश्वर दयाल सक्सेना, विजयदेव नारायण साही, नरेश मेहता आदि स्वयं को प्रगतिशील धारा से तटस्थ मानने वाले कवियों की सपाटबयानी की भंगिमा से लगाया जा सकता है। मुक्तिबोध की भी जो पंक्तियाँ सर्वाधिक उद्धृत हुई हैं वे 'कविता में कहने की आदत नहीं/पर कह हूँ....' आदि सीधी सपाट बयानी की ही पंक्तियाँ हैं। स्पष्ट है कि वस्तु के सघन प्रवाह के कारण भाषा का सीधापन, 'सपाटपन' ही काव्यात्मक प्रभाव अर्जित करता है।

भाषा में सहजता का आग्रह, जनता की भाषा में, अर्थात् जनता की इच्छित भाषा में सृजन का आग्रह प्रगतिशील कविता में केवल नैतिक आग्रह नहीं था, उसका स्पष्ट सामाजिक और राजनीतिक उद्देश्य भी था। यह उद्देश्य हिन्दू रूढ़िवाद और मुस्लिम कट्टरतावाद की साम्प्रदायिक भाषा-नीति के विरुद्ध जवाहरलाल नेहरु और प्रेमचन्द द्वारा प्रस्तावित 'हिन्दुस्तानी' के माध्यम से हिन्दी-उर्दू-एकता ही नहीं,

हिन्दू-मुस्लिम एकता के भी मानवीय ध्येय से प्रेरित था। भाषा सांस्कृतिक प्रक्रियाओं का आधारभूत घटक है इसलिए जनता के सांस्कृतिक एकीकरण और भाषागत एकता को अलग करके नहीं देखा जा सकता। जो लोग हिन्दुस्तानी भाषा के विरुद्ध संस्कृतनिष्ठ तत्समवादी हिन्दी और अरबी-फारसीवादी उर्दू के समर्थक थे वे हिन्दी-उर्दू में लिपि भेद और भाषा-भेद रखने का ही समर्थन नहीं कर रहे थे, जाने-अनजाने जनता की जातीय एकता को धर्म के नाम पर बाधित भी कर रहे थे। हिन्दुस्तानी के विरोधियों में जहाँ एक ओर राजर्षि पुरुषोत्तमदास टण्डन, अम्बिकादत्त वाजपेयी, महामना मदनमोहन मालवीय आदि हिन्दू रूढ़िवाद और पुनरुत्थानवाद के समर्थक लोग थे वहीं हिन्दू-उर्दू की दो भाषाओं के साथ-साथ दो लिपियों की वकालत करनेवाले मौलवी अब्दुल हक, अली सरदार जाफरी आदि प्रगतिशील कहे जाने वाले लोग भी थे। आगे चलकर बहुत-से 'जनवादी' के अनुयायी हुए।

इस अन्तर्बाह्य संघर्ष में प्रगतिशील कविता ने सफलतापूर्वक एक सुनिश्चित भाषा इसलिए विकसित कर ली कि सिद्धान्त और व्यवहार में वह जनता की जातीय एकता की समर्थक थी। जाति-धर्म आदि के आधार पर राष्ट्रीयता (जातीयता) को स्वीकार न कर प्रगतिशीलों ने जातीयता के प्रश्न को मूलतः सांस्कृतिक प्रश्न माना। इस सम्बन्ध में प्रगतिशील दृष्टि यह थी कि भौगोलिक और ऐतिहासिक परिस्थितियों में विकसित सांस्कृतिक विशिष्टताओं के कारण विभिन्न जातियों (नेशनैलिटीज़) का निर्माण हुआ है। भाषा इस जातीय संगठन का मूल घटक है। इसलिए धर्म के नाम पर जाति और भाषा का बँटवारा अस्वाभाविक और अमानवीय कार्य है। हिन्दुस्तान के हिन्दुओं और मुसलमानों की दो जातियाँ हैं—इसका कोई व्यावहारिक प्रमाण नहीं मिलता। किसान या मजदूर जनता की एक जाति, एक भाषा होती है, व्यवहार से हम ऐसा ही जानते हैं। हाँ, धनी और कुलीन हिन्दू-मुसलमानों में भाषा और संस्कृति का बड़ा अन्तर विद्यमान है। इसलिए जातीय एकता और स्वभावतः भाषागत एकता का समर्थन श्रमिक जनता के हितों से सम्बद्ध है और इसका विरोध जनता के दुश्मनों के हितों से।

यह सैद्धान्तिक प्रस्थापना प्रगतिशील साहित्य की भाषा में व्यावहारिक स्तर पर देखी जा सकती है। 'भगतसिंह से' कविता में शंकर शैलेन्द्र ने लिखा है :

भगतसिंह इस बार न लेना काया भारतवासी की,
देश-भक्ति के लिए आज भी सजा मिलेगी फाँसी की।

× × ×

मत समझो पूजे जाओगे क्योंकि लड़े थे दुश्मन से,
रुत ऐसी है, आँख लड़ी है, अब दिल्ली की लन्दन से,
कामन-वेल्थ कुटुम्ब देश को खींच रहा है मन्तर से,

प्रेम विभोर हुए नेतागण रस बरसा है अम्बर से,
भोगी हुए वियोगी दुनिया बदल गयी वनवासी की।[14]

रुत, कामनवेल्थ, अम्बर आदि में हिन्दी-उर्दू-अंग्रेज़ी के शब्दों का निर्बन्ध व्यवहार ही नहीं, रुत के साथ आँख लड़ने के पूरे प्रसंग में दरबारी और स्वयं उर्दू शायरी के मिज़ाज का और वनवासी के प्रंसग में जनता के मूल्यों से अनुप्राणित भक्ति-साहित्य की आत्मा का कितना सधा हुआ प्रयोग है—यह स्वयंसिद्ध है। संघर्ष के चित्रण में, जनता के सांस्कृतिक जीवन की अभिव्यक्ति में हिन्दी-उर्दू का भेद-भाव अधिक नहीं रह जाता। इस दिशा में प्रगतिशील लेखक संघ के प्रयत्नों के सम्बन्ध में डॉ. रामविलास शर्मा ने लिखा है, "सन् 36 के आसपास हिन्दी और उर्दू लेखकों की एक बहुत बड़ी संख्या जितना एक-दूसरे के निकट आयी उतना पहले कभी न आयी थी।"[15]

कहने की आवश्यकता नहीं कि प्रगतिशील कविता के भाषा-विषयक संघर्ष ने न केवल शुद्धतावादी संस्कारों को तोड़कर भाषा की संकरता का मार्ग प्रशस्त किया वरन् बहुत बार ग्राम भाषा के निकट खिसककर उसने निपट गँवारू संस्कार-हीनता तक का परिचय दिया। पढ़ीस, सुदर्शन चक्र, वंशीधर शुक्ल आदि ने तो मुख्यतः ग्रामभाषा में ही रचनाएँ की। (ये सभी अवधी के महत्वपूर्ण कवि हैं।) भाषा की यह संकरता और संस्कारहीनता सम्भ्रान्त रुचि वाले कुलीनों के लिए असह्य थी; किन्तु प्रगतिशील कवियों ने कलात्मक स्तर पर सृजनात्मक भाषा के निर्माण और विकास के क्रम में इन सभी प्रकार के प्रयोगों को अपनाया। यह संयोग की बात नहीं है कि कविता के प्रति कुलीनतावादी दृष्टि रखने वाले अज्ञेय तक ने भाषा की सृजनशीलता के लिए उसकी संकरता का ज़ोरदार समर्थन किया है।[16]

काव्य-भाषा के प्रति यह नया संस्कार वस्तुतः अभिव्यक्ति और सम्प्रेषण को अधिक समर्थ बनाने के प्रयत्नों के कारण विकसित हुआ। कवियों का आदर्श उत्कट भावस्फालन से हटकर यह हुआ, जैसा कि शमशेर ने कहा हैं :

बात बोलेगी
हम नहीं
भेद खोलगी
बात ही।[17]

कविता में कवि का अनपेक्षित हस्तक्षेप न हो, कविता स्वयं अपने अन्तर्बाह्य सन्दर्भों को ध्वनित करें, यह कलावाद का आग्रह नहीं है, कविता को जनता के साथ जोड़ते हुए कला की रक्षा करने का संकल्प है। इस साधना में कवि तभी सफल हो सकता है जब वह भाषा के प्रति व्यापक जीवन-दृष्टि से प्रेरित हो तथा शब्दों के चुनाव में मुख्य ध्यान शुद्धता पर न देकर शब्दों के अर्थ, उनकी उपयुक्ततम अर्थच्छाया, संवेदनात्मक अन्तर्वस्तु और ध्वनि एवं नाद-संगीत पर दे। "शब्दों में चित्र

और संगीत कला के भी तत्त्व निहित हैं और सूक्ष्म मनोवृत्तियों वाला कवि उनका प्रयोग करता है।"[18] इस कथन के बाद जब रामविलास शर्मा शब्दों के प्रयोग में किसी प्रकार की सीमा को स्वीकार नहीं करते तो वे वस्तुतः समर्थ और शक्तिशाली भाषा के निर्माण की आवश्यकता पर ही बल देते हैं : "परन्तु प्रतिभाशाली कवि सदा से कविता के योग्य न समझे जाने वाले शब्दों का साहस के साथ प्रयोग करते चले आये हैं। ऐसा न करने से कविता का जीवन नष्ट हो जाय और थोड़े-से शब्दों को कवित्वपूर्ण जान कवि उन्हीं का लौट-फेर प्रयोग किया करें। कवि का स्पर्श पा क्षुद्र-से-क्षुद्र शब्द भी जागकर चमत्कार कर सकते हैं।"[19] क्या 'हरिजन गाथा' के 'रैदासी कुटिया के अधेड़ सन्त गरीबदास' की 'बकरी वाली गंगा-जमनी दाढ़ी', गले में लटकता 'अँगूठानुमा ज़रा-सा टुकड़ा तुलसीकाठ का', उनके 'कपार पर, बायीं तरफ घोड़े के खुर का निशान', 'घुच्ची आँखें', और 'कठमस्त बदन'[20] आदि कविता के योग्य न समझे जाने वाले शब्द या बिम्ब कवि के स्पर्श से जागकर सचमुच चमत्कार नहीं करते?

कहने का तात्पर्य यह कि प्रगतिशील कविता के सामने मुख्य प्रश्न काव्यात्मक समझे जाने वाले शब्दों से निर्मित एक ऐसी काव्य-भाषा के प्रयोग का कभी नहीं रहा जो गुणदोषवाचकता से निरपेक्ष शुद्ध कविता की रचना में सहायक हो। उसके सामने मुख्य प्रश्न रहा है जनता के साथ जीवन्त घात-प्रतिघात को मूर्त कर सकने वाली ऐसी भाषा के प्रयोग का जो कवि और पाठक के बीच फासले को कम करे, जनता में संघर्षशील एकता लाये और जीवन के कथ्य को पूरी-पूरी प्रामाणिकता और जीवन्तता के साथ प्रतिबिम्बित करे। संक्षेप में, काव्य-भाषा की सृजनशीलता का प्रश्न एक तरफ काव्य-सृजन का आन्तरिक प्रश्न था और दूसरी तरफ कविता के उद्देश्य सम्बन्धी मूल्यों का भी। कलावादियों और प्रगतिवादियों में मुख्य अन्तर यही है कि कलावादी पहले प्रश्न को काव्य का आन्तरिक प्रश्न मानते हुए दूसरे प्रश्न को काव्येतर मानता है और इस प्रकार काव्य-भाषा अथवा उसकी सृजनशीलता के प्रश्न को निरपेक्ष और स्वयंभू बना देता है, जबकि प्रगतिवादी दोनों को समान रूप से काव्य- सृजन की आन्तरिक समस्या के रूप में अंगीकार करता है। निश्चय ही व्यापक दृश्य-परिधि की जटिल द्वन्द्वात्मकता के नाते प्रगतिशील कवि का भाषा सम्बन्धी संघर्ष अधिक पेचीदा रहा है जिन्हें डॉ. कैलाश वाजपेयी भाषा-शैली के तीन वर्गों में बाँटते हैं :

1. उद्‌बोधनात्मक : इसने सहजता, प्रवाह और गेयता के बावजूद प्रचारात्मक उद्देश्य होने के नाते "किसी भी प्रकार की बौद्धिकता, कलात्मकता एवं शिल्प-कौशल का प्रयोग नहीं होने दिया।"
2. वर्णनात्मक : कथात्मक विषयों अथवा दृश्यों के चित्रण के लिए उपयुक्त

मानी गयी भाषा-शैली।

3. विचारात्मक : इसमें समर्थ और समृद्ध भाषा के साथ "काव्य के तत्त्व भी प्रचुर मात्रा में विद्यमान हैं।"[21]

यदि वर्गीकरण के दृष्टिकोण से देखें तो उद्‌बोधनात्मक, वर्णनात्मक और विचारात्मक के अलावा सूक्ति-शैली, अन्तरंग संगीतात्मक भाषा, मुहावरेदार भाषा आदि अनेक वर्गो-उपवर्गों की कल्पना की जा सकती है। किन्तु, प्रगतिशील कविता की भाषा के बारे में समस्या वर्गीकरण की उतनी नहीं जितनी सांस्कृतिक गतिशीलता के बीच सक्रिय हिस्सेदारी अदा करने की है।

कहने की ज़रूरत नहीं कि भाषा-सम्बन्धी प्रगतिशील विवेक का सम्बन्ध कविता और जन-जीवन के द्वन्द्वात्मक सम्बन्धों से है। भावात्मक स्तर पर प्रगतिशील कविता जनता से जुड़ी हुई है। यह कला को जनता से जोड़ने, अर्थात् कवि और पाठक के बीच की खाई पाटने का उपक्रम करती है। विशिष्ट ऐतिहासिक और वैचारिक बोध के कारण वह जनता के अस्वाभाविक बिखराव को दूर करने, उसमें जुझारू सांस्कृतिक एकता लाने का प्रयत्न करती है। दूसरी तरफ, सृजनात्मक धरातल पर उसका संघर्ष कला की स्वाभाविकता की रक्षा करते हुए भाव के अनुरूप उपयुक्ततम भाषा-संरचना की दिशा में है। इस द्विविध संघर्ष में प्रगतिशील कविता ने जिस भाषा का विकास किया, उसने जनता और कवि के सम्बन्धों को, भाषा की व्यंजना-क्षमता और अनुभव-राशि को विकसित किया; कुलीनतावादी, सम्प्रदायवादी भाषा-संस्कारों को निर्णायक चुनौती दी; समर्थ और सृजनात्मक काव्य-भाषा की रचना में महत्त्वपूर्ण पहलकदमी की।

सन्दर्भ-सूची

1. कविता के नये प्रतिमान, पृष्ठ 112
2. वही, पृष्ठ 111
3. गुलमेंहदी, पृष्ठ 198
4. 'नयी कविता', अंक 5-6 संयुक्तांक, पृष्ठ 12
5. दिगन्त, पृष्ठ 22
6. स्वाधीनता और राष्ट्रीय साहित्य, पृष्ठ 77
7. 'हरिजन गाथा', पृष्ठ 6-7
8. 'हंस', अगस्त, 1942
9. 'हरिजन गाथा', पृष्ठ 4
10. परिमल, पृष्ट 73
11. दिगन्त, पृष्ठ 46
12. दि टाइम्स ऑफ इण्डिया, न्यू दिल्ली, 3 दिसम्बर, 1978
13. फूल नहीं, रंग बोलते हैं, पृष्ठ 152

14. 'हंस', नवम्बर, 1948, पृष्ठ 132
15. भाषा और समाज, पृष्ठ 356
16. दे. 'लिखी कागद कोरे', पृष्ठ 72-3
17. दूसरा सप्तक, पृष्ठ 78
18. स्वाधीनता और राष्ट्रीय साहित्य, पृष्ठ 74
19. वही, पृष्ठ 75
20. हरिजन गाथा, पृष्ठ 6
21. आधुनिक हिन्दी कविता में शिल्प, पृष्ठ 253-54

अध्याय-17

प्रगतिशील कविता : आलोचनाएँ और आलोचना दृष्टियाँ

काव्य सृजन की आन्तरिक चुनौतियाँ एक गतिशील द्वन्द्व से सम्बद्ध हैं और वे मूलतः दो स्तरों पर प्रकट होती हैं :

1. सृजनबिन्दु से–कला में रूप और वस्तु के उपयुक्त सन्तुलन का स्तर, और
2. सम्प्रेषण बिन्दु से–रचनाकार और पाठक के बीच अन्तस्सम्बन्ध का स्तर।

किसी साहित्य के स्वभाव और स्वरूप तथा गुण और दोष को इन्हीं दो कोणों से परखा जा सकता है। प्रगतिशील कविता पर मुख्यतः नारेबाजी, कलाहीनता, भदेसपन, बौद्धिकता, दलगत राजनीतिक प्रचार, विदेशी अनुकरण, आर्थिक पक्ष की प्रमुखता आदि के आरोप लगाये जाते हैं। यह सच है कि इस प्रकार के आरोप सर्वथा निराधार नहीं हैं। किन्तु यह और भी सच है कि बहुत अंशों में ऐसे आरोप स्वतः भी आग्रहों-दुराग्रहों से प्रेरित हैं। जहाँ तक उनमें सत्य का अंश हैं, हम उपर्युक्त दोनों कोणों से विचार करके प्रगतिशील काव्य की इन कमजोरियों के वास्तविक कारणों तक पहुँच सकते हैं।

चूँकि सृजनकर्म की जटिल आन्तरिक प्रक्रिया में रचनाकार से सम्बद्ध अनेक संवादी और विवादी तत्त्व एक साथ गतिमान रहते हैं, इसलिए रूप और वस्तु तथा अभिव्यक्ति और सम्प्रेषण सम्बन्धी विवेचन को किसी स्थिर-सनातन रेखा द्वारा विभक्त नहीं किया जा सकता। इन सभी तत्त्वों में परस्पर अन्योन्यता का सम्बन्ध है। कला की सफलता-असफलता का सम्बन्ध इन तत्त्वों की सन्तुलन-स्थिति से है। कवि और काल के सन्दर्भ में अधिकांश प्रगतिशील कविताएँ वहीं असफल हुई हैं जहाँ कवि वस्तुजगत् को अपनी वैचारिक समझ के अनुरूप संमजस रूप में ग्रहण नहीं कर सके हैं तथा उसे रागात्मक स्तर पर आत्मसात् करके सृजनात्मक स्रोत के

रूप में प्रस्फुटित होने की प्रक्रिया सम्पन्न नहीं कर पाये हैं। इसीलिए इन रचनाओं में गहरा बेमेलपन नज़र आता है, कहीं कवि की अपनी आत्मनिष्ठ धारणाएँ पूरी रचना पर हावी हो जाती हैं, कहीं वस्तु प्रकृत रूपाकार ग्रहण नहीं कर पाती। इस स्थिति में कविता नामधारी जिस चीज़ का जन्म होता है वह मात्र वक्तव्य या काव्याभास या नारा होती है, अथवा कवि कुछ कहता है लेकिन भावक भौचक्का देखता रह जाता है कि आखिर कौन-सी काव्योचित बात कही गयी है। अभिव्यक्ति और सम्प्रेषण में यह तनाव कृति की रचनात्मकता को नष्ट करता है।

कल्पित सर्वहारावाद

काव्य रचना का अपना एक आन्तरिक तर्क होता है जिसमें प्रत्ययात्मक बौद्धिक अनुशासन तथा संवेदनगत रागात्मक अनुशासन का अविकल संश्लेषण होता है। इस सामासिक, संश्लिष्ट अनुशासन का व्यतिक्रम कलात्मक सृष्टि में व्यतिक्रम उत्पन्न कर देता है। उदाहरण के लिए राजीव सक्सेना की कुछ पंक्तियाँ उद्धरणीय हैं :

प्यार करना ही काफी तो नहीं है,
प्यार के अधिकार की रक्षा भी ज़रूरी है।
युद्ध की ज्वालाएँ दिशि सुलगाये हैं,
आओ इन्हें बुझा दें!
भूख-बेकारी के साँप फन उठाये हैं,
आओ इन्हें कुचल दें।[1]

यह आह्वान भाव की रागात्मक सत्ता को आन्दोलित कर, अपने सृजनात्मक वेग के साथ बहा ले जाने में असमर्थ है। इसमें बौद्धिक अनुशासन एकदम दुरुस्त है, वैचारिक समझ ठीक मार्गदर्शन दे रही है, पर संवेदन के साथ इस सबका विलय नहीं हुआ है। राजीव सक्सेना की यह ''कविता'' प्रगतिशील अवश्य है, पर क्या यह कविता भी है?

जहाँ वस्तु की संवेदना कवि की निजता में परिणत नहीं हो पाती, दोनों में पार्थक्य की स्थिति बनी रहती है, वहाँ कवि का स्वीकृत उद्देश्य अथवा आशय कुछ भी हो, कविता उसकी संगति में होने की सूचना नहीं देती। ''कस्मै देवाय?'' प्रभाकर माचवे की प्रसिद्ध कविता है। इसकी ख्याति का सम्बन्ध माचवे जी के इस संकल्प से था :

हम उनके गायेंगे गाने!
जिनका जीवन किन्हीं कारणों
से है आज हुआ बेमाने![2]

यह कविता सन् '41 की है। '39 में ''अर्थशास्त्र'' शीर्षक कविता में उन्होंने

लिखा था कि चना-चबेना खाने वाला कवि किसानों के घर जाता है और उसका "सोशलिस्ट" मित्र अर्थशास्त्र का ग्रन्थ घोटता रह जाता है।[3] इस कविता को माचवे जी "इम्प्रेशनिस्ट" कविता कहते हैं। यह प्रभाववाद "कस्मै देवाय" में उन लोगों के गीत गाने के संकल्प में विकसित हुआ "जो निज अधिकारों से वंचित/जो है शोषित, लुण्ठित, मुच्चित"। आगे भी कुञ्चित और सिञ्चिज की तुक मिलाते हुए उन्होंने अपनी सहानुभूति के पात्रों की व्याख्या की है। ये "मल्लाह, उड़ाके, पैदल" श्रम सत्ता के दल है जो रणवर्षा में धनसत्ता के दीवानों को चुनौती देते हैं।[4] कह सकते हैं कि इस कविता में कवि केवल अपनी सहानुभूति और घृणा के पात्रों को पहचानने की कोशिश कर रहा है और "वञ्चित मुञ्चित" लोगों के गीत गाने का निर्णय ले रहा है, इसलिए उसकी भाषा, शैली और काव्य-वस्तु में किसानों-श्रमजीवियों का जीवन-यथार्थ न आना कोई दोष नहीं है। किन्तु समस्या तब उत्पन्न होती है जब कवि जनता को निकट से जानने का दावा करता है और कविता में कहीं भी इस परिचय की झलक नहीं मिलती। अज्ञेय मानते हैं कि "कविता ही कवि का परम वक्तव्य है, अतः यदि कविता के स्पष्टीकरण के लिए स्वयं उसके रचयिता को गद्य का आश्रय लेकर कुछ कहना पड़े तो साधारणतया इसे उसकी पराजय ही समझना चाहिए।"[5] दूसरे शब्दों में, ऐसी स्थिति तब उत्पन्न होती है जब अनुभूत यथार्थ और अभिव्यक्त यथार्थ में फासला हो और यह फासला कविता की शक्ति को क्षीण करता है।

उदाहरण के लिए स्वयं प्रभाकर माचवे की 'एक दृश्य' कविता को लें। कविता का आरम्भ है :

> उन काले अछोर खेतों में
> हलवाहों के बालकगण कुछ खेल रहे हैं;
> पहली झड़ियों से निर्मित कर्दम की गेंदे झेल रहे हैं!

'शिक्षा-संस्कृतिविहीन, दीन-मलीन, निठल्ले' ये 'कर्दम-मिट्टी के राजदुलारे' प्रकृति के रम्य-सौन्दर्य का आस्वादन करने की जगह धक्कमधक्का कर रहे हैं :

> सद्यःस्नाता हरित-श्यामता, शस्य बालियों में प्रफुल्लता,
> प्रकृति में सौन्दर्य फैलता;
> किन्तु गाँव वालों के लड़के ये मटमैले, करते धक्कमधक्का।

आखिर इन्होंने "विद्यामृत कब चक्खा?" स्वभावतः कवि की भावना जाग गयी। वह इनकी स्थिति का कारण जानना चाहता है। कारण यह है :

> इसका उत्तर स्वयं हमीं में, हमने ही उनको यों रक्खा,
> जो अब उनकी गितनी है प्रेतों में।[6]

समस्या वास्तविक है, प्रश्न वाजिब है और उत्तर भी ठीक है। यहाँ 'हम' का

प्रयोग निश्चय ही मानवीय दायित्व को रेखांकित करने के लिए हुआ है। किन्तु सृजनात्मक धरातल पर समस्या यह है कि कवि प्रकृति के रम्य सौन्दर्य का आनन्द न ले पाने वाले देहाती लड़कों को कीचड़ में खेलते देखता है और उस पर अपनी प्रतिक्रिया व्यक्त कर देता है। वह उन लड़कों के साथ शामिल नहीं होता, उनके जीवन में नही जाता। इसलिए 'धक्कमधक्का' को ही उनकी शिक्षा संस्कृति हीनता का पर्याय समझता हैं। दूर से यथार्थ को देखकर साहित्यिक शिल्प में आत्मगत प्रतिक्रिया व्यक्त कर देना प्रगतिशील कविता को उसके सांस्कृति आधार पर प्रतिष्ठित करना नहीं है। यह प्रवृत्ति जिस "बौद्धिक सहानुभूति" पर आधारित है उसका सम्बन्ध जनता के जीवन, उसकी संस्कृति से कवि के अपरिचय से है।

इस प्रकार की प्रवृत्तियों को लक्ष्य करके डॉ. केसरी नारायण शुक्ल ने लिखा था "अधिकांश प्रगतिवादी रचनाओं में बौद्धिकता अधिक, रागात्मकता कम है ....।"[7] अधिकांश प्रगतिवादी रचनाओं पर यह बात लागू नहीं होती, किन्तु इस प्रवृत्ति का वस्तुगत आधार क्या है, इस सम्बन्ध में डॉ. शुक्ल ने लिखा : "क्रान्तिकारी भावनाओं का स्रोत मध्यवर्ग की बढ़ी हुई चेतनता में है। उसी प्रकार उसके प्रचार और प्रभाव की संकीर्णता का कारण भी उसकी परवशता में है। बात यह है कि मध्यवर्ग और जन-सामान्य के बीच जो खाई है वह अभी तक पाटी नहीं जा सकी है।"[8]

जो कवि मध्य वर्ग से आये और उन्होंने जन-सामान्य के साथ अपनी इस खाई को पाटने का गम्भीर प्रत्यन नहीं किया उनकी कविताओं में जनता से सहानुभूति है, उसके कल्याण की चिन्ता भी है, लेकिन उसके जीवन की झाँकी नहीं, आत्मगत प्रतिक्रियाएँ हैं, जनता की भाषा नहीं "राक्षसी, बुभुक्षिता, महावृत्तान्तपूतिका"[9] जैसा निर्जीव साहित्यिक वाग्जाल है। शुक्ल जी मध्य वर्ग की बढ़ी हुई चेतना को क्रान्तिकारी भावनाओं का स्रोत कहते समय यह ध्यान में नहीं रखते कि जनता से अपने इस पार्थक्य के कारण ही मध्यवर्गीय कवि जन-जीवन के चित्रों को अन्तरंग परिचय और गहरी संवेदना के साथ प्रस्तुत नहीं कर पाते। अनुभव की रिक्तता और बौद्धिक प्रेरणा का यह अन्तर्विरोध निस्सन्देह मध्यवर्गीय कवियों की सीमा को प्रतिध्वनित करता है, किन्तु डॉ. शुक्ल की अंसगति का कारण यह है कि वे समस्त प्रगतिशील कविता को मध्यवर्ग से जोड़ने का उपक्रम करते हैं। केदार, नागार्जुन, त्रिलोचन, रामविलास आदि कवि जन-जीवन से निकट का परिचय रखने के कारण, मुख्यतः ग्रामीण परिवेश से सम्बद्ध होने के कारण अपनी भाषा और काव्य-वस्तु में जनता के निकट पहुँचते हैं। वे कविता को कवि और जनता के बीच सीधे संवाद का माध्यम बनाते हैं। इसलिए यह समझ संगत नहीं है कि प्रगतिशील कविता मूलतः मध्यवर्ग की कविता है। मध्यवर्ग के कवियों में जिन्होंने जनता के सांस्कृतिक जीवन से अपने को घनिष्ठ रूप में जोड़े बिना, दूर-दूर से देख-सुनकर उन पर कविताएँ

लिखीं, उनकी वस्तु में अमूर्त बौद्धिकता और शिल्प में कलावाद या प्रचारवृत्ति के दर्शन होते हैं। यह संयोग की बात नहीं है कि ज्येष्ठ के चिलचिलाते द्विप्रहर में "खिलखिलाता श्रेष्ठवर्णी गुलमुहर" देखते ही कवि कहता है–

पढ़ रहा हूँ लाल परचम की विजय;
गढ़ रहा हूँ मृत्तिका मैं रक्तमय–
कल्पना का प्राणमय वह मूर्ति पट, आदि।[10]

और 'मनु के वंशज' के प्रसंग में आधुनिक समाज की असंगतियों से अधिक 'ताता-बिर्ला योजना' और 'कूपलैण्ड प्लान' जैसी अखबारी कविताएँ ढलकर आती है।[11] इसलिए यदि कुछ विद्वानों को प्रगतिशील कविता में सामयिक उत्साह दिखता है तो यह अकारण नहीं है।

इसका यह आशय नहीं कि सामयिक विषय कविता में रूपान्तरित नहीं हो सकते। हो सकते हैं, बशर्ते कवि सतही दृष्टि से बचकर जनता की वास्तविकताओं के बीच अपनी संवेदनाओं को घनीभूत करे। जनता से थोड़ा ही परिचय स्थापित करके सर्वेश्वर ने दिखा दिया है कि एक 'आग' के भीतर आकर 'पगार', 'दरख्वास्त', 'फाके' और 'घेराव' किस तरह कविता बनते हैं।[12]

मध्य वर्ग से आये प्रगतिशील कवियों ने सैद्धान्तिक स्तर पर मार्क्सवाद को स्वीकार किया और मजदूर-किसान से बौद्धिक स्तर पर जुड़ने का संकल्प भी किया। किन्तु जनता के संस्कारों को आत्मसात् करने का जैसा प्रचण्ड संघर्ष मुक्तिबोध के काव्य में दिखायी देता है वैसा अन्यत्र दुर्लभ है। नागार्जुन का काव्य-संस्कार मध्यवर्गीय नहीं है इसलिए वे बेलौस होकर मध्यवर्ग की आलोचना करते हैं, उनकी आलोचना में फटकार है और सहानुभूति भी, चुनौती है और प्रेरणा भी। मुक्तिबोध आत्मसजग हैं इसलिए अपने वर्ग के लोगों को सलाह और उद्‌बोधन के स्वर में सम्बोधित करते है। जिन कवियों की संवेदना नागार्जुन और मुक्तिबोध से भिन्न मध्यवर्गीय जीवन-स्थिति से परिचालित है वे "निम्न मध्यवर्ग" की आलोचना करते समय खुद को सर्वहारा कल्पित अवश्य करते हैं, किन्तु मजदूर-वर्गीय वस्तुनिष्ठ दृष्टिकोण का परिचय नहीं देते, शिष्टाचार के साथ कड़ी भाषा का मध्यवर्गीय संस्कार ही व्यक्त करते हैं :

लहू नहीं, गो-मूत्र बहता इन जिस्मों में,
इसी से सदा डरते क्रान्ति से, नवीनता से घबड़ाते।
पीटते लकीर।[13]

तात्पर्य यह है कि जिन कवियों में जनता के संस्कार अर्जित करने का कठिन आत्मसंघर्ष नहीं है उनकी सहानुभूति सामाजिक-सांस्कृतिक विषयों से सम्बन्धित कविताओं में जीवन के प्रामाणिक और प्राणवान् स्पन्दनों से युक्त नहीं है। आत्मगत

सन्दर्भों को उद्‌घाटित करने वाली कविताओं में अवश्य जीवन्तता के दर्शन होते हैं। 'मार्क्स और गांधी' ऐसी ही कविता है। इस कविता में दोनों महापुरुषों के दार्शनिक निष्कर्षों को लेकर कवि का अन्तर्द्वन्द्व चित्रित हुआ है। गाँधीवाद वैयक्तिक नैतिकता को केन्द्र में रखकर समाज-सुधार का रास्ता दिखाता है और मार्क्सवाद व्यक्ति को सामाजिक पृष्ठभूमि में देखता है। इसलिए कवि के अनुसार "एक अश्रु को पीने वाला, एक अश्रु को देश-निकाला!" है। व्यक्ति का क्षेत्र सीमित है और समाज का क्षेत्र विस्तृत, दोनों में सामंजस्य का अर्थ है कुछ अनुशासन, कुछ गड़बड़। इस समझ में जो भ्रान्ति निहित है वह कवि को इस निष्कर्ष पर पुहँचाती है कि,

गाँधी दिल के सहजाकर्षण, मार्क्स दिमाग की 'ओवरग्रोथ'।[14]

विचारों के साथ जीवन के प्रत्येक क्षेत्र में दो विरोधी दबावों को झेलने और उनमें सन्तुलन लाने, किसी पक्ष को अतिरञ्जित करके जानने, समझने और प्रस्तुत करने की यह प्रवृत्ति मध्यवर्गीय जीवन-दृष्टि का ही परिणाम है। अपनी सैद्धान्तिक भ्रान्तियों और शिल्प में गतिशीलता के अभाव के बावजूद कवि के आन्तरिक द्वन्द्व को चित्रित करने के कारण कविता में प्रभाव आ गया है। साथ ही, कविता में कवि के वैचारिक संक्रमण के बीज भी अंकुरित होते दिखायी देते हैं। भावप्रवण कवि के लिए स्वाभाविक है कि उसका झुकाव 'दिल के सहजाकर्षण' की और हो, 'दिमाग के ओवरग्रोथ' की ओर नहीं!

आगे चलकर जब प्रभाकर माचवे 'दिमाग के ओवरग्रोथ' से अलग हो गये, विकल्प और दुविधा से मुक्त होकर "दिल के सहजाकर्षण" के प्रवाह में चले गये, तब उन्होंने खुद को मार्क्सवादी मानना बन्द कर दिया, प्रगतिवाद को "परपीड़न—प्रेम और प्रचार" की कविता कहा।[15] 'परपीड़न' का सम्बन्ध वर्ग शत्रु की आलोचना से है—

बताऊँ/कैसे लगते हैं/दरिद्र देश के धनिक?
जैसे कोढ़ी-कुढब तन पर मणिमय आभूषण।[16]

और 'प्रचार' का सम्बन्ध 'राजनीतिक पक्ष-विशेष की माइक' कविता बनाने की प्रवृत्ति से। कम्युनिस्ट पार्टी ने कहा आजादी झूठी है, तो कवि ने लिखा :

इसे से पानी से बुझने वाली किसकी यहाँ तृषा?
पहिले से ही गरजने वाली यह आजादी मृषा-मृषा।[17]

निश्चय ही दोनों प्रवृत्तियाँ निन्दनीय है। किन्तु आश्चर्य तब होता है जब अपने मार्क्सवादी दौर में कम्युनिस्ट पार्टी के कार्यक्रमों को पद्यबद्ध करके प्रचारवृत्ति को बढ़ावा देने के बाद व्यक्तिगत नैतिकता पर आधारित 'सहजाकर्षण' से अभिभूत होने पर आत्मालोचना की ईमानदारी दिखाने की जगह माचवे जी पूरे प्रगतिशील काव्य को 'राजनीतिक पक्ष-विशेष की माइक' कहते हैं।

नागार्जुन की आलोचना में जो तीखापन है वह मजदूरवर्गीय घृणा का परिणाम है। मध्यवर्ग की सम्भ्रान्त रूचि के लिए यह घृणा स्वीकार्य नहीं है। मावचे जी की आलोचनाओं की नागार्जुन की आलोचनाओं से तुलना करने पर साधारण जनता और मध्य वर्ग की रुचियों का फर्क पता चलता है। इससे यह भी पता चलता है कि जीवन-यथार्थ, वैचारिक निष्कर्ष और काव्य-वस्तु की संवेदना जहाँ कवि की निजता में परिणत नहीं हो पाती, दोनों में दूरी बनी रहती है वहाँ सहज आत्मतत्त्वों और सजग विचारधारा के बीच भी दूरी बनी रहती है। कवि के व्यक्तित्व का यह विभाजन कविता में विघटन का रूप धारण करता है इसलिए राजनीतिक या सामाजिक विषयों से सम्बन्धित कविताओं में केवल 'दिमाग का ओवरग्रोथ' परिलक्षित होता है और व्यक्तिगत सन्दर्भों पर लिखी गयी कविताओं में 'दिल का सहजाकर्षण' व्यक्त होता है। ''आजादी मृषा-मृषा'' के साथ ''मैंने जितना नारी तुमको याद किया है, प्यार किया है।...''[18] जैसी कविताओं को ध्यान में रखने पर इस तथ्य को भली-भाँति समझा जा सकता है।

जनता से दूर रहकर कवि जीवनानुभवों से अपनी विचारधारा को पुष्ट नहीं कर पाता इसलिए उसकी विचारधारा रचना से आभा की तरह फूटने के बजाय अलंकार की तरह उस पर आरोपित होती है। परिणामस्वरूप कविता को सांस्कृतिक आधार प्रदान करने की गम्भीर चुनौती को नज़रन्दाज़ करके कवि बहुत बार शुष्क सिद्धान्त निरूपण में प्रवृत्त होता है। आरम्भिक दौर की कलाहीन इतिवृत्त वाली कविताओं के अलावा, कुछ कला सजग कवियों में भी इसके उदाहरण सरलता से मिल जाते हैं। नेमिचन्द्र जैन की एक कविता है 'चलो आगे चलें'। इसमें मानव अस्तित्व के विकास की प्रक्रिया के रूपक में द्वन्द्वात्मक भौतिकवाद के सिद्धान्त की व्याख्या है। द्वन्द्व वाद की प्रक्रिया 'निषेध का निषेध' और 'विरुद्धों की एकता' के रूप में परिभाषित है। कवि 'इस मार्ग के छोर पर किसी को मिलने की' आशा न होने पर भी बिना किसी 'आन्तरिक आकर्षण' के (यन्त्रवत्!) चलना अनिवार्य समझता है ''क्योंकि तुममें है मेरे अस्तित्व का विरोध,/पा कर तुम्हारा सम्पर्क/इस जीवन का नियम/संघर्ष का/सक्रिय हो उठाता है/...तुम और मैं इस द्वन्द्व में होंगे समाप्त/...और तब उसमें से होगा निर्माण/एक नूतन अस्तित्व का/...जो स्वयं किसी एक-दूसरे के सहारे/फिर होगा गतिशील/उन्मुख अदम्य नयी शक्ति से।''[19]

सर्वनाश : सर्वरक्षा

स्पष्ट है कि विचारधारा को जीवन से पुष्ट और संयुक्त किये बिना मात्र बौद्धिक रूप में ग्रहण करने पर कवि जीवन-स्थितियों के आयोजन द्वारा अपनी विचारधारा की अनिवार्यता व्यञ्जित करने की जगह सैद्धान्तिक व्याख्या के लिए कविता का

आयोजन करता है। सिद्धान्तों को रागात्मक स्तर पर जज़्ब न कर पाने और अपनी जनता को न जानने-समझने के कारण कला अतिरिक्त बौद्धिकता के भार से दब जाती है। जीवन के चित्र उसे सहज बनाते हैं। ऐसे चित्र जनता से परीचय होने पर रचना में आते हैं। इस परिचय के अभाव में कवि यह विवेक नहीं रखता कि वह किससे प्रेरित है और किसे सम्बोधित कर रहा है। वह 'जनता के बीच से बोलने' के बजाय 'जनता को समझाने' की मुद्रा में बोलता है। 'चलो आगे चलें' में नेमिचन्द्र जैन बुद्धिजीवियों की 'समझाते' हैं। तो 'लाल-चीन' में अंचल अपनी जनता—मजदूर-किसान—को। चीन की जनता में मुक्ति की भावना थी, वह स्वतन्त्र हुई। यह प्रेरणा कवि अपनी जनता को भी देना चाहता है। चीन की विजय से 'हमारा मस्तक ऊँचा' हुआ है और दुश्मन में प्रतिहिंसा उत्पन्न हुई है। लेकिन यह 'दुश्मन' कौन है?

लाल चीन लड़ रहा उसी सरमायादारी से दिन-रात
जिसका अधम रूप है यह 'फैसिज़्म' हो रही जिसकी बात।[20]

कविता जनता को क्रान्तिकारी प्रशिक्षण देती है, लेकिन उपदेशों से नहीं, जीवन और यथार्थ के सजीव चित्रों, आदर्शों और चरित्रों के मूर्त चित्रण के ज़रिये संस्कारित करके। तारीफ यह कि 'लाल चीन' में फासिज़्म की 'अधमता' की कोई जीवित मिसाल नहीं है।

'मानवपन' कविता में पन्त जी ने लिखा था :

पीले पत्ते, टूटी टहनी, छिलके-कंकड़-पत्थर,
कूड़ा-करकट सब कुछ भू पर लगता सार्थक सुन्दर।[21]

पन्त के लिए मनुष्य से सन्दर्भित होकर कूड़ा-करकट भी सार्थक और सुन्दर हो गया। यह मानव-लोक अपरिचित नरक भी है और इस धरती के रोम-रोम में भरी सहज सुन्दरता भी है। किन्तु कुछ कवियों के लिए यह धरती केवल नरक है। ये कवि अपने आवेश को रोककर जब दुनिया को, इन्सानों को देखते हैं तो उन्हें चारों ओर नरक के दर्शन होते हैं। 'किरण बेला' का कवि अंचल देखता है :

वह मजदूर की अन्धी लड़की/खून जम गया जिसका काला-काला/
सड़ी प्राणघातक नमकीन हवा में/दृष्टिहीन दुर्गन्ध भरी वह/भूख,
गन्दगी नग्न गरीबी में।/कहीं नहीं मेहनत-मजदूरी भी कर
सकती।/अन्धकार में पड़ी कब्र-सी आँखे/बासी रोटी बासी
पानी/बीत रही धुँधली-धुँधली जिन्दगानी।[22]

कुरूप, बल्कि वीभत्स के पर्यावलोकन में कवि ने कितनी सूक्ष्मता से काम लिया है यह 'जमे काले खून' और 'प्राणघातक नमकीन हवा' से स्पष्ट है। यदि यथार्थ-चित्रण के नाम पर उपर्युक्त वर्णन कलाहीनता का सबूत है तो अन्धी लड़की की अन्धकारमय जिन्दगी को 'धुँधली-धुँधली' कहना संवेदनहीनता का। कलाहीनता

संवेदनहीनता का परिणाम है। इसलिए कविता की वस्तु वास्तविक होकर भी कला में विश्वसनीय कथ्य नहीं बनती।

अपनी जनता, अपने देश की वर्गीय-संरचना, अपने ऐतिहासिक सन्दर्भों को ठीक-ठीक न समझने वाले कवि वास्तव में मार्क्सवाद को भी सही ढंग से समझ पाने में असमर्थ रहे। वे यथार्थ की असंगतियों और पाशविकताओं के उद्घाटन के नाम पर कूड़ा-करकट बटोर कर अपने भीतर निहित अनास्था, संशयालुता और अविश्वास को ही प्रकट कर रहे थे। जीवनानुभव के खोखलेपन से उत्पन्न यह भाव-बोध जनता के सांस्कृतिक जीवन में निहित स्वस्थ मूल्यों और परम्पराओं की अवहेलना करता है, सभी मूल्यों को अस्वीकार करने वाले निषेधवाद की ओर बढ़ता है। परिणाम यह होता है कि कवि जब क्रान्ति का स्वप्न देखता है तो उसे दिनकर की भाँति 'विपथगा' बना देता है। यह महानाशवाद वस्तुतः उसी निषेधवादी दृष्टि का प्रस्फुटन है जो समाज और मार्क्सवाद सम्बन्धी भ्रान्तियों से उत्पन्न होती है। आरती प्रसाद सिंह के 'रक्तपर्व' में यह प्रवृत्ति बड़े सशक्त रूप में व्यक्त हुई है। कविता 'साम्यवाद गान'[23] से आरम्भ होती है और शीघ्र ही 'सर्वनाश गीत'[24] गाने लगती है। वह मृत्युञ्जय से 'अपनी गर्तिका कराल' खोलकर 'पेट में समेट ली तत्क्षण समस्त विश्व' का आह्वान[25] करता है और क्रान्ति सम्बन्धी अपनी धारणाएँ सूत्रित करते हुए लिखता है :

> इतना परिवर्तन; लीलामय,/एक ही निमिष तो/कुटिल रही भुकुटी तुम्हारी;/और उस रोष ज्वाला में क्षणिक/ताण्डव त्रिलोचन की/भस्मसात् हो गया त्रिलोक।/...रचे गये वर्षों में जो पुर-सौध,/बने थे युगों में जो विलास निकेतन;/ शताब्दियों की संचित सम्पत्ति/क्षण में कर दी तुमने/ अन्तर्हित, नष्ट, तिरोहित स्वाहा!![26]

शोषक संस्कृति का नाश हो, यह कामना सर्वथा उचित है। किन्तु वर्ग समाज में सभ्यता और संस्कृति की प्रत्येक अस्तित्ववा वस्तु पुर-सौंध और विलास-निकेतन है इसलिए तत्क्षण समस्त विश्व का नाश हो जाय, यह क्रान्तिकारी धारणा नहीं है। इस भावना से हम वर्ग समाज के भीतर विकसित होने वाली क्रान्तिकारी शक्तियों को अस्वीकार करते हैं और क्रान्ति-विरोधी निराशावाद के लिए भूमि तैयार करते हैं। ऐसा ही जोश था कि प्रतिक्षण 'पूँजी के युग का अस्तकाल' देखने वाले माचवे जी यथास्थितिवाद का प्रचार करते हुए लिखने लगे :

> क्या होना चाहिए और क्या नहीं?
> प्रश्नतन्द्रा यह टूटे और जागरण के संग 'है' की जय हो।[27]

कहने की आवश्यकता नहीं कि मध्यवर्गीय संस्कार न तोड़ पाने वाले कवि

मार्क्सवाद को वैचारिक स्तर पर अपनाकर प्रगतिशील समझी जाने वाली कविता रचते थे, किन्तु वे मार्क्सवाद को आत्मसात् नहीं कर पाते थे। मार्क्सवादी चेतना स्वयं मध्यवर्गीय सीमाओं का अतिक्रमण करने वाली चेतना है। इसलिए अनेक अन्तर्मुखी कवि अपने मध्यवर्गीय संस्कारों से मुक्ति के लिए संघर्ष करते दिखायी देते हैं। किन्तु जो कवि आत्म-सजग नहीं थे या कम थे वे संस्कारों के स्तर पर जनता से एकमेक होने के बजाय बौद्धिक स्तर पर मार्क्सवाद को अपनाने में ही प्रगतिशीलता की इति समझते थे। उनके काव्य में मार्क्सवाद या तो अंगीकृत होकर नहीं, आरोपित होकर आया और इस प्रकार प्रगतिशील कथ्य के साथ प्रयोगवादी शिल्प (या शिल्पहीनता) का आग्रह विकसित हुआ, अथवा मार्क्सवाद स्वयं विकृत होकर व्यक्त हुआ। इस प्रकार, कविता कथ्य और शिल्प दोनों ही स्तरों पर विकृत हुई। दोनों ही स्थितियों में कविता जनता की चेतना, उसके जीवन-यथार्थ से दूर हुई क्योंकि कविगत जनता की समस्याओं को लेकर जो रचना करते थे वह मुख्यतः मध्यवर्ग को सम्बोधित होती थी। इन कविताओं की विशेषता यह है कि सतही ज्ञान और प्रेरणा से सैद्धान्तिक और दैनन्दिन विषयों को कविता में ढालने का यत्न किया गया है; जनता के साथ बौद्धिक सहानुभूति दिखायी गयी है, लेकिन उसके सांस्कृतिक जीवन और उसकी मानवीय संवेदनाओं को स्पर्श तक नहीं किया गया है; मन में गहरा सन्देह हैं, किन्तु भविष्य के प्रति आस्था और विश्वास की घोषणा की गयी है। वर्ग समाज की भ्रान्त समझ के कारण कहीं क्रान्ति के सर्वनाशी रूप की उपासना की गयी है और कहीं यथास्थितिवाद का पोषण किया गया है। यह कोई संयोग की बात नहीं है कि नारी और यौन-सम्बन्धों के सन्दर्भ में 'यौनव मचा देने' वाले एकान्त में ही यह प्रवृत्ति अपना विशेष कौशल दिखा सकी।

केवल इस प्रवृत्ति की कविताओं को प्रगतिवाद मानकर डॉ. केसरी नारायण शुक्ल यह प्रतिपादित करते हैं कि "प्रगतिवाद की रचनाएँ मध्यवर्ग से ही प्रशंसित होकर (क्योंकि उनमें प्रचलित परिपाटी का विरोध रहता है।) उन्हीं के बीच सीमित रह जाती हैं। ये रचनाएँ दलित, पीड़ित और शोषितों के पास नहीं पहुँचतीं जिनका उद्‌बोधन और आह्वान किया जाता है। इसका सबसे बड़ा कारण यह है कि सामान्य जनता अभी अशिक्षित है।"[28] मध्यवर्गीय रचनाकारों की ही नहीं, जनता के विश्वासों की भी समस्या है। प्रगतिशील कविता प्रचलित परिपाटी के विरुद्ध है और यह विरोध केवल मध्यवर्ग तक सीमित है, "जनता अभी परम्परा और प्रचलित विश्वासों के सहारे चल रही है। इस प्रकार कवि और जनता के बीच कोई सामान्यता नहीं है।"[29] इस विषम स्थिति में "यदि कवि अपने व्यक्तिगत विश्वास के अनुरूप चलता है तो परम्परा में पली जनता से दूर होता है और यदि परम्परा का साथ देता है तो अपने विचारों की बलि चढ़ानी पड़ती है। इसी प्रकार संघर्ष का समय होने के कारण

या तो कवि क्रान्ति की अवहेलना कर कलात्मकता की रक्षा करे या अपने को क्रान्ति का सहचर बनाकर कलात्मकता की हानि उठायें।"[30] स्थिति की विषमता तब और उजागर होती है जब हम यह भी देखते हैं कि प्रगतिवाद 'युग की आवश्यकताओं और आकांक्षाओं को जानने वाले' साहित्य का नाम है।[31]

प्रश्न उठता है कि क्या युग की आवश्यकताओं और आकांक्षाों को जानने के बावजूद प्रगतिशील कविता जनता से दूर रही? या संघर्ष के समय में अपनी क्रान्तिकारी संघर्ष-चेतना के कारण वह जनता से दूर हो गयी? क्या जनता की गतिशीलता और भागीदारी के बिना ही युग की आवश्यकताओं और संघर्षों का निर्धारण होता है? क्या युग की आकांक्षाएँ जनता की ही आकांक्षाओं का परिणाम नहीं हैं? छायावाद की आलोचना करते समय उन्होंने लिखा था : "छायावादी काव्य सौन्दर्य की सीमा में ही घिरा रहा। उसने न उन सामाजिक तथा सांस्कृतिक रूढ़ियों की ओर संकेत किया और न शोषक और शोषित के जगद्व्यापी संघर्ष का दिग्दर्शन कराया। ...वर्ग-संघर्ष से वे अलग ही रहे। इस प्रकार जनता और कवि की इच्छा और आशाओं के बीच बड़ा भारी अन्तर उपस्थित हो गया।"[32] क्या छायावाद वर्ग-संघर्ष के जगद्व्यपी यथार्थ से तटस्थ रहने के कारण जनता से दूर हुआ और प्रगतिवाद उसे व्यक्त करने के कारण? या फिर छायावाद के समय जो जनता जगद्व्यापी वर्ग-संघर्ष कर रही थी, प्रगतिवाद के समय वह परम्परावादी विश्वास अपनाकर निश्चेष्ट हो रही और प्रगतिशील चेतना के विकास का दायित्व उसने मध्य वर्ग को सौंप दिया? और अन्त में, क्या संघर्ष और सौन्दर्य में ऐसा ही प्रबल विरोध है कि छायावाद संघर्ष से दूर रहकर सौन्दर्य की साधना कर सका और संघर्ष को चित्रित करने के कारण प्रगतिवाद कलाहीन होने से बच नहीं सकता था?

वस्तुतः डॉ. केसरीनारायण शुक्ल के चिन्तन के अन्तर्विरोध का कारण यह है कि वे साधारण जनता को नहीं, मध्यवर्ग को प्रगतिशील चेतना और जनसमस्याओं का मुख्य वाहक मानते हैं। प्रगतिशील साहित्य और स्वयं मध्यवर्ग की स्थिति को जनता के नज़रिये से देखने के बजाय, प्रगतिशील साहित्य और जनसमस्याओं के मूल्यांकन के लिए मध्यवर्ग को अपने दृष्टिकोण का मूलाधार बनाते हैं। इसलिए उन्हें यह कल्पना करनी पड़ी हैं कि जनता रूढ़ियों-अन्धविश्वासों से ग्रस्त सर्वथा निश्चेष्ट पड़ी है और मध्यवर्ग उसकी चिन्ताओं को विकसित दृष्टिकोण से उठाने से कारण उसी से दूर जा पड़ा है। यह आत्यन्तिक आग्रह भी इसी असंगति से उत्पन्न है कि क्रान्तिकारी संघर्ष में कलात्मक सौन्दर्य का अनिवार्यतः क्षय होता है।

सबसे मुख्य बात यह है कि शुक्ल जी के मूल्यांकन का अन्तर्विरोध उनकी अपनी समझ के अन्तर्विरोध का परिणाम है, प्रगतिशील सौन्दर्य-मूल्यों के निषेध के प्रयत्न का नहीं। इसीलिए वे कहते हैं कि "उन कवियों का स्वागत हमारा परम कर्तव्य हो जाता

है जो देश की वर्तमान परिस्थिति में सुधार के लिए कटिबद्ध होकर नवीन व्यवस्था की प्राण-प्रतिष्ठा में तन्मय हैं।"[33] यह नयी व्यवस्था मानवीय समानता, एकता और भाई-चारे के ध्येय से प्रेरित है इसलिए उसकी स्थापना के लिए हो रहा संघर्ष स्वयं सौन्दर्य का आलम्बन बन जाता है। मध्यवर्ग के वे कवि जो जनता के सांस्कृतिक जीवन से विच्छिन्न थे, इस संघर्ष का चित्रण नहीं करते। इसके विपरीत जनता से जुड़े हुए कवि अपने अधिकारों के लिए, सामाजिक न्याय और समता के लिए, नयी व्यवस्था और मनुष्य के सर्वतोमुखी उत्थान के लिए चलने वाले संघर्षो को चित्रित करते हैं। आचार्य रामचन्द्र शुक्ल ने जिसे कर्म सौन्दर्य कहा था वह इससे बहुत दूर की वस्तु नहीं है। डॉ. केसरीनारायण शुक्ल जन-कवियों के समूचे काव्य को नज़रन्दाज़ करके प्रगतिशील साहित्य के बारे में गलत नतीजों पर पहुँचते हैं।

विशेषाधिकार और अहं

यह अभिप्राय नहीं कि सभी मध्यवर्गीय कवि दोषपूर्ण और सभी जन कवि दोषरहित है। वास्तविकता इतनी एकांगी और आत्यन्तिक नहीं है। जिन्हें हम जनता से अभिन्न रूप में सम्बद्ध कवि कहते हैं, उनके काव्य में भी अनेक प्रकार की असंगतियाँ दिखायी देती हैं। शील कवि होने के साथ-साथ सामाजिक और राजनीतिक कार्यकर्त्ता भी हैं। उनमें जोश और उत्साह का होना स्वाभाविक है। आवश्यक नहीं कि वह जोश हमेशा कविता ही बने। वे 'लेखकों से' कहते हैं :

> साथियों होश में हो!/वक्त आराम का नहीं/कलम की नोक से
> अवाम के फफोलों को कुरेदो?/लहू को गर्म कर दो?/दिलों के
> दर्द में सियासत की हरारत भर दो?/अदब को सरमाया की
> गर्दिश से निकालो? आदि।[34]

'वक्त की आवाज' में सामाजिक शोषण से उत्पन्न जनता की दुरवस्था और मुनाफाखोर पूँजीपतियों की कानूनी सुरक्षा देखकर शील ने ललकारा –

> वर्ग दुश्मन जिन्दगी के अब सँभल।
> सुर्ख परचम जीत का इतिहास है... ...[35]

इस प्रकार की 'भावात्मक' चुनौतियों को देखकर कुछ विद्वान् समझते हैं कि "प्रगतिवाद का असली रूप राजनीतिकवाद है जो भावात्मक न होकर बौद्धिक है और साहित्य के क्षेत्र की चीज़ नहीं है। प्रगतिवादी साहित्य साहित्यकार की वैयक्तिक भावना की उपज नहीं है, वह तो सरकार अथवा सत्तारूढ़ दल द्वारा निर्देशित होता रहता है।"[36] यह निर्णय अकेले हिन्दी के नहीं, विश्व के प्रगतिशील साहित्य पर है।

यह सही है कि पिछले अनेक वर्षों में भारत के कम्युनिस्ट आन्दोलन के एक हिस्से ने अपनी कांग्रेसपरस्ती के लिए काफी यश कमाया। किन्तु यह बहुत बाद

की घटना है। अब वह दल अपने इस भटकाव को तिरस्कृत कर रहा है। जिस समय के बारे में यह बात लागू नहीं होती उस पर देश-काल की मर्यादाएँ लाँघकर इसे आरोपित करना आलोचक के पूर्वाग्रह का द्योतक है। इस प्रकार के पूर्वाग्रह से आलोचक का चरित्र ही उद्घाटित होता है। शील ने उक्त 'कविताएँ' किस शासन के निर्देश पर लिखी थीं? पहली कविता 12 नवम्बर 1949 की है और दूसरी कविता 2 फरवरी 1950 की। इस अवधि में वे कानपुर जेल में थे। उन्हें यह कैद कांग्रेसी शासन ने इसलिए दी थी कि वे कम्युनिस्ट पार्टी के कार्यकर्त्ता थे। इसे विडम्बना नहीं तो और क्या कहेंगे कि प्रगतिशील कवि जिस 'सरकार अथवा सत्तारूढ़ दल' के दमन के शिकार थे उसी के निर्देशों पर कविताएँ लिख रहे थे? श्रीभगवती चरण वर्मा की आलोचना की प्रामाणिकता का इससे बड़ा सबूत और क्या होगा!

हिन्दी ही नहीं, दुनिया की अन्य भाषाओं के प्रगतिशील साहित्य में भी प्रत्येक रचनाकार का कम्युनिस्ट होना आवश्यक नहीं है। जिन देशों में कम्युनिस्ट पार्टियाँ अपने संघर्ष से सत्ता में आयीं वहाँ के नेताओं और साहित्यकारों को क्रान्ति से पहले भयानक यन्त्रणाएँ झेलनी पड़ी हैं। अंगोला के क्रान्तिकारी कवि आगस्टिनो नेटो लोकप्रिय राजनीतिक नेता भी थे और जनता के संवेदनशील कवि भी। फिलिस्तीन के महमूद दरवेश अभी हाल तक इस्राइली यातना शिविरों में सताये जाते रहे हैं। कांगो (वर्तमान ज़ेयरे) के पेट्रिस लुमुम्बा को जनता के दुश्मनों ने साम्राज्यवाद से मिली भगत करके हैवानी तरीके से कत्ल कर दिया। चिली के तानाशाही शासन की यातनाएँ झेलते हुए विश्वप्रसिद्ध कवि पाब्लो नेरूदा को भी मौत का सामना करना पड़ा। ये सभी घटनाएँ सत्ता में आने के पहले और बाद क्रान्तिकारी कवियों के कठोर संघर्ष और उनके विरुद्ध जनता के दुश्मनों के प्रचण्ड कुत्सा-प्रेम को उजागर करने के लिए पर्याप्त हैं।

हिन्दी और विश्व की दूसरी भाषाओं के प्रगतिशील साहित्य में यदि अपने इन शत्रुओं के प्रति घृणा न होगी तो और क्या होगा? श्री वर्मा का प्रगति-विरोध भी दुनिया के अन्य प्रगतिविरोधियों की तरह भारत के सामन्तों, पूँजीपतियों और विदेशी साम्राज्यवादियों के प्रति सहानुभूति से उत्पन्न है। प्रगतिशील साहित्य जनता का साहित्य है इसलिए उसमें जनता के दुश्मनों को प्रत्येक स्तर पर बेपर्द किया गया है। किन्तु वर्मा जी इसे 'हिंसा' और 'असहिष्णुता' कर संज्ञा देते हैं। वे कवियों से ऐसे 'उदात्त' काव्य की माँग करते हैं जो अगर मजदूर-किसान पर भी हो तो इस दृष्टिकोण से कि मालिकों को 'मजदूरों और किसनों के प्रति त्याग' की 'संवेदना' दे सके, इस दृष्टिकोण से नहीं "जिससे प्रभावित होकर किसान-मजदूर अपने अधिकारों को समझें तथा वर्ग-संघर्ष का सहारा लेकर हिंसात्मक उपायों द्वारा अपने अधिकारों को प्राप्त करें।"[37] जनता पूँजीपतियों-जमीदारों के खिलाफ हिंसात्मक उपाय न करे,

लेकिन जनता पर हिंसा की रोक नहीं है। वर्मा जी का उपन्यास है 'टेढ़े-मेढ़े रास्ते।' इसके नायक पं. रामनाथ तिवारी हैं। वे पूरे उपन्यास में सबसे गरिमामण्डित चरित्र हैं। लेखक जगह-जगह उनकी बातों में सत्य, बौद्धिक सार, नैतिक आदर्श आदि का निर्देश करके उन्हें अपना प्रतिनिधि पात्र बनाता है। ये तिवारी जी स्वतन्त्रता प्रेमी भारतीय जनता का जुलूस देखकर सोचते हैं, "आखिर ब्रिटिश सरकार बल का प्रयोग क्यों नहीं करती? इस पागलपन को क्यों नहीं रोकती?"[38] देशी और विदेशी शोषकों के प्रति यह कितनी गहरी सहानुभूति है!

यह सहानुभूति ही श्री वर्मा को जनता और उससे जुड़े समस्त साहित्य की परम्परा के विरुद्ध ला खड़ा करती है। मध्य युग के भक्तिकाव्य को 'प्रचारात्मक काव्य'[39] कहकर वे एक ओर अपने अनचाहे ही प्रगतिशील कविता की स्वाभाविक परम्परा को रेखांकित करते हैं तो दूसरी ओर अपनी स्वीकृत कला की विशेषताओं पर प्रकाश डालते हुए कहते हैं : "साहित्य मनोरंजन का साधन है, और मनोरंजन का ही उदात्त रूप आनन्द है। उन दिनों यह आनंद मन की भूख से ही प्राप्त किया जाता था, इस मन की भूख के साथ लैङ्गिक भूख जोड़कर। तन की भूख, विशेष रूप से उदर की भूख को मनोरंजन या आनंद में कोई स्थान प्राप्त नहीं था।"[40]

इस प्रकार, मार्क्सवाद का यह सिद्धान्त और भी पुष्ट होता है कि वर्तमान समाज में वर्गों का विरोध अधिक वैमनस्यपूर्ण रूप धारण कर रहा है। साहित्य और संस्कृति समाज की इस प्रक्रिया से कितनी अन्तरंगता से जुड़े हैं यह प्रचार और आनंद वाली कलाओं के अन्तर द्वारा जाना जा सकता है। आधुनिक प्रगतिशील काव्य ही नहीं, मध्य युग का भक्तिकाव्य भी 'आनन्द' से बाहर 'प्रचार' की दुनिया में इसलिए है कि उसमें 'कलि बारहिं-बार दुकाल परै। बिनु अन्न दुःखी सब लोग मरै।' और 'आगि बड़वागि तें बड़ी है आग पेट की।' जैसी तुच्छ मानवीय चिन्ताएँ भी हैं।

क्या मध्ययुग का भक्तिकाव्य और आधुनिक प्रगतिशील काव्य केवल 'उदर की भूख' के काव्य हैं? यह कहना या तो घोर अज्ञान का सूचक है अथवा घोरतम पूर्वाग्रह का। दोनों ही काव्य सम्पूर्ण मानव व्यक्तित्त्व के निर्माण से सम्बद्ध हैं। भूख आज के संकटग्रस्त मुनष्य की बहुत बड़ी समस्या है। यह भूख आनन्द या मनोरंजन का अनुभव नहीं, एक विवशता है। प्रगतिशील कविता आदमी की विवशताओं पर आनन्द-भवनों की रचना करने को अमानवीय समझती है। वह आदमी की विवशताओं को चित्रित करने से कतराती नहीं। वह समस्याओं से टकराती है, व्यापक सामाजिक दृश्यफलक पर उनके वस्तुगत कारणों और समाधानों की तलाश करती है। जिसने विवश आदमी की तड़प नहीं देखी है, देखी भी है तो अपने 'आनन्द' की तुष्टि के लिए, वह 'क्या जाने पीर पराई' के अनुसार प्रगतिशील कविता को 'समाजवादी व्यवस्था का प्रचार' न कहेगा तो क्या कहेगा!

स्पष्ट है कि इस प्रकार की आलोचनाओं का सम्बन्ध प्रगतिशील काव्य की कमजोरियों से उतना नहीं जितना उसकी कमजोरियों को आड़ बनाकर उसे साहित्य से खदेड़ बाहर करने की भावना से है। इसीलिए जहाँ नारेबाजी नहीं है, सार्थक ढंग से जीवन के प्रश्न उठाये गये हैं, वहाँ इन आलोचकों की दृष्टि नहीं पहुँचती है। वे कभी एक और कभी दूसरे तर्क से प्रगतिशील काव्य को अस्वीकार करने का प्रयत्न करते हैं। इस प्रवृत्ति के दूसरे उदाहरण हैं—डॉ. नगेन्द्र। अन्तर यह है कि वर्मा जी 'क्षुधा' का निषेध करके 'काम' को एकमात्र सत्य कहते हैं और डॉ. नगेन्द्र दोनों को 'प्रकृत भावनाएँ', मानते हैं। वर्मा जी अपने कुत्सा-प्रेम को छिपाने का प्रयत्न करते हैं और डॉ. नगेन्द्र अपनी असहमति स्वीकार करते हैं : "मुझे सबसे बड़ी आपत्ति प्रगतिवाद के मूल्यों से है।"[41]

प्रश्न है कि ये मूल्य क्या हैं? उन पर क्या आपत्ति है?

सर्वप्रथम, प्रगतिवाद का वर्ग-दृष्टिकोण। प्रगतिशील अवधारणा यह है कि वर्ग-समाजों में विरोधी हितों का टकराव अन्तर्निहित रहता है। यह टकराव उत्पादन की प्रक्रिया में उत्पन्न होता है। उत्पादन के साधन एक तरफ और उत्पादन केसम्बन्ध दूसरी तरफ, इनके आपसी और पारस्परिक टकराव से समाज बनता-बदलता है। यन्त्रों पर आधारित विराट् पूँजीवादी उत्पादन सामाजिक अन्तर्विरोधों को सबसे नग्न रूप से उद्‌घाटित करता है। इसके बाद वर्ग-समाज का पतन और श्रमिक समाज का उदय होता है। यह कार्य करता है श्रमजीवी वर्ग; और उन्नत वर्ग-चेतना उसके संघर्ष की विचाराधारा होती है। डॉ. नगेन्द्र को इस पर आपत्ति है। उनका आग्रह है : "...घोर-से-घोर पूँजीवादी और उतने ही कट्टर साम्यवादी दोनो के अन्तरतम में कुछ तार ऐसे हैं जो एक सामान्य अनुभूति से झंकृत होकर बाह्य भेदों की अवहेलना करते हुए बरबस मिल जाते हैं। यह सामान्य भूमि है मानववाद ... जो अपने मूल में ही प्रेम का प्रस्फुटन होने के कारण अनादि काल से चला आ रहा है।"[42]

ध्यान देने योग्य है कि डॉ. नगेन्द्र वर्मा जी की भाँति साम्यवाद को बहिष्कृत नहीं करते, किन्तु साम्यवादी दृष्टिकोण को स्वीकार भी नहीं करते। वे जिस मानववाद की बात करते हैं वह बाह्य भेदों के उन्मूलन पर नहीं, 'बाह्य भेदों की अवहेलना' पर बल देता है। किन्तु अभी तक विश्व के किसी भी मानववादी चिन्तक या विचारधारा ने इस अवहेलनावादी मत का प्रचार नहीं किया। उन्होंने अपने-अपने ढंग से, अपनी-अपनी शक्ति और सीमा में, बाह्य भेदों से क्षुब्ध होकर उन्हें दूर करने की ही कोशिश की है। विश्वात्मा की एकता, विश्वबन्धुत्व आदि की कल्पनाएँ इन्ही कोशिशों का परिणाम हैं। वस्तुतः मानववाद मनुष्य की सामाजिक परिस्थितियाँ पर आधारित चिन्तन है। बाह्य भेदों के होने पर वह उनकी अवहेलना नहीं कर सकता। अगर ऐसा करता है तो मानव की परिस्थितियों की ही अवहेलना करता है। मानव

की परिस्थितियों की अवहेलना करने वाले मानववाद का चरित्र क्या होगा, यह अत्यन्त गम्भीर प्रश्न है।

दूसरा मूल्य है सामाजिकता का। प्रगतिशील कविता का तत्त्व-निरूपण करते हुए डॉ. नगेन्द्र लिखते हैं : "उसके अन्तर्गत मानववाद, क्रान्ति और विशेष परिस्थितियों में–जैसे पराधीनता में या बाहर से हमला होने पर–देश-भक्ति भी आ जाती है, यद्यपि इनमें से कोई भी उसका अनिवार्य तत्त्व नहीं है।" तब अनिवार्य तत्त्व क्या है? "जिस प्रकार साम्यवाद समष्टि या समूह के हितों की चिन्ता करता है, व्यक्ति के नहीं, उसी प्रकार प्रगतिशील साहित्य समाज के सुख-दुःख की अभिव्यक्ति को ही महत्त्व देता है, व्यक्ति के सुख-दुःख की अभिव्यक्ति को नहीं।"[43]

वास्तविकता यह है कि न तो प्रगतिवाद में और न मार्क्सवाद में ही ऐकान्तिकता का ऐसा आग्रह है जैसा डॉ. नगेन्द्र कल्पित करते हैं। व्यक्ति और समाज के अन्तःसम्बन्धों की व्याख्या करने वाले समाजवाद का मुख्य सूत्र ही यह है कि 'एक सबके लिए और सब एक के लिए।' (एंगेल्स) इसलिए देखना यह चाहिए कि कहीं डॉ. नगेन्द्र व्यक्तिवादी दृष्टिकोण से तो प्रगतिशील कविता का मूल्यांकन नहीं कर रहे हैं? उनकी मान्यता है कि प्रतिभाशाली महान् साहित्यकारों का अनिवार्य गुणधर्म है 'अहं'। गोर्की, इकबाल, मिल्टन आदि के 'साहित्य में जो महान् है' उसे वे 'उनके दुर्दमनीय अहं का ही विस्फोट' सिद्ध करना चाहते है।[44] इस दुर्दमनीय अंह का विस्फोट होगा तो जनता से सहानुभूति कैसे होगी? डॉ. नगेन्द्र जनता से सहानुभूति को आवश्यक नहीं मानते :

"महान् साहित्य असाधारण प्रतिभा के असाधारण क्षणों की ही सृष्टि है। यह असाधारण प्रतिभा समाज या समूह से, जिसका कि अधिकांश साधारण प्रतिभा और शक्ति वाले लोगों से बना है, सहानुभूति रखती हुई भी–और यह भी सर्वथा अनिवार्य नहीं है–अपनी चेतना को उसमें लय नहीं करती।"[45]

अर्थात्, एक तो जनता से सहानुभूति ज़रूरी नहीं है, और अगर इस प्रकार की कोई सहानुभूति है तो अपनी चेतना को उसमें लय होने से बचाना चाहिए। चेतना को लय किये बिना सहानुभूति कैसे होगी? और अगर जनता से सहानुभूति न हो तो किससे हो? क्या इस समाज-विमुख व्यक्तिवाद और जन-विमुख अंहवाद में कोई सम्बन्ध नहीं है? अपने अहंवाद का ही विकास करते हुए डॉ. नगेन्द्र कहते हैं, 'प्रगतिशील साहित्य का उद्देश्य अहं का समाजीकरण हैं'[46], अहं से मुक्ति नहीं। क्या यह अपनी धारणाओं को प्रगतिशील साहित्य पर आरोपित करना नहीं हैं? और, क्या प्रगतिशील कविता इस तथाकथित अहं का विस्फोट करने की जगह उसका समाजीकरण करने के नाते डॉ. नगेन्द्र के विरोध का कारण बनी?

कहने की आवश्यकता नहीं कि डॉ. नगेन्द्र मनुष्य की ऐतिहासिक परिस्थितियों

की अवहेलना करने वाले जिस अनादि काल से चले आ रहे मानववाद की स्थापना का संकल्प करते हैं वह अपनी पराङ्मुखता के कारण प्रगतिशील कविता के सौन्दर्य-मूल्यों के आमूल विरोध में है। अहंवाद और व्यक्तिवाद इसी पराङ्मुख मनोवृत्ति की विचार-धाराएँ हैं। अहंवाद व्यक्तिवाद का आधार है। व्यक्ति को सामाजिक न्याय देने की जगह उसके अहंकार को भड़काना पतनशील सभ्यता का मुख्य काम है। प्रगतिशील कविता के प्रति डॉ. नगेन्द्र का दृष्टिकोण इसी वैचारिक और सांस्कृतिक आधारभूमि से उत्पन्न है। आलोच्य और आलोचक के स्वीकृत मूल्यों में इस विरोध के कारण आलोचना की वस्तुनिष्ठता खण्डित होती है। यह स्थिति तब और भी हास्यास्पद रूप में प्रकट होती है जब आलोचना के लिए परस्पर विरोधी मानदण्ड स्थिर किये जाते है। एक स्थान पर 'अहं का विस्फोट' न होकर 'अहं का सामजीकरण' होने के कारण डॉ. नगेन्द्र प्रगतिशील साहित्य की आलोचना करते हैं और उसी निबन्ध में एक अन्य स्थान पर उसमें 'आत्मविसर्जन' न होने के कारण। प्रगतिवाद का "दृष्टिकोण मूलतः वैज्ञानिक होने के कारण बौद्धिक एवं आलोचनात्मक ही रहता है। अतएव स्वभाव से ही उसमें यह तन्मयता या आत्मविसर्जन नहीं है जो काव्य के लिए अनिवार्य है।"[47]

पूछा जा सकता है कि काव्य के लिए अनिवार्य क्या है 'आत्मविसर्जन' या 'अहं का विस्फोट?' अहं का विस्फोट करते हुए भी कोई कवि आत्मविसर्जन कैसे कर सकता है? अहंवाद और वैज्ञानिक बौद्धिकता परस्पर-विरोधी हैं; डॉ. नगेन्द्र के परस्पर-विरोधी वक्तव्यों का कारण अहंवाद है। उनके लिए प्रगतिशील कविता का वस्तुनिष्ठ मूल्यांकन महत्त्वपूर्ण नहीं है, महत्त्वपूर्ण है अपनी अभिरुचियों से उसका मेल न होने के कारण उसका ऐकान्तिक विरोध।

किन्तु डॉ. नगेन्द्र की आलोचना से यह अवश्य प्रमाणित होता है कि प्रगतिशील दृष्टिकोण 'मूलतः वैज्ञानिक' है। यह वैज्ञानिक दृष्टिकोण ही प्रगतिशील कविता को यथार्थवादी चेतना और मानववादी अन्तर्वस्तु से अनुप्राणित करता है। यथार्थवाद एक सम्पूर्ण साहित्य-दृष्टि के रूप में स्वीकृत हुआ वैज्ञानिक युग में। इसलिए आचार्य नन्ददुलारे वाजपेयी का यह कथन बेहद महत्त्वपूर्ण है कि 'कल्पनावाद, रहस्यवाद या आत्मवाद का प्रतिकार' करने के नाते 'साहित्य में यथार्थवाद के जितने भी रूप हैं, उन सबके मूल में बौद्धिक और वैज्ञानिक दृष्टि की प्रधानता है।'[48]

ऊर्ध्वमुखी चैतन्य

यथार्थवाद व्यक्तिवाद के संकीर्ण घेरे को तोड़ता है तथा मानव-जीवन और सामाजिक यथार्थ के भीतर से अपनी शक्ति अर्जित करता है। जीवन-यथार्थ में अपनी अन्तरंग पैठ और दृढ़ आस्था के कारण ही सतह पर दिखायी देने वाली वास्तविकता में

फँसकर नहीं रह जाता। त्रिलोचन और केदार के साथ नागार्जुन का महत्त्व बताते हुए डॉ. शिवकुमार मिश्र ने लिखा है, अवध, बुन्देलखण्ड या मिथिला की धरती के सुख-दुःख को चित्रित करने तथा "अंचल से राष्ट्र और राष्ट्र से अन्तर्राष्ट्रीय क्षितिजों तक पहुँचने वाली उनकी संवेदना का यह आकर्षक प्रसार" ही उन्हें "सही मानों में प्रगतिशील और जनता का कवि सिद्ध करती है।"[49] जो कवि जीवन की वास्तविकता से कम जुड़ते हैं उनके काव्य में 'धरती तथा जन-जीवन के यथार्थ की वस्तुपरक' अभिव्यक्तियाँ भी कम मिलती हैं; वे शिवमंगल सिंह 'सुमन' की तरह युग की विषमता को जीवन-यथार्थ के धरातल पर नहीं, 'भावावेग' और 'प्रतिक्रिया' के धरातल पर व्यक्त करते हैं; इसलिए उन्हें बार-बार अपने 'आस्था और विश्वास' की घोषण करनी पड़ती है।[50] डॉ. मिश्र उचित ही इसे गुण नहीं मानते।

डॉ. मिश्र जिसे अवगुण कहते हैं पन्त जी उसी को गुण कहते हैं। वे 'सुमन' में 'जनवादी आवेग तथा प्रभावोत्पादकता होने पर भी शाब्दिकता अधिक' देखते हैं तो प्रशंसा के स्वर में कहते हैं, "सुमन जी में सामाजिक यथार्थ के भीतर गहरी पैठ न होने पर भी एक उन्मुक्त कला-भंगिमा मिलती है, जिससे उनकी वाणी मर्मस्पर्शी बन जाती है।"[51]

स्पष्ट है कि पन्त जी मर्म तक पहुँचने के लिए जितनी ज़रूरत कलाभंगिमा की मानते है उतनी सामाजिक यथार्थ के भीतर गहरी पैठ की नहीं। यह बात मुक्ति-बोध, गिरिजाकुमार माथुर आदि की प्रशंसा से भी स्पष्ट है। मुक्तिबोध सबसे ज्यादा 'युग-प्रबुद्ध' हैं क्योंकि उनके पास 'ऊर्ध्व-चिन्तन' की दृष्टि है। वे "अनेक प्रगतिवादियों की तरह समतल साधारणता के ही मरुस्थल में नहीं भटक गये।" बल्कि छायावाद की तरह "उनकी आस्था सांस्कृतिक तथा सौन्दर्यमूलक" थी। उनमें 'समतल तथा सामाजिक मूल्य' के साथ 'ऊर्ध्व' और 'आध्यात्मिक' मूल्य की 'संगति' की परख न होने से 'प्रौढ़ सन्तुलन की कमी है', किन्तु 'जीवन के प्रति समर्थ आवेश', 'वैचारिक शक्ति, विश्लेषण बुद्धि तथा दार्शनिक चैतन्य प्रायः सभी कवियों से अधिक विकसित रही है।'[52]

यह ध्यान देने की बात है ऊर्ध्वमुखता, दार्शनिक चैतन्य, विश्लेषण बुद्धि, वैचारिक शक्ति, जीवन के प्रति समर्थ आवेश आदि की सूची में कहीं भी यथार्थ की तलस्पर्शी दृष्टि और जीवन की अन्तरंग पकड़ का उल्लेख नहीं है। इससे स्पष्ट है कि कवि अपने मन से साँचें में आलोचना के प्रतिमान निर्धारित करता है।

मुक्तिबोध जिस 'प्रौढ़ सन्तुलन' के अभाव में केवल 'युग-प्रबुद्ध' होकर रह गये, उसका सूत्रपात करने के नाते माथुर सबसे ज्यादा 'कलादक्ष' हुए। पन्त जी के अनुसार चूँकि "माथुर केवल दृष्टि से यथार्थवादी हैं। संवेदना से वह व्यक्तिवादी ही हैं।" इसलिए "छायावादी अभिव्यंजना को उन्होंने अपने भाषा संगीत के तारल्य में

ढालकर नयी कविता के पास पहुँचाने का प्रयत्न किया है।"[53]

स्पष्ट है, माथुर छायावादी अभिव्यंजना को नयी कविता के पास पहुँचाने के नाते ही अधिक कलादक्ष हैं। उनकी कलादक्षता यह है कि वे पुराने व्यक्तिवाद को नये व्यक्तिवाद से मिलाने के लिए यथार्थवादी दृष्टि का सहारा लेते हैं! पन्त जी ने किसी भी कवि की प्रशंसा करते समय यदि जनता के साथ उसकी प्रतिबद्धता या यथार्थभेदी अन्तर्दृष्टि की चर्चा नहीं की है तो यह संयोग नहीं है। वे प्रगतिशील कविता की प्रशंसा वहीं तक करते हैं जहाँ तक उसमें 'छायावादी खेती मिट्टी के भीतर से उगाकर उसे यथार्थ के आयाम' देने का प्रयत्न है; जहाँ छायावाद से हटकर 'सामाजिक मूल्य को, जन-जीवन के भीतर प्रविष्ट कर, उसे अन्तरिक्षों के सौन्दर्य स्थान पर धरती की सुन्दरता की वास्तविकता' प्रदान करने का प्रयत्न है, वहाँ उन्हें "प्रगतिवादी कवियों में सामजिक चेतना के आयाम अधिक ठोस तथा रंग अधिक गहरा होने पर भी अधिकतर काव्य तत्त्वों की परिक्षीणता के लक्षण दृष्टिगोचर" होने लगते है।[54] प्रयोगवाद-नयी कविता में छायावाद और व्यक्तिवाद का ही विकास है, इसलिए उसमें सामाजिक चेतना का कोई खतरा नहीं है।

इसका यह आशय नहीं कि पन्त जी प्रगतिवाद का निषेध करना चाहते हैं। वे वस्तुतः "द्विवेदी युग के गोमुख से निकले समस्त आधुनिक काव्य"—छायावाद, प्रगतिवाद और प्रयोगवाद को "अपने में एकांगी, अपर्याप्त तथा युग-जीवन का सर्वांगीण चित्र उपस्थिति करने में असमर्थ" मानकर "स्वभावतः एक बड़े मूल्य के अंग" के रूप में "एक बृहत्तर जीवन-व्यवस्था में प्रतिष्ठित" करना चाहते हैं।[55] कारण यह कि छायावाद का दार्शनिक आधार भारत का 'औपनिषदिक चैतन्य' और पश्चिम की औद्योगिक क्रान्ति से उत्पन्न 'नवीन सौन्दर्य-दृष्टि' है; प्रगतिवाद का सामूहिक यथार्थ मार्क्सवाद का रूपान्तरण है और प्रयोगवाद-नयी कविता का सम्बन्ध पश्चिमी जगत् के 'फ्रायड आदि जीवशास्त्रीय मनोविश्लेषकों द्वारा पोषित एवं समर्थित अधोमुखी रागात्मकता' से है।[56]

पन्त जी ने इन तीनों परस्पर-विरोधी विचारधाराओं में समन्वय जिस 'युग-संक्रान्ति' के काल में आरम्भ किया वह आजादी के आसपास का समय था। स्वतन्त्रता संग्राम में कांग्रेस की जो दोमुही नीतियाँ थीं उन्हीं के क्रम में स्वतन्त्र भारत का विकास किसी स्पष्ट दिशा की ओर नहीं हुआ। जो मार्ग तय किया गया उसमें प्रकटतः रूढ़िवादी सामन्तों, अधोमुखी पूँजीपतियों और श्रमजीवी किसान-मजदूर सबको साथ लेकर चलने का लक्ष्य था। समाज में परस्पर-विरोधी हितों का समन्वय हो, विचारधारा और साहित्य में न हो, यह कैसे सम्भव है? फलतः पंत जी ने 'प्रौढ़ सन्तुलन' के नाम पर 'व्यक्तिनिष्ठ ह्रास की समर्थक' अस्तित्ववादी विचारधारा,

जिसका प्रचार भारत का पूँजीवादी तन्त्र करता था और 'लोकनिष्ठ प्रगति की पोषक' समाजवादी विचारधारा, जिसका सम्बन्ध श्रमजीवी जनता से था, दोनों के सम्बन्ध में प्रतिपादित किया कि "दोनों ही व्यापक ऊर्ध्वदृष्टि से हीन होने के कारण अपनी-अपनी सीमाओं में बँधी समदिग् अम्बर में घूम कर ध्वंस का पर्याय बनने जा रही हैं।"[57] इस सम्भावित ध्वंस के खतरे को टालने के लिए उन्होंने अतीतोन्मुख औपनिषदिक चैतन्य की ऊर्ध्वदृष्टि से जोड़कर उनमें समन्वय आरम्भ किया। इस प्रयत्न में यह स्वाभाविक था कि 'समतल साधारणतया' के नाम पर यथार्थवादी साहित्य-दृष्टि की उपेक्षा की जाय। यह और भी स्वाभाविक था कि "धन्य मार्क्स! चिर तमच्छन्न पृथ्वी के उदय शिखर पर/तुम त्रिनेत्र के ज्ञान-चक्षु से प्रकट हुए प्रलयंकर"[58] की प्रशस्ति बन्द करके मार्क्सवाद को केवल यन्त्रवाद माना जाय। पन्त जी के इस परिवर्तित दृष्टिकोण का समर्थन करते हुए भारत भूषण अग्रवाल कहते हैं कि "मार्क्सवाद से आध्यात्मिक समन्वय की बात कहकर पन्त ने सामाजिक प्रगति की आवश्यकता से मुँह नहीं मोड़ा था, वरन् वे सामाजिक जीवन के उच्चतर विकास के लिए ही निरन्तर आध्यात्मिक विकास पर ज़ोर देते रहे हैं। निरे जड़वाद और यन्त्रवाद को ही हम जीवन की इतिश्री न समझ बैठें, भौतिक सुख और वैभव में मानवीय सम्बन्धों और भावनाओं के सौन्दर्य से कहीं दृष्टि न फेर लें, यही सोचकर उन्होंने आध्यात्मिक पक्ष पर बल दिया है।"[59]

इस मूल्यांकन में गड़बड़ी यह है कि मार्क्सवाद को केवल 'जड़वाद' या 'यन्त्रवाद' मान कर आध्यात्मिक उन्नति के लिए किसी-न-किसी प्रकार के भाववाद से उसके समन्वय का प्रयत्न किया गया है। माचवे और अग्रवाल ही नहीं, पन्त भी इस भ्रान्त धारणा को प्रोत्साहन देते हैं। वे भौतिक जीवन की उपेक्षा करके आत्मिक उन्नति की कल्पना करते हैं। वे इस मानवलोक को 'अपरिचित नरक' से बदलकर चाहते हैं कि 'मानवता निर्माण करें जग में लोकोत्तर'। कल्पना का आकाश छोड़कर भी लोकोत्तर का यह आकर्षण इतना गहरा था कि उन्हें लगता था 'देश, काल, स्थिति से मानवता रही सदा ही बाधिक', इसलिए वे 'उद्बोधन' करते हैं कि 'देश, काल औ' स्थिति से ऊपर मानवता को करो प्रतिष्ठित।"[60] अपने प्रगतिशील दौर में भी देश-काल-स्थिति को मानवता के लिए बाधा मानकर इससे परे—लोकोत्तर—मानवता की कल्पना के इसलिए करते थे कि जग मोह के वश में आकर विभक्त हो गया है। लोकोत्तर केवल स्वर्ग जगत् की चीज़ हो, ऐसी बात नहीं है। लोक से इतर मन भी है। पन्त जी सोचते हैं :

जो मोह छिन्न जग में विभक्त वे/मुझमें मिलें बनें सशक्त।[61]

बाह्य जगत मोह-छिन्न है और कवि में मिलकर वह सशक्त नहीं हो रहा है।

इस स्थिति में बाह्य-जगत् से मोहभंग स्वाभाविक है :

वस्तु ज्ञान से ऊब गया मैं/सूखे मरु में डूब गया मैं,
मेरे स्वप्नों की छाया में/जग का वस्तु सत्य जाये खो।[62]

कल्पनाओं और सद्भावनाओं से न वस्तु-सत्य खोया और न मोह-छिन्न जग आपस में मिला। इसलिए यह जगत् निःसार जान पड़ने लगा। बाहरी दुनिया मोह छिन्न बनी रहे और मन के भीतर 'सुन्दरता का आलोक-स्रोत' फूट पड़े तो यही होता है कि—

मैं सृष्टि एक रच रहा नवल/भावी मानव के हित भीतर,
सौन्दर्य स्नेह उल्लास मुझे/मिल नहीं सका जग में बाहर।[63]

स्वप्न-लोक छोड़कर यथार्थ के खुरदुरे पथ पर उतरना एक बात है और भाववाद को त्याग कर यथार्थवाद को अपनाना दूसरी। यह अन्तर पन्त जी की काव्य-संवेदना में निरन्तर बना रहा है। वास्तविकता से मुँह मोड़कर 'ऊर्ध्व-दृष्टि' अपनाने का यही कारण है। वस्तु-जगत् की उपेक्षा करके उसका सामाजिक विकास कैसे होगा—यह जवाब न पन्त के पास और न अग्रवाल के पास। तारीफ यह कि पन्त वस्तु-जगत् से नाता तोड़कर भी ऐसे 'विराट मानव-मूल्य' का विकास करना चाहते हैं जो 'ऊँचाई, व्यापकता और गहराई के त्रिकोण आयाम' तथा 'बहिरन्तर जीवन वैभव से सम्पन्न हो', साथ ही स्वातन्त्र्योत्तर भारत का, 'मानव सभ्यता और संस्कृति के नवीन युग संचरण का प्रतिनिधित्व' कर सके।[64]

स्पष्ट है कि पन्त जी का यह समन्वयवाद परस्पर-विरोधी दृष्टियों के मेल की अवैज्ञानिक कोशिश के कारण आन्तरिक असंगतियों से ग्रस्त है। निस्सन्देह, उनका भावबोध श्री वर्मा और डॉ. नगेन्द्र के रुग्ण भावबोध से भिन्न है। वे प्रगतिशील कविता और उसके सामाजिक एवं वैचारिक आधार का बहिष्कार नहीं करते। वे अधिक व्यापक बनाने के प्रयत्न में इतर प्रवृत्तियों से उसके समन्वय पर बल देते हैं। अपने इसी भाववादी संस्कार के कारण वे भौतिकवाद को आत्मजगत् से इन्कार करके वस्तु-जगत् को एकमात्र सत्य बनाने वाला दर्शन समझते हैं। छायावाद चूँकि उनकी दृष्टि में व्यक्तिवाद तक सीमित है इसलिए साहित्य, समाज और विचारधारा में वे व्यापक मूल्यों की सिद्धि के लिए विरुद्धों का बेमेल सामंजस्य करते हैं। उनकी दृष्टि में नया यथार्थ कुत्सित, कुरूप है। उसे व्यक्त करने के नाते प्रगतिवाद में कलाक्षीणता आ गयी। जो कवि इस यथार्थ से बचकर चले, उन्होंने चाहे कला भंगिमावाली कविताएँ लिखीं, चाहे नाद-संगीत के तारल्य वाली, वे अधिक मर्मस्पर्शी और कलादक्ष अनुभव हुए। नये यथार्थ से बच कर छायावादी चेतना की खेती को मिट्टी के भीतर से उगाकर उसे यथार्थ के आयाम देने का आग्रह इसी मनोभूमि की उपज है।

पन्त जी के इस समन्वयवाद में उनकी सदिच्छा और महत्त्वाकांक्षा की भी

भूमिकाएँ अक्षुण्ण हैं। सम्भवतः इन्हीं कारणों से उनका भाववाद उन्हें समय के ऐसे दौर में परिवर्तित करता है कि अनेक मूर्धन्य आलोचकों को उनमें अवसरवाद की गन्ध मिलती है। प्रगतिवाद के समय वे आकाश की उड़ान छोड़कर यथार्थ के खुरदुरे पथ पर उतरे थे, उन्होंने धरती के रोम-रोम में भरी सहज सुन्दरता को रूप-रस-गन्ध के साथ स्वस्थ रूप में व्यक्त किया था। आजादी के बाद नयी परिस्थिति में वे समतल साधारणता त्याग कर पुनः उर्ध्वमुखी दार्शनिकता का समर्थन करने लगे। इस उर्ध्वमुखता में व्यक्तिनिष्ठ ह्रास और लोकनिष्ठ प्रगति में ऐसा सन्तुलन आया कि उनमें ध्वंसकारी संघर्ष समाप्त हो गया और रूढ़िवाद से गले मिलकर वे युग जीवन के नवीन संचरण का प्रतिनिधित्व करने लगीं। कैसा सुन्दर मानववाद है, जिसके घाट पर नष्ट-भ्रष्ट जीर्ण-पुरातन, अपने मद में मस्त व्यक्तिवाद और सामाजिक प्रगति की समर्थक जनता सब एक-दूसरे की अंजुलि से अमृतपान करते हैं क्योंकि वे यथार्थोन्मुख, जीवनोन्मुख न रहकर ऊर्ध्वमुख हो गये हैं। पन्त जी का कल्पना-विहग आकाश से उकता कर ज़मीन पर उतरा, कुछ दिन उसके रूप-रंग में रचा-वसा, ''मानवपन'' के उत्साह में कूड़ा-करकट में भी सार्थकता-सुन्दरता देखी और फिर उनका 'नास्टेल्जिक' कवि मन गगन-विचरण के लिए उड़ चला। यह सुकुमार संवेदनशील पन्त जी की चेतना उनके अन्तःकरण की सीमा थी, इसलिए ऐतिहासिक परिस्थितियाँ बदलने के साथ उनमें शीघ्र बदलाव आ जाता था।

कुंठावाद और यथार्थ की स्वीकृति

कहने की ज़रूरत नहीं कि डॉ. शिवकुमार मिश्र ने प्रगतिशील कविता की शक्ति और कमज़ोरी को अधिक संगत ढंग से रेखांकित किया है। जिस यथार्थवाद को पन्तजी कलाक्षीणता का कारण मानते हैं वही प्रगतिशील कविता की शक्ति का स्रोत है। यह यथार्थवाद सामाजिक जीवन से सम्बद्ध है इसलिए सामाजिक अन्तर्विरोधों, प्रगति और अवनति की शक्तियों तथा इन शक्तियों के बुनियादी बेमेलपन की पहचान, इस स्थिति से मुक्ति का मार्ग एवं भविष्य की दिशा का तीव्र बोध समस्त प्रगतिशील कविता में अन्तर्निहित है। जो कविताएँ कमज़ोर हैं उनमें वस्तुतः जीवन और समाज की वास्तविकता ही कमज़ोर अन्तर्वस्तु बनकर आयी है। अन्तर्वस्तु की कमज़ोरी के साथ रूप की कमज़ोरी गहरे स्तर पर जुड़ी है। कला सजग कवियों के शिल्प की गतिहीनता का कारण भी अन्तर्वस्तु में जीवन की गतिशील वास्तविकता की क्षीणता है। जहाँ जीवन-यथार्थ कविता में एकमेक है, वहाँ श्रेष्ठ कलात्मक मूल्य भी व्यक्त हुआ है। जनता के संघर्षो के मोर्चे पर संघर्षरत ऐसे कवि भी हैं जिनमें जीवन की वस्तु अत्यन्त प्रखरता से व्यक्त हुई है, किन्तु कलात्मक शिल्प का अभाव है। शील, सुदर्शन चक्र, किसान कवि पढ़ीस, शंकर शैलेन्द्र आदि की अनेक कविताएँ इस दूसरी

कोटि की है। किन्तु महत्त्वपूर्ण बात यह है कि इनकी कविताओं में वह आयास नहीं है जो कला-सजग कवियों की मुख्य कमज़ोरी है। पढ़ीस की यह उक्ति-वक्रता जीवन के प्रत्यक्ष अनुभव से उत्पन्न है कि–

भलमंसी का जामा पहिंदे, हम आहिन बड़े भले मानुस।

× × ×

तुम भूखन मरउ, मरउ भैया, नंगे उघार झख मारि-मारि,
हम तउ मनइन मां घ्यउता हन, यहु का जानी करतब तुम्हार,
हम पर आनन्दरूप बरसयि, हम आहिन बड़े भले मानुस।[65]

जिन्हें जनजीवन की कटु वास्तविकताओं का सीधा अनुभव नहीं है, उनके लिए यह अभिव्यक्ति नारेबाजी के अलावा कुछ और न होगी। जिन प्रगतिशीलों ने वास्तविकता को अनुभव से कम, पुस्तकों से अधिक ग्रहण किया उनमें यह तीखापन नहीं हैं–यह सहजता भी नहीं है। क्या सहजता के अभाव में कला की रक्षा की जा सकती है? जिन विद्वानों ने प्रगतिशील कविता को राजनीतिक बिल्ला कहकर उसके कलात्मक मूल्य से इनकार किया है वे वस्तुतः प्रगतिशील कविता की कला से नहीं, उसकी दृष्टि से इनकार करते हैं। कारण यह कि प्रगतिशील कविता में राजनीति से परहेज तो नहीं हैं, फिर भी सभी कविताएँ राजनीतिक ही हैं ऐसी बात भी नहीं है। आधुनिकतावादी-कलावादी दृष्टिकोण से प्रगतिशील कविता की आलोचना करने वाले विद्वान आधुनिक सौन्दर्यशास्त्र की इस बुनियादी प्रस्थापना को ही अस्वीकार करते हैं कि मनुष्य मूलतः सजग और सकर्मक प्राणी है। उसके ये गुण उसके सामाजिक विकास से सम्बद्ध है इसलिए मनुष्य के सजग और कर्मण्य आस्तित्व से इन्कार करने के लिए सामाजिक चेतना का अस्वीकार आवश्यक हो जाता है।

यह संयोग की बात नहीं है कि 'कटुता, विद्रूपता और कठोरता' को आधुनिक युग का सबसे महत्त्वपूर्ण नया मूल्य मानकर उसके प्रति 'आस्था'[66] की बात करते समय लक्ष्मीकान्त वर्मा 'वैयक्तिक दृष्टि, स्वानुभूति की दृष्टि अथवा देशकाल के साथ आत्मदर्शन की दृष्टि' को तो स्वीकार करते हैं, किन्तु 'आदर्श और सामाजिक चेतना के स्तर' को अस्वीकार करते है; कटुता, विद्रूपता से मुक्ति की भावना को पलायनबाद मानकर इस 'अशिव और अशोभन जीवन सत्य को जागरूक, आस्थामय वस्तु के रूप में स्वीकार करके उसे वहन' करने में ही आधुनिकता मानते हैं।[67] उनके अनुसार यही आधुनिक जीवन का यथार्थ है और 'यथार्थ के साथ पलायन की निष्क्रियता नहीं, उसकी स्वीकृत ही अनिवार्य है।'[68] यदि पलायन की निष्क्रियता नहीं तो परिवर्तन की सक्रियता भी नहीं, केवल उसकी स्वीकृति! चूँकि आधुनिकतावादी नयी कविता 'मार्क्सवाद के विरोध में व्यक्तिनिष्ठा पर ज़ोर' देती है और 'केवल किसान-मजदूर' या 'समाज' को 'सब कुछ' नहीं मानती[69] इसलिए वह जिस निष्ठा,

आस्था, भोग, मानवीय गहराई आदि की बात करती है वह 'मात्र अभिव्यक्ति नही है।' बल्कि 'उसके साथ अनुभूति का भी गहरा सम्बन्ध है।'[70] निष्ठा, भोग आदि की वैयक्तिक अनुभूति और किसान-मजदूर की सामाजिक संवेदनाओं में फर्क होना स्वाभाविक है। साहित्य में यह फर्क किस रूप में व्यक्त होता है, इसका उदाहरण देखिये, "प्रगतिवादी इस कठोर सत्त्व द्वारा करुणा की नकाब गढ़ता है।...किन्तु नयी कविता का काव्य बोध एवं उसका सौन्दर्य उसको औचित्य प्रदान करता है।"[71]

प्रगतिवादी इस 'कठोर सत्य' को औचित्य प्रदान करने की जगह उसके बुनियादी अनौचित्य का दिग्दर्शन करता है इसलिए उसमें करुणा है। नयी कविता उसे औचित्य प्रदान करती है इसलिए उसमें करुणारहित भोग की वृत्ति है। कारण यह है कि प्रगतिशील कविता बहती गंगा में हाथ धोने वाले भोगवाद में नहीं, अधिकतम जनता के हित में गंगा की धारा मोड़ने के सार्थक उद्यम में विश्वास करती है। वह वज्र-गर्जन विप्लव के बादल का आवाहन करती है; वह ललकारती है : "तोड़ो-तोड़ो-तोड़ो कारा/पत्थर की/निकले फिर गंगा जल धारा।" वह नयी कविता की भाँति "लघु मानव की लघुता को स्वीकार कर"[72] लघुत्व का मूल्यदर्शन विकसित नहीं करती वरन् लघु-मानव में निहित विराट् सृजन-सम्भावनाओं को साकार करने में आस्था रखती है।

नयी कविता जिस आधुनिकतावाद को मानकर चलती है उसमें यथार्थ की स्वीकृत तो है, किन्तु उसके परिवर्तन की भावना नहीं है। इसलिए वह सामाजिक अन्तर्विरोधों को देखकर उसकी व्याख्या को नहीं, उसकी यथावत् स्वीकृति को महत्त्व देती है। लक्ष्मीकान्त वर्मा को नयी कविता के गुणों-दुगुर्णों का सम्पूर्ण प्रतिनिधि बताते हुए श्री विजयदेव नारायण साही आधुनिकतावादी दृष्टिकोण से यथार्थ को इस रूप में देखने का ढंग प्रतिपादित करते हैं : "सुन्दर और बीभत्स—एक-दूसरे के पूरक, या प्रकाशक भी नहीं हैं—वे केवल एक-दूसरे पर बतौर व्यंग्य के रूप में हैं।" जीवन की यह समस्या नये कवि को विद्रोही बनाती है।[73]

यथास्थिति की स्वीकृति पर आधारित यह विद्रोह समस्या से उत्पन्न होता है किन्तु समाधान की तरफ नहीं जाता। समस्या जीवन की है, उसे झेलने का मार्ग वैयक्तिक है। इसलिए जहाँ तक उसमें यथार्थ के अन्तर्विरोधों को उद्घाटित करने का प्रयत्न है वहाँ तक वह सीमित स्तर पर ही सही, प्रगतिशील भूमिका अदा करती है। लेकिन जहाँ वह समाधान से बचकर यथास्थितिवाद और व्यक्तिवाद की ओर उन्मुख होती है वहाँ उसकी प्रगतिशील भूमिका समाप्त हो जाती है और उसका प्रगति-विरोधी चरित्र उभरता है। लक्ष्मीकान्त वर्मा ने भी मूलतः इसी दृष्टिकोण से साहित्य का मूल्यांकन किया है कि यथार्थ और समस्याओं को इस सावधानी से उठाया जाय कि वह समाधान की दिशा में न बढ़े। इसके विपरीत प्रगतिशील कविता सहृदय को आत्मरत पीड़ावाद की ओर अनुप्रेरित नहीं करती। उसे मानवयत्न से

पीड़ा के हेतुओं के अनिवार्य अन्त के प्रति प्रत्यक्ष या परोक्ष बीज-आस्था से आविष्ट करती है। वह भावक के रागात्मक संवेदना-संसार में इस बीज-आस्था के गुरुत्व से चालित एक दुर्दम्य गतिशास्त्र के अनुसार उसका संस्कार करती है। यह संस्कार कभी प्रकट और कभी अव्याकृत रूप में किन्तु निरपवाद भाव से समाधानोन्मुख दिशाबोध उत्पन्न करती है।

आधुनिकतावादी चिन्तकों की आपत्ति उसकी इसी दिशावाचकता पर है। इसीलिए वे विभिन्न मुद्दों की आड़ लेकर उसकी इस विचार-दृष्टि पर ही आक्रमण करते हैं। डॉ. धर्मवीर भारती कहते हैं कि सामाजिक यथार्थवाद ने "मनुष्य की वैयक्तिकता छीनकर उसे बने-बनाये साँचे में ढालकर कठपुतली में परिवर्तित कर दिया।"[74] और डॉ. रघुवंश कहते हैं कि "प्रगतिशील कहलाने वाले कवि देश के वास्तविक यथार्थ से अपरिचित रहे हैं।"[75] यहाँ इस विवाद में पड़ना अप्रासंगिक है कि देश का वास्तविक यथार्थ क्या है। कारण यह कि सामाजिक यथार्थ को देश का यथार्थ न मानकर "आत्म दर्शन" को ही देश का यथार्थ मानने वाले आधुनिकतावाद का मूल विरोध मार्क्सवाद से है। मार्क्सवाद मनुष्य के इतिहास को समझने, उसके अन्तर्विरोधों को पहचानने, उसके विकास के तर्क की खोज करने और भविष्य की दिशा तय करने का वैज्ञानिक नज़रिया देता है। वह अधिकतम मनुष्यों के हक में समाज के परिवर्तन का विज्ञान है। आधुनिकता का अर्थ केवल आत्मतुष्टि प्रदान करने वाली विद्रोह की एक 'स्टिल' मुद्रा के साथ यथास्थिति के स्वीकार तक सीमित कर देने वाले दृष्टिकोण का मार्क्सवाद से विरोध होना अस्वाभाविक नहीं है। अब यह बात सर्वविदित है कि समाज में परिवर्तन न हो, वह ज्यों का त्यों बना रहे, कवि का काम है केवल इससे उत्पन्न असंगति, कटुता, विद्रूपता आदि को आस्थापूर्वक धारण करना, आदि सिद्धान्त समाज के सत्तासीन वर्गों की ही विचारधारा के विकास हैं।

इस यथास्थितिवाद के परिणामस्वरूप आधुनिकतावादी विचारक साहित्य में अनुभव को स्वीकार करते हैं और मूल्यों को अस्वीकार। डॉ. रघुवंश के शब्दों में, "किसी युग का कवि मूल्यों की स्थापना नहीं करता, इसी प्रकार आधुनिक कवि भी आधुनिक जीवन के व्यापक तथा गहन अनुभवों को अपनी रचना-प्रक्रिया के माध्यम से ग्रहण करता है। यह अलग बात है कि उसकी व्यंजना के आधार पर आगत मूल्यों का संचरण हो सके।"[76]

यदि कवि मूल्यों की स्थापना नहीं, केवल अनुभवों की व्यंजना करता है तो यह क्यों स्वीकार नहीं किया जाता है कि प्रगतिशील कविता के अनुभव नयी कविता के अनुभवों से भिन्न हैं? अनुभव दोनों हैं और दोनों का सम्बन्ध कवि के आत्मजगत् से है, इसलिए अनुभवों की प्रकृति में अन्तर हो सकता है। किन्तु इस अन्तर के आधार पर क्या हमें यह कहने की छूट मिल जाती है कि प्रगतिशील कवि 'देश के

वास्तविक यथार्थ से अपरिचित' हैं? क्या यह सच नहीं है कि इस प्रकार के आरोप मूलतः उसकी विचारधारा को लेकर लगाये जाते हैं? क्या मार्क्सवाद एक विचारधारा है और यथास्थितिवाद कोई विचारधारा नहीं है?

वस्तुतः बाह्य-जगत् के टकराव से कवि जो अनुभव प्राप्त करता है वे विचार-धारा से मिलकर मूल्य में बदल जाते हैं। कवि के वैयक्तिक अनुभव सामाजिक सम्बन्धों में प्रतिफालित होते हैं इसलिए वे मूल्य-गर्भित होते हैं और उन्हें सामाजिक सन्दर्भों से पृथक् करके नहीं देखा जा सकता। हमारे जीवनानुभव मूल्यबोध से बाहर नहीं हो सकते। यह 'अलग बात' नहीं, असल बात है क्योंकि हमारे जीवनानुभव निश्चित मूल्यों को पुष्ट और खंडित करते हैं। यह मूल्यबोध कविता में भी व्यक्त होता है। कविता जिन चित्रों या स्थितियों की रचना करती है उनमे कवि के अनुभव और निष्कर्ष दोनों होते है। आज के बौद्धिक और वैज्ञानिक युग में अपने अनुभव और निष्कर्ष अर्थात् मूल्य जगत् के प्रति सजग होना कवि के लिए अपरिहार्य है।

यह विचित्र संयोग है कि प्रगतिशील कविता को स्वदेशी न मानने वाला आधुनिकतावादी भावबोध स्वयं विदेशों से आयातित है। इस सम्बन्ध में डॉ. जगदीश कुमार ने अत्यन्त शोधपूर्ण तथ्यों के आधार पर लिखा है, "प्रयोगवाद और नयी कविता के जिन सिद्धान्तों का ढोल वक्तव्यों के साथ पीटा गया, उनमें से अधिकांश का आयात पश्चिम से हुआ है।"[77] वह भी यों कि भारतीय जनता के जीवनामुभवों से उनकी कोई पटरी न बैठे। उदाहरण के लिए युद्ध सम्बन्धी अनुभवों को लें। डॉ. जगदीश कुमार ने एक प्रकार से निष्कर्ष दिया है कि "युद्ध के यथार्थ को भोगकर काव्य लिखने वाले हमारे नये कवियों की एक आदत बड़ी विचित्र है। वे सैंतालीस के दंगों या भारत-पाक-युद्धों को तो पूरी तरह नहीं भोग पाये परन्तु सुदूर अतीत और भविष्य के युद्धों का सुन्दर रूपक बाँध लेते हैं।"[78]

अपनी मिट्टी के, अपने जनगण के अनुभवों से बेमेल इन नये कवियों के जीवनानुभव कटुता आदि जिन स्वयं साध्य मूल्यों को जन्म देते हैं वे अगर भारतीय जन-मानस के लिए पूर्णतः अपरिचित हैं तो कोई आश्चर्य की बात नहीं है। आश्चर्य की बात है श्री लक्ष्मीकान्त वर्मा का यह आग्रह कि "मात्र अपरिचित होने के नाते उसकी आस्था को तिरस्कृत नहीं किया जा सकता।"[79]

उदारचेता संस्कृतिबोध

इसके विपरीत प्रगतिशील कविता अपने देश की मिट्टी से, जनता के सांस्कृतिक जीवन से और साथ-साथ वर्तमान युग में मानव जाति के सर्वनिष्ठ संघर्ष से उत्पन्न एक सम्पूर्ण विचारधारा से कितनी गहराई साथ जुड़ी है, इसे आचार्य नन्ददुलारे वाजपेयी के इन शब्दों में सुना जा सकता है : "वर्तमान काव्य का भविष्य बहुत कुछ देश के

राजनीतिक भविष्य पर निर्भर है। यदि देश में राजनीतिक क्रान्ति हो गयी तो वर्तमान काव्य का बहुत कुछ कायाकल्प हो जायेगा। हिन्दी कविता में प्रगतिवादी पक्ष का प्राबल्य होगा'' इत्यादि।[80] प्रगतिशील कविता का सम्बन्ध देश की राजनीतिक स्थिति से है। राजनीति से इसलिए कि जिस ऐतिहासिक युग-सन्दर्भ में प्रगतिशील कविता का विकास हुआ वह राजनीतिक जागरण और सघन राजनीतिक गतिविधियों का युग था। जनता और समाज के प्रति जागरूक एवं ज़िम्मेदार रुख अपनाने के कारण प्रगतिशील काव्य राजनीतिक स्वर से बच नहीं सकता था। यह स्वर भारतेंदु युग से बराबर मज़बूत होता आ रहा था। जो लोग सामाजिक जीवन की उपेक्षा करके प्रगतिशील साहित्य में राजनीतिक प्रचार देखते हैं उन्हें सम्बोधित करते हुए आचार्य हजारीप्रसाद द्विवेदी ने उचित ही कहा था : "जो लोग आज भी यह सोचते हैं कि साहित्य के कुछ खास-खास विषय ही पढ़ने के हैं वे बड़ी गलती करते हैं। आज की जनता की दुरवस्था को यदि आप सचमुच उखाड़ फेंकना चाहते हैं तो आप चाहे जो मार्ग लें, राजनीति से अलग होकर नहीं चल सकते...।"[81]

इसलिए जो लोग प्रगतिशील कविता की आलोचना के लिए प्रचार, विदेशी प्रभाव आदि की बात करते हैं वे मूलतः इतिहास, समाज और जीवन के उल्टे चलते हैं। प्रगतिशील कविता इस प्रकार के विरोधों से टकराती हुई, जनता में अपनी आस्था को दृढ़ करती हुई विकसित हुई है।

अपने अध्ययन क्रम में हमने प्रगतिशील कविता की कमज़ोरियों के जो मुख्य स्वरूप देखे हैं उनके कारणों पर प्रकाश डालते हुए अमृतराय ने लिखा है कि उसकी कमज़ोरी के दो मुख्य आधार हैं : एक तो ऐसे लेखकों की कृतियाँ जिन्होंने बौद्धिक दर्शन के रूप में साम्यवाद को अपना लिया, किन्तु जनजीवन से गहन सम्पर्क के अभाव में शिल्प या रचना-कौशल के बावजूद जीवन के स्पन्दनों से साहित्य को प्राणवान न बना सके; और दूसरे, जनसाहित्य—जिसके रचयिता जिन्दगी के मोर्चे पर लड़ रहे थे इसलिए रचना-कौशल की कमी के बावजूद जीवन का स्पन्दन ही उनके साहित्य की शक्ति है।[82] स्पन्दनरहित-प्राणहीन कला की अपेक्षा जिन्दगी के मोर्चे पर लड़ने वाली रचनाएँ अपने उद्देश्य में अधिक सफल हैं क्योंकि रचना-कौशल की कमी के बावजूद वे जिन्दगी के प्रति अधिक ईमानदार हैं। इन कवियों को अपनी कला के बारे में भ्रम नहीं था। रामेश्वर 'करुण' ने अपनी कला के बारे में काफी पहले लिखा था :

सुपद सुगीत न दोहरे, नहिं 'नावक के तीर'।
करुन-कराहन के कड़े, कछु सन्ताप गँभीर।।[83]

यदि रचना-कौशल वाली कविताएँ करुन कराह या गम्भीर सन्ताप का थोड़ा भी स्पर्श पा जातीं तो उनमें वह आयास और छद्म न मिलता जिसके कारण वे 'थोथे

पोथे काव्य के' बनकर रह गयीं। यह सही है कि प्रचार मोह की वृत्ति दोनों तरह के कवियों में है। किन्तु दोनों के प्रचार में फर्क है। बौद्धिक सहानुभूति वाले प्रचार में यह कोशिश झलकती है कि कवि जनता और समय की वास्तविकता की अपनी पहचान और उसमें अपनी शिरकत जताना चाहता है। करुन-कराह वाले प्रचार में रीतिवादी संस्कारों से संघर्ष में जनता के बीच से उठने वाला स्वर सुनायी देता है। इस बुनियादी अन्तर के कारण ही यदि कण-कण में लाल परचम की विजय पढ़ने वाली भावदृष्टि अतिरंजित लगती है तो छैलबिहारी दीक्षित 'कंटक' की ये पंक्तियाँ नारेबाजी के स्तर पर होकर भी प्रभावित करती हैं :

देश के जो मजदूर किसान, बहुत दिन सोये लम्बी तान।
रहे नंगे भूखे अनजान, उठाये सदियों के अपमान।।
बढ़ी आने दो नयी हिलोर। चलो सब साम्यवाद की ओर।।[84]

डॉ. रामविलास शर्मा ने, 'किसान कवि पढ़ीस' के बारे में लिखा था कि सोवियत जर्मन युद्ध के समय जब लोग जर्मनी की विजय में भारत की विजय देखते थे तब पढ़ोस उनसे कहते थे, "सोवियत रूस जीतेगा ही नहीं वरन् उसकी जीत में ही हिन्दुस्तान और दुनिया की भलाई है। उनके इस विश्वास का कारण और कुछ नहीं, जनता में उनका प्रगाढ़ विश्वास है।"[85] जनता से आने वाले कवियों में कम-से-कम वास्तविकता की सही समझ तो मौजूद थी जो उनके क्रान्तिकारी जोश से जुड़कर कविता को प्राणदान बना रही थी।

वास्तुस्थिति की खोज

प्रगतिशील काव्य के अच्छे-बुरे सभी पहलुओं का अध्ययन करते समय यह तथ्य उभरकर आता है कि प्रगतिशील कविता के रचयिता समाज के किसी एक वर्ग से नहीं आये। उनमें किसान, मजदूर, मध्यवर्गीय बुद्धिजीवी, सभी तबकों के लोग मौजूद थे। वैचारिक दृष्टि से सभी कवि मार्क्सवादी भी नहीं थे। भिन्न-भिन्न विचारों और संस्कारों के कवि एक तरफ अगर प्रगतिशील कविता की व्यापकता के प्रमाण हैं तो दूसरी तरफ उसके अनेक अन्तर्विरोधों और निन्दनीय प्रवृत्तियों के कारण भी हैं। जो कवि किसान-मजदूरों के वास्तविक जीवन से अपरिचित थे, उनके संस्कारों और वैचारिक निष्कर्षों को आत्मसात् करने में असमर्थ थे, उनमें सामाजिक अन्तर्विरोधों से मुक्ति की छटपटाहट अनियन्त्रित रूप में व्यक्त हुई। यह अभिव्यक्ति कहीं काम-कुण्ठावादी प्रवृत्ति में प्रकट हुई तो कहीं महानाशवाद में, कहीं अतिरिक्त बौद्धिकता में तो कहीं निपट तत्कालवाद में। जीवन, साहित्य और संस्कृति के बारे में सभी जनवादी कवियों की मार्क्सवादी समझ ठीक नहीं थी। वे "कथ्य के अनुरूप शिल्प" की सही अवधारणा को सृजनात्मक स्तर पर निभा नहीं सके। कथ्य और

शिल्प की द्वन्द्वात्मकता में कथ्य की महत्त्वपूर्ण भूमिका के सम्बन्ध में गलत व्यवहार के कारण प्रचार या इतिवृत्तात्मक विवरण की प्रवृत्तियाँ विकसित हुईं।

इन दोनों ही प्रकार के अतिवादों ने प्रगतिशील कविता को अन्ततः अमूर्त बनाने का ही काम किया। प्रचारात्मकता और बौद्धिकता दोनों ही जीवन-यथार्थ से शून्यता को व्यक्त करते हैं, इसलिए दोनों ही अमूर्तता के लक्षण हैं। कला की मूर्तता वस्तु की मूर्तता से उत्पन्न होती है, इसलिए जीवन की वस्तु के बिना बिम्बों, प्रतीकों, मुहावरों आदि को मूर्तता मानना भाववाद है। अपरिचित जीवन-यथार्थ को "बौद्धिक सहानुभूति" के साथ व्यक्त करने वाली कला का अमूर्त होना स्वाभाविक है।

यह अभिप्राय नहीं कि रूप की मूर्तता का कोई अर्थ नहीं। रूप की मूर्तता का सम्बन्ध मुख्यतः इस बात से है कि कवि का अनुभूत जीवन-यथार्थ क्या है, उसकी रचना के सम्बोधित पाठक कौन हैं। भाषा अभिव्यक्ति और सम्प्रेषण तथा कथ्य और शिल्प सभी की दृष्टियों से प्रमुख माध्यम है। इसलिए रूप सम्बन्धी चर्चा को सीमित करते हुए हम एक प्रश्न उठा सकते हैं कि जनता की अन्तर्वस्तु के साथ जनता की भाषा की माँग का तात्पर्य क्या है?

प्राथमिक बात यह है कि रचनाकार के सामने अमूर्त पाठक वर्ग नहीं, मूर्त्त पाठक समुदाय होता है जिसकी पहचान निस्सन्देह हाड़-मांस, चेहरे-मोहरे वाले व्यक्ति से बनती है। राजनीतिक मंचों से पढ़ी गयी कविताओं की बात छोड़ दें, तो कविता का पाठक सामान्यतः व्यक्ति होता है। यह पाठक-व्यक्ति कृति में अपनी अस्मिता को तलाशने का, कविता के सन्दर्भों और स्थितियों के बीच अपने को पहचानने का प्रयत्न करता है।

पाठक-व्यक्ति का यह प्रयत्न कविता की संश्लिष्ट इकाई में उस बिन्दु से आरम्भ होता है जिसे हम कथ्य और शिल्प का सन्तुलन-बिन्दु कहते हैं। दूसरे शब्दों में वह कथ्य में परिचित जीवन-यथार्थ की माँग करते हुए भी शिल्प में 'कुछ विशेष' चाहता है। यह "विशेष" भाषा संरचना को सपाट इतिवृत्त होने से बचाता है। किन्तु पाठक इतनी 'विशेष' भाषा नहीं चाहता कि वह नितान्त वैयक्तिक या दुर्बोध हो जाय। वस्तुतः वह सहज भाषा में ही थोड़ी आलंकारिकता, अतिरंजना और वक्रता चाहता है। ऐसी कृतियों में पाठक खुद-ब-खुद रम जाता है जिनमें अभिव्यक्त जीवन-यथार्थ कुछ वक्रता या वैशिष्ट्य के साथ प्रस्तुत होता है।

कवि के लिए यह एक अत्यन्त जटिल चुनौती है कि वह कथ्य में अपने आत्मगत तथ्यों को रूपान्तरित कर दे और शिल्प से स्वयं को तटस्थ रखे। प्रगतिशील कवियों ने जहाँ इस चुनौती को ध्यान में नहीं रखा वहाँ उनकी वैयक्तितता कविता पर अनावश्यक रूप से हावी हो गई है। इससे कविता का वस्तुगत चरित्र तो बाधित हुआ ही है, इस विवेक को भी आघात पहुँचा है कि कविता एक-एक व्यक्ति के

रागात्मक तन्तुओं को स्पर्श करती हुई, व्यक्ति की अस्मिता को सामाजिक सम्बन्धों की संगति में उद्घाटित करती हुई, अर्थात् सामाजिक औचित्य और सन्दर्भवत्ता के मध्य एक-एक व्यक्ति की वैयक्तिक पहचान को रेखांकित करती हुई ही जनता की निधि बनती है।

साहित्य के लिए जनता भीड़ नहीं होती। इसीलिए जिन कविताओं में चरित्र मौजूद होते हैं (जैसे 'हरिजन गाथा') या प्रकटतः व्यक्ति मौजूद न होते हुए भी चरित्र के संकेत मौजूद होते हैं (जैसे ''बहुत दिनों तक चूल्हा रोया, चक्की रही उदास....'', 'अकाल और उसके बाद' : नागार्जुन) वहाँ पाठक का कविता की भावधारा से तादात्म्य स्थापित हो जाता है। जहाँ चरित्र खड़े किये जाते हैं वहाँ भाषा सहित पूरा शिल्प अभिधात्मक (अलंकार, वक्रता और अतिरंजना आदि से मुक्त) रह कर भी प्रभावशाली बनता है। 'हरिजन-गाथा' की सफलता का यही रहस्य है। जहाँ कवि विवरणों के माध्यम से निजी प्रतिक्रिया व्यक्त करता है वहाँ कविता कोरा भावास्फालन, नारा या प्रचार बनकर रह जाती है। 'मास्को अब भी दूर है' काफी हद तक इसीलिए असफल है।

इससे सिद्ध होता है कि कविता में ''पर्सनल एलिमेंन्ट'' (निजीपन) का अनेक सूक्ष्म रूपों और स्तरों पर विद्यमान रहना अनिवार्य है।

सन्दर्भ-सूची

1. 'नया पथ', नवम्बर, 1954, पृष्ठ 20
2. अनुक्षण, पृष्ठ 52
3. 'विशाल भारत', जनवरी, 1939
4. अनुक्षण, पृष्ठ 52-53
5. तार-सप्तक, पृष्ठ 74
6. वही, पृष्ठ 33
7. आधुनिक काव्यधारा का सांस्कृतिक स्रोत, पृष्ठ 204
8. वही, पृष्ठ 205
9. 'हंस', अक्टूबर 42, माचवे की कविता : ''दा ज्दास्त्युते सोवियत्स्की सोयूज''
10. अनुक्षण, पृष्ठ 54
11. वही, पृष्ठ 71
12. जंगल का दर्द, पृष्ठ 65
13. तार-सप्तक, पृष्ठ 56
14. अनुक्षण, पृष्ठ 40-43
15. उद्धृत : हिन्दी साहित्य के प्रमुख 'वाद' और उनके प्रवर्तक, पृष्ठ 166
16. नागार्जुन : 'नया पथ', अगस्त, 1953, पृष्ठ 14
17. प्रभाकर माचवे, हंस, मई 1947
18. तार-सप्तक, पृष्ठ 53

19. एकान्त, पृष्ठ 29
20. 'हंस', जुलाई, 1942
21. युगवाणी, सुमित्रानन्दन पन्त ग्रन्थावली-2, पृष्ठ 88
22. उद्धृत : डॉ. दुर्गा प्रसाद झाला, प्रगतिशील हिन्दी कविता, पृष्ठ 189
23. 'हंस', जनवरी, 1938, पृष्ठ 317
24. वही, पृष्ठ 319
25. वही, पृष्ठ 320
26. वही, पृष्ठ 321
27. वही, पृष्ठ 65
28. आधुनिक काव्यधारा का सांस्कृतिक स्रोत, पृष्ठ 205
29. वही, पृष्ठ 206
30. वही, पृष्ठ 206
31. वही, पृष्ठ 199
32. वही, पृष्ठ 187
33. आधुनिक काव्यधारा का सांस्कृति स्रोत, पृष्ठ 211
34. लावा और फूल पृष्ठ 8
35. वही, पृष्ठ 90
36. साहित्य के सिद्धान्त और रूप, पृष्ठ 123
37. वही, पृष्ठ 127-28
38. टेढ़े-मेढ़े रास्ते, पृष्ठ 37
39. साहित्य के सिद्धान्त और रूप, पृष्ठ 124
40. वही, पृष्ठ 119
41. आस्था के चरण, पृष्ठ 269
42. वही, पृष्ठ 289-90
43. वही, पृष्ठ 266
44. वही, पृष्ठ 268
45. वही, पृष्ठ 268-69
46. वही, पृष्ठ 266
47. वही, पृष्ठ 160
48. आधुनिक काव्य : रचना और विचार, पृष्ठ 59
49. प्रगतिवाद, पृष्ठ 33-34
50. वही, पृष्ठ 34
51. सुमित्रानन्दन पन्त ग्रन्थावली-6, पृष्ठ 122-23
52. वही, पृष्ठ 123
53. वही, पृष्ठ 123
54. वही, पृष्ठ 122
55. सुमित्रानन्दन पन्त ग्रन्थावली-6, पृष्ठ 129
56. वही, पृष्ठ 125
57. वही, पृष्ठ 125

58. वही, ग्रन्थावली-2' पृष्ठ 93
59. कवि की दृष्टि, पृष्ठ 164
60. सुमित्रानन्दन पन्त ग्रन्थावली-2, युगवाणी, पृष्ठ 90 और 91
61. वही, युगपथ, पृष्ठ 14
62. वही, युगवाणी, पृष्ठ 109
63. उपर्युक्त, पृष्ठ 16
64. सुमित्रानन्दन पन्त ग्रन्थावली-6, पृष्ठ 130
65. चकल्लस, पृष्ठ 51
66. नयी कविता के प्रतिमान, पृष्ठ 31
67. वही, पृष्ठ 39
68. वही, पृष्ठ 83
69. वही, पृष्ठ 20
70. वही, पृष्ठ 81
71. वही, पृष्ठ 83
72. वही, पृष्ठ 85
73. 'नयी कविता (अंक)', पृष्ठ 9
74. मानव मूल्य और साहित्य, पृष्ठ 167
75. साहित्य का नया परिप्रेक्ष्य, 132
76. 'नयी कविता (अंक 5-6 संयुक्तांक)', पृष्ठ 144
77. नयी कविता : विलायती सन्दर्भ, पृष्ठ 16
78. वही, पृष्ठ 27
79. नयी कविता के प्रतिमान, पृष्ठ 33
80. आधुनिक काव्य, पृष्ठ 388
81. अशोक के फूल, पृष्ठ 188-89
82. नयी समीक्षा, पृष्ठ 167-68
83. करुण सतसई, पृष्ठ 12
84. साम्यवाद की हुंकार, पृष्ठ 11
85. 'लोकयुद्ध', 28 फरवरी 1945

अध्याय-18

प्रगतिशील काव्य की द्वन्द्वात्मक भावभूमियाँ

हिन्दी साहित्य में प्रगतिवाद के जन्म सम्बन्धी स्वीकृत मान्यता का खण्डन करते हुए डॉ. जनेश्वर वर्मा ने लिखा है : "वास्तव में प्रगतिवाद का जन्म छायावाद की मृत्यु के पश्चात् नहीं वरन् उसके जन्म के साथ हुआ। रूस की समाजवादी क्रान्ति और भारतीय राष्ट्रीय जागरण के प्रभावस्वरूप सन् 1918 से भारतीय जन जीवन में जो आत्मविश्वास, वर्ग-चेतना, मानववाद और जन-जागृति की लहर आयी, प्रगतिवाद उसी की एक साहित्यिक अभिव्यक्ति है। अतः प्रगतिवाद का जन्म सन् 1918 से मनाना चाहिये और हिन्दी-काव्य के क्षेत्र में गया प्रसाद शुक्ल 'सनेही' को उसका आदि प्रवर्त्तक मानना चाहिये।"[1]

वैचारिक आधारभूमि

इसमें सन्देह नहीं कि डॉ. वर्मा ने रूस की क्रान्ति के जितने त्वरित और प्रत्यक्ष प्रभाव को प्रगतिवाद के जन्म का कारण मान लिया है उससे सामाजिक प्रक्रियाओं और साहित्य पर पड़ने वाले उनके जटिल प्रभाव के सम्बन्ध में उनकी भ्रान्ति ही सिद्ध होती है। इसीलिए वह एक ओर छायावाद की प्रगतिशील अन्तर्धारा को अस्वीकार करने पर विवश होते हैं; दूसरी ओर तर्कसंगत ढंग से प्रगतिवाद के उदय के लिए उत्तरदायी भारतीय परिस्थितियों का सही मूल्यांकन नहीं कर पाते; और सनेही-मण्डल के उन कवियों को प्रगतिशील कविता का जनक बताते हैं जिन्होंने कुछ एक मार्क्सवादी सूत्रों को पकड़कर प्रचारात्मक शैली की कविताएँ लिखीं।

किन्तु डॉ. वर्मा के वक्तव्य से यह अवश्य स्पष्ट होता है कि हिन्दी में प्रगतिशील कविता का जन्म राष्ट्रीय स्वाधीनता और अन्तर्राष्ट्रीय समाजवादी विचारधारा के समन्वित प्रभाव से हुआ। साम्राज्यवादी शासन की लूट और दमन की नीतियाँ जनता पर सीधे चोट कर रही थीं। साम्राज्यवादी शासन से छुटकारा पाने के लिए जनता सक्रिय प्रतिरोध के लिए भी तैयार थी। 1857 का गदर इसका उदाहरण था। जनता की यह चेतना भारतेन्दु-युग में बड़ी प्रखरता से साहित्य का विषय बन रही थी।

इसीलिए केदारनाथ अग्रवाल मानते हैं कि "भारतेन्दु काल ही से आधुनिक हिन्दी कविता का भौतिकवादी, शोषण-विरोधी इतिहास आरम्भ होता है।"[2] जन-संघर्ष और साहित्य की इस पृष्ठभूमि में जब मार्क्सवाद का आलोक फैला तो बुद्धिजीवियों, कवियों का बहुत बड़ा समुदाय उसकी ओर आकृष्ट हुआ।

मार्क्सवादी विचारधारा से जुड़कर भारत की साम्राज्यवाद-विरोधी यथार्थवादी साहित्य-परम्परा का विकास समाजवादी यथार्थवाद की दिशा में हुआ और तब सुसंगत रूप से प्रगतिशील कविता की रचना आरम्भ हुई। इसलिए प्रगतिशील काव्य में मार्क्सवादी प्रभाव की केन्द्रीय भूमिका है। यह प्रभाव 1917 की रूसी क्रान्ति के बाद खासतौर पर बढ़ा, यह सत्य है। कुछ कवियों ने 1918 से ही इस दिशा में छिट-पुट प्रयास आरम्भ कर दिया था, यह भी सत्य है। किन्तु यह समझ असंगत है कि साल भर के भीतर ही यह प्रभाव हिन्दी साहित्य में आन्दोलन बन गया। हिन्दी ही नहीं हिन्दुस्तान के बुद्धिजीवियों ने पूर्णतः या अशंतः मार्क्सवाद को तभी स्वीकार किया जब उन्हें यह विश्वास हो गया कि "मार्क्सवाद ही साम्राज्यवाद विरोधी शक्तियों को उनके अन्तिम ध्येय तक पहुँचा सकता है।"[3] मार्क्सवाद के प्रति यह विश्वास स्वतः स्फूर्त तरीके से साल भर में पैदा नहीं हो गया। इसके लिए महत्त्वपूर्ण आधारभूमि तैयार की जनता के साम्राज्य-विरोधी संघर्ष की सुदीर्घ परम्पराओं, कांग्रेस के नेतृत्व में चलने वाले राष्ट्रीय आन्दोलन की ढुलमुल नीति की असफलताओं और भारत की कम्युनिस्ट पार्टी के संगठित प्रयत्नों ने।

प्रगतिशील कविता : संक्षिप्त पृष्ठभूमि

यदि 1930 से 36 तक की सामाजिक और साहित्यिक स्थितियों पर एक दृष्टि डालें तो स्पष्ट हो सकता है कि जितने बड़े पैमाने पर मार्क्सवाद की स्वीकृति के लिए इस काल में ज़मीन तैयार हुई उतनी 1918-20 के काल में नहीं हुई थी। 1929-33 की विश्वव्यापी मंदी ने पूँजीवाद को गहरे आंतरिक संकट में फँसा दिया था। पूँजीवादी उत्पादन में भारी गिरावट आने और जनता की भयानक गरीबी ओर बेकारी के कारण बाज़ार संकुचित हो जाने से पूँजीवाद के लिए जीवन-मरण का संकट उत्पन्न हो गया था। फलतः एक ओर सन् 1934 में सर्वप्रथम जर्मनी में फासिज़्म का उदय हुआ और दूसरी ओर जनता में व्यापक असन्तोष और संघर्ष की भावना का विकास हुआ।

भारत मे अंग्रेज़ी राज की छत्रछाया में पूँजीवाद का विकास हो रहा था। यह सही है कि सन् '57 के गदर से सबक सीखकर सामन्तवाद को भी दृढ़ किया जा रहा था और पूँजीवाद का विकास भी, इसलिए यहाँ का पूँजीवाद अवरोधपूर्वक और अस्वाभाविक रूप से विकसित हो रहा था। कांग्रेस की दुलमुल और समझौतावादी नीतियाँ भारत के पूँजीवादी विकास की इसी वस्तुस्थिति का परिणाम थीं। मन्दी के दौर में व्यापक पैमाने

पर हुई मजदूरों की छँटनी और वेतन-कटौती से कांग्रेसी नीतियों के प्रति मजदूर वर्ग का मोहभंग हुआ और पूँजीपतियों के प्रति मजदूरों की नाराज़गी एक नयी मंज़िल पर पहुँची। इसीलिए सन् '34 में जब मन्दी का दौर समाप्त हुआ और पूँजीवादी उद्योग में नया उत्साह आया तब मजदूरों में वर्ग-चेतना की बढ़ती हुई भूमिका का प्रदर्शन '34 में ही आयोजित "आल इण्डिया टेक्सटाइल बर्कर्स कॉन्फ्रेंस" में हुआ।

मजदूरों में बढ़ती हुई वर्ग-चेतना से भारत के पूँजीपति ही नहीं, ब्रिटिश साम्राज्यवादी भी डरते थे। इसलिए 1934 में ही भारत की कम्युनिस्ट पार्टी पर अंग्रेज सरकार ने प्रतिबन्ध लगा दिया। ब्रिटिश साम्राज्यवाद, भारतीय पूँजीपति वर्ग और मजदूर-किसानों के आपसी मोर्चे के बीच त्रिकोणीय संघर्ष में गाँधीजी की नीतियों से सबक सीख कर जिन कांग्रेसियों ने यह जान लिया कि साम्राज्यवाद-विरोधी संघर्ष को निर्णायक मोड़ देने के लिए भारत को पूँजीवादियों की नहीं, मजदूर वर्ग की विचारधारा की आवश्यकता है, उन्होने सन् '34 में ही कांग्रेस के भीतर कांग्रेस समाजवादी पार्टी का गठन किया।

कम्युनिस्ट पार्टी पर कानूनी बन्दिश लगने के बाद '34 में ही उसके द्वारा प्रकाशित सभी पत्र-पत्रिकाएँ भी बन्द हो गई। सन् '36 में कांग्रेस समाजवादी पार्टी के नेताओं ने 'संघर्ष' का प्रकाशन आरम्भ किया। कम्युनिस्ट पार्टी के पत्र-पत्रिकाओं पर बन्दिश वाले दिनों में 'संघर्ष' ने समाजवादी विचारधारा के प्रचार-प्रसार में महत्त्वपूर्ण भूमिका अदा की।

भारत में क्रान्तिकारी आन्दोलन का एक हिस्सा गाँधी जी की नीतियों के विरोध में जन-जागरण और जन-आन्दोलन का मार्ग त्याग कर आंतकवाद की रणनीति अपनाता था। उसकी समझ थी कि जन-आन्दोलनों का दबाब डालकर भारतीय पूँजीपतियों के लिए रिआयतें प्राप्त करने से कुछ नहीं हो सकता। लेकिन इनमें से अनेक लोगों ने मार्क्सवाद-लेनिनवाद का गम्भीर अध्ययन-मनन किया और क्रान्तिकारी उद्देश्यों की प्राप्ति के लिए जनता के जागरण का महत्त्व पहचाना। 23 मार्च 1931 को फाँसी चढ़ने से पहले भगतसिंह ने अपने बयान में 'इन्कलाब जिन्दाबाद' का अर्थ समझाते हुए लिखा :

> क्रान्ति से हमारा अर्थ है—वर्तमान सामाजिक व्यवस्था को जड़ से उखाड़ फेंकना। इसके लिए राज्य-शक्ति पर अधिकार करना ज़रूरी है। अभी राज्यशक्ति एक विशेष सुविधाप्राप्त वर्ग के हाथों में है।[4]

अंग्रेज़ी हुकूमत के खिलाफ अपने संघर्ष को शोषण की व्यवस्था के विरुद्ध विश्वव्यापी संघर्ष की पृष्ठभूमि में देखते हुए भगतसिंह ने 'परजीवी' और 'श्रमजीवी' वर्गों के बुनियादी अन्तर पर प्रकाश डाला। परजीवी वर्गों के फरेब को उद्घाटित और

श्रमजीवी वर्गों के व्यापक जागरण के महत्त्व को रेखांकित करते हुए उन्होंने घोषणा की कि "मार्क्सवाद और कम्युनिज़्म का उद्देश्य अवश्य ही विजयी होगा।"[5]

साहित्य के क्षेत्र में सन् '33 से '35 के बीच समाज की वर्गीय-रचना, सोवियत क्रान्ति, समाजवादी अर्थतन्त्र, साम्यवाद के उच्च मानवीय, नैतिक और आध्यात्मिक आदर्शों, जाति, धर्म, सम्प्रदाय, नारी-मुक्ति और साहित्य-संस्कृति आदि का क्रान्तिकारी विचारधारा के सन्दर्भ में मूल्यांकन करते हुए जितने लेख प्रकाश में आये उतने पहले कभी नहीं आये थे। मुख्यतः दुर्गाप्रसाद शुक्ल, बालकृष्ण गुप्त, अख्तर रायपुरी, धुरन्धर शर्मा, क्रान्तिकुमार शर्मा, कमलाकान्त उपाध्याय 'सर्वहारा', छविनाथ, विष्णुदत्त शुक्ल, अम्बिका प्रसाद मिश्र, जगन्नाथ प्रसाद मिश्र, शिवनारायण टंडन, प्रभुदयाल मेहरोत्रा, सत्यभक्त, डॉ. सम्पूर्णानन्द, श्री प्रकाश, आचार्य नरेन्द्र देव, जयप्रकाश नारायण, दामोदर सदन, सेठ गोविन्ददास आदि असंख्य लेखक इस दौरान समाजवादी विचारधारा के प्रचार-प्रसार में अपना योगदान कर रहे थे। राहुल सांकृत्यायन की दो महत्त्वपूर्ण कृतियाँ 'बाईसवीं सदी' (1931) और 'साम्यवाद ही क्यों' (1935) इसी अवधि में प्रकाशित हुई। इस पृष्ठभूमि में सितम्बर, 1936 में प्रेमचन्द के ऐतिहासिक लेख 'महाजनी सभ्यता' के प्रकाशन ने एक प्रकार से साहित्य के क्षेत्र में मार्क्सवादी विचारधारा की विजय की घोषणा कर दी।

प्रगतिशील लेखक संघ की भूमिका

मार्क्सवाद के इस व्यापक प्रभाव से हिन्दी-साहित्य में प्रगतिशील कविता के लिए एक समर्थ और स्वाभाविक अभ्युदय का आधार निर्मित हुआ। प्रगतिशील कविता को एक सशक्त आन्दोलन का रूप दिशा प्रगतिशील लेखक संघ ने।[6] इस सम्बन्ध में भारतीय कम्युनिस्ट पार्टी की भूमिका का महत्व बताते हुए डॉ. रामविलास शर्मा ने लिखा है, "प्रगतिशील लेखक संघ की नींव डालना इसलिए ज़रूरी था कि संगत रूप से साम्राज्यवाद-विरोधी, सामन्त-विरोधी साहित्य की रचना की जा सके।.... इस ऐतिहासिक आवश्यकता को हिन्दुस्तान के मजदूर वर्ग और उसकी पार्टी ने पूरा किया।"[7] मजदूर वर्ग और उसकी पार्टी की इस पहलकदमी का नतीजा यह हुआ कि हिन्दुस्तान का नया साहित्य पश्चिम के पतित पूँजीवादी साहित्य की नकल करने से बचा, भारतीय पूँजीपतियों का पिछलग्गू न बनकर मजदूर-किसान से जुड़ा, अतीतपन्थी-रूढ़िवादी संस्कृति से संघर्ष करता हुआ मार्क्सवाद के नज़दीक आया।[8] जो लोग इस ऐतिहासिक दृश्यफलक को आँखों से ओझल कर देते हैं वे द्विवेदीयुगीन साहित्य की एक धारा से छायावाद का और दूसरी धारा से प्रगतिवाद का उद्भव[9] मानते हैं।

छायावाद : सामन्तवाद और साम्राज्वाद विरोधी काव्य-चेतना

यह सही है कि छायावाद के समान्तर एक दूसरी काव्यधारा भी अप्रतिहत रूप से प्रवाहित हो रही थी। गयाप्रसाद शुक्ल 'सनेही' और उनके मण्डल के दूसरे कवि इस धारा के प्रतिनिध थे। उनकी काव्य-चेतना पर मार्क्सवादी दर्शन की छाप अत्यन्त स्पष्ट थी। लेकिन इतने से यह साबित नहीं हो जाता कि छायावाद में यथार्थवाद और प्रगतिशील अन्तर्वस्तु का सर्वथा अभाव है। डॉ. नामवर सिंह ने 'छायावाद' का विस्तृत विवेचन करते हुए स्पष्ट किया है कि छायावाद-युग की पूरी मनोभूमि सामन्ती बन्धनों से व्यक्ति की स्वतन्त्रता और विदेशी शासन से देश एवं जनता की स्वतन्त्रता की भावना के जटिल द्वन्द्व से निर्मित और विकसित हुई है।[10] डॉ. रामविलास शर्मा ने इतिहास की व्यापक दृश्य-परिधि पर तथ्यों का गम्भीर अनुशीलन करते हुए छायावाद के अन्तर्विरोधों को और उनके वस्तुगत कारणों को अत्यन्त प्रखरता से उजागर किया है, साथ ही उसके यथार्थवादी, साम्राज्यवाद-विरोधी और सामन्तवाद-विरोधी पक्षों को बलपूर्वक रेखांकित भी किया है। हिन्दी के जातीय साहित्य के सन्दर्भ में छायावाद का महत्त्व रेखांकित करते हुए उन्होंने लिखा है कि "...तुलसीदास और सूरदास के युग के बाद प्रसाद-निराला-पन्त का युग सबसे रचनात्मक, सबसे प्रगतिशील युग है।"[11]

यदि रामविलास और नामवर के अध्ययन की पृष्ठभूमि में देखें तो स्पष्ट होगा कि छायावाद युग का व्यक्तिवाद सामन्तवाद-विरोधी मुक्ति-भावना का परिणाम था तो उसका अतीत प्रेम और राष्ट्रवाद विदेशी साम्राज्य के राजनीतिक प्रभुत्व और सांस्कृतिक प्रत्याक्रमण की प्रतिक्रिया था। इसी प्रकार, उसके प्रकृति प्रेम का स्वरूप भी एक तरफ सामन्तवाद-विरोधी है तो दूसरी ओर साम्राज्यवाद-विरोधी—औद्योगिक विकास ने प्रकृति के जिस विराट् रूप का उद्घाटन किया वह कवियों की कल्पना से जुड़कर संकीर्ण सामन्ती नैतिकताओं से बचने का माध्यम बना; दूसरी ओर भारत का औद्योगिक विकास अंग्रेजों की छत्रछाया में हो रहा था, इससे छायावादी कवि क्षुब्ध था, इसलिए 'तज कोलाहल की अवनी' प्रकृति में उसका पलायन वस्तुतः साम्राज्य-विरोधी निषेधात्मक प्रतिक्रिया का ही एक रूप था।

यह सही है कि छायावाद का दृष्टिकोण बहुधा निषेधात्मक ही है, लेकिन इससे उसके साहित्य की प्रगतिशील अन्तर्वस्तु का निषेध नहीं हो जाता। प्रसाद, निराला, पन्त आदि प्रमुख छायावादी कवियों ने निषेधात्मक ढंग से ही नहीं, सकारात्मक ढंग से भी अपनी कविताओं में उन मूल्यों को व्यक्त किया है जिन्हें यथार्थवादी दृष्टि से प्रगतिशील माना जायेगा। अक्सर निराला और पन्त के प्रगतिशील मूल्यों को स्वीकार करते हुए भी प्रसाद को अलग रखा जाता है। उनके कृतित्व में मार्क्सवादी

दृष्टिकोण से प्रगतिशील समझे जाने वाले मूल्यों का अभाव समझा जाता है। शुक्ल जी ने 'कामायनी' मे साम्यवाद की दबी हुई गूँज सुनी तो क्या वह आकस्मिक था? डॉ. रामविलास शर्मा ने साम्राज्यवाद-विरोधी संघर्ष में जनता के आन्दोलन की पृष्ठभूमि में प्रसाद-साहित्य का मूल्यांकन करते हुए 'कामायनी' में दार्शनिक और सामाजिक चिन्तन की सीमाओं के बावजूद मार्क्सवादी दृष्टि से उसके प्रगतिशील पक्ष को इस प्रकार रेखांकित किया हैं :

> गाँधीवाद जहाँ जनता के क्रान्तिकारी उभार को दबाकर वर्ग-शान्ति और समझौते की राह पर चलता है, वहाँ प्रसाद जी वर्ग शान्ति के बदले वर्गहीन समाज का आदर्श सामने रखते हैं। गाँधीवाद जहाँ प्राचीन भारतीय समाज में वर्ग-संघर्ष अस्वीकार करता है, वहाँ प्रसादजी ने राजा और प्रजा के रक्तमय संघर्ष का चित्र खींचकर उसे स्वीकार किया है। सबसे महत्त्वपूर्ण बात यह कि गाँधीवाद जहाँ निष्क्रिय प्रतिरोध की बात करता है, वहाँ प्रसाद जी ने सक्रिय प्रतिरोध का आदर्श रखा है, शस्त्र उठाकर आततायियों का विरोध करने का चित्र खींचा है।[12]

डॉ. शर्मा की इस व्याख्या से न केवल छायावाद के भीतर व्यक्तिवाद की सीमाओं को तोड़ कर नयी सामाजिक भूमिका की ओर बढ़ने वाली अन्तर्धारा का पता चलता है, बल्कि इस बात का भी पता चलता है कि साम्राज्यवाद-विरोधी संघर्ष में दो परस्पर विरोधी नीतियों का टकराव भी हो रहा था। इस टकराव का कारण वस्तुगत था। गाँधी जी के प्रभाव में कांग्रेस आजादी की पक्षधर शक्तियों का संगठन थी, लेकिन उसके पीछे संगठित सभी शक्तियाँ क्रान्ति की पक्षधर नहीं थीं। कांग्रेस का नेतृत्व क्रान्तिकारी शक्तियों के हाथ में न होकर पूँजीपति वर्ग के हाथ में था जिनका संघर्ष एक ओर ब्रिटिश साम्राज्यवाद से था तो दूसरी ओर साधारण जनता से था। गाँधीवाद क्रान्तिकारी शक्तियों की नहीं, पूँजीवादी शक्तियों की विचारधारा थी, गाँधी जी जन-आन्दोलन का दबाव डालकर पूँजीपतियों के लिए रियासतें हासिल करते थे और उनके हित के लिए, जनता के हितों के विरुद्ध, उसकी क्रांतिकारी चेतना एवं संघर्ष को दबाने के लिए अंग्रेजों से समझौता करते थे। इसीलिए जब भारत आज़ाद हुआ तब भी वह ब्रिटिश साम्राज्य का 'डोमीनियन' राज्य बना रहा। इस जटिल द्वन्द्वात्मक परिस्थिति में स्वच्छन्द व्यक्तिवाद पर आधारित रोमांटिक दृष्टि की सीमाएँ उद्‌घाटित हुई और छायावाद के भीतर से एक नया यथार्थवाद विकसित हुआ जिसने ऐतिहासिक आवश्यकताओं के अनुरूप अपनी व्यक्तिपरक चेतना को समाज के साथ जोड़कर सकारात्मक सामाजिक अन्तर्वस्तु से गर्भित क्रान्तिकारी रोमांटिसिज़्म को जन्म दिया। यही कारण है कि प्रमुख छायावादी कवियों में स्वच्छन्द व्यक्तिवाद के साथ-साथ गम्भीर यथार्थवाद के भी दर्शन होते हैं।

जिन प्रगतिशील लेखकों ने इन ऐतिहासिक प्रक्रियाओं को ठीक-ठीक नहीं समझा उन्होंने मार्क्सवाद और समाजवादी यथार्थवाद को ही प्रगतिशील कविता का निकष बनाया, क्रान्तिकारी रोमांटिसिज़्म की प्रगतिशील भूमिका को देखने और मानने से इन्कार किया और छायावाद के विरुद्ध सनेही-मंडल के कवियों को प्रगतिशील काव्य धारा का एकमात्र भगीरथ बताया। यह विचार-वैभिन्य प्रगतिशील कविता के मूल्य-निर्णय की कसौटी और परम्परा के सवाल पर उसके दृष्टिकोण को लेकर अपनायी गयी दो भिन्न दृष्टियों के संघर्ष का परिणाम है।

सनेही-मंडल का काव्य : कला की ऐतिहासिक सीमाएँ

यह सच है कि छायावादी कवियों में समाजवादी यथार्थवाद के दर्शन नहीं होते। उनमें न तो 'सनेही' जैसी 'गरीबो कर गुहार' है और न छैलबिहारी दीक्षित 'कष्टक' जैसी 'साम्यवाद की हुंकार' ही है। लेकिन प्रश्न यह है कि क्या 'गुहार' और 'हुंकार' को ही हम मार्क्सवाद, समाजवादी यथार्थवाद या प्रगतिवाद मानते हैं? सनेही-मंडल के कवियों के दृष्टिकोण में अतिरंजित भावुकता और कला में आत्यंतिक प्रचारमोह का कारण क्या था?

सन् 1918 के ज़माने में भारत में समाजवादी आन्दोलन संगठित नहीं हुआ था। सोवियत संघ में भी समाजवाद विकसित नहीं हो सका था। दोनों चीज़ें भविष्य के गर्भ में थीं। फलतः भारतीय कवियों के लिए समाजवादी यथार्थवाद वास्तविकता कम, कल्पना अधिक था। स्वयं रूस में उसका आदिर्भाव 1936 के आस-पास हुआ। भारत में मार्क्सवादी सिद्धान्तों पर कविता लिखने वाले कवियों के सामने यह सबसे गम्भीर सीमा या समस्या थी। इसीलिए वे पूँजीवाद और सामन्तवाद की कड़ी भर्त्सना करते थे और सर्वहारा राज्य की प्रशस्ति के गीत गाते थे, आदिम सामुदायिक व्यवस्था को ही साम्यवाद का आरम्भिक रूप मानकर समाजवाद की परिकल्पना करते थे। स्वभावतः उनमें वैचारिक संघर्ष तो था किन्तु स्वर में पस्ती और उम्मीद का विचित्र मिश्रण होता था। उनका व्यावहारिक अनुभव कहता था कि शोषित दीन-हीन-परास्त अवस्था में पड़े हैं, उनमें वर्ग-संघर्ष की चेतना नहीं, भाग्यवाद की जकड़न है, और विचारधारा कहती थी कि उनकी विजय अवश्यम्भावी है इसलिए वे उसकी शक्ति में विश्वास की घोषणा करत थे।

भावात्मक स्तर पर यथार्थ से तीव्र असन्तोष, व्यावहारिक स्तर पर जनता की दीनता, निरीहता का अनुभव और सैद्धान्तिक स्तर पर उसकी शक्ति एवं विजय में विश्वास—इन विरोधात्मक प्रक्रियाओं के कारण उनकी आस्था बौद्धिक और सहानुभूति भावुकतापूर्ण होती थी। इस स्थिति में उनके स्वर का अनियन्त्रित भावोच्छ्वास मात्रा की दृष्टि से यदि छायावादी कवियों से कम नहीं था तो यह स्वाभाविक था। इसी कारण उनके भावबोध और सजग विचारधारा में एक प्रकार का द्वैत या विभाजन

उत्पन्न हो गया। इसलिए उस युग की कविताओं का कलात्मक मूल्य उतना नहीं है जितना ऐतिहासिक मूल्य है।

प्रगतिशील साहित्य : ऐतिहासिक अनिवार्यता

सन् 1936 तक आते-आते भारत का सामजवादी आन्दोलन काफी मजबूत हो चुका था और सोवियत संघ की समाजवादी व्यवस्था का स्वरूप भी निखरने लगा था। इसलिए जब प्रगतिशील लेखक संघ की स्थापना के बाद पहले के सीमित और बिखरे हुए प्रयत्नों को संगठित करके संगत रूप से प्रगतिशील साहित्य की रचना शुरू हुई तो वह एक व्यापक आन्दोलन बनकर साहित्य के मंच पर छा गया। लक्ष्मीकान्त वर्मा ने हिन्दी साहित्य में कम्युनिस्ट पार्टी के साहित्यिक मंच, प्रगतिशील लेखक संघ के अथक प्रयत्नों की आलोचना करते हुए बताया कि इन्ही प्रयत्नों के कारण हिन्दी के साहित्यकारों के लिए यह आवश्यक हुआ कि वे स्वयं को प्रमाणित और प्रतिष्ठित करने के लिए किसी न किसी रूप में प्रगतिशील लेखक संघ से अपना सम्बन्ध स्थापित कर लें।[13] हिन्दी साहित्य में पुरानी विचारधाराओं की अपेक्षा समाजवादी विचार-क्षेत्र में निहित सृजन की सम्भावनाओं का उल्लेख करते हुए आचार्य नन्ददुलारे वाजपेयी ने लिखा : "आज हिन्दी के श्रेष्ठ साहित्य के सृजन के कौन से क्षेत्र हैं? निश्चय ही समाजवादी विचारों के क्षेत्र। क्यों? क्योंकि उन्हीं क्षेत्रों ने इस समय की नवीन प्रतिभा को आकर्षित कर रखा है।"[14]

प्रगतिशील कविता का यथार्थवाद

सक्रियता और संघर्ष के उस सघन दौर में प्रगतिशील साहित्य का इतना व्यपक प्रसार आकस्मिक नहीं था। अज्ञेय तक ने स्वीकार किया है कि आरम्भ में प्रगतिशील लेखक संघ में विभिन्न प्रवृत्तियों के लोग थे।[15] उसमें मार्क्सवादियों के अलावा गाँधीवादी, आधुनिकतावादी, अन्तश्चेतनावादी, काल्पनिक समाजवादी आदि तरह-तरह के भाववादी-व्यक्तिवादी चेतना के रचनाकार भी शामिल थे। स्वयं अज्ञेय भी थे। इसके दो मूलभूत कारण थे। एक तो, इतिहास का ऐसा दबाव था जिसने सभी प्रवृत्तियों और रुझानों के कवियों को समाजोन्मुख साहित्य की रचना के लिए प्रेरित किया। दूसरे, प्रगतिशील साहित्य ने सौन्दर्य-मूल्यों के क्षेत्र में जिस नये मानववाद की प्रतिष्ठा की वह मनुष्य के सजग और सकर्मक दायित्व-बोध को सबसे बड़ा मूल्य मानने वाले समाजवादी यथार्थवाद का परिणाम था।

इस विवेचन से जहाँ एक ओर यह स्पष्ट होता है कि हिन्दी में प्रगतिशील साहित्य का सृजन मार्क्सवाद का प्रभाव आने के बाद आरम्भ हुआ वहीं दूसरी ओर यह भी प्रकट होता है कि सभी प्रगतिशील कवि मार्क्सवादी नहीं थे। डॉ. नामवर सिंह

ने मार्क्सवाद की स्वीकृति का विवेचन करते हुए लिखा हैं कि "....हिन्दी के लेखकों ने बाहर के मार्क्सवादी प्रभाव को अपने व्यक्तिवादी और भाववादी संस्कारों की सीमा में ही स्वीकार किया।"[16] फलतः प्रगतिशील कविता में तरह-तरह की प्रवृत्तियों के संस्कार व्यक्त हुए। स्वभावतः गैर-मार्क्सवादियों ने समाजवादी यथार्थवाद को नहीं, यथार्थवाद के अन्य रूपों को अभिव्यक्त किया। प्रगतिशील साहित्य के विकास के लिए समाजवादी यथार्थवाद और यथार्थवाद के दूसरे रूपों की प्रतिस्पर्धा आवश्यक थी। निस्सन्देह यह प्रतिस्पर्धा स्वस्थ ढंग से तभी सम्भव थी जब मार्क्सवादी और गैर-मार्क्सवादी कवि संगठित रूप में साहित्य सृजन करें। जातीय संस्कृति के विकास में इस प्रकार की एकता का महत्त्व बताते हुए डॉ. रामविलास शर्मा ने लिखा है :

> इस (प्रगतिशील) आन्दोलन की सबसे बड़ी समस्या मार्क्सवाद से प्रभावित लेखकों और अन्य राष्ट्रीय और जनवादी लेखकों की एकता की समस्या रही है। प्रगतिशील साहित्यिक आन्दोलन मार्क्सवाद से प्रभावित रहा है; यह एक ऐतिहासिक सच्चाई है। मार्क्सवाद से प्रभावित साहित्य एक ओर, और मार्क्सवाद से अप्रभावित–उससे भिन्न विचारधारा से प्रभावित, राष्ट्रीय और जनवादी साहित्य दूसरी ओर–दोनों ही तरह के साहित्य और साहित्यकारों की एकता हमारी संस्कृति और समाज के लिए आवश्यक थी।"[17]

प्रगतिशील कविता : मूल्य निर्णय की दृष्टियाँ

वैचारिक संस्कारों में विरोध है, फिर एकता किस आधार पर हो? स्वभावतः प्रगतिशील साहित्य और उसके मूल्य-निर्णय की कसौटी क्या हो, वह मुख्य प्रश्न हो गया। गैर-प्रगतिशीलों और गैर-मार्क्सवादी प्रगतिशीलों में नही, मार्क्सवाद-प्रभावित प्रगतिशीलों में भी इस प्रश्न पर काफी मतभेद था। इस मतभेद का सम्बन्ध भी अधिक से अधिक राष्ट्रवादी और जनवादी कवियों को प्रगतिशील साहित्य के दायरे में सम्मिलित करने के सवाल से था। चूँकि प्रगतिशीलता के मूल्य निर्णय की कसौटी तय करने का सवाल साधारण सवाल न था इसलिए इस सम्बन्ध में विवाद भी बहुत समय तक चला। स्वतन्त्रता प्राप्ति के बाद वह विवाद सर्वथा नये रूप में प्रकट हुआ। आज भी कुछ लोगों में इस विवाद की प्रतिध्वनियाँ गूँजती हैं। यहाँ हम इस विवाद का अध्ययन क्रमिक विकास के आधार पर नहीं, इस सम्बन्ध में प्रगतिशील लेखकों द्वारा अपनायी गयी दृष्टि के आधार पर करेंगे।

डॉ. रांगेय राघव : प्रगतिशीलता बनाम मानवतावाद

कुछ मार्क्सवादी लेखकों की समझ से जब तक साहित्य में मार्क्सवादी दृष्टिकोण,

खासकर वर्ग-संघर्ष के सिद्धान्त की प्रतिष्ठा नहीं होती तब तक वह प्रगतिशील नहीं हो सकता। पुराने मानवतावाद से आधुनिक प्रगतिशीलता का अन्तर समझाते हुए डॉ. रागेय राघव ने लिखा है : "प्रगतिशील साहित्य हिन्दी साहित्य की मानवतावादी विचारधारा का वैज्ञानिक दृष्टिकोण से नयी परिस्थितियों में विकास है। अभी तक समाज में मानवतावाद वर्गों के समन्वयवाद में समाप्त हो जाता था।"[18]

प्रगतिशीलता की व्याख्या करते हुए उन्होंने लिखा : "...हम जिसे प्रगतिशीलता कहते हैं वह सामाजिक तथा राजनीतिक विश्लेषण पर स्थित है—इस नयी भावना का जन्म कार्ल मार्क्स से हुआ जिसने वर्ग-संघर्ष की वैज्ञानिक जानकारी प्रस्तुत की।"[19]

स्पष्ट है कि पुराने मानवतावाद और आधुनिक प्रगतिशीलता की आधार-भूमियों में यह अन्तर सामाजिक विकास के परिणामस्वरूप घटित हुआ है। इसलिए डॉ. राघव नयी प्रगतिशीलता को पुराने मानवतावाद का 'वैज्ञानिक दृष्टिकोण से नयी परिस्थितियों में विकास' कहते हैं। वे परोक्षतः यह स्वीकार करते हैं कि वर्ग-संघर्ष का सिद्धान्त समन्वयवाद का ही वैज्ञानिक दृष्टिकोण से नयी परिस्थितियों में विकास है। प्रगतिशील साहित्य हिन्दी साहित्य की मानवतावादी परम्परा का अभिन्न अंग, उसी का वैज्ञानिक दृष्टिकोण से नयी परिस्थितियों में विकास है। किन्तु अचरज तब होता है जब हम देखते हैं कि डॉ. राघव प्रगतिशीलता और मानवतावाद में द्वैत की कल्पना करते हैं और समझते हैं कि वर्ग-संघर्ष की वैज्ञानिक समझ में ढलकर मानवतावाद सुरक्षित नहीं रह पाता क्योंकि उसका आधार वर्ग-संघर्ष नहीं, समन्वयवाद है : "भारतीय चिन्तन का समन्वयवादी दृष्टिकोण मूलतः मानवतावादी रहा है और इसलिए उसने उग्रताओं के कोने सदैव ही घिसे हैं।"[20] स्पष्ट है कि डॉ. राघव मानवतावाद और प्रगतिशीलता में बुनियादी अन्तर मानते हैं क्योंकि मानवतावाद का मूल दृष्टिकोण है समन्वयवाद का और प्रगतिशीलता का मूल दृष्टिकोण है वर्ग-संघर्ष का। डॉ. राघव की इस तर्क-पद्धति में अन्तर्विरोध यह है कि वे एक ओर प्रगतिशीलता को मानवतावादी विचारधारा का विकास कहकर स्वस्थ ऐतिहासिक दृष्टि का परिचय देते हैं और दूसरी ओर समन्वयवाद को मानतावाद का मूल आधार कहकर प्रगतिशील साहित्य की मानवतावादी सम्भावना को अस्वीकार करते हैं।

इस अन्तर्विरोध का कारण है मार्क्सवाद सम्बन्धी भ्रान्ति। डॉ. राघव मार्क्सवाद को वर्ग-संघर्ष का पर्याय मानकर चलते हैं। वर्ग-संघर्ष प्रत्येक समाज में होता है, यह सच है। अब तक वह ऐतिहासिक प्रक्रियाओं का मुख्य प्रेरक रहा है, यह और भी सच है। लेकिन मार्क्सवाद वर्ग-संघर्ष को अन्तिम सत्य और वैज्ञानिक उपलब्धि मानता है, यह धारणा भ्रान्त है। कार्ल मार्क्स के एक उद्धरण के बाद उसे सूत्रित करते हुए लेनिन ने लिखा है—

"वर्ग-संघर्ष के सिद्धान्त की सृष्टि मार्क्स ने नहीं, बल्कि मार्क्स से पहले

पूँजीपति वर्ग ने की थी और आमतौर से वह पूँजीपतियों को मान्य है। जो लोग केवल वर्ग-संघर्ष को मानते हैं, वे अभी मार्क्सवादी नहीं हैं, वे सम्भवतः अभी पूँजीवादी चिंतन के दायरे में ही चक्कर काट रहे हैं।... मार्क्सवादी केवल वही है, जो वर्ग-संघर्ष की मान्यता को सर्गहारा वर्ग के अधिनायकत्व तक ले जाता है।"[21]

मार्क्सवाद की इस बुनियादी प्रस्थापना से अपरिचय के कारण डॉ. रांगेय राघव वर्ग-संघर्ष के वैज्ञानिक समाधान—सर्वहारा राज्य की स्थापना और वर्गों के उन्मूलन—को स्वीकार करने की जगह उसके भाववादी-समन्वयवादी—समाधान को स्वीकार करते हैं। इस कारण न केवल साहित्य ओर संस्कृति में मार्क्सवाद सम्बन्धी गहरी भ्रान्ति के शिकार होते हैं, वरन् इतिहास विरोधी दृष्टिकोण अपनाते हैं। फलतः 'साहित्य की वर्गीय अन्तर्वस्तु' की मार्क्सवादी अवधारणा को इस रूप में प्रतिपादित करते हैं कि साहित्य अनिवार्यतः वर्ग-संघर्ष का चित्रण करता है, अन्यथा वह प्रगतिशील नहीं होता, तथा स्वयं अपनी इन भ्रान्तियों को ही मार्क्सवाद समझकर वे प्रगतिशीलता से हटकर समन्वयवादी मानवतावाद की प्रतिष्ठा का संकल्प करते हैं। यह मानवतावाद भी ऐसा कि वर्ग-संघर्ष के साथ-साथ वर्गों का भेद भी मिट गया और कम-से-कम साहित्य में यह भेद-भाव बिल्कुल न रहा। एक समय रस सिद्धान्त को 'सामन्तीय समाज के ढाँचे का रूप'[22] कहकर उसकी भर्त्सना करने वाले डॉ. रांगेय राघव अब इस नतीजे पर पहुँचे कि "सामन्तीय अभिव्यक्ति का स्वरूप जनता की अभिव्यक्ति के स्वरूप से अन्य नहीं था। तभी हम मध्यकालीन साहित्य में वह गुण देखते हैं कि वह जनता की समझ में शीघ्र ही आ जाता है।"[23]

गौर करने की बात है कि डॉ. राघव केवल वर्ग-दृष्टि का परित्याग नहीं करते, बल्कि कबीर, तुलसी, सूर और देव, बिहारी, मतिराम सभी को एक पलड़े पर रखने का सुझाव देते हैं। सामन्तों और जनता के हितों में भेद न करने वाले गैर-प्रगतिशील भी भक्ति और रीति साहित्यों में अन्तर करते हैं। लेकिन डॉ. राघव वर्ग-संघर्ष की प्रगतिशीलता छोड़कर वर्ग-समन्वय के मानवतावाद में गये तो यह विवेक भी त्यागते गये। इसीलिए उनका अतीत प्रेम प्रगतिशील मानववाद नहीं, पुरातनपन्थी प्रतिगमन बनता है।

अपने वैचारिक प्रतिगमन के बाद डॉ. राघव समाजवादी सिद्धान्तों की आलोचना करते हैं और निरपेक्षतावादी साहित्य निकष स्थिर करते हैं। व्यक्तिवाद और वस्तुवाद की उग्रताओं का उल्लेख करते हुए उन्होंने लिखा है : "व्यक्तिवादी व्यक्ति की इच्छा को सब नियमों से परे मानते हैं....। वस्तुवादी व्यक्ति की इच्छा को बिल्कुल नहीं मानते, साहित्य को राजनीति का अनुयायी मानते है और— यान्त्रिकता का आश्रय ग्रहण करते हैं।"[24] स्वभावतः डॉ. राघव को जितना क्रोध यान्त्रिक वस्तुवादियों पर

है उतना निरपेक्ष व्यक्तिवाद पर नहीं। उनके अनुसार, समाजवादी विचारक अपने 'कुत्सित समाजशात्रीय दृष्टिकोण' के चलते "परिस्थितियों के पकने से पहले ही समाजवादी यथार्थ को हिन्दी में उपस्थित करना चाहते हैं।"[25] यह 'अतिक्रान्तिवादी' जोश पार्टी लेखकों में "स्पष्ट प्रचारात्मकता" का रूप धारण करके प्रकट हुआ। 'वास्तविक यथार्थ' को छोड़कर 'समाजवादी यथार्थ' को व्यक्त करने की प्रवृत्ति 'जन-सत्य के स्थान पर पार्टी-सत्य को प्रश्रय देने' लगी इसलिए उसने 'यथार्थ को संकुचित, सीमित और विकृत कर दिया।'[26]

इस संकीर्णतावाद के विरुद्ध डॉ. रांगेय राघव ने मार्क्सवाद में संशोधन आवश्यक समझा। मार्क्सवाद को वर्ग-संघर्ष और समाजवाद की संकीर्णताओं से मुक्त करते हुए उन्होंने व्यापक 'लोक-कल्याण' और 'युग-सत्य' की अभिव्यक्ति के लिए पुरातनपन्थ से उसका समन्वय आरम्भ किया। उन्होंने लिखा, "कला तभी जीवित होती है जब युग-सत्य को लेकर चलती है।"[27] यह 'युग-सत्य' वर्ग-सम्बन्धों से उसी तरह निरपेक्ष है जैसे मध्ययुग का साहित्य है; सामन्ती अभिव्यक्ति और जनत की अभिव्यक्ति के रूपों में भिन्नता नहीं है, तुलसी की दीनता और केशव की प्रगल्भता, कबीर के अनगढ़ पदों और रीति कवियों की चमक-दमक वाली कविता-कामिनी, मीरा की तन्मय, त्यागपूर्ण भक्ति और देव के परकीया-प्रेम में क्या अन्तर है! अन्तर हो भी कैसे, दोनों में 'युग-सत्य' की अभिव्यक्ति है। जहाँ यह निरपेक्ष 'युग सत्य' खण्डित होकर वर्गीय 'युग सत्य' में बदलता है वहाँ 'कला' जीवित नहीं रह जाती। फिर वह चाहे 'समाजवादी यथार्थवाद' की 'स्पष्ट प्रचारात्मकता' हो या प्रेमचन्द के 'गाँधीवादी यथार्थवाद' की 'उपदेशात्मकता', रहेगी वह क्षणभंगुर ही! इसीलिए 'स्थायी मूल्यों' का रहस्योद्घाठन करते हुए डॉ. राघव लिखते हैं :

> "यथार्थ अपने रूपों के वैविध्य में मूलतः व्यक्ति और समाज के सम्बन्धों को लोक कल्याण के लिए प्रकट करता है और वह भावपक्ष को ग्रहण किये बिना अशक्त होता है। यदि वह समाजपक्ष का भावपक्ष में व्यक्ति से तादात्म्य कराने में सफल होता है तो वह स्थायी मूल्य का सर्जन करने में समर्थ होता है।"[28]

समाज में वर्गों के सम्बन्धों का नहीं, व्यक्ति और समाज के सम्बन्धों का प्रकटीकरण और वह भी मात्र भावपक्ष में! और फिर समाजपक्ष का व्यक्ति से तादात्म्य, व्यक्ति पक्ष का समाज से नहीं!

प्रगति विरोधी संशोधनवाद से प्रेरित इस समझदारी के चलते डॉ. राघव प्रगतिशील साहित्य की वैज्ञानिक व्याख्या करनें और उसे एक सुसंगत जनवादी आधार पर प्रतिष्ठित करने की जगह गलत-सही आधार पर प्रगति विरोधियों की भाँति समाजवादी यथार्थवाद और पार्टी प्रतिबद्धता की निन्दा करने लगते हैं। मार्क्सवाद को वर्ग-संघर्ष

तक सीमित करके प्रगतिशील साहित्य को गलत परिप्रेक्ष्य में देखते हैं और समन्वयवाद को मानवतावाद मानकर प्रगतिशील और मानवतावादी विचारधाराओं में विरोध की कल्पना करते हैं और 'मानवतावादी' भंगिमा अपनाकर सभी प्रगतिशील परम्पराओं पर कुठाराघात करते हैं।

उपेन्द्रनाथ 'अश्क' : निरपेक्ष आत्मचेतना

इसी प्रकार की वर्ग-निरपेक्ष दृष्टि अपनायी है उपेन्द्रनाथ 'अश्क' ने। उन्होंने 'प्रगतिवाद का दुरुपयोग' लेख में बताया है कि : "प्रगतिशील साहित्य मेरे विचार में केवल वही साहित्य नहीं, जिसमें किसान, मजदूर, बेकार अथवा विपन्न की दशा ही का चित्रण हो, वरन् जो भी नवीन है, अपनी लीक से जो भी परे होकर चलता है, अपनी आसपास की दशा का जो भी गहरा अध्ययन करता है, समय की कुरीतियों पर जो भी तीव्र प्रहार करता है और अपने आपको समझने के लिए जो भी हमारी सहायता करता है, वह प्रगतिशील है।"[29]

किसान, मजदूर, बेकार या विपन्न का 'चित्रण' किये बिना आसपास की दशा का 'गहरा अध्ययन' कैसे किया जाएगा? जन-साधारण के हितों से स्वतन्त्र होकर समय की कौन-सी कुरीतियों पर प्रहार करेंगे? नवीनता का आग्रह और लीक का विरोध तो गैर-प्रगतिशीलों ने ही अधिक किया है। फिर किस आधार पर प्रगतिशीलता के इन मूल्यों को स्वीकार करेंगे? क्या इस आधार पर कि साहित्य 'अपने आपको' समझने में सहायता करे? क्या हम 'अपने आपको' जनता की वास्तविक स्थितियों से निस्संग रूप में पहचानेंगे? क्या अपने-अपने तरह से प्रत्येक साहित्य 'अपने-आपको' समझने में सहायता नहीं करता? साहित्यकार को 'स्वभावतः प्रगतिशील मानने वाली इन कसौटियों का रहस्यवादी हो जाना स्वाभाविक है।

कला को जनता और उसके दुश्मनों की द्वन्द्वात्मकता से पहचानने का प्रस्ताव करते हुए शिवदान सिंह चौहान ने लिखा हैं : "हमारी कला को तीस-पैंतीस करोड़ किसान-मजदूर और निम्न मध्यवर्ग से प्राण सम्बन्धित होना चाहिए क्योंकि समाज का यह वर्ग ही आज ऐतिहासिक दृष्टि से समाज की असंगतियों पर विजय प्राप्त कर एक नये समाज का निर्माण करने की क्षमता रखता है, पूँजीपति वर्ग या उपजीवी अवकाशभोगी वर्ग की क्षमता अब समाज को आगे बढ़ाने में नहीं वरन् पीछे धकेलने में ही शेष रही है।"[30]

स्पष्ट है कि नवीनता, कुरीतियों का विरोध, वास्तविकता का अध्ययन और स्वयं आत्मसमीक्षा सचाई के इस गहरे द्वन्द्व से मुक्त नहीं हैं; वह इस द्वन्द्व में तटस्थ न होकर दो में से एक के साथ है और कहने की ज़रूरत नहीं कि प्रगतिशील साहित्य का मजदूर-किसान और निम्न मध्यवर्ग से प्राण सम्बन्धित होना अनिवार्य है।

जन-साधारण से सम्बद्धता के इस आधार पर देखने से डॉ. रांगेय राघव और उपेन्द्रनाथ 'अश्क' की प्रगतिशीलता में एक महत्त्वपूर्ण अन्तर दिखायी देता है। अश्क जी 'अपने आप की समझने के लिए' जिस निकष का प्रस्ताव करते हैं वह साधारण जनता से प्राण सम्बन्धित होने की जगह उसका बहिष्कार करता है, समाज के वर्ग-सम्बन्धों को झुठलाता है तथा नवीनता के स्वागत और अपने आसपास की दशा के अध्ययन के बहाने तरह-तरह की असामाजिक-व्यक्तिवादी प्रवृत्तियों को अंगीकार करने के लिए औचित्य तलाशता है। इसके विपरीत डॉ. रांगेय राघव का वर्ग-निरपेक्ष समन्वयवाद मार्क्सवाद सम्बन्धी भ्रान्ति से अवश्य उत्पन्न है, किन्तु उसमें साधारण जनता का बहिष्कार नहीं, 'लोक कल्याण' की चिन्ता है। इसीलिए डॉ. रांगेय राघव में समन्वयवाद और पुरातनपन्थ का आग्रह विकसित होता है और 'अश्क' में दिग्भ्रम पैदा करने की सायास कोशिश। डॉ. रांगेय राघव मार्क्सवादी सौन्दर्य-शास्त्र और समाजवादी मानववाद को ठीक-ठीक न समझ पाने के कारण वर्ग-समन्वय की धारणा जोड़कर उसे अधिक व्यापक बनाने की कोशिश करते हैं और 'अश्क' मार्क्सवादी सौन्दर्य-चिन्तन को जड़-मूल से अस्वीकार करने की दिशा ग्रहण करते हैं। भ्रान्ति दोनों में है, लेकिन दोनों की भ्रान्ति में यह फर्क है।

अंचल : 'क्रान्तिकारी' समाजवादी यथार्थवाद

सृजनात्मक स्तर पर मार्क्सवाद और फ्रायडवाद का मेल कराने वाले रामेश्वर शुक्ल 'अंचल' ने भी सैद्धान्तिक स्तर पर मार्क्सवाद के द्वन्द्ववाद और वर्गवाद को प्रगतिशील साहित्य का आधार बताया। प्रगतिवाद को 'जनतावाद' कहते हुए उन्होंने प्रगतिवाद की व्याख्या की, "सामाजिक मानव के सामूहिक संघर्षों के, जीवन के, द्वन्द्व और वर्गगत द्वैत के वैज्ञानिक स्पष्टीकरण को ही आज प्रगतिवाद कहा जाता है।"[31] उनका यह सिद्धान्त अधिक स्पष्ट शब्दों में इस प्रकार व्यक्त हुआ : "प्रगतिवाद की परम्परा सदैव क्रान्ति की परम्परा होती है...यह क्रान्ति व्यक्ति की निरपेक्ष जीवन-साधना न होकर जन-जागृति और वर्ग चेतना की एक तीखी ललकार होती है जिसे सुनकर दुनिया के शोषित और मजलूम एक झंडे के नीचे इकट्ठे होते हैं। इस क्रान्ति का एक निश्चित जीवन-दर्शन और जीवन-विज्ञान होता है।" इसमें सन्देह न रहे कि यह जीवन-दर्शन या जीवन-विज्ञान मार्क्सवाद ही है इसलिए वे कहते हैं : "प्रगतिवाद... मानवीय मूल्यों और वर्तमान सामाजिक सम्बन्धों मे एक आमूल परिवर्तन....वह भी क्रमिक वैधानिक विकासवाद के द्वारा नहीं वरन् सोद्देश्य सामाजिक और सांस्कृतिक क्रान्ति के द्वारा....श्रेणी-संघर्ष की द्वन्द्वात्मक भौतिकवादी विचार और कर्मधारा के द्वारा घटित करना चाहता है।"[32]

मार्क्सवाद वर्तमान सामाजिक सम्बन्धों में आमूल क्रान्तिकारी परिवर्तन चाहता

है और इस अर्थ में वह सच्चा जनतावाद है। लेकिन वर्ग-संघर्ष और क्रान्ति की द्वन्द्वात्मक भौतिकवादी रूपरेखा को प्रगतिवाद का आधार कहकर अंचल गैर-मार्क्सवादी कवियों को प्रगतिशील साहित्य से खदेड़ बाहर करते हैं, चाहे जनता के प्रति उनकी चिन्ता कितनी ही वास्तविक क्यों न हो। दिनकर आदि कवि मार्क्सवादी नहीं थे। उन्होंने कविता और आलोचना दोनों ही क्षेत्रों में अध्यात्मवादी, राष्ट्रवादी, व्यक्तिवादी, कलावादी आदि अनेक कोणों से मार्क्सवाद और प्रगतिवाद के विरुद्ध काफी लिखा भी है। एक स्थान पर तो प्रयोगवाद को 'शुद्ध साहित्य का आन्दोलन' कहकर उन्होंने उसे 'प्रगतिवाद के नाम पर कनस्तर बजाये जाने' और 'साहित्यक मूल्यों का ह्रास होने' के विरुद्ध स्वस्थ प्रतिक्रिया तक कहा है।[33] लेकिन क्या अपनी कला में जनता के असन्तोष की व्यक्त करने के कारण उन्हें प्रगतिशील नहीं माना जायगा? निस्सन्देह, साहित्य में मार्क्सवाद को यान्त्रिक और एकांगी तरीके से लागू करना ठीक नहीं है। यहाँ प्रकाशचन्द्र गुप्त के इस कथन का उल्लेख करना प्रासंगिक है कि 'प्रगतिवाद और मार्क्सवाद पर्यायवादी शब्द नहीं हैं।'[34]

जनता की तरफदारी–एकमात्र कसौटी

प्रगतिशील कविता को केवल मार्क्सवादी कवियों तक सीमित रखना इसलिए गलत था कि भारत अंग्रेजों का गुलाम था, यहाँ रूस की तरह सर्वहारा क्रान्ति की परिस्थितियाँ नहीं थीं, हमारी पहली ज़रूरत थी साम्राज्यवाद-विरोधी व्यापक जन-जागरण की। साहित्य में यह ज़रूरत समाजवादी यथार्थवाद के साथ यथार्थवाद के अन्य रूपों के पारस्परिक विकास के ज़रिये पूरी की जा सकती थी। इस सम्बन्ध में डा. रेखा अवस्थी का यह मूल्यांकन उचित जान पड़ता है–"प्रगतिवादी साहित्यक आन्दोलन के दौरान सर्वहारा वर्ग, किसान समुदाय तथा उत्पीड़ित मध्यमवर्ग इन तीनों की एकता को ध्यान में रखकर राष्ट्रवादी, जनवादी एवं समाजवादी, तीनों प्रकार के लेखकों और उनके दृष्टिकोणों को ध्यान में रखकर समाजवाद के गतिशील यथार्थ के चित्रण पर ज़ोर दिया गया, न कि मात्र समाजवादी यथार्थवाद पर।...यह उल्लेखनीय है कि रूसी साहित्यकारों के लिए समाजवादी यथार्थवाद की धारा ही निर्णायक और एकमात्र स्वीकार्य धारा थी; पर भारतीय लेखकों के लिए आलोचनात्मक यथार्थवाद, क्रान्तिकारी रोमांटिसिज़्म तथा समाजवादी यथार्थवाद–ये तीनों ही धाराएँ एक खास दूरी तक स्वीकार्य थीं।"[35]

जिन प्रगतिशील समीक्षकों ने इतिहास की यह अनिवार्यता अनुभव की उन्होंने मार्क्सवाद और समाजवादी यथार्थवाद को ही प्रगतिशील होने की शर्त नहीं माना, बल्कि उत्पीड़ित भारतीय जनता के साथ साहित्य की पक्षधरता को ही मुख्य कसौटी माना। डा. रामविलास शर्मा ने बार-बार बल देकर लिखा है कि कोई भी साहित्यकार

"युगविशेष और समाजविशेष के संघर्ष में जनता का पक्ष लेने पर ही प्रगतिशील कहा जा सकता है।"[36]

जनता की पक्षधरता कोई अमूर्त प्रश्न नहीं है। युगविशेष और समाजविशेष की ठोस वास्तविकताओं द्वारा वह परिभाषित होती है। इस कसौटी पर हम किसी भी युग के साहित्य में प्रगतिशील और अप्रगतिशील तत्त्वों को आसानी से पहचान सकते हैं। जिन साहित्यिकारों ने जनता के हित-अहित विवेक को प्रगतिशीलता का मूल-आधार नहीं माना वे तरह-तरह के भ्रम के शिकार हुए। रांगेय राघव समाजवादी यथार्थवाद से आरम्भ करके समन्वयवादी मानववाद तक की यात्रा इसलिए करते हैं कि उन्हें इस बात का पूरा विश्वास नहीं है कि मार्क्सवाद या समाजवाद सही अर्थों में जन-हित का प्रतिनिधित्व करता है।

शिवदान सिंह चौहान

(क) प्रगति का 'वाद' और 'शील'—लेकिन सर्वहारा वर्ग के प्रचार को 'ज्यादा अच्छा[37] कहने वाले शिवदानसिंह चौहान प्रगतिवाद और प्रगतिशील में अन्तर मान कर एक को समाजवादी यथार्थवाद का दृष्टिकोण और दूसरे को व्यापक यथार्थवादी धारा का प्रतिनिधि बताते हैं। उनके शब्दों में—'प्रगतिवाद और प्रगतिशील में भेद है, यह स्पष्ट होना ही चाहिए।"[38] इस अन्तर का कारण यह है कि 'प्रगतिवाद को सौन्दर्यशास्त्र (ईस्थेटिक्स) सम्बन्धी मार्क्सीय दृष्टिकोण का हिन्दी नामकरण समझाना चाहिए।'[39] जबकि प्रगतिशील कविता के 'पीछे किसी विशेष दार्शनिक वाद की मान्यता का आग्रह नहीं किया जा सकता। एक प्रगतिशील कवि गाँधीवादी भी हो सकता है, मार्क्सवादी भी और द्वैत-अद्वैतवादी भी।'[40]

प्रगतिवाद और प्रगतिशील में इस अन्तर का कारण है दोनों की ऐतिहासिक पृष्ठभूमि। प्रगतिवाद 'वर्तमान कालीन मजदूर, किसान और निम्न श्रेणी के टुटपुंजियों का साहित्य है'।[41] जबकि प्रगतिशील साहित्य 'चिरंजीवी प्राणवान साहित्य की 'प्रवहमान' सांस्कृतिक विरासत है।'[42] चौहान मानते हैं कि दोनों का विकास ज़रूरी है, लेकिन दोनों के विकास की पद्धतियाँ भिन्न हैं। 'प्रगतिशील' तो चिरजीवी और सर्वसमावेशी साहित्यधारा है इसलिए उसका विकास स्वतः स्फूर्त ढंग से होता चलता है। क्यों न हो, कलाकार 'स्वभावतः प्रगतिशील' जो होता है। प्रगतिवाद चूँकि 'पूँजीवाद के अन्तिम काल में उत्पन्न' होने वाला साहित्य है और भारत मे पूँजीवादी के उदयकाल में ही उत्पन्न हो गया, इसलिए उसके विकास के लिए संगठित प्रयत्न की आवश्यकता है। चौहान ने कहा कि प्रगतिशील लेखक संघ का 'नये नाम से मार्क्सवादी लेखक संघ के रूप में पुनर्गठन ज़रूरी' है।[43]

चौहान के चिन्तन का अन्तर्विरोध साफ है। 'प्रगतिवाद' नाम से वे जिस साहित्य

की कल्पना करते हैं उसे इतना बहिष्कारी मानते हैं कि वह केवल मार्क्सवाद के सैद्धान्तिक विषयों तक सीमित रह जाता है, जैसे 'श्रमिक वर्ग, मध्य वर्ग, पूँजीपति वर्ग, द्वन्द्वात्मक भौतिकवाद' आदि। इसी से यह समझ विकसित होती है कि इस प्रकार की रचनाएँ 'प्रगतिवादी ही हैं, काव्य नहीं।' इनमें 'साहित्यिक अर्थ' में जो कविताएँ हैं "वे प्रवृत्ति और प्रेरणा की दृष्टि से अलग से विवेच्य चाहे हों, प्रगतिवाद के अन्तर्गत नहीं आतीं।"[44] दूसरीं तरफ, प्रगतिशीलता इतनी व्यापक—सार्वदेशिक, सर्वकालिक और सर्वसमावेशी—धारा है कि शायद ही किसी प्रवृत्ति, संस्कार या विचारधारा के कवि उससे बाहर छूट पाते हों।

(ख) इतिहास-विरोधी स्टैंड—चौहान की समस्या यह है कि वे दोनों का मोह नहीं त्याग पाते। फिर भी उनके विकास की दिशा स्पष्ट है। मोटे तौर पर भारत की राजनीतिक आजादी—1947—से पहले तक वे साहित्य में समाजवादी यथार्थवाद के समर्थक थे और आजादी के बाद व्यापक प्रगतिशील साहित्य के समर्थक बन गये।

(ग) समाजवादी यथार्थवाद और परम्परा का निषेध—जब तक चौहान मार्क्सवादी साहित्य का प्रचार-प्रसार करने और कला के मानदण्ड के रूप में समाजवादी यथार्थवाद को स्थापित करने के पक्ष में वे तब तक वे भारतीय साहित्यिक परम्परा का निषेध करते थे : "इस छायावाद की धारा ने हिन्दी साहित्य को जितना धक्का पहुँचाया, उतना शायद ही हिन्दू महासभा या मुस्लिम लीग ने भारत को पहुँचाया हो।"[45] 'भारत में प्रगतिशील साहित्य की आवश्यकता' रेखांकित करने वाले अपने इसी लेख में उन्होंने यह मत भी प्रकट किया कि हिन्दी ही नहीं, हिन्दुस्तान की किसी भी भाषा के साहित्य में सामाजिक यथार्थ को अभिव्यक्ति देने की प्रवृत्ति कभी नहीं रही है। प्रगतिशील साहित्य के सम्बन्ध में अपनी इन्हीं धारणाओं के आधार पर वे प्रचारित करते थे कि 'प्रगतिवाद सबका व्यातिरेक कर स्वयं अपने पैरों पर खड़ा होने का दावा करता है। वह युद्धात्मक, असहनशील और क्रान्तिकारी धारा है।'[46] इसी कारण वे भारत से बाहर की विश्व प्रसिद्ध कृतियों को अपने निकष का आधार बनाने पर विवश होते हैं।

(घ) राष्ट्रीय स्वाधीनता और वर्ग-विवेक का परित्याग—आगे चलकर जब चौहान के अनुसार भारत की आजादी ने प्रत्येक 'पार्टी, राज्य, वर्ग, सभ्यता, व्यक्ति या विचार' पर 'अपनी कल्पना के भारत का निर्माण करने का दायित्व'[3] सौंप दिया, तब स्थिति बदल गयी। वह इसलिए कि प्रत्येक पार्टी, राज्य, वर्ग, व्यक्ति, विचार आदि ने अपनी-अपनी 'कल्पना के भारत का निर्माण' करना चाहा। जब यह सम्भव न हुआ तब अपने-अपने तरीके से आजादी की व्याख्या और उसका इस्तेमाल शुरू कर दिया। इससे चारों और दिग्भ्रम और "अराजकता" फैल गयी। चौहान के अनुसार इस स्थिति का कारण यह था कि राजनीतिज्ञ अपने तुच्छ स्वार्थों के कारण झगड़े

फैलाते हैं।[48] इसलिए उन्होंने साहित्य से न केवल मार्क्सवाद और कम्युनिस्ट पार्टी को खदेड़ना शुरू किया, बल्कि राजनीति-मात्र का विसर्जन आरम्भ कर दिया। अब वे गोर्की को विश्व-साहित्य में महत्वपूर्ण स्थान[49] से हटा 'कुत्सित समाजशास्त्र' का उदाहरण मानने लगे। उन्होंने बताया कि रूसो, वोल्तेयर, शैली, गोर्की आदि ने सामयिक क्रान्तियों और आन्दोलनों के सम्बन्ध में जो रचनाएँ कीं 'उनका आज कोई साहित्यिक मूल्य न रहा।"[50]

(घ) राजनीति विरोध की दिशा—संक्षेप में, जब वह मार्क्सवाद और समाजवादी यथार्थवाद की ज़रूरत समझते थे तब 'शान्ति, स्वतन्त्रता और जनवाद' जैसे पार्टी कार्यक्रम तक को साहित्य के विकास के लिए प्राथमिक शर्त मानते थे।[51] जब वर्गातीत 'नवनिर्माण' का दायित्व सँभालकर व्यापक प्रगतिशीलता का विकास करने लगे तब जनता के दमन, असन्तोष और संघर्षो का चित्रण करने वाली रचनाओं की आलोचना करने लगे; इतना ही नहीं, राजनीति के स्पर्श-मात्र को काव्य-प्रतिभा के लिए घातक मानने लगे। प्रगतिशील साहित्य के 'सर्वाधिक ज़ोर' वाले दिनों को याद करते हुए उन्होंने लिखा : "ऐसा लगता था कि इन महान सामाजिक आदर्शों की प्रेरणा हिन्दी काव्य में एक ऐसा युगान्तर उपस्थित कर रही है जिसका पूर्ण उन्मेष छायावाद युग की तरह अनेक महान प्रतिभाओं के प्रस्फुटन से महिमाशाली बनेगा। लेकिन तरुण प्रगतिशील कवि स्वतन्त्र रूप से किसी नये काव्यादर्श का अभी सम्यक् विकास भी न कर पाये थे कि उन्होंने राजनीतिक दलबन्दी की मतवादी और साम्प्रदायिक संकीर्णताओं में पड़कर अपनी काव्य प्रतिभा का स्वयं ही हनन कर डाला।"[52]

इसे विडम्बना ही कहेंगे कि छायावाद हिन्दू-मुस्लिम साम्प्रदायिकता से भी अधिक घातक होकर महान प्रतिभाओं को प्रस्फुटित कर गया और प्रगतिवाद महान आदर्शों से प्रेरित होकर भी प्रतिभाओं का हनन करने के अलावा कुछ न कर सका। अगर नागार्जुन, केदारनाथ अग्रवाल, त्रिलोचन, रामविलास आदि दो-चार छोटे-मोटे कवि हुए भी तो वे प्रगतिवादी ही रह गये, कवि न बन पाये।[53] यहाँ स्वभावतः यह प्रश्न उत्पन्न होता है कि क्या प्रगतिशील कवि जिन महान सामाजिक आदर्शों से प्रेरित थे वे उनके काव्यादर्श नहीं बन पाये? क्या सामाजिक आदर्श और काव्यादर्श में सचमुच इतना बड़ा फासला होता है? हमने अपने अध्ययन-क्रम में देखा है कि कवि की बौद्धिक शक्तियाँ इतनी परस्पर-असम्बद्ध और विभाजित नहीं होतीं। प्रगतिशील कविता ने जिन सामाजिक आदर्शों को अंगीकार किया उन्हें सफलतापूर्वक काव्य में व्यक्त कर पाने के नाते ही वह हिन्दी साहित्य में नये सौन्दर्य-मूल्यों की प्रतिष्ठा करने में सफल हुआ। तब क्या चौहान राजनीति से छू जाने में प्रगतिशील आदर्शों की हत्या देखते हैं? यह सही है कि राजनीति कहीं-कहीं कविता पर हावी हो गयी है, लेकिन क्या इसी नाते हम समूची प्रगतिशील कविता के अस्वीकार का रूख अपनाएँ? या

चौहान राजनीति और राजनीतिक दलबन्दी में फर्क करते हैं और केवल दलबन्दी का विरोध करते हैं? यदि हाँ, तो राजनीति और राजनीतिक दलबन्दी में मौलिक अन्तर क्या है? वास्तव में चौहान राजनीति मात्र को साहित्य से अलग रखने की बात कहते हैं। सामाजिक आदर्शों का राजनीति और राजनीतिक दलबन्दी से कोई सम्बन्ध है या नहीं, इस बारे में वे चुप हैं। राजनीति और राजनीतिक दल क्या हैं, इस प्रश्न का वे कोई उत्तर देने की कोशिश नहीं करते। क्या राजनीतिक विचारधारा और स्वभावतः राजनीतिक दल विशिष्ट सामाजिक शक्तियों का प्रतिनिधित्व नहीं करते? सामाजिक शक्ति-सन्तुलन के बीच साहित्य की क्या स्थिति होती है? क्या वर्ग-स्थितियों का 'सामाजिक आदर्श' और 'काव्यादर्श' पर कोई प्रभाव नहीं पड़ता? यदि पड़ता है तो क्या उसे स्वीकार करने वाले आलोचक 'कुत्सित समाजशास्त्री' तथा लेखक और कवि 'साम्प्रदायिक' हो जाते हैं?

(च) निषेधवादी साहित्य दृष्टि—दरअसल, चौहान के अन्तर्विरोध का कारण है उनका उग्रवाद। एक छोर पर वे संकीर्णतावादी हैं और दूसरे छोर पर उदारतावादी। इसलिए वे वर्गातीत साहित्य मूल्यों को प्रगतिशील साहित्य की कसौटी मनवाना चाहते हैं। सामयिकता, राजनीति आदि का विरोध करते हुए चिरन्तन क्रान्ति की त्रात्स्की की विचारधारा के तर्ज पर चिरन्तन साहित्य की कल्पना करते हैं। इस बिन्दु पर पहुँचकर त्रात्स्की की भाँति मजदूर वर्ग की ही नहीं, मनुष्य जाति की सभी प्रगतिशील उपलब्धियों को टके का चार बताते हैं।

प्रगतिशील साहित्य के मूल्यांकन में यह दृष्टि कितनी 'वस्तुनिष्ठ' है, इसका अन्दाज़ चौहान की अनुगामिनी श्रीमती विजय चौहान के निष्कर्षों से लगाया जा सकता है। श्रीमती चौहान के अनुसार प्रगतिशील कविता (बल्कि साहित्य) का यथार्थवाद संकीर्ण है; उसकी मार्मिकता जाली है; वह साधारण कोटि का 'नारेबाजी का साहित्य' है; उसमें 'रूप-रस-वर्ण-गन्धहीन', उथला-पुथला चित्रण है, जो तत्वतः 'एकांगी और विकृत' है; उसके चरित्र 'टाइप' न होकर लेखक के हाथ की 'कठपुलिया' हैं। अभिव्यक्ति पक्ष का हाल यह है कि 'इस नये साहित्य में नयी विचार-वस्तु को ऊपर से ठूँस कर क्रान्तिकारिता का आभास पैदा किया गया है।' इतना नहीं, 'वास्तव में उसमें नया कुछ भी नहीं है, वह विचारों को स्फूर्ति और प्रेरणा नहीं देता और न भावनाओं को अधिक संवेदनाशील, उदात्त और मानवीय बनाता है, क्योंकि उसमें यथार्थ का वेदन नहीं है।'[54] अर्थात् उसमें सब कुछ क्षुद्र, निन्दनीय, हीन, मिथ्या, अमानवीय, विकृत और पुराना है, गौरव करने लायक कुछ भी नहीं है। रौरव नरक भी इतना कुत्सित न होगा।

इस प्रकार की अतिरेकवादी, निषेधवादी प्रवृत्तियों के लोग किसी साहित्य का समर्थन करें या विरोध, वे उसके विकास में योगदान करने की जगह उसे भीतर ही

भीतर खोखला बनाते हैं। अपनी मानसिक कल्पनाओं को वस्तुस्थितियों पर आरोपित करते हैं, जनता के हितों को नज़रन्दाज़ करते हैं और सुविधानुसार बौद्धिक व्यायाम के ज़रिये कभी इस और कभी उस अतिवाद में संचरण करते हैं। गौर करने की बात यह है कि आज़ादी से पहले जब भारत को साम्राज्यवाद-विरोधी व्यापक सांस्कृतिक मोर्चे की ज़रूरत थी तब श्री चौहान समाजवादी यथार्थवाद का नारा दे रहे थे, और आज़ादी के बाद जब समाजवाद के लिए संघर्ष करने का समय आया तब वे 'संकीर्णतावाद' और 'कुत्सित समाजशास्त्र' के खिलाफ लड़ने के नाम पर प्रगतिशील साहित्य का विरोध करने लगे। यह लड़ाई ऐसी थी जिसमें समाजवादी सिद्धान्त ही नहीं छूटे गये, बल्कि जनता और उसके दुश्मनों का फर्क भी मिट गया। 'निर्माण की क्रान्ति', 'निर्माण का विप्लव', 'निर्माण का परिवर्तन' और 'निर्माण का दायित्व' आदि इस तरह बढ़ गये कि काँग्रेस और माउंटबेटन के समझौते का रहस्य आँख से ओझल हो गया, अपने अधिकारों के लिए लड़ने वाली जनता गद्दार हो गयी और इस ऐतिहासिक स्थिति में जनता के पक्ष से आवाज उठाने वाला साहित्य निकृष्ट कोटि का जान पड़ने लगा।

परिणाम यह हुआ कि एक समय प्रगतिशील लेखक संघ को 'मार्क्सवादी लेखक संघ' बनाने की माँग करने वाले चौहान अब उसे भंग कर देने की माँग करने लगे। इसलिए अत्युक्ति न होगी यदि ऐतिहासिक मूल्यांकन को ध्यान में रखकर यह कहा जाय कि प्रगतिशील साहित्य को जितना धक्का श्री शिवदानसिंह चौहान और उनके पथानुगामियों ने पहुँचाया उतना उसके तरह-तरह के अराजकतावादी, व्यक्तिवादी, पुनरुत्थानवादी विरोधियों से भी न पहुँचा होगा क्योंकि उनका दृष्टिकोण और आधार प्रगति-विरोधी था और उनका आक्रमण बाहरी; इसके विपरीत चौहान का आक्रमण आन्तरिक था, वे अपने दृष्टिकोण और आधार को मार्क्सवादी कहते थे।

डॉ. रणजीत : क्रान्तिकारी आन्दोलन और प्रगतिशील साहित्य

चौहान की परम्परा का ही विकास करते हुए खुद को प्रगतिशील कहने वाले एक 'विद्वान' ने प्रगतिवाद के विघटन के दो मुख्य कारण बताये हैं। एक तो यह कि प्रगतिवाद की चेतना राजनीतिक दल और सिद्धान्त के दबाव में थी; और दूसरा यह कि एक ही साम्यवादी दल होने से कवियों के पास सोच-समझ कर राजनीतिक पक्ष चुनने की स्वतन्त्रता न थी। सातवें दशक की प्रगतिशील कविता के प्रसार को आधार बनाकर डॉ. रणजीत नाम के इस 'विद्वान' ने लिखा है—"सातवें दशक की प्रगतिशील कविता अधिक प्रखरतापूर्वक राजनीतिक होकर भी निश्चित राजनीतिक दलों और सिद्धान्तों के दबाव से पाँचवे दशक की कविता के मुकाबले अधिक मुक्त है।..... दो-तीन या और भी अधिक अन्तर्राष्ट्रीय और राष्ट्रीय साम्यवादी मतवादों

के विकल्प के सामने रहने से नवयुवक प्रगतिशील कवि को अपनी रूझान या रूचि के अनुकूल मतवाद को स्वीकार करने की, हर मुद्दे पर स्वयं सोचकर फैसला करने की जैसी गुँजाइश इस युग में रही वैसी पहले कभी नहीं थी।"[55]

जब एक दल था तब वह सिद्धान्त का दबाव डालता था, और कवि उससे कतराता फिरता था। अब अनेक मतवाद हैं तो कवि पर दबाव नहीं है। चाहा तो किसी से जुड़े। और नही, तो कभी इससे जुड़े और कभी उससे। 'सोचकर फैसला करने की' ऐसी गुंजाइश पहले कहाँ थी! इतना सुनहला अवसर! भला अब प्रगतिशीलता न फली-फूली तो कब फले-फूलेगी!

'स्वतन्त्रता का वरण' और 'वरण की स्वतन्त्रता' की अस्तित्ववादी तर्क-परम्परा से विकसित यह विचित्र प्रगतिशीलता है। साहित्य के अराजनीतिकरण के अलावा रणजीत की 'प्रगतिशीलता' का मौलिक पक्ष है यह सिद्धान्त कि कम्युनिस्ट आन्दोलन जितना टूटे-बिखरेगा उसका साहित्य उतना ही पल्लवित-पुष्पित होगा और उसकी एकता साहित्य के विकास में बाधक होगी। क्रान्तिकारी आन्दोलन और प्रगतिशील साहित्य के अन्तस्सम्बन्धों को ठीक-ठीक न समझ पाने के कारण वह जाने-अनजाने साहित्य और राजनीति की प्रक्रियाओं में अनिवार्य विरोध की कल्पना करते है और क्रान्तिकारी शक्तियों के बिखराव को प्रगतिशील साहित्य की शक्ति का कारण बताते हैं। दूसरी तरफ प्रगतिशील साहित्य को केवल मार्क्सवाद से प्रभावित साहित्य तक सीमित करके वह भी अन्य संकीर्णतावादी लेखकों को भाँति बहिष्कारी रुख अख्तियार करते है। डॉ. रणजीत के चिन्तन से यह बात पूरी तरह साबित हो जाती है कि साहित्य और संस्कृति के क्षेत्र में बहुत बार उदारतापन्थ और संकीर्णतावाद एक सिक्के के दो पहलुओं की तरह सामने आते हैं। रणजीत एक तरफ कम्युनिस्ट पार्टी और मार्क्सवाद के दर्द-गिर्द के साहित्य को प्रगतिशील मानकर घोर संकीर्णतावाद का परिचय देते हैं ओर दूसरी तरफ काव्य को 'दलों' और सिद्धान्तों के दबाव से मुक्त करके निस्सीम उदारतावाद का।

कसौटी क्या हो?

यह अन्तर्विरोध है केवल मार्क्सवाद से प्रभावित और समाजवादी यथार्थवाद से प्रेरित साहित्य को ही प्रगतिशील मानने वाले चिन्तन का। इस चिन्तन पद्धति से हम प्रगतिशील साहित्य की द्वन्द्वात्मक भावभूमियों को समझने में विशेष सहायता नहीं पा सकते।

किसी साहित्य के मूल्यों की द्वन्द्वात्मक भावभूमि को समझने में अनेक बातों का अध्ययन ज़रूरी होता है। उदाहरण के लिए, उस साहित्य में व्यक्त मूल्य अपने युग-सन्दर्भ से कहाँ तक अनुप्राणित हैं; उस साहित्य में अपने देश-काल की जनता

के प्रति क्या दृष्टिकोण है; अपनी जातीय संस्कृति और सा[illegible] सम्बन्ध है; जातीय परम्परा के बारे में उसकी राय क्या है; वह मनुष्य के भविष्य क बारे में क्या सोचता है और वह अपने युग की वास्तविकताओं को कितनी गहराई और व्यापकता से चित्रित करता है, आदि।

संक्षेप में, किसी साहित्य के सम्बन्ध में सही मूल्य-विवेक तभी पैदा हो सकता है जब हम उस साहित्य में व्यक्त मूल्यों को उसके देशकाल-गत व्यापक दृश्यफलक पर रखकर देखें। किसी साहित्य में मार्क्सवाद, वर्ग-संघर्ष और वैज्ञानिक समाजवाद का सपना है या नहीं, इससे उसकी प्रगतिशीलता का निर्णय नहीं होगा। उसकी प्रगतिशीलता इस बात से परखी जायगी कि अपने देश-काल-गत विशिष्ट सन्दर्भ में समाज के अन्त-सम्बन्धों, अन्तःसंघर्षों के बीच उस साहित्य की स्थिति क्या है, वह जन-साधारण के साथ है या नहीं। साहित्य और संस्कृति की मूल्यवान निधियाँ अगर मार्क्सवादी नहीं हैं और जनता के हितों के साथ हैं तो उन्हें हम प्रगतिशील मानेंगे। और मार्क्सवाद का नाम लेकर भी कोई साहित्य जनता से बचता-कतराता है तो उसे प्रगतिशील नहीं मानेंगे।

युग-सन्दर्भ और परम्परा

साहित्य में जनता की तरफदारी की अवधारणा का गहरा सम्बन्ध युग विशेष में समाजिक उत्पादन के चरित्र, वर्ग-संघर्ष के स्तर और मनुष्य की चेतना के सामान्य धरातल से है। धर्म मध्य युग की चेतना का रूप था। विज्ञान के उदय के बाद वैचारिक धरातल पर धर्म की ऐतिहासिक अनिवार्यता समाप्त हो गयी। आज धर्म की भूमिका सामाजिक प्रगति में बाधक की ही अधिक है। लेकिन मध्य युग में धर्म की प्रगतिशील भूमिका भी थी। उसकी प्रगतिशील भूमिका उसके नियतिवाद के बावजूद थी। उसका नियतिवाद प्रवृत्ति के मुकाबले में खड़े मनुष्य की सीमाओं को प्रकट करता है। समाज में इन सीमाओं का रूप भिन्न था। समाज का मुख्य आधार था कृषि। कृषि पर आधारित प्रत्यक्ष उत्पादन प्रणाली के कारण समाज का रूप अपेक्षाकृत सरल होते हुए भी वर्गों के आपसी टकराव का रूप बहुत पेचीदा था। आधुनिक युग के औद्योगिक उत्पादन और बाजार व्यवस्था में पेचीदगी बढ़ने के साथ समाजिक प्रक्रियाओं का रूप जटिल हुआ है और वर्ग विरोध सरल हुए हैं। इसलिए आज वर्ग-संघर्ष के सिद्धान्त का ऐतिहासिक और वैज्ञानिक ज्ञान प्राप्त हो चुका है। यह मालूम हो चुका है कि वर्गों के विरोध का समाधान दो शत्रु वर्गों के समझौते में नहीं, सर्वहारा वर्ग के शासन और अन्ततः वर्गों के उन्मूलन में है। मध्य युग की सामाजिक स्थिति में यह ज्ञान मनुष्य के पास नहीं था। वह न वर्ग-संघर्ष की बात कर सकता था और न वैज्ञानिक समाजवाद की कल्पना। उसका समन्वयवाद उसके

...ऐतिहासिक सीमाओं को व्यक्त करता है। विचाराधारा में नियतिवाद और समाज में समन्वयवाद—ये उस युग की सामान्य सीमाएँ थी। इसलिए कवियों की प्रगतिशीलता की जाँच करने के लिए देखना यह चाहिए कि समन्वयवाद के बावजूद कवियों के सरोकार और समाधान का सम्बन्ध जन-साधारण के सुख-दुख की चिन्ता से है या सामन्तों की विकृत कामवासना को 'तृप्त' करने की लाभ-लोभ वृति से, धर्म की नियतिवादी सीमाओं के बावजूद कविगण उसका उपयोग एक गतिशील तत्त्व के रूप में सामाजिक न्याय के लिए करते हैं या उसे आड़ बनाकर कविता-कामिनी से 'मर्मज्ञों' को रिझाने की साधना करते हैं, वे अपनी कविता में साधारण जनता के जीवन, संस्कृति का व्यापक समावेश करते हैं या दरबारों-अन्तःपुरों की नायिकाभेदी संस्कृति का चित्र खींचते हैं।

इन दो सौन्दर्य-दृष्टियों में अन्तर है। इस अन्तर का सम्बन्ध तत्कालीन समाज में अन्तर्निहित वर्ग विरोध से है। प्रगतिवाद के बारे में लिखते हुए श्री भगवतीचरण वर्मा ने इस बात के लिए समाजवाद की आलोचना की है कि उसने 'अश्लील या असामाजिक तत्त्वों को रोकने के लिए' केवल सामाजिक चेतना के नहीं, शासन के भी प्रतिबन्ध लगा दिये हैं। उनके अनुसार 'शासन द्वारा इस तरह के प्रतिबन्धों के उदाहरण प्राचीन समाज में नहीं मिलते।' तब केवल 'सामाजिक चेतना के प्रतिबन्ध होते थे।'[56] इस आलोचना-दृष्टि में भी वर्ग-संघर्ष की प्रतिध्वनि मौजूद है। पहले अश्लील और आसामाजिक तत्त्वों को शासन बढ़ावा देता था, जनता या समाज नहीं इसलिए जनता और दरबार की साहित्य-दृष्टियों में ज़मीन आसमान का अन्तर होता था। यह अन्तर जनता और दरबारों की सामाजिक-आर्थिक हैसियत को प्रतिबिम्बित करता था। समाजवाद में आकर पहली बार शासन और समाज का यह विरोध समाप्त हो जाता है, स्वयं जनता कानून बनाती और उन्हें लागू करती है। इसलिए समाजवाद में जनता द्वारा पहले से लगायी गयी बन्दिश को कानूनी रूप दे दिया जाता है। जिनकी रूचि आज भी दरबारों में रमती है उनके लिए शासन में जनता की यह दखल निश्चय ही पीड़ादायक है।

इस विवेचन से यह और भी स्पष्ट हो जाता है कि किसी युग में जनता की तरफदारी का सवाल साहित्य के प्रगतिशील होने के लिए प्राथमिक है। कुछ मार्क्सवादियों की यह समझ असंगत है कि जनता के साथ साहित्य की पक्षधरता मार्क्सवाद के बिना नहीं हो सकती। यह सही है कि आधुनिक युग की वैज्ञानिक अन्तर्दृष्टि से सम्पन्न मार्क्सवाद ही सच्चे अर्थों में इतिहास को आगे बढ़ा सकता है, जनता के मानवीय गुणों को साकार करने के लिए शोषण-रहित सामाजिक न्याय पर आधारित मनुष्यता की रचना कर सकता है और इस अर्थ में वही सच्चा जनवाद हो सकता है। इससे पता यह चलता है कि मार्क्सवाद जनता

के प्रति अपनी सच्ची और वैज्ञानिक पक्षधरता के नाते प्रगतिशील है। ... में सभी लेखकों का मार्क्सवादी होना प्रगतिशील होने के लिए आवश्यक नहीं है, यह बात अनेक मार्क्सवादी लेखकों के चिन्तन की असंगतियों से प्रमाणित होती है। शिवदान सिंह चौहान पूरे प्रगतिशील आन्दोलन के दौरान जनता की चेतना के स्तर और विशिष्ट ऐतिहासिक परिस्थितियों में उसके हितों के प्रतिकूल चलते रहे, हालाँकि वे मार्क्सवादी थे। इसके विपरीत भारतेन्दु युग का साहित्य अपनी तमाम असंगतियों, अन्तर्विरोधों के बावजूद जनता की विकसित होती हुई साम्राज्यवाद-विरोधी चेतना को पूरी प्रामाणिकता के साथ व्यक्त करता है, हालाँकि उसमें मार्क्सवाद के प्रभाव का प्रश्न ही नहीं उठता। भारतेन्दु युग के साहित्य की राष्ट्रीय और जनवादी धारा पर प्रकाश डालते हुए डॉ. रामविलास शर्मा ने लिखा था, "भारतेन्दु युग की जनवादी परम्परा उस ज़माने की दिन पर दिन उग्र होती हुई जनता की साम्राज्य-विरोधी चेतना का दर्पण है।"[57] यह सही है कि भारतेन्दु के जीवन और साहित्य में दरबारी संस्कृति और राजभक्ति से टक्कर लेती हुई देशभक्ति और जन संस्कृति की नयी परम्परा—दोनों का परस्पर विरोध झलकता है।[58] संगत रूप से मार्क्सवाद के वैज्ञानिक दृष्टिकोण को अंगीकार करने वाले लेखकों में यह विरोध प्रायः नहीं होता, फिर भी भारतेन्दु युग का साहित्य "राष्ट्रीय इसलिए है कि उस युग के लेखक देश की स्वाधीनता चाहते थे और अंग्रेज़ी साम्राज्यवाद की नीति का खण्डन करते थे।"[59] और "भारतेन्दु युग का साहित्य जनवादी इस अर्थ में है कि वह भारतीय समाज के पुराने ढाँचे में सन्तुष्ट न होकर उसमें सुधार भी चाहता है। वह केवल राजनीतिक स्वाधीनता का साहित्य न होकर मनुष्य की एकता, समानता और भाईचारे का भी साहित्य है।"[60]

स्पष्ट है, जनता की विकासशील चेतना की संगति में उसके ऐतिहासिक बोध और सामाजिक-आकांक्षाओं को व्यक्त करके ही कोई साहित्य प्रगतिशील होता है। जिन विद्वानों को जनता से साहित्य की इस अन्तरंगता में सांस्कृतिक तत्त्वों का ह्रास नज़र आता है, उनकी बात जाने दें, क्योंकि वे डॉ. नगेन्द्र की तरह यह कहते देखे जा सकते हैं कि "मुझे सबसे बड़ी आपत्ति प्रगतिवाद के मूल्यों से है।"[61] प्रगतिशील साहित्य का विकास इस प्रकार की आपत्तियों से बाधित नहीं होता, वरन् अपने खरेपन का अनुभव करके मनुष्य की एकता, समानता और भाईचारे का विकास करता है। जो साहित्य मनुष्य को इन मानवीय मूल्यों से काटकर एकान्तसेवी, व्यक्तिवादी, अहंवादी, आदि बनता है, वह प्रगति में आस्था दृढ़ करने के बजाय नियति में अन्ध-विश्वास पैदा करता है। और जो साहित्य इन मानवीय मूल्यों का प्रसार करता है वह अपने अन्तर्विरोधों और असंगतियों के बावजूद अन्याय के विरुद्ध जनता का पक्ष लेता है। जनता के सांस्कृतिक जीवन और संघर्षों में उसके साथ होने वाले साहित्य में

अन्तर्विरोध हो सकते हैं, उसके समाधान में असंगतियाँ हो सकती हैं, लेकिन इससे उसकी प्रगतिशील अन्तर्वस्तु का खण्डन नहीं होता। इस सम्बन्ध में अमृतराय ने यह उचित लिखा है कि यदि "साहित्यकार जीवन से विमुख नहीं रहा है प्रत्युत उसने उन्हें सचेतन रूप में अपने साहित्य में अंगीकार किया है और उनको लोकहित की दृष्टि से सुलझाने का यत्न किया है तो वे (प्रगतिशील लेखक) उसे श्रेष्ठ साहित्यकार मानते हैं, चाहे आज के बौद्धिक व अन्य सर्वतोमुखी विकास की दृष्टि से उस साहित्यकार का समाधान कितना ही अनुपयुक्त या अपूर्ण क्यों न हो?"[62]

तात्पर्य यह कि कोई कवि अपनी कविता में किस विचारधारा का प्रतिपादन करता है, यह महत्त्वपूर्ण होते हुए भी प्रगतिशील कविता का एकमात्र कलात्मक मानदण्ड नहीं है। विचारधारा के स्तर पर तोल्स्तोय 'दुनिया की सबसे घृणित वस्तु—धर्म—का प्रचार करते हैं'। कलात्मक स्तर पर क्रान्तिपूर्व रूस के किसानों का जितना सच्चा और सजीव चित्र अंकित करते हैं, वह अन्यत्र दुर्लभ है। इसलिए विचारधारा में प्रतिक्रियावादी होते हुए भी तोल्स्तोय को लेनिन ने 'रूसी क्रान्ति का दर्पण' कहा।[63] यदि लेनिन के इस मूल्यांकन के आलोक में डॉ. रामविलास शर्मा द्वारा रेखांकित इस तथ्य को आधार बनाकर कविता का अध्ययन करें कि साहित्य केवल विचार नहीं देता, वह भाव और इन्द्रियबोध से युक्त जीवन के चित्र भी देता है, तो यह समझना आसान होगा कि अपनी वैचारिक सीमाओं के बावजूद कोई कवि अपने देशकालगत सन्दर्भ में जनता की स्थिति, उसकी भावना और उसके सांस्कृतिक जीवन का अन्तरंग, जीवन्त चित्रण करके श्रेष्ठ और प्रगतिशील हो सकता है। कारण यह कि समाज में वर्गों का संघर्ष चाहे जितना प्रच्छन्न हो, जनता और सामन्तों, पूँजीपतियों के भावों, विचारों और इन्द्रियबोध में कमोबेश स्वस्थ अस्वस्थ का अन्तर अवश्य होता है—सत्ताधारी वर्ग सांस्कृतिक विकास में अवरोध उत्पन्न करता है और जनता इतिहास को अपने जान या अनजान में आगे की ओर बढ़ाती है।

अपनी परम्परा, संस्कृति और जन-जीवन के संघर्षों में रची बसी होने के नाते प्रगतिशील कविता अपनी जातीय सांस्कृतिक परम्परा का स्वस्थ और स्वाभाविक विकास है। वह केवल मार्क्सवाद से प्रभावित लेखकों का साहित्य नहीं है, यह इस बात से प्रमाणित होता है कि उसके निर्माण में अनेक गैर-मार्क्सवादियों का मूल्यवान योगदान है जिनमें वैचारिक असंगतियों के बावजूद अपनी जनता और संस्कृति के साथ गहरी सहानुभूति है।

आधुनिक भावबोध और वैज्ञानिक अन्तर्दृष्टि

प्रगतिशील कविता अपनी सांस्कृतिक विरासत से जुड़ने के लिए पूर्ववर्ती संस्कृतियों के सभी गलत-सही पक्षों और जनता की चेतना के अन्तर्विरोधों को अंगीकार नहीं

कर लेती। वह सांस्कृतिक विरासत का नयी चुनौतियों के अनुरूप नये दृष्टिकोण ... मूल्यांकन करती है, वैज्ञानिक अन्तर्दृष्टि से सम्बन्ध होने के कारण जनता की स्थितियों और सांस्कृतिक चेतना के अन्तर्विरोधों को समझती है तथा उसके प्रगतिशील तत्त्वों को अंगीकार और विकसित करती है। हिन्दी की प्रगतिशील कविता अपनी पूर्ववर्ती काव्य-परम्परा से इस अर्थ में भिन्न है कि उसकी अन्तर्दृष्टि का आधार मानव चेतना की सबसे विकसित अवस्था—विज्ञान—है। वैज्ञानिक निष्कर्षों को अपने सौन्दर्य मूल्यों को आधार बनाने के कारण प्रगतिशील कविता मनुष्य को व्यापक दृश्यफलक पर रखकर देखती है, पराङ्मुख चिन्तन से भिन्न सामाजिक इकाई के रूप में मनुष्य को चित्रित करती है और सामाजिक मनुष्य के व्यक्तित्व और अस्तित्व को क्षुधा, काम आदि सहज-वृत्तियों तक सीमित नहीं कर देती, वरन् उसे सजग, सकर्मक और सर्जक मनुष्य के रूप में उच्च मानवीय गुणों से अनुप्राणित करने का यत्न करती है। वैचारिक स्तर पर पहले के मानववादी चिन्तन की सीमाओं को समझती है, उनके सकारात्मक मूल्यों को अपनाती है, उन्हीं के क्रम में वर्तमान जीवन को समग्रता में देखती-परखती है, भविष्य की दिशा का पूर्वानुमान करती है और मनुष्य के साथ उसके जीवन के प्रत्येक क्षेत्र में हिस्सेदारी अदा करती है।

यह सच है कि प्रगतिशील कविता की इस वैज्ञानिक अन्तर्दृष्टि का सम्बन्ध समाजवादी विचारधारा—मार्क्सवाद—से है। जिन कवियों ने जीवन के व्यावहारिक अनुभवों और उनसे प्राप्त निष्कर्षों की संगति में बिठाकर तथा स्वयं को अग्रगामी शक्तियों के अनुरूप संस्कारित करके जनता के सांस्कृतिक जीवन में तदाकार करने के क्रम में मार्क्सवादी दर्शन को अंगीकार किया उनकी काव्य-चेतना में वैज्ञानिक मूल्य-बोध का उतना ही सुसंगत विकास है। नयी कविता के कवियों में मुक्तिबोध कर्म और वचन से द्वन्द्वात्मक भौतिकवादी विचारधारा को स्वीकार करते थे, इसलिए डॉ. जगदीश कुमार उन्हें 'शुद्ध प्रगतिवादी चेतना' का कवि कहते हैं।[64] और आपादमस्तक वैज्ञानिक काव्य चेतना के कवियों में उन्हें 'सर्वोपरि' स्थान देते हैं।[65] इस प्रकार डॉ. जगदीश कुमार प्रकारान्तर से प्रगतिशील काव्य-चेतना की वैज्ञानिक अन्तः प्रकृति को ही रेखांकित करते हैं। मुक्तिबोध वैज्ञानिक और प्रगतिशील चेतना के कवि क्यों हैं, इस सम्बन्ध में उन्होंने मुक्तिबोध के व्यक्तित्व विषयक निष्कर्ष सूत्रित करते हुए लिखा है : "मुक्तिबोध मानव-मुक्ति को अपने जीवन का लक्ष्य मानते थे; द्वन्द्वात्मक भौतिकवाद में आस्था रखते थे; जन संघर्षों से काटने वाले तरह-तरह के आधुनिकतावादी-भाववादी बोध उन्हें स्वीकार नहीं थे, वे मध्यवर्गीय संस्कारों में पले थे, किन्तु अपने तीव्र यथार्थ-बोध और वैचारिक सजगता के कारण मध्यवर्गीय सुविधावादी संस्कारों से मुक्ति के लिए संघर्ष करते थे; इत्यादि।"[66]

स्पष्ट है कि प्रगतिशील काव्य की वैज्ञानिक चेतना का सम्बन्ध उसके मानववाद

से, यथार्थवाद से है। उसका यह मानववाद, यथार्थवाद मनुष्य को इतिहास के प्रति, मानव समाज और मानव सम्बन्धों के प्रति, प्रकृति के प्रति और प्रकृति से मानव समाज के स्थायी द्वन्द्व के प्रति, इन सबसे निर्धारित होने वाले समाजिक परिणामों के प्रति तथा स्वयं अपने प्रति जागरूक बनाता है। मानव-यथार्थ के प्रति इस गहरी सजगता के परिणामस्वरूप प्रगतिशील कविता जीवन के अन्तर्विरोधों को तीन स्तरों पर उद्घाटित करती है : प्रकृति और मानव समाज के बीच अन्तर्विरोध के सामान्य स्तर पर, व्यक्ति और समाज के अन्तर्विरोध के विशिष्ट स्तर पर तथा श्रमजीवी ओर उपजीवी वर्गों के बीच अन्तर्विरोध के रूप में विभिन्न समाजों के आन्तरिक विरोधों के स्तर पर।

प्रगतिशील कविता अपने पूर्ववर्ती काव्य से इसी अर्थ में भिन्न मूल्य-बोध की प्रतिष्ठा करती है कि उसके सामने मनुष्य और प्रकृति के सन्दर्भ पहले के सभी युगों से अधिक उद्घाटित हैं, उसकी अन्तर्दृष्टि विज्ञान पर आधारित है और उसका मानववाद सामाजिक मनुष्य की सर्वतोमुखी मुक्ति के ध्येय से प्रेरित है। उसमें असंगतियों, अन्तर्विरोधों और इतर संस्कारों की झलक मिलती है, किन्तु उसका वैशिष्ट्य इस बात में है कि उसे मानवीय समाधान के लिए मनुष्य की शक्ति को ही जागृत करना पड़ता है, अवतारों की शरण लेने या कल्पनालोक में पलायन करने की ज़रूरत नहीं पड़ती। वह निःशंक भाव से यह घोषणा करती है कि मनुष्य जब तक सामाजिक अन्तर्विरोधों को दूर करके, उनकी अवहेलना करके नहीं, एक न्यायसंगत, सामाजिक समानता और मानवीय भाई-चारे पर आधारित मनुष्यता की रचना नहीं करता तब तक वह अपनी प्राकृतिक एवं मानवीय क्षमताओं और सम्भावनाओं को साकार नहीं कर सकता। वैज्ञानिक विवेक का यह संस्पर्श ही उसे काम-कुंठावादी रीतिवाद से, व्यक्ति की मुक्ति से प्रेरित रोमांटिक भाववाद से और व्यक्तिवादी-दम्भ से प्रेरित आधुनिक नियतिवाद से बचाता है और एक सुदृढ़ मानवतावादी—यर्थाथवादी आधारभूमि पर प्रतिष्ठित करता है।

अन्त में, अपने अध्ययन को सूत्रित करते हुए हम कह कहते हैं कि प्रगतिशील कविता जिन्दगी की जद्दोजहद में 'जनता के मोर्चे की प्रतिध्वनि' है।[67] इसलिए उसमें संघर्ष का, आशा का, विश्वास का स्वर है। भीड़ में चेहरे खो जाते हैं। लेकिन जनता के मोर्चे में चेहरे और अधिक दीप्त हो उठते हैं। प्रगतिशील कविता एक-एक व्यक्ति की पहचान को उतना ही महत्त्वपूर्ण मानती है जितना मोर्चे की संगठित और सामूहिक शक्ति को। उसमें एक ओर यदि इतिहास का तीव्र बोध है, सांस्कृतिक ऋद्धि है तो दूसरी ओर 'पर्सनल टोन' और 'इंडिविजुअल मूड' भी है। वह जनता को भीड़ नहीं मानती। वह भीड़ लगने वाली जिन्दगी को मोर्चे के रूप में लामबन्द करती है। उसकी संघर्ष-चेतना और परिभाषित सहानुभूति का यही मुख्य कारण है। जीवन यथार्थ से निरपेक्ष रहकर अकर्मण्य सौन्दर्य-साधना को वह मानव-विरोधी

मानती है क्योंकि उसकी सहानुभूति अपनी ही पीड़ाओं में कछुए-सी सिमट जाने वाली नहीं है। प्रगतिशील सौन्दर्य-दृष्टि मुक्ति को अकेले का रास्ता नहीं मानती। कविता मनुष्य की सृष्टि है इसलिए वह मनुष्य की ठोस वास्तविकताओं से आँखें नहीं चुरा सकती। वर्तमान अन्तर्विरोधों में तटस्थ रहकर जीवन और कला को सार्थक बनाने की बात करना इतिहास के साथ, समाज के साथ, जनता के साथ और स्वयं अपने साथ धोखा है। प्रगतिशील कविता संशयहीन स्वर में जनता का पक्ष लेती है तथा जनता की दुरवस्था दूर करने में अपनी और अपने कला की सही, सार्थक और ईमानदार भूमिका अनुभव करती है।

सन्दर्भ-सूची

1. हिन्दी काव्य में मार्क्सवादी चेतना, पृष्ठ 305-6
2. समय-समय पर, पृष्ठ 139
3. कांग्रेस समाजवादी पार्टी की नीति, पृष्ठ 3
4. 'जनयुग', लखनऊ, 7 नवम्बर 1961, पृष्ठ 25
5. वही
6. हिन्दी साहित्य : उसका उद्भव और विकास, पृष्ठ 307
7. प्रगतिशील साहित्य की समस्याएँ, पृष्ठ 137
8. वही, पृष्ठ 137-38
9. हिन्दी काव्य में मार्क्सवादी चेतना, पृष्ठ 233
10. छायावाद, पृष्ठ 17, 28, 50-51, 70-71, 140-141 इत्यादि
11. निराला की साहित्य साधना (भाग-2), पृष्ठ 571
12. लोकजीवन और जीवन साहित्य, पृष्ठ 45
13. 'कल्पना', जून 1967, (हिन्दी साहित्य के पिछले बीस वर्ष)
14. हिन्दी साहित्य, पृष्ठ 389
15. आधुनिक हिन्दी साहित्य, पृष्ठ 32
16. आधुनिक साहित्य की प्रवृत्तियाँ, पृष्ठ 82
17. प्रगतिशील साहित्य की समस्याएँ, पृष्ठ 141
18. प्रगतिशील साहित्य के मानदंड, पृष्ठ 18
19. वही, पृष्ठ 6-7
20. काव्य, यथार्थ और प्रगति, पृष्ठ 7
21. ब्ला. ई. लेनिन : संकलित रचनाएँ, भाग-2, (चार भागों में) पृष्ठ 205-6
22. प्रगतिशील साहित्य के मानदंड, पृष्ठ 110
23. काव्य, यथार्थ और प्रगति, पृष्ठ 42
24. वही, पृष्ठ 5
25. वही, पृष्ठ 3
26. वही, पृष्ठ 3
27. वही, पृष्ठ 152
28. वही, पृष्ठ 5

29. साहित्य की समस्याएँ, पृष्ठ 136
30. विशाल भारत, मई, 1939
31. आधुनिक हिन्दी साहित्य (भाग-2), पृष्ठ 87
32. वही, पृष्ठ 89
33. काव्य की भूमिका, पृष्ठ 35
34. आधुनिक हिन्दी साहित्य : एक दृष्टि पृष्ठ 62
35. प्रगतिवाद और समानान्तर साहित्य, पृष्ठ 281
36. प्रगतिशील साहित्य की समस्याएँ, पृष्ठ 6
37. साहित्य की समस्याएँ, पृष्ठ 46
38. वही, पृष्ठ 62
39. वही, पृष्ठ 54
40. वही, पृष्ठ 62
41. विशाल भारत, मार्च 1937
42. साहित्य की समस्याएँ, पृष्ठ 56-53
43. वही, पृष्ठ 191-62
44. वही, पृष्ठ 61-62
45. 'विशाल भारत', मार्च 1937
46. वही
47. साहित्य की समस्याएँ पृष्ठ 2-3
48. वही, पृष्ठ 3
49. वही, पृष्ठ 125
50. साहित्य की परख, पृष्ठ 14
51. साहित्य की समस्याएँ, पृष्ठ 190
52. हिन्दी साहित्य के अस्सी वर्ष, पृष्ठ 131
53. साहित्य की समस्याएँ पृष्ठ 62
54. हिन्दी काव्य की प्रवृत्तियों, पृष्ठ 32
55. हिन्दी के प्रगतिशील कवि, पृष्ठ 11
56. साहित्य के सिद्धान्त और रूप पृष्ठ 121
57. भारतेन्दु युग और हिन्दी भाषा की विकास परम्परा पृष्ठ 129
58. वही, पृष्ठ 127
59. वही, पृष्ठ 3
60. वही, पृष्ठ 4
61. आस्था के चरण पृष्ठ 269
62. नयी समीक्षा, पृष्ठ 36-37
63. ऑन आर्ट ऐंड लिटरेचर पृष्ठ 28-29
64. नयी कविता की चेतना, पृष्ठ 85-86
65. वही, पृष्ठ 46
66. वही, पृष्ठ 92-93
67. गुलमेंहदी ('युग की गंगा' की भूमिका) पृष्ठ 198

सन्दर्भ-ग्रन्थ-सूची

Bibliography Books in English

1. *A confession, The Gospel in Brief and Whast I believe,* Leo Tolstoy, (Oxford University Press, London, Huimphrey Milford)
2. *Aesthetics*, Benedetto Croce, (Macmillan, London, 1922)
3. *Aesthetics and Poetics*, Yuri Barabash, (Progress Publishers, Moscow, 1977)
4. *A History of Aesthetics*, Bernard Bosanquet. (George Allen & Unwin Ltd. London; Humanities Press Inc., New York, Second Edition: 1904, Seventh Reprint : 1966)
5. *An Approach to Indian Art*, Niharranjan Ray, (Publication Bureau, Punjab University, Chandigarh, 1974)
6. *A New Theory of Beauty*, Guy Sircello (Princeton University Press, Princeton & London, 1975)
7. *Anti-Duhring*, Fredeich Engels, (Foreign Language Publishing House, Moscow, 1962)
8. *Art*, Clive Bell (Chitto & Winsus, London, 1949)
9. *Art and Human Values*, Melvin Rader & Bertram Jessup (Prentice Hall, Inc., Englewood)
10. *Art and Knowledge*, Joseph Chiari, (Paul Elek, London, 1977)
11. *Art and Society*, Adolfo Sanchez Vazqueze (Merlin Press, London, 1973)
12. *Art and Social Life*, G.V. Plekhanov, (Peoples Publishing House, New Delhi, 1953)
13. *Collected Works*: V. I. Lenin, Vol. 6, (Foreign Language

Publishing House, Moscow)
14. *Collected Works*: V. I. Lenin, Vol. 38, (Foreign Language Publishing House, Moscow)
15. *Contribution to Analytical Psychology*, C.G. Jung (Routledge & Kegan Paul, London, 1950)
16. *Creative Intuition in Art and Poetry*, Jaquais Maritain (New American Library, New York, 1974)
17. *Critique of Judgement*, Imanual Kant, (Translation : J.C. Meredith Clarendon Press, London, 1911)
18. *Culture in a Changing World*, V.J. Jerome, (New Century Publications, New York, 1947)
19. *Dialectics of Nature*, Frederich Engles (Progress Publishers, Moscow, 1966)
20. *Encyclopaedia Britanica* (Macropaedia, Vol. 1, Helen Hemingway Benton, U.S.A., 15th Edition: 1974)
21. *Feeling and Form*, Susanne K. Langer (Routledge and Kegan Paul, London, 1953)
22. *Form in Modern Poetry*, Herbert Read (Vission Press, London, Second Impression)
23. *Foundations of Marxist Aesthetics*, Avner Zis (Progress Publishers, Moscow, 1977)
24. *Fundamentals of Indian Art*, S.N. Dasgupta (Bhartiya Vidya Bhavan, Bombay, 1960)
25. *Fundamentals of Marxism-Leninisn*, O.V. Kuusinen & Others (Foreign Language Publishing House, Moscow, 1963)
26. *Further Studies in a Dying Culture*, Christopher Caudwell (The Bodly Head, London, 1950)
27. *Human Types*, Raymond Firth (New American Library, New York, 1958)
28. *Idiology and Discontent*, David E. Apter, (The Free Press, New York, 1964)
29. *Illusion and Reality*, Christopher Caudwell, (Peoples Publishing House, New Delhi, 1966)
30. *Images of Man : A Philosophical and Scientific Enquiry*, T.M. Tomas, John B. Chettimettam (Dharamram Publications,

Dharamraj College, Benglore, 1974)
31. *Imagination*, Jeun Paul Sartre, (Translation Forert Williums)
32. *Introduction to Modern Political Theory*, C.E.M. Joad (Oxford, at the Clarendon Press, London, 1959)
33. *Lenin and Gorky : Letters, Reminiscences, Articles*, (Progress Publishers, Moscow, 1973)
34. *Lenin and the Problems of Literature*, Vladimir Shcherbina (Progress Publishers, Moscow, 1974)
35. *Literary Theory and Structure*, Editors : Frank Brady, John Palmer & Martin Price, (Yale University Press, New Haven & London, 1973)
36. *Literature and Marxism*, Editor : Angel Flores (India Publishers, Allahabad, 1945)
37. *Literature and Reality*, Howard Fast, (Peoples Publishing House, New Delhi, 1955)
38. *Literature in Upheaval : West German Writers and the Challenge of 1960's*, Thomas R. Hinton, Keith Bullivant, (Manchester University Press, 1974)
39. *Man : His First Million Years*, Ashley Montagu (The New American Library, New York, 1958)
40. *Marx and the Authentic Man*, Henry J. Koren (Duquense University Press, Pittsbury, 1967)
41. *Marxism and Poetry*, George Thomson, (Lawrence and Wishart, London, 1945)
42. *Marxists-Leninist Aesthetics and Life*, (Collection of Articles; (Progress Publishers, Moscow, 1976)
43. *Marxists of Literature* (An Anthology) Editor: David Graig (Penguin Books, 1975)
44. *Modern Art and the Object*, Ellen H. Johnson (Thames & Hudson, London, 1976)
45. *On Literature*, Maxim Gorky (Progress Publishers, Moscow)
46. *On Literature and Art*, A Lunacharsky, (Progress Publishers, Moscow)
47. *On Literature and Art*, K. Marx & F. Engels (Progress Publishers, Moscow, 1976)

48. *On Literature and Art*, V.I. Lenin (Progress Publishers, Moscow, 1970)
49. *On the Art of Writing,* Sir Arther Quiller Coouch, (Cambridge, The University Press, 1932)
50. *Paths of American Thought*, Editors : A. Schlesinger, M. White (Boston, 1963)
51. *Patterns of Culture*, Ruth Benedict (New American Library, New York, 1951)
52. *Perspectives in Education*, Religion and the Arts, Editors : Howard E. Kiefe & Milton K. Munitz (State University of New York Press, Albany, Yew York, 1970)
53. *Philosophies of Beauty*, Selected and Edited by : E.F. Carritt (Oxford, At the Clarendon Press, Great Britain, 1931)
54. *Philosophy of Symbolic Form*: Earnst Cassirer (Translated by Ralph Manheim, New Haven, London, 1953)
55. *Poetic Craft and Principles*, Robert Graves, (Cassell, London, 1967)
56. *Poverty of Philosophy*, Karl Marx (Progress Publishers, Moscow, 1973)
57. *Primitive Art*, Leonard Adam, (Penguin Books, Melbourn, London, Baltimore)
58. *Principles of Literary Criticism*, I.A. Richards, (Routledge & Kegan Paul Ltd., London, 1967)
59. *Problems of Art*, Sussanne K. Langer (Scribners, New York, 1957)
60. *Problems of Modern Aesthetics* (Collection of Articles, Progress Publishers, Moscow, 1969)
61. *Psychoanalytic Exploration in Art*, Ernst Cris (International University Press, New York, 1952)
62. *Roger Fry*, Virginia Woolf (Harcourt, Brace, New York, 1940)
63. *Science and Common Man*, James J. Conant, (Yale University Press, New Haven, 1951)
64. *Science and Criticism*, Herbert Muller, (Yale University Press, New Haven, 1943)
65. *Selected Literary Essays*, C.S. Lewis, Editor: Walter Hooper

(Cambridge University Press, 1969)

66. *Selected Writing (Poetry and Criticism)*, Herbert Read, (Forewarded by Allen Tate, Fabre and Fabre, London, 1963)
67. *The Sense of Beauty*, George Santayana, (Dover Publications, New York, 1955)
68. *Social Roots and Arts*, Lovis Harap (International Publishers, New York, 1949)
69. *Studies and Further Studies in a Dying Culture*, Christopher Caudwell (Monthly Review Press, Paperback Edition, U.S.A., 1972)
70. *Symbolism: Its Meaning and Effect*, A.N. White head (Cambridge University Press,1928)
71. *The Arts and the Art of Criticim*, T.M. Greene, (Princeton University Press, U.S.A., 1965)
72. *The Creative Process*, (A Symposium) Edited and Translated by : Brewster Ghiselin (New American Library, New York & Toranto, 1952)
73. *The Descent of Man*, Charles Darwin (A.L. Burt, New York)
74. *The Economic and Philosophical Manuscripts of 1844*, Karl Marx (International Publishers, New York, 1964)
75. *The End of Idiology Theory : Illusions and Reality.* L.M. Moskvichov, (Progress Publishers, Moscow, 1974)
76. *The Fundamentals of Marxist-Leninist Philosophy*, F.V. Konstantinov & Others, (Progress Publishers, Moscow, 1974)
77. *The Growth of Sociability*, H.R. Schaffer, (Penguin Books, 1971)
78. *The Indian Society*, R.P. Saraf (Progressive Studies, Kashmir, 1974)
79. *The Meaning of Art*, Herbert Read (Fabre and Fabre Ltd., London, Third Edition,Reprint: MCM (XII)
80. *The Meaning of Beauty*, W.T. Stace (The Cayme Press, London, 1929)
81. *The Meaning of Meaning*, C.K. Ogden & I.A. Richards (Routledge & Kegan Paul, London, 1950)
82. *The Origin of Life*, A.I. Oparin (Foreign Language Publishing

House, Moscow, 1955)
83. *The Pleasures of Philosophy*, Will Durant, (Simon and Schuster, New York, 1953)
84. *The Psychology of Imagination*, Jean Paul-Sartre (Washington Square Press, New York, 1966)
85. *The Quest For Beauty*, James L. Jarret, (Prentice Hall, New York, 1957)
86. *The Renaissance*, Walter Peter (Macmillon, London, 1894)
87. *The Response to Poetry*, Dr. G.B. Mohan, (Peoples Publishing House, New Delhi, 1968)
88. *The Writer's Creative Individaulity and the Development of Literature*, M. Khrapchenko (Progress Publishers, Moscow, 1977)
89. *What is Literatures*, Jean Paul-Sartre, (Macmillon, London, 1950)
90. *Work and the Brain*, Prof. Yuri Forlov (Foreign Language Publishing House, Moscow)
91. *Writer and Critic*, George Lucacs (Edited and Translated by : Prof. Arthur Kahn, Merlin Press, London, 1970)

हिन्दी ग्रन्थ सूची

1. *अन्धायुग*, डॉ. धर्मवीर भारती, (किताब महल, इलाहाबाद, 1971)
2. *अग्निशस्य*, नरेन्द्र शर्मा (भारती भंडार, प्रयाग, सं. 2008 वि.)
3. *अनामिका*, सूर्यकान्त त्रिपाठी, 'निराला' (भारती भंडार, प्रयाग, 1969)
4. *अनुक्षण*, प्रभाकर माचवे (भारतीय ज्ञानपीठ, काशी, 1959)
5. *अपने-अपने अजनबी*, स. ही. वात्स्यायन 'अज्ञेय' (भारतीय ज्ञानपीठ, काशी, 1961)
6. *अभी बिल्कुल अभी*, केदारनाथ सिंह (नया साहित्य प्रकाशन, इलाहाबाद, 1960)
7. *अर्चना*, सूर्यकान्त त्रिपाठी 'निराला' (कला मन्दिर, दारागंज, इलाहाबाद, 1950)
8. *अरी, ओ करुणा प्रभामया*, स. ही. वात्स्यायन 'अज्ञेय' (भारतीय ज्ञानपीठ, काशी, 1959)
9. *अशोक के फूल*, आचार्य हजारी प्रसाद द्विवेदी (सस्ता साहित्य मंडल, नयी दिल्ली, 1950)

10. *आग का आईना,* केदारनाथ अग्रवाल (परिमल प्रकाशन, इलाहाबाद, 1970)
11. *आज के लोकप्रिय हिन्दी कवि : अज्ञेय,* सं. विद्यानिवास मिश्र, (राजपाल एंड संस, दिल्ली, 1963)
12. *आत्मनेपद,* स. ही. वात्स्यायन 'अज्ञेय' (भारतीय ज्ञानपीठ, काशी, 1960)
13. *आधुनिक कवि-2, रामेश्वर शुक्ल 'अंचल'* (हिन्दी साहित्य सम्मेलन, प्रयाग)
14. *आधुनिक काव्यधारा का सांस्कृति स्रोत,* डॉ. केसरीनारायण शुक्ल (सरस्वती मन्दिर, काशी, सं 2004)
15. *आधुनिक काव्य : रचना और विचार,* आचार्य नन्ददुलारे वाजपेयी, (साथी प्रकाशन, सागर, 1966)
16. *आधुनिक साहित्य,* आचार्य नन्ददुलारे वाजपेयी (भारती भण्डार, इलाहाबाद, सं. 2013 वि.)
17. *आधुनिक साहित्य की प्रवृत्तियाँ,* डॉ. नामवर सिंह, (लोकभारती प्रकाशन, इलाहाबाद, 1977)
18. *आधुनिक हिन्दी कविता में चित्रविधान,* डॉ. रामरतन सिंह 'भ्रमर' (नेशनल पब्लिशिंग हाउस, दिल्ली 1965)
19. *आधुनिक हिन्दी कविता में शिल्प,* डॉ. कैलाश वाजपेयी (आत्मराम एंड संस, दिल्ली, 1963)
20. *आधुनिक हिन्दी कविता में सांस्कृतिक मूल्यों के विघटन का प्रश्न,* डॉ. रवीन्द्रनाथ (शोध-प्रबन्ध हिन्दी विभाग, दिल्ली विश्वविद्यालय, दिल्ली, 1975)
21. *आधुनिक हिन्दी साहित्य,* स. ही. वात्स्यायन 'अज्ञेय' (राजपाल एंड संस, दिल्ली 1976)
22. *आधुनिक हिन्दी साहित्य,* (भाग-2)', सं. डा. नगेन्द्र, स. ही. वात्स्यायन (प्रदीप प्रकाशन, मुरादाबाद, 1946)
23. *आधुनिक हिन्दी साहित्य : एक दृष्टि,* प्रकाश चन्द्र गुप्त (आलोक प्रकाशन, बीकानेर, 1952)
24. *आस्था और सौन्दर्य,* डॉ. रामविलास शर्मा (किताब महल, इलाहाबाद, 1983 शकाब्द)
25. *आस्था के चरण,* डॉ. नगेन्द्र (नेशनल पब्लिशिंग हाउस, दिल्ली, 1968)
26. *इतने पास अपने,* शमशेरबहादुर सिंह (राजकमल प्रकाशन, दिल्ली, पटना, 1980)
27. *उपन्यास और लोकजीवन,* राल्फ फाक्स (अनुवादक : नरोत्तम नागर,

पीपुल्स पब्लिशिंग हाउस, नयी दिल्ली 1957)
28. *उर्वशी*, रामधारी सिंह 'दिनकर' (उदयाचल, पटना, 1973)
29. *ऋग्वेदिक आर्य*, (ऐतिहासिक और सांस्कृतिक अध्ययन) राहुल सांकृत्यायन, (किताब महल, इलाहाबाद, दिल्ली, 1957)
30. *एकान्त*, नेमिचन्द्र जैन (भारतीय ज्ञानपीठ प्रकाशन, नयी दिल्ली, 1959)
31. *एक साहित्यिक की डायरी*, गजानन माधव मुक्तिबोध (भारतीय ज्ञानपीठ प्रकाशन, वाराणसी, 1964)
32. *ऐतिहासिक भौतिकवाद*, प्रो. व. केल्ले, प्रो. म. कोआलजोन, (अनु. अली अशरफ, प्रगति प्रकाशन, मास्को, 1974)
33. *कम्युनिस्ट पार्टी का घोषणापत्र*, मार्क्स-एंगेल्स, (प्रगति प्रकाशन, मास्को)
34. *करुण सतसई*, रामेश्वर 'करुण' (सहदेव जी 'भगवान', लाहौर, सं., 1991)
35. *कल सुनना मुझे*, धूमिल (युगबोध प्रकाशन, वाराणसी, 1977)
36. कला और संस्कृति, सुमित्रानन्दन पन्त (किताब महल, इलाहाबाद, 1965)
37. *कवि की दृष्टि*, भारत भूषण अग्रवाल (मैकमिलन कं. आफ इंडिया, नयी दिल्ली, बम्बई, कलकत्ता, मद्रास, 1978)
38. *कविता-कुंज*, सम्पादक : प्रभाकर ठाकुर, बद्रीनाथ तिवारी (आधुनिक प्रकाशन गृह, इलाहाबाद, 1964)
39. *कविता के नये प्रतिमान*, डॉ. नामवर सिंह (राजकमल प्रकाशन, दिल्ली, पटना, 1968)
40. *कांग्रेस समाजवादी पार्टी की नीति*, जयप्रकाश नारायण और आचार्य नरेन्द्र देव (संयुक्त प्रान्तीय कांग्रेस समाजवादी पार्टी, लखनऊ, 1940)
41. *काठ की घंटिया*, सर्वेश्वर दयाल सक्सेना (भारतीय ज्ञानपीठ)
42. *काव्य की भूमिका*, रामधारी सिंह 'दिनकर' (उदयाचल प्रकाशन, पटना, 1958)
43. *काव्य बिम्ब*, डॉ. नगेन्द्र (नेशनल पब्लिशिंग हाउस, दिल्ली)
44. *काव्य में उदात्त-तत्त्व*, सम्पादक : डॉ. नगेन्द्र, नेमिचन्द्र जैन, (राजपाल एंड संस, दिल्ली 1958)
45. *काव्य, यथार्थ और प्रगति*, डॉ. रागेय राघव (विनोद पुस्तक मन्दिर, आगर, सं. 2012 वि.)
46. *कुआनी नदी* सर्वेश्वर दयाल सक्सेना (राजकमल, दिल्ली, पटना, 1976)
47. *कुछ कविताएँ*, शमशेर बहादुर सिंह (जगत शंखधर, वाराणसी, 1959)
48. *गर्म हवाएँ*, सर्वेश्वर दयाल सक्सेना (राधाकृष्ण प्रकाशन, दिल्ली, 1969)
49. *गीत फरोश*, भवानी प्रसाद मिश्र (नवहिन्द प्रकाशन, हैदराबाद, 1956)

50. *गीतिका*, सूर्यकान्त त्रिपाठी 'निराला' (भारती भण्डार, इलाहाबाद, सं. 2021)
51. *गुलमेंहदी*, केदारनाथ अग्रवाल (परिमल प्रकाशन, इलाहाबाद, 1978)
52. *गोदान*, प्रेमचन्द, (सरस्वती प्रेस, इलाहाबाद, 1970)
53. *चकल्लस*, बलभद्र दीक्षित 'पढ़ीस' (गंगा पुस्तक माला, लखनऊ, सं. 1990)
54. *चक्रवाल*, रामधारी सिंह दिनकर (उदयाचल, पटना)
55. *चाँद का मुँह टेढ़ा है*, ग. मा. मुक्तिबोध (भारतीय ज्ञानपीठ प्रकाशन, वाराण ासी, 1965)
56. *छायावाद*, डॉ. नामवर सिंह (राजकमल प्रकाशन, दिल्ली, पटना, 1968)
57. *जंगल का दर्द*, सर्वेश्वर दयाल सक्सेना ((राजकमल प्रकाशन, दिल्ली, पटना, 1976)
58. *जमीन पक रही है*, केदारनाथ सिंह (प्रकाशन संस्थान, दिल्ली 1980)
59. *जिजीविषा*, महेन्द्र भटनागर (हिन्दी प्रचारक पुस्तकालय, बनारस, 1962)
60. *टेढ़े-मेढ़े रास्ते*, भगवतीचरण वर्मा (राधाकृष्ण प्रकाशन, दिल्ली, संक्षिप्त संस्करण, 1972)
61. *ठंडा लोहा*, धर्मवीर भारती (भारतीय ज्ञानपीठ प्रकाशन, वाराणसी, 1970)
62. *तार सप्तक*, सम्पादक : स. ही. वात्स्यायन 'अज्ञेय' (प्रथम संस्करण, प्रतीक प्रकाशन, दिल्ली, 1943, और द्वितीय संस्करण, भारतीय ज्ञानपीठ प्रकाशन, काशी, 1966)
63. *तीसरा सप्तक*, सम्पादक : स. ही. वात्स्यायन 'अज्ञेय' (भारतीय ज्ञानपीठ प्रकाशन, वाराणसी, 1959)
64. *तुलसीदास*, सूर्यकान्त त्रिपाठी 'निराला' (भारती भंडार, इलाहाबाद, 1970)
65. *दर्शन, साहित्य और आलोचना*, बेलिंस्की, हर्जन, चेर्नीशेव्स्की, दोबोल्युबोव (अनुवादक : नरोत्तम नागर, पीपुल्स पब्लिशिंग हाउस, नयी दिल्ली, 1980)
66. *दिगन्त*, त्रिलोचन शास्त्री (जगत शंखधर, वाराणसी, 1957)
67. *दूसरा सप्तक*, सम्पादक : स. ही. वा.. 'अज्ञेय' (भारतीय ज्ञानपीठ प्रकाशन, वाराणसी, 1970)
68. *द्वन्द्वात्मक और ऐतिहासिक भौतिकवाद की सरल रूपरेखा*, व.अ.कापूशिन, व.य.वोगुस्लाव्स्की, अ.इ.रकीतोव, ग.इ.एज़रिन, व.ए.वर्तीखिन (अनुवादक : बुद्धिप्रसाद भट्ट, प्रगति प्रकाशन, मास्को, 1977)
69. *धरती*, त्रिलोचन शास्त्री, (नीलाभ प्रकाशन, इलाहाबाद, 1977)

70. *धूप के धान* गिरिजा कुमार माथुर (भारतीय ज्ञानपीठ प्रकाशन, काशी, 1955)
71. *ध्वन्यालोक लोचन* (अनुवादक : जगन्नाथ पाठक, चौखम्भा, विद्याभवन, वाराणसी, 1965)
72. *नये पत्ते*, सूर्यकान्त त्रिपाठी 'निराला' (निरूपमा प्रकाशन, प्रयाग)
73. *नये साहित्य का सौंदर्यशास्त्र*, ग. मा. मुक्तिबोध, (राजकमल प्रकाशन, दिल्ली, पटना, 1972)
74. *नयी कविता और अस्तित्तवाद*, डॉ. रामविलास शर्मा (राजकमल प्रकाशन, दिल्ली, पटना, 1972)
75. *नयी कविता का आत्म संघर्ष तथा अन्य निबन्ध*, ग. मा. मुक्तिबोध, (विश्व भारती प्रकाशन, नागपुर, 1964)
76. *नयी कविता की चेतना*, डॉ. जगदीश कुमार (सन्मार्ग प्रकाशन, दिल्ली, 1978)
77. *नयी कविता के प्रतिमान*, लक्ष्मीकान्त वर्मा (भारती प्रेस प्रकाशन, इलाहाबाद)
78. *नयी कविता : विलायती सन्दर्भ*, डॉ. जगदीश कुमार (सन्मार्ग प्रकाशन, दिल्ली, 1976)
79. *नयी कविता : सीमाएँ और सम्भावनाएँ*, गिरिजा कुमार माथुर (नेशनल पब्लिशिंग हाउस, दिल्ली 1973)
80. *नयी समीक्षा*, अमृतराय (हंस प्रकाशन, इलाहाबाद, 1977)
81. *निराला की साहित्य साधना, खण्ड-1*, डॉ. रामविलास शर्मा (राजकमल प्रकाशन, दिल्ली, पटना, 1969)
82. *निराला की साहित्य साधना, खण्ड-2*, डॉ. रामविलास शर्मा (राजकमल प्रकाशन, दिल्ली, पटना, 1972)
83. *निशा निमन्त्रण*, हरिवंशराय बच्चन (राजपाल एंड संस, दिल्ली, 1959)
84. *पंख और पतवार*, केदारनाथ अग्रवाल (परिमल प्रकाशन, इलाहाबाद, 1979)
85. *परिमल*, सूर्यकान्त त्रिपाठी 'निराला' (गंगा पुस्तक कार्यालय, लखनऊ, 1969)
86. *पाश्चात्य काव्यशास्त्र की परम्परा*, प्रमुख सम्पादक : डॉ. नगेन्द्र, सम्पादिका : डॉ. श्रीमती सावित्री सिन्हा, (हिन्दी विभाग, दिल्ली विश्वविद्यालय, दिल्ली 1972)
87. *पाश्चात्य साहित्यालोचन के सिद्धान्त*, लीलाधर गुप्त (हिन्दुस्तानी एकेडमी, इलाहाबाद, 1952)
88. *प्रगतिवाद*, डॉ. शिवकुमार मिश्र (सर्वेक्षणमाला, राजकमल प्रकाशन, दिल्ली,

पटना)
89. *प्रगतिवाद और समानान्तर साहित्य,* डॉ. रेखा अवस्थी (मैकमिलन कं. आफ इंडिया, 1978)
90. *प्रगतिवाद : एक समीक्षा,* डॉ. धर्मवीर भारती (साहित्य भवन लि., प्रयाग, 1949)
91. *प्रगतिवादी काव्य साहित्य,* डॉ. कृष्णलाल 'हंस' (मध्य प्रदेश हिन्दी ग्रन्थ अकादमी, भोपाल, 1971)
92. *प्रगतिशील कविता के मील के पत्थर,* सम्पादक : डॉ. रणजीत (बुन्देलखण्ड प्रकाशन, बाँदा, 1976)
93. *प्रगतिशील साहित्य की समस्याएँ,* डॉ. रामविलास शर्मा (विनोद पुस्तक मन्दिर, आगरा 1954)
94. *प्रगतिशील साहित्य के मानदंड,* डॉ. रांगेय राघव (सरस्वती पुस्तक सदन, आगरा, 1954)
95. *प्रगतिशील हिन्दी कविता,* डॉ. दुर्गाप्रसाद झाला (ग्रन्थम, अभिनव प्रकाशन, कानपुर, 1967)
96. *प्रलय-सृजन,* शिवमंगल सिंह 'सुमन' (आत्माराम एंड संस, दिल्ली, 1969)
97. *प्रस्तुत प्रश्न,* जैनेन्द्र (पूर्वोदय प्रकाशन, दिल्ली, 1953)
98. *पृथ्वी पुत्र,* मैथिलीशरण गुप्त (साहित्य सदन, चिरगाँव, झाँसी, 2013 वि.द)
99. *फूल नहीं, रंग बोलते हैं,* केदारनाथ अग्रवाल (परिमल प्रकाशन, इलाहाबाद, 1965)
100. *बेला,* सूर्यकान्त त्रिपाठी, 'निराला' (निरूपमा प्रकाशन, प्रयाग)
101. *भारत : आदिम साम्यवाद से दास-प्रथा तक का इतिहास,* श्रीपाद अमृत डांगे, (पीपुल्स पब्लिशिंग हाउस, 1978)
102. *भारतीय राष्ट्रीय कांग्रेस का इतिहास,* खण्ड 2', पट्टाभिसीतारमैया (सस्ता साहित्य मंडल, नयी दिल्ली, 1948)
103. *भारतीय समाज का ऐतिहासिक विश्लेषण,* डॉ. भगवत शरण उपाध्याय, (पीपुल्स पब्लिशिंग हाउस, नयी दिल्ली, 1973)
104. *भारतीय सौन्दर्यशास्त्र की भूमिका,* डॉ. नगेन्द्र (नेशनल पब्लिशिंग हाउस, नयी दिल्ली, 1974)
105. *भारतेंदु युग और हिन्दी भाषा की विकास परम्परा,* डॉ0 रामविलास शर्मा (राजकमल, दिल्ली, पटना, 11975)
106. *भाषा और समाज,* डॉ. रामविलास शर्मा (पीपुल्स पब्लिशिंग हाउस, नयी दिल्ली, 1961)

107. *भूरी-भूरी खाक धूल*, ग.मा. मुक्तिबोध (राजकमल, दिल्ली, पटना, 1980)
108. *मनोविश्लेषण और मानसिक क्रियाएँ*, डॉ. पद्मा अग्रवाल, (मनोविज्ञान प्रकाशन, 1955)
109. *मानव*, भगवतीचरण वर्मा (विशाल भारत बुक डिपो, कलकत्ता, 1948)
110. *मानव-मूल्य और साहित्य*, डॉ. धर्मवीर भारती (भारतीय ज्ञानपीठ, काशी, 1966)
111. *मिथक और यथार्थ*, डी.डी. कोसाम्बी (अनुवादक : नन्दकिशोर 'नवल', मैकमिलन कं. ऑफ इंडिया लि., 1976)
112. *युगधारा*, नागार्जुन (यात्री प्रकाशन, 1953)
113. *रस-मीमांसा*, आ. रामचंद्र शुक्ल, (स्वंवत् 2006, नागरी प्रचारिणी सभा, काशी, चतुर्थ संस्करण 2023)
114. *रस-सिद्धान्त और सौन्दर्यशास्त्र*, डॉ. निर्मला जैन (नेशनल पब्लिशिंग हाउस, दिल्ली, 1967)
115. *राजनीतिक अर्थशास्त्र की आलोचना में योगदान*, कार्ल मार्क्स (अनु. गिरीश मिश्र, पीपुल्स पब्लिशिंग हाउस, नयी दिल्ली, 1977)
116. *रूप-तरंग*, डॉ. रामविलास शर्मा (विनोद पुस्तक मन्दिर, आगरा, 1950)
117. *रूपाम्बरा*, सम्पादक : स. ही. वात्स्यायन 'अज्ञेय' (भारतीय ज्ञानपीठ, काशी, 1960)
118. *रेणुका*, रामधारी सिंह 'दिनकर' (उदयाचल, पटना, 1960)
119. *लावा और फूल*, शील (संस्कार प्रकाशन, कानपुर, 1967)
120. *लिंकन-वाणी*, (मूल सन्दर्भों से सच्चिदानन्द वात्स्यायन द्वारा अनूदित, इंडियन प्रेस, पब्लिकेशंस, इलाहाबाद, 1959)
121. *लिखि कागद कोरे*, स. ही. वात्स्यायन 'अज्ञेय' (राजपाल एंड संस, दिल्ली, 1972)
122. *लोकजीवन और साहित्य*, डॉ. रामविलास शर्मा (विनोद पुस्तक मन्दिर, आगरा, 1955)
123. *वाग्देवी*, सम्पादक : नरेश मेहता (सरस्वती प्रेस, इलाहाबाद, 1972)
124. *विचार नवनीत*, म.स. गोलवलकर (भारतीय सांस्कृतिक पुनरुत्थान समिति, लखनऊ, सं. 2026 वि.)
125. *विचार-बोध*, केदारनाथ अग्रवाल (परिमल प्रकाशन, इलाहाबाद, 1980)
126. *विश्वास बढ़ता ही गया*, शिवमंगल सिंह 'सुमन' (सरस्वती प्रेस, बनारस, 1955)
127. *शुद्ध कविता की खोज*, रामधारी सिंह 'दिनकर' (उदयाचल, पटना, 1966)

128. *संकलित रचनाएँ*, भाग-1, ब्ला. इ. लेनिन (प्रगति प्रकाशन, मास्को, 1974)
129. *संकलित रचनाएँ*, भाग-2, ब्ला. इ. लेनिन (प्रगति प्रकाशन, मास्को)
130. *संचयिता*, आरती प्रसाद सिंह (तारामंडल, मुजफ्फरपुर, 1942)
131. *संसद से सड़क तक*, धूमिल (राजकमल प्रकाशन, दिल्ली, पटना, 1972)
132. *सतरंगे पंखों वाली*, नागार्जुन (यात्री प्रकाशन, कलकत्ता 1959)
133. *समय-समय पर*, केदारनाथ अग्रवाल (परिमल प्रकाशन, इलाहाबाद, 1970)
134. *समाजवादी विचारधारा और संस्कृति*, ब्ला. इ. लेनिन (प्रगति प्रकाशन, मास्को)
135. *समीक्षा-शास्त्र*, साहित्याचार्य पं. सीताराम चतुर्वेदी (अखिल भारतीय विक्रम परिषद, काशी)
136. *सरदार पूर्णसिंह अध्यापक के निबन्ध*, सम्पादक : प्रभात शास्त्री (कोशाम्बी प्रकाशन, दारागंज, इलाहाबाद, सं. 2024 वि.)
137. *सहचिन्तन*, अमृतराय (सर्जना प्रकाशन, इलाहाबाद, 1967)
138. *सात गीत वर्ष*, डॉ. धर्मवीर भारती (भारतीय ज्ञानपीठ, काशी)
139. *साम्यवाद की हुंकार*, छैलबिहारी दीक्षित 'कंटक' (इकन्नी पुस्तक माला, कानपुर, 1934)
140. *साहित्य और कला*, भगवतशरण उपाध्याय (आत्माराम एंड संस, दिल्ली 1977)
141. *साहित्य का नया परिप्रेक्ष्य*, डॉ. रघुवंश (भारतीय ज्ञानपीठ, काशी, 1963)
142. *साहित्य की परख*, शिवदानसिंह चौहान (आत्माराम एंड संस, दिल्ली)
143. *साहित्य की समस्याएँ*, शिवदानसिंह चौहान (आत्माराम एंड संस, दिल्ली, 1959)
144. *साहित्य के सिद्धान्त और रूप*, भगवतीचरण वर्मा (राजकमल प्रकाशन, दिल्ली, पटना, 1976)
145. *साहित्य दर्पण*, बिमला टीका, शालग्राम शास्त्री (मोतीलाल बनारसीदास, पटना, 1961)
146. *साहित्य-सिद्धान्त*, रेनेवेलेक और आस्टिन वारेन (अनुवादक : बी.एस. पालीवाल, लोकभारती प्रकाशन, इलाहाबाद)
147. *साहित्य : स्थायी मूल्य और मूल्यांकन*, डॉ. रामविलास शर्मा (अक्षर प्रकाशन, दिल्ली, 1968)
148. *साहित्यालोचन*, डॉ. श्यामसुन्दर दास (इंडियन प्रेस, इलाहाबाद, 1973)
149. *साहित्यिक निबन्ध*, सं.. डॉ. धीरेन्द्र ब्रह्मचारी शास्त्री (मोतीलाल बनारसीदास,

पटना, 1964)
150. *सुमित्रानन्दन पन्त ग्रन्थावली भाग-2* (राजकमल प्रकाशन, दिल्ली, पटना, 1979)
151. *सुमित्रानन्दन पन्त ग्रन्थावली भाग-6* (राजकमल प्रकाशन, दिल्ली, पटना, 1979)
152. *सूरज सब देखता है,* जुगमन्दिर तायल (आनन्द प्रकाशन, अलवर, 1968)
153. *सौन्दर्य-मीमांसा,* इमेनुएल कांट (अनु. रामकेवल सिंह, किताब महल, इलाहाबाद, 1964)
154. *सौन्दर्य-मूल्य और मूल्यांकन,* डॉ. रमेशकुन्तल मेघ (गुरु नानक युनिवर्सिटी, अमृतसर, 1975)
155. *सौन्दर्य शास्त्र के तत्त्व,* डॉ. कुमार विमल (राजकमल प्रकाशन, दिल्ली, पटना, 1967)
156. *स्वाधीनता और राष्ट्रीय साहित्य,* डॉ. रामविलास शर्मा (हिन्दी प्रचारक पुस्तकालय, बनारस, 1956)
157. *श्रीमद्भागवत्गीता,* (गीता प्रेस, गोरखपुर)
158. *हरिजन गाथा,* नागार्जुन (दिल्ली प्रगतिशील लेखक संघ द्वारा प्रचारित)
159. *हिन्दी काव्य में मार्क्सवादी चेतना,* डॉ. जनेश्वर वर्मा (ग्रन्थम् कानपुर, 1974)
160. *हिँन्दी के प्रगतिशील कवि,* डॉ. रणजीत (पीपल्स पब्लिशिंग हाउस, नयी दिल्ली, 1973)
161. *हिन्दी निबन्ध की विभिन्न शैलियाँ,* सम्पादक : डॉ. मोहन अवस्थी (सरस्वती प्रेस, इलाहाबाद, 1969)
162. *हिन्दी साहित्य : उसका उद्भव और विकास,* आचार्य हजारी प्रसाद द्वि वेदी (यू.सी.कपूर एंड संस, देहली)
163. *हिन्दी साहित्य की जनवादी परम्परा,* डॉ. प्रकाशचन्द्र गुप्त, (किताब महल, इलाहाबाद, 1953)
164. *हिन्दी साहित्य के अस्सी वर्ष,* शिवदान सिंह चौहान (राजकमल प्रकाशन, दिल्ली, पटना, 1961)
165. *हिन्दी साहित्य के प्रमुख 'वाद' और उनके प्रवर्तक,* विश्वम्भरनाथ उपाध्याय (सरस्वती पुस्तक सदन, आगरा, सं. 2009)
166. *हिन्दी साहित्य कोश* भाग-1, सम्पादक : डॉ. धीरेन्द्र वर्मा तथा अन्य, (ज्ञानमंडल लिमिटेड, वाराणसी, सं. 2020)
167. *हिन्दी साहित्य : बीसवीं शताब्दी,* आचार्य नन्ददुलारे वाजपेयी (इंडियन बुक डिपो, लखनऊ, 1949)

Journals in English

1. American Sociological Review (New York)
2. The Journal of Aesthetics and Art Criticism
3. The Times of India, New Delhi

हिन्दी पत्र-पत्रिकाएँ

1. आन्तिका (पटना)
2. आलोचना (दिल्ली)
3. कल्पना (हैदराबाद)
4. जनता (पटना)
5. जनयुग (लखनऊ, नयी दिल्ली)
6. नया साहित्य (बनारस, इलाहाबाद)
7. नयी कविता (इलाहाबाद)
8. नयी धारा (पटना)
9. निकेत (दिल्ली)
10. मुक्तधारा (नयी दिल्ली)
11. लोकयुद्ध (बम्बई)
12. विशाल भारत (कलकत्ता)
13. वीणा (इन्दौर)
14. संघर्ष (लखनऊ)
15. स्वाधीनता (कलकत्ता)
16. हंस (बनारस)

❑❑